21世纪通识教育规划教材

大学写作教程

胡伟◎编著

清華大學出版社
北京

内容简介

本书以提高大学生写作能力和素质修养为目标，着眼于在学习和工作中经常使用的文体，试图让大学生熟练掌握各类文体的写作规范。本书内容实用有效、规范简练，文字通俗易懂，利于教师课堂讲授，便于学生课后学习。本书系统阐述了论文、申论与评论，党政机关公文，规章文书，事务文书，传播讲演文书，经济文书，司法文书的写法及文学写作。

本书可作为大学生的教材，也可作为机关、企事业单位工作人员的日常参考书。

图书在版编目（CIP）数据

大学写作教程/胡伟编著. —北京：清华大学出版社，2018（2022.7重印）
（21世纪通识教育规划教材）
ISBN 978-7-302-50234-0

I. ①大… II. ①胡… III. ①汉语-写作-高等学校-教材 IV. ①H15

中国版本图书馆 CIP 数据核字（2018）第 114735 号

责任编辑：邓　婷
封面设计：刘　超
版式设计：楠竹文化
责任校对：马军令
责任印制：朱雨萌

出版发行：清华大学出版社
网　　址：http://www.tup.com.cn，http://www.wqbook.com
地　　址：北京清华大学学研大厦 A 座　　邮　　编：100084
社 总 机：010-83470000　　邮　　购：010-62786544
投稿与读者服务：010-62776969，c-service@tup.tsinghua.edu.cn
质量反馈：010-62772015，zhiliang@tup.tsinghua.edu.cn
印 装 者：涿州市京南印刷厂
经　　销：全国新华书店
开　　本：185mm×260mm　　**印　　张**：27.5　　**字　　数**：683 千字
版　　次：2018 年 12 月第 1 版　　**印　　次**：2022 年 7 月第 5 次印刷
定　　价：79.80 元

产品编号：079615-01

前 言

本书坚持以“学以致用、教以致用”为宗旨，教师实际授课时可以根据教学大纲选择最重要的来讲，比如给专科生重点讲通知、通告、报告、请示、规定、计划、总结、启事、答谢词、邀请书、求职信、求职简历、合同、市场调查报告、投标书、起诉状、上诉状等；给本科生全面讲解公文、调查报告、消息、广告、毕业论文、小说写作等。任课教师可以根据自己所教学生的专业特点有侧重地讲解相关的内容。本书可作为工具书随时翻阅。

写作是人们日常交际、沟通、传递信息和传播知识的最基本的方式之一，但现实生活中大学生往往忽视了写作训练。据《新民晚报》报道，江苏省人才市场在某次招聘会上遇到一件值得让人反思的尴尬事，80 多名文科毕业生竟没有几个能写出一份完整的邀请函。有一名各方面条件都很优秀的女生在正文部分只是将素材罗列了一下，不仅题目没有“邀请函”字样，文章也没有抬头，时间、地点则被移到了“备注”里面。其他参加考试的 80 多名考生拟出的邀请函也大部分“缺胳膊少腿”。招聘人员无奈地说，邀请函并非难写的文种，是平时工作中常常要用到的。由于应聘者大多是文科毕业生，他们本以为这个题目没什么问题，没想到结果会是这样。写作的实用性强，与人们的日常生活、学习和工作密不可分，在这个知识经济时代，写作已经社会化、大众化。因此，大学要加强各类文体写作的教学。

本书着重介绍人们在日常的学习和生活中经常使用的文种，既为大学生的校园学习和生活提供切实的帮助，又为他们走向社会的写作实践打下基础，以提高大学生的日常应用文写作能力和相应的素质修养为追求目标。本书在编写过程中特别注意并努力实现两个目标：一是突出实操性。在理论知识够用、管用的前提下，尽可能细化介绍各个文种的写作规范，以期最大限度地提供指导性。本书强化实训的分量，提供与日常的学习和生活相关的写作情境，让大学生依据规范、借鉴例文写出符合要求的文种。二是体现实用性。这主要体现在例文和写作训练两个部分，选择与大学生的学习、生活密切相关的例文及训练。

本书在编写过程中得到了暨南大学聂巧平、倪列怀、盛永生、罗执廷、闫秋红、杨秋、戴爱明、花宏艳、梁建先等老师的大力帮助，本书吸收了他们的教学成果，在此表示衷心的感谢！在编写过程中，笔者参阅了大量书刊和相关论著，并吸取了其中的最新研究成果和有益经验，恕不一一注释，在此谨向原作者致以衷心感谢！

本书有配套课件，需要的读者请发邮件至 huwei369hu@126.com 索取。

由于个人水平有限，缺点、纰漏在所难免，诚盼专家、同人、读者指正。

胡 伟

2018 年 10 月

目 录

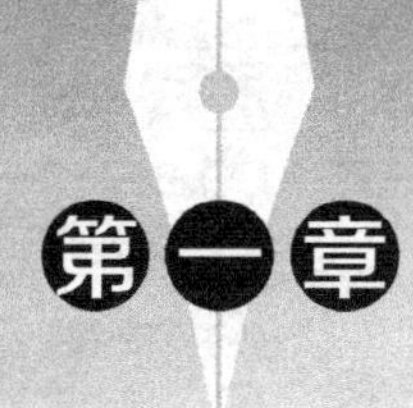

第一章 概 论

第一节 写作与写作学

一、写作

（一）写作的概念

写作是一种借助书面语言抒情言志、记事明理，进行信息传递的创造性脑力劳动过程。写作是用语言符号来创造精神产品（文章的思维活动过程）。作为一个完整的系统过程，写作活动大致可分为“采集—构思—表述”三个阶段。

广义的写作包括各类文体的写作。狭义的写作指文学创作。

（二）写作的意义

写作的意义重大。《左传·襄公二十四年》：“太上有立德，其次有立功，其次有立言，虽久不废，此之谓不朽。”曹丕的《典论·论文》：“盖文章，经国之大业，不朽之盛事。年寿有时而尽，荣乐止乎其身，二者必至之常期，未若文章之无穷。”

林肯称赞斯托夫人的《汤姆叔叔的小屋》挑起了一场大战（南北战争）。

毛泽东用写作巧设“空城计”。1948 年 10 月“剿总”司令傅作义准备进犯石家庄。当时我军主力在远处作战，石家庄实为空城，调兵已经来不及。毛泽东挥笔写了 450 字的消息，云：“敌人企图进攻石家庄，我军已严阵以待，随时准备粉碎来犯之敌。”新闻播出，傅作义大惊，见计划已被识破，只有放弃进攻打算。

诺贝尔奖得主阿列克谢耶维奇的《切尔诺贝利的回忆：核灾难口述史》引起了整个世界的震撼，引发了全世界对于生命的深切思考。

（三）写作的缘由

下面的一些典籍和作家说出了部分写作的缘由。

《毛诗序》：“诗者，志之所之也，在心为志，发言为诗。情动于中而形于言，言之不足，故嗟叹之，嗟叹之不足，故咏歌之，咏歌之不足，不知手之舞之足之蹈之。”

《尚书·尧典》："诗言志，歌永言，声依永，律和声。"

曹雪芹："满纸荒唐言，一把辛酸泪。都云作者痴，谁解其中味？"

巴金："我以我的文学改造我的生命，我的环境，我的精神世界。"

陈映真："为了让被侮辱的人重获尊严与自由。"

冯骥才："作家的社会职责是'回答时代向我们重新提出的问题'。"

余华："内心并非时时刻刻都是敞开的，它更多的时候倒是封闭起来，于是只有写作，不停地写作才能使内心敞开，才能使自己置身于发现之中，就像日出的光芒照亮了黑暗，灵感这时候才会突然来到。"

斯特凡·赫尔姆林："人不是因为担心死而从事写作，而是担心死后没留下什么痕迹。"

海塞："没有什么比沉浸在创作的欢乐与激情中挥笔疾书更美，更令人心醉的事了。"

也有一些作家以写作为职业，如莫言曾说自己是为了能吃上饺子。

许多作家取得了突出的成就，如莫言获得了诺贝尔文学奖，再如格非、刘震云、王安忆、严歌苓等发表了多部作品。其中王安忆获提名布克国际文学奖以及法兰西文学艺术骑士勋章。严歌苓获得"京华奖"，其作品《陆犯焉识》在中国小说协会评选的2011年度长篇小说排行榜中位居榜首。

小说写作中故事的可读性很重要，有好故事的小说往往可以拍成影视剧，如《肖申克的救赎》和《三生三世十里桃花》。韩三平说："电影的门槛很低，只要有一个好的故事。其他交给专业团队。"导演宁浩自己创作了《香火》《疯狂的石头》等作品，《疯狂的石头》荣获台湾金马奖的最佳原创剧本奖等多个奖项，《疯狂的赛车》以1 000万的投资获得过亿票房。而也有许多小说家以自己的小说作品为素材成为著名导演。2005年，郭敬明出版了小说《1995—2005夏至未至》。2007年，郭敬明出版了小说《悲伤逆流成河》。2008年至2012年陆续出版《小时代》"三部曲"。而成为导演后，他陆续将小说拍成了电影，小说中故事的可读性也为其电影带来了好的票房。

写作能力的提高是需要大量写作训练的。为了提高中文系本科学生的写作能力，中山大学和暨南大学要求本科生在一年或两年内完成一百篇作文。

小作业

（1）做一个自我介绍，让大家全面认识你。

（2）假如现在是四年后，再做一个自我介绍，争取能让面试考官录用你。比较这两个自我介绍，思考大学四年中如何"化茧成蝶"，完成华丽的蜕变。

二、写作学

写作学是一门研究各种文章体裁的写作规律和技巧的学科。写作学研究包括写作哲学、写作美学、写作文化学、写作思维学和写作语言学等。根据文章的性质和用途，可将各种文章体裁（简称文体）大致划分为两大类：一类是主要用于审美欣赏的，称为文学性文体（即文学作品）；另一类主要是为了处理现实事务及问题的，称为实用性文体（即广义应用文）。

文学性文体侧重于审美价值，多以文学作品特有的艺术和虚构等手法，形象地反映社会生活，如诗歌、小说、散文、戏剧等。

实用性文体具有很强的实用性和广泛的社会性，突出它的社会实用价值，主要是为应对现实生活、学习和工作的各种需要及其问题。实用性文体范畴较广，大致可划分为四个大类：①新闻文体（消息、通讯、特写等）；②理论文体（评论、学术论文、工作研究、理论专著、教材等）；③记传文体（史书、传记、方志、年鉴、回忆录等）；④实务文体（即一般所说的应用文，或称为“狭义应用文”），其写作目的主要是处理日常发生的公务和私事。例如，行政文书、事务文书、规章文书、会议文书、经济文书、司法文书、日常文书、礼仪文书等。

第二节 写作四体

一、写作主体

（一）写作主体的概念

写作主体，是指进入写作思维和写作行为中的人。简单地说，就是写文章的人。从行为过程的角度来说，写作主体只有在写作活动中才存在，才有实际意义。写作主体是写作活动的直接启动者、策划者、操纵者和实践者。

写作主体要耐得住寂寞。海明威在获得诺贝尔奖的时候致辞：“孤寂的生活是写作的最佳条件。各种作家协会固然可以排遣孤独，但是我怀疑它们未必能够促进作家的创作。一个在稠人广众中成长起来的作家，当然不用担心会孤苦寂寥，但他的作品却往往流于平庸。而一个在孤寂中工作的作家，如果他又确实与众不同，那他就必须面对漫长而枯燥的时间或是面对缺乏永恒的每一天。”

路遥的长篇小说《平凡的世界》耗时六年，全景式地反映了中国70年代中期到80年代中期十年间城乡社会生活的巨大历史性变迁，六年间路遥下煤矿、走乡村、绝浮华、处陋室，殚精竭虑，好些时候躺在床上有生命终止的感觉。待《平凡的世界》完稿，这位40岁不到原本壮实的汉子，形容枯槁，看起来完全像个老人。

（二）写作主体在写作中的主宰作用

1. 写作主体在聚材中的主宰作用

1983年，张海迪开始从事文学创作，她以顽强的毅力克服着病痛，精益求精地进行着创作，执着地为文学而战。先后翻译了《海边诊所》《丽贝卡在新学校》《小米勒旅行记》《莫多克——一头大象的真实故事》等数十万字的英文小说，出版了长篇小说《轮椅上的梦》《绝顶》，还撰写了散文集《鸿雁快快飞》《向天空敞开的窗口》《生命的追问》。张海迪获得两个美誉：一是“20世纪80年代新雷锋”；二是“当代保尔”。邓小平亲笔题词：“学习张海迪，做有理想、有道德、有文化、守纪律的共产主义新人！”张海迪在聚材中选择的多是催人奋进的材料。张海迪说：“活着就是为了克服生命的困境。”

法国作家法布尔毕生从事昆虫研究，其长篇科普文学作品《昆虫记》是一部概括昆虫的种类、特征、习性的昆虫学巨著，同时也是一部富含知识、趣味美感和哲理的文学宝藏。作者将昆虫的多彩生活与自己的人生感悟融为一体，用人性去看待昆虫，字里行间都透露出作者对生命的尊敬与热爱。

2. 写作主体在构思中的主宰作用

鲁迅（周树人）和周作人是亲兄弟，在写相似题材的文章时，内容却大不相同。写作主体在构思中有主宰作用。但也有作家受作品控制，出现情不自禁的现象，如列夫·托尔斯泰的《安娜·卡列尼娜》中的渥伦斯基和安娜·卡列尼娜完全出乎作家的意料，或对自己“毫不迟疑地开枪”，或投身隆隆而来的火车轮之下。

3. 写作主体在表达中的主宰作用

主体在表达中也有主宰作用。老舍说：“语言像一大堆砖瓦，必须由我们把它们细心地排列组织起来，才能成为一堵墙，或一间屋子。”

例如，解缙应对朱元璋提问时聪明机智的回答就体现了这一点。解缙尝从游内苑。上登桥，问缙：“当作何语？”对曰：“此谓一步高一步。”上大悦。及下桥，又问之。对曰：“此谓后边又高似前边。”上大悦。一日，上谓缙曰：“卿知宫中夜来有喜乎？可作一诗。”缙方吟曰：“君王昨夜降金龙。”上遽曰：“是女儿。”即应曰：“化作嫦娥下九重。”上曰：“已死矣。”又曰：“料是世间留不住。”上曰：“已投之水矣。”又曰：“翻身跳入水晶宫。”上本欲诡言以困之。既得诗，深叹其敏。

4. 写作主体在修改中的主宰作用

写作主体在修改中有主宰作用。老舍说：“一千字的文章，我往往写三天，第一天可能就写成，第二天、第三天加工修改，把那些陈词滥调和废话都删掉。”托尔斯泰的《复活》手稿有四种修改本，他有些作品甚至有十五种、二十种修改本。法捷耶夫说他有一篇论文竟有九十种修改稿，他的长篇小说《泛滥》没有一章改写的次数是少于四次的，有几章改写了二十次以上。果戈理的《钦差大臣》有六种修改稿。《死魂灵》有五种修改稿。曹雪芹写《红楼梦》，“批阅十载，增删五次”，直到改得“字字看来皆是血，十年辛苦不寻常”。莫言对小说艺术追求完美，他反复修改作品，认为自我满足感是其他任何荣誉都无法赋予的。

启示：我们应该努力找寻到属于我们的写作个性，并由此出发，建构起我们的文学大厦。

（三）写作主体的素养

素养是人的素质和修养的合称。

1. 思想素养

思想素养包括思想水平和理论水平两个方面。写作主体要有较高的思想水平和理论水平。王国维曾说过：“没有高尚伟大之人格，而有高尚伟大之文章者，盖未之有也。”屈原有“哀民生之多艰”的高尚情怀，才写出《离骚》等不朽诗篇。李白以傲岸不屈的风骨，才铸造成凌厉奔放的诗调。杜甫若无关心人民疾苦的意识，何来一代史诗。文天祥若是贪生怕死之辈，哪能写出气壮山河的《正气歌》。

2. 生活素养

生活素养是人们从事一切文化创造活动的“根须”，它来自丰富的经历、广阔的视野，也来自主体对生活的钟情与投入。因此，拓宽视野，丰富阅历，广开视听，写起文章来自然就会得心应手了。写作主体要培养自己的生活素养。我国古代史学家司马迁之所以能写出不朽的史书，一个重要的原因就是在长期的游历中收集到大量的翔实的史料，从而能把历史人物写得栩栩如生，把历史事件描述得绘声绘色。《红楼梦》之所以被称为中国社会的“百科全书”，就是因为这部巨著几乎涉及了社会生活各个方面的知识，除了故事情节外，大凡诗词歌赋、琴棋书画、建筑装饰、花鸟鱼虫、医药占卜、官场皇室、酒家商肆，无不应有尽有。没有深厚的文化知识素养，曹雪芹就无法写出这样的皇皇巨著。萧伯纳说：“伟大的剧作家不仅是给自己或观众以娱乐，还有更多的事要做，他应该解释生活。”

3. 文化素养

文化素养对写作主体也很重要。鲁迅在谈创作时说过：“先前的文学青年，往往厌恶数学，理化，史地，生物学，以为这些都无足轻重，后来变成连常识也没有，研究文学固然不明白，自己做起文章来也糊涂，所以我希望你们不要放开科学，一味钻在文学里。”美国记者劳伦斯为了报道日本长崎原子弹爆炸事件，对原子弹理论知识的了解达到了“令人吃惊”的地步，他的报道因此而获得了普利策新闻奖。我国现代作家徐迟，为了写数学家陈景润的事迹，刻苦钻研了有关高等数学理论，《哥德巴赫猜想》这篇报告文学一问世，就在社会上获得强烈的反响。凡尔纳是法国著名的科幻小说作家，是《格兰特船长的儿女》《海底两万里》《神秘岛》的作者，他不仅熟悉文学，而且对地理、数学、物理、化学等均有研究，所以写出来的文章内容就非常丰富，涉及各个领域的知识。尽管莫言一开始只有小学文凭，但通过自学掌握了大量的知识。莫言在担任图书管理员的四年时间里，阅读了大量的文学书籍和不少的哲学与历史书籍，积累了深厚的理论知识，更是不断地吸收西方的理论知识，深受西方的现代主义文学影响。

4. 艺术素养

拥有一定的艺术素养是职业作家必须具备的素质，文学、绘画、音乐、电影、书法、戏剧、舞蹈都是艺术。村上春树的作品里呈现了他对音乐的深入研究；高行健的小说、绘画、戏剧可以说是顶级了；木心既是作家又是画家；鲁迅在中国文学史上的地位大家都知道，但鲜有人知道北大的校徽是他设计的。再有，古斯塔夫·马勒的交响曲《大地之歌》就是根据我国六首唐诗创作的。海明威曾经说过，他不仅向画家学习，而且也向音乐家学习，“我觉得我个人向作曲家学习的东西和从和声学及对位法学到的东西是很明显的”。苏联作家阿纳尼耶夫在发表了长篇巨著《没有战争的年代》后说，他的小说采用了“复调”结构。“对位”“复调”，原是音乐中的写作技法和一种多声部音乐，如今在外国谈论小说时常常谈及它们。绘画中有印象流派，同样，在音乐和诗歌中也有这个流派。所以艺术是共通的。缺少艺术修养，只能写出一般的文学作品。而职业作家必须要具备艺术修养，把对艺术的审美灌输到自己的作品当中，从而形成自己的风格流派。

（四）写作主体的能动性

写作不仅仅是客观事物的反映。任何客观材料都必须经过写作主体心灵的浸透、整合，才有可能进入写作程序。有哪些方面的因素影响着写作主体呢？这些因素包括作者的思想、感情、胸怀、视野、意志、文化品种、道德精神等。

莫言说：“过去我觉得我最愁的是找不到可以写的故事，挖空心思地编造，去报纸里面找，去中央的文件里找，但是找来找去都不对。”

作者关于客观事物的思想、情感，不仅会作为材料直接或间接地反映到文章中去，而且它还会在更深的层次塑造主体的心灵，形成主体的胸怀视野、道德精神、文化品格等。写作作为一种独立的、艰苦的劳动，要求主体具有坚强的意志。歌德写《浮士德》，几乎耗尽了他整个生命。贾岛也有过“两句三年得，一吟双泪流”的感叹。

写作还需要敏锐深刻的观察力，优良持久的记忆力，丰富新颖的想象力，缜密深邃的思考力，灵活变通的应变力，以及立意选材、布局行文的表现力。在写作活动中，作者对信息的接受力、储存力、组合力、创造力，就依赖于他的感知力、记忆力、想象力、思维力；作者只有通过感知，才能收集材料；只有通过记忆，才能积累材料与经验，巩固技能与技巧；只有通过想象与思维，才能对零散的原始材料进行梳理、归类、分解、组合、推导，概括选择、判断、加工、挖掘、提炼，它们都是从事写作活动不可缺少的心理能力，都是在长期实践活动中逐渐形成的。

在写作中，我们应多深入社会，多了解生活，增加人生阅历，培养丰富情感，增强写作意志，不断超越自我，提高写作修养，向着最为美好的精神境界升华。

二、写作客体

（一）写作客体的概念

写作客体实际上是指作家所要描绘的现实世界（物质世界和精神世界），泛指一切能够成为写作对象的人、事、景等客观对象。写作客体往往制约、引导着写作主体的主观能动性的发挥。只有进入写作主体的认识视野，成为写作活动对象的社会生活才是写作客体。

（二）写作客体的构成

我们可以将写作客体分为四个方面：自然景观、社会生活、精神文化、内心世界。写自然景观的如《望庐山瀑布》。写社会生活的如《傲慢与偏见》，该小说描绘了18世纪末到19世纪初处于保守和闭塞状态下的英国乡镇生活和世态人情。写精神文化的如王小波的《我的精神家园》。写内心世界的如萨瓦托的《暗沟》。

三、写作受体

（一）写作受体的含义

写作受体，即写作活动的接受对象，一般谓之读者。也有的学者认为受体和读者有区别。作为写作活动中的一个要素，其价值和地位正随着网络时代的到来而日益受到人们的重视。一个读者至上的时代正在到来。

（二）写作受体的地位和作用

写作受体是写作的参与者和推动者。纵观写作活动的全过程，写作受体一直在直接或间接地起着调节、修正、激励的作用。写作受体是文章价值的实现者。作品是作者与读者接受双向作用的结果。被人诵读的诗才是诗，被人接受的小说才是小说，否则它们仅仅是一堆印刷符号。写作受体是文章的再生产者。所谓“一千个读者心中有一千个哈姆雷特”，正是丰富了原作的底蕴。

（三）影响读者接受的因素

美国学者约瑟夫·克拉珀在《大众传播的效果》一书中指出，受众在心理上有三种选择性因素：一是选择性接受，人们总是愿意接受那些与自己固有观念一致的，或自己需要的、关心的信息，回避那些与自己固有观念相悖或自己不感兴趣的信息。二是选择性理解，即所谓“仁者见仁，智者见智”，同样一个信息，不同的人可能会有不同的理解，这种理解受人们固有观念和态度的制约。三是选择性记忆，人们往往容易记住自己愿意记住的东西。

读者的语言知识影响了接受，如《疯狂的石头》中，当剧中小偷用粤语说出台词“我顶你个肺”时，懂粤语的人会发笑，而不懂粤语的人不会笑。

读者的文化素养也影响了接受，如没有文化素养的人很难欣赏“姑苏城外寒山寺，夜半钟声到客船”的意蕴。

读者的文化传统也影响了接受，如外国人难以理解《白洋淀》水生之妻的行为和语言。中国学生初读外国文学《怦然心动》，会对其中高中制度差异感到惊讶。

时代意识形态也影响了接受，马塞尔·普鲁斯特《在斯万家那边》，1913 年出版（《追忆似水年华》的第一卷）。出版前遭遇了退稿，编辑写道：我从颈部以上的部分可能都已经死掉了，所以我绞尽脑汁也想不通一个男子汉怎会需要用三十页的篇幅来描写他入睡之前如何在床上辗转反侧。

纳博科夫在 1955 年出版的《洛丽塔》(*Lolita*)，出版前遭遇了退稿，编辑在退稿原因中写道：“作者实在应该把他的想法都告诉他的心理医生（他也可能真的说了），而且这本小说也有可能是那些想法经过扩充后的结果——这里面有些段落写得不错，但是会让人吐到爬不起来，即使是比弗洛伊德还开放的家伙也会受不了……作者常常写着写着就陷入了一种像精神病一样的白日梦，情节也跟着混乱了起来……让我最感到困惑的是——这作者居然还想找人出版这本书，我现在实在找不到出版这本书的理由。我建议不如把这本书用石头埋起来，一千年后再找人出版。”

德国尧斯认为：在作者、作品与读者的三角关系中，读者绝不仅仅是被动的部分，或者仅仅做出一种反应，相反，它自身就是历史的一个能动的构成。只有通过读者的传递过程，作品才进入一种连续变化的经验视野之中。

白居易也曾遭人误解。舒芜在《流氓诗人白居易——伟大背后的另一面》中批判白居易的《追欢偶作》：十载春啼变莺舌，三嫌老丑换蛾眉。

舒芜写道：“他买了一批十五六岁的女孩来当家妓，才玩三几年，人家也才十八九岁，就嫌人家老了丑了，当废品处理掉，再买进一批新鲜货色，一而再，再而三，还公然写进诗句，公然以此自炫。”

其实白居易是放了她们，让她们把握青春年华。这在白居易的下面两首诗中有所体现。

《别柳枝》：两枝杨柳小楼中，袅娜多年伴醉翁。明日放归归去后，世间应不要春风。

《闲居》：风雨萧条秋少客，门庭冷静昼多关。金羁骆马近贳却，罗袖柳枝寻放还。

白居易与“小蛮腰”

广州塔被称为“小蛮腰”。“小蛮腰”出自白居易写的诗歌：“樱桃樊素口，杨柳小蛮腰。”樊素和小蛮都是白居易的歌妓，樊素口小而善歌，小蛮腰细而善舞。

四、写作载体

（一）写作载体的含义

写作载体就是写作主体将其写作构思转化为可以用来进行交流和传播的文本时所使用的物质媒介系统。主要是指承载文章中精神内容的外在物质形式，包括体制、结构、格式、语言等方面的构成因素。

（二）文学体裁

文学体裁有小说、散文、诗歌、戏剧等。

杜牧的《清明》本来是诗：清明时节雨纷纷，路上行人欲断魂。借问酒家何处有？牧童遥指杏花村。

可以改为词：

清明时节雨，纷纷路上行人，欲断魂。借问酒家：“何处有牧童？”遥指杏花村。

还可以改为剧本：

清明时节：雨纷纷。

路上。

行人：（欲断魂）借问酒家何处有？

牧童：（遥指）杏花村。

文章的结构有连贯式、递进式、总分式、并列式等。

文章的格式有书信格式、论文格式等。

文章的修辞方式有比喻、拟人、排比、对偶、夸张、引用、反问、设问等一百多种修辞。

语言表达方式，也叫文字表达方式。常见的五种语言表达方式是叙述、描写、说明、抒情、议论。

（三）语体

所谓语体，就是人们在各种社会活动领域，针对不同对象、不同环境，使用语言进行交际时所形成的常用词汇、句式结构、修辞手段等一系列运用语言的特点。

在实际生活中，根据不同的语言环境来有效地进行语言交流，不仅涉及内容，而且也涉及语言的本身，涉及语言材料及其表达手段、组合方式等的准确选择。因此，语体学可以说是现代语言学中紧密联系社会交际环境来研究语言可变性规律的一门分支学科。语体分为口头语体和书面语体两类，其中口头语体包括谈话语体和演讲语体，书面语体又分为法律语体、事务语体、科技语体、政论语体、文艺语体、新闻语体、网络语体七种。

第三节　主题、结构、材料和语言

一、主题

（一）主题概述

主题是通过文本写作所表达出来的基本观点、主旨或情感倾向。广义的主题包括作者意旨、文本含义和读者理解。狭义的主题只指作者之意。

作者的意旨与文本的含义、读者的理解不是一回事。有人说“一千个读者心中有一千个哈姆雷特”。鲁迅说：“一部《红楼梦》，经学家看见了《易》，道学家看见了淫，才子看见了缠绵，革命家看见了排满，流言家看见了宫闱秘事。”

写文章要言之有理（主题），言之有序（结构），言之有物（材料），言之有文（语言）。如果用人体打比方：主题是文章的大脑和灵魂；结构是文章的骨骼；材料是文章的血肉；语言是文章的皮肤和外衣。

议论文的主题是思想观念，学术论文、评论的主题是中心论点，如《拿来主义》。抒情文中的主题是某种情感与情绪，如《再别康桥》。说明文的主题是传达某种信息或知识，如《花儿为什么这样红》。主题有时候是长期积累，自然孕育得之；有时候是偶然出发，顿悟得之；有时候是依据需要，研究得之。

主题一般产生于由“物”到“意”再到“文”的内化、意化、外化“三重转化”的过程之中。事物、景物的触动，情动于中—思考、领悟而形成主题—形之于文。例如《别追不累的羊》是作者从动物电视片中看到非洲豹追同一只未成年羚羊，而放弃周围更近的羚羊的一幕，受到触动，经过思考领悟形成主题：心无旁骛地坚持。学术论文是根据写作需求收集材料—研究、思考、领悟而形成主题—形之于文。

水可以从多个角度立意：上善若水；生命之源；水可载舟。

主题要正确。主题要符合全社会、全人类的根本利益，符合人类社会的文明发展、进步。主题要引发读者对真善美的追求、对假丑恶的憎恶，同是“谈狐说鬼”的作品，《聊斋志异》借之以反映社会生活，鞭挞丑恶，赞美高尚；而一些故事则用以恐吓、宣传封建迷信。主题要传递正面的价值观，同是描写战争题材的作品，有的宣传和鼓吹暴力，有的则在肯定战争的正义性的同时，站在人类的高度揭露战争带来的灾难。如托尔斯泰的代表作品《战争与和平》，肖洛霍夫的《静静的顿河》。正确的主题往往流传很广。如《长歌行》：“青青园中葵，朝露待日晞。阳春布德泽，万物生光辉。常恐秋节至，焜黄华叶衰。百川东到海，何时复西归？少壮不努力，老大徒伤悲。”该文的主题是劝诫人们珍惜时光，及早努力，所以流传较广。

主题要集中。一般来说，主题集中可理解为主题单一。如梁实秋的《洗澡》《下棋》《清华八年》等。但是也有例外：复合主题——基本主题之外还有一个乃至几个副主题。如李大钊的《今》主题是“今最可宝贵”，副主题则是“今最易丧失”。

主题要新颖。发人之所未发，见人所不能见。突破传统与常规思想，敢言人之不敢言。

舒婷的《神女峰》："与其在悬崖上展览千年，不如在爱人肩头痛哭一晚。"刘鹗的《老残游记》："赃官可恨，人人知之。清官尤可恨，人多不知。盖赃官自知有病，不敢公然为非；清官则自以为我不要钱，何所不可？刚愎自用，小则杀人，大则误国！"

主题要与时俱进，"劳模"的标准现在同过去比已发生了改变：由苦干转变为巧干、快干。"节约"内涵发生了改变：由省吃俭用转变为资源节约，鼓励消费，促进生产。

大的主题能引起大多数人的共鸣，故能感动大多数人，小的主题只能引起少部分人的共鸣，只能感动少部分人。不朽的经典作品，大多属于大主题。思乡、情爱都是大主题。如"玉炉香，红蜡泪，偏照画堂秋思。眉翠薄，鬓云残，夜长衾枕寒。梧桐树，三更雨，不道离情正苦。一叶叶，一声声，空阶滴到明。"再如《上邪》中的"山无陵，江水为竭，冬雷震震，夏雨雪，天地合，乃敢与君绝！"

应用文一般直接呈现主题，如通知中总是开门见山指出事件。文学作品有直接表意的，鲁迅的《一件小事》将一件小事与"所谓国家大事""文治武功"两相对照，看到了劳动人民的神圣和统治阶级的腐朽。文学作品也有间接表意的，如《水调歌头》，中秋月景的描绘中隐藏着苏轼对胞弟苏辙的无限思念。

（二）提炼与深化主题

炼意的途径：全面掌握材料提炼思想；深层挖掘事物内在；在多种结论的比较选择中提炼思想。

可以限制主题，限制—缩小—确立主题。如《古龙小说的特色》—《古龙小说的语言特色》—《古龙小说语言的散文化倾向》。

提炼与深化主题，大处着眼，小处着手。根据意图对激发写作冲动的事物进行思考，在深思熟虑后再确定现象后面隐藏的意义，挖掘思想理论深度，从而确定主题。根据意图对材料进行精心研究后再概括，提炼、深化所要表达的主题。

提炼与深化主题的方法有以下几种。

（1）因果思维法。原因分析：挖掘结果（现象）的产生原因。你认为"富不过三代"对吗？分析结果（现象）产生的社会环境、文化环境、习俗、道德背景等。例如，老人跌倒扶不扶的社会环境是什么？功能分析：即谈对将来的影响、作用、意义、后果、效益等。如集体领导制对中国的影响。

（2）他相似思维（隐喻、象征）。物与人、人与人、事与事、古与今等的他相似。如《爸爸的花儿落了》中石榴花的凋落隐喻爸爸去世。

（3）自相似思维（以小见大）。精神、环境、历史的自相似。穿着打扮的文化、权力分析。莎士比亚说："衣裳常常显示人品。"法郎士说："妇女装束之能告诉我未来的人文，胜过于一切哲学家，小说家，预言家，及学者。"梁实秋的《衣裳》："衣裳是文化中很灿烂的一部分。"

（4）求异思维法。王安石的《明妃曲》二首："意态由来画不成，当时枉杀毛延寿……家人万里传消息，好在毡城莫相忆；君不见咫尺长门闭阿娇，人生失意无南北。"

（5）逆向思维法。竹子，自古以来人们都把它视为有骨气、有节操的象征。而地质学家丁文江却说："竹似伪君子，外坚却中空。成群能蔽日，独立不禁风。根细好钻穴，腰柔贯鞠躬。文人多爱此，声气息相同。"下面的题目用了求异思维："开卷未必有益""近墨者未必黑""旁观者未必清""不知足者常乐"。

（6）对比法。如杜甫的《自京赴奉先县咏怀五百字》中“朱门酒肉臭，路有冻死骨”。臧克家的《有的人》也是通过“俯首甘为孺子牛的人”和“高踞人民头上的人”这两种人的对比来阐发意义。

（7）刨根问底法。透过现象看本质。齐国的一个小县城的路旁有一棵高大的树，人们每次经过这里都会啧啧称奇，唯有一个叫匠石的木匠师傅每天路过大树，一眼也不看这棵大树。他徒弟问他何故，他说：“那是一棵无价值的树，不然的话它不能安安稳稳在这里活这么多年。”果然，这种树的木材做船易渗水，做家具有怪味，做棺木很快就会腐烂掉。

要在构思上多下功夫，构思的过程，既是人物命运由朦胧至清晰的过程，也是主题由朦胧至清晰、由浅入深的过程。那么，当构思完成以后，下笔写作时，是不是一切都会围绕着既定的主题进行呢？也不是，在写作的过程中，还要对构思中形成的东西不断地加以调整、补充、修正，这时主题就可能有进一步的深化，乃至写着写着竟转移了主题，甚至否定了原有的主题。

二、结构

（一）结构概述

结构是指文章的组织形式和内部构造。结构有宏观结构和微观结构之别。宏观结构是指文章的整体构思和框架，包括文章总的顺序以及各个部分、段落之间的关系。微观结构是指文章的层次、段落、开头、结尾、过渡、照应等具体安排和布置。“结构”兼有名词、动词两种意思。名词意义是指文章的框架。

结构的动词用法就是“构思”，是安排文章写作顺序的一种思路。所谓构思就是想好文章应该怎么写，先写什么，后写什么，先用什么材料，后用什么材料，一个主题要不要分成多个分主题，等等。分析一篇文章的结构，实际意义在于借鉴其构思时的思路开拓、组织、设计艺术。

构思有以下几种方式。

（1）拟腹稿。这是在脑中先想好，想清楚之后再写的一种构思方式。据《新唐书》记载，初唐四杰之一的王勃，写文章之前，会先在端砚中磨墨数升，然后以被蒙首躺在床上，名为睡觉，实为构思。一旦拟好腹稿，即坐起，挥笔一气呵成。据许广平回忆，鲁迅即使写三五百字的短文，也不是摊开纸就动手，而是躺在躺椅上构思，即使吃饭，也一言不发，直到想好之后再动笔写。

（2）列提纲。即拟把文章分成几个部分来写，就把这几个部分的大纲写出来，然后再一部分一部分地写作。学术论文很适合采取这种写作方式。列提纲是思路整理的外显化过程，它可以帮助你把思路理清。提纲有简要和详细之分。简要的只列大的几个部分，不再细列每部分的内容。详细的则不单列出文章的段落层次，甚至主题、运用哪些材料、引用哪些名人名言等都要列出。初学写作者最好养成列提纲的习惯。通常我们评价一篇文章层次清晰，材料安排得当，就是说其构思正确，符合客观事物的规律或事件的发生、发展顺序等。列提纲就是构思的一种体现。清代文学理论家李渔说写文章要“袖手于前，始能疾书于后”。清人崔学古在其《学海津梁》中也说：“作文须先闭目静坐，理会题旨。思本题中有几层意思，孰为正意可用，孰为旁意可删。一篇体段，行文之光景，具在胸中，然后下笔，则文理贯通，自成一家文章。若只逐句杜撰，文必不成。”

(3) 边想边记。即在定下题目之后，就围绕这个题目开始胡乱去想，想到什么就随手记下什么，不求系统完整，最后再把这些记下来的片断进行归纳整理，列出拟写的提纲。朱光潜在《作文与运思》中说：“在定题目之后，我取一张纸条摆在面前，抱着那题目四面八方地想。想时全凭心理学家所谓‘自由联想’，不拘大小，不问次序，想得一点意思，就用三五个字的小标题写在纸条上，如此一直想下去，一直记下去，到当时所能想到的意思都记下来了为止。”

（二）文章结构的原则

1. 整体性原则

一是结构必须是完整的。二是结构必须是缜密协调的。中国古代讲究“凤头、猪肚、豹尾”这样的结构。

2. 适应性原则

一是要适应表达主题的需要。二是要适应不同体裁的特点和要求。如调查报告：导语—正文（情况总体介绍、分析和建议措施三部分）—结论。应用性文章：约定俗成，相沿成习。结构特点是程序化、定型化。文学作品：灵活多样，不拘一格，例如话剧《陈毅市长》的结构是“冰糖葫芦式”，而小说《钟鼓楼》的结构是“橘瓣式”。三是要适应不同读者的需要，针对儿童读者要采用简单易懂的结构，而针对成年人读者可以采用灵活多变的结构。

3. 创新性原则

传统结构强调“凤头、猪肚、豹尾”的结构，而《红楼梦》采用了创新性的网状结构。《水浒传》采用先分后合的链式结构。这是说在符合文章的一定的结构框架之下寻求变化。文学作品常寻求结构的创新，而通知等应用文却要保持结构的稳定性。例如叙事文章的叙事顺序就可以有顺叙、倒叙、插叙、补叙等多种方式。叙述角度也可以有第一人称、第三人称甚至第二人称等。如《了不起的盖茨比》是用第二人称叙述的。

（三）文章结构的基本内容

1. 层次

层次，是作者对文章内容作的次序安排，是文章的脉络。层次是更大意义上的划分，层次一般是大于段落的，但有时也等于段落。

为了显示层次的划分，行文还可采用层次标志，主要有：①序码，各层次标出一、二、三……或以“首先”“其次”表示。②关联词，如鲁迅的《雪》中的一句：“但是，朔方的雪花在纷飞之后，却永远如粉如沙……”关联词“但是”把全文分成前后两层。③重复词语。④过渡语段。⑤空行。⑥小标题。

知识拓展

三类文体的主要结构

记叙性文体的结构：①时间顺序式；②作者认识过程式（情感变化过程）；③空间顺序式；④时空交错式；⑤人物意识流动式。

论证性文体的结构：①典型事例深挖式；②分论点板块式；③对比式；④类比式；⑤间接反驳式；⑥逐步铺垫推出结论式（学术类最常见）。

说明性文体的结构：①时间或步骤顺序式；②空间格局式；③逻辑关系式：a. 现象—原因；b. 原因—结果；c. 表象—实质。

2. 段落

段落是指自然的段落，是行文中最小的意义单位，是文章内容在表达时由于转折、强调、间歇等情况造成的文字的停顿。在形态上，以换行为标志。

3. 开头

万事开头难。作文的开头很难，也最能考验一个人的表达水平。高尔基说："开头第一句最困难，它好像在音乐里定调子一样，往往要花费很长时间。"戴维·洛奇在《小说的艺术》中说："小说的第一句（或第一段、第一页）是设置在我们居住的世界与小说家想象出来的世界之间的一道门槛。因此，小说的开局应如俗语所说'把我们拉进门去'。"托尔斯泰的《安娜·卡列尼娜》的开头是：幸福的家庭家家相似，不幸的家庭各个不同。

知识拓展　记叙文、议论文、说明文的开头方式

记叙文的开头

记叙文的开头方式最常见的是以所记事情的发生部分写作，即按照事件发生发展的正常顺序写作。我们把它称为正叙式开头。它有以下几种方式。

（1）点题式开头。即照应着题目，直接从与题目相关的事件、景物、人物等入手。例如：穿过县界长长的隧道，便是雪国。夜空下一片白茫茫。（川端康成《雪国》）

（2）悬疑式开头。通过提问或预留疑问的方式开头，这是一种引起读者的好奇之心的开头方式。又可细分为两种：设问式和留疑式。设问式是通过提问的方式开头；留疑式是故意提出一个引子或者叙述得不完整，预留下问题或疑问的方式开头。

① 设问式悬疑。例如：白宝石？我只知道宝石有红的绿的蓝的……甚至还有黑颜色的，可从来不曾听说过还有白色的，你老兄有没有搞错呀！（汝荣兴《白宝石》）

② 留疑式悬疑。例如：动身访美之前，一位旧时同窗写来封航空信，再三托付我为他带几颗生枣核。东西倒不占分量，可是用途却很蹊跷。（萧乾《枣核》）

（3）引用式开头。即引用他人的言语、名言、格言、谚语、诗句等作为开头的方式。例如：悄悄的我走了，正如我悄悄的来；我挥一挥衣袖，不带走一片云彩。（徐志摩《再别康桥》）

志摩这一回真走了！可不是悄悄的走。在那淋漓的大雨里，在那迷漆漆的大雾里，一个猛烈的大震动，三百匹马力的飞机碰在一座终古不动的山上，我们的朋友额上受了一个致命的撞伤，大概立刻失去了知觉，半空中起了一团天火，像天上陨了一颗大星似的直掉下地去。我们的志摩和他的两个同伴就死在那烈焰里了！（胡适《追悼志摩》）

（4）倒叙式开头。以回忆的方式，或者先说出结果再详叙过程的开头方式。例如：一年前回上海来，对于久违了的上海人的第一个印象是白与胖。在香港，广东人十有八九是黝黑瘦小的，比印度人还要黑，比马来人还要瘦。看惯了他们，上海人显得个个肥白如瓠，像代乳粉的广告。（张爱玲《到底是上海人》）

（5）由面到点式开头。先是就某一话题泛泛地议论一番，然后引出要写的特定对象或事

件或事物、人物的某一特点的开头方式。这种开头方式常用“但是”等转折词引出要写的对象、事件等。例如：金色的童年给每个人都留下了美好的回忆，留在大家记忆中的也许是一件由于幼稚而做出的蠢事，也许是由于不懂事而得到的一次教训……然而留在我的记忆中的却是一次小小的成功。（胡敏《小鱼儿救活了》）

记叙文的开头有许多种，以上只是最常见的几种，尤其是短篇的记叙文以点题式为最佳开头方式。长篇的记叙文以悬疑式开头为最常见，其目的是吸引读者。

议论文的开头

议论文的开头方式相对简单点，常见的有开篇即亮明论点式、引语导出论点式、提问式开头等三种方式。

（1）开篇即亮明论点式。例如：须知，获得知识就如同获得金子这种珍贵物质一样，也是需要聪明才智的。（约翰·罗斯金《求知如采金》）

（2）引语导出论点式。例如：中国有句俗话，叫作“一勤天下无难事”。唐朝大文学家韩愈也曾经说过“业精于勤”。这就是说，学业方面的精深造诣来源于勤奋好学。（林家箴《说“勤”》）

（3）设问式开头。例如：怎么判断一个人究竟有没有他的“自我”呢？我可以提出一个检验的方法，就是看他能不能独处。当你自己一个人待着时，你是感到百无聊赖，难以忍受呢，还是感到一种宁静、充实和满足呢？（周国平《独处的充实》）

说明文的开头

说明文的开头方式也比较简单，常见的有诠释式和引入式两种。

（1）诠释式。开篇即先定义说明对象，或者解释说明对象的成因、特点的开头方式。例如：荔枝原产于我国，是我国的特产。海南岛和廉江有野生的荔枝林，可为我国是原产地的明证。据记载，南越王尉佗曾向汉高祖进贡荔枝，足见当时广东已有荔枝。它的栽培历史，就从那个时候算起，也已在二千年以上了。唐代对四川荔枝多有记述。自从蔡襄的《荔枝谱》（1059）成书以后，福建荔枝也为所重视。广西和云南也产荔枝，却少有人说起。（贾祖璋《南州六月荔枝丹》）

（2）引入式。即通过讲故事或从日常生活中常见的现象引入说明对象的开头方式。例如：桥是个固定建筑物，一经造成，便屹立大地，可以千载不移，把它当作地面标志，应当是再准确不过的。《史记·苏秦列传》里有段故事：“信如尾生，与女子期于梁下，女子不来，水至不去，抱柱而死”，就因为桥下相会，地点是没有错的，桥是不会动的。但是这里所谓不动，是指大动而言，至于小动、微动，它却是和万物一般，是继续不断，分秒不停的。（茅以升《桥的运动》）

学生作文中常见的错误是开头绕得太多。

例如《卖花的小女孩》：

今天是星期天，我和男朋友约会，在餐厅吃完饭后，我们走进一个公园，在公园里漫步着。

公园里有许多人，周末时，父母都喜欢带着孩子到公园里游玩，孩子们在草地上放着风筝，互相追逐着，大人们就坐在一起聊天；许多情侣都喜欢到公园里漫步，手牵着手，享受这温馨的气氛；小贩们也趁着这个时候多赚点钱，有卖棉花糖的，卖风筝的，也有卖串烧的，感觉很热闹。

这时，我注意到一个小女孩，注意的原因是那小女孩手里拿着一个篮子，里面装满了玫瑰花，那小女孩是卖花的，像小女孩的这个年龄，现在应该像其他小朋友一样，和父母一起到公园玩乐的，但却提着个篮子到处找生意。

4. 结尾

结尾也很重要，有些文章的精彩之处全在结尾。美国短篇小说家欧·亨利最善于构拟一个出人意料的结尾，被人称为“欧·亨利式”结尾。其代表作《警察与赞美诗》《麦琪的礼物》《最后的藤叶》莫不如此。

《警察与赞美诗》的结尾：

一刹那间，新的意境醍醐灌顶似地激荡着他。一股强烈迅速的冲动激励着他去向坎坷的命运奋斗。他要把自己拉出泥坑，他要重新做一个好样儿的人。他要征服那已经控制了他的罪恶。时间还不晚，他还算年轻，他要重新振作当年的雄心壮志，坚定不移地把它实现。管风琴庄严而甜美的音调使他内心起了一场革命。明天他要到熙熙攘攘的商业区去找事做。有个皮货进口商曾经让他去赶车。他明天就去找那商人，把这差使接下来。他要做个烜赫一时的人。他要——

苏比觉得有一只手按在他胳膊上。他霍地扭过头，只见是警察的一张胖脸。

“你在这儿干什么？”那警察问。

“没干什么。”苏比回答。

“那你跟我来。”警察说。

第二天早上，警察局法庭上的推事宣判道：“布莱克威尔岛，三个月。”

记叙文、议论文与说明文的结尾方式

记叙文的结尾

记叙文通常是叙述一件事，记写某个人，描述一个事物时所用的一种文体。常用的有点睛式结尾、自然式结尾、补记式结尾、照应开头式结尾。

（1）点睛式结尾。点睛式结尾是指在文章的结尾点出全文的主题、主旨，有画龙点睛的作用。例如：我感到自己的可耻，也感到了丑石的伟大；我甚至怨恨它这么多年竟会默默地忍受着这一切，而我又立即深深地感到它那种不屈于误解、寂寞的生存的伟大。（贾平凹《丑石》）

（2）自然式结尾。即故事结束了，文章也就自然结束了。例如：听了这话，爸爸笑了，妈妈笑了，弟弟也笑了，我也笑了。（钱月红《我家还缺啥》）

（3）补记式结尾。是指事件结束之后的余音式结尾，我们称为补记式结尾。例如：现在的七斤，是七斤嫂和村人又都早给他相当的尊敬，相当的待遇了。到夏天，他们仍旧在自家门口的土场上吃饭；大家见了，都笑嘻嘻的招呼。九斤老太早已做过八十大寿，仍然不平而且健康。六斤的双丫角，已经变成一支大辫子了；伊虽然新近裹脚，却还能帮同七斤嫂做事，捧着十八个铜钉的饭碗，在土场上一瘸一拐的往来。（鲁迅《风波》）

（4）照应开头式结尾。

开头：这是十几年以前的事了。

结尾：但是从那时起，每逢春节，我就想起那盏小橘灯。十二年过去了，那小姑娘的爸爸一定早回来了。她妈妈也一定好了吧？因为我们“大家”都“好”了！(冰心《小橘灯》)

议论文的结尾方法

(1) 归纳式结尾。即以总结归纳全文中心论点方式结尾的方法。例如：总之，在任何工作中，都要记住：“虚心使人进步，骄傲使人落后。”(吴晗《说谦虚》)

(2) 照应式。例如：总之，我们要拿来……没有拿来的，人不能成为新人，没有拿来的，文艺不能成为新文艺。(鲁迅《拿来主义》)

(3) 评价式。例如：同学们！从开始有人类社会以来，没有哪一个社会能与共产主义社会相比。什么理想也不能同共产主义这一更崇高更伟大的理想相比。我希望每一个同学都要有这个崇高的理想,把自己最好的年华贡献给这个崇高的共产主义事业。(陶铸《崇高的理想》)

(4) 抒情式。例如：它是站在海岸遥望海中已经看得见桅杆尖头了的一只航船，它是立于高山之巅远看东方已见光芒四射喷薄欲出的一轮朝日，它是躁动于母腹中的快要成熟了的一个婴儿。(毛泽东《星星之火，可以燎原》)

说明文的结尾方法

常见的有下面几种。

(1) 总结法。就是对说明对象说完后作总结的方法。《奇特的激光》的结尾，就用了这种方法：“激光作为人类历史上从未有过的奇特的光源，不仅大大促进了科学技术的发展，为开拓新的科学领域提供了强有力的工具，还启发着科学工作者产生更多、更美妙的科学幻想：激光可能是打开无穷无尽的能源宝库的钥匙；激光可能使人类看到过去从来没有见过的现象；激光可能成为宇宙航行的动力……当然，把这么多的可能变成现实，需要经历一段漫长的征途，还有待于我们进一步去探索。”

(2) 感叹法。就是对说明对象说完后表示深沉的感叹的写法。如《杨树》的结尾，就用了这种写法：“……让我们用一把把植树锹，在祖国的大地上写出一篇篇八十年代的新‘白杨礼赞’吧！”

(3) 展望法。就是在说明对象说明完后对其未来进行展望的方法。《宇宙里有些什么》的结尾，就用了这种方法：“……今天，载人的宇宙飞船已经成功地实现了环绕地球的飞行，将来一定会揭露更多的宇宙秘密，加速人类征服宇宙的进程。”

5. 过渡

文章一般在以下三个地方需要过渡：一是内容开合处。内容转折较大，用过渡段；转折不大，用关联词语“不过”“但是”“相反”等。二是意义转折处。三是表达方式的转折处。

过渡的方法有明渡和暗渡。明渡如过渡段和关联词语。暗渡如《阿Q正传》中的“船”：“知道那竟是举人老爷的船！”“那船便将大不安载给了未庄”。

6. 照应

(1) 首尾照应。如《散步》《故乡》等。

《散步》的开头：我们在田野散步：我，我的母亲，我的妻子和儿子。

《散步》的结尾：这样，我们在阳光下，向着那菜花、桑树和鱼塘走去。到了一处，我蹲下来，背起了母亲，妻子也蹲下来，背起了儿子。我的母亲虽然高大，然而很瘦，自然不算重；儿子虽然很胖，毕竟幼小，自然也轻：但我和妻子都是慢慢地，稳稳地，走得很仔细，好像我背上的同她背上的加起来，就是整个世界。

（2）文题照应。如《驿路梨花》《致青春》等。

《驿路梨花》的结尾：我望着这群充满朝气的哈尼小姑娘和那洁白的梨花，不由得想起了一句诗："驿路梨花处处开。"

（3）文中照应。

《白洋淀》的文中："他们打伤了你，流了这么多血，等明天我叫他们十个人流血！"

结尾："一个鬼子尖叫了一声，就蹲到水里去。他被什么东西狠狠咬了一口，是一只锋利的钩子穿透了他的大腿。别的鬼子吃惊地往四下里一散，每个人的腿肚子也就挂上了钩。他们挣扎着，想摆脱那毒蛇一样的钩子。那替女孩子报仇的钩子却全找到腿上来，有的两个，有的三个。鬼子们痛得鬼叫，可是再也不敢动弹了。

"老头子把船一撑来到他们的身边，举起篙来砸着鬼子们的脑袋，像敲打顽固的老玉米一样。

"他狠狠地敲打，向着苇塘望了一眼。在那里，鲜嫩的芦花，一片展开的紫色的丝绒，正在迎风飘撒。"

三、材料

（一）材料的含义

广义的材料，是指从现实生活中搜集来的大量生活事实和生活现象，以及从各类媒介（书籍、报纸、杂志、电子媒介等）得来的理论、知识。是写作准备阶段为文章写作所准备的砖石，故亦称"原始材料"。狭义的材料，是指为了主题表达的需要而写进文章中的一系列事实、理论，是砌在"大厦"上的"砖石"。

（二）材料的类别

（1）事实材料。具体的人事物现象、概括的事实、统计数字等都是事实材料。如张爱玲的《天才梦》中自己幼年的经历，韩寒的《第三个人》里自己读书的经历。又如，经科学测定，一个体重 70 千克的成年人，分布在各种组织和骨骼中的水达到 45～50 千克，占体重的 60%～70%；一个人的胚胎发育到 3 天时，所含的水达 97%，与海洋中的水母（如海蜇等）所含的水一样多；发育到 3 个月时，所含的水达 91%；新生儿身上含水量达 80%；1 岁以上的孩子身体内的含水量就和成人一样了。

再如，伟大的音乐家贝多芬双耳失聪之后，仍然迷恋着音乐。他说："我要扼住命运的咽喉。"冬天的一天，北风呼啸，落叶横飞，白发苍苍的贝多芬正在维也纳的大街上散步，灵感突然来了，于是，老人赶紧单膝跪下拿出纸笔，并立刻以膝为桌，把这段突然出现的美妙旋律记了下来，他越写越快，任北风吹拂着满头的银发，任落叶渐渐堆满了脚下的路面——老人正全身心地投入，也就全然忽略了周围的一切。可就在这时，一支送葬的队伍出现了，那长长的队伍极肃穆地走来，越走越近，深沉的哀乐也越来越响，可是，失聪的贝多芬一点也听不到，只顾聚精会神地写着，写着，写着。人们已经认出这是音乐家贝多芬，大伙不约而同地停下了脚步，静静地，在扑面的北风中，满怀敬意地看着老人，直到他写完了这段美妙旋律的最后一个音符！终于，老人站了起来，当他突然觉察到是自己的失态与失礼挡住了送葬的队伍，立即立正站好，向着送葬的人们，深深鞠了一躬。正是凭着对音乐创作的热爱和自强不息的奋斗，贝多芬才在晚年谱写出著名的《命运交响曲》。

（2）观念材料。名言、论断、民间谚语、俗语、定理、规律、公式等都是观念材料。

名言如“有志者事竟成”“会当凌绝顶，一览众山小”。

民间的谚语、俗语如“千学不如一看，千看不如一练”“不下水，一辈子不会游泳；不扬帆，一辈子不会撑船”“宁可做过，不可错过”。

定理如正弦定理：在任意一个平面三角形中，各边和它所对角的正弦值的比相等且等于外接圆的直径。

（三）材料的作用

（1）触发写作意愿。鲁迅目睹了日军杀人事件，写下了《阿Q正传》。巴金的家庭生活，促使他写出了《家》《春》《秋》。莫言做了一个很美的梦，梦见秋天的原野上有一大片萝卜地，便在梦醒后结合梦与个人经历写出了《透明的红萝卜》。

（2）产生写作的主旨。《暨大学生恋爱问题调查》，主题从大量确信的材料中分析和归纳出来。某篇曾登载于校报《暨南大学》第 330 期的调查报告（学生作业）《问世间情为何物——对大学生恋爱观的调查》，在调查问卷的基础上，分成“心与爱”“学与爱”“钱与爱”“性与爱”四个专题分别叙述了调查的结果，最后得出结论——大学生都渴望在美好的四年大学生活中轰轰烈烈地谈一场恋爱。尽管部分大学生面临家庭阻力；尽管大学生恋爱的成功率几乎为零；尽管性爱观念有待端正；但大学生恋爱不考虑金钱，不影响学业，这些已成为绝大多数大学生恋爱观的一部分。如果大学生能够以端正的态度去对待它，爱而不迷，专而不痴，找一个志同道合的人来谈一场纯纯美美、意味隽永的恋爱又有何妨？

（3）表现主题思想。如“宝玉挨打”凸显了出现叛逆，揭示了主题“哗啦啦大厦将崩”。

（4）充实文章内容。《林海雪原》中奇袭奶头山、智取威虎山之类的精彩故事，充实了文章内容。周星驰电影的精彩台词也充实了电影，例如：

- I服了You。（《大话西游》）
- 喜欢一个人需要理由吗？需要吗？不需要吗？需要吗？（《大话西游》）
- 飞是小李飞刀的飞，刀是小李飞刀的刀。（《国产凌凌漆》）
- 我对你的敬仰真是如滔滔江水，连绵不绝，又有如黄河泛滥一发不可收拾。（《鹿鼎记》）
- 你骗我好了，你骗我一辈子。（《美人鱼》）
- 几百亿的事我几秒钟就可以决定了，但是你！我想了整整一个晚上。（《美人鱼》）

（四）实用性文章与文学作品的材料的不同特点

（1）要求的“真实性”不同。应用性文章的材料要求生活的真实，不能随意改变：写英模事迹，不能随意集合事迹，改变言行。文艺作品的材料讲究“艺术的真实”，只要合乎情理、能反映生活的本质，是可以加工、改造、变形甚至于想象、虚构，如“梁祝化蝶”。

（2）所处的地位不同。在应用性文书中，观点（主要意图）居于支配地位，是表达的重点；而材料相对而言居于从属地位，如请示（批款）。在文艺性作品中，材料的地位相对而言更为重要——作者着力表现、读者着重欣赏、评论者依据材料展开评论。电影：津津乐道于一些细节而不一定思索其主题，如《天下无贼》《西游降魔篇》中的台词等。

- 21世纪什么最贵？人才！（《天下无贼》）
- 我可以很负责任地告诉你，黎叔很生气，后果很严重。（《天下无贼》）
- 我本将心向明月，奈何明月照沟渠。（《天下无贼》）
- 我最讨厌你们这些打劫的了，一点技术含量都没有！（《天下无贼》）
- 人心散了，队伍不好带了！（《天下无贼》）
- 喜欢就会放肆，但爱就是克制。（《后会无期》）
- 我们听过无数的道理，却仍旧过不好这一生。（《后会无期》）

（3）选材的范围不同。应用性文章选材受其功利性目的影响，限制较多，范围较窄。文艺性作品限制较少，范围更广泛自由，如某些情色描写与血腥场面。《疯狂的石头》中有“粗口”：“我顶你个肺。”

（五）材料的积累

平时积累：根据自己的工作性质、任务、研究方向、写作兴趣等，有计划地长期坚持搜集材料。利：可以建立材料库，为写作提供丰富的材料库存。弊：材料针对性不够强，必须为材料的鉴别、分类、管理、保存等付出一定精力。

临时搜集：按照写作的意图、目的搜集材料。利：材料针对性强，利用率高。弊：较为被动，因时间、环境因素影响而范围上有一定限制，从而影响写作质量。

理想的积累材料途径是两种方法结合，既从平时积累做起，又掌握临时收集的方法。如赵萌萌（大萌子）演唱《时间都去哪儿了》，背景相片是他与父亲每年一张的珍贵照片。

积累材料的途径：获得直接的、感性的材料的方法用观察体验和调查采访；获得间接的、理性的材料的方法用阅读查找和上网检索。观察体验，仔细观察以获得素材，认真思考以挖掘意蕴，鲁迅笔下的“狂人”的原型是他的表兄弟。宋代画家文同是画墨竹的能手，他的墨竹曾得到苏轼、黄庭坚等名家的称赞。文同能在画竹上取得这样的成就，是与他长期坚持不懈地对竹进行观察、研究分不开的。为了对“竹”有一个完整的了解，他对竹叶、竹节、竹根、竹笋都做过细致的观察，而且对竹在春夏秋冬的变化也做过深入考察。人们常见他在烈日下，寒风中，甚至在雨中，待在竹林里全神贯注地观察、分析。鲁迅通过调查从工友那里掌握了“赌牌九”的知识，用到了作品中。

阅读、查找、上网检索都是积累材料的好方法。

（六）选材的原则和要求

（1）切题。《木兰辞》开头细腻描写木兰从军前的无奈、犹豫心理，结尾又大写特写其辞官归里之后的合家欢乐，唯独对她在战场十年的功绩一笔带过，可见昭示的是反战，反英雄主义的思想主题。然而却被人们作为材料来说明爱国、尽孝、尚武、巾帼不让须眉、英雄主义等主题。

（2）真实。在历史散文《三国志》中是“刘备怒鞭督邮”，而在小说《三国演义》中是“张飞怒鞭督邮”，这样安排是可以的，文体不同。

美国著名传记作家帕森·威姆斯在为美国第一任总统乔治·华盛顿写的著名传记中就编造了一处情节。他想要说明华盛顿在童年时期就是一个诚实的孩子，于是编造了一个有名的“小斧子和樱桃树”的故事，说明华盛顿少年时就用自己的小斧子砍倒了父亲的樱桃树后，主动承认了错误。这不符合传记的要求。某些抗日剧违背了艺术真实，夸张虚构了“包子地雷”“蔬菜地雷”和“手撕鬼子”的情节。

（3）典型。《谁是最可爱的人》中用了三个典型的人物事例。

（4）新鲜。选材要新鲜。如习近平在外国出访时演讲的民族交往故事多是新近搜集的。

（七）材料的加工与使用

（1）综合。鲁迅：“杂取种种人，合成一个。”鲁迅写的祥林嫂，有五个生活原型。

（2）概括。《人无癖不可与交》就是举了多人作为例子，全用概述，没有详细叙述各人的事迹。

（3）释义。使用材料还要对材料进行合理的释义，如论文中要阐释例子是如何证明了观点。

（4）组织。组织是指材料的次序安排、使用技巧等。例如：《红楼梦》中的《枉凝眉》对材料进行了合理的组织。

【红楼梦曲·枉凝眉】

这首曲子写贾宝玉、林黛玉的爱情理想因变故而破灭，写林黛玉泪尽而逝。曲名《枉凝眉》，意思是悲愁有何用，也即曲中所说的“枉自嗟呀”。凝眉，即皱眉、悲愁的样子。

四、语言

（一）语言的作用与特性

语言是反映客观世界的主要物质手段。人通过语言才能命名、指称事物，没有语言，人类就无法认知、言说、把握世界。人类还可以通过其他手段，如绘画、摄影来反映世界，但是，一是这些手段依然有赖于语言的说明、辅助；二是这些手段并非主要手段。语言是思维的直接载体，人的思想只有在语言材料基础上才能产生和存在。“完全没有语言的材料和完全没有语言的‘自然物质’的赤裸裸的思想是不存在的。”（斯大林《论语言学的几个问题》）所以，语言又被称为“思想的外衣”。思维与表意的过程就是语言运用的过程。反过来说，语言制约着思维与表意。或者说，没有语言就没有思维（尽管有时会有言不尽意、词不达意的情况）。语言是人类最重要的交际工具，言语是人运用语言材料和语言规则进行交际活动的过程。言语过程由两部分构成：一是“说（写）者—话语（作品）”，即编码创作过程；二是“话语（作品）—听读者”，即译码接收过程。这两者合起来就构成了一个完整的言语过程。写作，是第一过程，即编码创作过程。它使用的码就是语言符号。语言是构成文章的第一要素，如果说主题是文章的灵魂，材料是文章的血肉，结构是文章的骨骼，那么，语言就是文章的细胞。离开语言，什么灵魂、血肉、材料都无法表达，难以存在。

当言不尽意时，如看到长城，只会说：“长城啊，长！长城啊，真长！长城啊，真真真长！”我们可以“立象以尽意”。用隐喻使无形无声的“愁”变得可感可视。有“重、长、多、广、深、厚”等形象。如“愁千斤”“只恐双溪舴艋舟，载不动许多愁。”“白发三千丈，缘愁似个长。”“飞红万点愁如海。”“问君能有几多愁？恰似一江春水向东流。”“试问闲愁都几许，一川烟草，满城风絮，梅子黄时雨。”

隐喻时时可见。“问题的核心”就是用了“果核”的隐喻。“桌子腿”就是用了无生命物与有生命物相似构造的隐喻。“赤裸裸的真理”就是用了“不穿衣服”的隐喻，

（二）语言的类型

（1）内语言和外语言。内语言不是指向同别人交际的，而是一种对自己发出的言语，是自己思考问题时的言语活动。写作中的打腹稿即是内部言语活动。外语言是开口讲出来或用文字写出来的语言。鲁迅的《风波》中描写七斤的心理活动是内语言：

他心里但觉得事情似乎十分危急，也想想些方法，想些计划，但总是非常模糊，贯穿不得：“辫子呢辫子？丈八蛇矛。一代不如一代！皇帝坐龙庭。破的碗须得上城去钉好。谁能抵挡他？书上一条一条写着。入娘的！……”

（2）口语和书面语。口语是一个人凭借自己的发音器官所发出的声音来表达思想和感情的言语，日常会话、口头作文、演讲、做报告、讲课等都是。书面语是一个人凭借文字表达思想和感情的言语，精练、严谨、规范，如科技论文、公文、法律条文常用。

（3）文言文和白话文。文言是指以先秦口语为基础而形成的书面语言，在中国流行了几千年，直至“五四运动”之后才被现代汉语代替。文言的长处：含蓄，言简意赅，典雅而富于文采，富于形象性。适合于艺术性较强的、篇幅较短的文章，如诗歌、散文、杂文、短篇小说等。文言的短处：逻辑性不足，表意模糊，不够精确。不太适合于逻辑性、科学性较强的、篇幅较长的文章，如说明文、议论文、长篇小说。使用文言词语可以让语言表达更庄重、更严肃、更简洁。通常会在科技论文、公务文书、商务函电、请柬、留言等应用文中使用。白桦的《梅香正浓》：“翻开练习簿，看见已有许多景仰者的留言，其中甚至有几位大名鼎鼎的将军和文化人。思索再三，只好恭恭敬敬在练习簿上写下这样几句发自肺腑的感慨：（纪念明末抗清英雄史可法）‘每当我们民族处于危亡之秋，总会出现两类人。一类人有邦国而无自身，敬畏史笔，体恤民苦，壮怀激烈，视死如归。另一类人则重私利而轻大义，色厉内荏，寡廉鲜耻，戕害同胞，践踏故土，只求一时富贵权柄，置世世代代之唾骂于不顾。每念至此，感慨系之，不能自已……’”唁电悼词中使用文言词语。大陆海协会会长汪道涵去世后，马英九唁电全文如下：“惊悉道涵先生逝世，令人痛悼！道涵先生长期致力两岸关系，以温和理性创意之风格，扮演关键角色，对增进和平交流，贡献卓著。敬请先生亲属节哀顺变。”白话文又称语体文、俗语，指的是以现代汉语口语为基础，经过加工的书面语。它是相对于文言文而说的。如鲁迅的《一件小事》《故乡》等。

（4）现代汉语与方言俗语。这里的现代汉语是狭义的，指普通话。现代汉语是在历代古白话的基础上吸收西方语言（尤其是英语）的特点、模式而形成的。长处：学习西方语言的逻辑性、分析性，表意准确严密。短处：较为平板枯燥，不够生动活泼，吸收西方语言的时间还短，不够成熟。

方言俗语的长处：生动活泼，鲜活传神，幽默诙谐，简短通俗，富于生活气息，蕴含生活智慧和哲理。短处：逻辑性、条理性不强；有啰唆重复现象；结构松散而不紧凑；有时未

免粗俗；存在地域限制等。毛泽东引用方言俗语，具体问题具体分析，引用“看菜吃饭，量体裁衣”“到什么山上唱什么歌”。团结：“一个好汉三个帮，一个篱笆三个桩；荷花虽好，也要绿叶相扶”。习近平讲话引用方言俗语：用“苏州过后无艇搭”激励香港民众要珍惜机遇、抓住机遇，把主要精力集中到搞建设、谋发展中来；用“逢山开路，遇水搭桥”来说明中美合作没有先例可循，要自己摸索，克服困难；用“鞋子合不合脚，自己穿了才知道”讲述国家发展道路是由人民群众来选择；用“狗熊掰棒子”委婉批评目光短浅的干部；用“老乡见老乡，两眼泪汪汪”来表达海外华人华侨对祖国和亲人的思念。

（5）文学语言和科学语言。文学语言指向艺术世界，科学语言指向现实世界。文学语言如《庄子・知北游》：“人生天地之间，若白驹之过隙，忽然而已。”徐志摩的《沙扬娜拉》：“最是那一低头的温柔，像一朵水莲花不胜凉风的娇羞。”文学语言言简意丰（言有尽而意无穷），科学语言言明意单。文学语言贵在创新，科学语言贵在规范。鲁迅说文学作品中第一个用花来形容女子的是天才，第二个是庸才，第三个是蠢才。鲁迅的《秋夜》：“在我的后园，可以看见墙外有两株树，一株是枣树，还有一株也是枣树。”这两句话明显违背语言简练的要求，但却表达了言外之意：景象单调，让人厌倦腻烦，你爱看也罢，不爱看也罢，就是这两棵枣树，别无其他风景。

（三）积累语言

丰富思想，积累内语言。内语言，是指写作者的内在语言，它存在于写作者的思维、感悟体验之中，表现在文章中，则体现为文章的语感、文气、情调（如哀婉、高亢、激昂、幽默、诙谐、达观、悲戚等）。内语言来源于个人的文化修养、个性气质、生活阅历、品行情操。积累写作语言，主要应该在内语言的修养上下功夫。积累内语言，除了加强个人修养之外，还要加强学养——多积累不同的笔墨，以适应不同的写作要求。秦牧《散文创作谈》：“我们的笔墨，有时应该像怒潮奔马那样的豪放，有时又要像吹箫踏月那样的清幽，有时应该像咚咚雷鸣的战鼓，有时又应该像寒光闪闪的解剖刀。”

向生活学习外语言。外语言，是指写作者外在的语言表现，体现为作者对字、词、句、标点符号的选择、使用方面。日常语言：黑暗：“漆黑”“黑沉沉”“黑洞洞”“黑不溜秋”“黑咕隆咚”“黑”。成语：“三长两短”。谚语：“跑得了和尚跑不了庙。”还有惯用语、歇后语和方言词语。

向人民群众学习语言。“将活人的唇舌作为源泉，使文章更加接近口语，更有生气。”鲁迅一生重视“从活人的嘴上，采取有生命的词汇，搬到纸上来”。他作品中的许多生动、活泼的语言，都是他“博采口语”的结晶。许多外国作家也都很重视学习人民的口头语言。如普希金从小就向祖母学习语言，年长后还到附近市集上听盲人唱各种歌谣；托尔斯泰和各阶层的人物接触、谈话后认真写语言笔记；高尔基、狄更斯的生活经历都很丰富，他们都在生活中积累了丰富的语汇和表达方式。“博采口语”并非照搬口语，而是对口语进行提炼、加工。有些方言虽很生动，但别处的人看不懂，就必须对它进行提炼、加工，使它们更加民族化、大众化。

向古今中外优秀作品学习，积累书面语言。“熟读唐诗三百首，不会作诗也会吟。”学习外国语言的精华，汉语中有着大量的外来词，如“咖啡”“沙发”“沙龙”“吨”“磅”“干部”

“浪漫”“麦克风”“安培”“伏特”“雷达”“维他命”“沙龙”“镭射”“拷贝”……如果我们不吸收这些外来词，我们的语言就不能像现在这样运用自如地表达许多新的事物和新的概念，不能适应新的生活和科学技术发展的需要。此外，适当地吸收外国语言的一些句式，也有助于增强现代汉语的表现力，如“这就是我跟你说过的救了我一命的那位先生。”不过，在吸收外国语言的成分时，一定要防止滥用外来词和欧化句式，否则就会破坏民族语言的纯洁性，读来使人感到别扭。

汉语中的外来语借词

借自西域民族语言：葡萄、石榴、狮子、玻璃。

借自古梵语：佛、菩萨、罗汉、魔、和尚、僧。

借自蒙古语：胡同、站、蘑菇。

借自满语：咋呼、巴不得、萨其马、麻利。

借自日语：政治、卫生、警察、自由、干部。

借自意大利语：法西斯、比萨。

借自俄语：左派、右派、伏特加、喀秋莎。

吸收古语的精华。现代汉语中有许多词汇是从古代汉语中的词汇延续而来的，除了基本词汇以外，俗语、谚语、成语中的大部分也是从古人语言中继承的。不少文言词语至今仍保持着旺盛的生命力，活跃在现代汉语中。对这些古人语言中有生命力的东西，我们也必须认真学习并储存在自己的语言仓库中，以便写作时使用。经典作家和优秀作家的文章之所以写得精练、深刻而又生动，是和他们善于运用富有生命力的古人语言分不开的。文言词语要用得自然、贴切，最重要的是要理解它们的本义、引申义、比喻义和现代的用法，使它们融化在自己的语言里，切不可生硬地搬用，否则会使人产生迂腐的感觉。毛泽东善用古语，他批评那些只会夸夸其谈的主观主义者是“无实事求是之意，有哗众取宠之心。华而不实，脆而不坚。自以为是，老子天下第一，‘钦差大臣’满天飞。”短短数语，揭示了那些只会空谈的理论者的内心世界和浮夸作风。

积累语言的方法：多听、多记、多读、多写、多听。多听就是要随时随地运用听觉器官捕捉语言信息。例如俄国著名的犹太作家肖洛姆·阿莱汉姆十三岁时失去了母亲，他父亲为他和姐妹们找了个后母。由于后母又带来了几个孩子，家中人口多，收入少，日子过得很艰苦。他后母十分厉害，经常打骂他。而他既不顶嘴，也不生气，却很注意听后母骂他的话，并记下来，如“吃——让蛆虫把你吃掉！”“叫——让你牙痛得叫起来！”“缝——给你缝寿衣！”“写——把你写进死人的名册里！”这些口语尖酸刻薄，很有特色，给阿莱汉姆留下了深刻的印象，使他积累了丰富的词汇。多记就是听到或读到好的词语、句子，要用一个本子记下来，以便复习、使用。阿莱汉姆就偷偷地拿个本子把他后母咒骂他的话记录下来，后来把那些词汇按照俄文字母的排列顺序编排成一本《后母娘的词汇》，而且有意识地把这个书里的词汇用到小说、剧本中，把人物写得活灵活现。他的书信体小说《美纳汉·孟德尔》被高尔基称赞为“一本绝妙的好书”。多读就是要多读书面著作。书籍是古今思想家、政治家、科学家、文学家运用经过提炼、加工的语言写成的，它们的语言具有规范性、精练性、严谨性等特点。

赵树理在《语言小谈》中强调指出："书本上的好语言，是别人从群众中取材和加工的结果，也是我们学习语言时的参考资料。"读的对象如经典著作，如科学、哲学论著，学习其准确性、鲜明性、生动性的语言；中外文学名著，优秀的传记和历史著作，学习其大量的词汇、多样的句式、丰富的修辞和高超的用语艺术。多写就是要通过多次的写作实践来积累词汇，加深对词汇的理解，在写作中学习语言规律，提高语言运用能力。写作者学习语言与语言工作者研究语言不同。语言工作者研究语言是根据语言学理论分析语言现象。而写作者学习语言不能仅仅停留在对于语言知识的理论的掌握上，更要重视运用语言的艺术，将知识转化为技能技巧。正如学开车、学游泳、学舞蹈、学绘画一样，光懂一点道理不行，非要多练苦练才能学会学好。俗话说"熟能生巧"，只有多写多练，才能运用自如，使语言成为自己表情达意的得心应手的工具。

（四）锤炼语言

以现代汉语为基础，吸收文言、民间语言中的富于生命力、艺术表现力的成分，整合构造出符合中国人审美表达习惯的，既具有必要的准确性与逻辑性，又具有一定审美艺术性的汉语表达方式。整合后的汉语语言表达方式，可以侧重于某一方面，如我国港、澳地区的书面语言的文言成分较多，而内地较少。锤炼整合后的汉语写作语言应该具有以下特点。

（1）声韵和谐。如李清照的《声声慢》："寻寻觅觅，冷冷清清，凄凄惨惨戚戚。"

（2）形式优美。如王勃的《滕王阁序》："渔舟唱晚，响穷彭蠡之滨；雁阵惊寒，声断衡阳之浦。"

（3）简洁凝练。语言有经济性。避免前后语义重复，始终围绕主题组织语言，删除可要可不要的语言，避免生造滥用词语，避免使用歧义句式。如曹操的《观沧海》："树木丛生，百草丰茂。秋风萧瑟，洪波涌起。"再如散文《鼎湖山听泉》："江轮夹着细雨，送我到肇庆。冒雨游了一遭七星岩，走得匆匆，看得蒙蒙。赶到鼎湖山时，已近黄昏。雨倒是歇住了，雾漫得更开。山只露出窄窄的一段绿脚，齐腰以上，宛如轻纱遮面，看不真切。眼不见，耳则愈灵。过了寒翠桥，还没踏上进山的石径，泠泠淙淙的泉声就扑面而来。泉声极清朗，闻声如见山泉活脱脱迸跳的姿影，引人顿生雀跃之心。身不由己，循声而去，不觉渐高渐幽，已入山中。"

（4）准确。如"春风又绿江南岸""轻风扶细柳，淡月失梅花"。

（5）句子规范。句型、句式、句法正确。

（6）合体。语体有多种，如口语语体、公文语体、科技语体、评论语体、文艺语体。不同的语体有不同的要求。

（7）合乎语境。合乎文本本身语境（语言风格的一致性），合乎语言的社会文化环境（文章的时代特点、地区风俗、社会习惯）。

第四节　表达方式

语言表达方式是一种运用语言反映客观事物的手段。

人们在使用语言文字进行表达时，目的不同、方法各异，或叙事明理，或介绍事物，或阐明观点，或抒发感情，或描摹形象，于是就产生了叙述、说明、议论、抒情、描写这五种基本的语言表达方式。文学作品中这五种表达方式都有。应用文作为一种实用性的文体，主要用于处理现实问题，主要用叙述、议论、说明这三种表达方式。抒情和描写这两种表达方式除了在一些通讯报道、广告语中使用外，其他应用文一般较少使用。

一、叙述

叙述是作者对人物的经历和事件的发展变化过程以及场景空间的转换所做的叙说和交代。无论是文学作品还是非文学作品都会用到叙述，叙述是最基本、最常用的表达方式。叙述的方法有顺叙、倒叙、插叙等。

（1）顺叙：按照事情发生、发展的顺序来进行叙述。如林嗣环的《口技》开头叙述了口技表演的人物、时间、地点、场景、道具、气氛等。再如《曹刿论战》严格以时间先后安排写作顺叙：发生战争—曹刿请战—阻止出击—出击—获胜。

（2）倒叙：把事件的结局或某个最突出的片断提在前边叙述，然后再从事件的开头进行叙述。倒叙有三种：一是结局提前，如《祝福》；二是片段提前，如电影《英雄》；三是用回忆、回想的方式开头，如电影《既然青春留不住》《我的少女时代》。

（3）插叙：指由于表达的需要，中断了原来的叙述而插入的另一段叙述。如鲁迅的《故乡》中插叙了少年闰土，这是为了补充说明少年闰土的情况，这和中年闰土形成了鲜明的对比，突出了中年闰土的变化，表现了“多子、饥荒、苛税、兵、匪、官、绅”的社会是造成闰土辛苦、麻木而生活的原因。

叙述有第一人称、第二人称、第三人称的区别。如果用第一人称，要用限制叙述的方式，要注意不能有常识错误。

【病文 1】早晨，我正在看书，小桃和青青吵了起来。我说：“你们别吵了，我的英语作业没有做完，影响我了。”小桃一听，脸陡地变了颜色，心里冒起了火：同一房间，别人多讲一句都不能容忍，以后还能相处吗？她越想越气，“哼”了一声，大步走出门外，青青也气势汹汹地走出去了。

【病文 2】我走上二楼，见老师家房门闭着。我轻轻地敲了两下，老师正伏在写字台上批阅作业，她是那么聚精会神，连敲门的声音也没有听见。我只好再敲两下。老师听到了敲门声，这才把笔插在红墨水瓶中，走出来开门。

提问：以上两例，错在哪里？

二、议论

议论是作者运用各种材料进行逻辑推理来阐明自己观点的一种表达方式。它分为立论和驳论两大类。立论，针对客观事物或问题，直接提出自己的见解和主张，阐明其理由，表明自己的态度就是立论。换一个角度来说，立论就是运用充分有力的证据从正面直接证明自己论点正确性的论证形式。驳论是通过驳斥敌论点，证明它是错误的、荒谬的，从而证明自己观点正确性的一种论证方法。驳论可分为驳论点、驳论据和驳论证三种。

议论的三要素是论点、论据、论证。论点是作者对所论述的问题提出的见解、主张和表示的态度；论据是用来证明论点的理由和依据；论证是运用论据证明论点的过程。这三者在议论文中是紧密相连的。

议论包括驳论与立论。驳论是反驳对方的观点、看法、评价等，证明对方观点的错误。立论是阐述作者的观点，表明作者的看法、评价，证明自己观点的正确。

论证的方法多种多样，常用的有归纳法、演绎法、比较法、分析法、例证法、引证法、喻证法、归谬法、反证法等。应用文中常用的是引证法、例证法、比较法、归谬法、归纳法、演绎法、喻证法等。

（1）引证法：引用经典名言或科学公理、常识常理作为论据。运用引证法，包括两个方面的因素：一要找到确切的理论论据；二要对理论根据进行分析。

（2）例证法：用典型事例作论据来证明论点。例如《谈骨气》一课中，作者所举的文天祥拒绝高官厚禄，穷人不受“嗟来之食”，闻一多“拍案而起”，怒斥国民党反动派的例子都是紧扣论点来写的，而且所举的事例各说明论点的一个侧面，即“富贵不能淫”“贫贱不能移”“威武不能屈”，互不雷同。

（3）比较法：比一般论证包涵更丰富的内容，因此道理也说得较为透彻。例如《师说》第二段用了三组逐层深入的对比论证。一是用“古之圣人”与“今之众人”进行对比。圣人“从师而问”，而众人“耻学于师”，结果是“圣益圣，愚益愚”。二是将一种人在从师问题上自相矛盾的典型现象进行对比。“爱其子”者为其子“习句读”而择“师”；“于其身”“惑之不解”，却“耻师焉”。三是将“君子不齿”的“巫医、乐师百工之人”与自恃高贵的“士大夫之族”截然不同的从师态度及其结果加以对比，揭示出“师道”难复、耻师成风的社会根源。

（4）归谬法：将对方的论点、论题按逻辑加以推导，得出一个明显荒谬或与事实不符的结果，从而证明对方观点的错误，或反证己方观点正确的一种论证方法。有人说：“上帝是万能的。”旁人反驳：“上帝能造出一块连他自己也举不动的石头吗？”鲁迅在批驳梁实秋所谓“好的作品永远是少数人的专利品”等论调时说：“倘若说，作品愈高，知音愈少，那么，推论起来，谁也不懂的东西，就是世界上的绝作了。”

（5）归纳法：通过许多个别的现象或事例，归纳出其共同特性，从而得出一个一般性的结论。如我们这辆坦克的三个人中，车长和炮长原来是党员，现在我也入了党，所以我们车实际上也是一个“党小组”。

（6）演绎法：这是一种“由一般到个别”的论证方法。它由一般原理出发，推导出一个关于个别性问题的结论。如毛泽东的《为人民服务》：“人总是要死的，但死的意义有不同。”中国古时候有个叫司马迁的文学家说过：“人固有一死，或重于泰山，或轻于鸿毛。”为人民利益而死，就比泰山还重；替法西斯卖力，替剥削人民和压迫人民的人去死，就比鸿毛还轻。张思德同志是为人民利益而死的，他的死是比泰山还要重的。

（7）喻证法：通过比喻的修辞方法来证明喻体与本体（观点）的相似性的一种论证方法。例如，一个人缺乏营养就难以发育、成熟，同样道理，没有知识的营养的滋润，又怎么能在现代社会里生存呢？

三、说明

说明是用言简意赅的文字对事物、事理进行解说的表达方式。说明的目的是使读者了解事物、明白事理。简言之，就是“知物、解事”。说明可以使读者对事物的性质、成因、构造、功能，对事理的概念、内容、规律、特点、关系等有一个鲜明的了解和认识。在应用文中，介绍事物、剖析原因、提出方案等都要用到说明这一表达方式，例如产品说明书、商业广告、市场预测报告等。

说明常用在说明文中。说明文是一种以说明为主要表达方式的文章体裁。它通过对实体事物科学地解说，对客观事物做出说明或对抽象事理的阐释，使人们对事物的形态、构造、性质、种类、成因、功能、关系或对事理的概念、特点、来源、演变、异同等能有科学的认识，从而获得有关的知识。说明文实用性很强，它包括广告、说明书、提要、提示、规则、章程、解说词等。说明文按说明对象分可分为事物说明文和事理说明文两类。事物说明文旨在介绍某一事物的形体特征，例如《核舟记》《恐龙》《中国石拱桥》《海底世界》《苏州园林》《看云识天气》等。事理说明文旨在解释事物本身的道理或内部的规律，如《敬畏自然》《大自然的语言》。

常用的说明方法有下定义、作诠释、举例子、分类别、列数字、打比方、作比较、作引用等。

下定义是运用准确、简要的语言揭示说明对象的本质特征的一种说明方法。例如，“酒是用粮食、水果等含淀粉或糖的物质经过发酵制成的含乙醇的饮料”。

作诠释是对被说明对象的外延，如特征、功能等进行讲解注释的一种说明方法，也叫“解释”。例如，“香烟在点燃过程中发生一系列的热分解和热合成化学反应，形成近 4 000 种新的化学物质，其中绝大部分对人体有害。危害最大的是尼古丁、一氧化碳和烟焦油，烟焦油是致肺癌的元凶。所以，吸烟者要主动戒烟，尤其青少年更不宜吸烟。二手烟的危害也相当大”。

举例子是举出典型例证或列举较多例证来对较复杂的说明对象进行解说或阐释的一种说明方法。例如，“大脑是神经系统的高级器官，缺氧最先导致其功能障碍……据报道，一个战斗机飞行员在 6 700 米高空，一旦供氧设备失灵，大约有 5 分钟的时间去发现和排除供氧系统的故障，如果飞行前吸 3 根烟，有效意识时间将缩短到 45 秒，最容易导致飞行事故”。

分类别是对比较复杂的事物按一定标准分成若干类别进行说明。例如《说“屏”》，按屏的建造材料及其装饰的华丽程度，分为金屏、银屏、锦屏、画屏、石屏、木屏、竹屏等，因而在艺术上有雅俗之别，同时也显露了使用人不同的经济与文化水平。

列数字是引用数据对说明对象进行解说的一种说明方法。通常用作文字说明的辅助方法。例如，“对于全国老百姓而言，三峡工程建成意味着每人每年可增加 100 度电，达到每人每年 400 度电（全世界发达国家每人每年 800～1 000 度电）”。

打比方是运用比喻修辞方法对说明对象进行解说的一种说明方法。例如，太空机器人像蜘蛛那样长着几条机械腿，便于在凹凸不平的星球表面行走。

作比较是把说明对象与同类或异类事物相比照，以突出其特点、显示其发展和变化的一种说明方法。例如，从储存数据的功能看，计算机的优势也是以前的所有工具、媒介所无法比拟的：有一部名为《中华传世藏书》的电子版图书，只用 5 片光盘就储藏了中国古代到现代经、史、子、集四大部类的 300 多部名著，包括像《全唐诗》《全宋词》这样的巨著；如果换成传统的纸媒介的书籍，重量恐怕得以“吨”来计算，还得用多大面积的书柜才能装得下这些著作？

作引用可以引用一些文献资料、诗词、俗语、名人名言等，使说明的内容更充实具体，更具说服力。例如《中国石拱桥》，唐朝的张嘉贞说它“制造奇特，人不知其所以为”。

四、描写

描写就是用生动形象的语言，把人物或景物的状态具体地描绘出来。这是一般记叙文和文学写作常用的表达方式。描写的作用是再现自然景色、事物情状，描绘人物的形貌及内心世界，使人物活动的环境具体化。按照其对象的不同，可以划分为三种基本形式：人物描写、景物描写、场面描写。

（1）人物描写。如鲁迅的《祥林嫂》：“五年前的花白的头发，即今已经全白，全不像四十上下的人；脸上瘦削不堪，黄中带黑，而且消尽了先前悲哀的神色，仿佛是木刻似的；只有那眼珠间或一轮，还可以表示她是一个活物。”

（2）景物描写。如朱自清的《荷塘月色》：“曲曲折折的荷塘上面，弥望的是田田的叶子。叶子出水很高，像亭亭的舞女的裙。层层的叶子中间，零星地点缀着些白花，有袅娜地开着的，有羞涩地打着朵儿的；正如一粒粒的明珠，又如碧天里的星星，又如刚出浴的美人。”又如杨沫的《青春之歌》中描写夏夜的片段：“夏夜，天上缀满了闪闪发光的星星，像细碎的流沙铺成的银河。斜躺在青色的天宇上。大地已经沉睡了。除了微风轻轻的、阵阵的吹着，除了偶然一声两声狗的吠叫，冷落的街道是寂静无声的。”

（3）场面描写。如鲁迅的《药》：“这一年的清明，分外寒冷；杨柳才吐出半粒米大的新芽。天明未久，华大妈已在右边的一坐新坟前面，排出四碟菜，一碗饭，哭了一场。化过纸，呆呆的坐在地上；仿佛等候什么似的，但自己也说不出等候什么。微风起来，吹动他短发，确乎比去年白得多了。”

五、抒情

抒情是以形式化的话语组织，象征性地表现个人内心情感的一类文学活动。具有主观性、个性化和诗意化等特征。作为一种特殊的文学反映方式，抒情主要反映社会生活的精神方面，并通过在意识中对现实的审美改造，达到心灵的自由。抒情是个性与社会性的辩证统一，也是情感释放与情感构造、审美创造的辩证统一。

直接抒情，如魏巍的《谁是最可爱的人》：“他们是历史上、世界上第一流的战士，第一流的人！他们是世界上一切善良爱好和平人民的优秀之花！是我们值得骄傲的祖国之花！我们以我们的祖国有这样的英雄而骄傲，我们以生在这个英雄的国度而自豪！”

间接抒情可分以下四类。

（1）借叙事抒情（寓情于事，依事抒情）。如：“一直都很想给你写信。写一封永远也写不完的信，这种强烈的情绪，已笼罩我整整一年了。我也弄不明白自己究竟是怎么回事，为什么会常常一个人莫明其妙地想起你，我真是处于一种迷茫和痛苦之中。给你写信，也不知道自己准备向你说些什么。”

（2）借描写抒情（寓情于人、物、景，借人、物、景抒情）。如《西厢记》：“碧云天，黄花地，西风紧，北雁南飞。晓来谁染霜林醉？总是离人泪。”

（3）借议论抒情（寓情于理，据理抒情）。如杨朔的《荔枝蜜》：“我的心头不禁一颤：多可爱的小生命啊，对人无所求，给人的却是极好的东西。蜜蜂是在酿蜜，又是在酿造生活；不是为自己，而是在为人类酿造最甜美的生活。蜜蜂是卑微的，却又是多么高尚啊！”

（4）借说明抒情。如法布尔的《蝉》：“四年黑暗中的苦工，一个月阳光下的享乐，这就是蝉的生活。我们不应当讨厌它那喧嚣的歌声，因为它掘土四年，现在才能够穿起漂亮的衣服，长起可与飞鸟匹敌的翅膀，沐浴在温暖的阳光中。什么样的钹声能响亮到足以歌颂它那得来不易的刹那欢愉呢？”

思考与练习

一、问答题

1. 什么是写作？什么是写作学？
2. 写作四体的含义和作用是什么？
3. 主题、结构、材料和语言的含义与具体内容是什么？
4. 表达方式有哪些？

二、写作训练

1. 写一篇自我介绍，并分组互相演讲给组员听，选出各组最有代表性的，演讲给全班听。思考不足并修改。
2. 写一段自己对写作价值的思考。
3. 请以《母校的名胜》为题，写一篇介绍、说明性的文章。

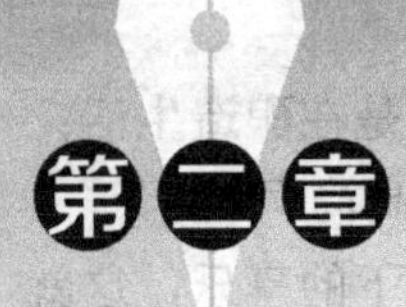

第二章 论文、申论与评论

第一节 论　　文

一、学位论文的分类

学位论文，是表明作者从事科学研究取得创造性结果或有了新的见解，并以此为内容撰写而成，作为提出申请授予相应的学位时评审用的毕业论文。毕业论文大部分都是为了申请获得学位而写作的。20 世纪中后期，世界上每年产生的博士和硕士学位论文在 10 万篇左右。学位论文除少数在答辩通过后发表或出版外，多数不公开发行，只有一份副本被保存在授予学位的大学的图书馆中以供阅览和复制服务。为充分发挥学位论文的参考作用，一些国家的大学图书馆将其制成缩微胶卷，编成目录、索引，并形成专门的学位论文数据库。也有少数国家对学位论文进行集中管理。根据我国的学位设置基本情况，学位论文具体分为学士学位论文、硕士学位论文和博士学位论文三类。

（一）学士学位论文

学士学位论文是大学本科毕业生在本科阶段针对本学科内容，就某一方面问题或者现象进行的有自己创新性观点的论文写作，是大学本科阶段对学生进行终期考核的重要内容，直接关系到学位的授予与否。2004 年公布的《中华人民共和国学位条例》第四条规定，大学生符合以下两条规定即可获取学士学位：一是较好地掌握本学科的基础理论、专门知识和基本技能；二是具有从事科学研究工作或担负专门技术工作的初步能力。学士学位论文的字数一般在 1 万字左右。

赵薇当年的本科毕业论文

（二）硕士学位论文

硕士学位论文是硕士研究生阶段撰写的用于申请学位的毕业论文，其整体要求和质量均高于学士学位论文。2004 年公布的《中华人民共和国学位条例》第五条规定：高等学校和科学研究机构的研究生，或具有研究生毕业同等学力的人员，通过硕士学位的课程考试和论文答辩，成绩合格，达到下述学术水平者，授予硕士学位：一是在本学科上掌握坚实的基础理论和系统的专门知识；二是具有从事科学研究工作或独立担负专门技术工作的能力。这就要求硕士研究生具备更为系统的理论知识，具有独立的科研能力，从而完成具有独创性观点的高质量论文。硕士学位论文的字数一般在3万～5万字为宜。

“神奇”的硕士论文

赵薇硕士毕业

（三）博士学位论文

博士学位论文是攻读博士研究生阶段，科研成果的文字表现形式，当然也是供申请学位用的论文。博士学位论文要求具备独立科研能力的博士研究生，能够在深入广泛的理论知识指导下，对于本领域内的问题或者现象有所发现和创新，从而获得最新的研究成果，为该领域的进一步开拓创新做出一定的贡献。博士学术论文一般具有较高的学术价值。因此，博士研究生获取学位的难度不断加大，这是对他们的考验，但也能够为各个领域培养出具备深厚知识功底和创新思维的人才，这也是论文撰写的意义所在。博士论文的字数一般在 5 万～30万，或者更多。

英媒称，据悉，斯蒂芬·霍金的博士论文在对公众开放阅读后的数天内，就被读取了超过200万次。据英国广播公司网站2017年10月28日报道，霍金教授1966年的研究成果在公布当天就被证明十分受欢迎，甚至导致剑桥大学网站的出版物频道一度崩溃。报道称，还有超过50万人试图下载这篇题为《宇宙膨胀的属性》的论文。剑桥大学的阿瑟·史密斯博士称这些数字是“极其巨大的”。同为该校学术交流部副主任的史密斯说：“这绝对是本校阿波罗论文库中被读取次数最多的论文。我猜霍金教授的博士论文也是迄今为止所有研究论文库中被读取次数最多的论文。我们以前从未见过这样的浏览数字。”报道称，霍金撰写这篇134页的论文时还是一名24岁的研究生，当时他正在剑桥大学三一学院学习。这位自1962年起一直任职于剑桥的天文物理学家后来撰写了有史以来最有影响的科学著作之一——《时间简史》。剑桥大学称，自从这篇博士论文上线后，已被来自“地球每个角落”的大约80万个不同的浏览程序读取了约 200 万次。而阅读量居第二位的博士论文，在 2017 年全年仅获得了7 960次下载。此前，想全文阅读霍金博士论文的人需要向剑桥大学图书馆支付65英镑，才能获得一份扫描副本或者可以亲自前往图书馆阅读。剑桥大学希望鼓励该校的其他学者像霍金一样把自己的研究成果向公众开放。

《霍金的故事》是菲利普·马丁执导的剧情片，2004年上映。该片讲述了霍金的人生故事。整部电影让人印象最深的有两处：一处是霍金在回城的火车上想到理论后，跳下火车，像个孩子般拿起粉笔在地上涂画着，开心大笑的样子；另一处是为博士论文奋斗的那一段，那个尽管拿笔吃力，但依旧一个字一个字奋力书写的霍金。

《万物理论》（*The Theory of Everything*）是环球影业出品的霍金青年时代的传记片，2014年11月在美国上映。影片灵感源于简·王尔德的回忆录《飞向无限：和霍金在一起的日子》，讲述了知名物理学家史蒂芬·霍金和他的第一任妻子简·王尔德始于剑桥大学的爱情故事及霍金患病前后的励志传奇。第72届金球奖于北京时间2015年1月12日上午举行颁奖典礼，埃迪·雷德梅恩获得剧情类最佳男主角。

获得奥斯卡金像奖的电影《美丽心灵》是一部关于一个真实天才的极富人性的剧情片。故事的原型是数学家纳什（Nash）。里面展示了他写作博士论文的艰难过程。英俊而又十分古怪的纳什早年就做出了惊人的数学发现，开始享有国际声誉。但纳什出众的直觉受到了精神分裂症的困扰，使他向学术上最高层次进军的辉煌历程发生了巨大改变。面对这个曾经击毁了许多人的挑战，纳什在深爱着的妻子艾丽西亚（Alicia）的相助下，毫不畏惧，顽强抗争。经过了几十年的艰难努力，他终于战胜了这个不幸，并于1994年获得诺贝尔奖。这是一个真人真事的传奇故事。

女博士写8万字论文研究八角茴香对卤鸡肉的影响

二、论文的特点

论文是学习者在一定时间的学习之后，用学术论文的形式讨论、总结研究其所学学科、专业和科学研究领域的某一学术问题。理论上，它应该代表了某一时期该学科领域中的最新发展动向，是学术思想交流的依据，是学术创新的重要环节。一般来说，论文有以下四个特点。

（一）创新性

创新是学术的灵魂，创新性是毕业论文区别于其他一般议论文体的重要特征，也是衡量学术论文有没有价值和价值高低的根本标准。毕业论文应该有写作者的新观点、新方法、新思路或者是新结论。

论文的创造性直接影响到科学的创新和发展，因此，科研人员要努力培养自己的创新意识，发挥自己的创新才能，努力从两个方面进行学术创新。一方面，要通过认真的调查、分析和研究，结合自身所学理论，在实践过程中获得前人所没有的创新性学术成果；另一方面，在阅读大量相关的学术参考文献的基础上，发现并解决新问题，获得该领域的最新研究成果及其信息。

一篇独创性的毕业论文，不仅要将某一阶段内的最新研究成果呈现其中，有利于其他科研人员的进一步创新性研究，对于实践性较强的学术成果来说，还要对于指导生产实践也有着重要的作用，甚至能转化为巨大的社会经济效益。例如，中南大学本科生刘路的毕业论文就以他对西塔潘猜想的证明为题材。

（二）科学性

所谓科学性，就是要求毕业论文的内容要真实充分，书写形式要规范，研究过程要以科学的态度为依托。特别是对于应用型的毕业论文，要更加强调论文的科学性特点，如果失去了科学性，那就没有了应用价值。论文语言的华丽、结构的严谨等都会因科学性的缺失而毫无意义。首先，论述内容要客观真实。论文中所论述的研究成果，要在实践基础上认真调研、分析和研究，能够反映客观存在的自然现象及其认识规律，论文内容要客观真实，先进可行。其次，书写形式要规范统一。毕业论文内容的客观性同样要求其在形式上要严谨规范，把科学的研究成果用统一的规范呈现给科学领域内的其他研究者。结构要严谨，逻辑要严密，语言要准确。结构的严谨是符合思维一般规律的，逻辑的严密性也体现了科学性的要求，语言要求用准确的专业术语陈述研究成果，忌用夸张修辞。最后，研究写作要有科学态度。严肃的科学态度和科学精神才是论文科学性的根本保证。无论在研究过程中还是形成文字的过程中，都要始终抱有科学的态度对待研究的问题。实事求是，不夸大客观事实，不随意捏造数据，不谎报成果，不剽窃抄袭他人论文。科学性是论文的基本特点之一，是其他特点存在的前提和基础。

（三）学术性

学术，是指在实践的基础上所形成的系统的和专门的知识体系。所谓学术性，则是强调作者的学识、观点和主张。同时，学术性也是毕业论文区别于其他一般论文的重要标志性特征。可以说，学术性是在创新性和科学性基础上，对作者提出了更高的要求，要求作者以科学的态度在实践的基础上提出独创性的观点和见解，使论文具有更高的学术价值，为该领域的理论创新和学科发展做出应有的贡献。毕业论文的学术性这一特点，对读者群的专业性提出了更高的要求。读者对象一般是具有某一领域学术专长的学者或研究人员，具有很强的专业素养。

（四）实践性

实践性，是指毕业论文提出的新观点、新方法以及新思路能够运用到各领域的实际研究和生产过程中，从而促进各学科的进一步发展。毕业论文不仅要对客观事物进行直观的陈述，还要在此基础上进行科学的分析和论证，抓住客观事物的本质和规律，从而形成新的理论成果。特别是科技领域的学术论文，如果无法运用其中的论证数据和方法、验证过程，那么成果就无法推广，大大降低了论文的价值和重要性。

学生“下水”写论文

蒙台梭利：“我听过的我会忘记，我看过的我会记得，我做过的我才会理解。”

建议教师可给学生合适的选题，写论文并课堂展示。

可以是本专业论文，也可以是跨学科论文或通识教育论文。如本科生家乡文化的研究、家乡方言的研究、家乡文学的研究等，也可以是调查研究。

课堂宣读论文可以让学生体会学术交流的乐趣，为以后参加学术会议宣读论文打基础。

三、论文的选题

选题，是指选择研究的课题，即选择论文所要论述的对象和范围，并在此基础上确定论文主要解决的问题。确立选题是毕业论文写作的第一步，也是至关重要的一步。选题决定了论文的质量与价值。

（一）选题的类型

选题的类型大致可以分为两类：创造性研究课题和创新性研究课题。

1. 创造性研究课题

创造性研究课题，是对前人尚未研究分析过的领域和项目进行创造性的分析研究。如理工科的新发明、新创造，文科类的新发现、新情况。

创造性研究课题的提出，可能是某个课题早已呈现，但由于历史或环境等条件缺乏，长期得不到重视，如大气污染治理的研究，温室效应对人类生存环境的研究等。也可能是随着社会历史发展，出现了新问题、新情况，亟须对某一课题进行研究，如仿生心脏的研究，列阵扫描激光三维成像关键技术的研究等。

创造性研究课题由于是新问题、新领域、新项目，没有任何可以借鉴的研究成果，也没有任何相关资料可以利用，难度会相当大，但研究意义也大。例如，屠呦呦的学术论文《中药青蒿化学成分的研究》。

2. 创新性研究课题

创新性研究课题，是对以往的研究成果或者现状进行创新，挖掘出一些新的东西，从而产生一些新成果。

创新性研究课题有以下三种情况。

（1）将已有研究成果向前推进，挖掘出该课题应有的价值和意义。在研究的过程中，许多课题都得到前人的研究，但由于社会历史条件的局限性，原来的研究不够充分，在当前条件具备的情况下，对其进行更深入研究。例如，新时期对张爱玲文学创作的研究；水库大坝安全保障关键技术的研究与运用。

（2）对已有的研究成果进行修正补充。以往一些定论或者研究成果在产生之初就有缺陷，或者随着历史发展日益呈现出一些问题，这些课题会产生许多争议。那么，有必要对这些课题进行重新的修正和定位。此时就需要研究者进行研究讨论，通过学术论文形式论证新的、正确的观点。例如，海昏侯墓的发掘更正了汉代史书传达的错误信息；引力波的发现证明了爱因斯坦广义相对论的正确性，也弥补了爱因斯坦理论的漏洞。再如，沈冠军等人在《自然》发表重要研究成果——将北京猿人生存时间上推至“距今 77 万年”，此次用的铝铍埋藏测年法，最早在 1985 年由一位印度裔美国科学家提出理论模型，本篇论文作者之一、美国学者达里·格兰杰于 1997 年首次将其应用，并得到国际同行的认可。

（3）运用新角度、新方法、新材料论述原有研究课题，为其确立新意义。任何课题的研究都是在一定时期、一定条件下的产物，会随着社会历史的发展和科学技术的进步呈现一定的局限性，一旦掌握了新的资料、新的研究方法或者是发现新的角度，就可以对某课题进行研究，发掘出该课题新的意义和价值。例如，研究孔子的教育思想对现代教育的作用；用西方的文学理论研究《诗经》的艺术水平；用纳米知识研究生态社会建设等。

创新性研究的课题是对已有课题进行研究，有许多资料和研究成果可以借鉴，相对创造性研究来说会简单一点，但要想超越以往课题的研究也是非常艰难的，所以创新性课题的研究也是非常有价值的。

（二）选题的原则

毕业论文的选题，一般都是根据研究者所学习或从事的专业和知识的累积，并依据自身的一些情况（如兴趣、爱好、特长等），以专业领域或社会的需要为基础，进行构思。

论文的选题要遵循下列基本原则。

1. 需要性原则

需要性原则是指选题时要根据专业本身发展的需要以及社会的实际需要进行，这是选题的最基本的一个原则，关系到论文的价值意义。如理工科类的项目选题更侧重社会实践的需求，如医学、工业、农业的生产技术的发展与提高；文科类的项目选题则侧重于专业本身或者理论自身的发展和完善；还有一些课题则是两者兼有的，在注重学科自身发展的需要同时注重其社会功用性。因此选题时，要选择一些有利于社会发展进步或者是促进该学科发展的题目，才能让整个论文更有价值。

2. 可行性原则

可行性原则是指该选题在论文创作中具有可行性。这里的可行性有两个方面的内容：一方面要根据自身的实际条件，如爱好、兴趣、能力、知识的积累进行选题；另一方面要根据客观的外部条件，如环境、物质、资料、时间、地域等条件进行选题。因此，为了保证毕业论文能尽快保质保量地完成，选题就必须考虑这两方面的因素，充分利用和发挥自己的特长、有利条件，扬长避短，量力而行，以免选择一些难度过大或者不具备研究条件的课题，从而造成不必要的麻烦。因此，研究者要充分了解自己的实际情况和外部条件并结合课题的特点进行合理的选择，最终选择一个适合自己的课题进行研究。

3. 创新性原则

创新性原则是指所选择的课题要有创新性，包含两方面的内容：一方面可以选择一些未被研究或者研究较少的课题进行研究；另一方面可以选择一些能够运用新方法、新材料、新角度进行研究的已被广泛研究的课题进行研究。前者更容易创新，但是做起来难度较大，后者则侧重一个方面的创新，材料充足，但是不易于超越前人。因此，在选择时一定要结合自己的实际情况。选题的创新性是保证整个毕业论文创新性的重要砝码，也是体现论文价值的重要一环。在选题的时候，就一定要遵循创新性原则。

4. 科学性原则

科学性原则是指研究者所选的题目要具有科学性，有足够的理论依据或事实根据。在追求课题创新性的时候，一定要注意所选的题目是否具有科学性，一般情况下，原有课题成果都是得到了理论与实践的充分论证，是科学性的化身，如果要用新的理论和方法推翻它建立新的论点，就必须有理有据，符合选题的科学性。不能随意选择一些罕见或者标新立异的课题挑战原有结论的权威。

（三）选题的方法

选题的好坏决定了毕业论文的成败，选题不仅要遵循选题的基本原则，还要有一定的方法和技巧。

1. 关注专业领域的研究热点，选择亟待解决的课题

关注专业领域的研究热点，是选取课题的基本方法。某个专业领域研究热点的产生往往是社会经济文化发展所推进的，是整个社会的聚焦点，如果对这些热点进行研究，一方面能延伸这个课题的深度和广度；另一方面也更容易得到关注。如近年来对生态的研究就是热点，不仅具有学科研究的意义，而且也会促进生态社会的建设。

2. 对专业领域的一些课题成果进行分析，选择一些关注较少或者未研究充分的课题

研究者对其所从事专业领域内的研究成果进行分析，会发现许多前人未触及或者研究不充分的课题亟待研究，这是研究者进行选题最常用的方法。由于历史或者条件的原因，一些学术问题的研究往往会被放弃，但随着社会历史条件的改变，这些问题的研究就成了可能，如新时期内地学者对张爱玲文学创作的研究，新时期两岸对近代史的合作研究。这些课题如若找到切入点，研究起来难度也不会太大。

3. 选择学术界争论较多的课题

当今社会是个相对自由的社会，对一些相同的学术问题，研究者往往各抒己见，有着自己不同的观点，这不仅与课题本身的多义性有关，也与当前知识的大爆发有关。因此对这些具有争议的课题进行研究，比较容易表达研究者的观点，可借鉴的资料也比较多，虽然可能与已有的研究成果产生矛盾，承担一定的风险，但是可以发展一些新的研究视角或者方法，从而确立自己的观点。如非物质文化遗产的开发问题，我国经济新常态的未来趋势等。

四、论文材料的搜集、整理和分析

材料的搜集和整理贯穿于论文写作的始终，是毕业论文写作的重要步骤。首先，研究者在选题时，就必须全面地获取有关的资料信息，及时了解相关课题的研究状况，从而确立自己在该研究方向内的新问题、新观点、新理论；其次，研究者确立了相应的研究课题之后，就要进行论文写作材料的搜集和整理分析，从而支持或论证自己的学术观点，因此，论文写作相关材料的搜集和整理分析，是着手论文写作前的重要事项。

（一）材料搜集

搜集材料的过程中，有些材料可以直接获取，如通过实验项目、实地考察等，可以直接获得实验结果和实地现象。但大多数的材料由于实际环境条件的限制，可能无法直接获取，或者是一些已有的数据分析和学术资源，这些都可以通过间接途径获得。因此，材料的搜集可以分为直接材料的搜集和间接材料的搜集。

1. 直接材料的搜集

直接材料，顾名思义，是研究者亲自参加科学实验以及社会实践活动直接获得的材料。直接材料的获取可以通过以下几种途径。

（1）科学实验。科学实验是研究者根据所选课题的需要，人为控制一些外部条件或模拟客观现象，排除一些外部条件的干扰，在有利的条件下通过对实验过程的观察以及实验结果的分析，从而获得一些与研究课题相关的研究资料。在通常情况下，实验主要是对某种假设

理论在一种极端的情况下的检验和论证，有利于实验结果的科学性，从而保证实验材料的科学性。例如，居里夫人通过实验发现元素钋和镭获得诺贝尔化学奖，屠呦呦通过实验发现青蒿素获得诺贝尔医学奖。

需要注意的是，并不是所有的研究课题都可以运用科学实验的方法获取研究资料，因此，在实际工作中，要根据课题的研究领域和毕业论文的创作特点的不同，恰当地选择科学实验的方法。如颜宁教授对转运蛋白的实验研究成果多次发表于全球各大科学杂志上。

（2）实践活动。实践活动是指研究者在确立研究课题之后通过参加社会实践活动所获取的资料。实践活动不同于实验活动，实验活动是在封闭的条件下进行的，可以说实验条件具有人为性，但是实践活动则是在一个开阔的空间内进行的，不需要人为地控制实验条件，通过对某一社会现象的观察以及调查研究，从而得出一定的结论。参加实践活动的方法有很多，如观察法、访问法、调查法等。但是在不同的实践活动中，选取什么样的实践方法是根据课题的性质、研究思路、研究内容的不同而选择的，如手机实验得出人们对手机的高度依赖。但由于实践活动的复杂性，很多情况下需要多种实践方法综合使用。例如，周淑新《门诊医疗不公平现象及社会经济状况与呼吸病住院的关系：加拿大某城市人口学研究》。

2. 间接材料的搜集

事实上，研究者在确立研究课题之后，由于自身所处条件的局限性，许多材料是不能通过科学实验和实践活动获得的，因此就需要大量的间接材料。间接材料，即不是研究者自己直接获得的材料，而是研究者从书刊文献或者多媒体，如电视、互联网中获取的材料，这些材料多是前人研究的成果或者是一些相关课题发展的最新动向。间接材料的获取是毕业论文材料获取最重要的途径。

间接材料的获取渠道主要有书刊文献和互联网等多媒体途径。

（1）书刊文献。书刊文献包括图书、期刊、报纸、学术报告、学术会议资料、专利文献、档案文献等。这些书刊文献多是一些类似课题研究的成果，研究者进行研究时基本上都要参考这些资料，从而获取一些可以利用的文献资源，支持自己的毕业论文创作。这些书刊资料可以在国家图书馆、学校图书馆、报纸、杂志、学术期刊等地方获取。

可以查阅学校的中国知网或 CNKI 等数据库检索期刊论文、博硕士论文和会议论文，也可以查看《中国语文》《方言》《文学评论》《文学遗产》等纸质学术期刊。

（2）互联网等多媒体途径。随着科技的发展，互联网时代的到来也给学术研究带来了前所未有的有利条件。国内外的最新学术研究成果都能第一时间在互联网上找到，非常有利于研究者学术研究，当今的学术研究是和互联网密不可分的。互联网上有着大量的图书、期刊资源，如中国知网、万方数据库、维普数据库、中国报刊索引、学术搜递等专门刊发学术研究的网站，这些网站聚集了差不多国内所有的学术研究成果，极大地方便了研究者的学术研究。另外还有一些搜索引擎和网站，如百度、新浪、雅虎、中国教育网以及国内高校的各大图书馆网站。

（二）材料整理与分析

研究者在获取了大量的研究资料之后，为了有效地利用资源，就必须对所收集的实验、实践、图书文献资料进行整理和分析。

1. 整理分类

对材料进行整理分类有助于研究者对相关学术资料有一个清晰的认识，能很快地找出有利于论文论述的材料。那么分类就要有一定的标准，这个标准一般是按照研究者所选的课题的方向、内容而定的，如按研究时间分类、按观点分类、按属性分类等，这些分类因研究者的需要而有所不同，但目的都是方便研究者进行查阅、认知和分析。

2. 分析选择

在完成了材料的整理之后，就需要对材料进行分析，从而选择出可供利用的资料。对材料进行分析之后，便可以选择对自己有用的材料支持自己的论述；选择一些研究不够充分的材料，进行深入充分的论述，开拓自己的研究空间。例如，陈景润在研究“哥巴赫猜想”方面攻破了“1+2”的难关，并发表了重要论文《大偶数表为一个素数及一个不超过两个素数的乘积之和》。

对材料的整理和分析是研究者获得研究视角以及论据的重要程序，有许多叙述观点都是在这一环节的基础上确立的，因此要求研究者在进行材料的整理和分析时，一定要认真细致地阅读材料，对其进行科学合理的分类，最后进行深入的分析比较，从而获取最精华的资源，支持自己的学术创作。

五、论文的构成

毕业论文的一般构成包括标题、署名、摘要、关键词、正文、致谢、注释、参考文献。其中标题、摘要和关键词要用英文翻译。

（一）标题

论文的标题可以分为总标题（即论文题目）、一级标题、二级标题、三级标题等不同层次的标题。这里我们主要分析的是论文的总标题，就是论文的题目。一般认为，一篇论文的题目是全文主旨的高度提炼和概括。通过题目，读者就能够获得论文的写作主题和要点。所以说，标题的好坏将直接影响读者的阅读。不论是科研人员、刊物编辑，还是普通读者，他们对于好的题目、新颖的题目会格外感兴趣。因此，标题对于论文的写作至关重要。如《“誓绝鸳鸯侣，忠勇证丹心”——论〈红楼梦〉中鸳鸯形象》。

1. 标题的拟定

（1）标题的形成过程。一般来说，论文标题在选题和搜集阶段就应该初步形成，这有助于搜集更多与标题相关的材料，使论文重点更为突出。标题的形成过程有以下两种情况：一种是在大量材料的基础上进行选题，确定论文主题，最终形成标题，即论文的主旨；另一种是先确定论文的标题，然后根据主题对材料进行筛选，这样重点更为突出，查找阅读材料也更有针对性。

值得注意的是，标题形成之后并非不能变动，而且多数情况下，标题会根据论文内容的展开、作者思路的转换等适当做出调整甚至另拟新题，以更好地概括论文的主题。针对这种情况，作者有时会拟定多个标题，在论文完成之后选择其中与论文主要内容最贴合的一个作为论文的标题。如果最初设定的标题不能满足论文所表达的内容，作者还可以选择使用副标题，对正标题进行补充说明，使标题重点突出，含义明确。

（2）标题的形式。

① 正标题。正标题是论文的总题目，是论文不可或缺的一部分。它是相对于副标题而言的，也就是说，在没有副标题的情况下，正标题就可以直接被称为论文的标题或题目。正标题一般为单行形式，不宜过长，尽量选择精练的文字和最恰当的逻辑组合形式把标题生动地表述出来。如《数据技术在影视生产中的应用分析》《废名小说静穆和谐的乡土镜像》《基于建筑环境设计的视觉艺术探析》《非接触式 IC 卡在视觉导引 AGV 运动控制中的应用》等。正标题除了要与论文内容相切合，还要与研究过程中的要素和重要环节相联系，具有一定的独创性，忌正标题之间的雷同。

② 副标题。副标题是对正标题进行补充、说明和限定的标题。为避免正标题过长，我们可以采用副标题来补充说明正标题不能涵盖的主题内容。此外，正标题的表达含蓄婉转或语意未尽时，需要副标题具体进行阐述，使读者更明了论文所要表达的内容。副标题一般在正标题之后另起一行用破折号领起。例如，"快乐的儒家精神——废名《菱荡》中的意象新解""美国梦与美国噩梦——试析《了不起的盖茨比》""自由之旅——试论马克·吐温《哈克贝利·费恩历险记》"。

（3）标题的要求。

① 有创意。别出心裁的标题文字组合设计会给读者留下深刻的印象。这里的标题创意，同样要在论文内容的基础上进行创新，把握分寸，精选恰当的词语全新组合在一起概括自己论文的标题，而不是追求一种夸张的表述，最终失于空泛与流俗。

② 要精练。论文标题首先就是要能够全面概括整篇论文的主要内容，在此基础上要控制标题的长度，这就要求作者精练标题语言。作者要反复推敲每一个字词，措辞不能太贫乏，也不能太琐碎，要在适度的范围内引起阅读者的注意。在精练的过程中注意语言的准确性，忌过于夸张，标题与论文所反映的内容不相符，题目过大，内容牵涉较少且深度不够。

③ 讲规范。讲规范是指论文标题中如果涉及专业词汇，要选用本学科领域中规范的专业术语，但注意不可选用特殊的专业术语。当然这是针对学术性较强的理工科论文而言的，对于文科论文来说，标题中要慎重选用理论术语，同时，文科论文标题要更注意语言上的规范。如助词"的"的使用，简单的偏正词组、动宾结构的使用。如《基于建筑环境设计的视觉艺术探析》，在动宾结构、偏正词组和"的"字运用上都很到位。

2. 标题与论文主题的关系

标题与论文主题是相互联系的。标题为主题服务，主题通过标题直接或者间接地表现出来。

（1）直接反映。标题直接反映论文的主题或中心论点，此种标题较为常见。主要是由于它的直观性，把论点作为标题，使读者一目了然，也便于把握和理解论文的主旨。如《陈映真小说的忧郁诗学与情感政治》《〈看不见的人〉中看得见的种族歧视》，这些标题就是主题的直接反映，便于阅读者提炼观点，节省时间。

（2）间接反映。标题不是论文的论点或者主题，而是主题的间接反映。或是基于论据和论证所提炼出的论文题目。如《X 射线结构分析及应用》《当代大学生的审美心理结构》，这些是对于某一问题的分析，并没有指出论文的中心论点和核心内容在哪里，只是说明了研究的方向和内容，需要读者在阅读过程中去体会思考。

标题和论文主题也存在区别。主要表现为：标题作为论文主题的表现形式之一，可以随着论文的进行或者完成，不断改进和完善使之更贴合论文主题，标题是可变的。而论文的主题或者主导的中心只能是一个，且从头至尾都必须围绕这个主题展开一切分析和讨论，一旦改变主题，就意味着整个论文的选题和材料将失去意义，要重新开始论文的准备。

3. 注意事项

一忌随意抬高自己的研究成果。表现在标题中最为明显的就是“规律”“定律”“理论”等的使用，把自己的一家之谈，或者在前人基础上的经验总结上升为“规律”，显然是不尊重事实。

二忌标题界定的研究范围很宽泛，而正文部分的论述却仅限于这一问题的个别方面展开，缺乏整体性和宏观视野。如文科论文，以“20 世纪以来女性作家的创作”为题，就这一标题也是主要研究内容来说，算是宏观视野下的一个大标题了，但对于理论基础较弱、科研能力较差的大学生和研究生来说，在具体的写作过程中会把“大题”给“小做”了，这是必然会出现的一个问题。所以在选题和确定标题的时候，要量力而行。

（二）署名

1. 署名的原则

（1）实事求是原则。署名是发明权的声明，是责任的承担。论文可以集体署名，可以以个人署名。是集体的成果，绝不用个人署名；是个人的创造性劳动，也不要为某些利益用集体的名义署名。要始终坚持实事求是的原则，对自己负责，也对科学负责。例如，美国《内科学纪事》编辑部就规定了作者署名的 5 个条件：①必须参与了本项研究的设计和开创工作，如在后期参与工作，必须赞同前期的研究和设计。②必须参加了论文中的某项观察和获取数据的工作。③必须参与了实验工作、观察所见或对取得的数据作解释，并从中导出论文的结论。④必须参与论文的撰写或讨论。⑤必须阅读过论文的全文，并同意其发表。

（2）作者与致谢对象加以区别的原则。在为毕业论文署名时，要把作者与致谢对象进行严格的区别。对于只是参与了研究的部分内容，但未阅读过全文，未全面参与到研究的设计、观察等各项工作中去的研究人员，不能作为作者列出，而只能出现在致谢中，对他们在研究中所做出的支持、努力和贡献进行说明和感谢。在联合署名时，要根据作者对研究结果作用的大小，依次排序，参与到研究的设计、开创和撰写讨论中，并对解决重要问题做出贡献的参与者都应作为论文的作者共同署名。

（3）杜绝弄虚作假的原则。首先，只对论文进行文字上的修改或提出一些评阅意见，不能作为作者在论文上署名。其次，就作者自身而言，为了自己的利益而署上一些并未对研究做出贡献或未参与的领导、名人的名字，这是作者对自己著作发明权的出卖。就其他研究者而言，由于自身科研能力有限，没有学术价值高的论文，为了某些个人利益，甚至用不正当手段，而硬在其他人的研究成果中署上自己的姓名。所以说，署名要严格遵守杜绝弄虚作假的原则。

2. 署名的格式

署于标题之下。如果合作作者署名，两个姓名之间用逗号，单名之间有空格。这是署名的中文写法和格式。

（三）摘要

摘要又称内容提要，它是对论文内容进行的概括性表述。摘要不是对论文的简单解释和说明，而是对论文的主要发现、核心观点及主要论据等的高度概括。摘要作为论文的重要组成部分。在未阅读全文时，摘要能够提供给读者对于论文的全面的重点突出的认知。

1. 摘要的构成

摘要主要由研究目的、研究对象、研究方法和研究结论四个方面构成，对论文的主要内容进行有理有据的概述。

（1）研究目的。研究目的就是研究活动展开所要解决的问题或达到的目的，它对于研究对象、研究方法甚至研究结论都要有一定的预期，并设计研究展开的方案以实现研究目的，获得新的研究成果。研究目的可以说是研究的意义部分。

（2）研究对象。根据研究目的确定研究对象，选取具有代表性，并且通过进一步资料搜集和实践验证能够从中获得一般性结论的对象，可以是自然现象，也可以是某些理论原理。这应该是实现研究目的的第一步，也是研究的主体部分。

（3）研究方法。研究方法旨在选用合适的方法和途径，如理论条件的假设、设备的使用等，对研究对象进行合理准确地分析。论文中研究方法可以是某一种，也可以是多种方法的综合运用，在方法运用上也可能存在某种创新，例如对比中视角的创新等，所以，摘要中研究方法的论说也是相当关键的一部分，在只阅读摘要时，同行研究者可以了解到该领域研究的新方法及如何展开研究等信息。

（4）研究结论。研究结论应该说是摘要中的核心部分。通过一定的方法，对相应的研究对象进行合情合理的理论实践分析，解决研究之初提出的问题。结论部分要求是论文的核心，是研究过程中的新发现和新发明，区别于甚至优于同学科论文的关键所在，能够表明研究的价值所在。

2. 摘要的作用

（1）报道传递作用。摘要因为有字数的限制和要求，所以一般采用最简洁的语言，力求把论文中的新发现、新成果系统地概述出来。摘要的主要作用就是能够让读者和研究者在最短的时间内，系统地了解论文的要点和创新点，及时地了解学科领域内的最新动态和信息。

（2）评价判断作用。读者通过阅读摘要，首先了解了论文的主要思路、研究方法、研究成果等信息，然后会根据摘要对论文的质量水平、创新点和学术价值给出自己对于论文的评价判断，以此决定是否进一步阅读正文部分。所以说，摘要是除论文题目以外，能较快使读者做出初判的部分，应重视摘要在写作中的概括性和规范性，使读者在短时间内短篇幅中对论文产生兴趣并有好的判断和评价。

（3）文献检索作用。摘要同标题一样是数据库检索的重要信息之一。一般检索结果中除去论文标题、关键词等，最能说明论文内容的就是摘要部分。读者通过阅读摘要，对论文产生共鸣或者有可借鉴和运用的理论，才会进一步下载全文进行研读。此外，读者还可以通过文摘杂志数据库的摘要信息寻找所需文献。

3. 摘要写作和需要注意的问题

作者要格外重视摘要的写作。作者可以在成文之前有一个摘要的初稿，作为论文进一步展开的依据，但在论文基本成稿以后，一定要对摘要再进行修改，因为在实际的论述过程中难免会出现偏差，摘要要紧密结合最终的论文内容，把最核心的成果和发现概述出来。在字数方面，中文摘要的字数一般在200字左右。英文摘要一般为150～180个词，并与中文摘要相对应。

在写作要求方面，有几点需要注意：首先，称谓的使用要规范。摘要一般使用第三人称，少用第一人称和第二人称，主要原因是摘要中不能加注释和评论。也有利于避免一些抬高研究价值的语言的出现。如“本研究全面而深刻地反映了……”“这一研究成果代表了国内最先进的水平”等这些表述是不允许出现的。其次，语言的运用要规范。摘要中要使用专业术语，忌用图表、化学结构式或不常见的符号及术语。同时，避免与标题和正文前言部分用词上的重复现象。再次，格式的使用要规范。摘要为一个自然段，不分段概述。摘要不能有注释和评论，也就没有注释或参考文献的序号。最后，切忌生搬硬套。摘要由研究目的、研究对象、研究方法和研究结论四方面构成，不同教材给出的具体构成也有所不同。但根据不同类型或者具体论文内容的情况，在摘要的具体撰写过程中，构成部分并不是一成不变的。

（四）关键词

关键词，是从论文题目、摘要和正文的意义中提取出来的能够代表论文核心主题思想和观点的词语。关键词亦可称为说明词或者索引术语，主要用于文献检索。关键词一般可选3～8个，位于摘要下方，关键词之间用分号隔开并依次排列。

1. 关键词的确定

关键词一般使用名词、动词或者词组。没有关键词的确定和选用的相关规范，只要是能表达论文主要主题内容的词语都可以作为论文的关键词。名词如：当代价值，液压传动等。动词如：对映体分离等。词组如：方法和内容等。

2. 关键词的选取

关键词的选取原则具体如下。

（1）概括性：选出与论文主旨一致的词语，概括研究的内容、目的、结论观点，使读者能够从关键词中大致判断出论文的主要研究方向和主题。

（2）精练性：避免同义词、近义词的并列使用。

（3）规范性：遵循规范性原则，对不同学科名称和专业术语都要准确表述。

关键词的选取方式也有两种：一是从标题中选取。论文的标题是用最简洁、最恰当的词语表达论文的核心内容。所以，关键词可以从标题中选择合适的词语。但要注意有时不能直接把标题中的词语作为关键词，仍要根据论文的主题进行词语的转换或者寻找更恰当的关键词。二是从内容中选取。标题虽然是对论文主题最精练的概括，但是不一定是论文最全面的反映。所以，除了从标题中提取关键词，有时还需要从论文内容中选择有代表性的词语，以防论文关键信息的遗漏。例如，《家庭收入与中国已婚妇女劳动参与决策分析》的关键词：家庭收入；已婚妇女；决策分析。

（五）正文

正文是论点、论据和论证展开的核心部分，是论文的主体。正文是整个毕业论文筹备过程中最核心的一环，占全文的主要篇幅。它包括绪论、本论和结论三个部分。正文应占全文2/3 以上。正文的论证要充分，通常应有 3 个以上的论证章节（部分），各章节（部分）间要有逻辑联系。正文结构层次序数的常见表示方法：第一层为“1”，第二层为“1.1”，第三层为“1.1.1”，第四层为“1.1.1.1”，正文行文中分项的序号可用“①”表示，不分段。正文也可以采用中文常用的逻辑层次：第一层为“一、”，第二层为“（一）”，第三层为“1.”，第四层为“（1）”。

1. 绪论

绪论是毕业论文正文内容的开头部分，又称前言、引言、引论、序言、导论，是研究者对所研究课题的主要理由和预期目标的说明。

绪论一般包括三个方面的内容：一是介绍研究本课题的研究现状。研究者要先介绍国内外相关领域相关课题的研究现状，即学术界目前对类似课题研究到了哪一步，研究的热点、最新进展和存在的问题和不足，主要是对学术界对类似课题研究的成果的综述，从而引出自己研究的视角。二是介绍本课题的研究理由和理论依据。这一论述是建立在对该课题的研究现状的充分论述基础之上展开的。在研究现状中找到该课题研究的盲点，从而确立研究的视角，并论述本课题研究的理论依据和实验依据、研究方法和研究设想，并对采用的理论方法及专业术语进行解释说明。三是论述该课题研究的预期结果、结论及其理论或实践意义。对所研究课题预期成果的论述，一方面展示出该课题研究的最终目的；另一方面对该课题的研究意义进行强调和说明，是绪论部分论述的最终落脚点。

绪论的写作应该言简意赅，简明扼要，开门见山。这里需要指出的是，一般的比较短小的学术论文则只需要对所研究的课题做简要的说明，不必单列一章“绪论”，切忌将绪论写成摘要的扩大版，或者说是摘要的解释说明。对于篇幅比较长的毕业论文应该做到以下几点：研究现状的写作切不可将前人研究的成果一一陈述，而要分类逐条地进行总结概括，要有自己的分析视角，不能人云亦云；研究者在论述该课题研究的理论依据时，一定要对所涉及理论做一个概念上的确定，防止出现一些不严谨的论述；要实事求是地论述该课题的研究意义，避免假、大、空之类的论述性语言。最后要求论述者本人不能做自我评论。

2. 本论

本论，顾名思义，是研究者本人对自己所研究课题的论述，是毕业论文创作中最核心的部分。研究者根据自己所搜集整理的材料，围绕所确立的课题进行论述分析，本论的内容包括论述对象、论述方法和理论依据、提出的观点，并对自己的观点进行论证，论证要充分，通常应有三个以上的论证章节（部分），各章节（部分）间要有逻辑联系。本论是研究者研究思路的总体展现，最能体现研究者的研究视野和研究才能，决定着整篇论文或整个学术研究的成败。

（1）论述内容。

首先是论述方法。毕业论文论述方法有很多种，最基本的方法有两种，即整体论述和部分论述。整体论述是指研究者从整体上对所研究的课题进行综合性论述。研究者在论文创作中，把研究的工作从理论到实践的整个过程融合起来，将主要的观点提炼出来。即研究者将自己的观点先呈现出来，然后按照认识从低级到高级，由感性到理性的规则进行论述，一般是先介绍所研究的对象，将搜集的相关材料进行综合性论述，归纳出结论。这种论述的特点是综合归纳性较强，比较容易突出毕业论文的研究重点。部分论述，不是指论述一个部分，而是一个部分一个部分地进行论述，将搜集的材料散发开来，逐条分段地论述，一个部分得出一个结论，然后再将所有的结论综合起来进行论述，得到一个总体论述观点。这类论述，要求研究者一开始先对整个研究过程的层次进行一个简要的论述，然后进行分层次分部分地论述，每一个部分有明确的小结，最终进行所有部分的综合分析，得出总的观点和结论性成果。这种论述方法是按照人们认识事物的先后顺序所进行的分析，思维逻辑比较清晰，写作方法符合认识研究的实际情况，不仅写起来更容易，读者也容易接受。

其次是论述过程。根据毕业论文性质不同，本论的论述过程可分为理论性论述和应用性论述。理论性论述侧重逻辑推理，通过提出理论的前提条件、使用范围，然后运用归纳、演绎、分析、综合、类比、比较等方法进行论证、阐述和计算，最后得出理论内容和规律性结果等。理论性论述又分为论证式、剖析式和验证式三类。论证式论述是在已有的结论基础之上展开论述的，在完成理论证明之后还需说明其应用的范围，在数学、理论物理等学科中比较多见；剖析式是通过对材料的理论分析从而得出结论；验证式是指在理论分析之后进行试验或实例证明。应用实践性论述主要针对科技类毕业论文的论述，一般侧重研究过程，即通过观察、调查及实验，得出有关数据资料、照片和图表，在此基础上对实验结果进行分析论证。应用实践性论述一般分为三个部分，首先，介绍实验材料和方法，介绍研究成果所运用的手段和途径，方便别人的重复实验，这是研究者的思想方法、技术路线和创造性的呈现。其次，是对实地调查、实验的分析总结，将此过程中所观测到的数据和现象进行呈现和分析，它是结论得以产生的基础。最后，对试验方法和实验结果进行讨论，将实验过程中出现的问题和成果进行讨论，从而得出最终的观点和研究意义。

（2）论述要求。

论述内容要实事求是、科学严谨，用事实和数据说话，做到有理有据。

在论述中所引用的材料和实验结果一定要真实可靠，不能随意编造，更不能随意加入自己的主观成分和意见。

如果自己的观点和前人的结果产生冲突时，一定要用真实可信的论据去论述，就事论事，可以对前人的研究结果进行批评，但不要对作者进行人身攻击。

论述语言要合乎逻辑，层次清晰；文本的格式内容一定要按照国家毕业论文要求的基本标准，论文中所涉及的中外文字母的使用要严格遵循一定的规范。

3. 结论

结论，是对整篇文章的最终总结，是整个研究过程中的精华。它是在理论分析和实验、实践验证的基础上，通过严密的逻辑推理而得出的富有创造性、指导性、经验性的结果描述。同时，它又以自身的条理性、明确性、科学性论证了论文成果的价值。它既不是实验或观察的结果，也不是正文中各段小结的简单重复。

结论的内容一般包括：对所得出的研究结果的理论意义和实践意义进行论述，如所解决的问题、弥补以往理论的不足、指导实践的意义等；对结论的适用范围进行论述，以及对已经涉及但仍未解决的问题做出讨论，提出一些设想和意见。结论须明确具体、严谨、准确、完善、精练，研究者不能做自我评价。

（六）致谢

致谢一般出现在学位论文中，在较短的学术论文中不需要进行致谢。致谢是对研究者的研究工作以及毕业论文创作过程中，对曾经给予帮助的人以书面形式致谢。致谢应放在论文正文的末尾。

例如，“非常感谢×××老师、×××老师在我大学的最后学习阶段——毕业设计阶段给我的指导，从最初的定题，到资料搜集，到写作、修改，到论文定稿，他们给了我耐心的指导和无私的帮助。为了指导我们的毕业论文，他们放弃了自己的休息时间，他们的这种无私奉献的敬业精神令人钦佩，在此我向他们表示我诚挚的谢意。同时，感谢所有任课老师和所有同学在这四年来给我的指导和帮助，是他们教会了我专业知识，教会了我如何学习，教会了我如何做人。正是由于他们，我才能在各方面取得显著的进步，在此向他们表示我由衷的谢意，并祝所有的老师培养出越来越多的优秀人才，桃李满天下！”

（七）注释

在论文写作的过程中，如果直接引用别人的文章或观点时一定要加上注释。这是尊重以往研究者著作版权和劳动成果的科学态度的体现，最重要的是，可以证明所引用的论据是真实的，还有利于读者直接查阅所引用文献的原文。

除了对直接引用的别人的观点和材料进行注释之外，还可以对正文中的一些特殊的内容进行注释。注释的方法有以下三种。

1. 夹注

正文中直接引用的内容后面用圆括号注明参考文献的方法，即为夹注。

2. 脚注

把同一页中引用的文献资料按顺序依次编号，依次标注在本页的下方。

3. 尾注

把论文全文引用的文献统一编号，依次标注在正文末尾。

（八）参考文献

参考过但是并非直接引用的文献资料，需列于正文之后作为参考文献。参考文献的列出，不仅反映出研究者对该专题文献的阅读范围和熟悉程度，而且可能涉及著作权或首创权的问题。

参考文献通常按照作者姓名的音序排列，前方加上括号表明序号。

参考文献的体例格式如下。

1. 期刊文章

[序号] 作者. 论文题目 [J] . 期刊名称，年，卷（期）：起止页码.

示例：

[1] 朱锐泉. 伦理文化视野中的古代小说传统 [J] . 文学研究，2017，3（1）：97-116.

[2] 张奇玮，贺国珠，彭猛. GTAF 的时间同步性测量 [J] . 中国原子能科学研究院年报，

2016（2）：91.

2. 专著、论文集、学位论文、报告

［序号］编者或作者. 书名或论文、报告名［文献类型标识］. 出版地：出版社，出版年：起止页码.

示例：

［1］丁文广. 中国穆斯林生态自然观研究［M］. 兰州：兰州大学出版社，2017：37-52.

［2］（美）Richard H. Thaler.“错误”的行为［M］. 王晋，译. 北京：中信出版社，2016：123-146.

［3］赵国辉. 交涉中的“西法东渐”学术研讨会论文集［C］. 北京：中国政法大学出版社，2017：67-69.

［4］祁春风. 自我认同视野下的“80后”青春叙事［D］. 济南：山东大学出版社，2016：150-161.

3. 专利

［序号］专利所有者. 专利题名［P］. 专利国别：专利号，出版日期.

［1］刘水，丁世杰. 一种利用数据指纹进行数据检测的方法［P］. 中国专利：CN104317823A，2015-01-28.

4. 电子文献

［序号］主要责任者. 电子文献题名. 电子文献的出处或可获得地址，发表或更新日期/引用日期（任选）.

说明：

（1）文献类型标识方法为：专著［M］，论文集［C］，报纸文章［N］，期刊文章［J］，学位论文［D］，报告［R］，标准［S］，专利［P］。

（2）对于不同文献的作者、编者、所有者或责任者（为方便描述，均以作者代替），三个及以下作者的，要把作者名字全部写出来，且作者与作者之间用“，”分开；三个以上作者的，要在第三个作者后加“等”。

注释格式与参考文献格式一致。

流行文艺与主流价值观关系初议（蒋述卓）

［摘要］流行文艺与主流价值观并不存在天然的鸿沟，相反，流行文艺在发展实践中还在个体精神的表达方式、表现主题与内容以及思想的探索、表达姿态和艺术形式的创新方面都为主流价值观提供了积极因素。主流价值观与流行文艺可以形成良性的互动关系，并最终形成合流之态，这一方面取决于主流文艺应取的姿态与观念；另一方面也取决于流行文艺自身做出相应的调整。

［关键词］流行文艺；主流价值观；合流

（略）

请上贵校图书馆下载《管理世界》《经济研究》《文学评论》《中国语文》等专业期刊论文。包括袁行霈的《唐诗风神》，王水照的《永远的唐诗三百首》，甘于恩、简倩敏的《广东方言的分布》等论文。

第二节　申　　论

一、申论概述

（一）申论的概念

“申”可以理解成申述、申辩、申明，“论”则是议论、论说、论证。申论也就是对某个问题阐述观点、论述理由，合理地推论材料与材料以及观点与材料之间的逻辑关系。申论是随着公务员录用考试制度而出现、推行的一种新兴写作形式。

申论实际上与古代专门的科举考试“策论”一脉相承。从沿革考察，“策论”是从奏议体的“对”“对策”演变而来。汉以来试士，以政事、经义等设问，写在简策上，使之条对，也称对策。汉武帝时公孙弘、董仲舒皆以对策进。宋神宗时，王安石实行教育改革，以经义、策论取士。苏轼的《刑赏忠厚之至论》是著名的策论。神宗熙宁三年（1070 年），始以策论取士。殿试自熙宁以后，专试策论一道，以 1 000 字为限。金仿宋以策论取士，清康熙和光绪帝时，也曾用策论取士，均不久废之。策论作为一种文体，以论点为写作中心，要紧密联系现实，有强烈的针对性；见解要卓拔超群，具有深刻性；方法要切实可行，具有操作性；文辞要恢宏大气，具有表现力。运用“对策”方式，正是要选拔这种既熟悉政治，有匡时补弊的才能，又具有很强表达能力的人才。刘勰在《议对》中列举的晁错、董仲舒、公孙弘、杜钦和鲁丕等，无不是这方面的杰出人才。从这里可以看到：“申论”从考试的内容特质、目的指向、形式、功能等，无不与“策论”相通。

申论考试的目的是选拔国家公务员，其考试的内容结构，实际上是模拟国家公务员日常工作流程的信息情境，以此来考察应试者作为公务员角色所具有的职业素质和必需能力。职业素质包括：思想、政治素质——具有马克思主义世界观，法律意识，现代民主意识，理解和运用中国特色社会主义理论体系的能力；人文关怀，全面协调的系统思维等。这些都基本上或多或少地能从其提出的对策方案、论述的字里行间表现出来。至于能力层面，则是《中央国家行政机关公务员录用考试大纲》中规定的：申论考试“主要测查应试者对给定资料的阅读理解能力、分析归纳概括能力、提出和解决问题能力，以及文字表达水平”。

（二）申论的特点

（1）材料普遍、重大而复杂。所给定的材料几乎没有范围的限制，涉及社会经济、政治、法律、文化以及民生等方面具有普遍性的现象或问题。往往是现实生活中的热点和焦点，或者是在国际国内产生重大影响的事件，或者与自己所报考公务员行业相关的事情。所呈现的现象或问题具有典型性和复杂性。材料所反映的现象或问题大部分已有定论，也有一些问题尚无定论或存在争议，需要应试者自己去理解、分析和判断，并做出结论。

（2）作者是假定性特定角色。申论考试是为国家机关选择人才，实际上可以看作是公务员处理公务的一次预演，有人把它命名为“虚拟行政行为”，指《申论》考试是模拟行政机关的工作思路、观点、立场、态度、风格等的一种行为。因此申论写作一般明确要求以某种公务员身份提出对策方案，阐述问题，某些试卷即使未加明确，应试者也应明白务必以某种公务员的身份写作。他应代表特定的机构或个人，在特定的场合，面对特定的对象，依据相应的工作职责，思考、分析和处理问题，不能有角色混淆。

（3）写作表达灵活而丰富。申论写作，一般由概括、方案、议论三部分组成。因为申论写作是应试写作，它要选拔有用之才，职业所需要熟悉的应用文体（例如公文）也常常会在具体的个案中得到运用。考生除应会写议论文外，应用文常见的文种，甚至新闻文体的写作都要掌握。考虑到申论写作者的身份一般是公务员，重点文体应以报告、请示、意见、议案、提案、讲话稿为主。

二、学会概括

1. 阅读

理解能力是对写作者首要的要求。阅读理解能力是指分析事物和概括问题的敏捷性和准确度。阅读理解能力强，就是善于把握事物的本质，而不是简单地就事论事，善于从各类材料中把握事物之间的联系，区分问题的类别、性质、主次、轻重、缓急，发现同中之异，捕捉异中之同，分析问题、研究问题并恰当地解决问题。只有读懂读通全部给定资料，才能把握资料所反映的事件的性质，也才能准确地概括出给定资料所反映的主要问题。阅读的过程是：通读与细读结合。通读即快速扫阅全文，了解材料的题材、体裁、结构和逻辑关系，了解材料的主要内容、主要问题以及主要问题的类别和性质。通读时，应注意提高阅读速度，防止时断时续。阅读中注意力不应过多地用在数据、人名、地名等某些细节问题上，而应抓住关键词语和关键语句快速扫阅全文。通读的过程是一个感性和理性交替的过程。首先是感性过程，这是由于申论给出的文字材料一般采用了描述式的语言，或者是叙述性的表达，这种语言形式会给应试者留下直接感性的印象。但同时又是一个理性的过程，阅读完感性材料之后，留在头脑中的往往只是一个概念，一个事件的名称，一个关键的词语或句子，这是因为大脑具有极大的过滤作用，它往往能把那些生动的故事或事件凝聚成一个高度集中的词语形式，这与人们认识实践的过程是一致的。细读是指在通读的基础上，根据申论要求，带着问题有针对性地阅读材料，把握材料的细节，判断和推敲材料的言外之意，为作答申论要求做准备。进行细读时，就要进一步明确材料的主要内容和主要事实，弄清材料中涉及的具体的人名、地名、数字以及事情发展的前后逻辑联系；弄清主要问题形成的特殊原因和条件，把握其主要矛盾；挖掘隐含在材料中的深刻含义，归纳出可以论证的观点。

在阅读的过程中，眼、手、脑并用，做以下三件事。

（1）动笔对段落标号，标出关键词或关键句。在做这件工作时，可遵循以下原则：①首尾句原则，一般来说，写文章是要讲究起承转合的，60%左右的材料都是能从首句或尾句中找到段落大意或中心思想；②关联词原则，例如，转折连词出现的地方，强调的一般是后面的内容；③常见词原则，在申论写作材料中，往往涉及事件或问题的表现，原因或解决措施等问题，与此相关的常见词也是经常出现，这些词主要有根源、危害、教育、体制、领导、法律法规、监督、落实、经验教训等，从历年的真题看，这些词出现的地方就是关键的地方。写作者必须要对这些词保持足够的敏感性，既要有政治敏锐性，又要有材料的敏锐性。

（2）总结段落大意。按整体性原则和关联性原则把握，不必花太多的时间对每一段材料仔细推敲，不必琢磨成完整的句子，只要自己明白即可。

（3）把材料按性质归类。归类的过程就是发现和整理材料之间关系的过程。材料之间的关系主要有横向的并列关系和纵向的递进或因果关系。

2. 概括主要内容或主要问题

（1）角色分析。要按照题目中限定的角色展开分析。

【真题示范】假如你是随团秘书，请根据后文考试真题中的“给定资料 2”，把代表团团长的考察笔记归纳整理为一份《国外城市水系建设考察报告》提纲。（15 分）

要求：①提炼准确，归纳合理；②层次分明，分条表述；③不超过 350 字。

（2）理解题意。注意限定的字数。只能在给定材料中概括，不能跳出材料圈定的内容，旁征博引或随意发挥者是禁忌。表述方式：要求答案覆盖所要求范围的主要内容，但表述要语句精练，简明扼要。一般不直接引用具体事例或数字。

【真题示范】2017 年：根据后文考试真题中的“给定资料 1”，概括 S 市为建设美丽水系、打造优美环境实施了哪些主要措施?

要求：①分条归纳概括；②表述准确、完整；③不超过 150 字。

（3）表述模式。一个完整的概括主要包括三个部分：总括句+分述句+道理句。总括句用一句话高度概括全文主要问题。总括句句式：“这是一篇关于主语+事件 1+事件 2+事件 3 的文体。”主语是文章涉及的主要任务的姓名或所涉及的主要单位名称。文体是指所给材料的文章体裁，如新闻报道、调查报告、工作总结、讲话、案例等，多数时候是案例。事件 1 是指主语的第一个动作，也可理解为事件的第一阶段。对于个别文章只有一件核心事件，就只需要事件 1 就够了，例如“这是一篇关于纯净水广告论战的报道”。分述句就是要把总括句里涉及的内容分条列项地表达出来。阅读理解时的归纳分类成为思维加工的材料，此时，只需要按一定的角度组织语言就行。可考虑的角度有以下几种。

① 按“参与方”分述。一个事件中可能有多方参与，按各方的行为依次分述。如“这是一篇关于中国的 10 家苹果汁生产企业应对美方反倾销起诉取得成功的案例（总括句）。成本低廉的中国的苹果汁进入美国市场，引起美方不满，美方提出反倾销调查起诉。中方积极应诉，充分发挥有利因素，取得了诉讼胜利，保护了中方苹果汁生产企业的利益。”这种方法最为简便易行。

② 按“相关方”分述。对于一则涉及不同类别人事物的材料，则可以进行分类表述。如“这是一篇关于我国玩具市场的调查报告（总括句）。调查表明：我国的玩具消费拥有难以估量的发展潜力。家长望子成龙心切，愿意为孩子买更多的玩具。但调查还表明，我国的成人玩具市场基本是一片空白，到目前为止，还未出现专门生产成人玩具的企业，存在着巨大的商机。玩具的开发和销售面向成人，是世界玩具的新热点。”

③ 按“过程”分述。以时间的阶段性环节链或逻辑上的逐层深入为序组织句子。如“这

是一篇反映医药行业药价虚高情况的报道（总括句）。生产厂家自己定价，中间商层层加价，医生或医院为了自身利益给病人开高价药，病人购买高价药品。”这是按医药流通的四个环节来分析的。如“这是一篇关于我国9家彩电企业结盟限价销售彩电的报道（总括句）。9家彩电企业深圳结盟之后，国家有关部门对此提出了质疑，专家认为价格联盟是变相垄断，消费者对此无动于衷，结盟商家内部意见也不统一，最终导致彩电限价失败。”道理句概括点出事件的意义或性质。句式可以是：“它揭示（反映、告诉）了……规律（状况、道理、性质）。”如“……（分述句）。此事从一个侧面反映了我国经济发展与环境保护之间发生的矛盾，从而说明实施可持续发展、科学发展战略的意义。”道理句是思维从具体到抽象的一个飞跃，着眼于事件的意义或性质，无疑需要“上纲上线”，例如，污染事实上升到环保；治安现象上升到稳定；房屋拆迁上升到城建；“三乱”现象上升到执法；考试、留学上升到教育；人口问题上升到计划生育；汽车堵塞上升到城市交通；下岗分流上升到社会就业；偷税漏税上升到社会分配；户籍问题上升到城镇化建设；农民进城上升到“三农”问题。概括要求做到：准确，反映事实准确，提炼事实的意义或性质到位，无过与不及之病；全面，不遗漏任何要点，不片面取材以故意突出某个局部而淡化另外的部分；客观，不以主观态度扭曲事实；简练，平实不啰唆。

三、制订方案

申论写作有时要求对给定材料所反映的现实矛盾提出解决问题的方案，或提出善后意见，或给出对策建议，或提出相关措施，这些方案、对策、意见、建议或措施，统称为申论方案。这部分重点考查应试者思维的开阔程度、探索创新意识、应变能力和解决问题的能力。它给应试者提供了充分发挥的自由空间，应试者可结合给定资料所涉及的范围和条件，提出有针对性的切实可行的方案。

1. 角色分析

这是模拟机关工作行政行为的一个环节——提出拟办意见的方式。有的题目中确定了应试者的身份，如“你作为市交通主管部门的负责人，请根据给定材料写一份‘关于我市交通拥堵情况的报告’。”有的没有限定，但并不意味着可以以任何身份来提建议或对策，写作者必须自己找准角色身份，这一点很重要。

2. 理解题意

字数限定：试卷有字数限定（常见的350字），弹性限度不超过10%。解题对象：针对给定材料，提出解决方案。问题在给定材料之内，一般是近涉关系，很少是远涉关系。适用性：由于招考的公务员是管理国家事务的人才，因而，所思所想都必须站在政府的角度，提出的方案要就事论事，可以执行，不能大而空，要切实可行。

3. 表述模式

概述主要问题+分析原因+提出对策。

用一句话概述主要问题，摆出要解决的对象。不要以为上一题已经概括就忽略这一环节。从答题的完整性考察，这必不可少。这是保证对策具有针对性的重要依据。但不宜照抄上一题文字，精练概括即可。

根据不同的材料性质，可能有不同类型的方案制订，因而需要采取相应的思维策略。分层解决方案：有些问题，可以从观念、制度、具体行为三个层面来提出。“首先要转变观念，改变现有的……观念，通过……树立……观念。其次要建立……制度（体制），……再次，加强……管理（实际行动）”。有些问题，可以从政策层面（宣传、演讲会、报道、开展活动）、行业层面（建立鼓励机制）、个人层面（创立成长环境）来组织思路。多元辐辏方案：从情境涉及的利益各方、职能各方，或因素各方，分别分析，共同为解决某一问题承担责任与义务，解决问题。例如某些社会现象或事件的解决方案，可以从“政府”“企业或单位”“法律”“个人”四个方面来分。通常情况是“政府应当做些什么”“企业应当做些什么”“法律允许什么”“个人应当做什么”；又如，公共突发事件的处理，可按“建立应急预案”“成立专门事故小组”“制止当前事态、处理遗留问题”“落实个人责任制”等方面考虑。再如，关于行人违章“撞了白撞”的问题，因素是“人、车、路”，解决方案就是：提高路人的安全意识，监督路人的行动（要列举一些具体办法，如加强交通安全教育，设置交通路口安全监督岗等）；车主必须尊重路人生命，不能因为法律授权就任意作为，在可能避免的情况下要尽量避免撞人事件发生；路的问题主要靠政府解决，政府要多修路，修好路（也要列举一些具体方法，如拓宽主要街道，在交通要道架设天桥，修地下通道，或封闭一些事故多发路口等）。

制订方案前要分析原因寻找问题发生的环境和条件，这是保证对策具有可行性的重要依据。关键是分析根本原因，找到问题的根源。无“因”便无“果”，对策的“对”就是针对，找不到原因就找不到靶子，也就不能有的放矢。分析因果时要注意区分主要原因与次要原因（矛盾的主要方面和次要方面；主要矛盾和次要矛盾）、内因与外因；异因同果、同因异果或互为因果等关系；注意利益关系的分析，政府所面对的一些矛盾很大部分是现实中利益分配所引起的矛盾，这需要在社会整体系统中对各利益主体进行分析。还有一种现代企业的对策分析工具，用来确定企业本身的竞争优势（Strength）、竞争劣势（Weakness）、机会（Opportunity）和威胁（Threat），叫 SWOT 分析。优势和劣势是内在要素，机会与威胁则是外在要素。从而在此基础上确定发展战略。作为思维模式，同样可以用来作为申论分析的工具。

制定的对策也有相关要求，具体如下。

（1）必须合情、合理、合法：符合社会的伦理道德规范，国家的法律法规，党和国家的路线、方针政策。

（2）方案必须具有针对性和可操作性；符合角色身份和政府部门的职能，不能越位。

（3）体现“公开、公平、公正”的行政精神，在和平建设时期，行政行为应当考虑国家、单位、个人利益的平衡与兼顾。特别是在一些重大争议性事件的处理上，更要注意各方的让步与协调，对有过错的一方，特别是单位防止采用“一棍子打死”的处理办法。在行政行为中注意改革是动力，稳定是基础，发展是目标。

（4）如果能体现或运用即时的政策精神（最好有一些语句引用），则反映了应试者良好的行政素质——对政策与政治的敏感度。

（5）方案必须以较小的成本、较小的风险取得最大的社会效益。

（6）在表述方案时，要注意逻辑结构，层次要分明，前后有照应，不可杂乱无章，更不能相互抵触。

对于制定的对策，有人提出申论对策的“万能八条”，虽有“新八股”之嫌，但不妨作为规范思维路径的方法参考，只要不胶柱鼓瑟，注意在不同情况下事物或事件的差异性，具体问题具体分析，灵活对待就好。这八条是：

（1）领导重视，提高认识。“实行一把手负责制”“建立和完善引咎辞职制度”“建立健全领导问责制度”“把……纳入议事日程”“加强对问题的调查研究，从源头上厘清……问题的来龙去脉”“增强……的意识”“倡导……的理念”“各级领导干部要高度重视，树立正确的政绩观，密切关注……问题”等。

（2）加强宣传，营造氛围。“社会舆论密切关注……”“电视、报纸、网络等媒体要通过各种形式宣传……提高广大人民群众对……的认识”“树立典型”“通过典型示范，在全社会营造关于……良好的文化氛围”等。

（3）教育培训，提高素质。“采取灵活多样的形式，分层次对……进行培训，提高广大干部（人民群众/职工）的……素质”。

（4）健全政策法规，完善制度。“建立健全各项制度（法律），做到有法可依”。如政务公开制度、社情民意反映制度、社会公示制度、社会听证制度、专家咨询制度、决策的论证制和责任制，业绩考核制度等。

（5）组织协调，形成机制。“形成深入了解民情、充分反映民意、广泛集中民智、切实珍惜民力的科学决策机制”“预防应急机制（编制应急预案，增加人力、物力、财力储备）和保障机制”“组织机制、协调机制，包括派工作组/成立专门机构/增加人员”“建立完善各种监督机制”“形成信息的反馈机制”等。

（6）增加投入，依靠科技。“在……方面，加强财政投入力度”“依靠……技术，解决……问题”。

（7）加强监管，全面落实。“加强社会监督（群众监督），设立举报热线（举报信箱）”“鼓励媒体监督（舆论监督）”“建立完善系统严格的评价、考核的指标体系”“加大整顿力度”“违法必究，执法必严：严厉查处和惩处责任人”“发现问题及时纠正，对顶风违纪的行为从严查处，绝不姑息”“有权必有责，用权受监督，违法要追究（强调制权）”。

（8）深刻反思，总结经验。“借鉴国内外的各种先进经验”“总结……的经验教训”等。

四、论证分析

论证分析要求应试者充分利用给定材料，紧扣主要问题，做出必要的说明和引申，然后发表中肯见解，提出方略，进行论证。

1. 角色分析

写作者必须明确地自我定位在某一职位的国家公务员的角色身份上，要有政策眼光、全局眼光、责任眼光。这个角度不能变，一变就会脱轨。国家公务员论述问题的目的在于解决问题，而不是一般的“不平而鸣”，空发议论。

2. 写作要求

（1）文体：议论文。就是对事物或道理进行论述的文章。

（2）论述内容：给定材料所反映的主要问题，这一给定已经限定了应试者的基本态度和主导倾向。

（3）中心明确：就是观点鲜明，肯定或否定，赞扬或贬斥，清楚明了，不含糊其辞。

（4）内容充实：就是要求论述过程中理论与事实要能很好地结合，既要讲道理，又要摆事实。事实与道理紧密相连，互相支持，为中心论点服务。道理上讲，申论考试的一般事例都主要来自于给定资料，理论可以从给定资料中来，也可以从中引发。

（5）论述深刻：就是要求论述时能看到事物的本质而不是只看到现象，不能囿于事物的表面，应深入事物的核心，一针见血地指出问题的实质并旗帜鲜明地表明观点。对一件事，不只是看到其操作层面存在的问题，更需要从体制、观念、心理等方面进行分析，进而提出切实可行的解决方案。当然，深刻性的前提是必须符合党的路线方针政策，符合当前实际。

（6）有说服力：这是对文章的论点、论据、论证的要求。论点要鲜明，论据要有力，论证要合逻辑。三者就像屋顶、墙壁、结构一样密不可分。

3. 表述模式

（1）标题。有的试卷没有给定标题，需要自拟。标题是文章的有机组成部分，是文章的眼睛，与文章的思想内容、题材、情调、色彩有着密不可分的关系。好的标题往往有品位，能引起读者兴趣，产生急于读下去的强烈欲望；能帮助揭示主题，有助于读者理解文意；能打动读者，会给人留下鲜明的印象和难忘的记忆。标题的拟定因文而定，没有固定的格式。但申论论证文章的标题，考虑到行政机关的理性化倾向，特别讲求务实性，通常使用标题显旨的方式。抽象地讲，似乎设问式标题、反问式标题、范围式标题都可行，但这些绕弯式的标题不符合机关追求效率的实际，能够少用尽量少用。常见的行政机关的论述性文章常见标题格式多含有“大力推进……建设”“坚定不移地贯彻党中央……精神……”“绝不允许类似……事件再次发生”“加强……建设迫在眉睫”“要时刻把人民的冷暖记在心上”等。标题要求准确、醒目、新颖、精练，有动感，有力度，才能体现行政风格。因为行政行为在辖区内具有普遍性、无差别性、强制性等特点。要上承党中央，下接老百姓，把为人民服务落到实处。

（2）正文。正文的写作一律采用三段式：提出问题—分析问题—解决问题。

提出问题要简明扼要，开门见山，一般都选用资料中提供的事实材料和理论材料来提出问题。

分析问题要紧密结合材料，不能东拉西扯，海阔天空地乱谈。要集中力量论述主要问题，论述时有详有略，重点内容详写，次要内容略写，但要兼顾好全局和局部的关系。解决问题的方案要有条理，有层次，涉及相关部门时方案要体现各司其职、各尽所能、互相合作的精神。分析问题要按照由此及彼、由表象到本质、由微观到宏观、由特殊到一般的方式进行。解决方案要紧承分析问题的步骤。最好能前后一一对应。解决方案既要有总体上的思路，也要有列举切实可行的手段或措施。使解决方案既照顾到全局，又照顾到特殊情况，既解决主要问题，又控制次要问题，特别是杜绝新问题重新滋生。

论述主体常见的结构形式有两种：一是并列式，几个段落之间的关系是平行的，彼此之间无交叉重复，但都为了一个中心，即开头提出的中心观点；二是递进式，几个段落之间是不断深化的，这样的结构是从表面到本质的逐步递进关系，呈现出“是什么—为什么—怎么办”的结构安排。不管运用哪一种结构，以下的行文技巧是需要注意的：主旨句放在段首，让读者一眼便知你的观点是否正确和精练，最好把所要表达的观点放在段首，以产生观点鲜明、强烈的印象；主旨句要尽量整齐划一，每一段之前的主旨句为了表达的美观和阅读的顺畅，尽量使用句式相同或结构相同的句子，做到整齐一致；主旨句要紧扣材料和中心观点；主旨句后要有具体的见解和措施，常见的错误是主旨句后紧接着举例证明，理与事之间缺乏分析、简单证明，需要用一些更具体和完善的措施来充实或补充前面的主旨句，这才是解决问题的能力的最主要的体现；主体结构要层次清晰，突出重点，忌平均用墨。

（3）结尾。结尾要求言尽而意止，不拖泥带水，不戴帽穿靴，不故弄玄虚。主要有以下几种结尾形式：自然结束，没有任何形式的结尾方式，只要已经无话可说，就应当戛然而止；照应标题，在结尾处与标题所反映的主题相呼应；照应文章的开头，标题中没有亮出观点或者主题，但是开头却给以明确提出，那么结尾就应该与开头相照应，再综合说明或强调此观点的重要性。在语言运用上，要求不使用华丽的辞藻或复杂的修饰语言。毕竟政府机关重在解决实际问题，工作作风要求稳重，不能表现出轻浮和幼稚，要使用简明平实的语言，语言服从于和服务于文章体裁。

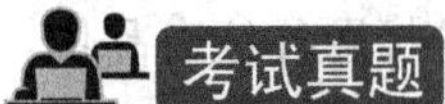

2017 年国家公务员考试申论真题
（省级）

第三节 评 论

一、评论与新闻评论

评论是批评或议论的文章，包括新闻评论、文学评论等。文学评论可以是学术论文，如王永照的《永远的唐诗三百首》，还有专门的学术论文期刊《文学评论》。我们此节主要学习新闻评论。

新闻评论是针对当前社会生活中具有普遍意义的问题和典型新闻事件发表议论、阐释道理，并运用社论、评论员文章、短评、编者按、专栏评论、述评等多种形式，通过大众传媒发布的一种论说文体。评论被称为媒体的灵魂。新闻评论属于传播文书，它主要有三个特性：新闻性、思想性、群众性。要求在有限的篇幅中用独特的见解吸引读者。按照新闻评论的形式和规格可分为社论、编辑部文章、评论、本报评论员文章、短评、编后、编者按、思想评论、专栏评论、新闻述评、论文、漫谈、专论、杂感等。

二、新闻评论的结构和写法

（一）选题和立论

选题和立论是新闻评论写作的核心环节。

（1）选题就是解决写什么的问题。对新闻评论来说，就是选择要评价的事物或所要论述的问题。通常选择以下评论的对象和论述的范围。

① 当前的客观形势、舆论动向和宣传任务，以及最近中央发布的重要决定、工作部署和最新的政策精神。

② 实际生活中层出不穷的新情况、新变革、新矛盾、新风险，以及来自广大群众和社会基层的呼声和要求。这是新闻评论选题取之不尽，用之不竭的源泉。

③ 重要的新闻事件和新闻典型。这是社会舆论关注的热点，是结合实际引导舆论、发挥教育功能的好教材，也有助于评论选题富有新闻性和时代感。

（2）立论是指一篇评论的主要论断或结论。它是作者对所提出的论题的主要见解，是贯穿全文的中心思想，起统率全文所有观点和材料的作用。

（二）新闻评论的结构

新闻评论一般包括引论、本论和结论三部分。

（1）引论既是文章的门面，又可以引领下文。引论常用的写法有：开门见山、提出论题；开宗明义、直接表明观点；以新闻事件为由头，简要叙述该事件的经过或特点，引出下文；交代背景，说明写作的动因；树起靶子，摆出驳论的对象，为本论中的系统论证做准备；通过引经据典、解说故事等方式，营造一个生动活泼的开头。

（2）本论又叫正论、正文，是评论的主体，担负着承上启下、组织论据证明论点的任务。

（3）结论主要是进行概括总结。

（三）本论与引论、结论组合的结构方式

（1）分析演绎式论证结构：先提出论点，再运用论据证明观点，从逻辑上说，分析演绎证明用的是由“一般”到“个别”的推理方法，是以人们公认的基本原则、一般原理作为依据来论证论点的方法。

（2）归纳式论证结构：通过分析与研究若干事实材料，概括它们的共同属性，综合它们的共同本质，从而得出一个带有普遍性结论的论证方法。这是一种由“个别”到“一般”、由具体到概括、先分论后结论的结构方式。

（3）并列式论证结构：先提出总论点，再从不同方面论证总论点的结构方式，本论中由不同分论点统率的各个部分之间是一种并列关系。

（4）递进式论证结构：这是一种由表及里、由浅入深的结构方式，从事物的矛盾中层层展开论述，步步深入，逐层剖析，善破善立，从而增强评论的思想性和鲜明性。

“上大学就轻松了”，到底淘汰了多少人

（四）常用的论证方法

（1）举例论证：列举确凿、充分、有代表性的事例证明论点。

（2）道理论证：用马列主义经典著作中的精辟见解、古今中外名人的名言警句以及人们公认的定理公式等来证明论点。

（3）对比论证：拿正反两方面的论点或论据作对比，在对比中证明论点。

（4）比喻论证：用人们熟知的事物做比喻来证明论点。此外，在驳论中，往往还采用“以子之矛，攻子之盾”的批驳方法和“归谬法”。

（5）归纳论证：也叫“事实论证”，它是用列举具体事例来论证一般结论的方法。

（6）演绎论证：也叫“理论论证”，它是根据一般原理或结论来论证个别事例的方法。即用普遍性的论据来证明特殊性的论点。

（7）类比论证：是从已知的事物中推出同类事例的方法，即从特殊到特殊的论证方法。

（8）因果论证：它通过分析事理，揭示论点和论据之间的因果关系来证明论点。因果论证可以用因证果，或以果证因，还可以因果互证。

（9）引用论证：“道理论证”的一种，引用名家名言等作为论据，引经据典地分析问题、说明道理的论证方法。

美国时代周刊最新封面文章：

中国赢了　美国落居第二

三、新闻评论的写作要求

一篇好的评论，应当立意新颖，论述精当，文采斐然。

（1）要有鲜明而深刻的论点。围绕立论组织论点：一是根据立论的需要合理设置论点；二是根据论点间的逻辑关系恰当安排论点；三是精心选择论点的表述角度。

（2）使用确凿、典型、充分、新颖的论据，围绕论点组织论据：一是根据论点的需要精选论据；二是繁简得当、详略适宜地剪裁论据；三是按与论点的内在联系表述论据。

（3）进行逻辑严密的论证。通过恰当的论证，揭示出论点和论据之间内在的逻辑联系，使材料和观点有机地统一起来。这样论述才能具有深刻的论证性和严密的逻辑性。

（4）使用夹叙夹议的表达方式。摆事实，讲道理，避免空发议论，要从具体的人或事来切入，即用恰当的方式、方法把事实和议论、材料和观点的有机联系具体表达出来。

（5）评论的语言要平易近人、深入浅出。把深刻的思想内容和平易通俗的论述结合起来，道理要讲得正确，讲得深刻，使读者从中得到启发和教益；同时，道理还要讲得明白晓畅，通俗浅显，使读者容易理解和接受。反对艰深晦涩的道理、各种空话、套话和令人厌恶的八股腔。

中国故事，

更精彩的书写还在后面

注释：这是第二十六届（2016 年）中国新闻奖一等奖获奖作品。这篇评论讲好了铭记历史、缅怀先烈、珍爱和平、开创未来的中国故事。这篇评论在写作中把握好了两个深度：一是深度挖掘。深入中央精神发现核心要义，深入历史事实感悟历史启示，深入纪念活动新闻现场捕捉“冒热气”的鲜活素材，阅读了上百万字的抗战研究书籍，为评论论述夯实思想理论、新闻事实等方面基础。二是深度阐释，从历史与现实、中国与世界、实践与精神等多个维度全方位解读，通过纪念活动深刻解析民族复兴的历程、和平正义的潮流、民族精神的壮歌，凸显了中国人民抗日战争胜利的伟大历史意义，阐明了系列纪念活动的时代内涵。

思考与练习

一、思考题

1. 论文有什么价值？论文的结构是怎样的？
2. 简论申论写作者的角色意识及角色定位的基本要求。
3. 概括材料的表述模式及概括的要求。
4. 简述如何提出对策方案。
5. 新闻评论中有哪些常用的论证方法？

二、写作练习

1. 请撰写一篇论文，并在班里宣读。

2. 2017 年适逢解放军建军 90 周年，在我国兴起了一股军旅情怀。不仅军旅题材的电影，如《建军大业》《战狼 2》大热，连创中国电影票房奇迹，而且人民日报客户端推出了一款名为“穿上军装”的 H5 程序，使用者可通过自拍的方式将自己的头像“嫁接”在不同时期的军装上。不少网友因此得以一尝“穿上军装”的乐趣，一时间微博、微信、朋友圈当中到处是网友们穿军装的样子，令人不由得感慨万分。军队情怀大热，请你谈谈看法。

要求：(1) 自选角度，立意明确；(2) 不超过 300 字。

3. 近几年来，“寒门再难出贵子”的说法时常见诸舆论。在例如顶级高校农村娃比例渐少、招聘市场越发偏爱城市青年的报道中，人们似乎发现，尽管中国人口素质、教育水平有了巨大提升，但物质条件、生活阅历方面的差距仍然是一大批“寒门青年”出人头地的障碍。2017 年 6 月 23 日，北京市高考分数公布，北京二中的熊轩昂同学以 690 分的成绩获得文科最高分。他的父母是外交官，给了他良好的成长环境，他在接受媒体采访时表示：“现在的状元都是这种，就是家里又好又厉害的这种。”进一步被解读为：只有家庭条件优越的同学才有机会成功，换句话来说，“寒门再难出贵子”。

请就此谈谈你的看法。

要求：(1) 自选角度，立意明确；(2) 不超过 300 字。

4. 对最近社会的热点事件写一篇评论。

5. 阅读下面的文字，按要求作文。

中华老字号是中国商业对民族品牌特有的称谓，它们从形成到发展大都经历了几十年甚至数百年的时间，因此被人们称为“活文物”。但随着网购的迅速普及和扩展，中华老字号受到巨大冲击，它们大多前景黯淡，有的甚至倒闭。请写一篇文章，谈谈你对这种现象的思考。

请领会上述文字的含义，自拟题目，自选角度，写一篇不少于 800 字的文章，除诗歌外，文体自定。

6. 希腊神话中，西西弗斯得罪了众神。众神惩罚他把巨石推到山顶。可当巨石被推到山顶后就自动滚下山，他不得不再推……如此循环往复。谈谈你对这个故事的感想（思路要尽可能开阔，不要局限于此故事本身）。

7. 近年来，校园青春电影火爆上映，如《那些年我们一起追的女孩》《初恋这件小事》《同桌的你》《睡在我上铺的兄弟》《栀子花开》《时间都去哪儿了》《致青春》《青春》《青春派》《青春期》《青春失乐园》《毕业那年》《左耳》《女生宿舍》《匆匆那年》《我的少女时代》《全城高考》《风雨哈佛路》《何以笙箫默》。请评论校园青春电影、电视剧热播这种现象，也可以赏析一部校园青春电影或电视剧。写一篇800字以上的文章。

要求：（1）除诗歌以外，其他文体不限。（2）不少于800字。

8. 阅读下列材料，然后写一篇议论文。

从南京“彭宇”案之后，近年来国内各地先后出现了很多起“见死不救”的案例。很多人把这种现象的出现归结为国人道德品质问题，斥责见死不救者缺乏应有的社会公德甚至于道德败坏。请问你的看法如何。

要求：题目自拟；字迹清楚端正；不少于800字。

9. 阅读下面的文字，根据要求作文。

有一次，朋友们在航海家哥伦布家中作客，谈笑中又提到哥伦布发现新大陆的事情，话语中流露出不屑与讽刺。哥伦布听了只是淡淡一笑，并不与大家争辩。

他起身去厨房，拿出一个鸡蛋对大家说：“谁能把这个鸡蛋竖起来？”

大家这样试试，那样试试，结果都失败了。

“看我的。”哥伦布轻轻地把鸡蛋的一头敲破，鸡蛋就竖起来了。

“你把鸡蛋敲破了，当然能够竖起来呀！”朋友们不服气地说。

哥伦布说：“可是在这之前，你们怎么都没有想到呢？”

上面的材料引发了你怎样的思考？请结合自己的体验与感悟，写一篇文章。

要求：自选角度，自拟标题；不少于800字；除诗歌以外，其他文体不限。

第三章

党政机关公文

第一节　党政机关公文概述

一、党政机关公文的概念

《党政机关公文处理工作条例》（中办发〔2012〕14号）（以下简称《条例》）规定：党政机关公文是党政机关实施领导、履行职能、处理公务的具有特定效力和规范体式的文书，是传达贯彻党和国家方针政策，公布法规和规章，指导、布置和商洽工作，请示和答复问题，报告、通报和交流情况等的重要工具。

案例

尽管明天才是教师节，一些白领已早早地拨通了老师的电话，不忘记提前捎去教师节的问候。

“不光是问候，还有一些人生总结，甚至是悔悟的话。”昨天下午，中文系教授××收到了不少学生的短信和电话问候。

“很多人都后悔我的写作课没认真听！”××风趣地说，他一直在开设大学写作课，但不少学生逃课或者打瞌睡，不过真到了考试，老师都放他们一马。一位学生在教师节前向××“忏悔”说，毕业后做了公务员，才发现公文写作非常需要技巧，不得不重新买老师的书来看。

二、党政机关公文的特点

党政机关公文是党政机关实施领导、履行职能、处理公务的重要工具。

启示

列车长不懂公文导致火车大事故

2008年4月28日4时48分，一场近十年来全国铁路行业罕见的列车相撞事故在瞬间发生，给国家和人民生命财产安全造成重大损失，举国震惊。七十余人死亡，四百多人受伤。

在伤员得到及时救治，胶济线恢复通车后，4月29日10时，国务院“4·28”胶济铁路特别重大交通事故调查组成立，标志着这起事故调查处理工作全面展开。

随着调查的深入和对原因的追踪，人们发现，这是一场本来可以避免、不该发生的事故。这场事故的发生令人痛心、教训深刻。

据介绍，济南铁路局4月23日印发了《关于实行胶济线施工调整列车运行图的通知》，其中包含对该路段限速80千米的内容。这一重要文件距离实施时间28日零时仅有4天，却在局网上发布。对外局及相关单位以普通信件的方式车递，而且把北京机务段作为了抄送单位。

北京铁路局方面对“抄送”的含义理解有误。

（一）政治性

公文是传达贯彻党和国家方针政策，公布法规和规章，指导、布置和商洽工作，请示和答复问题，报告、通报和交流情况等的重要工具。公文的内容与国家的政治、政策密切相关。

（二）权威性

党政公文代党政机关立言，公文的内容是各机关组织、开展工作的依据，正式发布的公文，对其适用范围内的机关、团体和个人起规范约束作用，具有法定的权威性和特定的效力。

（三）实用性

公文是以完成特定的公务活动为目的，为承担某种具体而明确的公务职能而写作的一种文体。

（四）规范性

公文的规范性主要体现在两个方面：一是体式规范；二是程序规范。

（1）体式规范。公文的体式是指公文的文体、结构、格式和语言。公文作为一种特殊的应用文文体，具有特定的结构、格式和语言要求。公文格式遵照国家有关部门专门制定的规范化标准，现行的是《党政机关公文格式》（GB/T 9704—2012）（以下简称《格式》），对公文用纸、版面要求、印制装订要求、公文格式各要素编排规则、公文中横排表格、计量单位、标点符号和数字的用法等做了详细、明确的规定。该标准适应了现代办公自动化的要求，既突出了公文庄重、醒目、实用、美观的文面形态，又利于电子公文的处理。

（2）程序规范。公文程序规范是指公文拟制、办理、管理等一系列相互关联、衔接有序的工作。而公文的拟制、办理和管理都必须经过规定的处理程序。公文的拟制一般要经过起草、审核、签发等程序。只有经过领导人签发的文稿才能印刷、用印和传递。联合发文由所有联署机关的负责人会签。公文办理包括收文办理、发文办理和公文管理。收文办理的主要程序包括签收、登记、初审、承办、传阅、催办、答复。发文办理的主要程序包括复核、登记、印制、核发。公文管理包括密级的确定、变更或解除、公文印发传达范围的确定和变更、公文的撤销和废止、涉密公文的清退或销毁等内容，其中每一项内容都有对应的具体的办理程序。任何人不得违反公文办理程序擅自处理，只有这样，才能维护公文的严肃性与权威性，才能实现公文处理工作的规范化、科学化、制度化，进而提高办公效率。

（五）时效性

公文是为解决现实工作中存在的实际问题而形成和使用的，为推动现实工作服务。一项工作一旦完成，公文的使命亦随之结束。失去时效后，公文依法具有查考的价值。

启示

武松与两个告示

这武松提了哨棒，大着步，自过景阳冈来。约行了四五里路，来到冈子下，见一大树，刮去了皮，一片白，上写两行字。武松也颇识几字，抬头看时，上面写道："近因景阳冈大虫伤人，但有过往客商可于巳、午、未三个时辰结伙成队过冈，请勿自误。"武松看了，笑道："这是酒家诡诈，惊吓那等客人，便去那厮家里宿歇。我却怕甚么鸟！"横拖着哨棒，便上冈子来。

……走不到半里多路，见一个败落的山神庙。行到庙前，见这庙门上贴着一张印信榜文。武松住了脚读时，上面写道：

"阳谷县示：为景阳冈上新有一只大虫伤害人命，现今杖限各乡里正并猎户人等行捕，未获。如有过往客商人等，可于巳、午、未三个时辰结伴过冈；其余时分，及单身客人，不许过冈，恐被伤害性命。各宜知悉。政和……年……月……日"。(《水浒传》第二十二回）

三、党政机关公文的分类

《条例》中规定的公文有决议、决定、命令（令）、公报、公告、通告、意见、通知、通报、报告、请示、批复、议案、函、纪要，共计 15 种。

（1）按适用范围划分，公文可划分为《条例》规定的 15 种主要文种，即决议、决定、命令（令）、公报、公告、通告、意见、通知、通报、报告、请示、批复、议案、函、纪要。

（2）按紧急程度划分，公文可分为平件和急件，急件又可分为"特急"和"加急"两类。

（3）按秘密程度划分，公文可分为一般公文和涉密公文，涉密公文又可分为"绝密""机密""秘密"三类。

（4）按行文方向划分，公文可分为下行文、上行文和平行文。下行文是指具有隶属关系的上级机关发给下级机关的公文；上行文是指具有隶属关系的下级机关发给上级机关的公文；平行文是指同系统内的平级机关或不相隶属的机关之间来往的公文。

案例

党政机关公文处理工作条例

（2012 年 4 月 16 日中办发〔2012〕14 号公布）

四、党政机关公文的格式

公文的格式是公文的外部组织形式，体现了公文的权威性，是公文的重要组成部分。它包括用纸格式、排版格式、印制装订格式和文面格式等内容。《党政机关公文格式》(GB/T 9704—2012)（以下简称《格式》）对其作了细致而明确的规定。

（一）公文的用纸格式

公文用纸一般使用纸张定量为 $60g/m^2$～$80g/m^2$ 的胶版印刷纸或复印纸。纸张白度 80%～90%，横向耐折度≥15 次，不透明度≥85%，pH 值为 7.5～9.5。公文用纸采用 GB/T 148 中规定的 A4 型纸，其成品幅面尺寸为：210mm×297mm。特殊形式的公文用纸幅面，可以参照《格式》标准并按照有关规定执行。

（二）公文的版面格式

1. 页边与版心尺寸

公文用纸天头（上白边）为 37mm±1mm，公文用纸订口（左白边）为 28mm±1mm，版心尺寸为 156mm×225mm。

2. 字体和字号

如无特殊说明，公文格式各要素一般用 3 号仿宋体字。特定情况可以作适当调整。公文使用的汉字、数字、外文字符、计量单位和标点符号等，按照有关国家标准和规定执行。民族自治地方的公文，可以并用汉字和当地通用的少数民族文字。

3. 行数和字数

一般每面排 22 行，每行排 28 个字，并撑满版心。特定情况可以作适当调整。

4. 文字的颜色

如无特殊说明，公文中文字的颜色均为黑色。

（三）公文的印制装订格式

1. 制版要求

版面干净无底灰，字迹清楚无断划，尺寸标准，版心不斜，误差不超过 1mm。

2. 印刷要求

双面印刷；页码套正，两面误差不超过 2mm。黑色油墨应当达到色谱所标 BL100%，红色油墨应当达到色谱所标 Y80%、M80%。印品着墨实、均匀；字面不花、不白、无断划。

3. 装订要求

公文应当左侧装订，不掉页，两页页码之间误差不超过 4mm，裁切后的成品尺寸允许误差±2mm，四角成 90º，无毛茬或缺损。

骑马订或平订的公文应当：

（1）订位为两钉外订眼距版面上下边缘各 70mm 处，允许误差±4mm。

（2）无坏钉、漏钉、重钉，钉脚平伏牢固。

（3）骑马订钉锯均订在折缝线上，平订钉锯与书脊间的距离为 3mm～5mm。

包本装订公文的封皮（封面、书脊、封底）与书芯应吻合、包紧、包平、不脱落。

（四）公文的文面格式

公文的文面格式是指公文的数据项目在公文文面上所处的位置和书写的形式。这些构成要素及其编排规则不是随意而定的，而是由党和国家有关部门颁布的法规性公文所规定的，任何单位在拟制公文时都必须遵照执行。

《条例》规定公文一般由份号、密级和保密期限、紧急程度、发文机关标志、发文字号、签发人、标题、主送机关、正文、附件说明、发文机关署名、成文日期、印章、附注、附件、抄送机关、印发机关和印发日期、页码等十八个要素组成。外加版头与版记中的分隔线，共二十个要素构成完整的公文文面格式。《格式》将版心内的公文格式各要素划分为版头、主体、版记三部分，加上版心外的页码，共四部分。

1. 版头

公文首页红色分隔线以上的部分称为版头。版头由份号、密级和保密期限、紧急程度、发文机关标志、发文字号、签发人等要素构成。

（1）份号。份号，即公文印制份数的顺序号，是指将同一文稿印制若干份时每份公文的顺序编号。编制份号的目的是准确掌握公文的印刷份数、分发范围和对象。当文件需要收回保管或销毁时，可以对照份号掌握其是否有遗漏或丢失。并不是所有公文都必须编制份号。《条例》规定涉密公文应当标注份号。如需标注份号，一般用6位3号阿拉伯数字，顶格编排在版心左上角第一行。

（2）密级和保密期限。密级即公文的秘密等级，是由发文机关根据公文内容涉及国家安全和利益的程度来划定的。《条例》规定，涉密公文应当根据涉密程度分别标注“绝密”“机密”“秘密”和保密期限。保密期限根据实际情况确定，期满自动解密。《中华人民共和国保守国家秘密法》（1988年9月5日第七届全国人民代表大会常务委员会第三次会议通过，2010年4月29日第十一届全国人民代表大会常务委员会第十四次会议修订）规定：国家秘密的保密期限，除另有规定外，绝密级不超过30年，机密级不超过20年，秘密级不超过10年。如需标注密级和保密期限，一般用3号黑体字，顶格编排在版心左上角第二行；保密期限中的数字用阿拉伯数字标注。

（3）紧急程度。紧急程度是指公文送达和办理的时限要求。根据紧急程度，紧急公文应当分别标注“特急”“加急”，电报应当分别标注“特提”“特急”“加急”“平急”。公文的紧急程度要根据情况标注，不可滥标急件或随意升格紧急程度。如需标注紧急程度，一般用3号黑体字，顶格编排在版心左上角；如需同时标注份号、密级和保密期限、紧急程度，按照份号、密级和保密期限、紧急程度的顺序自上而下分行排列。

（4）发文机关标志。发文机关标志由发文机关全称或者规范化简称加“文件”二字组成，也可以使用发文机关全称或者规范化简称。发文机关标志居中排布，上边缘至版心上边缘为35mm，推荐使用小标宋体字，颜色为红色，以醒目、美观、庄重为原则。联合行文时，发文机关标志可以并用联合发文机关名称，也可以单独用主办机关名称。如需同时标注联署发文机关名称，一般应当将主办机关名称排列在前；如有“文件”二字，应当置于发文机关名称右侧，以联署发文机关名称为准上下居中排布。

（5）发文字号。发文字号是由发文机关编排的文件代号，其主要作用是：便于统计和管理公文，便于查找和引用公文。发文字号由发文机关代字、年份、发文顺序号组成。联合行文时，使用主办机关的发文字号。编排在发文机关标志下空二行位置，居中排布。年份、发文顺序号用阿拉伯数字标注；年份应标全称，用六角括号“〔〕”括入；发文顺序号不加“第”

字，不编虚位（即 1 不编为 01），在阿拉伯数字后加“号”字。上行文的发文字号居左空一字编排，与最后一个签发人姓名处在同一行。

（6）签发人。《条例》规定，上行文应当标注签发人姓名。公文应当经本机关负责人审批签发。重要公文和上行文由机关主要负责人签发。党委、政府的办公厅（室）根据党委、政府授权制发的公文，由受权机关主要负责人签发或者按照有关规定签发。签发人签发公文，应当签署意见、姓名和完整日期；圈阅或者签名的，视为同意。联合发文由所有联署机关的负责人会签。签发人的标识方法为：由“签发人”三字加全角冒号和签发人姓名组成，居右空一字，编排在发文机关标志下空二行位置。“签发人”三字用 3 号仿宋体字，签发人姓名用 3 号楷体字。如有多个签发人，签发人姓名按照发文机关的排列顺序从左到右、自上而下依次均匀编排，一般每行排两个姓名，回行时与上一行第一个签发人姓名对齐。

（7）版头中的分隔线。发文字号之下 4mm 处居中印一条与版心等宽的红色分隔线。

2. 主体

《格式》规定，公文首页红色分隔线（不含）以下、公文末页首条分隔线（不含）以上的部分称为主体。公文主体部分包括标题、主送机关、正文、附件说明、发文机关署名、成文日期、印章、附注、附件等九个要素。

（1）标题。标题由发文机关名称、事由和文种组成。例如，《国务院关于促进稀土行业持续健康发展的若干意见》。标题一般用 2 号小标宋体字，编排于红色分隔线下空二行位置，分一行或多行居中排布；回行时，要做到词意完整，排列对称，长短适宜，间距恰当，标题排列应当使用梯形或菱形。除法规、规章需要加书名号、荣誉称号要加双引号外，标题尽可能不用或少用标点符号。

（2）主送机关。主送机关是指公文的主要受理机关，应当使用机关全称、规范化简称或者同类型机关统称。编排于标题下空一行位置，居左顶格，回行时仍顶格，多个主送机关之间用顿号或逗号隔开，一般按系统和级别分，在各系统之间加逗号，在同一系统内各单位之间加顿号，最后一个机关名称后标全角冒号。例如，“各省、自治区、直辖市人民政府，国务院各部委、各直属机构：”。如主送机关名称过多导致公文首页不能显示正文时，应当将主送机关名称移至版记。如需把主送机关移至版记，除将“抄送”二字改为“主送”外，编排方法同抄送机关。既有主送机关又有抄送机关时，应当将主送机关置于抄送机关之上一行，之间不加分隔线。

（3）正文。正文是公文的核心部分，其内容一般包括发文缘由、事项、结尾三项。公文正文结构通常按这三项内容分为三大部分，每部分之间用过渡语明显提示。缘由部分可长可短，视实际需要撰写。事项部分常常采用分条列写的方式，使阅读者一目了然。结尾部分用习惯用语。公文结构原则上要求简明清晰，切忌花里胡哨，故弄玄虚。公文首页必须显示正文。一般用 3 号仿宋体字，编排于主送机关名称下一行，每个自然段左空二字，回行顶格。文中结构层次序数依次可以用“一、”“（一）”“1.”“（1）”标注；一般第一层用黑体字，第二层用楷体字，第三层和第四层用仿宋体字标注。

（4）附件说明。附件说明包括公文附件的顺序号和名称。公文附件是对正文内容的补充说明或参考资料。公文如有附件，在正文下空一行左空二字编排“附件”二字，后标全角冒号和附件名称。如有多个附件，使用阿拉伯数字标注附件顺序号（如“附件：1. ×××××”）；

附件名称后不加标点符号。附件名称较长需回行时，应当与上一行附件名称的首字对齐。

（5）发文机关署名与成文日期。发文机关署名，署发文机关全称或者规范化简称。成文日期，署会议通过或者发文机关负责人签发的日期。联合行文时，署最后签发机关负责人签发的日期。加盖印章的公文，成文日期一般右空四字编排；单一机关行文时，一般在成文日期之上、以成文日期为准居中编排发文机关署名；联合行文时，一般将各发文机关署名按照发文机关顺序整齐排列在相应位置。不加盖印章的公文，单一机关行文时，在正文（或附件说明）下空一行右空二字编排发文机关署名，在发文机关署名下一行编排成文日期，首字比发文机关署名首字右移二字，如成文日期长于发文机关署名，应当使成文日期右空二字编排，并相应增加发文机关署名右空字数；联合行文时，应当先编排主办机关署名，其余发文机关署名依次向下编排。成文日期中的数字用阿拉伯数字将年、月、日标全，年份应标全称，月、日不编虚位（即 1 不编为 01）。

（6）印章。公文中有发文机关署名的，应当加盖发文机关印章，并与署名机关相符。印章用红色，不得出现空白印章。印章端正、居中下压发文机关署名和成文日期，使发文机关署名和成文日期居印章中心偏下位置，印章顶端应当上距正文（或附件说明）一行之内。联合行文时，将印章一一对应、端正、居中下压各发文机关署名，最后一个印章端正、居中下压发文机关署名和成文日期，印章之间排列整齐、互不相交或相切，每排印章两端不得超出版心，首排印章顶端应当上距正文（或附件说明）一行之内。有特定发文机关标志的普发性公文和电报可以不加盖印章。

单一机关制发的公文加盖签发人签名章时，在正文（或附件说明）下空二行右空四字加盖签发人签名章，签名章左空二字标注签发人职务，以签名章为准上下居中排布，在签发人签名章下空一行右空四字编排成文日期；联合行文时，应当先编排主办机关签发人职务、签名章，其余机关签发人职务、签名章依次向下编排，与主办机关签发人职务、签名章上下对齐；每行只编排一个机关的签发人职务、签名章；签发人职务应当标注全称；签名章一般用红色。

加盖发文机关印章或加盖签发人签名章，是证明公文效力的形式，即公文生效标识。

当公文排版后所剩空白处不能容下印章或签发人签名章、成文日期时，可以采取调整行距、字距的措施解决。

（7）附注。附注用于说明其他项目不便说明的事项，如公文印发传达范围等。公文如有附注，居左空二字加圆括号编排在成文日期下一行。

（8）附件。附件是公文正文的说明、补充或者参考资料。附件应当另面编排，并在版记之前，与公文正文一起装订。“附件”二字及附件顺序号用 3 号黑体字顶格编排在版心左上角第一行。附件标题居中编排在版心第三行。附件顺序号和附件标题应当与附件说明的表述一致。附件格式要求同正文。如附件与正文不能一起装订，应当在附件左上角第一行顶格编排公文的发文字号，并在其后标注“附件”二字及附件顺序号。

3. 版记

《格式》规定，公文末页首条分隔线以下、末条分隔线以上的部分称为版记。公文的版记包括版记中的分隔线、抄送机关、印发机关和印发日期等要素。

（1）版记中的分隔线。版记中的分隔线与版心等宽，首条分隔线和末条分隔线用粗线（推荐高度为 0.35mm），中间的分隔线用细线（推荐高度为 0.25mm）。首条分隔线位于版记中第一个要素之上，末条分隔线与公文最后一面的版心下边缘重合。

（2）抄送机关。抄送机关是指除主送机关外需要执行或者知晓公文内容的其他机关，应当使用机关全称、规范化简称或者同类型机关统称。公文如有抄送机关，一般用 4 号仿宋体字，在印发机关和印发日期之上一行、左右各空一字编排。“抄送”二字后加全角冒号和抄送机关名称，回行时与冒号后的首字对齐，最后一个抄送机关名称后标句号。

（3）印发机关和印发日期。即公文的送印机关和送印日期。印发机关和印发日期一般用 4 号仿宋体字，编排在末条分隔线之上，印发机关左空一字，印发日期右空一字，用阿拉伯数字将年、月、日标全，年份应标全称，月、日不编虚位（即 1 不编为 01），后加“印发”二字。版记中如有其他要素，应当将其与印发机关和印发日期用一条细分隔线隔开。

4. 页码

页码即公文页数顺序号。页码位于版心外。一般用 4 号半角宋体阿拉伯数字，编排在公文版心下边缘之下，数字左右各放一条一字线；一字线上距版心下边缘 7mm。单页码居右空一字，双页码居左空一字。公文的版记页前有空白页的，空白页和版记页均不编排页码。公文的附件与正文一起装订时，页码应当连续编排。

（五）公文的特殊格式

1. 公文中的横排表格

A4 纸型的表格横排时，页码位置与公文其他页码保持一致，单页码表头在订口一边，双页码表头在切口一边。

2. 公文中计量单位、标点符号和数字的用法

公文中计量单位的用法应当符合 GB 3100、GB 3101 和 GB 3102（所有部分），标点符号的用法应当符合 GB/T 15834，数字用法应当符合 GB/T 15835。

（六）公文的特定格式

1. 信函格式

发文机关标志使用发文机关全称或者规范化简称，居中排布，上边缘至上页边为 30mm，推荐使用红色小标宋体字。联合行文时，使用主办机关标志。

发文机关标志下 4mm 处印一条红色双线（上粗下细），距下页边 20mm 处印一条红色双线（上细下粗），线长均为 170mm，居中排布。

如需标注份号、密级和保密期限、紧急程度，应当顶格居版心左边缘编排在第一条红色双线下，按照份号、密级和保密期限、紧急程度的顺序自上而下分行排列，第一个要素与该线的距离为 3 号汉字高度的 7/8。

发文字号顶格居版心右边缘编排在第一条红色双线下，与该线的距离为 3 号汉字高度的 7/8。

标题居中编排，与其上最后一个要素相距二行。

第二条红色双线上一行如有文字，与该线的距离为 3 号汉字高度的 7/8。

首页不显示页码。

版记不加印发机关和印发日期、分隔线，位于公文最后一面版心内最下方。

2. 命令（令）格式

发文机关标志由发文机关全称加“命令”或“令”字组成，居中排布，上边缘至版心上边缘为 20mm，推荐使用红色小标宋体字。

发文机关标志下空二行居中编排令号，令号下空二行编排正文。

签发人职务、签名章和成文日期的编排见前文“印章”。

3. 纪要格式

纪要标志由“××××××纪要”组成，居中排布，上边缘至版心上边缘为 35mm，推荐使用红色小标宋体字。

标注出席人员名单，一般用 3 号黑体字，在正文或附件说明下空一行左空二字编排“出席”二字，后标全角冒号，冒号后用 3 号仿宋体字标注出席人单位、姓名，回行时与冒号后的首字对齐。

标注请假和列席人员名单，除依次另起一行并将“出席”二字改为“请假”或“列席”外，编排方法同出席人员名单。

纪要格式可以根据实际制定。

五、公文的行文规则

行文规则是指公文在运行传递中应遵守的各项规定。为了准确运用行文规则，确保公文的正常运行，首先应了解并正确地确定公文的行文关系和行文方向。

（一）公文的行文关系

行文关系是行文时发文单位与受文单位的关系，是机关单位之间的组织关系在公文运行中的体现。我国党政机关、企事业单位、社会组织之间，及其内部各部门之间的组织关系和行文关系主要有以下三种。

（1）上下级关系。包括领导和被领导关系、指导与被指导关系、监督与被监督关系等。领导和被领导关系，是指同一垂直组织系统中存在直接职能往来的上下级机关之间的关系，如党中央和省委、国务院和省政府等都是这种有隶属关系的领导关系。省委宣传部和市委宣传部、省经贸委和市经贸委则是指导关系。监督关系如纪检对同级、下级机关的纪律监督、政协对党政部门和社会组织的民主监督等。上级可向下级行文指挥，布置工作，了解情况，处理问题，回答请示和询问；下级则应按照上级来文精神开展工作，向上级行文报告情况，请求帮助和指示。

（2）平级关系。即相同级别的机关或者部门、单位之间的关系。如省政府与省政府之间，县政府与县政府之间，省正副下属的各个厅之间，厅所属的各个处之间，都是平级关系。其代表性文种是平行文“函”。

（3）非隶属关系。即不是同一垂直组织系统、不发生直接职能往来的机关之间的关系。这些机关包括平级机关或不同级别的机关，如省政府各厅之间、省政府各厅与市政府之间，都属于非隶属关系。这些机关之间，若有公务需要联系，用函行文即可。

（二）公文的行文方向

行文方向是指公文以发文机关为立足点向不同机关运行的方向。根据行文关系，可将公文的行文方向划分为上行文、下行文和平行文三种。

（三）公文的行文规则

行文规则作为公文运行中应遵循的规矩、法则，《条例》第四章对公文的行文规则进行了详细的规定：

（1）行文应当确有必要，讲求实效，注重针对性和可操作性。

（2）行文关系根据隶属关系和职权范围确定。一般不得越级行文，特殊情况需要越级行文的，应当同时抄送被越过的机关。

（3）同级党政机关、党政机关与其他同级机关必要时可以联合行文。属于党委、政府各自职权范围内的工作，不得联合行文。

（4）党委、政府的部门依据职权可以相互行文。部门内设机构除办公厅（室）外不得对外正式行文。

（5）重要的上行文规则：

① 原则上主送一个上级机关，根据需要同时抄送相关上级机关和同级机关，不抄送下级机关。

② 党委、政府的部门向上级主管部门请示、报告重大事项，应当经本级党委、政府同意或者授权；属于部门职权范围内的事项应当直接报送上级主管部门。

③ 下级机关的请示事项，如需以本机关名义向上级机关请示，应当提出倾向性意见后上报，不得原文转报上级机关。

④ 请示应当一文一事。不得在报告等非请示性公文中夹带请示事项。

⑤ 除上级机关负责人直接交办事项外，不得以本机关名义向上级机关负责人报送公文，不得以本机关负责人名义向上级机关报送公文。

⑥ 受双重领导的机关向一个上级机关行文，必要时抄送另一个上级机关。

（6）重要的下行文规则：

① 主送受理机关，根据需要抄送相关机关。重要行文应当同时抄送发文机关的直接上级机关。

② 党委、政府的办公厅（室）根据本级党委、政府授权，可以向下级党委、政府行文，其他部门和单位不得向下级党委、政府发布指令性公文或者在公文中向下级党委、政府提出指令性要求。需经政府审批的具体事项，经政府同意后可以由政府职能部门行文，文中须注明已经政府同意。

③ 党委、政府的部门在各自职权范围内可以向下级党委、政府的相关部门行文。

④ 涉及多个部门职权范围内的事务，部门之间未协商一致的，不得向下行文；擅自行文的，上级机关应当责令其纠正或者撤销。

⑤ 上级机关向受双重领导的下级机关行文，必要时抄送该下级机关的另一个上级机关。

党政机关公文格式
（GB/T 9704—2012）

第二节　决　　议

一、决议的概念

《条例》规定："决议。决议适用于会议讨论通过的重大决策事项。"

决议是党政领导机关就重要事项，经会议讨论通过其决策，并要求进行贯彻执行的重要公文，是党政领导机关意志的体现，具有权威性和指导性，其表述的观点和对事项的评价都具有指导意义，一经公布，下级机关及相关人员必须执行。

"决议"一般由全国人民代表大会、全国人民代表大会常务委员会、地方各级人民代表大会及其常务委员会发布。

二、决议的种类

决议一般分为公布性决议、批准性决议和阐述性决议三种类型。

（1）公布性决议：是为公布某项法规、提案而写作的公文，如《全国人民代表大会常务委员会关于公布〈中华人民共和国宪法修改草案〉的决议》。

（2）批准性决议：是肯定或否定某种议案的公文，如《十堰市人民代表大会常务委员会关于批准 2011 年市级财政决算的决议》。

（3）阐述性决议：是对某些重大结论的具体内容加以展开阐述的公文，如《中国共产党第十八次全国代表大会关于十七届中央委员会报告的决议》。

三、决议的结构与写法

（一）标题

由"发文机关（会议名称）+事由+文种"组成，如《中国共产党第十八次全国代表大会关于十七届中央委员会报告的决议》。另一种是事由和文种构成，如党的六届七中全会通过的《关于若干历史问题的决议》。

（二）成文时间

即决议正式通过的日期。一般放在标题下，在小括号内注明会议名称及通过时间。

（三）正文

决议的正文一般由导语、决议事项和结语三部分组成。

（1）导语：简要说明有关会议审议决议涉及事项的情况，陈述做出决议的原因、根据、背景、目的或意义。

（2）决议事项：写明会议通过的决议事项，或会议对有关文件、事项做出的评价、决定，或对有关工作做出的部署安排和要求、措施。

（3）结语：一般紧扣决议事项有针对性地提出希望、号召和执行要求。有的决议可不单列这部分。

四、决议的写作要求

（一）主题要鲜明

决议是会议的结论性意见，是会议的重要成果，因此需要把会议的主要精神准确鲜明地体现出来。

（二）用语要庄重

决议的表态要斩钉截铁，肯定庄重；结语要号召有力，鼓舞人心；决议还通常使用“会议认为”“会议强调”“会议号召”等语言作为启承。

（三）结构要严谨

决议的内容要逐段或逐条阐述清楚，详略得当，逻辑性强。

（四）重点要突出

决议有极强的指挥性，既要写明必须贯彻执行的决议事项，使有关方面明确做什么、怎么做，又要简明扼要地阐明做出决议的原因、根据，使有关方面明确为什么做，以增强执行决议的自觉性。行文时这两方面内容孰重孰轻，要看具体情况而定。如《××省人民代表大会常务委员会关于依靠科技振兴农业的决议》就着重阐明做什么、怎么做。而《中共中央关于社会主义精神文明建设指导方针的决议》则是要引导大家“充分地认识加强精神文明建设的紧迫性和长期性”，重点在阐明为什么做，理论色彩极浓。

例文

中国共产党第十九次全国代表大会关于十八届中央委员会报告的决议

（2017年10月24日中国共产党第十九次全国代表大会通过）

中国共产党第十九次全国代表大会批准习近平同志代表十八届中央委员会所作的报告。大会高举中国特色社会主义伟大旗帜，以马克思列宁主义、毛泽东思想、邓小平理论、“三个代表”重要思想、科学发展观、习近平新时代中国特色社会主义思想为指导，分析了国际国内形势发展变化，回顾和总结了过去五年的工作和历史性变革，作出了中国特色社会主义进入了新时代、我国社会主要矛盾已经转化为人民日益增长的美好生活需要和不平衡不充分的发展之间的矛盾等重大政治论断，深刻阐述了新时代中国共产党的历史使命，确立了习近平新时代中国特色社会主义思想的历史地位，提出了新时代坚持和发展中国特色社会主义的基本方略，确定了决胜全面建成小康社会、开启全面建设社会主义现代化国家新征程的目标，对新时代推进中国特色社会主义伟大事业和党的建设新的伟大工程做出了全面部署。大会通过的十八届中央委员会的报告，描绘了决胜全面建成小康社会、夺取新时代中国特色社会主义伟大胜利的宏伟蓝图，进一步指明了党和国家事业的前进方向，是全党全国各族人民智慧的结晶，是我们党团结带领全国各族人民在新时代坚持和发展中国特色社会主义的政治宣言和行动纲领，是马克思主义的纲领性文献。

大会认为，报告阐明的大会主题对我们党带领人民奋发图强、开拓前进具有十分重大的意义。全党要不忘初心，牢记使命，高举中国特色社会主义伟大旗帜，决胜全面建成小康社会，夺取新时代中国特色社会主义伟大胜利，为实现中华民族伟大复兴的中国梦不懈奋斗。

（略）

大会强调，要把党的政治建设摆在首位。全党必须增强政治意识、大局意识、核心意识、看齐意识，坚持党中央权威和集中统一领导，坚定执行党的政治路线，严格遵守政治纪律和政治规矩，在政治立场、政治方向、政治原则、政治道路上同党中央保持高度一致。

大会号召，全党全国各族人民要紧密团结在以习近平同志为核心的党中央周围，高举中国特色社会主义伟大旗帜，认真学习贯彻习近平新时代中国特色社会主义思想，锐意进取，埋头苦干，为实现推进现代化建设、完成祖国统一、维护世界和平与促进共同发展三大历史任务，为决胜全面建成小康社会、夺取新时代中国特色社会主义伟大胜利、实现中华民族伟大复兴的中国梦、实现人民对美好生活的向往继续奋斗！

第三节　决　　定

一、决定的概念

《条例》规定：“决定。适用于对重要事项做出决策和部署、奖惩有关单位和人员、变更或者撤销下级机关不适当的决定事项。”决定是领导机关发出的，带有制约、规范和指导作用的下行公文。

二、决定的种类

按内容和作用划分，决定大体可以分为以下四类。

（1）法规性决定。用于发布权力机关制定、修订或试行的法律文件以及由政府部门制定的行政法规，如《××市人民政府关于修改〈市商品交易市场管理规定〉的决定》。

（2）指挥性决定。这种决定主要用于对重大工作或重大行动做出安排部署，具有很强的方针政策性，能充分体现领导机关的意图，如《国务院安委会关于进一步加强安全培训工作的决定》。

（3）奖惩性决定。这种决定用于对有关单位或人员进行表彰或处理，如《广东省人民政府关于给省公安消防总队记集体一等功的决定》。

（4）变更性决定。这种决定用于自己权限范围内的变更或撤销不适当的决议、决定事项。如《国务院关于第六批取消和调整行政审批项目的决定》。

三、决定的结构与写法

（1）标题。由“发文机关+事由+文种”组成，如《中共中央关于加强党的执政能力建设的决定》。如果是会议通过的决定，还应在标题的下方居中以括号注明批准、通过该决定的会议名称和通过的日期。

（2）主送机关。决定的主动机关为应该知照的单位或群体。普发性的决定没有主送机关。

（3）正文。一般包括决定依据、决定事项和执行要求三部分。

决定依据要写明发布决定的背景、根据、目的或意义。行文要求简短明确。

决定事项的写法，因决定种类的不同而有所不同。用于指挥工作的决定，这部分要写明工作任务、措施、方案、要求等，内容复杂时要用小标题或条款显示出层次来；用于批准事项的决定，这部分要表达出批准意见，如有必要，还可以对批准此事项的根据和意义予以阐述；用于表彰或惩戒的决定，这部分要写明表彰决定和项目，或处分决定和处罚方法。无论是哪一类的决定，决定事项都要写得准确具体，可行性强。

（4）落款。标明发文机关和成文日期。

四、决议和决定的区别

（1）制作程序不同。“决议”须经某一级机关或组织机构的法定会议对某一议题进行集体讨论，由法定多数表决通过，然后形成正式文件，并以会议的名义公布。而“决定”却不一定经过法定会议讨论通过的程序。它既可以是某种会议讨论研究的成果，形成正式文件予以公布，也可以由各级领导机关直接制作并予以公布。因此，可以认定，凡未经有关法定会议讨论通过这一程序，而是以领导机关的名义发布的议决性文件，就只能使用“决定”。

（2）作用不同。“决议”一律要求下级机关执行。而“决定”只有“部署性决定”才要求下级机关执行，“知照性决定”只起知照性作用，一般不要求下级机关执行。

（3）内容不同。在会议讨论通过的前提下，凡做出了具体的规定和要求，履行法定的权力，用“决定”，若只是简要地表示肯定或否定的意见，履行法律程序，指导有关部门遵照办理的，用“决议”。由会议或领导机关直接制定发布行政法规，用“决定”。由会议审议批准某项议案、重要报告、法规，用“决议”，所审议批准的条文作为“决议”的正件。授予荣誉称号或给予处分，用“决定”。审议机构的成立或撤销，用“决议”。

（4）写法不同。公布性决议、批准性决议一般写得比较简要、笼统。阐述性决议除指出指令性意见外，还要对决议事项本身的有关问题作若干必要的论述或说明，即作一些理论上的阐述。而“决定”不多说理论上的道理，往往着重提出开展某项工作的步骤、措施、要求等。“决定”要求写得明确、具体一些，行政约束力强，可以直接成为下级机关行动的准则。而“决议”往往写得比较概括，原则性条文多，下级机关在贯彻执行时，多数还要根据“决议”制定相应的具体办法或实施措施。

（5）使用权限不同。“决议”一般是由全国人民代表大会、全国人民代表大会常务委员会、地方各级人民代表大会及其常务委员会发布。“决定”则可以较普遍地使用，通常由各级领导机关在自己的职权范围内制定并公布。

国务院关于取消一批行政许可事项的决定

国发〔2017〕46号

各省、自治区、直辖市人民政府，国务院各部委、各直属机构：

经研究论证，国务院决定取消40项国务院部门实施的行政许可事项和12项中央指定地方实施的行政许可事项。另有23项依据有关法律设定的行政许可事项，国务院将依照法定程序提请全国人民代表大会常务委员会修订相关法律规定。

以上公布取消的行政许可事项，其中市场已具备自我调节能力的事项改革后，相关部门的管理职能要重点转向制定行业标准规范，加强事中事后监管，惩处违法违规行为，维护市场秩序；由同一部门对相同内容进行重复审批的事项改革后，相关部门在削减重复审批、合并办事环节的同时，要进一步强化保留审批事项的准入把关作用，发挥认证管理的积极作用，落实监管责任，防止出现监管盲区；由不同部门多道审批改为负主要责任的部门一道审批的事项改革后，不再实施审批的部门负责制定有关行业标准规范，负责审批的部门按标准规范审核把关，遇到特殊疑难问题通过内部征求意见解决，部门间要优化工作流程，压缩审批时限，便利企业办事。改革涉及的部门要制定完善事中事后监管细则，自本决定发布之日起20个工作日内将适宜公开的向社会公布并加强宣传、确保落实。各地区、各部门要抓紧做好衔接工作，认真落实事中事后监管责任，坚决维护公平公正的市场秩序。

附件：1. 国务院决定取消的国务院部门行政许可事项目录（共计40项）

2. 国务院决定取消的中央指定地方实施的行政许可事项目录（共计12项）

国务院

2017年9月22日

广东省人民政府关于
给省公安消防总队记集体一等功的决定

第四节　命令（令）

一、命令（令）的概念

《条例》规定：“命令（令）。适用于公布行政法规和规章、宣布施行重大强制性措施、批准授予和晋升衔级、嘉奖有关单位和人员。”

命令（令）是具有严肃性、强制性、权威性和指挥性的下行公文。命令针对重大事项，由级别较高的国家领导机关或首脑发布。我国《宪法》规定，中华人民共和国主席、国务院、国务院各部和各委员会、县级以上地方各级人民政府有权发布命令，其他单位和个人则无权使用这一文种；命令一旦发布，就具有法定的效力和权威，下级机关必须无条件、不折不扣地执行。

二、命令（令）的种类

根据《条例》对命令（令）的功能的阐述，大致可将其分为以下四种基本类型。

（1）发布令：依照有关法律公布行政法规和规章，如“中华人民共和国主席令”。

（2）行政令：依照有关法律宣布施行重大强制性措施。如戒严令、通缉令等。

（3）任免令：依照有关法律批准授予和晋升衔级。

（4）嘉奖令：依照有关法律嘉奖有关单位和人员。嘉奖令是奖励的最高级别，用于奖励贡献突出的个人或集体。

三、命令（令）的结构与写法

（一）标题（发文机关标志）

命令的标题主要有以下两种。

（1）由“发文机关+事由+文种”组成，如《重庆市永川区森林防火戒严令》。

（2）由“发文机关+文种”组成，如“中华人民共和国主席令”“中华人民共和国国务院令”等。《格式》将此定义为发文机关标志（居中排布，上边缘至版心上边缘为20mm，推荐使用红色小标宋体字）。

（二）发文字号（令号）

标题（发文机关标志）下空二行编排发文字号（令号），命令的发文字号有两种格式：第一种是以机关名义发布的命令一般标注公文发文字号：“机关代字+年份+序号”。第二种是以首长个人名义发布的命令直接标注顺序号：“第××号”，自首长上任开始至任职期满为止统一编号。

（三）正文

发文字号（令号）下空二行编排正文。不同种类发布令的正文写法各不相同。

（1）发布令。发布令依照有关法律公布行政法规和规章，要写清发布命令的原因、具体命令事项（所公布的行政法规、规章的名称）和施行日期。至于行政法规和规章的全文，一般作为正件同时发布。

（2）行政令。行政令依照有关法律宣布施行重大强制性措施，要写清发布命令的原因、目的、根据，以及命令事项和执行要求。

（3）任免令。任免令依照有关法律批准授予和晋升衔级，要写清任免的依据以及具体任免的职务。

（4）嘉奖令。嘉奖令依照有关法律嘉奖有关单位和人员，要写明嘉奖的理由、被嘉奖者的具体成绩、嘉奖的目的、具体的勉励内容等，并在结尾提出希望和号召。

（四）落款

命令的落款有两种形式：一是签署发文机关的名称及成文日期，参照一般公文格式进行；二是签署发令人的职务和姓名，在正文（或附件说明）下空二行右空四字加盖签发人签名章

（一般用红色），签名章左空二字标注签发人职务，以签名章为准上下居中排布，在签发人签名章下空一行右空四字编排成文日期。

四、命令（令）的写作要求

（1）内容要符合有关法律和政策，使用权限要符合要求。

（2）态度要鲜明，语言要肯定。

（3）文字要简练，结构要严谨，中心要突出。

五、命令（令）与决定的区别

（1）使用权限不同。命令（令）的使用权限非常严格，我国《宪法》规定，只有中华人民共和国主席、国务院、国务院各部委、县级以上地方各级人民政府有权发布命令，其他单位和个人则无权使用这一文种。决定则可以较普遍地使用。

（2）适用范围不同。命令（令）涉及的是特定的具体事务，如《宪法》规定的，中华人民共和国主席根据全国人民代表大会和全国人民代表大会常务委员会的决定，公布法律，任命国务院总理、副总理、国务委员、各部部长、各委员会主任、审计长、秘书长，授予国家的勋章和荣誉称号，发布特赦令，宣布进入紧急状态，宣布战争状态，发布动员令等。决定既涉及特定的具体事务，也涉及一部分非特定的、具有普遍性的、反复发生的事务。

（3）表达要求不同。命令（令）高度简洁，一般只表达发文者的意志和要求，决定既要表达意志、要求，又要交代执行方面的具体要求以及有关的界定标准等。

中华人民共和国主席令

第七十一号

《全国人民代表大会常务委员会关于修改〈中华人民共和国民事诉讼法〉和〈中华人民共和国行政诉讼法〉的决定》已由中华人民共和国第十二届全国人民代表大会常务委员会第二十八次会议于2017年6月27日通过，现予公布，自2017年7月1日起施行。

中华人民共和国主席　习近平

2017年6月27日

中华人民共和国国务院令

第646号

现公布《中华人民共和国保守国家秘密法实施条例》，自2014年3月1日起施行。

总理　李克强

2014年1月17日

怒江州人民政府 2017 年森林防火戒严令

怒政发〔2017〕10 号

济源市人民政府嘉奖令

济政〔2015〕11 号

第五节　公　　报

一、公报的概念

《条例》规定："公报。适用于公布重要决定或者重大事项。"公报作为党政机关公文，其内容多是关于重大事件或重要会议做出议决的事项。

公报的发文机关是党的代表大会、党中央全会或中共中央等党和政府的最高机关，规格高，具有至高的权威性。公报是以知晓为目的，通过媒体面向国内外公开发布的，具有公开性和晓谕性。

二、公报的种类

（1）会议公报。党或政府重要会议闭幕后，就会议的重要活动、选举结果或其他重要成果发布公报，如《中国共产党第十八届中央委员会第一次全体会议公报》。

（2）新闻公报。是党或政府就某一重大事件、活动或问题发布的带有新闻性质的公报，如《中华人民共和国和阿拉伯埃及共和国联合新闻公报》。

（3）联合公报。这是一种特殊用途的公报，用以发布国家之间、政党之间、团体之间经过会议达成的某种协议，如《中俄联合公报》。

三、公报的结构与写法

（一）标题

会议公报的标题往往由"会议名称+文种"构成；新闻公报的标题一般由"发文机关+文种"组成。

（二）成文时间

一般放在标题下，在小括号内注明会议名称及通过时间。

（三）公报的正文

公报的正文一般由导语、主要事项和结语三部分组成。

（1）导语。会议公报的导语主要交代会议召开的时间、地点、会议名称、出席情况等；新闻公报的导语主要交代事件，以及事件发生的时间、地点。

（2）主要事项。包括会议或事件的主要内容、会议的任务及决定事项等。第一种是分段式，即每段说明一层意思或一项决定；第二种是序号式，多用于内容复杂、问题较多的公报；第三种是条款式，多用于联合公报。

（3）结语。以祝贺或期待的语言简要结束全文。有的可省略结语。

四、公报的写作要求

（1）专文专用。公报的内容和使用权限必须符合要求。

（2）庄重严肃。无论会议公报还是新闻公报，都是关于党和国家的重大事项，因此必须使用庄重严肃的书面语言，实事求是，简洁准确。

中国共产党第十九届中央委员会第一次全体会议公报

（2017年10月25日中国共产党第十九届中央委员会第一次全体会议通过）

中国共产党第十九届中央委员会第一次全体会议，于2017年10月25日在北京举行。

出席全会的有中央委员204人，候补中央委员172人。中央纪律检查委员会委员列席会议。

习近平同志主持会议并在当选中共中央委员会总书记后作了重要讲话。

全会选举了中央政治局委员、中央政治局常务委员会委员、中央委员会总书记；根据中央政治局常务委员会的提名，通过了中央书记处成员，决定了中央军事委员会组成人员；批准了十九届中央纪律检查委员会第一次全体会议选举产生的书记、副书记和常务委员会委员人选。名单如下：

一、中央政治局委员

（按姓氏笔画为序）

丁薛祥　习近平　王晨　王沪宁　刘鹤　许其亮　孙春兰（女）　李希　李强　李克强　李鸿忠　杨洁篪　杨晓渡　汪洋　张又侠　陈希　陈全国　陈敏尔　赵乐际　胡春华　栗战书　郭声琨　黄坤明　韩正　蔡奇

二、中央政治局常务委员会委员

习近平　李克强　栗战书　汪洋　王沪宁　赵乐际　韩正

三、中央委员会总书记

习近平

四、中央书记处书记

王沪宁　丁薛祥　杨晓渡　陈希　郭声琨　黄坤明　尤权

五、中央军事委员会主席、副主席、委员

主　席　习近平

副主席　许其亮　张又侠

委　员　魏凤和　李作成　苗华　张升民

六、中央纪律检查委员会书记、副书记、常务委员会委员

书　记　赵乐际

副书记　杨晓渡　张升民　刘金国　杨晓超　李书磊　徐令义　肖培　陈小江

常务委员会委员（按姓氏笔画为序）

王鸿津　白少康　刘金国　李书磊　杨晓超　杨晓渡　肖培　邹加怡（女）　张升民　张春生　陈小江　陈超英　赵乐际　侯凯　姜信治　骆源　徐令义　凌激　崔鹏

金砖国家外长联大会晤新闻公报

（2017 年 9 月 21 日，纽约）

第六节　公　　告

一、公告的概念

公告是一种由级别较高的机关在较广的范围内发布重要事项的公文。《条例》规定："公告。适用于向国内外宣布重要事项或者法定事项。"

公告是知照性的下行文，主要用于国家机关向人民群众公布政策法令，说明采取重大行动的目的，宣布禁止妨害国家和公共利益的行为的有关规定，以及其他需要人民群众了解的事项。

公告没有划定具体的发布范围，通常向全社会发布，有的同时向国内外发布。发文机关是较高级别的机关，特别是向国外发布公告，经常是全国人民代表大会、国务院或者各省、市、县人民政府，也可以授权职能部门发布，如新华社等。

公告往往通过广播、电视、网络、报纸等新闻媒介发布，使公众及时了解重大事项，具有明显的新闻特点。

二、公告的种类

（1）重要事项公告。凡是用来宣布有关国家的政治、经济、军事、科技、教育、人事、外交等方面需要告知全民的重要事项都属于重要事项公告。常见的有国家重要领导人的出访或其他重大活动、重要科技成果的公布、重要军事行动等。如中国人大常务委员会关于确认中国人大代表资格的公告，新华社受权宣布中国将进行向太平洋发射运载火箭试验的公告，都属此类公告。

（2）法定事项公告。依照有关法律和法规的规定，一些重要事情和主要环节必须以公告的方式向全民公布。如《国家公务员暂行条例》第十六条规定，录用公务员要"发布招考公告"；《中华人民共和国专利法》第三十九条规定："发明专利申请经实质审查没有发现驳回理由的，由国务院专利行政部门做出授予发明专利权的决定，发给发明者专利证书，同时予以

登记和公告。发明专利权自公告之日起生效。”

三、公告的结构与写法

（一）标题

公告的标题由“发文机关+事由+文种”组成，如《中央机关及其直属机构2013年度考试录用公务员公告》。

（二）公告的正文

公告的正文一般包括缘由、事项和结语三方面的内容。

（1）缘由。简要写明发布公告的原因、目的或根据。多数公告都采用这样的开头。一般要用“现将有关事项公告如下”等语句作为过渡。但也有不写公告缘由，一开始就进入公告事项的。如《国家税务总局关于消费税有关政策问题的公告》开始就以“现将消费税有关政策公告如下”直奔主题。

（2）事项。是公告的主体。有的公告内容较少、事项单一，便采用篇段合一的方法，直接写明告知公众的事项。对于较复杂的事项，则可采用分条列述的方法。

（3）结语。常用“特此公告”作为结语。有的公告也会省略结语部分。

（三）落款

公告要签署发布公告的机关的名称，并写明发布公告的年、月、日。在实际操作中，如果发文机关名称已在标题中出现，在报纸上刊登时也常省略不写。

四、公告的写作要求

（1）公告一般通过新闻媒体发布，不采取张贴形式，一般不用发文字号，没有主送机关和抄送机关。

（2）慎用公告。公告适用于向国内外宣布重要事项或者法定事项，应避免滥用公告的现象，如丢失证件、出租房屋、变更电话号码等，应使用启事、广告、声明等，不能用公告。

（3）用语得当。公告要采用简洁庄重的语言直陈其事。公告的内容虽然重要，但它主要是公布有关事项，不能用命令口气。

中国人民银行公告

〔2017〕第15号

中国人民银行定于2017年10月30日起陆续发行2018版熊猫金银纪念币一套12枚，其中熊猫普制金银纪念币6枚（2017年10月30日发行）、熊猫精制金银纪念币6枚（2017年12月8日发行），均为中华人民共和国法定货币。

一、纪念币图案

该套金银纪念币正面图案均为北京天坛祈年殿，并刊国名、年号；背面图案均为熊猫食竹图，并刊面额、重量及成色。

二、纪念币规格及发行量

（一）1 克圆形金质纪念币为普制币，含纯金 1 克，直径 10 毫米，面额 10 元，成色 99.9%，最大发行量 1 000 000 枚。

（二）3 克圆形金质纪念币为普制币，含纯金 3 克，直径 18 毫米，面额 50 元，成色 99.9%，最大发行量 800 000 枚。

（三）8 克圆形金质纪念币为普制币，含纯金 8 克，直径 22 毫米，面额 100 元，成色 99.9%，最大发行量 600 000 枚。

（四）15 克圆形金质纪念币为普制币，含纯金 15 克，直径 27 毫米，面额 200 元，成色 99.9%，最大发行量 600 000 枚。

（五）30 克圆形金质纪念币为普制币，含纯金 30 克，直径 32 毫米，面额 500 元，成色 99.9%，最大发行量 700 000 枚。

（六）50 克圆形金质纪念币为精制币，含纯金 50 克，直径 40 毫米，面额 800 元，成色 99.9%，最大发行量 20 000 枚。

（七）100 克圆形金质纪念币为精制币，含纯金 100 克，直径 55 毫米，面额 1 500 元，成色 99.9%，最大发行量 10 000 枚。

（八）150 克圆形金质纪念币为精制币，含纯金 150 克，直径 60 毫米，面额 2 000 元，成色 99.9%，最大发行量 5 000 枚。

（九）1 公斤圆形金质纪念币为精制币，含纯金 1 公斤，直径 90 毫米，面额 10 000 元，成色 99.9%，最大发行量 500 枚。

（十）30 克圆形银质纪念币为普制币，含纯银 30 克，直径 40 毫米，面额 10 元，成色 99.9%，最大发行量 10 000 000 枚。

（十一）150 克圆形银质纪念币为精制币，含纯银 150 克，直径 70 毫米，面额 50 元，成色 99.9%，最大发行量 60 000 枚。

（十二）1 公斤圆形银质纪念币为精制币，含纯银 1 公斤，直径 100 毫米，面额 300 元，成色 99.9%，最大发行量 20 000 枚。

三、该套金银纪念币分别由深圳国宝造币有限公司、上海造币有限公司和沈阳造币有限公司铸造，中国金币总公司总经销。销售渠道详见中国金币网（www.chngc.net）。

中国人民银行

2017 年 10 月 18 日

知识拓展

从 1948 年 12 月 1 日至今，中国共发行了 5 套人民币。

1. 第一套人民币：1948 年 12 月 1 日，中国人民银行成立并发行第一套人民币，共 12 种面额 62 种版别，其中 1 元券 2 种、5 元券 4 种、10 元券 4 种、20 元券 7 种、50 元券 7 种、100 元券 10 种、200 元券 5 种、500 元券 6 种、1 000 元券 6 种、5 000 元券 5 种、10 000 元券 4 种、50 000 元券 2 种。

2. 第二套人民币：第二套人民币于 1955 年 3 月 1 日开始发行，同时收回第一套人民币。

第二套人民币和第一套人民币折合比率为 1 : 10 000。第二套人民币共有 1 分、2 分、5 分、1 角、2 角、5 角、1 元、2 元、3 元、5 元、10 元 11 个面额，其中 1 元券有 2 种，5 元券有 2 种，1 分、2 分和 5 分券别有纸币、硬币 2 种。为便于流通，自 1957 年 12 月 1 日起发行 1 分、2 分、5 分 3 种硬币，与纸分币等值流通。1961 年 3 月 25 日和 1962 年 4 月 20 日分别发行了黑色 1 元券和棕色 5 元券，分别对票面图案、花纹进行了调整和更换。由于大面额钞票技术要求很高，在当时情况下 3 元、5 元、10 元由苏联代印，该 3 种券种于 1964 年 5 月 15 日起停止流通，其余券种于 1998 年 12 月 31 日起停止流通，其中纸分币于 2007 年 4 月 1 日起停止流通。

3. 第三套人民币：第三套人民币于 1962 年 4 月 20 日发行，共有 1 角、2 角、5 角、1 元、2 元、5 元、10 元 7 种面额、13 种版别，其中 1 角券别有 4 种（包括 1 种硬币），2 角、5 角、1 元有纸币、硬币 2 种。1966 年和 1967 年，又先后两次对 1 角纸币进行改版，主要是增加满版水印，调整背面颜色。

4. 第四套人民币：为了适应经济发展的需要，进一步健全中国的货币制度，方便流通使用和交易核算，中国人民银行自 1987 年 4 月 27 日，发行第四套人民币。共有 1 角、2 角、5 角、1 元、2 元、5 元、10 元、50 元、100 元 9 种面额，其中 1 角、5 角、1 元有纸币、硬币 2 种。与第三套人民币相比，增加了 50 元、100 元大面额人民币。为适应反假人民币工作需要，1992 年 8 月 20 日，又发行了改版后的 1990 年版 50、100 元券，增加了安全线。

5. 第五套人民币：1999 年 10 月 1 日，中国人民银行陆续发行第五套人民币，共有 1 角、5 角、1 元、5 元、10 元、20 元、50 元、100 元 8 种面额，其中 1 角、5 角为硬币，1 元有纸币、硬币 2 种。第五套人民币根据市场流通需要，增加了 20 元面额，取消了 2 元面额，使面额结构更加合理。

中央机关及其直属机构 2017 年度考试录用公务员公告

国务院公告

为表达全国各族人民对四川汶川大地震遇难同胞的深切哀悼，国务院决定，2008 年 5 月 19 日至 21 日为全国哀悼日。在此期间，全国和各驻外机构下半旗志哀，停止公共娱乐活动，外交部和我国驻外使领馆设立吊唁簿。5 月 19 日 14 时 28 分起，全国人民默哀 3 分钟，届时汽车、火车、舰船鸣笛，防空警报鸣响。

第七节　通　　告

一、通告的概念

《条例》规定："通告。适用于在一定范围内公布应当遵守或者周知的事项。"通告一般不用文本形式印发，而是采用张贴或者在报纸等媒体公布。

二、通告的种类

根据通告的内容，可将通告分为知照性通告和规定性通告。

（1）知照性通告。知照性通告用于告知一定范围内的单位或个人一些具体的事项，如《××市人民政府2017年夏秋季征兵工作的通告》。

（2）规定性通告。规定性通告用于向社会公布各有关方面应当遵守或执行的事项，如《浙江省海洋与渔业局关于 2017 年浙江省海洋禁渔休渔通告》。遵守什么、怎样遵守，需要十分明确清楚，具有很强的强制性和约束力。

三、通告的结构与写法

通告由标题、正文和落款三部分组成。

（一）标题

通告的标题由“发文机关+事由+文种”组成，如《山东省临沂市地方海事局禁航通告》。

（二）正文

通告的正文一般包括缘由、事项和结语三方面的内容。

（1）缘由。简要写明发布通告的目的、意义，规定性通告还要写明法律依据。接着用“现通告如下”“特作如下通告”等语句作为过渡。

（2）事项。是通告的主体。要写明需要一定范围内的有关方面遵守或周知的事项。有的通告内容较少、事项单一，便采用篇段合一的方法，直接写明告知公众的事项。对于较复杂的事项，一般采用分条列述的方法。

（3）结语。常用“特此通告”或“本通告自发布之日起实施”等作为结语。

（三）落款

通告要签署发布通告的机关的名称，并写明发布通告的年、月、日。如果发文机关名称已在标题中出现，可省略发文机关，只签署日期。

四、通告的写作要求

（1）内容要合法。通告的内容必须与有关的法律法规相符合。

（2）事项要完整具体。需要有关方面周知、遵守的事项要写得明确具体，如事项的起止时间，应该怎么做，不应该怎么做，要遵守、执行什么，禁止做什么等。

（3）语言要通俗易懂。通告面向社会公众，语言要简单明了，便于群众理解和执行。

五、通告与公告的异同

通告和公告都是知照性、公布性的公文。它们之间的区别在于以下几方面。

（1）发文机关的级别限制不同。通告对发文机关没有特别限制，各级党政机关、企事业单位、社会团体都可以使用，公告要求级别较高的国家机关发布。因此，通告的使用频率比公告要高得多。

（2）通告向社会公布各有关方面应当遵守的事项，经常用来颁布一些地方性法规，更多的是公布各有关方面知照和遵守的事项，但通告面向的有关方面是不具体的、模糊的，如城市封路维修的通告，其有关方面就涉及往该路通行的人和车辆，可以理解为有条件的周知，而不是公告那样的无条件的周知。

（3）通告发布的内容多是具体的业务性或事务性的要求，不仅需要有关方面知晓，还需要有关方面遵照执行。公告发布的是具有重大影响的重要事项或法定事项，内容重要，告知性强。

广州市人民政府关于全市防空警报试鸣暨“羊城天盾—2017”城市人民防空演习的通告

穗府〔2017〕19号

为增强市民的国防观念和防空意识，根据《中华人民共和国人民防空法》和《广州市人民防空管理规定》等有关规定，现就我市防空警报试鸣暨“羊城天盾—2017”城市人民防空演习有关事项通告如下：

一、防空警报试鸣时间和范围

2017年9月16日11:30—11:43在全市范围内进行防空警报试鸣。

11:30—11:33试鸣预先警报；11:35—11:38试鸣空袭警报；11:40—11:43试鸣解除警报。

二、防空警报信号规定

预先警报：鸣36秒，停24秒，反复3遍，时间为3分钟。

空袭警报：鸣6秒，停6秒，反复15遍，时间为3分钟。

解除警报：连续鸣放3分钟。

三、防空警报信号（信息）发放

全市固定警报器、机动防空警报车及部分多媒体多功能防空防灾预警报知系统，同时发放防空警报信号；广州市广播电视台34频道和新闻资讯广播（FM96.2MHz）、金曲音乐广播（FM102.7MHz）、经济交通广播（FM106.1MHz）频道、公交车移动电视、广州地铁电视将同步发放防空警报信号；中国电信广州分公司、中国移动广州分公司、中国联通广州分公司和市有关部门，将以手机短信息形式同步群发防空警报试鸣信息。

四、其他事项

在防空警报试鸣期间，除在部分社区、机关、学校、企业、地铁站开展疏散掩蔽等内容的实兵演练，以及在中石化广州分公司贮运部收转区域组织消除空袭后果等内容的实兵演练外，全市生产、生活秩序及社会活动照常进行。

广州市人民政府

2017年8月28日

浙江省海洋与渔业局
关于 2017 年浙江省海洋禁渔休渔通告

第八节　意　见

一、意见的概念

《条例》规定："意见。适用于对重要问题提出见解和处理办法。"意见可以下行，可以上行，也可以平行。

二、意见的种类

（一）根据发布形式分

根据发布形式的不同，意见可以分为以下两种。

（1）直接行文的意见。直接行文，可以下行，可以上行，也可以平行。

（2）要求批转、转发的意见。意见有时候也不单独行文，而是通过批转、转发性的通知行文，一般是有关部门就其主管的某一工作或重大问题提出意见与建议、原则与方法，经上级机关同意后，由上级机关批转给下属单位结合实际情况贯彻执行。如《国务院办公厅转发安全监管总局等部门关于依法做好金属非金属矿山整顿工作意见的通知》。

（二）根据行文方向分

根据行文方向的不同，意见可以分为以下三种。

（1）下行的指导性意见：是上级机关或主管部门对当前的重要工作和重大问题提出建设性意见和改进措施，并要求有关部门遵照执行的指示性公文，如《国务院关于加强农村留守儿童关爱保护工作的意见》。下行的"意见"同"命令""决定"和"通知"等都具有规范和约束作用，但意见的指示性相对较弱，指导性较强。

（2）上行的呈报呈转意见：是下级机关就工作中的重要问题提出见解和处理办法，并向上级行文，是一种请示性公文。呈报，就工作中重要问题提出自己的见解和处理办法，供上级机关决策参考；呈转，报请上级机关批准转发，上级要答复，一旦上级机关同意和转发，该意见便代表着上级机关的意图。例如财政厅写给省政府的：《××省财政厅关于切实解决市县财政拖欠工资问题的意见》。

（3）平行的参考性意见：是平级机关间就有关工作和问题提出意见或实际操作方式，供对方参考的一种函件式公文。

三、意见的结构与写法

意见一般由标题、主送机关、正文和落款等部分组成。

（一）标题

意见的标题一般由“发文机关+事由+文种”组成，如《广东省人民政府关于深化教育体制综合改革的意见》。

（二）主送机关

主送机关是指公文的主要受理机关，其名称应当是全称或规范化简称、统称。意见的主送机关既可能是上级机关，也可能是下级或平级机关。

（三）正文

正文一般由发文缘由、主体和结语三个部分组成。

（1）发文缘由。发文缘由是意见的导语部分，主要写发布意见的背景、依据、目的、意义等。最后以“现提出以下意见”“特制定本实施意见”等过渡语引起下文。

（2）主体。主体部分一般写明对问题或事件的见解或处理办法，包括指导思想、目标、任务、步骤、措施等。可以采用小标题分层次表述，使得表达更有条理。

（3）结语。可以提出要求、号召，还可以写明注意事项、建议性意见、提出批转相关部门参照执行的请求等。报请上级批转或转发的意见，结束语要另起一行，并以“以上意见如无不妥，请批转各地区、各部门执行”等作为结语。

（四）落款

意见要签署发文机关的名称，并写明发布通知的年、月、日。若发文机关名称已在标题中出现，则可省略发文机关，只签署日期。

例文1

国务院关于加强农村留守儿童关爱保护工作的意见

国发〔2016〕13号

各省、自治区、直辖市人民政府，国务院各部委、各直属机构：

近年来，随着我国经济社会发展和工业化、城镇化进程推进，一些地方农村劳动力为改善家庭经济状况、寻求更好发展，走出家乡务工、创业，但受工作不稳定和居住、教育、照料等客观条件限制，有的选择将未成年子女留在家乡交由他人监护照料，导致大量农村留守儿童出现。农村劳动力外出务工为我国经济建设做出了积极贡献，对改善自身家庭经济状况起到了重要作用，客观上为子女的教育和成长创造了一定的物质基础和条件，但也导致部分儿童与父母长期分离，缺乏亲情关爱和有效监护，出现心理健康问题甚至极端行为，遭受意外伤害甚至不法侵害。这些问题严重影响儿童健康成长，影响社会和谐稳定，各方高度关注，社会反响强烈。进一步加强农村留守儿童关爱保护工作，为广大农村留守儿童健康成长创造更好的环境，是一项重要而紧迫的任务。现提出以下意见：

一、充分认识做好农村留守儿童关爱保护工作的重要意义（略）

二、总体要求（略）

三、完善农村留守儿童关爱服务体系（略）

四、建立健全农村留守儿童救助保护机制（略）

五、从源头上逐步减少儿童留守现象（略）

六、强化农村留守儿童关爱保护工作保障措施（略）

各省（区、市）要结合本地实际，制定具体实施方案。对本意见的执行情况，国务院将适时组织专项督查。

国务院

2016年2月4日

××省财政厅关于切实解决市县财政拖欠工资问题的意见

第九节 议　案

一、议案的概念

《条例》规定："议案。适用于各级人民政府按照法律程序向同级人民代表大会或者人民代表大会常务委员会提请审议事项。"议案是《条例》中唯一明确规定只属于行政公文的文种。议案的使用主体是法定的，是具备法定权限的各级人民政府，其他机关单位无权使用。

二、议案的种类

人民代表大会依法享有四大职权：立法权、重大事项决策权、法律监督权、人事任免权。议案的内容必须是在法定的人大职权范围内、人民政府无权决定的重大事项。

根据议案的内容，可将议案分为以下三种。

（1）立法议案。立法议案是指用于提请审议法律和法规草案的议案。立法性议案主要在两种情况下使用：一是政府机构制定了某项法律或法规之后提请人大审议通过时；二是建议、请求某行政机构制定某项法规时。前者如《国务院关于提请审议〈中华人民共和国著作权法（草案）〉的议案》，后者如《关于尽早制定我省普及九年制义务教育实施条例的议案》。

（2）重大事项议案。涉及经济、社会、文化、外交等的重大事项，人民政府无权决定的，须向同级人民代表大会或其常委会提请审议，如变动行政机构、行政区划、确立某种节日、国民经济年度预算、特别重大建设项目等。如《国务院关于提请审议兴建长江三峡工程的议案》《沈阳市人民政府关于组织动员全市人民综合治理开发建设浑河沈阳城市段的议案》。

（3）任免议案。用于提请审议任免国家机关主要领导人、政府组成人员，以及国家驻外机构主要负责人。如《国务院关于提请××等同志职务任免的议案》。

三、议案的结构与写法

议案由标题、主送机关、正文和落款组成。

（一）标题

议案的标题由“发文机关+事由+文种”组成，如《国务院关于提请审议国务院机构改革方案的议案》。

（二）主送机关

议案的主送机关为同级人民代表大会或其常务委员会的全称，或是规范化的简称，如“全国人民代表大会”“全国人民代表大会常务委员会”“市人大”“市人大常委会”等；在人大或人大常委会开会期间提出议案，应标明人大的届次，如“第八届全国人民代表大会第四次会议”。

（三）正文

议案的正文由议案缘由、议案事项和结语三部分组成。

（1）议案缘由，阐明提出议案的原因、目的和依据。说明案由既要简明扼要，又要将理由说充分，以引起重视。下面是《沈阳市人民政府关于组织动员全市人民综合治理开发建设浑河沈阳城市段的议案》的缘由部分：浑河是辽宁省第二大河，流经沈阳规划城市段50千米。长期以来，由于种种原因，造成浑河沈阳城市段河槽乱采乱挖，河障杂乱繁多，不仅直接影响城市安全防汛，而且严重污染城市环境。为了认真贯彻国家关于浑河综合治理的重大决策，提高城市防洪能力，缓解地表和地下水缺乏的矛盾，促进生态平衡，改善城市功能，适应改革开放和市场经济发展的需要，建设高科技、大生产、大流通、现代化、国际化的沈阳，根据外地经验和近几年的充分准备，组织动员全市人民对浑河进行综合治理和开发建设的条件已经成熟。为此，市政府向市十一届人大第三次常委会提出议案，请大会审议并做出相应的决议。

（2）议案事项，即所提出的审议事项，应提出具体的措施、方案以及解决议案所提出的问题，要求明确、可行。如果是提请审议已制定的法律法规的，解决问题的方案就在法律法规之中，这部分只需写明提请审议的法律法规的名称即可，但要把法律或法规的文本作为附件。如果是任免性议案，要将被任免人的姓名和拟担任的职务写明。如果是提请审议重大决策事项的，要把决策的内容一一列出，供大会审阅。如果是建议采取行政手段解决某方面问题的，要把实施这一行政手段的方案详细列出，以便于审议。不能只指出问题，而没有解决问题的方案。

（3）结语，是议案的结尾部分，通常以祈使句来提出审议请求并结束全文，言简意赅。如“请审议批准”“现提请审议”等。

（四）落款

标明提出此议案的政府名称或政府首长的职务与姓名。写明成文日期并加盖印章，日期以行政首长签发的日期为准。

四、议案的写作要求

（1）内容完整。议案正文要写明案由和事项，不能有所缺漏。如立法议案，应提出法规的主要内容或修改意见。

（2）一事一案。议案的内容具备单一和有限性。一事一案，以便处理，不能把内容不同的两件或两件以上事项写进同一议案。议案事项必须限定在本级人大及其常委会的职权范围内。

（3）充分调研。为写好议案，提案机关或代表应在提案前充分调研，广泛听取人民群众的意见和要求，熟悉有关法律法规，了解具体实际，使提出的议案既能反映广大人民的意见又切实可行。

国务院关于提请审议国务院机构改革方案的议案

全国人民代表大会：

中国共产党第十九次全国代表大会明确要求深化机构和行政体制改革。党的十九届三中全会审议通过了《深化党和国家机构改革方案》，同意将其中涉及国务院机构改革的内容提交第十三届全国人民代表大会第一次会议审议。现将根据《深化党和国家机构改革方案》形成的《国务院机构改革方案》提请第十三届全国人民代表大会第一次会议审议。

国务院总理　李克强

2018 年 3 月 9 日

第十节　通　　知

一、通知的概念

《条例》规定：“通知。适用于发布、传达要求下级机关执行和有关单位周知或者执行的事项，批转、转发公文。”通知是党政机关、企事业单位使用频率最高、适用范围广泛的一种常用公文。

二、通知的种类

根据通知的内容性质和作用，一般可以分为以下几种。

（一）发布性通知

这类通知要告知的是本机关决定的事项，发文对象包括下属机关、平行机关和不相隶属的机关，如《国务院办公厅关于印发中央预算单位 2016—2017 年政府集中采购目录及标准的通知》。当某个机关单位认为本单位的特定文书需要正式发文，或需要将某个特定部门制定的规章制度上升为机关单位共同执行的事项，或需要将机关单位负责人的讲话等转化成单位的意志，可通过印发来完成。

印发的功能有三项：其一，将非公文（如计划、规划、纲要等）转化为公文，以增强被印发文件的效力，如《广东省人民政府办公厅关于印发广东省战略性新兴产业发展“十三五”规划的通知》；其二，将单位内部某机构制定的表达部门意图的规章制度等，上升为整个单位的意志，如《××省人事厅、教育厅关于印发××省高等学校专业技术职务结构比例管理试行意见的通知》；其三，将领导的讲话、发言等上升为单位的集体意志，如《×局关于印发××同志在××××座谈会上讲话的通知》。

（二）批转性通知

批转，将某一下级机关报来的文件（如请示、报告、意见、纪要等）审核批准并转发给有关下级机关，如《××省人民政府关于批转省发展改革委××省 2017 年改革指导意见的通知》。当某一机关认为下级机关所发的公文具有一定的参照、指导、借鉴作用，便可在表明自身态度的基础上，将下级机关的文件发送到其他下级单位，要求其学习、效仿、借鉴或执行。

（三）转发性通知

转发，将上级机关、平级机关或不相隶属机关发来的公文转发给下级机关，如《广东省人民政府转发国务院关于在市场体系建设中建立公平竞争审查制度意见的通知》。当某一机关认为上级的文件需要办理，或认为平级机关、不相隶属的机关单位的文件值得本单位参照、学习、借鉴时，便可将该文件转发给有关下级单位。

（四）事务性通知

要求下级机关办理与有关单位共同执行或周知的事项，用以部署工作，安排活动，解决具体问题，如《科技部高新司关于召开国家级示范生产力促进中心绩效评价整改评审会的通知》。

（五）指示性通知

用于上级机关指示下级机关如何开展工作。如国务院发布的《国家行政机关公文处理办法》的通知。这种通知带有政策性、指导性，主要用于对重要工作、重大问题阐明方针政策，提出工作原则。它对现实工作针对性强，有一定的领导权威。

（六）任免性通知

国家机关中的上级机关对下级机关、群众告知有关用人事项的公文，用于任免和聘用干部。如《关于×××等同志职务任免的通知》，目的是使下级机关和群众了解做出任免、聘用决定的机关、职位、相关依据，以及任免、聘用人员的基本信息和具体职务，使任免信息进一步公开化、透明化。

三、通知的结构与写法

通知由标题、主送机关、正文和落款组成。批转、转发性通知还需要在落款后附上批转、转发的文件的主体。

（一）标题

通知的标题由“发文机关+事由+文种”组成，如《国务院关于开展第三次大督查的通知》。

批转、转发性通知的标题比较复杂，实际操作中，为了避免重复“关于”和“通知”，在文字处理上通常可以采用以下方式。

（1）转发的公文不是通知时，省略第一个“关于”。如原题《国务院办公厅关于转发安全监管总局等部门〈关于依法做好金属非金属矿山整顿工作意见〉的通知》，省略后成为《国务院办公厅转发安全监管总局等部门关于依法做好金属非金属矿山整顿工作意见的通知》。

（2）转发的公文是通知，省略第一个“关于”和最后的“通知”。如原题《广东省人民政府关于转发〈国务院关于开展第三次大督查的通知〉的通知》，省略后成为《广东省人民政府转发国务院关于开展第三次全国经济普查的通知》。

（3）多次转发的公文，省略发文事由中多余的文字。例如，《××市人民政府关于转发××省人民政府转发人事部关于××同志恢复名誉后享受××级待遇的通知》，标题可简化为《××市人民政府转发人事部关于××同志恢复名誉后享受××级待遇的通知》，标题中省略的省人民政府转发的过程，在正文中交代清楚即可。

（二）主送机关

通知的主送机关必须是需要阅知和办理通知事项的单位，应当使用机关全称、规范化简称或者同类型机关统称。

（三）正文

通知的正文一般包括缘由、事项和结语三方面的内容。不同种类的通知正文，在写法上的侧重点各有不同。

（1）发布性通知和批转、转发性通知的正文一般包括以下三部分内容：一是标明将发布、批转、转发的文件或法规、规章的名称，并表明发文的态度，说明该文件或法规、规章通过或施行的日期；二是写明与被发文件或法规、规章相关的事项，如缘由或法规、规章如何处置，或本次所发文件的意义及注意事项；三是提出执行希望和要求。其中，第二项、第三项内容可酌情省略。

（2）事项性通知的正文要写出通知的缘由、具体的事项、执行要求等。特殊情况下，可不写缘由。

事项性通知常以“特此通知”等语句作为结束语。但批转、转发以及指示性强的通知，一般不用结尾语“特此通知”。

（四）落款

通知要签署发文机关的名称，并写明发布通知的年、月、日。若发文机关名称已在标题中出现，则可省略发文机关，只签署日期。

四、对被批转、转发文件的技术处理

批转、转发文件时，要将被批转、转发的文件“斩头去尾”，留下主体部分，以取消被批转、转发文件的独立性，将不能取消的信息补进相应位置，使其成为被批转、转发的对象，大致需要分以下四步进行。

（1）取消被批转、转发文件的版头，原文件版头中的发文字号在通知正文的“引用文件”部分体现，如“现将《国务院关于开展第三次全国经济普查的通知》（国发〔2012〕60号）转发给你们”。

（2）取消被批转、转发文件的主送机关。

（3）取消被批转、转发文件的印章、附注，保留原发文机关署名和成文日期；若原文件无发文机关署名的，则需要补加。

（4）取消被批转、转发文件的版记。

五、通知的写作要求

（1）立意鲜明、语言简练。首先要明确写作目的，根据客观实际和开展工作的需要确定行文的范围与对象；写作时要开门见山，不拐弯抹角，叙述事项要主次分明；通知的语言以叙事为主。

（2）行文要及时。通知往往要求下级机关和有关人员周知或执行某些事项，必须及时办理，所以要及时行文。

（3）印发、批转、转发的文件要先认真审核。

（4）联合行文，要先协商一致。

（5）必要时使用“紧急通知”“补充通知”。

国务院办公厅关于印发中央预算单位 2017—2018年政府集中采购目录及标准的通知

国办发〔2016〕96号

国务院各部委、各直属机构：

《中央预算单位2017—2018年政府集中采购目录及标准》已经国务院同意，现印发给你们，请遵照执行。

国务院办公厅

2016年12月21日

中央预算单位2017—2018年政府集中采购目录及标准（略）

例文2

××省人民政府关于批转省发展改革委××省2017年改革指导意见的通知

各地级以上市人民政府，各县（市、区）人民政府，省政府各部门、各直属机构：

省政府同意省发展改革委《××省2017年改革指导意见》，现转发给你们，请认真贯彻执行。

××省人民政府

2×××年×月×日

××省2017年改革指导意见（略）

例文3

广东省人民政府转发国务院关于开展第三次全国经济普查的通知

例文4

科技部高新司关于召开国家级示范生产力促进中心绩效评价整改评审会的通知

例文5

关于对三鹿牌婴幼儿配方奶粉开展全面清查的紧急通知

苏食药安委办〔2008〕32号

知识拓展

三鹿奶粉的调查与惩处

奶粉调查内幕：你们疯抢的"洋奶粉"根本不符合国标！

第十一节　通　报

一、通报的概念

《条例》规定："通报。适用于表彰先进、批评错误、传达重要精神和告知重要情况。"通报属于下行文。

二、通报的种类

通报可以分为表彰性通报、批评性通报和情况通报三类。

（1）表彰性通报。用于宣传个人或集体的先进事迹，如《国务院办公厅关于对国务院第四次大督查发现的典型经验做法给予表扬的通报》。再如《广东省人民政府关于表彰全省就业创业工作及新型农村和城镇居民社会养老保险工作先进单位先进个人的通报》。

（2）批评性通报。用于批评典型人物或单位的错误行为、不良倾向、丑恶现象和违章事故等，如《××市监察局关于对××同志违纪问题的通报》。

（3）情况通报。上级机关把现实社会生活中出现的重要精神、情况告知所属单位和群众，以供工作参考，如《国家安全监管总局办公厅关于矿用安标产品专项检查情况的通报》。再如《国务院办公厅关于西安地铁“问题电缆”事件调查处理情况及其教训的通报》。

三、通报的结构与写法

通报由标题、正文和落款三部分组成。

（一）标题

通报的标题由“发文机关+事由+文种”组成，如《广东省人民政府关于表彰全省就业创业工作及新型农村和城镇居民社会养老保险工作先进单位先进个人的通报》。

（二）正文

不同种类的通报，正文的写法也有所不同。

1. 表彰或批评性通报

表彰或批评性通报，既可以按时间顺序来写，也可以按逻辑关系安排结构，大致分为以下四个部分。

（1）概述主要事实，把表彰或批评对象的名字，事情发生的时间、地点、经过、结果等要素写清楚。此部分标准表彰性通报要详写，批评性通报要略写。

（2）分析事实性质，表彰性通报简要分析人物行为品质或事件的典型意义；批评性通报详细分析错误的行为或事故的原因，说明其性质和危害。

（3）阐明有关决定，简要阐明有关表彰或处理决定。

（4）提出号召、要求，学习先进人物的优秀品质，或从错误中吸取教训。为了防止类似事件再次发生，批评性通报还要求提出改进措施。

由于写作目的各有不同，表彰性通报和批评性通报内容的详略也有所不同，写作时要注意适应写作目的，详略得当，重点突出。

2. 情况通报

情况通报正文一般包括两项内容：通报有关情况；分析并做出结论。具体写法多样，有的先讲情况，然后分析情况并得出结论；有的先简要分析做出结论，再列举情况来说明结论的正确性。由于事故通报的目的是防止类似事件再度发生，所以在正文的尾部往往用较长的篇幅说明改进措施。

情况通报的情况交代大多按照事情的轻重安排顺序，若只通报一件事情，一般按时间顺序组织材料；若通报同一主题下的多件事情，则先写重要情况，后写次要情况；或根据逻辑关系，按并列顺序或因果顺序等组织材料。事故通报，则可采取倒叙形式，先写事故造成的重大损失，再写事故的发生、经过及处理情况；详略需根据通报的主题进行安排。

（三）落款

通报要签署发布通报的机关的名称，并写明发布通报的年、月、日。如果发文机关名称已在标题中出现，可省略发文机关，只签署日期。

四、通报的写作要求

（1）事实清楚。把事实交代清楚，是写好通报的关键。通报的写作要注意用事实说话，言之有物，切忌空发议论。注意使用叙述性语言。

（2）分析入理。通报的分析要实事求是，入情入理，准确精当，不能妄加议论，无限上纲。事例要典型，用语要得当。

（3）语言简洁庄重。其中表扬和批评的通报还应注意用语分寸，要力求文实相符，不讲空话、套话，不讲过头的话。

五、通报与通知的区别

（1）适用范围不同。通报用于传达重要的精神或情况，通知用于传达一般精神或情况，通知没有通报的表彰或批评功能。

（2）写作方式不同。通报注重教育性，有一定的议论；通知注重执行，很少议论或不议论。

例文1

广东省人民政府关于表彰2016年广东省专利奖获奖单位和个人的通报

各地级以上市人民政府，各县（市、区）人民政府，省政府各部门、各直属机构：

根据《广东省专利奖励办法》（粤府令第202号）规定，经广东专利奖评审委员会评审，省知识产权局审核，省政府决定授予“盐酸聚六亚甲基胍在防治柑橘酸腐病上的应用及其保鲜剂”等15项专利第三届广东专利金奖，给予每项10万元奖励；授予“全灵芝孢子油的制备方法”等55项专利第三届广东专利优秀奖，给予每项5万元奖励；授予夏树强等10位发明人第三届广东发明人奖，给予每人2万元奖励。对我省获得第十八届中国专利金奖的“一种桥接转发方法”等4项专利、获得第十八届中国外观设计金奖的“手机（Ascend Mate 3）”等2项专利给予每项100万元奖励，对我省获得第十八届中国专利优秀奖的“用固定化果糖基转移酶生产蔗果低聚糖的方法”等120项专利、获得第十八届中国外观设计优秀奖的“蓝牙耳机（CN-1000B）”等16项专利给予每项50万元奖励。

各地、各部门要以习近平总书记系列重要讲话和对广东工作重要批示精神为引领，充分发挥知识产权制度促进创新驱动发展的积极作用，不断提高专利成果转化和实施水平，为我省实现“四个全面、三个支撑、两个走在前列”目标任务提供有力支撑。

附件：2016年广东省专利奖获奖名单

广东省人民政府
2017年7月4日

国务院办公厅关于西安地铁“问题电缆”事件调查处理情况及其教训的通报

国办发〔2017〕56号

第十二节 报 告

一、报告的概念

《条例》规定：“报告。适用于向上级机关汇报工作、反映情况，回复上级机关的询问。”报告是党政机关、企事业单位和社会团体广泛使用的一种陈述性上行公文。

二、报告的种类

根据报告的内容，可将报告分为工作报告、情况报告和回复报告。

（1）工作报告。用于向上级机关汇报工作，以便于上级机关掌握工作的进展。工作报告一般要回报工作的进展、成绩、经验、问题和打算，其内容和写法类似于工作总结，如常见的政府工作报告。

（2）情况报告。用于向上级机关反映某一方面的专门情况，传递专题信息，包括本地区、本单位发生的重大事件，以及一些带倾向性的问题，如某一时期的社会思想动态等，如《全国人民代表大会常务委员会执法检查组关于检查〈中华人民共和国文物保护法〉实施情况的报告》。

（3）回复报告。用于针对性地回复上级机关的询问。

三、报告的结构与写法

报告一般由标题、主送机关、正文和落款署时等部分组成。

（一）标题

报告的标题一般由“发文机关+事由+文种”组成，如《农业部2011年度绩效管理总结报告》。

（二）主送机关

主送机关是指发文的主要对象。要根据报告内容，选准主送机关。不能送个人，不能越级。

（三）正文

报告的正文一般包括报告缘由、报告事项和结语三方面的内容。

1. 报告缘由

概括说明报告的目的、意义或根据，然后用“现将有关情况汇报如下”“现报告如下”等过渡语引出报告事项。

2. 报告事项

主要包括基本情况，取得的成绩和经验，存在的问题、教训等，今后工作的安排或将采取的措施等。

不同类型的报告侧重点不同，具体如下。

（1）工作报告综合性强，常用总结式写法，主体部分的内容以成绩、做法、经验、体会、打算、安排为主，在叙述基本情况的同时，有所分析、归纳，找出规律性认识。

（2）情况报告侧重于陈述问题的来龙去脉，分析其产生的原因及后果，提出针对性的解决方法。要一事一报，体现其专一性，切忌在同一报告中反映几件各不相干的事项和问题。

（3）回复报告主要是围绕上级机关的询问和要求进行答复，有问必答、答其所问，重点陈述对上级所询问问题的处理，包括处理的依据、态度、意见、措施和效果等。答复要具备针对性和及时性。

3. 结语

常用的结束语有“特此报告”“专此报告”等。

（四）落款署时

报告要签署发布意见的机关的名称，并写明发布的年、月、日。若是在会议上所作的报告，一般在标题下标明会议名称、时间和报告人的姓名，不需再在文后落款署时。

四、报告的写作要求

（1）实事求是。报告的目的是下情上传，让上级机关了解具体的情况，帮助决策者做出正确的决策。这就要求报告必须真实反映客观事实。

（2）重点突出。报告的内容要根据主题的要求安排主次，重点的、主要的内容，安排在前面，详写；非重点的、次要的内容，略写。同时要注意点面结合，增强说服力。

（3）简明扼要。在突出重点的情况下，力求简明扼要。切忌流水账似地罗列事实。

（4）切忌将报告当作请示，要求上级指示或批准。报告也不得夹带请示事项。如需请示，则另用请示行文。

政府工作报告

——2017 年 3 月 5 日在第十二届全国人民代表大会第五次会议上

国务院总理　李克强

各位代表：

现在，我代表国务院，向大会报告政府工作，请予审议，并请全国政协各位委员提出意见。

一、2016 年工作回顾

过去一年，我国发展面临国内外诸多矛盾叠加、风险隐患交汇的严峻挑战。在以习近平同志为核心的党中央坚强领导下，全国各族人民迎难而上，砥砺前行，推动经济社会持续健康发展。党的十八届六中全会正式明确习近平总书记的核心地位，体现了党和人民的根本利益，对保证党和国家兴旺发达、长治久安，具有十分重大而深远的意义。各地区、各部门不断增强政治意识、大局意识、核心意识、看齐意识，推动全面建成小康社会取得新的重要进展，全面深化改革迈出重大步伐，全面依法治国深入实施，全面从严治党纵深推进，全年经济社会发展主要目标任务圆满完成，“十三五”实现了良好开局。

（以下略）

全国人民代表大会常务委员会执法检查组关于检查

《中华人民共和国文物保护法》实施情况的报告

2012 年 6 月 26 日在第十一届全国人民代表大会常务委员会第二十七次会议上

全国人大常委会副委员长　路甬祥

第十三节　请　　示

一、请示的概念

《条例》规定：“请示。适用于向上级机关请求指示、批准。”请示的主要功能在于向上级机关请求对某项工作、问题做出指示，对某项政策界限给予明确，对某事予以审核批准。请示是典型的上行文。必须请示的事项有以下几方面。

（1）主管上级单位明确规定必须请示批准才能办理的事项。

（2）对现行方针、政策、法令、规章、制度不甚了解，需要上级明确答复才能办理的事项。

（3）工作中发生了新情况，又无章可循，需要上级明确指示才能办理的事项。

（4）因情况特殊难以执行现行规定，需要上级重新指示才能办理的事项。

（5）因意见分歧而无法统一，难以工作，需要上级裁决才能办理的事项。

（6）事关重大，为防止工作失误，需请示上级审核的事项。

二、请示的种类

请示可分为请求指示的请示、请求批准的请示和批转性的请示。

（1）请求指示的请示。一般是政策性请示，下级机关需要上级机关对原有政策规定做出明确解释，对变通处理的问题做出审查认定，对如何处理突发事件或新情况、新问题做出明确指示。如《××市××区人事劳动社会保障局关于执行就业援助政策有关问题的请示》。

（2）请求批准的请示。在工作过程中，如果需要上级批准下级制定的有关规定、方案、规划或下级遇到人、财、物等方面自己无法解决的困难，提出解决的方案请上级审批帮助等，往往用这类请示，如《××区人民政府关于报废车辆的请示》。

（3）批转性的请示。下级机关就某一涉及面广的事项提出处理意见和办法，需各有关方面协同办理，但按规定又不能指令平级机关或不相隶属部门办理，需上级机关审定后批转执行，这样的请示就属此类。如《关于中国公民自费出国旅游管理暂行办法的请示》。

批准性指示和批转性指示除了在行文目的上的不同，在执行范围上也不一样，批准性请示的执行范围一般就是请示单位自己；批转性请示的执行范围不仅是请示单位自己，而且还包括其他有关单位。

三、请示的结构与写法

请示由标题、主送机关、正文和落款署时等部分组成。

（一）标题

请示的标题由“发文机关+事由+文种”组成。需要注意的是，请示的标题中对于事由的概括，不能出现“申请”“请求”之类的词语，否则会与文种“请示”本身所含有的请求之意重复。另外，文种也不能写成“请示报告”。

（二）主送机关

请示的主送机关就是负责受理和答复请示的机关。

（三）正文

请示的正文一般包括缘由、事项和结语三方面的内容。

（1）缘由。是提出请求的具体原因，关系到请示事项是否成立，因此要写得具体明白，有理有据。

（2）事项。陈述具体的请示要求，必须一事一请，明确具体。

（3）结语。常用“当否，请批示”“当否，请指示”“以上请示，如无不妥，请批转×××贯彻执行”等作为结束语。结语应单独成段。

（四）落款署时

请示要签署发布请示的机关的名称，并写明请示的年、月、日。如果发文机关名称已在标题中出现，可省略发文机关，只签署日期。

请示一定要注明联系人姓名和电话，便于及时联系，以免贻误工作，写法同附注，即居左空两字加圆括号编排在成文日期下一行。

四、请示的写作要求

（1）请示必须一文一事。

（2）请示不得多头主送，不得抄送下级和平级，不能送上级机关领导个人，一般不能越级。

（3）两个及以上单位联合请示时，需确定好主送机关，协商一致后主送领导机关。

（4）写作时要做到有理有据，条理分明。论证要论据充分，说理透彻，善于选择典型材料，能从全局的高度紧紧抓住受文者的心理。事实、数据要准确；把审核时需要了解的有关情况写清楚，为上级审核提供可靠依据。必要时，对所请示事项提出几种明确、切实可行的参考意见或方案请上级裁决。较长的内容要分条分项来写。有些情况简单，或有条文和规定可依据，则只需写明依据的条文或规定名称，不必详细阐述道理。

（5）下级机关的请示事项，如需以本机关名义向上级机关请示，应当提出倾向性意见后上报，不得原文转报上级机关。

五、请示与报告的区别

请示和报告都是上行公文。它们之间的区别在于以下几方面。

（1）行文目的不同。请示是向上级机关请求指示、批准，是请求性公文，重在呈请，目的在于希望得到上级机关的支持或批准，上级机关必须批复；报告是向上级机关汇报工作、反映情况、回复上级机关的询问，是陈述性公文，重在呈报，目的在于下情上传，不需上级机关答复。

（2）行文时间不同。请示必须在事前行文，绝不允许先斩后奏；报告则比较灵活，根据实际情况，多在事中、事后行文。

（3）请示必须一头主送，以防意见不一而互相推诿，贻误工作；报告根据需要可同时报送两个或多个主送机关。

（4）请示必须一文一事，报告可以"一文'多'事"。

××省交通运输厅关于××市××公司申请购置1艘多用途船从事港澳航线货物运输的请示

交通运输部：

为适应航运市场发展的要求，提高企业竞争能力，××市××公司申请更新运力，购置1艘载货量3 500吨级多用途船更新运力，顶替原经营港澳航线的"××"船，从事××省各对外开放港口至香港、澳门航线的集装箱货物运输。经研究，我厅拟同意该公司业务申请，现将有关资料报部，请审批。

××省交通运输厅
20××年×月×日

（联系人：×××；联系电话：××××××××）

××区人民政府关于报废车辆的请示

市财政局：

我区公务车（车牌号×××××××）为普通型桑塔纳，购于20××年×月，账面原值为145 991.9元，行驶里程已逾30万千米，车况差，维修保养费用极高，且经政府汽车定点维修部门检测，该车已过报废期，无继续维修价值，特申请为该车办理报废手续。

特此请示，请批复。

××区人民政府
20××年×月×日

（联系人：×××　联系电话：×××××××××）

关于中国公民自费出国旅游管理暂行办法的请示

国务院：

随着对外改革开放的不断扩大，人民生活水平不断提高，近年来，中国公民自费出国旅游不断增加，为适应改革开放形势，加强中国公民自费出国旅游的管理，特制定了《中国公民自费出国旅游管理暂行办法》。

附：中国公民自费出国旅游管理暂行办法

以上暂行办法如无不妥，请批转发布执行。

国家旅游局（盖章）
公安部（盖章）
××××年×月×日

第十四节　批　　复

一、批复的概念

《条例》规定："批复。适用于答复下级机关请示事项。"批复是上级机关答复下级机关某一请示时所使用的下行文。

二、批复的种类

根据内容、性质的不同，批复可以分为审批性批复和指示性批复两类。

（一）审批性批复

审批性批复主要针对下级机关请求批准的请示，经审核后所做出的答复，常见的有关于机构设置、人事安排、项目设立、资金划拨等事项的审批，如《国务院关于同意设立“全国交通安全日”的批复》。

（二）指示性批复

指示性批复主要针对方针、政策性问题进行答复，批复的内容在其管辖范围内具有普遍指导和规范作用，如《国务院关于上海市海洋功能区划（2011—2020年）的批复》。

三、批复的结构与写法

批复由标题、主送机关、正文和落款等部分组成。

（一）标题

批复的标题由“发文机关+事由+文种”组成，还有一种完全式的标题是“发文机关+表态词+请示事项+文种”，这种较为简明、全面和常用。如《国务院关于同意设立“全国交通安全日”的批复》。

（二）主送机关

提出该请示事项的下级机关。

（三）正文

批复的正文一般包括批复依据、批复内容和结语三方面的内容。

1. 批复依据

批复依据涉及两个方面：一是对方的请示；二是与请示事项有关的方针、政策和上级规定。对方的请示是批复最主要的依据，要完整引用请示的标题并加括号注明其请示的发文字号，如“你部《关于将12月2日设立为“全国交通安全日”的请示》（公部请〔2012〕83号）收悉”，用以交代批复的根据，点出批复的对象，必要时还要简述来文请示事项。

2. 批复内容

是正文的主体，说明批复事项，一般不需进行议论。批复内容必须紧扣请示内容，不能含糊不清或避而不答。它一般会有以下三种回复情况。

（1）完全同意。用“同意”表明批准的态度以及同意的具体内容，必要时写明指示、要求。表达为：“同意××（针对请示正文中的事及要求进行答复）。”

（2）不同意。写明对请示中具体内容不同意的原因、理由，然后写明不同意的意见。表达为：“关于××，依据××，不予同意。”

（3）部分同意、部分不同意。先写明同意哪些内容，对于不同意的内容，要写明理由或处理该问题的方法。

3. 结语

常用“此复”或“特此批复”等作为结语，也可省去不写。

（四）落款

批复要签署做出批复的机关的名称，并写明批复的年、月、日。如果发文机关名称已在标题中出现，可省略发文机关，只签署日期。

四、批复的写作要求

（1）批复只适用于上级机关答复下级机关的请示事项，平级和不相隶属的机关之间不得使用批复。

（2）批复只能主送原请示机关，如批复内容必须通知其他机关时，可同时抄送其他机关。

（3）行文要有针对性。批复的内容必须针对下级机关的请示事项，不得答非所问。

（4）批复的观点要明确。无论是审批性批复还是指示性批复，态度都必须明确，不得模棱两可，以免下级机关无所适从。

（5）批复要及时。

（6）批复要言简意赅，做到言尽意止，庄重周密，以充分体现批复的权威性。

国务院关于同意将吉林省长春市列为国家历史文化名城的批复

国函〔2017〕131号

吉林省人民政府：

你省关于申报长春市为国家历史文化名城的请示收悉。现批复如下：

一、同意将长春市列为国家历史文化名城。长春市历史悠久，历史遗存丰富，城市空间格局独特，工业遗产特色鲜明，非物质文化遗产丰富多样，具有重要的历史文化价值。

二、你省及长春市人民政府要根据本批复精神，按照《历史文化名城名镇名村保护条例》的要求，正确处理城市建设与保护历史文化遗产的关系，深入研究发掘历史文化遗产的内涵与价值，明确保护的原则和重点。编制好历史文化名城保护规划，并将其纳入城市总体规划，划定历史文化街区、文物保护单位、历史建筑的保护范围及建设控制地带，制定并严格实施相关保护措施。在历史文化名城保护规划的指导下，编制好重要保护地段的详细规划。在规划和建设中，要重视保护城市格局，注重城区环境整治和历史建筑修缮，不得进行任何与名城环境和风貌不相协调的建设活动。

三、你省和住房城乡建设部、国家文物局要加强对长春市国家历史文化名城规划、保护工作的指导、监督和检查。

国务院

2017年10月15日

第十五节　函

一、函的概念

《条例》规定："函。适用于不相隶属机关之间商洽工作、询问和答复问题、请求批准和答复审批事项。"函的使用非常广泛，各级党政机关、企事业单位、社会团体都可以使用。函不用正式文件的文头纸，也不按正式文件编制文号，而是另行编号，或不编号。

二、函的种类

按内容和目的分类，函可以分为商洽函、询问函、答复函、告知函、请求函、联系函等，也可以按行文方向分为发函和复函。还可以按性质分为公函和便函。

三、函的结构与写法

函由标题、主送机关、正文和落款署时四部分组成。

（一）标题

函的标题由"发文机关+事由+文种"组成，如《××大学关于同意办理派出手续的函》。有去函和复函之分。去函一般叫《××××关于××××的函》，复函一般叫《××××关于××××的复函》。也可以直接由"事由+文种"组成，如《关于××××的函》或《关于××××的复函》。

（二）主送机关

函的主送机关就是接收函的机关，一般是明确单一的，但有时内容涉及多个部门，也有排列多个主送机关的情况。

（三）正文

函的正文一般包括缘由、事项和结语三方面的内容。函不用正式文件的文头纸，也不按正式文件编制文号，而是另行编号，或不编号。

1. 缘由

简要写明发函的缘由、背景和目的。复函在写缘由时一般首先引叙来文的标题、发文字号，然后再交代根据，以说明发文的缘由。

2. 事项

事项是函的主体，说明函告或函请事项。不同种类的函，正文写法不同：商洽函，要以协商的语气说话，要清楚表述希望对方协助解决什么问题；询问函的提问要简洁、明确、具体，答复函的回答要针对提问一一作答；请求批准函，类似请示；审批复函类似批复；告知函类似通知。

3. 结语

常用“可否，盼函复”“妥否，请函复”“特此函告”“敬请大力支持为盼”“此复”等作为结束语，也可随正文结束而结束，不写结语。

（四）落款署时

函要签署发函的机关的名称，并写明发函的年、月、日。如果发文机关名称已在标题中出现，可省略发文机关，只签署日期。

四、函的写作要求

（1）一事一函。

（2）开门见山，直截了当。函有“轻骑兵”之称，一般篇幅短小，写作时要注意用语简洁。

（3）用语要把握分寸。无论是对平行机关还是不相隶属机关行文，都要注意语气平和有礼，不要倚势压人或强人所难，也不必逢迎恭维、曲意客套。

广东省环境保护厅关于广东达志环保科技股份有限公司上市环保核查情况的函

中国证券监督管理委员会：

根据广东达志环保科技股份有限公司的上市环保核查申请，我厅按照《关于对申请上市的企业和申请再融资的上市企业进行环境保护核查的通知》（环发〔2003〕101号）、《进一步规范重污染行业生产经营公司申请上市或再融资环境保护核查工作的通知》（环办〔2007〕105号）及《关于进一步优化调整上市环保核查制度的通知》（环发〔2012〕118号）要求，对该公司组织进行了上市环保核查。

本次核查范围为该公司所属的3家企业，具体情况见附件。经广州市环境保护局和江门市环境保护局初审，以及我厅组织的核查与社会公示，该公司核查范围内企业基本符合上市公司环保要求。经审议，我厅原则同意广东达志环保科技股份有限公司通过上市环保核查。

附件：广东达志环保科技股份有限公司核查范围内企业概况

广东省环境保护厅

2013年5月14日

国家发展改革委关于同意浙江省开展投融资模式创新试点建设方案的复函

发改投资〔2017〕1687号

例文3

国务院办公厅关于同意建立服务业发展部际联席会议制度的函

国办函〔2016〕8号

发展改革委：

你委关于建立服务业发展部际联席会议制度的请示收悉。经国务院同意，现函复如下：

国务院同意建立由发展改革委牵头的服务业发展部际联席会议制度。联席会议不刻制印章，不正式行文，请按照国务院有关文件精神，认真组织开展工作。

附件：服务业发展部际联席会议制度

国务院办公厅

2016年1月15日

第十六节 纪 要

一、纪要的概念

《条例》规定：“纪要。适用于记载会议主要情况和议定事项。” 纪要是根据会议记录摘要整理而形成的一种纪实性公文，用于记载、传达会议主要情况和议定事项，要求与会单位共同遵守、贯彻执行。

案例

秘书篡改会议纪要

《央视新闻网》曾报道“秘书篡改会议纪要”的案子，温州市要求菜篮子集团公司及所属外迁企业要集中安置在瓯海区娄桥镇，时任温州市政府副秘书长的冯鸣接受请托，授意将会议纪要中的用地主体菜篮子集团公司篡改为温州菜篮子发展有限公司，并据此报批取得商业用途划拨土地325.082 2亩，给国家造成经济损失1.15亿余元。法院审理后认为，冯鸣犯滥用职权罪，判处有期徒刑4年6个月；犯受贿罪，判处有期徒刑12年，剥夺政治权利3年，并处没收个人财产20万元，决定执行有期徒刑15年。

二、纪要的种类

根据纪要的用途，可将纪要分为记载性纪要和传达性纪要。

（1）记载性纪要。主要记载会议情况和议定事项，用于归档备查，有时也可发有关单位知照和执行。

（2）传达性纪要。把会议情况和议定事项综合整理成文，发给与会单位，或者传达给下级单位，以便遵守和执行。这类纪要有时可上报，要求上级机关批转给有关单位和地方落实。需要下发执行的纪要，可以“通知”形式发出。

三、纪要的结构与写法

纪要由标题、正文、出席人员名单和落款署时等部分组成。

（一）标题

纪要的标题一般由“发文机关+事由+文种”组成。

（二）正文

纪要的正文一般包括导语、主体和结尾三部分。

1. 导语

简要概述会议基本情况，一般包括会议目的、名称、时间、地点、规模、与会人员、主要议程、会议情况、对会议的总体评价等。往往以“现纪要如下”等作为连接下文的过渡语。

2. 主体

纪要的核心部分，根据会议的中心议题，有主次、轻重地写出会议的情况和成果。写法有以下几种。

（1）集中概述法：多用于小型会议，而且讨论的问题比较集中、单一。

（2）分项叙述法：适用于大中型会议或议题较多的会议。一般要采取分项叙述的办法，即把会议的主要内容分成几个大的问题，然后另上标号或小标题，分项来写。

（3）发言提要法：如上级需要了解与会人员的不同意见，则可以采用这种写法，把会议上具有典型性、代表性的发言加以整理，提炼出内容要点和精神实质，然后按照发言顺序或内容类别，分别加以阐述说明。

3. 结尾

有的纪要提出希望和要求，也可以没有。

（三）出席人员名单

标注出席人员名单，一般用 3 号黑体字，在正文或附件说明下空一行左空二字编排“出席”二字，后标全角冒号，冒号后用 3 号仿宋体字标注出席人单位、姓名，回行时与冒号后的首字对齐。

标注请假和列席人员名单，除依次另起一行并将“出席”二字改为“请假”或“列席”外，编排方法同出席人员名单。

（四）落款署时

可在标题下，也可在人员名单之后，根据实际情况确定。

四、纪要的写作要求

（1）“要”是关键，分清主次，条理清楚，突出重点，简明扼要。

（2）真实、准确。忠实于会议实际，不能随意取舍，会议没有涉及的内容不能写入。写成后应提请会议主持人审核与签发。

（3）采取第三人称叙述。如“会议听取了”“会议指出”“会议强调”“会议要求”等。

广东省环境保护厅工作会议纪要

〔2017〕22号

思考与练习

一、改正或简化下列公文的标题

1. ××部关于几起重大安全事故的通知
2. ××市人民政府关于印发××省人民政府〔2013〕8号文件的通知
3. ××县物价局《会议通知》
4. 国务院办公厅转发国家旅游局关于进一步清理整顿旅行社意见的通知
5. ××省财政厅关于同意××大学新建图书馆的复函
6. ××研究所关于请求提高拨款待遇的报告
7. ××大学关于报送××省教育厅今年招生工作情况的请示
8. ××市人民政府办公厅转发××省人民政府办公厅《转发国务院办公厅〈关于贯彻执行国务院“关于解决企业社会负担过重的若干规定”中有关问题的通知〉的通知》的通知

二、简答题

1. 重要的上行文规则有哪些？重要的下行文规则有哪些？
2. 通告与公告的区别主要体现在哪些方面？
3. 通知与通报的区别主要体现在哪些方面？
4. 请示与报告的区别主要体现在哪些方面？
5. 撰写报告有哪些注意事项？
6. 不同类型通报的正文内容及写法有何不同？

三、病例析改

××股份有限公司关于召开20××年度股东大会会议的通知

各位股东：

为了贯彻执行《上市公司股东大会规范意见》和我公司《公司章程》的有关规定，公司拟定于20××年12月20日在公司第三会议室召开20××年度股东大会，会议将就董事会、监事会提出的有关事项进行审议。

××股份有限公司

20××年12月10日

四、根据给定材料拟写公文

1. 自 2015 年来，××有限公司广州办事处的办公设备一直未进行大的更换，原有设备日益老化，维护成本高，且性能难以满足现代办公要求，因此向总公司请求增加办公经费10万元，用于购置10台计算机、1台复印机、3台打印机。

2. 2017年6月25日凌晨，××公司保安王强在值班时，看见一个瘦小男子慌张地夹着一个黑色皮包向东门走去，便上前盘问，该男子于是翻门而逃，王强追了上去。可疑男子见王强追上来，就说："给你 5 000 元，放了我吧。"王强没有答应。歹徒拔出一把刀，对王强威胁说："别过来，过来就捅死你！"王强不惧威胁，一步一步逼近歹徒。搏斗中，王强胸口不慎被歹徒捅了一刀，但仍然忍痛与歹徒搏斗，直至将歹徒制服。事后，公司奖励王强1 000元，并在公司内部发出向王强学习的倡议。

3. ××公司拟邀请××大学的校领导和负责就业工作的相关老师参加该公司举办的校企合作见面会，洽谈秋季校园招聘和校企合作相关事宜。

第四章

规 章 文 书

第一节　规章文书概述

一、规章文书的含义和特点

（一）规章文书的含义

规章文书是国家行政机关、社会团体、企事业单位为实施管理的需要，依照国家法律、法令和政策，在自己权限范围内制定的具有法规性、指导性与约束力的文书。规章文书又称为规章制度。

法规、规章文书可以简称为规章文书，但严格来看，法规与规章，两者有明显区别。

法规是国家及其政府为实施其行政领导和管理职能，在其权限范围内按照法定程序制定并发布实施的、具有普遍约束力和强制执行性的规范性文书的总称。法规文书，主要包括条例、规定、办法、细则。

规章是各级领导机关及其职能部门、社会团体、企事业单位，为实施管理，规范工作程序和有关人员行为，在其职权范围内制定并发布实施的、具有一定约束力和道德行为准则的规范性文书的总称。规章文书，主要包括章程、规定、办法、细则、制度、准则、规则和守则、公约与承诺书等。

（二）规章文书的特点

1. 强制性

各类法规、规章对其所确定范围内的所有单位和人员，都具有法律、行政或道德的约束力和强制或倡导执行的效用。一旦正式公布，有关单位和人员都必须遵照执行，否则就会分别受到法律的制裁或组织的行政、纪律等处分。

2. 周密性

法规和规章文书在内容上有一个很明显的特点，就是面面俱到，具有周密性。它以严肃与严密为出发点，对所涉及对象的各个方面都要做出相应的规定。为了保证每条规定都有明确的含义，语言必须准确、明晰、无懈可击，不能有不清楚、不周全、不严密的地方。

如果法律条文有丝毫的不严密性，就可能给国家带来重大的经济损失或给一些违法分子可乘之机。如 2011 年康菲石油公司石油泄漏案件，给海洋环境造成了巨大的破坏，在美国，对于这种情况康菲可能会被罚到破产，可由于我国的《海洋环境保护法》不周密，最高罚金却只有 20 万元。

3. 条款性

法规和规章文书在表达上，普遍采用条理分明的章断条连式结构或条文并列式结构。具体要求参见本章以下各节的各种规章文书的写作。

4. 依附性

法规和规章文书，尤其是行政法规，可以直接颁布，亦经常借助“令”“公告”或“通知”予以发布，即它们的运行具有依附性。“令”“公告”和“通知”是其所依附而赖以运行的载体。例如，2014 年 1 月 1 日起施行的《城镇排水与污水处理条例》，是由 2013 年《中华人民共和国国务院令》（第 641 号）颁布的。

二、规章文书的类型及区别

（一）规章文书的类型

1. 法规

法规，一般亦称为行政法规，包括国家行政法规和地方性行政法规两种。

（1）国家行政法规是国务院为领导和管理国家各项行政工作，根据宪法和法律，由国务院及其各主管部门制定并经国务院批准发布的法规。例如，2013 年 10 月 2 日国务院颁布的《城镇排水与污水处理条例》；2017 年 9 月 6 日国务院颁布的《志愿服务条例》；2017 年 9 月 21 日国务院司法部颁布的《取得国家法律职业资格的台湾居民在大陆从事律师职业管理办法》。

（2）地方性行政法规是地方国家权力机关根据本行政区域的具体情况和实际需要，依法制定的本地区的法规。例如，山东省人大常委会 2017 年 9 月 30 日颁布的《山东省建设工程抗震设防条例》（山东省第十二届人民代表大会常委会第三十二次会议通过）；广东省人民政府 2017 年 7 月 28 日颁布的《广东省社会救助条例》（广东省第十二届人民代表大会常务委员会第 85 号公告）。

按照《行政法规制定程序条例》第一章第五条的规定：“行政法规的名称一般称‘条例’，也可以称‘规定’‘办法’等。”

2. 规章

规章按其性质、内容，可分为行政规章、组织规章、业务规章和一般规章。

（1）行政规章。行政规章常用规定、办法、细则等文种发布。按作者及其权限，可分以下两类。

① 国务院部门规章。是由国务院所属各部、各委员会制定、发布的规章。例如，中国人民银行 2016 年 6 月 6 日发布的《银行卡清算机构管理办法》。

② 地方政府规章。是由省（自治区、直辖市）、省和自治区政府所在市和经国务院批准

的较大的市的人民政府制定的规章。广东省人民政府 2017 年 6 月 8 日颁布的《广东省粤剧保护传承规定》（粤府令第 236 号）。

行政规章常用规定、办法、细则等文种发布。

（2）组织规章。组织规章是指对一个组织或团体的性质、宗旨、任务、组织原则、成员及其权利义务、机构及职权、活动及纪律等做出系统规定的规章。组织规章的常用文种是章程。例如，《中国共产党章程》。

（3）业务规章。一般是企业对专项业务的性质、内容、范围及其运作规范等做出系统规定的规章。业务规章的常用文种为章程。例如，《××有限公司章程》。

（4）一般规章。一般规章是各级各类机关、团体、企事业单位，为实施管理、规范工作和活动，在其职权内制发的规章。这类规章便是通常所说的内部规章制度。一般规章的常用文种有规定、办法、准则、细则、制度、规程、守则、规则等。例如，《××公司考勤管理办法》《××大学学生管理守则》。

（二）法规与规章的区别

1. 效力大小不同

行政法规从属于宪法和法律，具有强制执行的法律效力。违反法规就是违法行为，法院可以将之直接作为法律适用的依据。

规章一般只具有行政或相关组织的约束力，违反规章通常属违规行为，一般只受到相应的行政处罚或相关组织的批评教育。

如违反《中华人民共和国刑法》会受到法律制裁被判入狱，而违反《高校学生守则》会受到学校的纪律处分。

2. 制作主体不同

行政法规的作者有严格的限定，不是任何机关都能制定法规的。按照《中华人民共和国宪法》《中华人民共和国国务院组织法》《中华人民共和国地方各级人民代表大会和地方各级人民政府组织法》《行政法规制定程序条例》的规定，国家行政法规由国务院制定；地方性行政法规由省、自治区、直辖市人民代表大会及其常务委员会、省会所在市和经国务院批准的较大的市（一般为计划单列市）的人民代表大会制定；民族自治地方的人民代表大会则可制定自治条例等单行地方性法规。

规章的制定主体的范围十分广泛，但也有一定的规范性要求。国务院各部门、省（自治区、直辖市）、省会所在市及经国务院批准的较大的市的人民政府可制定行政规章；党的各级领导机关、民主党派、社会团体可制定组织规章；企业可制定业务规章；而所有的机关、团体、单位都可制定相应的一般规章。

规章使用文种较多，除规定、办法兼用作规章文种外，其他规章文种有章程、细则、制度、规则、规程、守则、准则等。

第二节　条　例

一、条例的含义、适用范围和特点

（一）条例的含义

条例是国家权力机关或行政机关依照政策和法令而制定并发布的，针对政治、经济、文化等各个领域内的某些具体事项而做出的，比较全面系统、具有长期执行效力的法规性文书。

条例是比较全面系统的、带有法规性质的规定。条例的规范对象较为重大，涉及面较广，且一般是作为法律的重要补充，是行政法规的主要形式，其内容较为全面系统。例如2017年通过的《中华人民共和国统计法实施条例》，分别就统计调查项目、统计调查的组织实施、统计资料的管理和公布、统计机构和统计人员、监督检查以及违反规定的处罚等，都做了详细的规定。

条例的制发机关主要是国家行政、权力机关，从现阶段使用情况看，主要是国家及省、直辖市、自治区两级，国家一级包括权力机关和行政机关，省（市、自治区）一级主要是权力机关使用，用以制定地方性法规。中央的职能部门有时也使用，但较少见。

（二）条例的适用范围

（1）施行法律条文。有些条例是作为实施法律的具体法则，如在《中华人民共和国合同法》颁布之前，《借款合同条例》《农副产品购销合同条例》《中华人民共和国经济合同仲裁条例》是对《中华人民共和国经济合同法》有关条款的实施提出的具体规则。这类条例是和有关法律配套使用的，其规范层次较高。

（2）制定管理规则。有些条例是某项工作的管理规则。如《化妆品卫生监督条例》《中华人民共和国审计条例》《中华人民共和国治安管理处罚条例》《社会团体登记管理条例》《兽药管理条例》《公共场所卫生管理条例》《楼堂馆所建设管理暂行条例》等，都是就某方面工作提出管理规则。

（3）确定职责权限。条例还用以制定某类组织或人员的任务、权利、职责，如《会计人员职权条例》。

（三）条例的特点

条例和其他法规性公文比较起来，有以下三个较为显著的特点。

（1）法规性强。作为典型的行政法规文种，其法规性强是十分明显的。我国的单行法规、地方性法规主要用条例行文。新中国成立初期，我国一些基本法规，如《刑法》《刑事诉讼法》，在尚未制定之前，都是用“条例”的形式先制定单行法规的。我国具体法律的制定过程，通常先以“条例”的形式发布，经过一段时间的实践，再以“法”的形式发布。可以说“条例”是一些法律试行阶段的主要形式。

（2）时效较长。条例既然是行政法规和地方性法规的主要形式，它就同时具有时效性较长的特点。

条例在法规性公文中，是规格最高的一种。它作为法律的重要补充形式，一般都是对一个时期内的规范对象加以规定。而对一些阶段性的，甚至是不很成熟的，则用其他法规形式。同时，在条例的条款设计中，应该考虑到它的这一特点，一些临时性条款不宜写入，更不能匆匆制定，不断更改。当调整对象消失或出现新情况时，条例就自然失效了。当然，这需要通过有关文件明令废止或宣布失效。

（3）制发严格。条例制发严格的特点主要表现在对适用范围的限制上。其他法规文件使用较为灵便，使用时限可长可短，而条例一般必须用于制定较为长期、较为全面的规范，主要用于较为重要的国家行政法规和地方行政法规。制发严格还表现在文种使用的限制上，虽然国务院的各部门、地方人民政府也可使用“条例”，但制定规章不得使用条例。此外，条例在制发程序上也较为严格，通常由权力机关批准，有关部门公布；或由权力机关直接通过公布，或由行政机关批准，有关部门公布；地方性法规用条例行文的，大多由地方权力机关制发，这是条例的权威性与有效性的重要保证。

二、条例的结构和写法

条例的结构由首部和正文组成。首部包括标题、签署等项目内容。正文，一般由依据、规定、说明这三层意思组成，一般分别称为总则、分则、附则。

（一）标题

条例标题大致有以下两种写法。

（1）由“规范范围+规范对象+条例”构成，例如《中华人民共和国种子管理条例》《中华人民共和国审计条例》《广东省计划生育条例》等，国家行政法规、地方行政法规及比较大型的条例均用这种写法。

（2）由“规范对象+条例”构成，例如《矿山安全监督条例》《借款合同条例》《行政法规制定程序条例》《楼堂馆所建设管理暂行条例》等。

条例的标题写法在法规文书中较有代表性，和行政公文的标题写法有所不同。一是标题中一般不出现制发机关，只显示范围和内容，单独印发，一般在题下再加注制发机关。二是一般不出现行政公文常用的“关于……的”这一介词结构。

（二）签署

所谓签署，实际上是在条例的标题下用括号标注的条例发布的机关，通过的时间、会议和公布的日期，施行的日期等。例如《宗教事务条例》已于 2017 年 6 月 14 日修订通过，现予公布，自 2018 年 2 月 1 日施行。

用命令、通知等文种予以发布的条例，条例本身不显示制发时间，以命令或通知的发文时间为准。

（三）正文

条例的正文由依据、规定和说明三部分构成。

1. 依据

一般在条例的开篇第一条写明制定的目的、依据。例如《城镇排水与污水处理条例》第一条："为了加强对城镇排水与污水处理的管理，保障城镇排水与污水处理设施安全运行，防治城镇水污染和内涝灾害，保障公民生命、财产安全和公共安全，保护环境，制定本条例。"

2. 规定

条例的规定是它的主体部分。适用范围不同，条款构成有所不同，条例常见两种构成方式：条文并列式结构和章断条连式结构。一般来说，篇幅较短、条款较少的用条文并列式结构，反之则用章断条连式结构。例如，2012 年 7 月 1 日正式施行的《党政机关公文处理工作条例》。

实施法律条文的条例，其内容因实施需要而确定，一般需要对原件条款、适用范围等加以具体化，如《借款合同条例》，分别对该条例的适用范围，合同订立和履行、变更和解除，违约责任和违法处理等均作了具体规定。这类条例，多数是原件有关条款的具体扩展，是实施原法律不可缺少的法规，故要写得具体明确，特别需要围绕实施内容来确定。

管理工作规则的条例，主要是提出一些管理原则、管理责任、管理内容及要求、方法，例如《广东省城市建设综合开发公司管理条例》，分别对城市建设开发公司的企业性质、宗旨、具备条件、审批程序及土地开发、房屋售价、周转资金、财务管理等做出了规定。

确定职责权限的条例，规范部分主要规定有关机构、组织或人员的职责、权限、任务、组织方式等。如《全民所有制工业企业职工代表大会条例》，具体规定了职工代表大会的职权、职工代表、组织制度、与工会的关系、车间和班组的民主管理等事项。

3. 说明

说明项是对施行该条例或有关事项的附带说明，说明的内容包括适用范围、词义解释、制定权、解释权、监督执行权、施行日期、废止有关文件等。这部分一般放在"附则"或最后几条列出。

计划生育制度的变迁

三、条例写作的注意事项

1. 明确法律依据

条例是国家法令政策的具体阐释和补充，本身也具有法令的权威性和严肃性。为此，必须明确条例的法律依据和界限。例如，《中华人民共和国人民币管理条例》的法律根据是《中华人民共和国中国人民银行法》。

2. 把握使用权限

条例使用有严格的限制。从现阶段来看，它是国家行政法规的最高形式，用以制定管理国家的各项行政工作的法规，地方人民政府（省级）也用以制定地方性法规。根据《行政法规制定程序条例》的规定，国务院各部门各地方人民政府制定的规章不得称"条例"，说明使用条例有严格的限制，用以规范较重大事项时才能使用。用来制定单方面规范或比较具体规范的，可以用其他法规文种。至于企事业单位和群众团体是不能使用"条例"的。常见有些企事业组织制定本单位的规章制度，用“条例”行文，例如“管理条例”“分房条例”等，这不仅是错用了文种，而且是极不规范，应该予以纠正。可以用“规定”或“办法”行文。

3. 条款周密

条例的条款必须周密。一方面，条款必须符合国家的有关法律、法令及有关方面的政策，不得与有关文件相抵触；另一方面，规范内容，必须完备，若条款有遗漏，留下空白点，执行起来易被人钻空子。此外，在条款的具体表述上也要做到周密，使条款表述得精密确切，无懈可击。

4. 体式规范

条例的严肃性与周密性还体现在体式的规范上。条例体式规范主要注意几个问题：一是标题的写作要符合规范。二是条例正文前不加主送机关，主体前不加“前言”，一律逐“条”排列，即不用“总分式”结构。三是章条标示要规范。

5. 要切实可行

制定条例要从实际出发。在制定某一方面的条例时，一定要进行深入细致的调查研究，通过调研，使所制定的条例符合实际，且切实可行。如《城镇排水与污水处理条例》。

暨南大学不再当“威尼斯分校”

中华人民共和国国务院令

第641号

《城镇排水与污水处理条例》已经2013年9月18日国务院第24次常务会议通过，现予公布，自2014年1月1日起施行。

总　理　李克强

2013年10月2日

城镇排水与污水处理条例

第一章　总　　则

第一条　为了加强对城镇排水与污水处理的管理，保障城镇排水与污水处理设施安全运行，防治城镇水污染和内涝灾害，保障公民生命、财产安全和公共安全，保护环境，制定本条例。

第二条　城镇排水与污水处理的规划，城镇排水与污水处理设施的建设、维护与保护，向城镇排水设施排水与污水处理，以及城镇内涝防治，适用本条例。

第三条　县级以上人民政府应当加强对城镇排水与污水处理工作的领导，并将城镇排水与污水处理工作纳入国民经济和社会发展规划。

第四条　城镇排水与污水处理应当遵循尊重自然、统筹规划、配套建设、保障安全、综合利用的原则。

第五条　国务院住房城乡建设主管部门指导监督全国城镇排水与污水处理工作。

县级以上地方人民政府城镇排水与污水处理主管部门（以下称城镇排水主管部门）负责本行政区域内城镇排水与污水处理的监督管理工作。

县级以上人民政府其他有关部门依照本条例和其他有关法律、法规的规定，在各自的职责范围内负责城镇排水与污水处理监督管理的相关工作。

第六条 国家鼓励采取特许经营、政府购买服务等多种形式，吸引社会资金参与投资、建设和运营城镇排水与污水处理设施。

县级以上人民政府鼓励、支持城镇排水与污水处理科学技术研究，推广应用先进适用的技术、工艺、设备和材料，促进污水的再生利用和污泥、雨水的资源化利用，提高城镇排水与污水处理能力。

第二章 规划与建设（略）

第三章 排 水（略）

第四章 污水处理（略）

第五章 设施维护与保护（略）

第六章 法律责任（略）

第七章 附 则

第五十八条 依照《中华人民共和国水污染防治法》的规定，排水户需要取得排污许可证的，由环境保护主管部门核发；违反《中华人民共和国水污染防治法》的规定排放污水的，由环境保护主管部门处罚。

第五十九条 本条例自2014年1月1日起施行。

第三节 规 定

一、规定的含义和特点

（一）规定的含义

规定是国家机关、社会团体和企事业单位为贯彻某政策、处理某种事项、开展某种工作或活动而提出原则要求、执行标准与实施措施的规范性公文。《行政法规制定程序条例》指出规定的作用是“对某一方面的行政工作作部分的规定”。

规定是规章文书中使用范围较广、使用频率较高的文种。它既是国家机关制定的一种重要的法规形式，作为对国家法律的重要补充，也是企业、事业单位作为制定内部规章的主要文种。

规定虽不如法令、条例涉及的事项那么重大，但也具有一定的权威性和法规性，具有较强的约束力，而且内容较细致，可操作性较强。规定可以是长期的，也可以是“暂行”的。

（二）规定的特点

规定主要有以下三个特点。

1. 使用广泛

规定是使用较为广泛的文种。国家机关可以使用，各类社会组织也可以使用。可以用于制定较长期的规范，也可以用于对阶段性工作做出限定；可以对重大事项做出规定，也可以用于一般性的内容；可以就某些事项做出全面的规定时使用，也可以对某些事项的某一点做出规定时使用，还可以在对某些条文作解释、补充时使用。

2. 制发灵便

规定的制发比较灵活方便。有时，可以用文件形式直接发布，也可以像其他法规性公文那样，作为附件，用通知发文公布。规定的规范对象可大可小，时效篇幅可长可短，使用者级别可高可低，因而它的制发较少受限制。

3. 较强的限定性

规定的制约和依据作用，主要表现在它用限定行为规范，制定办事准则及规范界限，对活动开展、事项管理、问题处置做出规定，因而其限定性比较强。国家机关制定的规定属于限制性法规文件，即多为解决“应该如何”和“不应该如何”的界限问题，特别是一些禁止性、限制性“规定”，其限定性特点尤为突出。

二、规定的结构和写法

规定的结构一般包括标题和正文。

（一）标题

规定的标题有以下三种常见的写法。

（1）发文机关、规范内容加“规定”，如“国务院关于行政区划管理的规定”。这种标题与行政公文标题写法一样，由发文机关、事由、文种构成，事由用介词结构“关于……的”来表述。这种写法较普遍。

（2）规范范围、规范内容加“规定”，如“广东省城镇园林绿化管理规定”。

（3）在“规定”前加某些修饰语。如“公安部关于城镇暂住人口管理的暂行规定”“××大学关于加强校园管理的若干规定”“关于高级专家退休问题的补充规定”。

（二）正文

规定的正文一般由依据（或发文的因由）、规定、说明三部分组成。不同类型的规定，其内容构成及具体写法也不尽相同。规定事项，是规定的主体部分，有的规定只由这一部分构成，它包括“规”与“定”两个方面，即原则规范要求和具体的约束措施。

1. 政策性规定

政策性规定着重于划分界限、明确范围、提出要求和惩处情况，解决“应当怎样”和“不应怎样”的问题。

2. 管理性规定

管理性规定侧重于规定管理原则、管理职责、质量标准、措施、办法、管理范围及要求。

3. 实施性规定

实施性规定，其写法和实施办法、实施细则大体类似。它侧重于对实施文件的有关事项做出规定，对原件条款做出解释，提出具体的实施意见。

4. 补充性规定

补充性规定主要就原件中某些提法不够明确、不够具体的方面加以明确，加以补充或解释，以便实施。

以上各类规定，因由和说明部分写法相似，因由部分一般写明制定依据，说明部分附带写明制定权、解释权和施行日期。

例如广东省人民政府 2017 年 5 月 8 日颁布的《广东省粤剧保护传承规定》（粤府令第 236 号）。

粤　剧

三、规定写作的注意事项

规定的写作除要遵循规章文书写作的一般要求外，还应注意以下两点。

1. 正确使用规定，避免滥用错用

规定的使用比较广泛，但在具体使用中还是有一定的限制的。按照国家行政法规制定的有关规定，凡对某一行政方面的工作做出部分的规定，可以用“规定”。也就是说，对某一行政工作作比较全面、系统的规定，不宜用“规定”行文，对某一行政工作做出具体详细的规定，也不宜用“规定”行文，这在选用文种时应加以注意。一般来说，凡用来制定一些单方面的规定性、政策性强的有关条款，都可以用“规定”，但必须注意它是侧重于规定性、制止性及政策性方面的。此外，对具体工作来说，有些临时性、阶段性的工作，则应用“通知”行文，有些局部性的、业务性强的，则应用“规则”“制度”一类文种行文。

2. 写法灵活规范

规定的写作，在结构安排上，篇幅较长的将整篇分若干章，再分条表述。篇幅不长的只分条表述，依次排列制定因由、规范条款和说明事项，这类写法最常用。而“补充规定”则一般无须分章、分条列出，也不求完整系统，只根据需要，有多少项就说多少项。有的规定还加前言，略摆情况，简述理由，申明意义。

中华人民共和国人力资源和社会保障部令

第 20 号

《社会保险费申报缴纳管理规定》已经人力资源社会保障部第 114 次部务会审议通过，现予公布，自 2013 年 11 月 1 日起施行。

部　长　尹蔚民

2013 年 9 月 26 日

社会保险费申报缴纳管理规定

第一章　总　则

第一条　为规范社会保险费的申报和缴纳管理工作，根据《中华人民共和国社会保险法》（以下简称社会保险法）、《社会保险费征缴暂行条例》，制定本规定。

第二条　用人单位进行缴费申报和社会保险经办机构征收社会保险费，适用本规定。

本规定所称社会保险费，是指由用人单位及其职工依法参加社会保险并缴纳的职工基本养老保险费、职工基本医疗保险费、工伤保险费、失业保险费和生育保险费。

第三条　社会保险经办机构负责社会保险缴费申报、核定等工作。

省、自治区、直辖市人民政府决定由社会保险经办机构征收社会保险费的，社会保险经办机构应当依法征收社会保险费。

社会保险经办机构负责征收的社会保险费，实行统一征收。

第二章　社会保险费申报（略）

第三章　社会保险费缴纳（略）

第四章　未按时足额缴纳社会保险费的处理（略）

第五章　法律责任（略）

第六章　附　则

第三十二条　社会保险费由税务机关征收的，社会保险经办机构应当及时将用人单位和职工应缴社会保险费数额提供给税务机关；税务机关应当及时向社会保险经办机构提供用人单位和职工的缴费情况。

社会保险经办机构应当按月将单位和个人缴纳失业保险费的情况提供给负责支付失业保险待遇的经办机构。

第三十三条　以个人身份参加社会保险的，社会保险费申报和缴纳办法另行规定。

第三十四条　本规定自2013年11月1日起施行。原劳动和社会保障部《社会保险费申报缴纳管理暂行办法》（劳动和社会保障部令第2号）同时废止。

第四节　办　法

一、办法的含义和特点

（一）办法的含义

办法，是党政机关和企事业单位为实施法规或开展管理工作的需要而制定的具体法则。《行政法规制定程序条例》规定：办法是“对某一项行政工作作比较具体的规定”。办法的制发机关一般是行政机关及其主管部门，但企事业单位也经常使用。

（二）办法的特点

与其他法规性的公文相比，办法主要有以下四个特点。

1. 普遍性

应用范围广泛，使用率高。无论是国家机关，还是企事业单位，都可以使用办法行文。办法可以用于指导实施国家的某一法律法规，亦可以用于企事业单位对某项工作做出具体的管理规定。如国家工商总局公布的《拍卖监督管理办法》。

2. 具体性

办法的条款要完整具体，不能抽象笼统。办法和条例、规定是比较近似的文种。它们都有法规性，分章列条的外部结构形式也比较接近。它们之间的区别主要体现为：条例的制作单位级别高，意义重大，内容全面系统。规定的制作单位级别没有条例那么高，内容比较局部化，方法、步骤、措施比较详细。而办法由分管某方面工作的职能部门做出，内容更为具体。

3. 实践性

办法的涉及面一般比条例和规定窄，其内容都是贴近于工作实践的方法、步骤和措施，带有很强的实践性特点；同时，不少办法属于实践探索阶段的产物，成熟程度比较低，其现实效用多是指导实践、规范某项工作。

有些管理办法，是针对某方面的工作尚无条文可依的情况而制作的，这种管理办法带有一定的试行性，称为“试行办法”。它们往往是作为制定条例、规定的试行文件发布的。

4. 依附性

相当一部分国家行政机关发布的办法，是为贯彻落实某一法律法规而制定的，是法律法规的派生物。例如，《广东省公务员录用办法（试行）》是根据《中华人民共和国公务员法》和《公务员录用规定（试行）》，结合本省实际制定的办法，可见其对法律的依附性十分明显。

二、办法的结构和写法

办法的写作和条例、规定及后面述及的细则在结构上大体相同，但在内容构成和条文表述上，它比条例、规定要具体些，但又比不上细则来得细致。办法有两种类型：实施办法和管理办法。其写法有较大的差异，下面分别加以介绍。

（一）实施办法

实施办法一般依附于某个行政法规性文件，并对其提出具体实施办法，例如2016年2月发布的《广东省委巡视工作实施办法》，该办法第一条指出：“为落实全面从严治党要求，加强党内监督，规范巡视工作，根据《中国共产党章程》《中国共产党巡视工作条例》，结合我省实际，制定本办法。”这类办法一般要结合实际，写得比较详细。

1. 标题

实施办法的标题一般由规范对象加“实施办法”构成，例如《生猪、鲜蛋、菜牛、菜羊、家禽购销合同实施办法》。也有不显示“实施”二字的，如《婚姻登记办法》。此文是民政部为实施《中华人民共和国婚姻法》而发布的，实际上也是实施办法。这类标题写法，往往只就原件的某方面提出实施意见，其内容范围比原件窄。第二种标题写法是由施行区域（单位）、规范对象加“实施办法”构成，如《广东省科学技术进步奖励实施办法》。原件明令由下级机关或有关部门另行制定实施办法的，都用这种标题。第三种标题写法是由原件标题加“实施办法”构成，如《中华人民共和国学位条例暂行实施办法》。和原件同时产生、对原件全面实施的办法，用这种标题。

2. 正文

实施办法的正文写法与规定相近，一般由依据、规定和说明三大部分组成。

（二）管理办法

管理办法是根据管理需要制定的工作规范，内容相对要概括一些，写法上近似于条例和规定。

1. 标题

管理办法的标题常有两种写法：一是规范范围、规范对象加“办法”构成，如《国家行政机关公文处理办法》。二是规范范围、对象、文种修饰语加“办法”构成，如《广东省音乐茶座管理暂行办法》。

管理办法标题的撰写，有时要选择好“办法”的修饰语。使用较多的是“管理办法”和“暂（试）行办法”。对于“管理办法”，有时也应根据规范内容加以变化，如“奖励办法”“处理办法”“征收办法”，这时如再加“管理”反显累赘。至于“暂（试）行办法”，也不宜滥用，因“办法”的实践性很强。不久将有比较完善或其他同类法规出台的，可以加“暂行”二字，否则没有意义。

2. 正文

管理办法的正文写法与实施办法相似，一般由根据、规定和说明三部分组成。如广东省清远市人民政府颁布的《清远鸡地理标志产品保护管理办法》。

中国哪个省的人最会吃鸡？广东位居第一，消费总量惊人

三、办法写作的注意事项

（一）明确两类办法的不同写法

实施办法依附性强，要围绕所依托的相关法规原件来写作，着重对原件实施提出具体意见，多是诠释、说明有关条款，或结合实施范围的实际情况补充一些条款。要求写得比较具体，不求全面系统，只为指导实施。

管理办法多为独立行文，一般比较全面，往往就管理的范围、原则、规范、责任和施行要求做出规定。要求写得比较系统周全，针对管理对象制定条款。

（二）条款具体明确，切实可行

不论是实施办法还是管理办法，其条款都要订得具体明确，切实可行。特别是规范项目，应对概念、范围、措施、方法、界限、要求做出具体的规定与表述，不能含糊笼统。

（三）结构严谨、清晰、合理

办法的写作，根据篇幅长短、内容多少而确定结构方式。若内容比较丰富，则将规范内容适当分章，每章再冠以章目。如果内容不多，则可以用分条结构，一般按照先引出依据，后列规定，再说明有关情况的顺序，依次编条排列。不论用哪一种方式，都要较好地反映内容之间的联系，方便阅读、引述和检索。

国务院办公厅关于印发“菜篮子”市长负责制考核办法的通知

国办发〔2017〕1号

各省、自治区、直辖市人民政府，国务院各部委、各直属机构：

《“菜篮子”市长负责制考核办法》已经国务院同意，现印发给你们，请认真贯彻执行。

国务院办公厅

2017年1月3日

（此件公开发布）

“菜篮子”市长负责制考核办法

第一条 为强化“菜篮子”市长负责制，全面加强“菜篮子”工程建设，根据党中央、国务院有关文件规定，制定本办法。

第二条 考核工作坚持重点考核与全面推进相结合、自评自查与综合评定相结合、过程监管与结果考评相结合、定量评价与定性评估相结合的原则。

第三条 由农业部牵头，会同国家发展改革委、财政部、国土资源部、环境保护部、交通运输部、商务部、国家卫生计生委、工商总局、食品药品监管总局、银监会、证监会、保监会等“菜篮子”食品管理部际联席会议（以下简称联席会议）其他成员单位，负责考核直辖市、计划单列市和省会城市等36个城市“菜篮子”市长负责制落实情况。

第四条 考核内容包括“菜篮子”产品生产能力、市场流通能力、质量安全监管能力、调控保障能力和市民满意度五个方面。生产能力考核蔬菜播种面积、产量和肉类产量等；市场流通能力考核批发市场规划布局、建设和零售网点密度等；质量安全监管能力考核“菜篮子”产品质量安全监管情况、质量安全水平和追溯体系建设等；调控保障能力考核“菜篮子”工程调控政策、价格涨幅、储备制度建设、管理体系建设、信息监测预警与发布平台建设等；市民满意度考核市民对“菜篮子”工程建设的满意程度。

第五条 考核工作每两年开展一次。考核采用评分制，满分为100分。考核结果分为4个等级，得分90分以上为优秀，75分以上90分以下为良好，60分以上75分以下为合格，60分以下为不合格（以上包括本数，以下不包括本数）。考核期内发生“菜篮子”产品质量安全突发事件的，考核结果为不合格。

第六条 考核采取以下步骤：

（一）自我评价。各直辖市、计划单列市和省会城市对考核期内“菜篮子”市长负责制落实情况进行全面总结和自评，形成自查报告，于次年5月底前按程序报送农业部。

（二）初步评定。联席会议对自查报告进行评估，并结合日常监督检查情况，形成初评报告。

（三）抽查考核。联席会议按照20%的比例确定抽查城市，并组成若干工作组，进行实地考核，形成抽查考核报告。

（四）综合评定。联席会议对初评报告和抽查考核报告进行审议，确定考核结果等级，形成综合考核报告，于7月底前由农业部向国务院报告。

（五）结果反馈。考核结果由农业部向各省（区、市）人民政府反馈，并抄送中央组织部。

第七条　考核结果作为市政府主要负责人和领导班子政绩考核的内容之一。对连续两次考核结果为优秀的城市，给予通报表扬。考核结果为不合格的城市，要提出限期整改措施。

第八条　被考核城市要对所提供的有关文件和资料的真实性负责。对在考核中弄虚作假的城市，经调查核实后取消考核成绩并在全国范围内通报批评，对直接责任人依法依规追究责任。

第九条　农业部会同联席会议其他成员单位根据本办法，制定实施细则，进一步明确各项考核指标计算方法和评分标准，细化考核流程和要求，确保考核工作公平公正。

第十条　各省（区）人民政府参照本办法，结合当地实际制定考核办法，负责考核本行政区域内其他地级城市"菜篮子"市长负责制落实情况。

第十一条　本办法自印发之日起施行。

第五节　细　　则

一、细则的含义和特点

（一）细则的含义

细则，是机关单位及主管部门为实施有关法规或管理工作而制定的详细法则。

党政机关及其部门、企事业单位均可使用细则。党政机关常用细则对有关法规规章加以具体化，称为实施细则；行业或企事业单位较多使用的是工作细则。

细则可分为实施法规细则和管理工作细则两大类。前者更为多见，它包括整体性实施细则、部分性实施细则和地方性实施细则三类。整体性实施细则如《中华人民共和国居民身份证条例实施细则》。部分性实施细则如《旅行社条例实施细则》，部分性实施细则的正文，只针对法规文件的某一部分条款提出实施意见，能够分章，也能够分条排列。地方性实施细则如《重庆市会计基础工作规范实施细则》。

实施法规细则的成文依据和办法相同，即主要是为实施法规规章，对原文件提出具体详尽的实施意见，这类细则依附性强，不能离开实施对象而任意发挥。而管理工作细则是各种组织为管理某项具体工作而提出的详细法则，是根据管理需要而制定的指导性条文，用以约束有关单位和人员。

细则行文的目的因使用情况的不同而有所不同。实施行政法规的细则，其行文目的是便于贯彻实施，而对原条文进行必要的解释、补充，并结合本地区、本部门的实际情况提出实施意见。而管理工作的细则，则是为了使管理工作规范化、标准化、程序化，而制定的详尽具体的法则。

电子身份证标识将载入手机卡

（二）细则的特点

（1）派生性。大多数的实施细则不是一种独立存在的法规性文书，它必须以某一法律法规或规定规章等为前提，是某一法律法规、规定规章的派生物。如《中华人民共和国水污染防治法实施细则》是根据《中华人民共和国水污染防治法》派生制定出的。这类细则只能是对原依托的法规作补充、阐释和细节，使之更详尽、周密和具体，而不能超出原依托的法规的内容范围，更不能自行其是，另立法规。如《中华人民共和国义务教育法实施细则》第一章总则的第一条："根据中华人民共和国义务教育法（以下简称义务教育法）第十七条的规定，制定本细则。"

（2）详细性。细则，顾名思义，就是详细法则。其条文表述往往比较详尽、细致，以对某个法规或管理工作的适用范围，某些条文的具体含义，某些规定或管理工作的实施要求一一做出注解。凡是实施过程中可能出现的疑难、争议或特殊情形都应加以具体说明，以方便实施。例如，广东省教育厅、广东省军区政治部发布的《关于军人子女教育优待办法的实施细则》第三条说："本细则所称……（三）'高风险、高危害岗位'是指飞行、潜艇、航天、涉核等高风险、高危害岗位。"如此，文中属于模糊概念的"高风险、高危害岗位"，经细则解释后，变得清晰明确了。细则是对实施法规或管理工作的具体解释和补充，对地方及基层单位工作有指导性和应用价值。细则还要对原文抽象的地方进行阐述解释，便于操作执行。

（3）解释性。细则要对原法律、法规的重要词语、规定事项给以阐释，使其含义更明确、具体，更具有可行性。

（4）补充性。细则还要对原文不够详尽的地方进行补充。

二、细则的结构和写法

（一）细则与条例、规定、办法写作的比较

细则虽然在使用和写法上和其他法规性公文有些相似，但细加比较，还是有其显著的写作特点的。细则的写作和条例、规定比较起来，有三点不同：一是条文写法不同。条例、规定写得比较概括，一般是对规范内容做出原则性的规定，突出依据性、指导性；而细则较多的是对条文或工作规范做出详细解释，突出其操作性、说明性。二是行文依附、依据不同。条例、规定也有为实施法律法规而行文的，但使用情况不多，大多是独立行文的，没有依附性；而细则则较多的是为实施文件而行文的，有依附性，有人据此将细则直接称为"实施细则"。三是制发机关不同。条例、规定大多是一级机关制发；而细则较多是业务部门或下级机关为实施上级法规而制定的。

细则和办法比较接近，其使用范围和制发机关大致相同，写法也与"实施办法"的写法大体相似。但两者还是有所区别，表现在：办法既用于实施文件，也用于制定管理办法，且

后一种办法还为数不少；而细则主要为实施法规性文件，用于制定一般工作细则的较少。细则内容上更详细一些，且有些实施细则是对实施办法的细则化和地方化，对原文件做出更加具体的解释和规定。细则在条文表述上侧重于对界限范围的划分和对概念、措施的解释；办法则侧重于对措施、步骤、程序、要求等方面做出规定。

（二）细则的结构和写法

细则，主要是对法令、条例、规定、办法提出实施意见。由于与实施原件的内容关系不同，细则的写法也不大一样。

1. 整体性实施细则

整体性实施细则，其结构写法和其他法规性公文略有不同。

（1）标题。整体性实施细则的标题格式为："实施法规标题+实施细则"。如《中华人民共和国居民身份证条例实施细则》。

（2）正文。正文，内容为对有关法规文件做出全面的、详尽的实施意见，一般由三部分组成，即行文依据、具体细则、施行日期。

2. 部分性实施细则

部分性实施细则，其结构内容和整体性与实施细则大致相近，具体写法略有区别。

（1）标题。实施法规文件标题不出现，而是将实施部分的内容范围写入标题，其格式一般为："内容范围+实施细则"。如《教育部信访工作责任制实施细则》。

（2）正文。部分性实施的细则，其正文只针对法规文件的某一部分条款提出实施意见，可以分章，也可以只分条排列。

3. 地方性实施细则

地方性实施细则需要结合本区域或本单位实际提出实施意见，其写法与前两种实施细则略有不同。

（1）标题。地方性实施细则标题格式为："实施区域范围+实施内容+实施细则"。如《广东省婚姻登记办法实施细则》《广东省城镇土地使用税实施细则》。

（2）正文。地方性实施细则，其正文内容皆与本区域或本单位的实际相关，由行文依据、具体细则、施行日期三部分组成。

三、细则写作的注意事项要求

（一）内容详尽、具体

细则要对原法律、法规、规定等的重要词语、规定事项给以详细阐释，使其含义更明确、具体。

（二）结构严谨周密

细则作为法律、法规、规定、规章等的派生物，是对原文的补充、阐释和细节化，使相关法律和法规更详尽、具体。但不能超出原法律、法规、规定、规章的内容范围，更不能自行其事，另立法规。因此，细则行文必须严谨周密。

（三）语言简练明确

细则具有可行性，是对原法律、法规、规定等的详细阐释和补充，使模糊概念，经细则解释后，变得清晰、明确。因此，细则语言必须简练明确，便于理解和操作执行。

教育部信访工作责任制实施细则

（中华人民共和国教育部2017年9月22日以教办〔2017〕7号发布，
自2017年9月22日起施行）

第一章 总 则

第一条 为进一步落实教育部内司局、直属事业单位、部属高等学校及其领导干部、工作人员信访工作责任，从源头上预防和减少信访问题发生，推动信访问题及时就地解决，依法维护群众合法权益，促进社会和谐稳定和教育事业健康发展，根据中共中央办公厅、国务院办公厅印发的《信访工作责任制实施办法》，结合教育信访工作实际，制定本实施细则。

第二条 本细则适用于教育部内司局、直属事业单位、部属高等学校。各省（区、市）教育厅（教委）、各计划单列市教育局、新疆生产建设兵团教育局参照执行。

第三条 落实教育部信访工作责任制，以邓小平理论、“三个代表”重要思想、科学发展观为指导，深入贯彻习近平总书记系列重要讲话精神，按照“属地管理、分级负责，谁主管、谁负责，依法、及时、就地解决问题与疏导教育相结合”的工作原则，综合运用督查、考核、惩戒等措施，依法规范信访工作职责，依法分类处理信访诉求，把信访突出问题处理好，把群众合理合法利益诉求解决好，确保中央关于信访工作决策部署贯彻落实。

第二章 责任内容（略）

第三章 督查考核（略）

第四章 责任追究（略）

第五章 附 则

第二十条 本细则由教育部办公厅负责解释。

第二十一条 本细则自印发之日起施行。此前发布的有关信访工作责任制的规定，凡与本细则不一致的，按照本细则执行。

第六节 章 程

一、章程的含义和特点

（一）章程的含义

章程是有条理、有程式的规章，是政党、团体、企业等社会组织对本组织的性质、宗旨、任务、组织机构、组织成员、活动规则或企业的权利、义务、经济性质、业务范围和规模、活动制度以及就某项业务所制定的准则和规范。它是这一组织（或业务）的纲领性文件，具有行业（或业务）的规范性和组织约束力。该组织全体成员（或该项业务人员）必须遵守，照“章”行事，如果违反章程规定，要受到相应处理。

章程的主要类别有组织章程、规范章程和企业章程三种。

组织章程主要用于制定团体组织的组织准则和成员的行为规范。这类章程具体规定组织的性质、宗旨、任务、组织原则、机构设置、任务职责、成员资格、权利、义务、纪律、经费来源及使用等。如《中国共产党章程》《中国作家协会章程》《××公司章程》《××基金会章程》。

规范章程主要用于制定某项活动的准则或某些事项的治理依据。主要用以明确标准做法、具体原则要求，或确定某项活动的宗旨、程序、安排、要求等。如《少年儿童业余体育学校章程》《×××奖学金章程》等。

企业章程主要用于规范合资企业的经济活动与管理活动。国内独资企业（包括国有、集体和个体），一般不制定这类章程。章程功能及使用要求在《中华人民共和国中外合资经营企业法》和《中华人民共和国中外合资经营企业法实施条例》的有关条款中有详细表述。

（二）章程的特点

（1）法定性。凡是组织社团的成立，都必须依据相关法律制定组织章程。如《中国作家协会章程》第一章总则第三条：“中国作家协会的一切活动以中华人民共和国宪法为根本准则，遵守国家的各项法律、法规，依照章程独立自主开展工作。”根据国家有关方面的规定，申报成立团体组织，必须同时上报该组织的章程草案，以便主管部门和社团登记部门全面了解组织的性质和宗旨。章程一定要通过合法的程序制定，才能要求属下所有组织和成员认可，才能要求所有的组织和成员遵守。通常是成立起草小组拟出草案征求意见，最后由该组织的最高级会议——代表大会通过，成为正式章程。组织、团体一旦获准成立，首先应审定通过章程，用以约束全体成员，并作为组织一切活动的准则。

（2）纲领性。章程规定一个组织的组织规程和办事规则，具有纲领的性质。它属下所有组织和成员都得承认，共同遵守。组织规程是该组织的最高准则，该组织的一切活动都必须遵循这个章程，体现这个章程的基本精神。

（3）稳定性。稳定性是指每一个组织的章程都是规定某一组织性质、宗旨和行动指南的文书，是经过全体成员或代表大会的认真调查、讨论、研究、反复修改的基础上制定出来的。一旦公布，就具有相对的稳定性，不能随意修改。

（4）广泛性。章程主要用于制定组织规程，使用相当广泛，除用于制定组织规程外，还用于规定社会团体的性质、任务、某项活动的原则。章程还是涉外法律文书之一。中外合资企业用其规定该企业的宗旨、组织原则、经营范围、经营管理方法等，是约束该企业投资各方的规范性文件。

（5）自治性。章程是一个组织行动的纲领，该组织所从事的活动，必须严格按章程办事，组织成员的思想、言行，必须严格遵守章程规定的有关原则，不能有任何的随意性。章程作为一种行为规范，不是由国家而是由组织依法自行制定的，是一种法律以外的行为规范，由组织自己来执行，无须国家强制力来保证实施。章程作为组织内部规章，其效力一般仅涉及组织和相关当事人，而不具有普遍的约束力。

二、章程的结构和写法

章程的结构由标题和正文（总则、分则和附则）构成。

（一）标题

一般由组织、活动、事项、单位或团体的全称加“章程”两字构成。大多数章程都在标题下面注明此章程通过的时间和会议名称等。例如，《中国建筑业协会章程》（中国建筑业协会第六次会员代表大会修改，2015 年 7 月 21 日通过）。再如，《中国计划生育协会章程》（2016 年 5 月 20 日中国计划生育协会第八次全国会员代表大会修改通过）。如果是尚未经代表大会通过的章程，一般在标题末尾加上“草案”字样。例如，《中国体操协会章程（草案）》。

（二）正文

正文为章程的主体。正文的内容包括总则、分则、附则三部分。下面主要介绍组织章程和企业章程正文的总则、分则和附则的写作要点。

（1）总则。一般来说，组织章程总则部分要准确、简明、庄重地阐明该组织的名称、性质、宗旨、任务、指导思想和组织本身建设的要求等内容。总则是章程的纲领，对全文起统率作用。有些党派团体的章程采用“序条式”写法，将总则部分作为总纲，不分章条而独立于分则各章之前，如《中国共产党章程》。企业章程兼有组织章程与业务章程的性质，所以，总则部分一般要写明企业名称、宗旨、经济性质、隶属关系、业务范围等。业务章程总则部分一般要写明业务内容、范围、服务对象、办理机构等。

（2）分则。组织章程分则部分一般需写明以下内容：①组织人员：参加条件，参加手续和程序，承担义务和享受的权利，对成员的纪律规定等。②组织机构：领导机构、常务机构和办事机构的设置、规模、产生方式和程序、任期、职责、相互关系等。③组织经费：来源和管理方式。④组织活动：内容和方式。⑤其他事宜：视不同组织、团体的需要而确定。企业章程分则部分主要需写明资本、组织、人事管理、资产管理、利润分配等内容。业务章程分则部分需逐条写明该项业务的办理及运作程序的规定等。

（3）附则。附则是主体部分的补充，主要说明解释权、修订权、实施要求、生效日期，本章程与其他法规、规章的关系及其他未尽事项等。对于组织章程还需说明办事机构地址或对下属组织的要求等内容。企业、业务章程则一般写公布施行与修改补充等问题。有一些章程不写附则，例如《中国共产党章程》。

三、章程写作的注意事项

（1）制定要合法。章程作为组织的纲领性文件，其制定程序应合法规范。一般先以草案形式发予各会员征求意见，在此基础上再经企业最高级会议（如会员大会、会员代表大会）审议通过。

（2）使用要规范。章程使用较为广泛，但具体使用必须规范。就现阶段来看，用于制定组织规程、企业章程及业务性质的章程较多。但也常见一些规范性文件，本该用其他文种，如规定、办法、规则来行文的，却往往用了章程，造成滥用、误用章程的情况。

章程主要用于制定组织准则。用来制定单位某方面的规范时，如果其内容比较单一，而时效又比较短，则应该用其他规范性文件行文。如果是合资企业的章程，则必须在充分协商，条款内容经过反复讨论，成熟后才使用；一般先由合资各方以签署“意向书”“会谈纪要”的形式发布，再经各方深入细致的磋商，取得共识，且经有关部门审核后，才在“意向书”或“协议书”的基础上以章程的形式成文。未经充分协商或条件不成熟的，都不宜成文。

（3）结构要严谨。章程结构要合乎规范写法。格式规范、结构严谨的章程有助于维护其严肃性。

（4）条款要简短单一。章程，除一些大型团体组织规程内容比较丰富，条款可以相对长些外，一般条款要写得简短些。最常见的错误是在写作组织宗旨、任务时，将一般性的内容大段列入，显得文字烦冗。若一般性原则写得过多，指导性、操作性又较差，更不便于记忆。只有每条内容表述一个完整独立的意思，才便于执行。此外，还要注意对团体组织及其成员意愿的准确把握。

（5）注意章程与简章的区别。简章，通常是对某项工作、某一事项的办理原则、要求、方式、方法做出规定的文书，内容只是有针对性地说明办事程序，在性质上更接近于“规定”和“办法”，例如，《××市市级机关招收公务人员简章》《××大学招生简章》等，而章程在适用范围上和写法上均明显不同。

中国共产党章程

（中国共产党第十九次全国代表大会部分修改，2017 年 10 月 24 日通过）

总　　纲

中国共产党是中国工人阶级的先锋队，同时是中国人民和中华民族的先锋队，是中国特色社会主义事业的领导核心，代表中国先进生产力的发展要求，代表中国先进文化的前进方向，代表中国最广大人民的根本利益。党的最高理想和最终目标是实现共产主义。（略）

第一章　党　　员

第一条　年满十八岁的中国工人、农民、军人、知识分子和其他社会阶层的先进分子，承认党的纲领和章程，愿意参加党的一个组织并在其中积极工作、执行党的决议和按期交纳党费的，可以申请加入中国共产党。

第二条　中国共产党党员是中国工人阶级的有共产主义觉悟的先锋战士。

中国共产党党员必须全心全意为人民服务，不惜牺牲个人的一切，为实现共产主义奋斗终身。

中国共产党党员永远是劳动人民的普通一员。除了法律和政策规定范围内的个人利益和工作职权以外，所有共产党员都不得谋求任何私利和特权。

第三条　党员必须履行下列义务：（略）

第二章　党的组织制度（略）

第十六条　有关全国性的重大政策问题，只有党中央有权作出决定，各部门、各地方的党组织可以向中央提出建议，但不得擅自作出决定和对外发表主张。

党的下级组织必须坚决执行上级组织的决定。下级组织如果认为上级组织的决定不符合本地区、本部门的实际情况，可以请求改变；如果上级组织坚持原决定，下级组织必须执行，并不得公开发表不同意见，但有权向再上一级组织报告。

党的各级组织的报刊和其他宣传工具，必须宣传党的路线、方针、政策和决议。（略）

第七节　规则与守则

一、规则

（一）规则的含义和特点

1. 规则的含义

规则是国家机关、社会团体、企事业单位对某一事务或活动的行为准则做出具体规定的规章性文书。它是各种组织为保证某项活动或工作能够顺利开展，或达到某种目标，对人们的行为方式、方法规定出的必须共同遵循的准则。

规则和守则、制度都属于规章类公务文书，与前面的章程、办法、细则等法规性文书相比，规则的档次要低一些，它只适用于对一定范围内的某一具体管理工作，或某一公务活动进行规范，以保证该项工作和活动的顺利进行。如学校制定的有《考试规则》，公安部门制定的有《交通规则》，图书馆制定的有《图书借阅规则》。

2. 规则的特点

（1）专门性。规则的内容所适用的范围一般比较小，通常是专门就某一项具体工作或活动而制定的。例如《安全生产规则》。

（2）具体性。规则的内容往往涉及具体工作的方方面面，条款比较具体、细致，无须再制定细则来做解释、补充。规则的内容不得有疏忽和遗漏之处，以免在一些具体的环节上无规可依。

（3）约束性。规则在特定范围内具有一定的约束力，相关人员应该严格遵循。规则涉及的事项不如法规性公文那样重大，但在一些具体工作或公务活动中，如果没有相应的规则，工作和活动就无法正常开展。

（二）规则的结构和写法

规则的结构由标题、签署、正文三部分组成。

1. 标题

标题通常包括发文机关、事由和文种（规则）三要素。但很多规则的标题中省略发文机关。因此，规则的标题有以下两种形式。

（1）由发文机关、基本事项、文种组成，如《××企业安全生产规则》《××股份有限公司对控股子公司管理规则》《广州地铁乘坐规则》。

（2）由事由和文种组成，如《安全生产规则》。有时可以在文种前加“试行”二字，也可以在标题后加括号标明“试行”。例如，《上海市劳动人事争议仲裁庭旁听规则（试行）》（上海市人力资源和社会保障局2013年2月27日发布）。

2. 签署

许多规则在其标题下方用括号注明规则制发的机关和时间，称为签署。有的可放置于文章末尾。

3. 正文

（1）分章列条式写法。这种写法与规定、办法等文种相近，适用于内容复杂的规则，一般也分为总则、分则、附则三大部分，总则为第一章，分则有若干章，附则为最后一章。各章分若干条。

（2）通篇分条式写法。这种写法直接分条，适用于内容比较简单的规则，如《考试规则》《游览规则》等。

（3）引言加条款式写法。与通篇分条式写法比较相似，只是在正文开头有一段没有列入条款的引言，一般用来交代根据、目的或意义。

广州坐地铁问答

二、守则

（一）守则的含义和特点

1. 守则的含义

守则是党政机关、人民团体、企事业单位为了维护公共利益而制发的，要求本单位或本系统人员自觉遵守的道德规范与行为准则。与规则相似，其所涉及的内容一般是局部的或单一的，例如《值班人员守则》《考试巡视员守则》。

守则对其所涉及的成员有约束作用，但守则从整体上说属于职业道德范畴，不是法律法规，不具有强制力和法律效应。不遵守守则，可能并不违法，但至少是违背了道德准则，会受到人们的批评和谴责。它旨在培养成员按道德规范办事的自觉性，对本系统、本单位、本部门的工作、学习、生活能起到一定的保证、督促作用。

2. 守则的特点

（1）针对性。守则通常针对本单位人员的具体情况及其工作制定，具有很强的针对性。

（2）原则性。守则的内容一般以原则性阐述为主，而较少涉及具体要求。它主要在指导思想、道德规范、工作和学习态度等方面，提出基本原则，一般不过多提出具体事项和措施。

（3）约束性。守则是用来规范人的道德、约束人的行为的。通常在一个组织内部的每一个人都要熟悉守则和遵守守则。它虽然不具有法律效力，也没有明显的强制性，但对有关人员的教育作用和约束作用还是很明显的。

（二）守则的结构和写法

守则的写法与规则相似，一般由标题、签署和正文三部分构成。两者不同之处是守则侧重制约人，例如《考试巡视员守则》；规则侧重制约工作、事项、行为，例如《报刊阅览规则》。

1. 标题

守则的标题由发文机关、规范对象（或事由）和文种（守则）组成，有时可省去发文机关和规范对象（或事由），但很多规则的标题中省略发文机关。守则的标题一般有以下两种形式。

（1）由发文机关、规范对象、文种组成，如《××公司员工守则》。

（2）由规范对象和文种组成，如《学生守则》。

2. 签署

内容比较重大的守则一般都有签署。它是在标题下方用括号注明守则制发的年、月、日和会议，或通过的会议、时间及发布的机关、时间；或批准的机关、时间等，如《粮油安全储存守则》（2016年10月20日国家粮食局发布）。有的签署放在正文末尾。

3. 正文

正文内容简单的可直接用条文式结构，内容较多的一般由总则、分则和附则组成，即依据、规定、说明三个层次组成。

（1）总则。总则交代制定的缘由、依据、指导思想、适用原则和范围等。如《广东省人事系统出国（境）培训人员守则》：为规范我省人事系统出国（境）培训人员的行为，执行培训计划，完成培训任务，确保出国（境）培训人员安全，根据《中华人民共和国公务员法》和国务院《涉外人员守则》等有关法律法规，结合本省实际制定本守则。

（2）分则。分则是守则中的各条规定，写具体内容，包括具体方法、措施、处罚手段等，是守则的主体部分，要将具体内容和措施依次逐条写清楚。

（3）附则结语或附则。结束语常用以说明规则的适用范围、实施日期、要求、解释权等。如《全国人民代表大会常务委员会组成人员守则》（1993年7月2日第八届全国人民代表大会常务委员会第二次会议通过）附则第十七条："本守则自通过之日起施行。"

三、规则与守则的写作要求

（1）内容条款具体完整，便于操作、执行。

（2）语言准确、朴实、简明，便于理解和记忆。

（3）规则的写作，要以有关法令为根据，内容要具体明确，简洁易行。

（4）守则的篇幅一般都比较短小，内容涉及有关成员应该遵循的基本原则和规范。撰写守则要注意条目完整、逻辑严谨。

四、参考例文

（一）规则例文

关于印发《广东省农业厅党组议事规则》的通知

粤农办〔2017〕331号

省畜牧兽医局，各处室、事业单位：

《广东省农业厅党组议事规则》经厅党组研究修订，现予印发，请贯彻执行。

广东省农业厅办公室
2017年6月16日

广东省农业厅党组议事规则

为进一步健全我厅集体领导制度和民主集中制，充分发挥厅党组的领导核心作用，提高决策的科学化、民主化、规范化水平，根据《中国共产党党组工作条例（试行）》等有关规定，结合我厅实际，制定本规则。

一、议事范围

党组议事内容目录实行清单管理。党组对议事内容目录清单进行动态管理，可根据党内法规和工作需要，对议事内容目录清单适时进行调整完善。下列事项中，需要提交党组会议议事决策的，提交党组会议审议：

（一）传达学习事项

1. 传达学习党中央、国务院、省委、省政府及上级业务部门的各项方针、政策、工作部署以及重要会议、文件、指示精神，研究提出贯彻落实意见。

2. 研究党组民主生活会有关事项及党组中心组学习计划。

（二）重大决策事项

1. 研究有关农业农村工作全局性的全省性会议、重要政策性文件及体制机制改革方面的重大事项。

2. 研究党组呈报省委、省政府和农业部等上级机关的重要工作请示、报告，以及对省委、省政府重要文件征求意见稿的意见或建议。

3. 研究本厅制定的规范性文件和牵头起草的法规、规章（草案）。

4. 研究部署年度和阶段性重点工作。

5. 研究年度部门预算和决算有关事项。

6. 研究厅机关党建、党风廉政建设和反腐败工作、领导班子建设等有关事项。

7. 研究厅内设机构设置、人员编制调整以及领导班子成员分工、内设机构定员及职能任务分工。

8. 其他需要厅党组集体讨论决定的重要事项。

（三）重要人事任免

1. 厅机关及事业单位干部动议、推荐、考察、公开选拔、竞争上岗、任免以及调整、调动、考核、奖惩、外派工作等事项。

2. 省管干部人选推荐。

3. 厅机关公务员考录（含参照公务员法管理事业单位工作人员）、厅属事业单位在编工作人员招聘。

4. 党代表、人大代表、政协委员候选人推荐。

5. 研究提出对厅处室、事业单位贯彻执行中央和省委、省政府决策部署不力时的有关问责意见。

6. 其他需要集体研究决定的干部管理事项。

（四）重大经济事项

1. 中央和省级财政专项资金安排计划。

2. 重大工程建设项目。

3. 大宗固定资产处置。

4. 其他需要集体研究决定的重大事项。

（五）厅大额资金支出事项

1. 除（四）外的100万元（含）以上的资金支出方案。

2. 调整预算支出100万元（含）以上的资金使用方案。

3. 其他需要集体研究决定的大额资金运作。

（六）其他应当由党组讨论和决定的重要事项

二、议事原则

一是坚持维护中央和省委权威、维护全局的原则；二是坚持解放思想、实事求是的原则；三是坚持集体领导、民主集中、个别酝酿、会议决定的原则；四是坚持集体领导与个人分工负责相结合的原则。

三、议事程序

（一）党组会议一般每月召开1次，遇有重要情况可以随时召开，具体会议时间由党组书记确定。根据工作需要，可召开党组扩大会议。

（二）会议由党组书记召集并主持，党组成员参加。党组书记不能出席会议时，可委托一位党组成员召集并主持。

（三）党组会议议题由党组书记提出，或者由其他党组成员提出建议，由厅办公室汇总并拟出安排意见后，报请党组书记审定。确定议题前，党组书记对照议事内容目录清单进行审核把关。

凡提交党组会议讨论的事项，厅办公室负责协调、督促有关处室单位在会前充分酝酿，并报分管厅领导审核。涉及多个处室单位的议题事项，会前应充分协商，必要时由分管厅领导召开专题会议协调，取得比较成熟的意见后提交党组会议审议。情况不明或存在较大分歧的，暂不提交党组会议审议。

对专业性技术性较强的决策议题，要进行专家论证、技术咨询、决策评估。对可能影响社会稳定、群众利益和造成国有资产流失以及其他重大经济损失的决策议题，要进行法律咨询、风险评估并提出应对措施。按规定需经合法性审查的重大决策议题在提交会议讨论前，要对决策的权限、内容和程序进行合法性审核。

党组会议按照事先确定的议题进行，原则上不审议临时要求经费、财物，以及人事变动等方面的问题。

（四）党组会议的召开时间、讨论议题，应在会前通知党组成员。提交党组会议讨论的事项，由负责该项业务工作的处室单位事先准备书面材料，经分管厅领导审阅同意后交党组秘书在会前印发党组成员及会议列席人员。

（五）党组会议必须有半数以上的党组成员到会方可召开，讨论决定干部任免事项必须有三分之二以上党组成员到会。党组成员因故不能参加党组会议时，应在会前向党组书记请假。

本单位不是党组成员的领导班子成员列席会议。党组会议召集人可以根据议题指定其他有关人员列席会议。列席人员可以发表意见，但不参与会议表决。

（六）会议研究议题先由议题工作分管领导或主办处室单位主要负责人作汇报，与会人员就议题发表意见，会议主持人在班子其他成员充分发表意见的基础上，最后发表意见，然后再进行会议表决。讨论决定人事任免事项，应当严格按照《党政领导干部选拔任用工作条例》执行。

（七）集体讨论、决定问题时，执行少数服从多数的原则。党组会议进行表决时，实行一人一票、一事一票制。表决可根据讨论事项内容，采取口头、举手、无记名或记名投票等方式，以赞成票超过应到会党组成员半数为通过。未到会党组成员对会议议题的重要意见可以用书面形式表达，书面意见记入会议记录但不计入票数。会议研究决定多个事项的，应当逐项进行表决。表决实行党组书记末位表态制。

党组成员因故不能参加党组会议的，根据工作需要，会后及时向其通报情况。

（八）每次党组会议应指定专人负责会议记录，形成“党组会议纪要”，报请党组书记签发，也可以由党组书记委托其他党组成员签发。会议纪要印发党组成员、会议列席人员及议定事项涉及的有关处室单位。有关人事工作的会议纪要，只存档，不印发。

会议议题资料、会议记录、会议纪要均应存档备查。

（九）党组会议集体决定的事项，需要具体落实的，由厅领导班子成员按分工职责组织实施。遇有分工和职责交叉的，明确一名班子成员牵头负责。

（十）党组决议实施中，厅办公室和党组秘书负责督办，必要时可向有关处室单位发出会议决定事项督（催）办通知，并及时将实施情况报告党组书记。党组决议未能及时落实的，分管厅领导应当向党组会议或党组书记做出说明。

四、议事纪律

（一）凡属“三重一大”事项，必须经党组会议按规定程序集体讨论决定，不得以个别商议替代会议讨论，不得以会前沟通、传阅、会签等形式替代集体决策。

（二）会议决策一经作出，应当坚决执行。班子成员不得擅自改变集体决策，如因出现新情况需要改变原决定的，可以向党组书记建议提请下次党组会议讨论决定，但在没有做出新的决策前应当坚决执行党组的原决定，在言论上和行动上不得有任何公开反对的表示。

（三）对应保密的党组会议内容及讨论的情况，与会人员必须严守秘密，不得泄露。

（四）如议题内容涉及党组成员、列席人员及其直系亲属，该人员应主动回避。

（二）守则例文

广州市城市轨道交通乘坐守则

第一条 为了加强轨道交通运营管理，维护轨道交通乘坐秩序，根据《广州市城市轨道交通管理条例》等规定，制定本守则。

第二条 凡进入轨道交通车站范围者（含出入口、通道），应当遵守《广州市城市轨道交通管理条例》及本守则。

第三条 轨道交通按照政府核定票价标准和优惠政策执行。

第四条 乘客凭有效车票乘坐轨道交通，实行一人一票制，一张车票不可多人同时使用，乘客应遵守轨道交通运营主体规定的票务规则购票乘车。

第五条 一名成年乘客可免费带一名身高不超过1.2米的儿童；所带的儿童超过1名的，按超过人数购票。身高超过1.2米的儿童须凭有效车票乘车。

第六条 乘客每次乘坐轨道交通从进闸到出闸的有效时限根据线网允许的最远乘车里程、列车的速度及乘客候车、换乘所需的合理时间确定，具体由轨道交通运营主体在各车站公示明确。

超过有效时限的，乘客除须缴交当次车程费用以外，还须缴交超时车费，但因轨道交通运营方面的原因导致的除外。

第七条 乘客所使用的车票，不足以支付所到达车站的实际车费时，须补交超程车费。

第八条 每位乘客可以携带总重量不超过30公斤且外部尺寸长、宽、高之和不超过1.6米的行李，不需另付车费。总重量超过30公斤或外部尺寸长、宽、高之和超过1.6米的行李的，一律不得携带进站乘车。

第九条 乘客应自觉接受、配合轨道交通工作人员的安全检查，服从安全检查人员管理，维护安全检查秩序。

第十条 乘客禁止携带以下物品乘坐轨道交通：

（一）枪械弹药和管制刀器具，但国家安全、军务、警务、海关等特种人员持有效证件执行公务的除外；

（二）宠物、家禽等动物，但正在执行公务的专用动物以及有识别标志，且采取保护措施的导盲犬只除外；

（三）易燃、易爆、有毒、放射性、腐蚀性等危险品；

（四）可能危及乘客人身安全或影响轨道交通设施安全的物品（含充气气球），但用于应急抢险的工具除外。

（五）法律、法规、规章规定的其他禁止持有、携带、运输的物品。

第十一条 在车站（含站台）、列车或其他轨道交通设施内禁止以下行为：

（一）追逐打闹、滋事斗殴；

（二）攀爬或者翻越围墙、栏杆、闸机、机车等；

（三）擅自进入轨道、隧道或其他有警示标志的区域；

（四）强拉车门或屏蔽门，阻止车门或屏蔽门关闭，强行上下车；

（五）非法拦截列车，阻断运输；

（六）擅自操作有警示标志的按钮、开关装置；非紧急状态下动用紧急或安全装置；

（七）损害、毁坏轨道交通设施或擅自移动、遮盖轨道交通设施范围内的安全消防警示标志、疏散导向标志、测量设施以及安全防护设备；

（八）在轨道上放置、丢弃障碍物，向列车、机车、维修工程车等设施投掷物品；

（九）携带自行车及手推车乘车，但符合本守则第八条携带行李规定的除外；

（十）故意干扰轨道交通专用通讯频率；

（十一）其他危害轨道交通设施安全或影响运营秩序的行为。

第十二条　乘客应当自觉维护车站和列车整洁，爱护公共财物，维护公共秩序，禁止在车站（含站台）、列车或其他轨道交通设施内有以下行为：

（一）停放车辆、堆放杂物、摆设摊档或者未经许可派发印刷品；

（二）吸烟、随地吐痰、便溺、乱吐口香糖，乱扔果皮、纸屑等废弃物；

（三）乱刻、乱写、乱画、乱张贴、悬挂物品；

（四）乞讨、卖艺、捡拾垃圾；

（五）兜售物品或进行其他营销活动；

（六）躺卧、踩踏座席；

（七）食用有刺激性气味的食品，使用可能伤及他人的餐具（餐刀、餐叉等）；

（八）使用滑板和溜冰鞋；

（九）其他影响轨道交通公共场所容貌、环境卫生的行为。

第十三条　行动不便者、学龄前儿童必须由健康成年人陪同进站乘车；对于因服用酒精、药物、其他原因而神志不清者或精神障碍患者，须有健康成年人陪同、看护。

第十四条　乘客搭乘轨道交通设施范围内自动扶梯时，应握紧扶手、站稳，同行人应照顾好第十三条所列人员，不得在扶梯上打闹、奔跑、逆行。乘客搭乘轨道交通设施范围内垂直电梯时，应和电梯门保持一定距离，不得在电梯内打闹或蹦跳。

第十五条　乘客应在站台黄色安全线内侧排队候车，在车停稳后依次上车；候车时应照看好同行的第十三条所列人员；禁止在站台边缘与黄色安全线之间行走、坐卧、放置物品或倚靠屏蔽门、站台安全护栏。

列车到达终点站后，乘客应当下车，不得在车厢内逗留。

第十六条　禁止在车站、列车内互相推搡，乘客应注意自我保护，防止掉下站台或被列车挤伤。

上下车时，乘客应留意列车与站台间的空隙，当列车与屏蔽门出现灯闪铃响时，停止上下车。乘车时不要手扶列车车门或挤靠车门。

第十七条　乘客通过轨道交通设施范围内的扇门闸机时，应照顾好同行的第十三条所列人员；不得用手触摸闸机扇门；通过闸机后，不得在闸机通道停留或往返行走。

第十八条　轨道交通客流量激增，严重影响运营秩序，可能危及运营安全时，轨道交通运营主体可以采取限制客流的临时措施，乘客应服从工作人员的指挥。

第十九条　发生自然灾害、安全事故或者其他突发事件时，乘客应服从工作人员的组织指挥或按轨道交通运营主体制定的安全指引操作和疏散。

第二十条　本守则所称车票，是指轨道交通运营主体发行的车票、已与轨道交通运营主体签订协议准许在轨道交通使用的车票以及准许在轨道交通使用的纪念票等特别车票。特别车票的发行公告在票务方面有特别规定的，适用特别规定。

本守则所称不超过，均包含本数。

第二十一条　违反本守则构成违反相关其他法律法规的，按照《广州市城市轨道交通管理条例》的规定移送其他相关部门依法处理；涉嫌犯罪的，依法移送司法机关处理。

第二十二条　本守则自2016年11月1日起施行，有效期五年，有关法律政策依据变化或有效期届满，根据实施情况依法评估修订。

第八节　制　　度

一、制度的含义和特点

（一）制度的含义

制度是党政机关、社会团体、企事业单位为加强对某项具体工作的管理而制定的要求有关人员共同遵守的规章文书。

制度可分为岗位性制度和法规性制度两种类型。岗位性制度适用于某一岗位上的长期性工作，所以有时也叫“岗位责任制度”。例如《办公室人员考勤制度》《机关值班制度》。法规性制度是对某方面工作制定的带有法令性质的规定，例如《差旅费报销制度》《职工休假制度》。

制度一经制定颁布，就有约束作用，是有关人员的行动准则和依据。制度的发布方式比较多样，除作为文件存在之外，还可以张贴和悬挂在某一岗位和某项工作的现场，以便随时提醒人们遵守，同时便于大家互相监督。

（二）制度的特点

制度和其他规章文种比较起来，有如下几个特点。

（1）规范性。制度是要求有关人员共同遵守的管理操作规程，其内容是对有关工作内容及人员行为的规范。制度的制定一般要有相关的政策、法规为依据。

（2）针对性。制度一般是针对某项具体工作的实际需要而制定的，所以有很强的针对性。如作息制度、岗位责任制度等。

（3）细致性。为便于相关人员对制度的理解和操作，制度的条文内容十分具体、明晰、细致。

二、制度的结构和写法

制度的结构大体上由标题、签署和正文三部分构成。

（一）标题

制度的标题有以下两种形式。

（1）由制发机关、适用对象（或事由）和文种组成，如《××企业财务管理制度》。

（2）由适用对象与文种组成，例如《员工奖励制度》。

（二）签署

签署由制发机关名称和制发时间构成。有的写在标题的正下方，有的写在正文的右下方。

（三）正文

1. 正文的结构

制度的内容结构一般分为三层，包括序言、主体和结尾，也即总则、分则和附则。

（1）序言

序言（总则）说明制文的目的、指导思想和制文的根据，许多制度的第一条或前几条属于这部分。例如《××公司考勤制度》总则：

第一章　总则

第一条　为了加强劳动纪律和工作秩序，特制定本制度。

（2）主体

主体，即分则，是制度的实质性内容规范，说明工作程度和对有关人员的行为要求。

（3）结尾

结尾，即附则，用于说明执行要求等事项，许多制度的最后一条或后几条属于这部分。

2. 正文的写法

制度正文的写法一般有以下两种形式。

（1）分章列条式写法

分章列条式写法适用于内容复杂的规程与制度，分为总则、分则、附则三大部分，总则为第一章，一般交代制定制度的依据。分则有若干章，要将具体内容和措施依次逐条写清楚。附则为最后一章，是结尾，一般是交代实施的日期和对实施的说明。各章分若干条。

（2）通篇分条式写法

通篇分条式写法直接分条，适用于内容比较简单的制度。

三、制度的写作要求

（1）目的明确。

（2）内容具体细致，有针对性。

（3）结构完整，条理分明。

（4）语言朴实简明。

例文

浙江省地震局督办工作制度

为改进工作作风，提高行政效率，确保上级和本级机关重要决定、决策和全局性重要工作更好地贯彻落实，保证各项行政事务的顺利完成，实现督办工作规范化、制度化、科学化，结合我局实际，制定本制度。

一、督办内容

（一）中国地震局和省委、省政府重大方针政策和重要工作部署的贯彻落实和执行情况。

（二）中国地震局和省委、省政府对我局开展巡视、制度改革、专项检查等重大政策性指导活动所产生的工作任务。

（三）局年度重点工作计划，阶段性安排的工作任务。

（四）局党组会、局务会、局长办公会、局长专题会决定的重要事项。

（五）上级机关来文、来函、来电和有关工作会议要求我局完成的重要工作事项、决议事项和有关精神的贯彻落实情况。

（六）涉及防震减灾工作的省人大代表建议、政协提案的办理情况。

（七）上级领导、上级部门及局领导批示、口授、交办等重要事项。

（八）兄弟单位来函、市县地震局请示、重要群众来信来访需予办理或答复的事项。

（九）突发涉地震或其他紧急事件，需要立即处理的事项。

（十）其他需要督办的事项。

二、督办程序

督办工作流程，主要有拟办、交办、催办、办结等步骤。其中，事关大政方针和重大政策性工作任务，年度重点工作计划，以及局党组会议、局务会议、局长办公会、局长专题会议决定的事项，直接进入“催办”流程。

（一）拟办。在接到领导批示、交办事项等督办事项后，办公室应及时提出拟办意见，送局领导审定。拟办意见包括确定承办部门、办理内容和时间要求等。

（二）交办。根据领导批示精神，办公室应及时将办理事项交承办部门办理，交办时要明确任务、要求、时限。局各类制度中规定的工作直接进入交办。

（三）催办。交办件发出后，要注意抓紧催办，切实做到急件跟踪催办，要件重点催办，一般件定期催办。年度重点工作计划等已经做出阶段性安排的工作按阶段催办。

（四）办结。承办部门完成任务后，应按照要求反馈办理结果，并交办公室备案。需正式行文上报的督办结果，按办文程序，经办公室审核后，报局领导审签后上报。督办工作结束后，办公室将有关材料及时整理、归档。

三、督办事项的办理要求

（一）局办公室是督办工作的日常管理部门，按照一事一办的原则确定督办内容，并负责对承办部门进行催办，督促检查以及办理结果的通报。

（二）各单位（部门）要及时按要求办理完成督办事项，防止拖延、错办、漏办事件的发生。

1. 督办事项有进度和时限要求的，按要求办理。

2. 督办事项无规定时限的，按照以下要求办理：

特急件 2 个工作日内办完；急办件 3 个工作日内办完；一般件 5～10 个工作日内办完；承办难度大、涉及多个部门和需协调的，在 15 个工作日内办完。

要延长办理的事项，需经局领导同意，并向办公室提供书面说明。

3. 督办事项有特殊要求的，由办公室提出特殊的办理时限和办理要求。

（三）督办工作涉及多个单位（部门），确定主办单位（部门）和协办单位（部门）。

（四）督办事项的办理必须事实清楚、结论准确。凡办理情况不清楚，处理意见不明确的不能视为办结。

（五）局办公室专设督办工作联络群，各单位（部门）及时反馈督办工作进展和需要协调的事项。

（六）对局重点工作实施督办会议通报制度。每 2 个月对未完成的重点工作进行通报，每年对未完成的年度重点工作进行通报。

（七）督办结果作为部门年终考核依据之一。

四、其他

（一）本制度仅适用于我局行政事务的督办。

（二）本制度由局办公室负责解释。

（三）本制度自公布之日起执行，浙震发〔2013〕52号同时废止。

第九节　公约与承诺书

一、公约

（一）概述

1. 公约的含义

公约是机关团体、社会组织为维护公共利益，通过讨论、协商所制定出的约定人们共同遵守的规则。主要是指在国内一定范围内使用的、带有公共性和督促性的规章文书。公约是参与制定的单位和个人共同信守的行为规范。它对于维护社会秩序、促进安定团结、加强社会主义精神文明建设有着不可低估的作用。如《爱国卫生公约》。

通常国际上由若干国家共同缔结的多边条约，也叫公约（Convention）。这是一种用来维护国际生活的正常秩序和国与国之间的正常关系的国际性文书，例如联合国通过的《公民权利和政治权利国际公约》。

我们这里所说的公约主要是指在国内一定范围内使用的、带有公共性和督促性的规章文书。

2. 公约的特点

（1）公众约定性。约定性是公约的突出特点之一。公约虽有约束性，但它不是有关管理部门制定的强制性的法规，而是订约单位或订约人自愿协商缔结的公共约法。它一般不产生于行政管理部门，而更多地产生于社会团体或民众之间，有一定的民间特色。它不是正式的法律和法规，对参与者只有道德约束力，没有法律效力。

（2）基本原则性。公约的内容在多数情况下都是一些基本道德准则和精神文明建设的原则要求，一般不涉及具体的行动方法和实施措施，不像细则那样详尽具体，因而公约大多短小精悍。

（3）长期适用性。公约所涉及的内容一般都具有长期的稳定性，因而公约也具有长期适用性，不会在短时间之内就因为时过境迁而成为废文。制定公约时应该充分考虑到这一点，要选择大家共同关心的、有长期意义的原则性事项写入公约。如果发现原有的公约已经过时，则要讨论制定新的公约来取代它。

（4）集体监督性。公约一经公众认定，就是订约人的行为和道德规范，每个人都有履行公约的义务，不得违反。同时，它也是人们互相监督的依据，每个人也都有以公约为准则监督别人的义务。一旦发现有违背公约的行为，大家都有权进行批评和谴责。

3. 公约的类型

（1）组织部门公约。组织部门公约是机关团体、社会组织用于规范某些带有公共性和督促性事项的规章文书，如《上海合作组织反恐怖主义公约》。

文明卫生公约

1. 全体干部、职工必须增强文明卫生观念，树立良好的精神风貌，做到“文明、勤奋、卫生、整洁”。

2. 对前来联系工作的同志要热情接待，耐心解答。坚决克服门难进、脸难看、话难听、事难办的“衙门”作风，接电话、打电话均要文明礼貌。

3. 各室卫生应每天下午下班后清扫一次，每周末进行一次大扫除，做到窗明几净，室内外无蜘蛛网，室内物品摆放整齐。

4. 办公楼院内的卫生，由全场干部职工坚持每周一打扫一次，公共场所不能存放任何杂物。

5. 场内职工宿舍公共区域的卫生，各家各户本着各负其责的原则，保持好自家房门口的清洁。

6. 严禁在公共场所放养家禽家畜。发现每只罚款5～10元。

7. 严禁在院内乱扔瓜皮果壳。交通工具一律停放到指定地点。

8. 办公、生活垃圾须袋装直接倒进垃圾窖内，不得将垃圾倒在场内或场门口。

9. 遵守单位各项规章制度，不搞歪门邪道，不搬弄是非，不说不利于团结的话和事，礼貌待人，文明相处。

10. 按时做好卫生防疫工作，发现传染性疾病及时报告。

××林场

××××年×月×日

（2）行业公约。一个行业，为了加强本行业的职业道德，保护公平竞争，以行业协会出面主持制定规范全行业内部某些事项的带有公共性和督促性的规范性公约，就是行业公约，如《中国互联网行业自律公约》。

客运驾驶员文明公约

发车之前细查，保持良好车况。
安全带要系好，务必安全宣讲。
乘客人数点清，防止超员漏上。
定点定时发车，站外揽客严防。
行车遵照许可，北斗运行正常。
恶劣天气慢行，按时休息莫忘。
驾驶平和礼让，坚决不燥不狂。
文明守信为本，切勿超速违章。

（3）民间公约。民间公约是由民间有关人士为规范民间某些事项的带有公共性和督促性的规范性文书。如由居委会、村委会或村民小组出面主持制定的公约，也就是俗称的“村规民约”，就是民间公约。

××街居民文明公约

为了积极投入“五讲四美”活动，加强遵纪守法教育，搞好社会主义物质文明和精神文明建设，促进四化建设的顺利进行，特制定本公约。

一、热爱祖国，热爱党，认真执行党的路线、方针、政策，做遵纪守法的模范。

二、尊老爱幼，和睦相处，邻里团结，互相帮助。

三、遵守公共秩序，做文明乘客、文明顾客、文明观众。

四、讲文明、讲礼貌，不理怪发，不看淫秽书画，不听黄色歌曲。

五、响应晚婚晚育号召，少生优生，为四化终身只生一个孩子。

六、遵守户口管理制度，做到客来报、客走销。

七、积极参加巡逻，搞好四防和楼门关照，维护好社会治安。

八、教育子女，关心儿童，做好社会失足青年的转化工作。

九、不打架斗殴，不偷盗，不赌博，不制作和携带凶器，敢于同坏人坏事作斗争。

十、绿化环境，美化庭院，不散放家禽家畜，消灭四害，搞好卫生。

××市××街居委会
××××年×月×日

（二）公约的结构和写法

公约的结构：标题+签署+正文。公约的一般写法如下。

1. 标题

公约的标题有三种写法：一是适用人加文种，如《教师公约》；二是适用范围加文种，如《花园小区公约》；三是涉及事项加文种，如《护林公约》。

2. 签署

签署即署名与日期，可放在标题正下方，做题下标示，也可放在正文的右下方。对于有些公约而言，署名是很重要的一项，因为署名就意味着承诺，表明遵守公约的意向，愿意为遵守公约承担责任。特别是行业公约，这一点显得更为突出。

3. 正文

公约的正文由引言、主体和结尾组成。

（1）引言

引言主要用来写明制定公约的目的、意义，常套用“为了……特制定本公约”的固定格式。

（2）主体

主体是公约的主要内容规定，将具体内容一一列出。这部分最重要，一定要做到系统完整，层次清楚，言简意明，朴实通畅。

公约正文的写作格式可分条文式和“顺口溜”式两种写法。

① 条文式。条文式写法是把公约的内容逐项写出，条文式写法使公约内容充实、具体。

中国美术工作者自律公约

（2015年11月中国美术家协会主席团审阅通过）

为深入践行社会主义核心价值观和《中国文艺工作者职业道德公约》，进一步规范美术工作者职业行为，加强行业自律，倡导行业新风，推动社会主义美术事业的繁荣发展，特制定本公约。

一、坚持爱国为民。忠于祖国，忠于人民，拥护中国共产党的领导，坚持文艺为人民服务、为社会主义服务的方向。弘扬中国精神，凝聚中国力量，描绘人民的伟大实践，展示时代进步的风采，为实现中华民族伟大复兴的“中国梦”而努力创作更多思想性、艺术性、观赏性有机统一的优秀作品，奉献人民、回报社会。

二、弘扬先进文化。增强文化自觉和文化自信，继承和发扬中华民族优秀文化传统。学习借鉴世界各国人民创造的优秀文化成果，加强中外美术交流，展现中华审美风范。自觉运用社会主义核心价值体系指导美术创作，唱响主旋律，传播正能量，讴歌真善美，贬斥假恶丑，把社会效益放在首位。反对在美术创作中歪曲历史、亵渎崇高、丑化人民群众和英雄人物、宣扬色情暴力和封建迷信。

三、追求德艺双馨。坚守艺术理想和艺术良知，追求高尚的道德情操。勤奋敬业，刻苦学习，锐意创新，精益求精，勇攀艺术高峰。反对拜金主义和极端个人主义，反对粗制滥造、抄袭作假、急功近利，力戒浮躁习气，抵制低俗趣味。

四、扎根人民生活。从人民的伟大实践和丰富多彩的生活中汲取营养，激发灵感，努力创作出思想精深、艺术精湛、制作精良的精品佳作。

五、踊跃参加公益事业和文艺志愿活动，乐于将才艺奉献社会、服务人民，努力满足人民群众多层次、多样化、多方面的精神文化需求。

六、倡导宽容和谐。坚持百花齐放、百家争鸣，尊重艺术规律，发扬学术民主，开展积极健康的美术批评。提倡相互切磋、取长补短、共同进步，营造积极健康、宽松和谐的学术氛围，反对门户之见、文人相轻。

七、模范遵纪守法。努力提高美术工作者的思想水平、业务水平、道德水平，自尊自重、遵纪守法，勇担社会责任，弘扬社会正义，引领文明风尚。

中国美协各团体会员、个人会员及广大美术工作者要积极宣传、遵守本公约，自觉接受社会监督。

②“顺口溜”式。“顺口溜”式是把公约内容用整齐押韵的文字写出来。“顺口溜”式写法使公文整齐，念起来上口，便于记忆。

金砖国家厦门会晤市民文明公约

笑迎金砖客，礼仪待嘉宾。

做事守规矩，为人讲诚信。
家园要洁净，你我是亲邻。
携手展风采，同心铸文明。
（发表日期：2017 年 2 月 23 日）

（3）结尾

用来写执行要求、生效日期等。如无必要，可免除这一部分。

二、承诺书

（一）承诺书的含义和特点

1. 承诺书的含义

“承诺”，是指对某项事务答应照办。承诺书是承诺人为了履行应尽的责任、践行应有的义务或执行应守的纪律，郑重地表达自己意愿时使用的规章文书。

承诺书的适用范围，包括成员对组织、下级对上级、组织对成员、组织对社会、个人对他人等所做的某种许诺。承诺书的作用主要是有利于加强承诺人的责任心，调动其积极性，使之尽责尽职，自觉接受监督等。

2. 承诺书的特点

（1）严肃庄重性

承诺书一旦签订，承诺人就开始承担责任，履行义务。为此，凡承诺人在承诺书认定的条款，在实践中必须一一遵守，不能做到的事项就不能写入其中。写承诺书是一件十分严肃、郑重的事，不能率意为之。

（2）自我约束性

承诺书是自己给自己制定的规章，一个有责任的人在写出承诺书之后，是不会轻易违反自己诺言的。这种自我约束性对建立稳定的社会秩序是有利的。

（3）具有法律效力

承诺书中的事项，如果属于当事人意思真实表示（即没有受到强迫、威胁等）是具有法律效力的。例如，施工单位对工程质量的承诺，如不能实现，就必须承担法律责任；工厂对产品的“三包”承诺，如不能兑现，也同样要承担相应法律责任。

（二）承诺书的结构和写法

承诺书的一般结构包括标题、正文和签署。

1. 标题

承诺的标题有以下三种写法。

（1）承诺者+事由+文种，如《××公司售后服务承诺书》。

（2）涉及事项+文种，如《售后服务承诺书》。

（3）只写文种，即《承诺书》。

2. 正文

承诺书的正文可由引言、主体和结尾组成。

（1）引言

引言主要用来写明制定承诺书的目的、意义，常用“为了……特做出如下承诺”等固定套语。例如，“为了转变工作作风，更好地服务于社会民众，我局特向社会做出如下承诺”。有的承诺书不写引言，直接写承诺事项。

（2）主体

主体即承诺的事项及条款。这是承诺书的核心部分，要一一写明承诺的具体项目和内容，一般都要采用分条列款的写法。

（3）结尾

一般写承诺书的执行要求或请求要约人监督等，例如，写“以上承诺，请领导和社会民众监督检查”之类的话语。有的还注明生效日期等。这一部分由于没有实质内容，有的也可以省略。

3. 签署

签署，即署名与日期，一般放在正文结束的右下方，有的放在标题正下方。署名是承诺书中十分重要的一项，它意味着承诺人正式做出承诺，表明遵守承诺中的有关意向，具有法律效力。

三、公约和承诺书的写作要求

（一）结构完整系统

公约与承诺书都具有一定的法律效力，对当事人有一定约束力，因此其内容一定要系统完整，层次清楚，尽可能周密。

（二）语言朴实简明

公约与承诺书对具体的工作事项有一定指导约束作用，具有很强的实践操作性，因此其语言必须朴实通畅，言简意明，便于理解和执行。

（三）篇幅短小精悍

公约与承诺书的内容在多数情况下都是一些基本道德准则和精神文明建设的原则要求，一般不涉及具体的行动方法和实施措施，重在其行为结果，不像细则那样详尽具体，因而公约与承诺书的篇幅大多短小精悍。

中国公民国内旅游文明行为公约

（国家旅游局　2006年10月2日发布）

营造文明、和谐的旅游环境，关系到每位游客的切身利益。做文明游客是我们大家的义务，请遵守以下公约：

1. 维护环境卫生。不随地吐痰和口香糖，不乱扔废弃物，不在禁烟场所吸烟。

2. 遵守公共秩序。不喧哗吵闹，排队遵守秩序，不并行挡道，不在公众场所高声交谈。

3. 保护生态环境。不踩踏绿地，不摘折花木和果实，不追捉、投打、乱喂动物。

4. 保护文物古迹。不在文物古迹上涂刻，不攀爬触摸文物，拍照摄像遵守规定。

5. 爱惜公共设施。不污损客房用品，不损坏公用设施，不贪占小便宜，节约用水用电，用餐不浪费。

6. 尊重别人权利。不强行和外宾合影，不对着别人打喷嚏，不长期占用公共设施，尊重服务人员的劳动，尊重各民族宗教习俗。

7. 讲究以礼待人。衣着整洁得体，不在公共场所袒胸赤膊；礼让老幼病残，礼让女士；不讲粗话。

8. 提倡健康娱乐。抵制封建迷信活动，拒绝黄、赌、毒。

企业承诺书

思考与练习

一、简答题

1. 简述条例的含义、特点及写作注意事项。
2. 简述规定的含义、特点及写作注意事项。
3. 简述办法的含义、特点及写作注意事项。
4. 简述细则的含义、特点及写作注意事项。
5. 简述章程的含义、特点及写作注意事项。
6. 简述规则、守则的含义、特点及写作要求。
7. 简述制度的含义、特点及写作要求。
8. 简述公约和承诺书的含义、特点及写作要求。

二、写作训练（请按各文种的规范要求写作）

1. 为使员工宿舍保持良好的清洁卫生、整齐的环境及公共秩序，使员工获得充分的休息，以提高工作效率，某公司拟制定一份《员工宿舍管理规定》。请根据规定的写作要求，代××公司拟写一篇《员工宿舍管理规定》。

2. 甲与乙、丙、丁等筹建×××广告有限责任公司，专注广州广告设计，提供品牌设计、广告设计、标志设计、LOGO 设计、VI 设计、形象设计、专业摄影、360 度全景图制作、多媒体设计、软件界面设计等广告服务，并欲将该广告公司打造成 E 时代广告品牌专家。为×××广告有限责任公司拟写一篇×××广告有限责任公司章程（草案）。

3. 为了进一步细化员工绩效管理工作内容，确保绩效评价结果的客观真实性，促进企业员工的工作积极性，×××公司拟制定一份《员工绩效管理实施细则》。

依据上述的任务描述，为该企业撰写一份《员工绩效管理实施细则》。

4. 为了适应全球经济一体化的形势，运作全球范围的品牌，从 2006 年开始，海尔集团继名牌战略、多元化战略、国际化战略阶段之后，进入第四个发展战略创新阶段：全球化品牌战略阶段。国际化战略和全球化品牌战略的区别是：国际化战略阶段是以中国为基地，向全世界辐射；全球化品牌战略则是在每一个国家的市场创造本土化的海尔品牌。海尔实施全球化品牌战略要解决的问题是：提升产品的竞争力和企业运营的竞争力。与供方、客户、用户都实现双赢利润。从单一文化转变到多元文化，实现持续发展。

（1）根据上述的任务描述，为该企业撰写一份企业经营管理办法。

（2）根据上述的任务描述，为该企业撰写一份企业投资管理规则。

（3）根据上述的任务描述，为该企业撰写一份员工守则。

5. ××石雕工艺公司成立于 1996 年，是集艺术设计、开发制作、生产刻制于一体的大型石雕企业。具有圆雕、透雕、线雕、平雕、浮雕、画雕、影雕等多种工艺，可为城市机关、企业、学校、公园、旅游景点等部门提供各种适应的石雕艺术品。利用优质天青石、晚霞红、汉白玉、墨玉、砂岩、大理石、花岗石、银灰白石、雪花白等石材雕刻成各类艺术用品和摆件，例如：历史人物、神像、花鸟、走兽、香炉，建造石凉亭、石塔、石桥、石牌坊、龙柱、灯笼、浮雕、栏杆、石狮、园艺、风水球、石桌、石椅、石凳等，本着追求完美、止于至善的企业宗旨，企业实行每道工艺程序由专人负责。为规范公司员工的生产操作流程，企业决定拟制相关生产操作规程及岗位责任管理制度。

依据上述的任务描述，为该企业撰写一份企业岗位责任管理制度。

6. 试联系你所在的单位、学校、社区的实际情况，写一份公约，例如“员工服务公约”“××班级公约”“××小区文明卫生公约”“学生宿舍文明卫生公约”等。

7. 日立电梯（中国）有限公司（原广州日立电梯有限公司）成立于 1996 年 1 月 15 日，是华南地区最大的电梯生产企业，日立电梯一直以来都以环保产品自称，并为外界津津乐道。日立创业以来，始终传承着“以技术贡献社会”的创业理念，通过高度的伦理观、先进的技术和自主的事业，为解决全球面临的各种社会问题做出积极的贡献。日立以领导革新的尖端技术力量，与合作伙伴建立起稳固的信赖关系，以创造富裕生活和更美好的社会为己任——这就是日立“技术”“信赖”“信诚”的企业基因。

依据上述的任务描述，为该企业撰写一份售后服务承诺书。

第五章 事务文书

事务文书是指除法定的行政公文之外的，党政机关、社会团体、企事业单位及个人在处理日常事务时经常使用的文书，有时被称为“常规文书”。与法定公文相比，事务文书仅在体式的规范、行文的规则和收发的处理上略有减弱，实用办事功能却更为普遍。事务文书种类很多，本章重点介绍计划、总结、简历、述职报告等常用文种。

第一节　计划与总结

一、计划

“凡事预则立，不预则废。”我们在工作、学习、生活中都需要有计划。有了计划，能使工作循序渐进，有条不紊；有了计划，就有了奋斗的目标、行动的方向；有了计划，能更合理地利用时间和财力等资源。

（一）计划的含义

计划是各级机关、企事业单位、社会团体和个人对未来一定时期的活动提出预想目标，制定相应措施和要求，以便完成工作或学习任务而写作的一种事务文书。目标、措施和要求称为计划的“三要素”。

计划是一个统称，除了一般所说“××计划”之外，常见的“规划”“纲要”“设想”“打算”“要点”“方案”“意见”“安排”等都属于计划类文书。它们的区别主要体现在涉及范围的大小、时限的长短和内容的详略上。

规划是具有全局性的、较长时期（三年以上）的长远设想。如《××市 2012—2017 年城市发展规划》《个人职业生涯规划》。

纲要和规划相同，它们都是各级领导机关根据战略方针，为实现总体目标对某个地区或某一事项做出长远部署。不同的是纲要比规划更有原则性和概括性，一般只对工作方向、目标提出纲领式要求和指导性措施。如《××市 2017 年经济发展纲要》。

设想是初步的草案性的较长期的工作框架。如《××公司关于发展对外贸易及设立驻外分公司的设想》。

打算是短期内工作的要点式计划。如《本学期学生会开展各项活动的打算》。

要点是将计划的主要内容择要摘编，使之简明突出，它适用于时间相对较短的计划。如《××局2017年工作要点》《××学院2018年下半年工作要点》。

方案是具体周密、可操作性强的计划。方案一般适合专项性工作，其实施往往须经上级批准。如《××市住房分配制度改革实施方案》《××大学中华经典诗词诵读大赛实施方案》。

意见属粗线条计划，它适用于上级向下级布置工作任务并提供基本的思路、方法，交代政策，提出要求等。如《××公司关于下属企业2018年扭亏增盈全面提高经济效益的意见》。

安排是短期内要做的，且范围不大、内容单一、布置具体的一类计划。如《××系第×周工作安排》。

在拟写计划时，应根据具体情况选择恰当的名称。

（二）计划的特点

（1）预想性。计划是在行动之前制订的，它必须建立在预测的基础上，是对未来工作进程及其结果的设想和策划。计划中提出的目标、措施是对下一阶段工作进行规划和安排。因此，只有高瞻远瞩，对未来工作中可能发生的情况和遇到的问题有充分的估计，提出切实可行的方案，才能保证计划的顺利实施。

（2）可操作性。计划的制订总是在总结历史经验教训、进行综合分析的基础上，提出具有积极意义，又是切实可行的相应措施。因此，计划必须订得具体明确，切实可行。目标定得过高，无法实现和完成；目标定得过低，计划又无法起指导、激励作用。

（3）指导性。计划是未来一定阶段的具体行动纲领。计划一旦制订，就要对完成任务的实际活动起到指导和约束作用。

（三）计划的类型

（1）按内容分，有学习计划、工作计划、生产计划、销售计划、教学计划等。

（2）按范围分，可分为个人计划、班组计划、部门计划、单位计划、地区计划、国家计划等。

（3）按时限分，可分为长期计划（计划期一般在5年以上）、中期计划（计划期一般在3年以上、5年以下）、短期计划（包括年度、季度和月度计划）。

（4）按性质分，可分为综合性计划、专题计划。

（5）按形式分，可分为条文式计划、表格式计划、条文表格结合式计划。

（四）计划的形式

计划的形式比较灵活，有条文式计划、表格式计划、文表结合式计划和时间轴式。

（1）条文式。把计划中的各项内容分解成若干条目用文字表述，一条条写清楚，大多数计划采用的是这种形式。这种形式有较强的说明性和概括性，经常用于全局性的工作计划。

（2）表格式。先要把各项内容划分成若干个栏目，再把制订好的各项具体计划内容填写进栏目中，形成表格。这种方式适用于时间较短、方式变化不大、内容项目较多的具体安排，如销售计划、生产计划等。

（3）文表结合式。即表格式和条文式相结合的计划。一般是将各项目的内容填进表格后，再用简短文字作解释说明。

（4）时间轴式。即整个计划按照主时间轴一次列开，内容按照实施先后顺序编制。

（五）计划的结构和写法

计划一般由标题、正文和落款三部分组成。

1. 标题

计划标题的写法，常见的有以下三种。

（1）完整式标题。由计划单位名称、时限、内容和文种四要素构成，如《××大学 2018 年教学工作计划》。

（2）省略式标题。这类标题省略单位名称或时限，但不能省略内容和文种。

第一种由计划时限、内容和文种构成，如《2017 年信贷计划》。

第二种由单位名称、内容和文种构成，如《××集团公司员工培训工作安排》。

第三种由计划内容和文种构成，如《业务考核计划》。

（3）公文式标题。由单位名称、（关于……的）事由和文种构成，如《××局关于治理商业贿赂的实施方案》。

如果是个人计划，姓名不必写在标题内。如果计划尚不成熟或仅供讨论，则要在标题后面或下一行用圆括号注明“草案”“初稿”或“讨论稿”“征求意见稿”等字样。

2. 正文

一般由前言、主体、结尾三部分组成。

（1）前言。这是计划的开头部分。通常用简明扼要的文字概述制订计划的指导思想、依据、目的、意义及有关背景情况等，即说明“为什么制订计划”和“为什么要这样制订”。常用“为此，制订如下计划”之类的过渡句引出主体内容。

（2）主体。包括目标、措施和要求“三要素”内容。目标即“做什么”，要求提出明确的目标，也就是先写出一定时间内要完成的工作总体目标和基本任务，然后具体写出任务的数量、质量指标。措施即“怎么做”，要求具体说明开展工作的步骤，如工作程序、时间安排、相关要求等，以及确保目标的实现拟采取的办法，这是实现目标和完成任务的具体手段，是计划是否具有可操作性的关键所在。要求即“如何做完”，主要是质量、数量、时间上的要求，如果属于个人计划，即是对自己的要求。这是计划效益指标的具体设想，能否多快好省，就要在“要求”这一项里加以具体设计。

（3）结尾。结尾要简短有力。结尾可以表示决心，或提出希望和发出号召，也可以展望计划实施的前景，还可以补充说明一些注意事项。有的计划主体内容表述完毕就结束全文，因此，是否写结尾，要根据内容表述的需要确定。

3. 落款

落款包括署名和时间两个项目。

署名写上制订计划的单位名称、个人姓名。标题中已标明单位名称的，这里可以不写，时间写计划通过或批准的年、月、日期。有附件的计划，附件名称应注于正文之后，署名的左上方。

（六）计划的写作要求

（1）服从大局，统筹兼顾。制订计划要下级服从上级，局部服从整体，把自己的小计划融合到大计划里，还要处理好当前与长远、局部与整体的关系。注意协调和综合平衡，但又要体现本单位工作特色。

（2）实事求是，从实际出发。制订计划一定要从本单位、本人的实际出发，既要尽力而为，又要量力而行，既不应盲目，也不应保守，目标不能订得过高或过低。制订计划前一定要做好充分的调查研究，多方面了解情况，增强计划的科学性。

（3）突出重点，主次分明。一段时间内所要完成的事情很多，先做什么，后做什么，主要做什么，次要做什么，必须有重有轻，有先有后，有条不紊，这样才有利于工作的全面展开，达到事半功倍的效果。

（4）目标明确，步骤具体。计划是要执行的，写得越具体明确，操作性就越强。一定要把目标、措施、要求写得清清楚楚，以便落实和监督检查。

不同管理层制订计划的类型及特点（见表 5-1）

表 5-1　不同管理层制订计划的类型及特点

管　理　层	花费时间	计划类型及特点	不确定性	计　划　期
高层：公司总裁和总经理	75%时间	战略性：全面长期的目标策略	具有很大的不确定性	3～10 年的滚动计划
中层：部门经理	少于 50%时间	战术性：部门业务行动计划	有一定的确定性	6 个月到 3 年的滚动计划
下层：主管	10%时间	作业性：每周每天作业计划	不确定性最小	低于一年的滚动计划

中国传统工艺振兴计划

文化部　工业和信息化部　财政部

为落实党的十八届五中全会关于“构建中华优秀传统文化传承体系，加强文化遗产保护，振兴传统工艺”和《中华人民共和国国民经济和社会发展第十三个五年规划纲要》关于“制订实施中国传统工艺振兴计划”的要求，促进中国传统工艺的传承与振兴，特制订本计划。

本计划所称传统工艺，是指具有历史传承和民族或地域特色、与日常生活联系紧密、主要使用手工劳动的制作工艺及相关产品，是创造性的手工劳动和因材施艺的个性化制作，具有工业化生产不能替代的特性。

一、重要意义

中国各族人民在长期社会生活实践中共同创造的传统工艺，蕴含着中华民族的文化价值观念、思想智慧和实践经验，是非物质文化遗产的重要组成部分。我国传统工艺门类众多，涵盖衣食住行，遍布各族各地。振兴传统工艺，有助于传承与发展中华优秀传统文化，涵养文化生态，丰富文化资源，增强文化自信；有助于更好地发挥手工劳动的创造力，发现手工劳动的创造性价值，在全社会培育和弘扬精益求精的工匠精神；有助于促进就业，实现精准扶贫，提高城乡居民收入，增强传统街区和村落活力。

二、总体要求

（一）总体目标。立足中华民族优秀传统文化，学习借鉴人类文明优秀成果，发掘和运用传统工艺所包含的文化元素和工艺理念，丰富传统工艺的题材和产品品种，提升设计与制作水平，提高产品品质，培育中国工匠和知名品牌，使传统工艺在现代生活中得到新的广泛应用，更好满足人民群众消费升级的需要。到2020年，传统工艺的传承和再创造能力、行业管理水平和市场竞争力、从业者收入以及对城乡就业的促进作用得到明显提升。

（二）基本原则。

尊重优秀传统文化。尊重地域文化特点，尊重民族传统，保护文化多样性，维护和弘扬传统工艺所蕴含的文化精髓和价值。

坚守工匠精神。厚植工匠文化，倡导专注坚守、追求卓越，树立质量第一意识，推动品质革命，加强品牌建设，多出精品、多出人才。

激发创造活力。保护广大手工艺者个性，挖掘创造性手工的价值，激发因材施艺灵感和精心手作潜能，恢复和发展濒危或退化的优秀工艺和元素。

促进就业增收。发挥传统工艺覆盖面广、兼顾农工、适合家庭生产的优势，扩大就业创业，促进精准扶贫，增加城乡居民收入。

坚持绿色发展。增强生态保护意识，合理利用天然材料，反对滥用不可再生的天然原材料资源，禁止使用非法获取的珍稀动植物资源。

三、主要任务

（一）建立国家传统工艺振兴目录。以国家级非物质文化遗产代表性项目名录为基础，对具备一定传承基础和生产规模、有发展前景、有助于带动就业的传统工艺项目，建立国家传统工艺振兴目录。实施动态管理，鼓励地方参照建立本级的传统工艺振兴目录。对列入振兴目录的项目，予以重点支持。

（二）扩大非物质文化遗产传承人队伍。鼓励技艺精湛、符合条件的中青年传承人申报并进入各级非物质文化遗产代表性项目代表性传承人队伍，形成合理梯队，调动年轻一代从事传统工艺的积极性，培养高水平大国工匠队伍。各地要通过多种方式，为收徒授艺等传统工艺传习活动提供支持。引导返乡下乡人员结合自身优势和特长，发展传统工艺、文化创意等产业。

（三）将传统工艺作为中国非物质文化遗产传承人群研修研习培训计划实施重点。依托相关高校、企业、机构，组织传统工艺持有者、从业者等传承人群参加研修、研习和培训，提高传承能力，增强传承后劲。组织优秀传承人、工艺师及设计、管理人员，到传统工艺项目所在地开展巡回讲习，扩大传承人群培训面。倡导传承人群主动学习，鼓励同行之间或跨行业切磋互鉴，提高技艺水平，提升再创造能力。

（四）加强传统工艺相关学科专业建设和理论、技术研究。支持具备条件的高校开设传统工艺的相关专业和课程，培养传统工艺专业技术人才和理论研究人才。支持具备条件的职业院校加强传统工艺专业建设，培养具有较好文化艺术素质的技术技能人才。积极推行现代学徒制，建设一批技能大师工作室，鼓励代表性传承人参与职业教育教学和开展研究。支持有条件的学校帮助传统工艺传承人群提升学历水平。鼓励高校、研究机构、企业等设立传统工艺的研究基地、重点实验室等，在保持优秀传统的基础上，探索手工技艺与现代科技、工艺装备的有机融合，提高材料处理水平，切实加强成果转化。加强传统工艺的挖掘、记录和整理。对具有独特历史意义的濒危传统工艺项目，加快实施抢救性记录，落实保护与传承措施。鼓励出版有关传统工艺的专著、译著、图册等研究和实践成果。

（五）提高传统工艺产品的设计、制作水平和整体品质。强化质量意识、精品意识、品牌意识和市场意识，结合现代生活需求，改进设计，改善材料，改良制作，并引入现代管理制度，广泛开展质量提升行动，加强全面质量管理，提高传统工艺产品的整体品质和市场竞争力。鼓励传统工艺从业者在自己的作品或产品上署名或使用手做标识，支持发展基于手工劳动、富有文化内涵的现代手工艺。鼓励传统工艺企业和从业者合理运用知识产权制度，注册产品商标，保护商业秘密和创新成果。支持有条件的地方注册地理标志证明商标或集体商标，培育有民族特色的传统工艺知名品牌。鼓励拥有较强设计能力的企业、高校和相关单位到传统工艺项目集中地设立工作站，帮助当地传统工艺企业和从业者解决工艺难题，提高产品品质，培育品牌，拓展市场。依托乡村旅游创客示范基地和返乡下乡人员创业创新培训园区（基地），推动传统工艺品的生产、设计等和发展乡村旅游有机结合。开展多种形式的传统工艺大赛、技能大赛，发现、扶持传统工艺创意人才。

（六）拓宽传统工艺产品的推介、展示、销售渠道。鼓励在传统工艺集中的历史文化街区和村镇、自然和人文景区、传统工艺项目集中地设立传统工艺产品的展示展销场所，集中展示、宣传和推介具有民族或地域特色的传统工艺产品，推动传统工艺与旅游市场的结合。在非物质文化遗产、旅游等相关节会上设立传统工艺专区。举办多种传统工艺博览会和传统工艺大展，为传统工艺搭建更多展示交易平台。鼓励商业网站与相关专业网站设立网络销售平台，帮助推介传统工艺产品。

（七）加强行业组织建设。鼓励地方成立传统工艺行业组织。行业组织要制定产品质量行业标准，组织或支持开展面向本地区或本行业传承人群的培训和交流等活动，并提供信息发布、权益维护等服务。

（八）加强文化生态环境的整体保护。鼓励各地对传统工艺集中的乡镇、街道和村落实施整体性保护。结合传统村落、少数民族特色村镇和历史文化街区保护，注意保护传统工艺相关的文化空间和特定的自然人文环境。鼓励研发绿色环保材料，改进有污染的工艺流程，加强生态环境保护。整合现有资源开展非商业性象牙雕刻技艺研究和传承，引导和支持使用替代材料传承以象牙等珍稀动植物资源为原材料的相关技艺。

（九）促进社会普及教育。继续开展非物质文化遗产进校园等活动。支持各地将传统工艺纳入高校人文素质课程和中小学相关教育教学活动；支持大中小学校组织开展体现地域特色、民族特色的传统工艺体验和比赛，提高青少年的动手能力和创造能力，加深对传统文化的认知。鼓励电视、网络媒体等推出丰富多彩的传统工艺类节目。拍摄和译制传统工艺纪录片、教学片和宣传片，弘扬工匠精神，促进知识传播、普及和技艺交流，方便大众学习传统工艺知识。鼓励有关部门和社会组织积极参与或组织传统工艺相关活动，充分发挥各级公共文化机构的作用，依托公共文化服务场所积极开展面向社区的传统工艺展演、体验、传习、讲座、培训等各类活动，使各级公共文化机构成为普及推广传统工艺的重要阵地，丰富民众文化生活，增强传统工艺的社会认同。

（十）开展国际交流与合作。通过双边、多边渠道，组织传统工艺传承人、企业和行业组织代表开展国际交流和研修培训，以及技术领域的研究与合作，开阔视野，借鉴经验。

四、保障措施

（一）加强统筹协调。各级人民政府有关部门要结合发展繁荣文化事业和文化产业、精准扶贫、新农村建设、少数民族传统手工艺及特色村镇保护与发展、传统村落保护、美丽乡村建设、乡村旅游发展等工作，积极探索振兴传统工艺的有效途径。广泛开展面向农村剩余劳动力、城市下岗职工、城乡残疾人、返乡下乡创业创新人员、民族地区群众的手工艺技能培训，鼓励其从事传统工艺生产。引导非物质文化遗产生产性保护示范基地发挥示范引领作用。

（二）落实支持政策。利用现有资金渠道，对符合规定的传统工艺相关项目以及特色文化产业传统工艺发展予以适当支持。将传统工艺展示、传习基础设施建设纳入“十三五”时期文化旅游提升工程。传统工艺企业符合现行小微企业和高新技术企业等税收优惠政策条件的，可按规定享受税收优惠政策。

（三）加强金融服务。探索建立传统工艺企业无形资产评估准则体系，支持符合条件的传统工艺企业融资发展。鼓励金融机构开发适合传统工艺企业特点的金融产品和服务，加强对传统工艺企业的投融资支持与服务。

（四）鼓励社会参与。鼓励社会力量兴办传统工艺企业，建设传统工艺展示、传习场所和公共服务平台，举办传统工艺的宣传、培训、研讨和交流合作等。

国务院办公厅关于2017年部分节假日安排的通知

国办发明电〔2016〕17号

各省、自治区、直辖市人民政府，国务院各部委、各直属机构：

经国务院批准，现将2017年元旦、春节、清明节、劳动节、端午节、中秋节和国庆节放假调休日期的具体安排通知如下。

一、元旦：1月1日放假，1月2日（星期一）补休。

二、春节：1月27日至2月2日放假调休，共7天。1月22日（星期日）、2月4日（星期六）上班。

三、清明节：4月2日至4日放假调休，共3天。4月1日（星期六）上班。

四、劳动节：5月1日放假，与周末连休。

五、端午节：5月28日至30日放假调休，共3天。5月27日（星期六）上班。

六、中秋节、国庆节：10月1日至8日放假调休，共8天。9月30日（星期六）上班。

节假日期间，各地区、各部门要妥善安排好值班和安全、保卫等工作，遇有重大突发事件，要按规定及时报告并妥善处置，确保人民群众祥和平安度过节日假期。

国务院办公厅

2016年12月1日

二、总结

（一）总结的含义

总结是各级机关、企事业单位、社会团体和个人对前一段的实践活动进行回顾检查、分析评价，从中找出经验教训和规律性认识，以便指导今后工作而形成的一种书面材料。总结是总结类文书常用的名称，它有时还称为“小结”“回顾”“体会”“经验”“做法”等。

（二）总结的作用

（1）检查工作的必要手段。单位通过总结能够发现典型，表彰先进，督促后进；个人通过总结能够发现问题，找出差距。因而，总结是检查工作的必要手段。

（2）使感性认识上升为理性认识。通过总结把一个阶段的实践活动进行分析、研究、归纳，使许多零散的、片面的、肤浅的感性认识形成深刻的观念，认识到事物的本质，掌握事物发展的规律。因而，总结是将感性认识上升为理性认识的手段。

（三）总结的特点

1. 自述性

总结是自身实践活动的产物，以第一人称行文，作者是本人或本单位。

2. 经验性

总结旨在把实践中的成功经验归纳出来，把教训总结出来。

3. 说理性

总结不是对自身工作实践活动的简单陈述，不只是对已做的工作过程和情况的表面反映，它是对工作实践活动的本质概括，要在回顾工作实践全过程的基础上，进行研究分析，找出规律性的东西，从感性认识上升到理性认识，用以指导今后的工作，这正是总结的价值所在。

（四）总结的类型

（1）按内容分，可分为生产总结、工作总结、科研总结、学习总结、思想总结等。

（2）按范围分，可分为个人总结、班组总结、部门总结、单位总结、地区总结等。

（3）按时间分，可分为年度总结、季度总结、阶段总结、月份总结等。

（4）按性质分，可分为综合性总结、专题性总结。

（五）总结的结构和写法

总结的结构一般由标题、正文和落款三部分构成。

1. 标题

（1）公文式标题。一般由单位名称、时限、内容、文种构成，如《××县××××年度社会治安综合治理宣传工作总结》《××厂××××年销售工作总结》。

（2）文章式标题。以单行标题概括主要内容或揭示主题，不出现“总结”字样，如《转变增长方式发展循环经济》《以改革为中心严格管理提高经济效益》等。

（3）双行式标题。即分正标题和副标题。正标题概括主要内容或主旨，副标题补充说明单位、时限、内容和总结种类，如《知名教授上讲台　教书育人放异彩——××大学2016年德育工作总结》。

2. 正文

总结的正文因内容种类不同，写法也不尽相同。从结构上看，一般由前言、主体、结尾三部分组成。

（1）前言。又称引言，概况介绍基本情况，交代背景，点明主旨或说明成绩，主要回答“做了什么”的问题。可以是概述式，概述工作的基本情况或基本成效；可以是结论式，将工作经验的结论先写明；可以是提示式，对总结的内容先作提示，点明总结的范围。常用“现将有关工作具体总结如下”“一年来，我们主要开展了以下几方面的工作”等语句过渡到下文。

（2）主体。这是总结的核心部分，其内容包括以下几方面。

① 成绩和经验（即做法或体会）。这部分的写法一般有两种：一是先概述所做的各项工作及其所取得的成绩，然后分析取得成绩的原因，提出主要经验；二是在写工作及成绩的同时，写出经验，寓经验于各项工作及成绩之中。有的总结的小标题本身就是经验或体会的概括。

在这一部分，应详细地、分门别类地介绍那些独特的、与众不同的、有借鉴意义的做法，以引起别人的注意，回答“怎样做的”的问题。

② 问题和教训。在总结成绩、经验的基础上，还应对存在的问题和不足作认真的分析，找出原因，以期达到吸取教训，改进工作的目的。这部分内容的安排要根据写作总结的需要而定，如果是综合性总结，这部分一般要写得较为简单，不必详细展开；如果是着重反映问题的总结，就要把这部分作为重点来写。开头可用一句话引入，如“一年来，我们虽然取得了一些成绩，积累了一些经验，但还存在一些不容忽视的问题”。总结存在的问题和教训，

③ 今后的打算。经过总结经验教训，明确了任务和方向，提出今后的打算。这部分内容应写得比较简略，因为制订解决问题的具体方案是计划的任务。

总结的主体部分有下列三种结构形式。

① 横式结构。也称并列结构，即按内容性质的不同把工作分成若干方面，分别介绍各方面的工作情况，归纳出几个并列的观点，以小标题的形式点明，经验性总结多用此结构。采用横式结构应注意并列的各部分内容不要互相交叉或有重要遗漏。

② 纵式结构。也称阶段式结构，即按时间顺序、工作进程或事物发展的逻辑顺序来安排内容。采用这种结构方式，可以使全文条理清晰，便于掌握工作的进程和每一工作阶段的任务完成情况，此结构适用于阶段性较强的工作总结，如专题性总结。

③ 纵横结构。是横式结构和纵式结构的综合，即把工作过程按时间顺序分成几个阶段，每个阶段又分成并列的几个部分叙述，每个阶段总结出几条经验，纵横交织，全面总结，内容复杂的综合性工作总结常用这种结构。

（3）结尾。结尾应简短有力，常见的有以下几种写法。

① 自然式。即正文主体内容结束后，意尽言止，不另写结尾。

② 总括式。结尾对总结内容进行概括，或做出结论。

③ 谦虚式。结尾表示谦虚的态度，如“虽然我们的工作取得了一定的成绩和经验，但还

存在不少缺点和不足，与先进单位相比，还有不少差距，今后要谦虚谨慎，戒骄戒躁，百尺竿头更进一步”。经验总结常用这种结尾。

④ 展望式。结尾表示决心，展望未来，满怀信心，团结一致，争取更大的成绩。大会总结常用这种结尾。

3. 落款

落款包括署名和时间两项内容。在正文右下方写明总结的单位名称（或个人姓名）和具体日期。如标题中已注明单位名称，此处可以省略。也可以在标题下面署名。

（六）总结的写作要求

1. 材料充分，实事求是

为保证总结的观点正确、内容充实，资料充分，全面掌握情况是写总结的首要前提。实事求是是总结写作时应用的态度。写总结是为了使人了解工作的真实情况，总结的内容必须真实准确，做到反映成绩不夸大其词，总结经验不随意拔高，指出问题不敷衍了事，申明教训不浮于表面。

2. 善于分析，找出规律

要善于分析材料，从掌握的事实和材料中探求规律，这样的总结才有意义。如记流水账一样罗列材料，或一味地就事论事，写出的总结就不可能对今后的工作有太大的指导意义。

3. 合理取舍，突出重点

撰写总结，要根据具体的写作目的和工作状况的特点取舍内容，确定重点，各方面的内容不能平均使用笔墨，而要有所侧重，要做到重点工作重点总结，避免采用面面俱到、泛泛而谈的写作方式。

4. 叙议得当，结构严谨

叙议得当，是总结在表述上的特别要求。应以叙述为主，叙议结合。一般在交代工作的过程、列举典型事例时，以叙述为主；在分析经验教训、指明努力方向时则多发议论。

例文1

内蒙古自治区国土资源厅2016年度法治建设工作总结

2016年，在国土资源部和自治区党委、政府的正确领导下，自治区国土资源厅按照“五位一体”总体布局和“四个全面”战略布局，牢固树立、切实落实五大发展理念，主动适应经济发展新常态，服务发展大局，把保护资源、保障发展、维护权益贯穿国土资源依法行政全过程，坚持改革创新，积极主动作为，服务保障能力明显提升，资源保护成效显著，“有为国土、法治国土、学习国土、服务国土”建设迈上新台阶。现将一年来的工作情况总结如下。

一、主要工作依法开展情况及成效

（一）全力保障稳增长、调结构政策落地。一是大力推进“三去一降一补”，从强化产能过剩项目用地调控、控制煤炭新增产能、淘汰煤炭行业落后产能、加强房地产业用地调控等方面制定了12条具体措施，有效保证了“五大任务”落地。二是全力保障重大项目用地。全年批准使用国家新增建设用地计划指标2.58万公顷，同比增长42%；累计供应土地1.79万公顷，有效保障了重点行业、重点产业用地。

（二）全面提升耕地保护水平。坚决落实最严格的耕地保护制度，完成了全区城市周边基本农田划定工作，保护率由46%提高到73%。全域基本农田划定方案全部通过论证审核，落实划定任务9 300多万亩。全年投入资金40亿元，完成高标准基本农田建设任务400万亩。自治区人大常委会对我区耕地保护工作给予了充分肯定。截至目前，全区耕地面积1.37亿亩，超出国家下达任务3 000万亩。（略）

个人工作总结

第二节　个人简历与求职信

一、个人简历概述

（一）个人简历的含义

个人简历是求职者给招聘单位发的一份个人情况简要介绍。包含自己的基本信息：姓名、性别、年龄、民族、籍贯、政治面貌、学历、联系方式、学习经历、实践或工作经历、能力、业绩等自我评价，以达到求职或者应聘目的的文书。

简历可以附录一些证明材料，例如获奖证书、论文等，也可以把获奖证书等缩小扫描在一张纸上。本科简历可以简明，但如果是研究生以上层次，需要有较多的附件。在广州招聘会现场来自暨南大学新闻专业的硕士研究生将一份90页的简历投给了中国南方航空集团，南航人力资源负责人说，这种态度认真的应聘者让人“一见倾心”。这位姓陈的研究生将他的实习成果、发表论文、获奖证书分门别类地用一本厚厚的文件夹装订好，还为简历内容做了索引。南航有关负责人说，这本简历体现了一些具体的研究成果，而不是几张没有实际意义的证书，应聘者的素质基本上一目了然，让用人单位觉得这位应聘者做事非常认真，也非常有诚意，所以对他十分满意。有“实战”经验者较受重视。用人单位对于应届毕业生是否具有实践、实习经验十分看重，尤其是是否具有相关行业的从业经验，成为一些用人单位问得最多的问题。以往的实践、实习经验也成为用人单位关注的焦点。

（二）个人简历的特点

（1）真实性。简历的内容要实事求是，真实地叙述个人的情况。内容不真实，即使包装再好，也可能会给应聘者造成难以预料的后果。

（2）自评性。需对个人的专业特长等做出自评，仔细筛选信息，突出个人特点，毛遂自荐，让他人了解自己，达到求职或应聘的目的。

（3）简要性。个人简历是自己学习生活的简短集锦，要整洁地介绍个人的学习经历和实践工作经历等相关情况。

暨南四年，遇见更好的自己
——访第六届暨南大学 5A 卓越引领计划“暨南之星”标兵赵颖超

（三）个人简历的类型

（1）按写作方式分，简历可分为表格式简历、文字式简历和文字表格式简历。学生求职通常用表格式简历。

（2）按使用类型分，简历可分为时间型简历、功能型简历、专业型简历、业绩型简历、创意型简历。

企业如何挑选简历

（四）个人简历的写法

个人简历的标题一般有“个人简历”“简历”“求职简历”“×××（姓名）简历”等写法。

正文包括以下几方面内容。

（1）个人基本信息。包括姓名、性别、联系方式（固定电话、手机、电子邮箱、固定住址）、出生年月、籍贯、政治面貌、婚姻状况、身体状况、兴趣爱好等，其中政治面貌、婚姻状况、籍贯等可视个人以及应聘的岗位情况而定，可写也可不写。

（2）学业有关内容。包括毕业学校、学院、学位、所学专业、专业课程（可把详细成绩单附后）以及一些对工作有利的副修课程以及毕业设计等。

（3）实践和社会工作经历。包括大学以来的简单经历，主要是学习和担任社会工作的经历，如实习、社会实践、志愿工作、学生会、团委工作、社团等其他活动。如果有职务也应具体写明。

（4）获奖和获取职业技能证书情况。包括“优秀学生”“优秀学生干部”“优秀团员”及奖学金和各类比赛等方面所获的荣誉，相关等级或名次也要写上。相关职业技能证书可作为附件。

（5）能力、特长及个性评价。这方面内容的介绍要恰如其分，尽可能使自己的特长、兴趣、性格等与将要谋求的职业特点和要求相吻合。个人技能，包括专业技能、IT 技能和外语技能。同时也可以罗列出你的其他技能证书。

（6）求职意向。表明本人想做什么、能为用人单位做些什么以及相关的要求。内容应简短清晰。

（7）附件。个人获奖证明，如优秀党、团员，优秀学生干部证书的复印件或扫描件，英语四、六级证书，计算机等级证书的复印件或扫描件，发表论文或其他作品的复印件等。

知识拓展

多数领导都有做过学生干部的经历。如李克强同志做过北京大学学生会负责人，陆昊同志做过北京大学学生会主席。省市级的领导更是如此，如广东省副省长邓海光做过华南师范大学学生会主席。

（五）个人简历的写作要求

（1）实事求是：要求内容实事求是，切忌凭空杜撰。

（2）突出亮点：要求简洁地表述自己的优点和长处，给读者深刻印象。

（3）针对性强：简历不是个人自传，必须有针对性，与自己申请的工作无关的事情要尽量不写，而对你申请的工作有意义的经历和经验绝不能漏掉。

（4）准确美观：简历一般应打印，图文美观，注意装帧，并附上自己的免冠近照。

例文1

个 人 简 历

姓名：×××

出生年月：××××年×月×日

性别：×

籍贯：

政治面貌：

求职意向：愿到企事业单位、国家行政机关及军队中从事行政管理、人力资源管理、会计、行政助理等相关工作。

自我评价：本人性格开朗、稳重、有活力，待人热情、真诚。工作认真负责，积极主动，能吃苦耐劳。有较强的组织能力、实际动手能力和团体协作精神，能迅速地适应各种环境。

个人专长：

交际、组织、管理、写作、计算机、文学、分析研究、音乐等。管理理论知识结构牢固，能充分并成功地运用于实际中；英语基础知识较扎实，具备一定的听、说、读、写及翻译能力；熟悉计算机网络。

主修专业课程与成绩（略）：

行政管理学、人力资源管理学、人力资源管理案例、企业管理学、基础写作、公共关系学、公共计算机学、市政学、信息管理概论、法学基础、行政法和行政诉讼法、社会心理学、中国政治制度史、大学英语、行政领导和决策学、财政学、应用写作、金融学、政治经济学、公共政策学、人际关系学、谈判学、中国传统礼仪文化、公共管理学、社会调查研究学等。

在校期间任职情况：

2007.9—2008.6 在班级担任班长职务。

2008.9—2009.6 担任系学生会副主席。

2009.9—2010.6 担任学生会副主席、班级体育委员。

2010.9—至今担任班级组织委员。

社会实践和实习情况：

2007.9—2008.6 辅导某初三学生各门功课，在一段时间的辅导、合作中，该学生的各门功课成绩均有提高，深受该生家长的好评。

2008.9—2009.6 在××市电影公司实习，负责办公室的日常事务，从事人事和企业行政管理，在实习结束后，各领导给予我极高的评价并给予奖励。

2009.9—2010.6 在暑假期间，在当地的市政府部门里担任办公室助理职务，处理各项管理事务，协助领导做好管理工作，受到领导们的一致好评和肯定。

2010.9—2010.9 在××省工商行政管理局合同处实习。主办“××省重合同、守信用企业协会”的成立，运用熟练的办公自动化设备，起草及审查各种办公室文件；编排、打印档案；打理办公室日常事务，与其他各单位、部门做好协调，协助本部门领导做好管理工作等。通过自己的努力，认真负责地完成任务，该协会被国家工商总局授予国家优秀信用组织协会。对于实习期间的工作，处长和科长们给予我很高的评价和奖励。

在校期间获奖、成果情况：

2004—2005 学年荣获“三好学生”称号。

2007 学年荣获“实习积极分子”称号。

2009—2010 学年荣获“优秀共青团员”称号。

在实习工作中，主办了“××省重合同，守信用企业协会”，该协会被××省工商局评为优秀信用组织协会。

获得证书情况：

大学英语四级证书、全国计算机二级证书、秘书中级技能证书、公共关系资格证书。

个人求职简历

博士生求职简历

二、求职信

（一）求职信的含义

求职信包括自荐信和应聘信，是个体求职者向有关用人单位或相关领导介绍自己的主观愿望和实际才干，目的是让对方了解自己、相信自己，从而获得某种职位的书信文体。

自荐信和应聘信的写作要求大致相同，不同的是自荐信属于主动型的，用以自我推荐、介绍个人长处、“投石问路式”地寻求职位；应聘信则属于被动型的，根据对方提出的一系列要求，个人选择其中适合的一种工作来提请对方予以考虑。

（二）求职信的特点

1. 针对性

针对性体现在三个方面：一是针对用人单位的实际情况；二是针对读信人的心理；三是针对自己的实际情况。

2. 自荐性

不论是自荐信还是应聘信，求职者在信中都必须毛遂自荐，恰当地介绍自己。

3. 竞争性

择人与择业的双向选择机制决定了求职行为本身就是一种竞争。自用人单位收到求职信开始，竞争就展开了。

（三）求职信的类型

（1）应聘式求职信。即应聘信，求职者是根据用人单位招聘人员的条件向用人单位进行自我介绍而谋职的书信。

（2）非应聘式求职信。即自荐信，求职者不知晓对方单位是否有用人需求而径自投递过去的求职信。

（四）求职信的结构和写法

1. 标题

求职信的标题一般只有“求职信”三个字，居于首页第一行中间。

2. 称谓

求职信若是写给国有企事业单位，通常称谓写单位名称或单位的人事处（组织人事部）。若是写给民营、私营或合资独资企业，则一般写公司老板或人事部负责人。单位名称后可加“负责同志”；个人姓名后可加“先生”“女士”“同志”等。

3. 正文

（1）开头。写求职、应聘的缘由。也有求职信不写开头的。

（2）主体。这是求职信的重点部分，写作内容通常包括以下几方面。

① 个人的基本情况。包括姓名、性别、学历、年龄、专长、经历、业绩等。

② 个人的志向、兴趣、性格等。

③ 求聘的工种、职位。

④ 待遇要求（也可不写）。

⑤ 通信地址、电话、电子邮箱、QQ 号码等。

4. 敬语

按信函的格式写上“此致”“敬礼”一类的敬语。

5. 署名和时间

在敬语的右下方，要写上“求职者×××”，并注明写求职信的具体日期。

6. 附件

附件部分是附在信末用以证明或介绍自己具体情况的书面材料，选用的相关证明材料最好加盖公章，内容包括所读课程及成绩单，获奖证书或等级认定证书，发表的文章，专家、单位提供的推荐信或证明材料等。

（五）求职信的写作要求

（1）多写自己的优势，突出亮点，展示自己的业绩和能力。

（2）如果是应聘信，则应严格依据招聘条件，有针对性地逐条如实表述。

（3）态度自信，礼貌并尊重对方，不卑不亢。

（4）如果必要，可以适当说明自己的求职注重的是能更好地发挥个人才能，为单位发展做贡献，而不只是考虑经济上的收入。

求职信

尊敬的领导：

您好！

我是××××大学××××系的一名学生，即将面临毕业。

××××大学是我国××××人才的重点培养基地，具有悠久的历史和优良的传统，并且素以治学严谨、育人有方而著称；××××大学××××系则是全国××××学科基地之一。在这样的学习环境下，无论是在知识能力，还是在个人素质修养方面，我都受益匪浅。

四年来，在师友的严格教益及个人的努力下，我具备了扎实的专业基础知识，系统地掌握了××××、××××等有关理论；熟悉涉外工作常用礼仪；具备较好的英语听、说、读、写、译等能力；能熟练操作计算机办公软件。同时，我利用课余时间广泛地涉猎了大量书籍，不但充实了自己，也培养了自己多方面的技能。更重要的是，严谨的学风和端正的学习态度塑造了我朴实、稳重、创新的性格特点。

此外，我还积极地参加各种社会活动，抓住每一个机会，锻炼自己。大学四年，我深深地感受到，与优秀学生共事，使我在竞争中获益；向实际困难挑战，让我在挫折中成长。祖辈们教我勤奋、尽责、善良、正直；××××大学培养了我实事求是、开拓进取的作风。我热爱贵单位所从事的事业，殷切地期望能够在您的领导下，为这一光荣的事业添砖加瓦；并且在实践中不断学习、进步。

收笔之际，郑重地提一个小小的要求：无论您是否选择我，尊敬的领导，希望您能够接受我诚恳的谢意！

祝愿贵单位事业蒸蒸日上！

求职者×××

××××年×月×日

求职信

求职信

博士生求职信

第三节　述职报告与简报

一、述职报告

（一）述职报告的含义

述职报告是各级机关、企事业单位、社会团体的领导干部及管理人员向所在单位的组织人事部门、主管领导、上级机关，以及本单位的干部群众陈述自己在一定任职期间内履行岗位职责情况的一种事务文书。

（二）述职报告的作用

（1）有利于提高述职人的工作能力和领导水平。述职人通过对过去一段时间工作的回顾和思考，明确职责，总结经验教训，便于更好地开展今后的工作。

（2）有利于考核干部。用人单位及人事部门通过述职报告全面、系统地掌握述职人的能力素质，从而对其进行综合评定，为考核干部提供了依据，是组织对有关人员进行考核的重要途径。

（3）有利于发扬民主。干部向群众汇报自己的工作，接受群众评议，一方面，让群众了解情况，增强透明度；另一方面，密切干群关系，接受群众监督。

（三）述职报告的特点

（1）述评性。述职人使用第一人称，本着对组织、对个人负责的态度，陈述任某一职务以来或某一时段的工作情况，并做恰当的自我评估。

（2）限定性。述职报告要求述职人对照所在岗位的行为规范、岗位职责、目标任务来陈述履行岗位职责的情况。

（四）述职报告的类型

（1）按内容分，可分为综合性述职报告、专题性述职报告、单项工作述职报告等。

（2）按时间分，可分为年度述职报告、任期述职报告、临时性述职报告等。

（3）按性质分，可分为晋职述职报告、例行性述职报告等。

（4）按述职者分，可分为个人述职报告、领导集体述职报告。

（5）按表达形式分，可分为书面述职报告、口头述职报告等。

（五）述职报告的结构和写法

述职报告一般由标题、称谓、正文和落款四部分构成。

1. 标题

（1）文种式标题。直接用文种名称，如《述职报告》。

（2）公文式标题。即“时限+文种”，如《2017年度述职报告》；“代词+文种”，如《我的述职报告》；“职务+文种”，如《××学院院长的述职报告》；“时限+职务+文种”，如《2013年7月1日至2017年7月1日任校长职务的述职报告》。

（3）双行式标题。即分正标题和副标题。正标题是主旨，副标题是公文式标题。如《忠于职守，确保安全——××公司保卫科科长李××的述职报告》。

2. 称谓

称谓是对述职报告的审议者的称呼，要求规范、得体。书面形式呈送的报告，应写明收文机关或领导负责人，如“党委组织部”“人事处”“×××总经理”等；口头宣读的报告，应写对听者的称谓，如“各位代表”“各位领导、同志们”等。称谓要放在标题之下，空一行顶格书写。

3. 正文

正文由引言、主体和结尾三部分构成。

（1）引言。概述任职的基本情况，包括所任现任职务、任职时限、岗位职责和考核期间的目标任务情况，及对自己履职尽责的总体评价。这是述职报告的基础，要写得简明、扼要。常用“现在我就履行职责情况报告如下”等为过渡语，引出主体部分。

（2）主体。主要写任现职以来履行岗位职责情况。这是述职报告的核心内容。它包括以下几个方面：介绍自己的工作目标和工作思路，让领导和群众了解自己主抓什么工作计划及指标实现情况。决策能力在承担工作中所发挥的作用和效果。尽可能用事实和数据评估自己在整体工作中作用的大小，突出个体风格和贡献。针对现职，做了哪些开拓性工作，岗位工作中存在哪些主要问题和教训。

主体部分的内容，可以采用纵式结构形式，以时间为序，把自己任职以来的全部工作按时间划分为几个阶段，分别写出各阶段的工作情况；也可以采用横式结构形式，把工作项目用小标题或用序码的形式平行列出，展开叙述。述职者可根据任职时间长短、实际情况做出恰当的安排。

（3）结尾。即结束语。常见用语有“以上报告，请审示”“以上报告，请领导和同志们批评指正”“以上是我的述职报告，谢谢大家”等。

4. 落款

落款包括述职人的职务、姓名和成文的日期。一般在正文的右下方写明，有时也可以写在标题之下。如标题中已有述职人职务和姓名，此处则可省略。

（六）述职报告的写作要求

（1）重在职责履行情况，而非“个人总结”。述职报告和总结既有区别，又有联系。它们都可以谈经验教训，都要求事实材料与观点紧密结合。但区别在于：其一，回答的问题不同。总结要回答的是做了什么工作，取得了哪些成绩，存在什么缺点、经验、教训等。述职报告回答的则是肩负什么职责、履行的能力如何、怎样履行的、称职与否等。其二，写作重点不同。个人总结重点在于全面归纳工作情况，述职报告则以履行职责方面的情况为重。其三，表述方式不同。个人总结主要运用叙述和概况的语言，述职报告则可用夹叙夹议的写法。

（2）实事求是地评价自己。述职报告要求述职人正确认识和评价个人的作用和集体的作用，因而对自己的评价要实事求是。陈述时理直气壮摆成绩，诚恳大胆讲失误；既不将集体之功归于个人，也不要抹杀个人作用。

（3）处理好叙和议的关系。注意以叙述为主，旁征博引，根据叙述的事实，对照岗位规范，引出准确的评价。

（4）抓住重点，突出个性。述职报告的写作目的不是评功摆好，而是说明是否称职。其表述的内容应抓住重点，突出最能显示工作实绩的大事件或关键事；具有自己的特色和贡献，让人能分辨出述职人在具体工作中所起的作用，鲜明地把履行职责的实绩和能力表现出来，通过述职使领导和群众产生鲜明的印象。

例文

××市审计局局长述职报告

2016 年度，本人认真组织学习贯彻落实党的十八大精神、中央“八项”规定、“六条”禁令，严格履行自己的岗位职责，不断提高自身的思想政治素质和综合素质，带领全局干部职工较好地完成了各项工作任务。2016 年度，市审计局被省委、省政府表彰为“省第十三届文明单位”，被中共市委、市政府表彰为“平安建设暨社会管理综合治理目标管理先进单位”。现将本人本年度在“德、能、勤、绩、廉”等方面的履职情况报告如下。

一、勤奋学习，不断提升自身综合素质

一年来，本人一方面能够积极参加政治理论学习，提高政治素养。随着市场经济的发展，如何在新形势下创新审计方法，抓住审计工作重点，提高审计质量，更好地维护社会主义经济秩序，促进廉政建设，深感责任重大，不敢有丝毫懈怠。因此，自己始终将全面提高个人素质放在首位，高度重视政治理论的学习和业务知识的更新。积极参加市委中心学习组的学习，认真学习十八大及习近平总书记的一系列讲话精神、党的群众路线重要论述摘编等，不断提升党性修养、宗旨意识，坚定理想信念，不断提高政治素养。另一方面积极参加学法用法活动，做到克己奉公、依法审计。本人通过学习法律法规，努力做到学以致用，不断提高自己的执法水准。一是重点学习了重要会议和文件精神、《审计法》《中国财经审计法规选编》《省审计实施条例》、审计业务知识等；二是抓好依法行政，充分发挥“免疫系统”功能，合理安排、依法审计、坚持原则、不徇私情，做到了内强素质、外树形象。

二、创先争优，不断追求工作实效

1. 预算执行审计有新发展。作为审计局的主要负责人，不论是市人大通过的《政府工作报告》，还是市人大常委会的决议决定，只要涉及审计方面的内容，我都能及时召开班子成员会进行学习、研究、制订并落实方案，坚持和做到了高质量、严要求。今年的预算执行审计项目，一是早谋划、早落实，在年初即着手本级预算执行审计工作，2 月份进点实施市本级预算执行审计，3 月初开始对 30 个预算执行单位进行延伸审计；二是组织严密、过程严谨、处理规范，整个审计项目本人亲自抓、班子成员深入工作一线具体抓，坚持和做到了高质量、严要求，至 5 月底已全面完成了审计任务、出具了审计报告；三是狠抓整改，审计报告出具后，立即狠抓审计查出问题的整改工作，对照审计发现的问题，逐个单位、逐个问题落实整改措施，对整改效果进行跟踪问效。

2. 征迁资金审计取得新进展。征地拆迁是我市重要的一个经济工作，认真安排部署对市2014年1月至8月重点建设项目征地拆迁资金筹集、管理、使用情况的专项审计调查，并通过《审计要情》的方式，向市委、市政府作了专门汇报。

3. 投资审计取得新突破。以促进完善投资管理为目的，把投资审计和效益审计有机地结合起来，对政府投资建设项目实施全过程、全方位的审计监督，大胆揭示建设领域存在的突出问题，取得了较好的社会效益和经济效果，一年来完成项目投资审计 715 个，审计核减金额 7 120 万元，为政府节省了大量资金。今年市政府办批转了我局《关于 2014 年上半年固定资产投资审计情况通报》，固定资产投资审计报告引起了市主要领导的极大重视，并对多个报告做了重要批示，据此，进行认真调研，为 7 月份我市出台文件《关于进一步规范建设工程程序意见》提供了依据。

4. 乡镇财政财务收支审计展开新局面。乡镇政府是最基层一级政府，其财政财务收支情况备受上级政府和群众关注。在 2014 年 10 月，组织对全市 17 个乡镇财政财务收支进行全面审计，审计重点主要为乡镇财政财务收支情况、社会抚养费征收管理使用情况。通过审计，摸清乡镇家底，为经济决策服务，掌握乡镇财政财务收支情况，揭示乡镇财政财务管理使用中存在的突出问题，分析问题产生的原因，提出相应的意见和建议，建立长效机制。

5. 专项资金审计有新成效。着力加大民生项目和资金审计力度，促进涉及民生的政策措施落实，促进发挥审计机关"免疫系统"功能，服务社会经济发展。根据市局要求，从 6 月起，组织开展为期两个月对我市卫生专项资金、新农合资金、中等职工学校和技工学校助学金及免学费资金、农村劳动力培训资金、万村千乡市场工程补贴资金等五大民生专项资金的审计。切实帮助被审计单位加强资金管理，维护广大人民群众切身利益，保证了专款专用，提高了专项资金的使用效益，起到了"一审、二帮、三促进"的积极作用。

6."三送"工作深得民心，招商工作迈上新台阶。始终牢牢把握"三送"工作重点，求真务实，深入"三送"点走访调研，为民办实事、解民难，把"三送"工作落到实处。一年来，共慰问困难户 21 人次，赠送 5 万余元物资，新修通水泥路 1 200 米，新建便民桥一座，新修三面不见土水渠 800 米。新建垃圾池 7 个，修复水渠、道路 4 处。争取资金 11 万余元，为村委添置了党员活动室桌椅 55 套，化解村级债务，改善了村两委办公条件。积极推进雅致湖危旧土坯房改造，市审计局共出资 17 万元，用于土坯房改造征迁工作等，拆除危旧土坯房 677 间（含宗祠 3 座）12 340 平方米，规划建房 205 套，已封顶 157 套。雅致湖危旧土坯房改造成为省扶持示范点，青龙村工作点被市委、市政府评为"'三送'先进工作队"。认真抓好招商引资工作，实行"一把手"负责制，不断创新招商思路，改进招商方式，拓展招商领域，带队到上海招商，接待外商 5 批次，引进招商项目 2 个，招商引资工作取得较好成效。

三、强化服务，不断增强组织协调能力

本人一直坚持"职责有限、服务无限"的理念，力求通过自己的组织协调，使审计的服务职能得到充分的发挥。一是在日常工作中锻炼能力。常规性工作，我主动着手，提前准备；临时性工作，充分发挥主观能动性，创造性开展工作，做到忙而不乱，注重工作质量和效率。二是在基层服务中锻炼能力。在工作中自觉锻炼协调能力，能够根据工作的轻重缓急统筹安排各项具体工作，处理好内外关系。三是在复杂事务中锻炼能力。在事务多、人员少、责任重的情况下，我总是以一个普通干部身份"视责如山，履责如冰，守责如城"，以高度负责的态度干好每一项工作。

四、廉洁自律，树立良好形象

作为一名审计局长，我能始终保持清醒头脑，时刻警钟长鸣，认真贯彻执行《中国共产党党员领导干部廉洁从政若干准则》和中央“八项”规定。在复杂多变的形势面前保持头脑清醒，在艰巨繁重任务面前保持坚定信心，防微杜渐，自觉维护党和政府的形象和威信。不断增强自律意识和拒腐防变能力，时刻把握住生活小节，管好自己的嘴和腿，谨慎走好人生的每一步。在做好表率的同时，认真抓好局领导班子及各科室的廉洁自律教育和监督。

五、存在问题和今后努力的方向

过去一年的工作，虽然取得了一定的成绩，但也存在着一些差距和不足，缺乏刻苦钻研精神，学习的自觉性不高，学习的全面性、系统性和深入程度都有待加强，工作创新意识不够。今后继续加强政治理论学习和业务知识学习的自觉性，更新观念，增强发展意识、服务意识，进一步提高审计工作的能力与水平，更加严格要求自己，在以后的工作中恪尽职守，奉献自己的力量。

资料来源：http://www.360doc.com/content/16/1213/18/36571079_614398738.shtml.

二、简报

（一）简报的含义

简报是党政机关、企事业单位、社会团体内部用于及时沟通情况、汇报工作、反映问题、交流经验、传递信息而编发一种简短的有一定新闻性质的文书材料。简报是个统称，各单位内部编发的“工作动态”“情况反映”“内部参考”“简讯”“快报”等，都属于简报的范畴。简报是一种内部文件，不是正式公文。

（二）简报的作用

1. 下情上传

通过简报，可以将工作进展情况以及工作中出现的新情况、新问题、新经验及时反映给上级领导，便于上级领导及时了解下情，为决策部门制定政策、指导工作提供参考。

2. 上情下达

通过简报，上级领导部门可以向下级机关及时快速宣传党和政府的方针政策，传达有关文件精神，通报有关情况，宣传推广典型经验，布置安排任务，指导工作实践等。

3. 交流经验

简报体现了领导机关的一定指导能力，通过组织交流，可以提供情况、借鉴经验、吸取教训，使彼此得到启发，从而更好地配合工作，加强协作。

（三）简报的特点

（1）简，指文字简洁，篇幅小。简报长了就不能称其为简报，它一般是一文一事，字数在一千字左右。

（2）快，指反映迅速及时。简报有较强的时效性，它以最快的速度及时反映新情况、新典型、新问题和新动向。错过时效，简报的作用和价值就大打折扣。

（3）新，指内容新鲜，有新意。新，是简报的价值所在。简报中所反映的事件要有新闻性，要写新问题、新动态、新趋势、新经验，唯有“新”才有启发和参考价值。

（4）密，指机密程度。简报是一种企事业单位内部反映和交流情况的小报，只供一定范围参阅，有不同程度的机密性。一般来说，发行范围越广，机密程度越低；发行范围越窄，机密程度越高。

（四）简报的类型

（1）按内容分，有综合简报、专题简报、会议简报等。

① 综合简报。把一个时期的全局情况进行汇总化的反映。它往往有一个明确主题，贯串数篇简要报道组成。综合简报多定期编发，或10天，或15天等。如某机关办公室编的《××工作简报》。

② 专题简报。针对某一情况、某一工作、某一问题、某一动态而编发的简报。这种简报反映开展某项工作的主要情况和典型经验，所涉及的内容单一集中，用点上的情况和经验来反映全局的某个方面。如大竹县编发的《化解社会矛盾　确保奥运稳定——大竹县深入开展“迎奥运保稳定百日安全行动”》。

③ 会议简报。通常是大型会议、重要会议举行期间编发的，以利于组织与引导会议。它可以是一次性的，也可以是连续性的。其内容一般包括会议概况、进程、议题、决议、发言要点、会议动态及其他重要状况等，重点是要体现会议的精神、主旨。会议结束了，简报也就停办了。因此，它是一种阶段性简报。

（2）按性质分，有工作简报、学习简报、生产简报等。

（3）按时间分，有定期简报和不定期简报等。

（五）简报的结构和写法

简报一般包括报头、报核和报尾三部分。

1. 报头

简报的报头，又称版头。一般占首页三分之一的版面，用间隔红线与正文部分分隔开。报头包括以下项目。

（1）简报名称：一个单位的简报一般由固定名称，除用“××简报”“××动态”等常用四字名称外，还可以加上单位名称、专项工作等内容。如《××大学“三讲”教育简报》，在居中位置，用套红大号字体，粗体字写出。

（2）期数：排在简报名称下方正中，可加括号。如果是综合工作简报，一般以年度为单位，统编顺排；如果是专题简报，按本专题统编顺排；如果是增刊，就标明增刊字样。

（3）编印机关：一般是“××办公室”或“××秘书处”，位于期数下面、间隔红线左上方，一般写全称。

（4）印发日期：包括年、月、日，并以领导签发的日期为准。在编发机关右侧，间隔红线右上方。

（5）密级：如果需要保密，在报头左上角标注密级并加标识★，如“机密★”、“秘密★”或“内部刊物”；保密时限在标识后写上，如“1年”或“3个月”。

（6）份号：确有必要，还可在报头右上角印上份号。

2. 报核

报头以下、报尾以上的部分都是报核，也称主体或正文部分，是简报的核心部分。一般由目录、按语、标题、正文、署名等五个部分构成。

（1）目录。如一期简报有两篇及以上的文稿，横线下要安排目录。由于简报内容单纯，容易查找，目录一般不需标序码和页码，只需将编者按语或各篇标题排列出来即可，为避免混淆，可以每项前加一个星标志。

（2）按语。按语也叫“编者按”。若有必要，在标题前可加一段编者按语，主要内容是工作任务来源、本期重点稿件的意义和价值、征稿通知、征求意见等。按语不可太长，但本身语意要独立、完整。

（3）标题。标题要求，引人注意。简报的标题有不同写法：动态性较强的内容多采用单行式新闻标题，简短醒目地交代事实，揭示中心，如《查摆突出问题，研究“三讲”教育方案》等；也有用双行式标题，一种是前标题，是整体，概括事实的性质，后副标题，补充叙述基本事实，如《再展宏图创全国一流市场——××农贸市场荣获市信誉市场称号》；另一种是前标题，是引题，指出作用和意义，后副标题是正题，概括主要报道内容。

（4）正文。正文因体式各异，结构也有所不同。简报因内容和体裁的不同，可以分为报道体、总结体、转引体和汇编体。报道体、汇编体类结构往往前有导语，后有主体、背景等；总结体可完整地将“总结”刊于简报；转引体则因所引文章不同，正文可以是片断章节，也可以是整篇文稿。

（5）署名。一般情况下，由编发单位撰写的简报文稿不署作者的姓名。如果是约稿或征集来的稿件，或是有关部门作者自己送来的稿件，则应署名。署名的位置在文末最后一行后（有时加上括号）或在最后一行右下侧。

3. 报尾

报尾在简报最后一页下 1/3 处，用一条间隔横线与报核部分隔开，一般包括以下内容。

（1）发送范围。上级机关称“报”，不相隶属机关称“送”，下级机关称“发”。如果发送机关较多，可用同类型机关的统称。发送范围上下各用一横线为界。

（2）印制份数。在发送范围下界线右下方表明本期简报共印份数。

简报的格式如表 5-2 所示。

表 5-2 简报的格式

<table>
<tr><td>（密级）</td><td></td><td>（编号）</td></tr>
<tr><td></td><td>简报名称
（期数）</td><td></td></tr>
<tr><td>编发单位名称</td><td></td><td>印发日期</td></tr>
<tr><td></td><td>编者按
标题
正文</td><td></td></tr>
<tr><td></td><td>报：×××
送：×××
发：×××</td><td></td></tr>
<tr><td></td><td></td><td>共印××份</td></tr>
</table>

（六）简报的写作要求

（1）选材要准。简报不能有事就报，要有的放矢，精挑细选，注意从党的中心工作和单位阶段工作的需要、密切相关的问题出发，在众多的事件中选取那些最有指引意义或必须引起重视的经验、状况、问题，予以全面的、实事求是的报道。

（2）内容要新。针对简报要“新”，就要求编写者对客观情况具有灵敏感，思想要敏锐，善于发现工作或社会生活中的“苗头”，使简报具有更强的实际效应。

（3）及时迅速。简报是信息传递的重要手段，而信息的价值很大程度上取决于时效。简报能否发挥作用和发挥作用的大小，编写与发送的快慢是十分重要的因素。编写者应反应迅速，及时予以捕抓，并以最快的速度予以报道。

（4）求简务精。简报要简短精粹。文字要简洁、干净、利索，不说空话、套话，写法直截了当，开门见山，篇幅不宜太长，一般以一千字左右为宜。

教育部简报

〔2017〕第25期

教育部办公厅编　　　　　　　　　　　　　　　　2017年×月×日

同济大学加强和改进“形势与政策”课程建设

同济大学从解决好培养什么样的人、如何培养人以及为谁培养人这个根本问题的高度，围绕“讲什么、谁来讲、怎么讲”整体推进“形势与政策”课程改革，不断增强教学的针对性、实效性和亲和力、说服力。

优化课程设计。“形势与政策”课贯穿本科四年，第一、二学年以课堂教学为主，第三、四学年以实践教学为主。课堂教学紧紧围绕教育部下发的《高校“形势与政策”教育教学要点》，设置国内国际两大系列、六大主题模块。国内系列包括学习贯彻习近平总书记系列重要讲话精神和治国理政新理念新思想新战略、全国高校思想政治工作会议精神和社会主义核心价值观、当前经济政治形势和发展前景三个主题，国际系列包括大国关系发展方向、国际热点问题动向、当前世界经济政治形势和发展前景三个主题。围绕重要时间节点、重大时事热点、重点形势走向，在相应课程模块下对课程内容进行动态调整，有针对性地回答一些综合性、深层次的理论和认识问题。

配强师资队伍。实行责任教授制，组建由责任教授、主讲教师和助教组成的教师团队，从马克思主义学院、政治与国际关系学院、经济与管理学院遴选一批学术水平高、教学能力强的专业骨干教师作为常设讲师，校领导班子全体成员参与授课。每个主题模块确定一位责任教授，负责制订教学大纲、厘清知识点、制作统一课件，教师集体备课、共同确定授课方案。每200名学生配备2名助教，参与随堂教学与管理。将相关工作纳入教师评价体系，专业教师根据授课学生人数核算课时及绩效，同等条件下担任课程讲师的在晋升专业技术职务时优先考虑，并将担任课程讲师或助教作为专职辅导员的重要考核指标之一。

改进课堂组织。根据课程内容和师资特点合理设置教学规模，对集中授课的专题课程，所有教师采用统一的教学大纲和课件。将课堂教学与课后讨论相结合，每次课堂讲授结束时，主讲教师提出3个开放性问题，每位同学从中挑选一个问题作课程小结，学期末从历次讲座中挑选最感兴趣的专题撰写小论文，并由助教组织学生以小组或班级的形式开展课后讨论，课后讨论情况纳入学生成绩综合评定。将小班教学与报告会相结合，邀请学术名家、党政领导干部、知名企业家等以报告会的形式开展专题教学，多学科、多角度、多层面地引导学生以实际行动实现人生理想。组建专家督导团，对课堂教学质量、教学效果进行实时检查评价。实行学生评教制度，及时收集学生对教师教学的评价意见，作为教师教学质量评价的重要依据，不断增强形势政策教育效果。

报：中央政治局、书记处各同志，全国人大常委会、国务院、全国政协领导同志；中央办公厅、全国人大常委会办公厅、国务院办公厅、全国政协办公厅、国家科教领导小组办公室

送：中央和国务院各部委，各省、自治区、直辖市党委、人民政府

发：本部领导，各司局，各直属单位，各省、自治区、直辖市党委教育工作部门、教育厅（教委），各计划单列市教育局，新疆建设兵团教育局，部属各高等学校，有关新闻单位

（印××份）

第四节　会议记录与条据

一、会议记录概述

（一）会议记录的含义

会议记录是在会议过程中，由专门记录人员把会议的组织概况和具体内容如实地记录下来，以供备查的一种文体。其常常借助录音、录像等手段，以之作为记录内容，最大限度地再现会议情境。

会议记录是传达、执行会议决定和贯彻会议精神的依据，是会议进一步分析、研究、总结工作、编写会议简报、撰写会议纪要的重要参考材料，应妥善保存，以供备查。

（二）会议记录的特点

1. 原始性

即将会议组织情况、发言讲话内容、会议讨论、研究认定等问题如实记录，不扭曲原意，不加工篡改。

2. 同步性

不管采取何种协助手段，会议记录的内容都是开会过程中同步记录下来的。

3. 凭证性

会议记录是会议原始情况的真实记录，其可靠性使它成为会议查对情况的真实凭据。

（三）会议记录的类型

（1）按内容分，可分工作会议记录、座谈会议记录等。

（2）按范围分，可分大会会议记录、小组会议记录等。

（3）按性质分，可分党委会议记录、群众团体会议记录、企业及事业行政会议记录等。

（4）按记录方法分，可分摘要会议记录、详细会议记录等。

（四）会议记录的结构和写法

会议记录由标题、会议组织概况、会议进行情况、结尾四个部分组成。

1. 标题

一般“会议名称+文种”，即《××××会议记录》。如果使用专用会议记录纸或本子，“记录”二字可以省略，只写会议名称即可。

2. 会议组织概况

（1）会议时间。即写明会议的起止年、月、日，有时甚至精确到分钟。

（2）会议地点。即具体地点，如“××会议室”“××礼堂”等。

（3）会议主席（主持人）姓名、职务。如“校党委书记×××”“公司总经理×××”。

（4）出席人。即按规定必须参加会议的人员。

（5）缺席人。写明缺席人姓名及缺席原因，根据会议情况，有时只需写明缺席人数。

（6）列席人。不是会议成员，但由于工作需要而参加会议的人员。记录方法参照出席人的记录方法。

（7）记录人姓名、职务。如李××（学院办公室秘书）。

以上内容，最好在会议主持人宣布开会前写好。

3. 会议进行情况

（1）会议的议程。即主持人的开场白。一般应记下会议目的、形式，概况的会议内容。

（2）会议议题。会议讨论的各项问题的标题。

（3）会议报告、讲话、发言、讨论情况。应写明发言人姓名和发言内容。

会议记录的关键就是发言记录，记录发言的方式一般有两种：一是摘要式记录。即有重点地、扼要地记录与会人员的讲话和发言，以及决议，不必有闻必录，主要用于一般会议记录。二是详细式记录。即对会议的全过程、发言内容和语气做详细记录，主要用于重要会议记录。

（4）会议议定事项。形成一致决议如实记录，无正式形成决议，仅由主持人归纳，记在主持人名下。

（5）会议重要文件或决策事项的表决结果。

4. 结尾

会议结束，记录完毕，要另起一行写“散会”二字，如中途休会，需写明“休会”二字。重要的会议记录都应由主持人和记录人在记录末尾右下方签名，以示负责。

会议记录纸样板如表 5-3 所示。

表 5-3 会议记录纸（第一页）

会议名称			
会议时间	年 月 日 时 分至 年 月 日 时 分	地点	
主持人		记录人	
出席人			
缺席人及原因			
列席人			

（议程、发言和结果）

会议记录常用模式如表 5-4 所示。

表 5-4 会议记录常用模式

结　　构	模　　式
标题	×××××会议记录
会议组织概况	时间：××××年×月×日 地点：×××× 主持人：××× 记录人：××× 出席人：张×× 李×× 王×× 列席人：赵×× 周×× 陈××…… 缺席人：贺××（到省开会）……
会议内容与进程	会议议题： 1. ××××××××× 2. ××××××××× 发言人与发言内容： 张××：××××××××× 李××：××××××××× 会议决议：×××××××××××××××××××××××××××××××× ×××××××××××××××××
结尾	散会。 主持人：×××（签名） 记录人：×××（签名）

（五）会议记录的写作要求

1. 真实、准确、全面

如实记录发言者的原意或原话，不能随意增减或改变原意，也不能掺杂记录人的主观意见和语言表达习惯。

有时还要准确记录会议的有关动态，如会场氛围、会场反应、发言插话等。

必须反映会议的全貌，包括会议组织情况的记录完整，会中各种观点力求有所反映，决议过程、决议内容、表决情况要有详细记录。

2. 快速、清楚

会议记录通常都是会议过程当场记录，有时一些重要会议要进行详细记录，因而很有必要掌握和提高速记技能。记录时务必注意字迹清楚可辨，条理清晰。

××学院第×次办公会议记录

时间：××××年×月×日上午

地点：院办公楼大会议室

出席人：刘××院长、陈××财务处长、吴××基建处长、张××院办主任、赵××院办秘书。

缺席人：刘××、赵××（外地出差未回）。

主持人：刘××院长

列席人：×××、×××

记录人：赵××（院办秘书）

内容：（1）吴××处长报告学院2017年基建情况（略）。

（2）陈××传达省财政厅《关于压缩机关行政经费的通知》（略）。

讨论：如何加强我院基建工作的管理。

我院如何贯彻《通知》精神，抓好行政费用的开支。

决议：（1）由财务、基建管理部门共同搞好工程的经费管理和施工质量管理。

（2）各系各单位责成有关人员根据通知精神压缩经费指标，重新审定经费指标，并在一周内报财务处。

（3）各单位必须严格控制派出校外参加会议及外出学习的人数，财务部门要严格把关。

（4）重申各单位财务支出“一支笔”审批制度。

散会。

主持人：×××（签名）

记录人：×××（签名）

××市城南开发区管委会
办公会议记录

会议记录与会议纪要的区别

二、条据

（一）条据的含义

条据是在日常生活、学习、工作中，单位与单位、单位与个人、个人与个人之间为“收、借、领、欠”钱物或说明某一事项而给对方书写的凭据文书。它是人们在日常生活中经常看到、使用到的一种简便契约。

（二）条据的分类

条据的种类很多，按内容和性质可以分为说明条据和凭证条据两大类。

1. 说明条据

即一方向另一方说明事实、陈述请求或交代事情时所写的简明文书。这类条据只起说明告知的作用，不具备法律效力。

（1）便条。向对方表达一定的意愿、请求，或是需要对方给予帮助时所写的条据。

（2）留言条。因故不能面谈而将有关事项简要写下来告知对方的条据。

（3）请假条。因事、因病未能出勤，向单位、组织或有关负责人请求给予假期的条据。

2. 凭证条据

凭证条据是日常生活中互有钱物往来时，给对方留下具有一定效力的简明信誉文书。

（1）借条（借据）。借得个人或公家的钱物时写给对方的凭据。

（2）欠条（欠据）。借过个人或公家的钱物，事后追补或部分归，还有一部分拖欠未还，对仍拖欠部分所打的凭据。

（3）收条（收据）。收到别人或单位的钱物时。写给对方作为今后查对的凭据。

（4）领条。一般是下级从上级、个人从单位或单位之间领取钱物时，写给对方发放人留存的凭据。

（5）代收条（代领条）。归还或领取钱物时主人不在，由别人代收、代领而出具的由代收、代领人签名的凭据。

（三）条据的结构和写法

1. 标题

一般就用文种做标题，如“请假条”“留言条”“借条”“代领条”等。通常写于条据的第一行正中处，字体也稍大于正文字体。

2. 称谓

对接收条据人的称呼，也就是“写给谁”，如“王老师”“李局长”“刘经理”等。说明条据必须有称呼；凭证条据则不单列此项，而把接收条据人写在正文中。

3. 正文

两大类条据内容和作用不同，写法上区别很大。

（1）说明条据。正文内容主要有三层意思。通常是在称谓后另起一行开始写正文，顺序是“谁写的，什么事，何时写的”。

（2）凭证条据。正文内容主要有四层意思。通常是在标题下另起一行，标明条据的性质，即“今收到”“今借到”等字样，然后依次写“谁的、什么东西、数量多少”三项内容。数字要用大写，如零、壹、贰、叁、肆、伍、陆、柒、捌、玖、拾、佰、仟、万、亿，数字前头不留空格，金额后面要写上“整”字，以防添加或涂改。借条要标明还款期限。

4. 结尾

正文后另起一行，说明条据写祝颂语，如“此致、敬礼”；凭证条据一般是一句专用尾语，如“此据”两个字。

5. 落款

最后签署姓名和日期。说明条据签署写条据人自己的姓名和日期，若为单位，还需加盖公章；一般性凭证条据，只由借者或收者签字（盖章）即可，涉及大量钱财或重要物品的凭证条据，则必须双方都要签字（盖章）。

例文1 说明条据（一）

请 假 条

胡老师：

我从昨晚腹泻不止，浑身无力，去医院确诊为急性肠炎，需要休息三天。特此请假，恳望批准！（附医生诊断书一张）

赵××

20××年6月10日

例文2 说明条据（二）

便 条

王红广：

听说你明天去北京出差，若方便，请代我购买一张北京地图和一册故宫资料（要详细一点的），钞票请你先代垫，回来再向你付清。有劳大驾，不胜感激！

詹××

20××年6月10日

例文3 说明条据（三）

留 言 条

李先生：

今天登门拜访，未能见面，所托之事务请妥为办理。致谢！

罗××

20××年6月10日

例文4 凭证条据（一）

借　条

今借到张三人民币拾伍万元整。约定于2017年12月31日归还。年利率为5%。全部本息到期一次性偿还。

此据。

借款人：李××（签名盖章）
2017年6月10日

例文5 凭证条据（二）

欠　条

原借李××同志人民币拾万元整，已还伍万元，尚欠伍万元，一年内还清。

黄××（签名盖章）
2017年6月10日

例文6 凭证条据（三）

领　条

总务处发给语文教研组七支钢笔、七瓶黑墨水盒、七本备课本。

经手人：李××（盖章）
2017年6月10日

例文7 凭证条据（四）

收　条

今收到中心小学书费玖拾元整。系付课外读物杂志费（每册叁元）。

收款人：杜××（签名盖章）
2017年6月10日

例文8 凭证条据（五）

代收条

今代收到李××女士归还陈××先生的人民币拾万叁仟贰佰元整。

代收人：方××
2017年6月10日

第五节　慰问信与感谢信

一、慰问信

（一）慰问信概述

1. 慰问信的含义

慰问信是以组织或个人的名义向在某方面做出特殊贡献，或遇到意外损失，遇到巨大灾难的集体或个人表示关怀、慰藉、问候、致意的一种书信。慰问信可以邮寄给当事的个人或集体，也可以通过广播、电视等新闻媒体发表，还可以在公共场所张贴。

2. 慰问信的类型

（1）对做出特殊贡献的集体或个人的慰问。如慰问“抗洪抢险的解放军战士”“保家卫国的边防军人”“春节期间坚守岗位的铁路工人”等，鼓励他们继续发扬。

（2）对遭受困难或蒙受损失的单位或个人的慰问。如对灾区人民的慰问，对老少边区群众的慰问等，对他们表示同情和安慰，鼓励他们克服暂时的困难而加倍奋进，以期尽早地改变现状。

（3）节日慰问。如“春节慰问”“教师节慰问”等，是上级对下级、机关单位对群众进行的一种节日问候，表达对其工作的肯定和赞扬，并祝愿他们在今后的工作、学习、生活中心情舒畅，做出更大的成绩。

（二）慰问信的写法

慰问信一般包括标题、称谓、正文、结尾、落款五部分。

1. 标题

通常有以下两种写法。

（1）文种标题。单独使用文种，以“慰问信”三个字作标题。

（2）公文式标题。“慰问对象+文种”，如《致玉树地震灾区广大群众的慰问信》《给抗洪部队的慰问信》等。“发文单位+慰问对象+文种”，如《黑龙江省人民政府致边防部队的慰问信》。

2. 称谓

对慰问对象的称呼，一般顶格写收信单位名称或个人姓名。如收信的是个人，最好在其姓名前加“敬爱的”“尊敬的”等定语，在姓名后加“同志”“先生”等表示身份敬语。

3. 正文

（1）慰问事由。交代写慰问信的原因，具体陈述被慰问对象的模范事迹、面临的困难或欢度的节日等，恰当地评价和肯定其发挥的作用、取得的成绩。

（2）态度和希望。具体表明对慰问对象的希望、问候、鼓励以及关切。

4. 结尾

写上鼓励或祝愿的话作结。如“此致、敬礼”“祝你们取得更大的成绩”“祝节日愉快”等。

5. 落款

落款处签署致信单位名称或个人姓名及发信日期。以单位名义的慰问信，落款必须加盖公章，以示郑重。

习近平向全国广大教师致慰问信

全国广大教师们：

第二十九个教师节到来之际，我正在遥远的乌兹别克斯坦进行国事访问。首先，我代表党中央、国务院，向全国1 400万教师，致以诚挚的问候和崇高的敬意！祝大家节日快乐！

长期以来，我国广大教师认真贯彻党的教育方针，默默耕耘、无私奉献，用爱心、知识、智慧点亮学生心灵，培养了一批又一批优秀人才，为我国教育事业发展、为国家发展和民族振兴作出了突出贡献。

百年大计，教育为本。教师是立教之本、兴教之源，承担着让每个孩子健康成长、办好人民满意教育的重任。希望全国广大教师牢固树立中国特色社会主义理想信念，带头践行社会主义核心价值观，自觉增强立德树人、教书育人的荣誉感和责任感，学为人师，行为世范，做学生健康成长的指导者和引路人；牢固树立终身学习理念，加强学习，拓宽视野，更新知识，不断提高业务能力和教育教学质量，努力成为业务精湛、学生喜爱的高素质教师；牢固树立改革创新意识，踊跃投身教育创新实践，为发展具有中国特色、世界水平的现代教育作出贡献。

各级党委和政府要把加强教师队伍建设作为教育事业发展最重要的基础工作来抓，提升教师素质，改善教师待遇，关心教师健康，维护教师权益，充分信任、紧紧依靠广大教师，支持优秀人才长期从教、终身从教。

全社会要大力弘扬尊师重教的良好风尚，使教师成为最受社会尊重的职业。

祝全国广大教师身体健康、工作顺利、生活幸福！

习近平
2013年9月9日

二、感谢信

（一）感谢信概述

1. 感谢信的含义

感谢信是各类社会组织或个人向给予过自己帮助、支持和关心的单位或个人表示感谢的书信。

2. 感谢信的特点

（1）表彰性。感谢信通过书信格式将感谢对方的事迹写出来，赞誉其品德和可贵精神。

（2）感恩性。感谢信就是为了表达感谢之情，感恩是感谢信的主旨。信中事件、言辞充满了对对方的感激之情。

（3）宣传性。写感谢信不仅是为了赞扬被感谢者，而且应通过这种表彰，起树新风、扬正气的作用，号召别人学习。一般直接送到对方或对方的所在单位，有时也张贴在对方单位内或相关公共场所，或通过报纸、电视台、广播等媒体予以宣传，以表谢意。

（二）感谢信的结构和写法

感谢信通常由标题、称谓、正文、结尾和落款五部分构成。

1. 标题

（1）文种标题。由文种名称“感谢信”三个字构成。

（2）公文标题。即“感谢对象+文种”，如《致×××同志的感谢信》《致××车站的感谢信》等；“发文单位（个人）+感谢对象+文种”，如《××学校致××医院的感谢信》《××孤儿院致×××同志的感谢信》等。

2. 称谓

即对被感谢对象的称呼，一般是被感谢方的机关、单位、团体名称或个人姓名。如果是个人，应该在姓名之后加“同志”“先生”“教授”等身份或职务敬语。如果感谢对象比较多，也可以把感谢对象放在正文中间提出。

3. 正文

主要是写上感谢的内容和感谢的心情，一般包括以下几个方面内容。

（1）感谢的事由。精练地叙述事情的前因后果，交代清楚人物、事件、时间、地点、原因和结果，扼要叙述关键时刻对方给予的帮助和产生的客观影响和社会影响。

（2）歌颂品德。表达自己的感激之情，赞誉其品德和可贵精神，并表明今后如何向对方学习。

4. 结尾

写上敬意的话、感谢的话，一般是“此致、敬礼”“致以最诚挚的敬礼”等。

5. 落款

在右下方落款处署上致信单位名称或个人姓名，并署上成文日期。

（三）感谢信的写作要求

感谢信与表扬信比较相似，写作要求也大致相同。不同的是表扬信侧重点是弘扬正气，其作者可以是当事人，也可以是第三人；感谢信侧重点在突出谢意，其作者必须是当事人或与当事人关系密切的人。

（1）事件真实。叙述的事件必须真实具体，人、地、时及相关数字信息要绝对准确，关键环节要鲜明突出。

（2）赞誉恰当。感谢信的作者一般都是当事人，对感谢对象的行为肯定都要进行赞美。但这种赞美不能过分夸大、拔高，不要把感谢信写成像表扬信，以使自己的感谢恰如其分。

（3）感情真挚。感谢信以感谢为主，感动和致谢的色彩应该强烈鲜明。语言真诚、朴素，遣词造句把握分寸，不要过分修饰，不要为了谦恭而溢美奉承。

（4）写作规范。格式要符合一般书信要求，篇幅简短，语句精练。开头称呼、文中用词、结尾敬语要符合双方的身份和社会交往习惯。

感　谢　信

中国驻瑞典大使馆：

我公司对中国驻瑞典大使馆为我公司遭遇意外交通事故的旅游团提供大力支持和帮助的全体领导和工作人员表示最诚挚的感谢。感谢你们对该团客人所做细致、体贴的安抚工作和为保证首批客人顺利回国，以及对住院客人的救治保障所做的巨大努力与贡献。

6月10日，由我公司组织的中国人民大学离退休教师及家属、学校工作人员组成的俄罗斯、北欧12日游旅游团一行44人在瑞典中部城市阿尔博加附近因车速过快发生交通事故，导致23人受伤。中国驻瑞典大使馆在获悉中国车祸的消息后，立即与当地医院联系，要求他们尽最大努力为受伤者提供良好治疗。使馆政务参赞王建州与一等秘书杨刚等官员于事故当日亲赴当地了解具体情况，部署救援工作，并对受伤者表示亲切慰问，做了大量安抚工作，对旅游团起到了巨大的稳定作用，也为后续工作奠定了良好基础。

为确保未受伤和轻伤客人能够早日踏上回国里程，在随后五天五夜不眠的日子里，王参赞与杨秘书在航空机位确定、医学证明取得、受伤人员安抚等方面投入了大量精力，克服了重重困难，付出了巨大努力，终于使首批35名客人顺利回国。

对于受伤较重、暂时仍需留在瑞典继续治疗、养伤的客人，大使馆继续给予无微不至的关怀。更令我们感动的是，大使馆还在精神上给予我公司鼓励，对我公司的救援工作做出高度评价，并通过主流新闻媒体进行了客观、公正的报道。

在短短的几十天里，旅游团所有客人以及我公司全体员工始终被我驻外工作人员的敬业精神和无私奉献深深地感动着，我们为有强大的祖国而自豪。

尽管我公司就此次事故的后续工作仍将面临诸多困难和严峻的考验，但你们的行动为我们树立了榜样，成为我们克服困难，继续努力的动力，我公司一定继续全力以赴，切实承担央企的社会责任，并在大使馆的正确指导下和大力支持下，保证圆满完成受伤人员安全转送回国的任务。

我们要再次对中国驻瑞典大使馆在此次突发意外事件中的支持与帮助，以及对我公司工作的大力支持的领导和工作人员表示衷心的感谢！

此致

敬礼

×××××公司

××××年×月×日

致全市人民的感谢信

第六节　请柬与邀请书

一、请柬

（一）请柬概述

1. 请柬的含义

请柬，也称请帖，是活动举办方邀请有关单位和个人参加活动而专门制作的一种排版精美的礼仪性短小书信。

请柬应用广泛，召开纪念会、联欢会、婚宴、诞辰等许多活动都可以发请柬，来表示活动举行的隆重和对来宾的尊重，是人们在社会交际和社会活动中经常使用的文书。

2. 请柬的类型

请柬按其结构，可分为横式请柬、竖式请柬；按其使用范围，可分为会议性请柬、活动性请柬、广告性请柬等类型。

（1）会议性请柬。即召开会议时使用的请柬。召开重要的会议时，为引起被邀请人的重视，常会突出写明会议的意义、目的；召开一些学术会议时，常将被邀请人的身份、业绩写出来，以表示对其的敬重和盼望。

（2）活动性请柬。即用于开展庆典、婚宴、文体等活动，邀请领导、友人参加，以共庆共勉，或联系感情。

（3）广告性请柬。即在商业性活动中，以请柬的形式把企业具体活动项目或展销商品写出来，以便吸引有关人员互通有无或加强合作，具有广告的性质。

（二）请柬的结构和写法

请柬一般包括封面、内页两部分。

1. 封面

封面有竖式和横式两种。不论哪种形式，封面一般应写明这是什么活动（宴请、会议）和“请柬”二字，也可只写“请柬”二字。请柬颜色多为大红色，为表隆重，封面一般要做艺术加工，如图案修饰、美术体文字、烫金工艺等。通常请柬已按照书信格式印制好，即市面有封面已直接印有“请柬”或“请帖”字样的请柬，发帖人只需填写正文。特制专门请柬的封面，则请专人设计，集中印刷，甚至标配举办方的标识。

2. 内页

内页一般包括称谓、正文、敬语、落款四部分。但写法上应与封面结构一致。即如封面是竖式，内页的文字也要从右到左竖写；如封面是横式，内页的文字也要横写。竖式请柬主要沿用古代柬帖的写法和格式，制作较为正规，在庆贺、婚嫁等隆重场合多采用竖式。

（1）称谓。顶格写被邀请人（单位和个人）的全名，并在姓名后加上恰当的称呼，如“××学院”“××先生”“××教授”等。如将请柬再放入信封，称谓写在信封上，请柬上可不再写称谓。

（2）正文。写明邀请意向、会议或活动内容、时间、地点及提请被邀请人注意的有关事项。如果是请人观看表演或展览会等应将入场券或门票附上。若有其他要求需简要注明，如“请准备发言”“请准备节目”等。

（3）敬语。可写“敬请光临指导”“敬请届时出席”“顺致崇高的敬意”或“此致、敬礼”等。

（4）落款。注明发请柬的单位或个人姓名，并在下边写日期（年、月、日），若单位所发请柬，有时还需加盖公章；由印刷打印的请柬，署名时应由邀请人亲自签名以示郑重。

（三）请柬的写作要求

（1）内容简洁明了。请柬一般浓缩在一张制作精致的小卡片上，由于版面有限，因此文字要求简短扼要。

（2）措辞文雅得体。请柬是较为庄重正式的书信，为表示郑重其事，用词要文雅、得体，可适当使用文言，一般不适用口语、俗语。

（3）认真核实查对。请柬称谓、时间、地点和人名等项内容，务必准确无误，否则会给邀请人和被邀请人添加不必要的麻烦。

（4）制作排版精美。请柬既是专门制作的礼节性书信，为使被邀请人体会到邀请人的热情和诚意，请柬在款式和装帧设计上要美观精致、庄重大方。

封面：

第56届全国电子产品展销会　暨2017年（上海）国际消费电子展开幕仪式

请　柬

请柬的内页则有两种撰写方式：

尊敬的×××先生/女士/小姐：

第56届全国电子产品展销会暨2017年（上海）国际消费电子展开幕仪式定于2017年10月25日（星期三）上午9:30在上海光大会展中心东馆（上海市漕宝路78号）举行。诚邀您届时莅临指导。

第56届全国电子产品展销会组委会

2017年10月1日

（敬请持本柬的贵宾于上午9:00准时到会展中心贵宾休息室签到）

诚邀您出席第56届全国电子产品展销会暨2017年（上海）国际消费电子展开幕仪式

时间：2017年10月25日（星期三）上午9:30

地点：上海·漕宝路78号　上海光大会展中心东馆

第56届全国电子产品展销会组委会

2017年10月1日

（敬请持本柬的贵宾于上午9:00准时到会展中心贵宾休息室签到）

注：第一种方式顶格写被邀请人的姓名和称谓，在被邀请对象不是很多时，采用这种方式，既体现了对被邀请人的尊重，又便于了解被邀请对象出席活动的实际人数。在被邀请人员较多且具体出席对象不明确时，第二种方式则具有较大灵活性，并被广泛运用于一些大型活动中。

二、邀请函

（一）邀请函概述

1. 邀请函的含义

邀请函，又称邀请书、邀请信，是团体或个人邀请有关单位、个人参加某项活动并说明活动详细内容所使用的礼节性书信。它除了邀请的作用外，还有提供信息的作用，有利于拓展人际关系，提高工作效能。

2. 邀请函的特点

（1）内容周详性。邀请书对活动的内容、时间、地点等叙述的基本要素，都要交代得清清楚楚，语言通顺明白，不要含糊其辞。

（2）口语性。即语言通俗易懂。

邀请书与请柬的区别

（二）邀请书的结构和写作

邀请书的写作结构由标题、称谓、正文、礼节问候语、落款五部分构成。

1. 标题

（1）文种式标题。直接用文种名称，即写“邀请书”“邀请函”“邀请信”三个字。

（2）公文式标题。即“事由+文种”，如“北京金秋中外诗歌散文研讨会邀请书”等。

2. 称谓

在标题下第二行，顶格写上被邀请人的姓名和称谓。对一些不便直接指明请某同志参加的会议，称呼可写单位名称。

3. 正文

（1）交代在什么时间、什么地点召开什么会议或举行什么活动。

（2）阐述会议或活动的背景、目的、意义，说明邀请对方的原因。

（3）交代会议、活动的安排、程序及注意事项。

有些邀请函活动时间未确定，应安排多个时间段供对方选择。邀请函一般留有联系人、联系方式，以便对方确认是否应邀。有些邀请函附有“回执”，除确认对方参与的意愿，还对对方相关信息和要求做相应的登记，以便根据回执合理安排相应的礼仪接待程序，避免因安排不周，礼仪失范造成不良影响。

4. 礼节问候语

即结尾写上如“恭候光临”“敬请莅临指导”等。

5. 落款

落款要署上发函单位或个人的全称和发函日期，若单位所发函，有时还需加盖公章，以示慎重。

（三）邀请函的写作要求

1. 考虑事务必须周详

在撰写邀请书前，要求对会议或活动安排、有关情况做详细了解，了解被邀请人的总体情况、需求和希望，尽可能具体翔实、清晰明确地在邀请函上写明，让受邀者有备而来，减少不必要的麻烦。

2. 语气要恳切、热情、朴实

邀请函内容与会议通知相似，但含有尊重、商量的口气，没有行政约束力，要多用礼貌用词。

关于幼儿园“快乐体验数学”培训邀请函

为解决当前幼儿园计算教学中普遍存在的重机械记忆，轻逻辑思维；重枯燥说教，轻快乐体验；重课堂时空，轻生活情境等多种问题，加强幼儿园教师更好地掌握计算教学的理论与实践，深入研究计算教学的方式与方法，武汉青蒙早教研究所专家前来海口举办关于幼儿园“快乐数学”教学方法专题培训活动，现将有关信息公布如下。

一、具体培训内容：

（一）理论培训内容：

1. 幼儿园各年龄段数学教育的内容及结构。（托班、小班、中班、大班）

2. 幼儿园数学教育的方法——快乐体验数学教育。

3. 帮助幼儿园召开家长会——《和孩子一起体验数学》。

（二）现场观摩教学活动。

二、培训专家单位：武汉青蒙早教研究所　梁青　杨华丽

专家介召：

梁青简介　华中师范大学学前教育系研究生、湖北省教科所十一五课题组组长、武汉青蒙早教研究所所长、《快乐数学天天学》《智力思维游戏》《湖北省幼儿园整合课程》及《快乐体验数学》主编

杨华丽简介　武汉青蒙早教研究所教研员、《快乐体验数学》金牌讲师、中国驻哥伦比亚文化基金会讲师

三、培训时间、地点：××××年3月13日，上午8:30—11:30，下午3:00—5:30分。地点：海南师范大学田家炳二楼多功能报告厅（龙昆南海南师范大学院内）

四、培训人员：每所幼儿园2人（园长及一名骨干教师）

五、培训费用：免费

联系人：×××　联系电话：139075192××

举办单位：海南师范大学附属幼儿园

××××年3月3日

××××年客车供应商大会邀请函

第七节　申请书与聘书

一、申请书

（一）申请书的含义

申请书，俗称“申请”，是用于个人、单位、集体向单位组织、机关或社会团体提出请求，要求批准或帮助解决问题的一种专用文书。

（二）申请书的特点

（1）请求性。申请书是为表达愿望而写的，其写作动机带有明显的请求目的；阐述的申请理由和事项也具有明显的请求性。

（2）单一性。申请书的内容单一明确。一事一函，一份申请书只表达一个愿望或只提出一个要求。不能把不同的愿望和请求同写在一份申请书中。

（三）申请的类型

（1）按申请者分，可分为个人申请书和单位申请书等。

（2）按形式分，可分为文章式申请书和表格式申请书等。

（3）按内容分，可分为入党申请书、入团申请书、入会申请书、专利申请书、调动申请书等。

（四）申请书的结构和写作

申请书包含标题、称谓、正文、结尾、署名和日期。

1. 标题

（1）文种式标题。即第一行用较大字体书写“申请书”三字。

（2）公文式标题。“事由+文种”，如“入党申请书”“复学申请书”；以“关于”或“对”领出申请内容与文种，如“关于助学贷款的申请书”等。

（3）单一式标题。即标题中不出现“申请书”三字，只写明事由或内容范围，如“申请补办学生证”等。

2. 称谓

称谓写接受申请书的组织、机关、团体的全称，也可以是个人姓名，姓名后应加“先生”“女士”“老师”“校长”等称呼，有时酌情在接受申请对象前加“尊敬的”等敬语。称谓后加冒号。

3. 正文

这是申请书的主要部分。一般包括申请理由、申请事项和申请态度三部分内容。

（1）申请理由。即申请的依据所在，阐述要求的合理性、必要性，要合情合理，切乎实际。可根据申请的实际情况，决定申请理由和申请事项的先后。

（2）申请事项。即申请的目的所在。申请的事项和请求要明确、具体。

（3）申请态度。表示意愿实现后的态度和决心。这部分内容可写得简约一些。

4. 结尾

结语可用敬辞、敬句。如“此致敬礼”“谨请公司领导能够批准我们的请求”“望能酌情予以批准”“敬请领导批准”等。有的没有结尾语。

5. 署名和日期

署上申请人姓名及申请时间。

（五）申请书的写作要求

（1）事情要真实清楚。因为事实是申请的依据，如果不真实、不清楚就失去了依据，会影响组织的研究处理。

（2）理由要充分。申请理由写得充分且清楚，有说服力和感染力，才便于相关组织、单位、领导等了解和把握申请者的意愿和动机，进而获得申请事项的解决。

（3）感情要充实。申请书的写作目的是希望对方能够接受。要想顺利让对方同意，就必须用充满感情的语言将情况写清楚，这样容易获得批准。

（4）语言得体简练。针对接受申请的组织或领导，来确定申请书的语言和文字。语言应朴实精练，准确清晰，切忌东拉西扯，空泛冗长，故弄玄虚。

住房申请书

×××处领导：

我家四口人，住一间8.5平方米的小房间。有子女二人，均已超过十六周岁，同居一室，实为不便。现我单位正分配住房，请领导按有关规定解决我的住房问题。

此致

敬礼

申请人：×××

××××年××月××日

入党申请书

二、聘书

（一）聘书的含义

聘书是机关、团体、企事业单位聘请某些有专业特长或有威望的人完成某项任务或担任某项职务时所发的邀请性质的专用书信。

（二）聘书的特点

（1）聘任性。聘书的用途是聘任人员，确定聘用关系的真实凭据。

（2）通知性。聘书起着通知受聘人被聘事项的作用。

（3）合约性。用人单位和受聘人一旦签聘，双方要信守聘约，其内容受法律保护。

（三）聘书的类型

根据制发聘书的目的和聘书的性质，聘书可分为聘请书和聘任书两类。

（1）聘请书。即聘请各类人员担任某项工作、工程时所出具的聘书。多用于评审、科技鉴定、论证、高考评卷等专业较强的工作。有较明显的临时性。

（2）聘任书。即聘请有关人员担任本单位、部门的某一职位时出具的聘书。一般属约定性聘书。

（四）聘书的结构和写法

聘书一般由标题、编号、聘字号、称谓、正文、结尾、落款等构成。

1. 标题

一般是印刷好的，在封面上印有大写的“聘书”或“聘请书”字样组成并加烫金，制作美观、大方。书写的聘书在用纸的第一行中间大写“聘书”或“聘请书”字样，有的聘书也可以不写标题。

2. 编号、聘字号

有的聘书为严格管理，统计有序，查有考据，一般在“聘书”字样下有编号、聘字号。

3. 称谓

顶格写被聘人的姓名和职务，后加冒号；也可以在正文中写明受聘人的姓名称呼。

4. 正文

聘书的正文一般要求包括以下一些内容。

（1）交代聘请的原因和聘请担任的工作及所担任的职务。

（2）写明聘任期限，如“聘期两年”“聘期自 2012 年 2 月 20 日至 2017 年 2 月 20 日”。

（3）说明聘任待遇，聘任待遇可直接写在聘书之上，也可另附详尽的聘约或公函写明具体的待遇，这要视情况而定。

聘书常用的格式有“兹聘请……为……”“为……特聘请……为……”等。

5. 结尾

为表示敬意和祝颂。敬语多用“此聘”“此致敬礼”“敬请台安，诸位垂鉴”“敬请大安，诸位爱照”等。敬语因性别及职业性质不同而略有不同，使用时应斟酌。

6. 落款

落款要署上发文单位名称或单位领导的姓名、职务，并署上发文日期，同时要加盖公章。

（五）聘书的写作要求

（1）内容清晰明确。对有关招聘的内容要交代清楚，逐一写明，不能含糊其辞，模棱两可。

（2）语言简明扼要。表达精练，篇幅短小。

（3）形式庄重。为表明对被聘者的信任和尊重，不管印刷的聘书还是书写的聘书，都要注意字体、格式的庄重大方。

（4）聘书是以单位名义发出的，所以一定得加盖公章，方视为有效。

聘　　书

编号：××聘字〔20××〕××号

为提高教学质量，本校总部成立了刊授教学研究会，特聘请李××老师为指导老师，参加教学研究，并指导本校的教学工作。

此致

敬礼！

××××刊授大学（印章）

××××年×月×日

聘　　书

×××教授：

为提高学报质量，特聘请您为学报编委，具体指导并参与社会科学版的编辑工作。任期三年（2015年9月至2018年9月）。

此聘

××大学学报编辑部（章）

××××年×月×日

聘　　书

编号：××号

兹聘请王××同志为××家电集团维修部总工程师、主任，聘期自××××年×月×日至××××年×月×日，聘任期间享受集团高级工程师全额工资待遇。

此聘

××家电集团（印章）
××××年×月×日

第八节　建议书与倡议书

一、建议书

（一）建议书概述

1. 建议书的含义

建议书，是个人、单位或团体向有关单位或上级机关和领导，就某项工作提出有见解主张的一种书信体文书。

2. 建议书的特点

（1）民主性。建议书是社会基层和基层单位为有关单位或上级机关和领导献计献策的文书，是一种充分运用民主权力的主人公精神的体现，具有明显的民主性特点。

（2）建设性。建议书与一般的意见书不同。建议书不仅要指出存在的问题，更要提出解决问题的办法，重在提出建设性意见。而意见书很有可能只是纯粹地批评，仅指出对方存在什么问题即可。

（3）求实性。建议书所提出的建设性意见，期望的是有关单位或上级机关和领导能采纳并实施的。故所提意见、写建议要根据具体问题、实际需要和可能的条件来提，不能凭空想象，不着边际。

（二）建议书的结构和写法

建议书一般由标题、称谓、正文、落款四部分构成。

1. 标题

（1）文种式标题。直接用文种名称，即“建议书”。

（2）公文式标题。以“关于”或“对”领出建议内容与文种，如“对人事制度改革的建议”“关于取消大学英语四六级考试的建议书”等。

（3）单一式标题。即标题中不出现“建议书”三字，只写明事由或内容范围，如“大学校园应设立自动售报亭”等，或动宾式短语标题，把“建议”二字置于开头，后接建议内容，如“建议设立青年教师培养基金”等。

2. 称谓

顶格书写接受建议书的机关、单位或个人姓名及职衔。也可用“抄送”的形式代替顶格称谓。写给报社的大多都不写建议对象。

3. 正文

建议书的正文是主体部分。其内容主要包括建议缘由、建议事项、有所期望三项。

（1）建议缘由。即说明建议的原因、目的、根据，指出该建议的重要性和可行性，为采纳建议打下基础，一般以“为此我们（本人）建议……”等语句过渡到第二部分。

（2）建议事项。具体明确地写出解决上述问题的措施和方法，内容较多时，宜分条列项，酌用小标题，便于建议对象逐条考虑，酌情处理。

（3）有所期望。即表达一下期望建议被采纳的愿望。如“以上建议仅供参考”“诚恳希望×××认真考虑此建议”等。

4. 落款

署上建议单位或个人的名称和日期。

关于孤儿收养问题的建议书

民政部：

此次汶川 8 级大地震发生以来，灾区状况牵动着全国人民的心，政府和社会各界全力援助。其中，那些因地震而失去亲人、成为孤儿的孩子们，是大家最为关心的群体之一。很多国内外组织和家庭纷纷要求收养灾区儿童，爱心和热情令人感动。

地震孤儿是一个特殊的群体，其心理状况和对收养家庭的要求都有一定特殊之处。为促进地震孤儿收养工作的良好开展，保障地震孤儿今后的顺利成长，中国心理学界危机与灾难心理救援项目组向民政部门郑重建议：

一、对收养家庭进行全方位评估，选择最有利于孤儿成长的家庭环境

评估至少应该包括：收养动机（应以本身喜欢孩子为主要动机）；收养家庭的经济状况（并非越有钱越好，但须在当地中等程度及以上）；家庭成员的心理健康状况（不能有严重的心理问题）、家庭其他成员对收养的态度（是否能一致支持）；收养父母的婚姻状况（要稳定）、文化水平（高一些对孩子的成长较有利）、沟通技能（是否善于和孩子沟通，如果不会四川话，要会说普通话，减少交流障碍）、是否有儿童养育方面的经验（最好有抚养经验）、是否有足够的时间照顾孩子（如果没有，可能会造成孩子的依恋对象不稳定，对孩子成长不利）。这些评估，可以帮助那些遭受过不幸的孩子来到最合适的、最具关爱的家庭中，使他们有一个能够促进其成长的环境。

另外，需要考虑儿童对未来生活的适应情况。（1）环境：如果收养家庭位于四川或与四川文化、生活习惯相似的地区，儿童可能会更容易适应新的收养环境。（2）社会支持：如果儿童处于青少年期，此时同伴关系对其非常重要。如果可能，对处在这一年龄阶段的孤儿的收养，应考虑其可以和重要伙伴保持联系的可能性。

二、对将被收养的儿童进行收养前的心理教育

孤儿已经经历了大地震和失去亲人的心理创伤，他们可能需要比较长的时间才能够从这种剧痛中走出来。在他们被收养之前，也需要有一定的心理准备，这对于他们以后适应在收养家庭中的生活会有积极的帮助。

对于被其他家庭收养，建议给比较大些的孤儿一定的可选择余地。地震导致个体失去安全感和对自己生活的可控制感，这对孤儿的影响更大。如果他们可以表达自己对未来家庭的愿望，并能够得到尊重，对他们未来的心理康复具有重要意义。

三、对收养家庭进行收养前的心理培训

孤儿们大都经历过严重的心理创伤，可能会出现各种不良的心理反应，因此，有必要对收养家庭进行收养前的心理培训，让收养人掌握相关的技巧。内容包括儿童心理、儿童心理创伤的干预和治疗、各种可能问题的应对，以及儿童抚养、营养保健等方面的培训。

四、残疾孤儿的收养

对于残疾孤儿的抚养，希望政府能够提供医疗（包括安假肢的费用和未来心理治疗的费用等）和教育的保障，给收养家庭以支持，才可能让那些残疾孤儿更有机会被收养。

五、对有兄弟姐妹的孤儿的收养

孤儿的兄弟姐妹尽量不要分离，允许这种情况下一个家庭收养多个孩子，避免儿童的再次心理创伤。如果必须分开收养，建议安置在同一个城市中，让他们可以经常见面。

六、建立收养家庭的自助组织

地震孤儿和他们的收养家庭有很多类似之处，可以建立收养家庭的自助组织，以利于他们相互交流、相互帮助。

七、对收养家庭的追踪指导

希望民政部指定专门机构或以基金会形式，聘用相关的社会工作者、成人和儿童方面的心理治疗师、家庭治疗师，将来对收养家庭进行长期的关注，给收养家庭亲子沟通的指导和其他有关的心理支援。

八、收养家庭退出收养的机制

如果收养家庭有虐待孩子的情况发生，或者收养家庭发生重大变故，希望民政部门能够采取有效的措施，提供替代性的方式转移走孩子。

九、提供和孤儿收养相关的科研和培训方面的支持

从收养评估到孤儿进入家庭后的适应过程，民政部门要能够掌握一手的资料，联手心理专家和社工参与长期跟踪的科研工作，掌握孤儿收养的动向以供未来制定相关收养政策的依据。

目前还需要完成和科研有关的工作是收集以往所有跟孤儿收养有关的中外文献，为收养家庭提供有借鉴意义的指导原则。寻找国外比较成型的针对收养家庭干预的计划，在民政部门的领导下，能够给收养家庭长期的心理支持和干预，并根据中国的国情加以适当的调整。

对于给孤儿家庭进行心理辅导的相关机构和心理咨询人员能定期提供有关儿童心理治疗以及家庭治疗等的相关培训，让心理工作者和社工等相关人员能够有继续教育的机会，提升自己的专业技能。希望民政部门能够组织国外高水平的专家和国内在儿童领域的专家共同搭建一个强有力的培训平台，形成一套具有指导意义的培训范本。

帮孩子找到自己的家不容易，后期帮孩子适应新的家更不容易，儿童和他们的家庭可能长期需要心理支援，后期的任务还非常艰巨。我们恳切建议民政部将心理评估和心理支持纳入今后的应急机制之中，中国心理学界愿意力尽所能，为灾后重建贡献自己的力量。

中国心理学界危机与灾难心理救援项目组
执笔人：北京大学心理学系易春丽；北京师范大学心理学院侯志瑾
2008 年 5 月 25 日

二、倡议书

（一）倡议书概述

1. 倡议书的含义

倡议书是由个人、集体或单位根据形势发展需要，针对多数人共同关心的问题，公开号召大家，鼓动别人响应，共同做好某项工作或活动的一种专用书信。倡议书具有广泛发动群众，调动集体和大多数人团结互助，群策群力，共同奋斗的作用。

2. 倡议书的特点

（1）公开性。倡议书就是一种广而告之的书信。它就是要让广大的群众知道了解，从而激起更多人的响应，以期在最大的范围内引起共鸣。

（2）群众性。倡议书不是一方对另一方的激励动员，而是向某一人群、某一地区甚至全国范围发出倡议，凡是看到倡议书的人都可响应。所以群众性是倡议书的根本特征。

（3）鼓动性。倡议书就是要号召广大群众积极响应某项建议并及时行动起来。为达到这个目的，倡议的内容必须具有强烈的鼓动性和极强的感染力才能唤起公众的热情，使其积极行动起来实施倡议。

倡议书与建议书的区别

相同点：都是在日常工作和社会活动中有所建议，有所提倡，期望实现推广某种意见的专用文书。

不同点：

（1）主要对象不同。倡议书一般要面对群众，提出号召性的主张，带有号召性和鼓动性；建议书主要是向有关领导或部门提出建议，没有发动群众的号召性。

（2）内容有区别。倡议书的内容都是需要马上去做而且能够马上做到的事，建议书的内容则要等领导机关及有关部门研究认可后方能付诸实施。

（二）倡议书的结构和写法

倡议书的写法与建议书相似，都由标题、称谓、正文、落款四个部分构成。

1. 标题

（1）文种式标题。直接用文种名称，即“倡议”。

（2）公文式标题。即“事由+文种”，如《保护野生动物的倡议书》；“单位名称+事由+文种”，如《安徽大学节水倡议书》等。

（3）双行式标题。即分正标题和副标题。正标题是主旨，副标题介绍发出倡议的部门。如《心系母校文明而行——武汉大学学生会致2015届毕业生文明离校倡议书》。

2. 称谓

有明确倡议对象的，直接写上倡议对象，其中受倡议为单位的，直书全称，为公众的，则采用概称，如“同学们”“青年朋友们”。

有的倡议面很广，无特定指称对象，可省略称谓。一般会在正文中明确。

3. 正文

正文结构类似建议书，包括倡议缘由、倡议事项、有所期望三项，但内容的倾向性不同。

（1）倡议缘由。即写明所倡议的理由，阐明所提倡议是当前形势的需要、社会的需要，是需要大家一起行动，共同努力才能实现和完成的重要事情，以便激起人们积极响应置身其中的意愿，然后用“我们（本人）倡议如下”，或“我们谨向……倡议”等句式转入主体部分。

（2）倡议事项。即倡导大家做什么。倡议事项一定要具体化，做什么，价值、意义、时间等，分条叙述，一目了然，实操性强。

（3）有所期望。表达的是倡议者的决心，希望广大群众积极响应的要求和希望，一般不用祝愿，而用一些富有鼓舞性和号召力的话语结尾。

4. 落款

署上建议单位或个人的名称和日期。

倡 议 书

全市各机关、企事业单位，广大市民群众：

科学证明，吸烟有害健康。尤其是在室内公共场所、工作场所吸烟，不但危害自身健康，而且严重危及他人，污染公共环境。为减少烟草危害，保障身体健康，创造良好的公共环境卫生，我们发出如下倡议：

一、各机关、企事业单位要积极开展创建无烟单位活动，做到单位有禁烟制度，有兼职劝阻吸烟人员，禁烟场所有明显禁烟标志：无烟灰缸、无烟头、无吸烟者、无烟草广告。

二、公务员、教师、医务工作者要率先垂范，带头不在室内公共场所和工作场所吸烟。

三、广大市民群众要强化禁烟意识，自觉遵守公共场所道德，做到不在室内公共场所和工作场所吸烟；并对禁烟场所的吸烟行为，及时进行友好的提醒和劝阻。

四、广泛开展宣传教育，形成全社会参与公共场所、工作场所禁烟工作的良好氛围，培育“不吸烟、不递烟、不送烟”的社会新风尚。

不在室内公共场所、工作场所吸烟，不仅是一项社会公德，更是现代文明的体现。让我们携起手来，追求文明、健康、和谐的生活方式，从自己做起，从现在做起，拒绝烟草！减少疾病！珍爱生命！为创造一个清新、舒适的无烟环境做出应尽的贡献。

长沙市文明办
长沙市爱卫办
2017 年 8 月 21 日

第九节　启事与海报

一、启事

（一）启事概述

1. 启事的含义

启事是单位或个人为公开向人们告知、声明某事，或请求公众协助支持参与的文书。通常张贴在公共场所或刊登在报刊、刊物上。如征稿启事等。

2. 启事的类型

（1）寻访类。如寻物启事、寻人启事。

（2）招领类。拾遗者发寻物或人的失主。

（3）征求类。如征文启事、征物启事、招聘启事、征婚启事等。

（4）通知类。如“校庆启事”等此类邀请亲友、校友、会友等举行某种活动，由于被告知人居住分散或不确定，往往发启事广泛告知；书刊出版发行的预告；停业通知；公开的公安机关的警告和悬赏。

3. 启事的特点

（1）告启性。启事是以公开陈述事实的方式，面向大众告知事宜，或寻求帮助的，它没有强制力和约束力。

（2）目的性。无论哪种启事，都有很强的目的性。或有事需要向公众说明，或欲求公众的支持、协助，或希望公众积极参与。

（3）简明性。启事要求表达简洁明了，既是为了方便读者对启事的内容一目了然，也是为了节约篇幅，力求用最少的物力达到最好的告启效果。

（二）启事的结构和写法

启事一般由标题、正文、落款三部分构成。

1. 标题

（1）文种式标题。即启事的标题直接用“启事”二字。此类标题适用于任何内容的启事，但不能明显、直观地反映所启事项内容。

（2）公文式标题。即“事由+文种”，如“招聘启事”“征文启事”；“单位名称+事由+文种”，如“××大学招聘启事”；“单位名单+文种”，如“××研究所启事”。比较重要或紧急的，还可以在“启事”之前加上“重要”“特别”“紧急”等修辞。

（3）单一式标题。即标题中不出现“启事”二字，只写明事由或内容范围，如“×××长招聘”“失物招领”“征求徽标”等。

2. 正文

正文写想要说明的内容，明确地交代原因、启事要求，相关承诺等。正文因启事所说明的事项不同而异。总的要求是内容真实准确，简明扼要，有条理。

3. 落款

写明告启单位、人的全称、地址和联系方式，以及发布告启的年、月、日。

（三）启事的写作要求

1. 内容要真实可靠

启事是公开说明某事或希望公众予以帮助或协助，其内容必须完全真实，不能弄虚作假，欺骗大众。

2. 表达要简明完整

启事撰写内容简洁明确，公众才能一目了然，快速准确地给予帮助。启事的原因、特征、联系方法等要写清楚，如寻人启事，应写清楚被寻人的重要特征，寻物启事应写清楚所寻物品的基本特征。

3. 用语诚恳有礼

每一种启事，写作的目的在于寻求公众的帮助，所以行文应谦逊有礼，避免盛气凌人，出现语言不得体的情况。

4. 不能将“启事”错写成“启示”

“启示”是启发、开导、使人有所领悟的意思。与“启事”的“公开陈述事情”不是一个意思。无论是“招聘启事”“征文启事”，指其说明的内容都只能用“事”，而不能用“示”。

例文1 寻访类

寻人启事

×××，女，67岁，身高1.55米左右，神志有时不清，穿灰的确良中式罩衫，黑裤子，灯芯绒圆口布鞋，耳聋，牙齿已全部脱落，豫西口音，带一根木质拐杖，于2月3日出走至今未归。有知情者请与市机械安装厂联系，定有重谢。

联系人：×××

手机：×××××××××××

××××年×月×日

寻物启事

本人不慎于1月25日乘7路公共汽车时，将部队复员证、驾驶证、复员介绍信遗失。有拾到者请与××厂机修车间×××联系，必有重谢。

联系人：×××

手机：×××××××××××

××××年×月×日

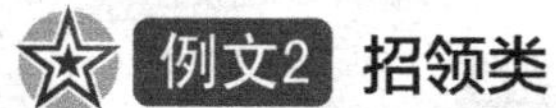

例文2 招领类

招领启事

尊敬的业主：

您好！

我司安管人员于2017年4月11日下午三点半左右在小区大门口拾到一辆儿童自行车，请失主移步到天蓝居住户服务中心（即管理处）认领。

××住户服务中心

××××年×月×日

注：招领启事中，不能写出物品具体特征和详细数量，甚至也不写拾到时间、地点，以防冒领。

例文3 征求类

招聘启事

本报经北京人才交流服务中心批准，需招聘夜班编辑一名。条件如下：

1. 男性，35岁以下，本科毕业，有编辑工作经验者优先。

2. 有北京市户口，不需要住房。

3. 身体健康，至少连续从事夜班工作三年以上。

有意者请将自荐信、学历、简历、发表过的作品于2017年11月25日前寄至《××日报》经济部（邮编1000××），并写清联系地址、电话。收到材料后，本报一周内通知面试时间。

联系人：王××

联系电话：××××××

××日报

××××年×月×日

例文4 通知类

青岛附中启事

明年（2013年）是青岛大学附属中学建校十周年，学校将于2013年5月17日举行庆典。敬请海内外历届学子及曾在本校工作过的教职工互相转告。为反映我校建校十年来走过的历程，抒写师生情怀，弘扬青大附中精神，现在筹办编辑《校庆文集》《校庆特刊画册》等。国内外的曾在青大附中工作、学习、生活过的老师、同学以及家长们，母校想念你们。在校庆来临之际，渴望听到你们的声音，见到你们的文字、音容。特向大家征集：

1. 回忆在青大附中工作、学习、生活的文章，以及家长与学校共同培养孩子，关注、支持学校发展的文章（题目自拟，字数不限，附1张照片）。

2. 对母校的祝福视频（不超过2分钟）。

3. 能表达您对母校感情的纪念物等。

4. 校友们如保存着有关学校的文物资料，请及时与学校联系，希望您能将原件或复印件寄于学校，以备编辑文集或画册之用。

征文及资料征集截止的时间为2012年11月30日。

联系人：尹老师　邮箱：xiaoqingchoubei@126.com

联系电话：85880733

学校地址：青岛市市南区逍遥三路4号

邮编：266071

亲爱的校友们，青大附中期待着你们的回音！谢谢！

青大附中校庆筹备办公室

2012年9月19日

二、海报

（一）海报概述

1. 海报的含义

海报是向广大群众报道或介绍某一消息或活动时，广泛公开地传递信息招徕群众的招贴式文书。多用于电影、体育、报告会、展览、预告戏剧等文娱体育消息。通常张贴在公共场所、宣传橱窗内，有些海报也通过媒体向公众发布。

2. 海报的特点

（1）特定性。海报只限于主办单位使用，一般告知公众的是举办文化、娱乐、体育等活动方面的消息。

（2）宣传性。海报通过一定的感情语言，广泛告知一定范围的人，招揽公众积极参与和了解某种情况，具有宣传和提高活动知名度的效果。

（3）画面性。海报贴在公共场所，为给往来的人们留下印象，根据实际需要，常常选择大画面及突出形象和色彩。同时，在设计中要标题醒目、布局新颖、图文并茂、色彩鲜艳，以增强画面性和印象。

（4）张贴性。海报主要采用张贴形式，一般张贴在引人注目的场所。

3. 海报的种类

（1）根据内容分，可分为戏剧海报、联欢会海报、电影海报、体育赛事海报、报告会海报等。

（2）根据表现形式分，可分为文字海报、图文海报等。

（二）海报的结构和写法

海报由标题、正文、落款三个部分构成。

1. 标题

（1）文种式标题。即“海报”作标题。

（2）单一式标题。由内容作标题，如“舞会”“研究生优秀书画展”等；单位名称和内容构成，如“××杂技团演出精彩杂技大型魔术”。

（3）双行式标题。即分正标题和副标题。正标题是引题，用生动简短的语言指出作用和意义。副标题介绍举办的单位、内容。如“名角新秀同献艺　轻歌曼舞妙趣横生——××电视台与××部联合举办　庆祝春节文艺会演”。

2. 正文

海报正文要用简洁、生动、准确的文字介绍海报的具体内容。海报内容种类多样，内容表达差别很大。一般包括活动性质、情况介绍、注意事项及说明、时间地点和票价等。

根据活动情况，正文可以为简洁的一段话，也可以采取分项列举方法，逐项写清楚活动的内容、时间、地点、参加方式等，使海报清楚明了，通俗易懂。有的文艺演出海报在正文前后加上标语，起到画龙点睛、渲染气氛、美化文面、吸引观众的作用。

3. 落款

在正文后，写上主办单位名称和海报制作日期。如已把这部分内容写到标题和正文中，这里可以省略不写。

（三）海报的写作要点

1. 内容真实

为了吸引公众关注活动和消息，海报可以使用一些鼓动性的词语，但不可夸张失实，必须真实、准确，不能虚假、欺骗。有些还要加上注意事项，以免引起公众的误会。

2. 力求图文并茂

海报除了文字说明，还常常根据内容需要，设计或添加象征性图案或图画，以突出主题，吸引读者。但海报中传达信息的文字应重点突出。

3. 要简明易懂

在语言上，海报写作力求用最少的文字最大限度地概括活动内容及主旨，力求做到言简意明，让人一看就知晓传达的信息内容。

海　报

××月××日 15:30，我校男子足球队与××学校男子足球队在我校足球场举行友谊比赛。热烈欢迎全校师生到时前往参观、指导、助兴。

××学校学生处

2017 年 3 月 9 日

思考与练习

一、修改下列计划的标题

1. ××大学二〇〇九年招生工作规划

2. ××市国民经济和社会发展五年计划

3. ××公司关于第一季度销售计划

4. 个人职业生涯打算

5. 华丰电子厂产品直销活动的计划

6. 广州市未来发展方向的方案

二、简答题

1. 如何写计划与总结？

2. 个人简历和求职信如何写作？

3. 如何写述职报告？

4. 怎样写简报？

5. 怎样写请柬和邀请书？

6. 怎样写启事与海报？

三、病例析改

1. 下面是一位同学制订的学习计划，请指出其中存在的问题并加以修改。

学习计划

从轻松的暑假转入新的学习环境真的有点不习惯，为了尽快适应大学生活，我为自己制订了一个学习计划。

1. 早起晨读，每天早上5∶30起床，读一篇散文，背英语单词，读一篇英语课文，还要练一练我的普通话。

2. 多读课外书。利用下午不上课的时间去书店看书，丰富自己的课外知识，对外界、对社会都能有所了解。

3. 认真听课，把上课老师讲的重点记到笔记本上，课后巩固，上课前要预习今天要讲的内容，课上能记住的东西一定不留到课后。

4. 上晚自习，做一些白天没有做完的作业，复习一下当天讲的内容，再预习第二天要讲的课程，以防课上跟不上老师讲的进度。

5. 积极参加学校组织的活动，培养自己的组织能力，以适应社会的需要。

6. 多看些新闻，多了解一些世界发展趋势，以便以后能跟上时代步伐，与时俱进。

计划人：×××

××××年9月1日

2. 阅读下面的总结，指出其不足并修改。

××公司上半年工作总结

半年来本公司在精神文明和物质文明方面做了许多工作，取得了很大成绩。半年来，主要做了以下工作：动员组织公司干部和广大群众学习中央文件，安排、落实全年生产计划；推行、落实工作责任制；修建子弟小学校舍；建方便面生产车间厂房；推销果脯、食品、编织产品；解决原材料不足问题；美化环境，栽花种草；办了一期计算机技术培训班；调整了工作人员，开始试行干部招聘制。

半年来，在工作繁杂、头绪多而干部少的情况下，能做这么多工作，主要是：

一、上下团结。公司领导和一般干部都能同甘共苦，劲往一处使。工作中有不同看法，当面讲，共同协商。互相间有意见能开展批评与自我批评，不犯自由主义。例如有干部对经理未作商议，擅自更改果脯销售奖励办法，影响产量一事有意见，经当面提出，经理作了自我批评，并共同研究了新的奖励办法，又出现了增产势头。

二、不怕困难。本企业刚刚起步，困难很多，技术力量薄弱，原材料不足；产品销路没有打开等。为此，领导干部共同想办法，他们不怕跑路，放弃自己的休息时间，忍饥挨饿受冻，四处联系，终于解决了今年所需要的原材料，推销了一些产品。

三、领导带头。公司的几位主要领导带头苦干、实干。他们白天到下边去调查了解情况、解决问题，晚上才开会研究问题，寻求解决的办法。领导干部夜以继日地工作，使公司工作上了台阶。

××公司

××××年××月××日

四、写作训练

1. 根据个人的实际情况，以一学期为时限制订自己的学习计划。

2. 请回顾上大学以来的学习、生活实际，写一篇 1 000 字以上的总结。

3. 假定新的一年即将到来，你所在的院系准备举办一台元旦文艺晚会，请你拟写一份策划书。

4. 假定你是××系学生会主席，拟写一份年终述职报告。

5. 请代你班班委、团支部编写一份反映班级学习情况的简报。要求自拟简报名称，设计版面，写好简报文章并加写按语，体例完整。

传播讲演文书

第一节 消　　息

一、消息的概念

消息是一种以直接简练的方式快速而客观地报道国内外新近发生的或即将变动的事实的一种新闻文体。

广义的新闻包括消息、通讯、特写、新闻摄影、调查报告。狭义的新闻专指消息。消息是最常用、最主要的一种新闻体裁，被称为新闻报道的主角。

二、消息的特征

（一）真

消息强调用事实来说话。离开了事实，消息也就失去了根本。

（二）短

消息是所有的新闻体裁中篇幅最短的一种。它往往抓住何时、何地、何人、何事、何果等新闻要素，将新闻事实简明扼要地报道出来。即使有描写，也只是扣住一两个核心细节，略加点染。

（三）快

消息是所有的新闻体裁中时效性最强的一种。有人说，“新闻是易碎品，只有 24 小时的生命”“今天的新闻是金子，昨天的新闻是银子，前天的新闻是垃圾”。在所有新闻文体的写作中，消息的时效性最强。而在所有消息中，动态消息的时效性最强。

例如，1981 年 3 月 30 日 14:30，美国总统里根在华盛顿希尔顿饭店前遭到枪击。在场的各个新闻媒体的记者们凭着自己的职业素养和聪明才智，立刻开始了抢发这条新闻的竞赛。合众国际社记者雷诺尔兹冲到希尔顿饭店的服务台，抢过电话要通报编辑部，拨通电话后大声通报："总统遭枪击。"14:31，合众国际社就向全世界播发了这条消息。同时，哥伦比亚广播公司的记者塔克尔闯进马路对面的一家商店，出 100 美元占住电话，向编辑部通报了总统被刺的情况，然后又叮嘱售货员："不要让别人用电话，不管别人出多少钱，我都会加倍给你。"说完又冲回现场去采访。哥伦比亚广播公司仅比合众国际社晚 1 分钟播出了这条消息。美国广播公司的摄像师冒着生命危险拍下了里根被保安推进汽车，新闻秘书布雷迪等人倒下，凶手欣克利被制服等一系列现场画面，并火速传递到电视台。14:34，电视上就播出了现场画面。比起 1963 年肯尼迪被刺合众国际社在 1 小时内播出新闻的时效来，1981 年里根被刺的新闻发布可以说是快到了极限。这与记者素养和现代化设备的提高和改善有关系。

三、消息的分类

（一）动态消息

动态消息的主要功用就是迅速及时地报道国内外新近变动的事实，将社会生活中发生的新变化、新成就、新动向、新情况报道给读者或听众、观众。如《北京 15 所高校教学共同体，火了！》《西藏各界为大学生登山队壮行》《马云成立阿里达摩院，又一个时代正式到来》《麦当劳（中国）更名为"金拱门"》。动态消息的特点是篇幅短小，主题集中，一事一报，简洁明快。报纸上大多数的短新闻，尤其是简讯、简明新闻、标题新闻之类都是动态消息。

（二）经验消息

经验消息又称典型报道。它是向读者、听众或观众报道某地区、某单位贯彻执行政府的方针政策和某一方面的典型经验、成功做法或总结反面教训的一种消息。经验消息指导性强，它通过对典型经验的报道，达到推动全局工作的目的。因此经验消息既要提出问题，还要讲清解决的办法，有时还要总结具有指导意义的经验。如《费县因地制宜精准施策走出产业扶贫新路子》。

（三）综合消息

综合消息是以综合反映全局情况为内容的一种消息。它一般围绕一个中心，集中全国或某个地区、部门、战线、单位带有全局性的新情况、新成就、新动向或新问题加以综合报道。综合消息要求作者全面地占有材料，既要占有全局性的材料，又要占有典型性的材料。在写法上，特别要注意把全局性材料的概括叙述与典型事例的具体叙述结合起来，做到点、面结合，把消息写得既全面概括，又中心突出。如《乡村振兴战略透出"三农"新希望》《国际社会盛赞中国共产党人民至上的执政理念》。

（四）述评消息

述评性消息又称"新闻述评""记者述评"。这是一种以夹叙夹议、边述边评的方式写成的消息。它兼有新闻和评论两种功能，在报道新闻事实的同时，还对新闻事实发表评论。述评性消息通常以国内国际的重大事件和各行各业的成就、经验或教训为题材，既要叙述事实，又要分析评论，帮助大家提高认识，加深对事物的理解。

四、消息的写作

一篇消息一般由以下五部分构成。

（一）标题

标题是消息的眼睛，是消息内容精粹所在、风采所在，也是作者倾向所在。

消息的标题往往有以下三种类型。

（1）正题，或叫母题、主题、大标题，例如“北京26日举行奥运火炬接力线路发布仪式”。

（2）引题，又称肩题、眉题，一般用来交代背景，说明原因，烘托气氛，解释意义等。引题一般多作虚题。例如，“历风雨，见彩虹——××省一打工青年获大学文凭”“喜欢不断挑战自己——大三学生合伙开快餐店月入5万”“放飞梦想书写华章——中央宣讲团赴湖南大学、北京大学、郑州大学宣讲十九大精神”。

（3）副题，又称子题、副标题。一般用来补充、注释和说明、印证主题。例如，“中国小朋友世博畅想最感人——国际少儿世博主题讲演大赛颁奖”“152 家世界 500 强企业将参加《财富》全球论坛——注册的全球 500 强企业数和嘉宾书均超历史最高纪录”。

根据这三种标题类型，在制作的时候可组成以下三种标题形式。

（1）单行标题。只有一行正题，它能简洁明了地反映消息内容的中心思想，例如“中国国家主席与艾滋病人握手”，再如“124户的山村走出142名大学生”。

（2）双行标题。引题和主题兼用，或是主题和副题并用。例如：

真正幸福要靠自己劳动去创造（引题）

杜芸芸将十万元遗产献国家（正题）

（3）三行标题。主题、引题、副题全备。例如：

中华浩浩五千载　谁见铁龙渡大海

今天火车登陆海南

吴邦国出席粤海铁路通道轮渡建成庆典

标题要求：准确、鲜明、凝练、生动。例如下面这些标题：中国商飞：支撑强国之翼；平潭大开发　共筑两岸人民美好家园；乘客身份证遭抢注无法网购火车票；一位普通工人竟然写出电影剧本；竟敢敲诈两会代表——一路边店遭严厉惩处；我国续作礼宾改革，国宴实施四菜一汤；一窝“油老鼠”落网；“会翁”之意不在会　在乎山水之间也——青岛会议知多少，请看会议一览表；中国造一飞冲天：全球首款大型货运无人机成功起飞。

还有下面的标题：

壮哉，教师于元贞勇斗窃贼身亡

悲哉，数百围观者竟无一人相助

（二）导语

消息的开头一般要用“电头”，如“本报讯”“新华社×月×日电”“本报通讯员×××报道”之类。“电头”后空一格，紧接的是导语。

导语是一则消息中最重要的事实的概括。它的作用是介绍内容，揭示主题，导入正文，并引起读者阅读兴趣。它可以是用一句话、几句话，也可以是一两段话。导语要抓住最重要的新闻事实，要讲究可读性，要新颖形象、简短精练。

下面介绍几种常见导语的写作。

1. 概括式导语

概括式导语要对整篇报道的内容进行浓缩和概括。例如，“新华社兰州3月9日电　3月7日甘肃省东乡族自治县洒勤山发生大面积山体滑动，当地群众的生命财产受到重大损失”。再如，“10月22日，由中交二航局施工的世界最大跨度公铁两用钢拱桥——沪通长江大桥天生港专用航道桥主拱合龙。”

2. 对比式导语

对比式导语要将新闻事实与别的事实进行纵向或横向的对比。例如，××××年5月19日，《工人日报》报道了一位工人勇斗歹徒受表彰和一位工人见义不为受处分的消息。导语写道：“5月7日，河南辉县召开大会，表彰该市公交公司修理工王国伟勇斗歹徒的先进事迹，授予他‘见义勇为积极分子’光荣称号。同时，对见义不为丧失党性原则的党员，该市塑料厂工人胡建忠给予开除党籍、开除公职的处罚。”

3. 描写式导语

描写式导语要简要地展示人物、事物的形象或场景。例如，“数十架照相机的闪光灯照亮徐徐驶离北京西站的列车，试图为子孙后代留住这一瞬间。车上，八百多名乘客的兴奋之情溢于言表。这列火车将一路风尘驶上世界屋脊，创造历史。对乘客们来说，若干年后此次旅行将成为他们向子孙后代讲述他们难忘经历的谈资。”

4. 评论式导语

评论式导语在叙述新闻事实的同时，会对事实做画龙点睛式的评价。例如，“北京10月20日电（记者　冯方）‘十八大以来，中国科技发展应该说对经济社会发展的影响是全局性的、根本性的，有些地方还是突破性的，甚至是颠覆性的。中国的科技发展取得了巨大成就。’”

5. 引用式导语

引用人物的语言做导语，可以分为直接引用和间接引用两种。例如，10月18日，武城县李家户镇党庄村31岁农民郭子伟一天之内领到了两个证件：新户口本和《农村集体经济组织成员转移备案证》（下文简称《转移备案证》）。他一手一个，兴奋异常：“紫本本，我迁户进城，成市民啦；红本本，老家权益保留不变！在城里待不住的话，还可以把户口再迁回农村！”再如，“路透社北京11月2日电　邓小平同志今天说：中国没有叫台湾投降，而是希望它接受在平等的基础上就中国和平统一的问题进行谈判。”又如，“在今天（10月22日）上午的十九大新闻中心记者会上，教育部党组书记、部长陈宝生表示，2049年，中国教育将稳稳地站立在世界中心，引领世界教育发展。也就是说，到那个时候，中国的标准将成为世界的标准。”

6. 设问式导语

设问式导语会在开头提出疑问或设问，引起读者的兴趣。例如，“一架飞机能从宽仅14.62米的巴黎市中心的凯旋门洞飞过吗？巴黎的英雄们正做着他们的实验。”再如，“就连好莱坞也编造不出这样的故事：为了侦破一起神秘的盗窃案，一个联合特别行动组成立了；联邦调查局也被请来了；一条特殊的电话热线开通了，悬赏破案的赏金是 5 万美元。什么被偷了？英王皇冠上的珠宝？比尔·盖茨的财产？都不是。被盗的东西是对洛杉矶市来说要重要得多的东西：奥斯卡金像不见了！”

7. 比兴式导语

比兴式导语是运用类似文学写作中的“即物起兴”的手法，通过引用诗句、谣谚或是比喻象征性的描写，对新闻的特点或意义先作形象化的暗示和强调，然后再引出所要叙述的新闻事实。如××××年 8 月 12 日，《中国环境报》刊登的关于夏日除蚊的报道，它的导语是：“饱去樱桃重，饥来柳絮轻，但知求旦暮，休更问前程。”这是诗人范仲淹写蚊子嗜血的诗句，寥寥数笔，蚊子生态学的特点便跃然纸上。

（三）主体

消息的主体是紧接在导语后面构成消息主要内容的部分，印证导语的提示，补充交代导语中未提到的问题。它承接导语详细地叙述事实，说明问题，用具体典型的材料对导语所作的叙述作充分的展开。

主体安排方式最基本的是三种顺序：一是按照事实发生、发展的时间顺序表述（正金字塔式结构）；二是按照事物的内在联系或是人们认识问题的逻辑顺序来表现；三是倒金字塔式结构。倒金字塔结构，是一种以新闻事实的重要性依次递减为顺序安排材料的结构方式。它要求把最重要、最新鲜的新闻事实或结论放在最前面（即放在导语里叙述），然后按照“重要—次重要—次要”的顺序安排其他事实材料。它好似一座倒放的金字塔，塔底在上，塔尖朝下。这种倒金字塔式结构的特点是“头重脚轻”地安排组织材料。这同一般文章的结构不相同。它是消息特有的一种结构形式，也是消息最基本的结构形式，为中外记者所普遍采用。

1. 倒金字塔式结构

日本宣布无条件投降（题）

【美联社 1945 年 8 月 14 日电】

日本投降了！

杜鲁门总统今晚 7 时宣布，日本已无条件投降，造成历史上空前巨大破坏的战争随之结束。盟国陆、海军已停止攻势。

总统说，日本是遵照 7 月 26 日三强致日本的最后通牒所规定的条款无条件投降的。这项最后通牒，是三强柏林会议期间发出的。8 天以前，日本遭到有史以来第一枚原子弹——一种威力巨大的炸弹——的轰炸；两天以前，俄国宣布对日作战。在这种情况下，日本被迫于本星期五宣布接受最后通牒中包括的全部条款，但要求继续保留天皇制。

次日，美、英、苏、中四国对此做出答复，声称如天皇接受盟军最高司令部的命令，则可继续在位。

杜鲁门总统今天还宣布，道格拉斯·麦克阿瑟将军已被任命为占领日本的盟军武装部队总司令。

杜鲁门总统说："现在正在做出安排，以便尽早举行接受日本投降的正式签字仪式。"

2. 金字塔式结构

两名大学生玩命

《北京晚报》1月24日报道　1月22日下午7时，北大分校物理系18岁学生吴某，与3名女大学生到学校附近的铁路边散步。

吴某对女同学说，国外曾有人趴在路轨中间，火车过后安然无恙。

这时，一列火车正巧从西直门方向驶来，吴某和一位女同学欲亲身一试。他们迎着火车趴在路轨中间。

火车司机发现后，立即采取紧急制动措施。火车头和一节车厢从他们上面驶过之后停了下来。

女同学从车下爬出，侥幸留下了性命。

吴某却没出来。他的颅脑受到严重损伤，已经丧生。

（四）背景

消息背景又称新闻背景，就是用来对新闻事实进行解释的所有事实材料。

背景材料的类型有以下几种。

1. 对比性背景材料

对比性背景材料是用来与新闻事实做对比的事实材料。可古今、中外、正误、前后比较等。例如，苏联赫鲁晓夫上台时，大骂斯大林。一位西方驻莫斯科记者，为了揭露赫鲁晓夫的两面派嘴脸，曾巧妙地使用了一段对比性材料，说"就是这个赫鲁晓夫，在他担任乌克兰共产党第一书记时，曾说过斯大林同志如同他亲生的父亲。"

上海的最后两辆人力车送进了博物馆

新华社1956年2月25日电　上海市交通局今天把上海的最后两辆人力车送进了博物馆。原来的人力车工人曾为此自动集会庆祝，感谢政府替他们挖掉了穷根，帮助他们走上了新的生活。

人力车最初出现在日本。远在1874年，上海就有了这种交通工具。解放前夕，上海约有5 000多辆人力车，7 000多人力车工人，解放后，政府在发展公共交通建设的同时，就有计划地帮助人力车工人分批转业。有些人力车工人已经被训练成为汽车驾驶员或技术工人。有的回到农村参加了农业生产。没有劳动力又没有依靠的老工人进了养老院。63岁的老工人姜威群，拉了50年人力车，穷得一直不能结婚，现在他们在养老院里安静地度着晚年。

2. 说明性背景材料

说明性背景材料是来说明和解释新闻事实产生的原因、条件、环境以及人物的身份、特点的事实材料。

例文

健康的生活需要口腔卫生

卫生部召开世界卫生日座谈会

［本报北京4月7日讯］（记者陈光曼）今天是世界卫生日，今年的主题是“口腔卫生”。卫生部今天在京组织有领导、专家和世界卫生组织（WHO）代表及联合国开发计划署代表参加的座谈会，围绕“健康的生活需要口腔卫生”这个口号进行了座谈。

据介绍，龋齿被WHO认定为除恶性肿瘤、心脏病以外的第三大疾病。随着人民生活水平的明显改善，我国口腔疾病的发病率呈上升趋势，自然人群口腔疾病患龋率为60%～80%，其中城市儿童患龋率超过80%，农村为50%左右。

全国人大常委会副委员长陈慕华在座谈中说，搞好口腔卫生需要全社会的共同努力，要把口腔卫生纳入初级卫生保健工作之中，把牙防工作提到防病工作的重要议事日程。

3. 注释性背景材料

注释性背景材料是用来帮助人们看懂新闻内容，增长知识和见闻的背景材料。

美国《大众科学》杂志的记者在一篇关于等离子掘进机的报道中写道：“这种掘进机头部有个‘火把’。但是，这个‘火把’放射出来的不是温度特别高的火焰，而是一种叫作等离子体的电流。等离子是一种很怪的物质，它既不是固体，也不是液体，更不是气体。物理学家们认为，它是物质存在的第四种方式。”

（五）结语

结语即从全盘考虑做出进一步的总结、概括、说明或补充。它有时作为消息的最后一段，有时是消息的最后一两句话。常见的结尾有以下几种。

1. 点睛式

画龙点睛，卒章显志。例如，《马寅初错案彻底平反》，“［新华社北京7月25日电］新华社记者杨建业报道：7月中旬的一个上午，往日静悄悄的北京总布胡同32号宅院顿时热闹起来：中共中央统战部副部长李贵专程来到这里，拜访了98岁的著名经济学家马寅初先生……20多年的是非终于澄清，冤案终于平反。实践宣布了公允的裁判：真理在他一边。”（1979年7月26日《新华社新闻稿》）

2. 展望式

展望前景，或给人以鼓舞，或向人敲响警钟。如《中华母亲的素质亟需提高》一文的结尾：“我国目前已有2亿多个家庭，2亿多名母亲，而其中70%又在农村，要提高这部分母亲的素质，不但是当前的重任，而且是一个漫长而艰辛的社会工程。”

再如，火箭军某导弹旅旅长王锡民：“祖国轻易不用咱，用咱就是出重拳……”“在党的十九大精神引领下，官兵拼搏劲头更足、战略视野更高，战斗力建设将会迎来新的跨越式发展，实现建设强大的现代化火箭军和世界一流战略军种目标一定会越来越近！”

3. 号召式

发出召唤，引起响应与共鸣。如《600万城镇待业职工欲何往？》一文的结尾：“到乡镇企业就职，既可以发挥自己的聪明才智、一技之长，又可以获得比在城里企业更高的经济收入。何乐而不为呢？”

消息的结尾应紧扣消息主题和新闻事实顺势而成，有些新闻事实在主体部分已写清楚，其意自明，就不必再硬加一个结尾。

山东作家莫言获诺贝尔文学奖

本报高密10月11日讯　晚上7点刚过，高密的大街上便响起了鞭炮，一条消息在鞭炮声中口口相传：高密走出去的山东作家莫言荣获2012年度诺贝尔文学奖。这是中国籍作家首次问鼎这一奖项。

几天前，莫言成为诺贝尔文学奖大热门的消息不胫而走。来自国内外20余家媒体的记者奔向高密，在莫言文学馆的手稿里，在莫言出生的大栏乡平安村，在高密的剪纸、扑灰年画和山山水水中找寻密码，期待一条爆炸性新闻。

这是收获的季节，高密的棒子黄澄澄地摆满了场院和房顶，侍弄着活计的老乡们略带疑惑地观望着纷至沓来的记者。莫言的二哥管谟欣已经说不清接待了几拨客人，但他还是面带笑容。

随着时间推移，记者群里散发出焦急和期盼的气氛。他们不停地看表，翻着网页，并一遍一遍追问着莫言的下落。莫言事后对记者说，那时，他正躲在一个地方逗着小外孙玩耍，还舒舒服服吃了顿晚饭。

“成了！”晚上7点刚过，记者当中一个手疾眼快性子急的率先确认了这一消息，人群中随即爆发出热烈的掌声。

在斯德哥尔摩当地时间10月11日13时，远在北欧的瑞典文学院宣布，2012年诺贝尔文学奖授予中国作家莫言。

瑞典文学院常任秘书彼得·恩隆德在瑞典文学院会议厅先后用瑞典语和英语宣布了获奖者姓名。他说，中国作家莫言的“魔幻现实主义融合了民间故事、历史与当代社会”。

诺贝尔文学奖评委之一、瑞典汉学家马悦然说，莫言的作品十分有想象力和幽默感，他很善于讲故事。莫言获奖会进一步把中国文学介绍给世界。

晚上9点，让各路记者找得好苦的莫言终于现身。对于获奖，莫言表示：“可能是我的作品的文学素质打动了评委，中国文学是世界文学的一部分，表现中国独特的文化和民族风情，站在人的角度上，立足写人，超越了地区、种族的界限。”他强调，“诺贝尔文学奖是重要的奖项，而并不是最高的奖项”，自己要“尽快从热闹喧嚣中解脱出来，该干什么干什么”。

莫言出生于1955年2月，原名管谟业，山东高密人。小学即辍学，曾务农多年，也做过临时工。1976年2月离开故土，尝试写作。1981年开始发表作品，一系列乡土作品充满“怀乡”“怨乡”的复杂情感，被称为“寻根文学”作家。他的主要作品包括《红高粱家族》《丰乳肥臀》《檀香刑》《蛙》等。长篇小说《蛙》获第八届茅盾文学奖。

按照诺贝尔奖有关规定，所有获奖者将前往瑞典首都斯德哥尔摩，参加12月10日举行的颁奖典礼。

注释：这是第二十三届（2013年）中国新闻奖二等奖获奖作品，评委认为：莫言获诺贝尔文学奖，是中国当代文学得到世界认可的标志性事件。这是大新闻，也是中国文化的大事件。大众日报梳理中国和诺贝尔奖的渊源与纠葛，深刻认识莫言获奖的标志意义，深入分析其社会影响，从而精准判断其新闻价值。这篇消息重点突出山东元素，在所有莫言获奖报道中独树一帜，是为新时代文化大发展、大繁荣鼓与呼的佳作。稿件既是突发新闻事件报道的重大突破，也是长期研究的结晶。莫言是山东籍作家，多年来大众日报持续关注莫言创作，具备了深厚的知识储备、认识水平；新闻发布后的快速行动，又集中体现了采访能力、写作能力和应变能力。稿件准确记录珍贵的历史一刻，是现场新闻的范本，是改文风的切实体现，把新闻的速度和文学的深度有机结合，进行了一次全新的文本尝试，稿件带着浓重的文学色彩，有很强的现场感和冲击力，展现了消息体裁的魅力，被多家媒体用作消息写作培训案例。消息见报后，受到莫言本人的认可，认为稿件写出了文学味，抓住核心问题；稿件还受到文学界专家和读者的普遍赞赏，认为稿件有血有肉，带着现场的温度；稿件也受到传媒业内人士的称许，许多媒体把该文当作范文。稿件被人民网、新浪网等众多网站转载，成为莫言获奖报道最权威、最典范的消息。

例文2

“本地企业发展快，群众都坐着火车又回来了”
——火车站见证兰考经济变迁

注释：这是第二十三届（2013 年）中国新闻奖一等奖获奖作品，评委认为：这篇报道反映的是我国城镇化进程中，地方经济发展的变迁及百姓所享受的政策“福利”。作品有以下三个特点：第一，以小见大的新闻视角。作品把视角放到因焦裕禄精神闻名全国的河南兰考。以火车站为切入点，穿越 50 年时空，突出变迁主题，举重若轻地展现了农村经济发展过程中“产（业）城（镇）互动”这一宏大主题。第二，生动凝练的表达方式。作者通过采访对象的回忆，把时间拉回 50 年前焦裕禄初到兰考第一天，期间穿插不同时间的新闻事实，凝练有效。第三，灵动活泼的结构形式。全文不足 900 字，分 12 个段落，灵动跳跃；直接引语 8 处，用人物语言烘托新闻事实，既有“镜头感”，又富有说服力。

629 户人的藏乡走出 359 名大学生

注释：这是第二十六届（2016 年）中国新闻奖一等奖获奖作品。629 户人中走出 359 名大学生，这在内地教育发达地区也是一个不错的数据，更何况是在偏远的藏族乡村，这显示出本文具有强烈的新闻性和重大典型意义。本文导向正确、观点鲜明、事例典型、叙事充分，既抓住了村民因不识字在电话簿上画碗筷这样的生动细节，也反映了贫困家庭卖牦牛筹学费的现实困境，还描述了每户村民凑一两百元资助大学生家庭这样的温情故事，这些有冲击、有感动、有希望、有光明的细节，具有强烈的感染力和说服力。整个作品真诚质朴，把“教育促进发展、知识改变命运”的观点融入流畅叙事中，让老百姓看得懂、愿意看，具备好作品“留得下、传得开”的特质，有力发挥了新闻舆论工作“成风化人”的作用。

第二节　通　　讯

一、通讯概述

消息常常简要地报道一个事实的梗概和片断，迅速概括地告知读者新近发生的事件，将叙事五要素或六要素简明地交代清楚就可以了，而受众往往不满足于消息简括地告知，需要知道信息的详情，弄清原委。通讯就是适应这一客观的需要应运而生的，是为了弥补消息报道的不足而出现的一种详细告知的新闻传播形式，它深入地揭示新闻信息的原委，揭示信息的实质、规律和现实意义，是消息的深入、补充、延伸和扩展。

通讯是一种比消息详细而深入地报道新闻事实的新闻体裁。不仅需要六个新闻要素齐全，还要报道新闻事实的情节、细节，把事件的来龙去脉交代得更详尽。常常是抓住新近发生的典型事物、重要事件，写出一种思想、一个人物、一种经验、一个问题，具体深刻，生动感人。

通讯按报道内容分，可分为人物通讯、事件通讯、工作通讯、风貌通讯；按报道形式分，可分为访问记、专访、特写、大特写、新闻小故事、集纳、巡礼、侧记、记者来信等。

二、通讯的结构和写法

通讯的结构通常有以下三种。

（1）纵式结构。即按单纯的时间发展顺序、事物发展的顺序（包括递进、因果等）、作者对所报道事物认识发展的顺序、采访过程的先后顺序等来安排层次。

（2）横式结构。即按空间变换或事物性质的不同方面来安排层次。常见的有以下几种。

① 空间并列式。如新华社记者采写的《今夜是除夕》。开篇后，分别写了五个地方的人们做着日常工作的情况——在中央电视台：不笑的人们；在长途电话大楼：传递信息和问候；在红十字急救站：救护车紧急出动；在北线阁清洁管理站："城市美容师"的话；在妇产医院：新的生命诞生了。

② 性质并列式。即按新闻事实各个侧面之间的关系来安排材料。如通讯《浦东，璀璨的"双桥"格局》就是如此，文中三个小标题分别揭示"双桥"格局的三个侧面：南浦、杨浦两座桥——基础建设由小到大的跨越；金桥、外高桥两座桥——城市经济功能由低到高的跨越；改革、开放两座桥——城市开发机制由旧到新的跨越。

③ 群相并列式。即按不同人物及其事迹组织材料。

④ 对比并列式。将正、反的人物或事件并列，从对比中见主题。

（3）纵横结合式结构。将纵式和横式结合起来，此结构多用于事件复杂而时间跨度大、空间跨度广的通讯，如《为了六十一个阶级弟兄》。这篇通讯采用了时空结合的结构形式，即纵横式结合的结构形式。以在同一时间段内，三个场合：张村公社医院、平陆县城、首都。横式分别展开报道说明；又以时间顺序纵向展开报道各地的情况，表明了救治这六十一名食物中毒民工的紧急。纵横结合全面完整地叙述了这个故事。

三、通讯的写作要求

（一）主题要正确、深刻、新颖

正确、深刻、新颖的新闻主题从哪里来？一是要抓方向性、决策性的问题。将事实放在历史、现实和时代天幕上来观察、考察，做纵向和横向的宏观分析，探究其所包含的时代精神和普遍意义。二是应考虑受众普遍关心的问题和事物，急人民所急、想受众所想，应回答、提出、解决人民群众最关心的、最紧要的问题，要注意其及时性、指导性和有效性。

（二）以叙述和描写为主要表达方式

因为通讯要详细地展示怎么样和怎么做，要描述情节和细节，使受众如临如睹，给人以直观感受，有人物的外形，有人物活动的环境，有事件过程及细节，有景物描写、心理描写。因而通讯的写作要调动多种表现手法，除了叙述手法之外，还要描写、议论、抒情等手法，还需要借鉴文学创作形象化的手法，包括文学的构思艺术、结构技巧、表现手法等，要比消息更具有形象性、故事性和细致性，在表达方式的运用上有自己的个性，叙述的具体性和直接性。通讯因较详细而深入地报道人物和事件，故而事实的叙述宜具体、形象、生动。但不宜过于铺张，不能杳散零乱，不必过于舞文弄墨、转弯抹角。描写的直观性。通讯是新闻体裁，描写不能虚拟、想象，不能靠花哨修饰和夸大形容，应深入现场、亲眼所见，描写事物或人物的本来面貌，表现出新闻性和现场感。议论抒情的实在性。通讯中抒情、议论不可乱用和滥用，要用在适当处，通常是开头处作诱导、关节处作渲染、衔接处作黏合、结尾处作点睛。其旨或在揭示本质、升华主题；或在使事实、形象生辉；或在阐明事物的内部联系；或在激发启示读者。

（三）遵循真实性的原则

通讯虽然可以借鉴文学的手法，但它属于新闻体裁，以严格的真实性与文学相区别。文学作品可以虚构，通讯所反映的事实必须是客观存在的，绝不能虚构；文学作品可以塑造形象，虚构情节，通讯则只能选择形象，挖掘情节，如实反映给读者、听众、观众，不能搞集中、典型化。文中人物语言应有实录性，不可虚拟。人物在当时说了什么，怎么说的，都必须如实反映，不能生编硬造，无中生有；也不能添油加醋，随意夸大。

老红军和他的三个兵

——送雷锋当兵，送郭明义当兵，送老儿子当兵是余新元最自豪的事

12月3日，记者来到家居鞍山军分区干休所的老红军余新元家。走进客厅，一幅雷锋的照片出现在眼前，雷锋的嘴角挂着微笑，像在和我们打招呼。“我就是余新元！”犹如洪钟响过，一双大手捂住了记者的手。落座后，记者同余老像多年未见的老朋友一样，亲热地唠了起来。

“送”自己去当兵

余老先是轻描淡写地谈了自己当兵后的76年。

“1936年10月，红军来到会宁，会宁离我家不远。毛主席也来了，他讲话我去听过，好多话我没大听懂，但他说红军是咱穷人的队伍，这句话我听懂了。所以，我把放羊的鞭子一扔，当了兵。那时，我差一个月满13岁。

“我参加过大小500余次战斗。黄土岭战役，左腿被敌人机枪打成了马蜂窝，是白求恩主刀保住了我的腿；狼牙山反扫荡中，我与‘狼牙山五壮士’同在一个团，受伤后昏迷了200多天；百团大战中，我的屁股上被炮弹炸出7个眼儿……

“我是1981年离休的，最后一站是鞍山军分区副政委。退休30多年来就干了一件事儿——宣传雷锋。你看，我的聘书，一铁箱子都装不下。我是全国146所大中小学校的校外辅导员，还是多家单位的党课教员和顾问。30年间，我作雷锋专题报告、上党课4 000多场，听众差不多有400万人……”

送雷锋去当兵

接着，余老流着眼泪谈了送雷锋当兵的经过。

“1959年底雷锋报名参军，当时我是辽阳市武装部政委。雷锋身高和体重都差一点点，评议时被拿了下来。我问小雷子：‘你现在拿38元8角5分工资，不是挣得挺多吗？’雷锋回答说：‘我报名参军是想到前方打仗。’听了雷锋的话，我一连叫了几声好。后来，雷锋搬到我家来住，一住就是58天。有一天改善伙食吃菜包子，我问雷锋：‘你当兵爸妈同意吗？’雷锋把刚咬了两口的菜包子放下了，眼里全是泪水。雷锋是最后一个穿上军装的，那天他可高兴了。他对我和老伴儿说：‘首长，让我叫你一声爸爸吧！阿姨，让我叫你一声妈妈吧！’走那天，我老伴儿给他买了背心、裤衩、毛巾，一直把他送到车站，嘱咐道：‘小雷子啊，阿姨希望你到部队好好干，当毛主席的好战士。’”

“雷锋牺牲的消息我是在《前进报》上看到的。我老伴儿把报纸递给我，流着泪说：‘咱那儿子走了！’想到雷锋和我们全家相处的日子，想到雷锋经历的那些往事，我们全家人都哭了，连中午饭都没吃……”

送郭明义去当兵

再接着，余老笑着谈起了送郭明义当兵的经过。

“1976年底，有一天，郭明义的父亲来到我这，没进门就喊：‘老政委啊，我来找你来啦！’见到他，我就乐了。我说：‘啥事啊？’他爸说：‘我今天来没别的事儿，就是送我儿子郭明义当兵。’我问，‘检查上了吗？’他爸说，‘检查上啦！’我说：‘检查上了不就行了嘛！’他爸摇着头说：‘不行不行，今年检查上的可多了，听说走得少，反正你得让我儿子走上！’我说：‘你怎么跟当年雷锋一样的调，还赖上我了是不是。’我拿起电话，打给军分区动员科科长车文普，问了一下郭明义的情况。小车说：‘郭明义体检、政审都过关了。’我说：‘郭明义他爸、他叔是鞍钢工人出身，郭明义是个好苗子，部队需要这样的。’”

“新兵出发时，郭明义代表全体新兵发言。郭明义精瘦精瘦的，说话倒很有力量：‘我们要向雷锋学习，做毛主席的好战士！’前些日子，郭明义到我家来，我对他说：‘当雷锋传人，不能当带引号的。你说我说得对不对？’郭明义说：‘对！对！’”

送老儿子去当兵

最后，余老神情严肃地又谈起了老儿子余锦旗。

“孩子们对自己要求都挺严，从不干越格的事儿，大格小格都不越。老儿子余锦旗 1978 年当兵。到部队后他给我写信，让我找人调动调动。我回信写了 11 页纸，我说你别埋怨老爹对你要求严，你不要和别人比，要和雷锋比。老儿子看我不开口，就闷着头干了下去。这小子干得还行，入伍一年多就被评为军区装甲兵优秀共青团员，入伍第二年就入了党，还当上了班长。1981 年年底，老儿子退伍回来被分到鞍钢最北的选矿场当工人。后来，公安局选警察，他被选中了。老儿子对我说，‘老爹，我最后一次求你，找人说句话，让我进一个条件好一点的公安分局’。我摇摇头。结果，老儿子被分到鞍山郊区一个分局，当上了一名侦查员。你知道干这行很危险，我天天担心。老儿子干得挺出色，被评为全国优秀人民警察、鞍山市劳动模范、辽宁省优秀青年卫士等，荣誉标兵也是一大堆！”

告别余老时，余老和记者来了个拥抱。他把脸贴在我的脸上，紧紧的、紧紧的，一股暖流涌遍我的全身……

这是第二十三届（2013 年）中国新闻奖一等奖获奖作品，评委认为：在纪念抗日战争胜利 60 周年大会和全军英模大会上，原中央军委主席胡锦涛同志曾两次接见余新元，并夸赞他说：“你真了不起！”这篇通讯以独特的视角讲述了余老战争年代出生入死、奋勇杀敌，和平时期送“两代雷锋”当兵，几十年如一日传播雷锋精神的传奇经历。一是形式新。全篇以主人公自述的形式展开，这样的形式让描写变成了讲述，阅读成为聆听，使读者能够真正享受阅读。二是语言实。主人公的自述简洁质朴，饱含情感；对余老神情的描写简单明了、意味深长；“对话里的对话”笔法细腻连贯，真实可信。三是思想深。主人公讲自己轻描淡写，话雷锋、郭明义有哭有笑，讲老儿子神情严肃，充满张力的描写将红军精神刻到了余老的骨子里，真实反映了一名共产党员的浩然正气。余新元的事迹见报后，立即在社会上引发反响。百万网民或通过微博、论坛表达对余老的敬意，或登录雷锋微博、网站表态要向余老学习，数十家企事业单位邀请他做报告。沈阳军区《前进报》对这篇通讯全文转载，沈阳军区政工网、雷锋纪念馆网站和雷锋微博等新兴媒体组织专题报道，对余老的先进事迹开展了大篇幅、全方位、多角度的集中宣传，学习余老先进事迹的热度在军内外日渐升高。3 月 5 日，在沈阳军区纪念学雷锋活动 50 周年总结表彰大会上，余老被授予金质“学雷锋荣誉章”。

马氏“兄弟”跨越二十年的诚信

注释：这是第二十六届（2016 年）中国新闻奖一等奖获奖作品。故事主题突出，借钱还钱，诚信做人。人物集中，两个人。新闻元素高度集中，作者没有简单停留在“讲诚信”上，还涵盖了仗义合作、民族团结、“一带一路”等新闻元素。白描手法灵活自如，没有说教评述，全文陈述事实、讲故事。作者运用语言、细节等描写衬托出主人公的性格和处事风格。作品通过当事人活灵活现的语言、身临其境的细节，演变成一个个灵动的“画面”，让报纸语言灵动起来，具有电视中的“对比度”和“色泽度”。

老郭脱贫记

注释：这是第二十七届（2016）中国新闻奖一等奖获奖作品，人民日报社记者马跃峰采写的新闻故事《老郭脱贫记》以一斑窥全豹，为读者讲述了一个典型的中国故事。故事源自中原大地，生动鲜活、接地气儿、带着泥土味儿。它是记者深入思考、深度挖掘、用心讲述的结果。其深受中国传统小说影响的中国式讲述，令报道犹如一篇精彩的小小说，散发出浓郁的中国味道。特别是全篇个性化、生活化的人物语言干净洗练，将人物的命运转折、戏剧性的故事情节、深刻的新闻内涵压缩在精短的篇幅里，令新闻主人公的形象饱满鲜明、跃然纸上，又能以点带面，以小故事见大主题。《老郭脱贫记》更能激发我们对新闻传播“守”与“创”的思考，中国式讲述尤需在“守”“创”的辩证关系中，实现报道手法，特别是话语体系的突破和创新，构建多元、鲜活、生动的话语体系，以中国式讲述创作出更多的中国好故事。

第三节　新闻发布稿

一、概述

新闻发布稿，是公关组织在新闻发布会上，直接向新闻界发布有关组织信息、解释组织重大事件的新闻体裁。

新闻发布稿多用于产品发布、事件通报。新闻发布会的召开可以通过新闻界把权威可靠的消息在第一时间告知媒体和公众，而且还可以把媒体尽可能吸引到政府权威的新闻发布渠道中，达到以大道消息堵小道消息的作用。例如，巴黎恐怖袭击事件发生后，法国总统通过电视直播的新闻发布会宣布：“全国最高级别反恐戒严，全国宵禁，交通戒严，法国全国国境关闭！所有航班取消。”

二、结构和写法

新闻发布稿的结构一般由标题、称呼、开头、主体、结尾语等构成。

（一）标题

一个好的新闻发布稿标题，既能概括反映发布的内容，又能引起听众的兴趣。标题要求准确简短，能够以最少的文字准确完整地表达出新闻发布的内容，避免使用冗长、深奥费解、宽泛、有歧义等的标题。标题通常由“发布内容+文体（新闻发布稿）”或“发布单位+发布内容+文体（新闻发布稿）”组成，还有的加上副标题或直接以文体（新闻发布稿）作为标题。如“2015 年反扒工作新闻发布稿”“青海省 2017 年普通高校招生录取工作新闻发布会发言稿”“阿帕奇：数码产品新闻发布会新闻稿”“采取有力措施　确保阳宗海沿湖饮水安全——云南省水利厅新闻发布稿”“2017 年前三季度泸州经济运行统计新闻发布稿”。

（二）称呼

在新闻发布稿中，礼貌恰当地称呼听众是非常必要的，是尊重听众的一种表现。对象主要是邀请到的媒体记者及在场的相关人员，可称呼“同志们、新闻界的朋友们”“各位媒体记者朋友们”“女士们、先生们，各位记者朋友们”……

（三）开头

从心理学的角度看，一次活动开头的两三分钟是人的注意力最集中的时候，因此，新闻发布稿的开场白肩负着组织听众注意力的特殊使命。新闻发布稿的开头通常要开门见山说明发布会的主要内容，并向来宾表示欢迎、感谢。

例如：“各位领导、各位来宾、新闻界的朋友们：大家好！今天，我们在这里召开中国国际广播电台招聘专职驻外记者新闻发布会，在此，我谨代表中国国际广播电台向与会的各位领导、各位来宾、新闻界的朋友们表示热烈的欢迎！向长期以来关心、支持国际广播事业发展的上级领导机关和社会各界表示衷心的感谢！下面，我向大家简要介绍中国国际广播电台基本情况、现代国际广播体系建设状况和招聘专职驻外记者工作。”

再如：“大家好，欢迎大家来参加今天小米松果芯片的发布会，在我心里，我希望小米永远是米粉心中最酷的公司，这就是小米在前进过程中最大的动力，我们有这样的动力，需要在产品创新、模式创新、技术创新上下巨大的工夫……”

（四）主体

在撰写新闻发布稿时，首先应该弄清楚稿件的发布目的、目标受众以及稿件的发放渠道三个要素，针对不同的目的，确定文章内容的重点，根据不同的受众，来使用不同的语言风格，针对不同的媒体渠道，对稿件进行不同的修饰。

然后把事件经过、处理情况、近况、善后事宜等，或者把情况叙述、经验介绍、体会收获等一一进行通报。

有的事件还需举行多场新闻发布会。第一场新闻发布主要是发布事件最简要的、初步的、截至当时已掌握的信息，随后做好后续发布，连续举行若干场新闻发布，不断发布最新进展。

如 2008 年 5 月 12 日汶川特大地震发生后，国务院新闻办 5 月 13 日下午 4 时就举行首场发布会，介绍地震灾害和抗震救灾情况，之后连续举办 20 多场，前后共举办 30 多场，创下了我国政府就突发事件举办新闻发布最快、最多、最密的历史纪录。

（五）结尾

对新闻发布的内容作一个总结，宣布新闻发布会结束并致谢。

例如：“各位记者朋友！加强食品药品监管工作，离不开新闻媒体的大力支持、积极配合和广泛参与。希望各新闻单位一如既往地关心、支持食品药品监管工作，也真诚地欢迎大家对我们的工作给予监督！今天的新闻发布会到此结束。谢谢大家。”

再如：“女士们、先生们，朋友们，我们的新闻发布会时间已经超过 100 分钟了，围绕中共十八届六中全会的精神，中央纪委、中组部、中宣部三位负责同志给各位介绍了有关情况，回答了相关问题，相信对大家会有所帮助。我们将进一步加强中国共产党的信息发布工作，为大家了解我们党、了解我们国家提供更多的服务。谢谢大家。”

三、写作要求

写新闻发布稿时，要注意以下四点。

（1）观点鲜明。对问题持什么看法，要明确表态。对尚未认识清楚的问题，要实事求是地说明，不要含糊其辞。

（2）内容准确权威。提供的信息万万不能出现事实和数字上的错误，稿件要明确由谁负责签发，并应及时把发布的内容和口径向负责处置事件的其他工作部门通报。

（3）条理清楚。一篇新闻发布稿要谈几方面的问题，每一方面问题要讲哪些条目，都要安排得有条有理，让人听起来容易抓住重点。

（4）语言简洁明快。新闻发布稿直接面向听众，所以，语言一定要简洁明快，尽量不使用冗长的句子，避免采用过多定语或者从句的复杂句式，更不要使用一些过于晦涩的隐喻和深奥难懂的词句，话要说得准确、易懂，最好运用大众语言。

国新办举行十八大以来经济领域成就新闻发布会

党的十八大以来，面对世情国情深刻变化，在以习近平同志为核心的党中央坚强领导下，全国各族人民高举中国特色社会主义伟大旗帜，统筹推进“五位一体”总体布局和协调推进“四个全面”战略布局，牢固树立和贯彻落实新发展理念，适应把握引领经济发展新常态，坚持稳中求进工作总基调，按照党中央、国务院决策部署，同心戮力，迎难而上，开拓创新，砥砺前行，我国经济社会发展取得新的辉煌成就，决胜全面建成小康社会夺取新的重大胜利，中国特色社会主义伟大事业开创新的发展境界，为实现“两个一百年”奋斗目标和中华民族伟大复兴的中国梦打下了坚实基础。

一、经济运行保持在合理区间，综合国力和国际影响力显著增强

经济保持中高速增长。2013—2016 年，国内生产总值年均增长 7.2%，高于同期世界 2.6% 和发展中经济体 4%的平均增长水平，平均每年增量 44 413 亿元（按 2015 年不变价计算）。2017 年上半年，国民经济运行稳中有进、稳中向好，国内生产总值同比增长 6.9%，增速连续 8 个季度稳定在 6.7%～6.9%的区间。

就业持续扩大。2013—2016 年，城镇新增就业连续四年保持在 1 300 万人以上，2017 年 1—8 月份，城镇新增就业 974 万人。2013—2016 年，31 个大城市城镇调查失业率基本稳定在 5%左右，2017 年 9 月份为 4.83%，为 2012 年以来最低。2013—2016 年，农民工总量年均增长 1.8%，2017 年二季度末农村外出务工劳动力同比增长 2.1%。

价格形势稳定。2013—2016 年，居民消费价格年均上涨 2.0%。2017 年 1—8 月份，居民消费价格同比上涨 1.5%。过去几年，7.2%的年均经济增长速度、2%的通胀率、5%左右的调查失业率，较高增速、较多就业、较低物价搭配的运行格局难能可贵，在世界范围内一枝独秀。

综合实力不断增强。2016 年，国内生产总值达到 74 万亿元，按不变价计算为 2012 年的 1.32 倍；一般公共预算收入接近 16 万亿元，为 2012 年的 1.36 倍；谷物、肉类、花生、钢铁、

汽车等多种工农业产品产量居世界首位；高速铁路里程 2.3 万千米，位居世界第一；2016 年年末国家外汇储备超过 3 万亿美元，2017 年 8 月末达 3.09 万亿美元，继续保持世界首位。2016 年，人均国民总收入（GNI）达到 8 260 美元，在世界银行公布的 216 个国家（地区）人均 GNI 排名中，我国由 2012 年的第 112 位上升到 2016 年的第 93 位。

国际影响力大幅提升。2016 年，我国国内生产总值折合 11.2 万亿美元，占世界经济总量的 14.8%，比 2012 年提高 3.4 个百分点，稳居世界第二位。2013—2016 年，我国对世界经济增长的平均贡献率达到 30%左右，超过美国、欧元区和日本贡献率的总和，居世界第一位。

二、创新驱动发展战略深入实施，新旧动能加快转换（略）

三、供给侧结构性改革扎实推进，转型升级步伐加快（略）

四、节能环保力度不断加大，生态建设进一步加强（略）

五、“引进来”“走出去”并行扩大，对外开放水平持续提升（略）

六、民生改善成效卓著，发展成果惠及全民

居民生活水平不断提高。2016 年，全国居民人均可支配收入 23 821 元，比 2012 年增加 7 311 元，年均实际增长 7.4%。2017 年上半年居民人均可支配收入同比实际增长 7.3%，超过国内生产总值增速 0.4 个百分点，超过人均国内生产总值增速 0.9 个百分点。消费升级步伐加快。2016 年，全国居民恩格尔系数为 30.1%，比 2012 年下降 2.9 个百分点，接近联合国划分的 20%～30%的富足标准；交通通信、教育文化娱乐、医疗保健支出占居民消费支出的比重分别比 2012 年提高 2.0、0.7 和 1.3 个百分点。

精准扶贫、精准脱贫成效显著。按每人每年 2 300 元（2010 年不变价）的农村贫困标准计算，2016 年农村贫困人口 4 335 万人，比 2012 年减少 5 564 万人；贫困发生率下降到 4.5%，比 2012 年下降 5.7 个百分点。2013—2016 年，贫困地区农村居民人均可支配收入年均实际增长 10.7%，比全国农村居民收入快 2.7 个百分点，贫困地区农民收入增长快于全国。

社会保障体系建立健全。2016 年年末，参加基本养老、城镇基本医疗、失业、工伤和生育保险人数分别比 2012 年年末增加 9 980 万人、20 750 万人、2 864 万人、2 879 万人和 3 022 万人。城乡居民基本医疗保险制度整合取得实质性进展，2016 年个人卫生支出占卫生总费用的比重下降到 30%以下，基本医保总体实现全覆盖，覆盖城乡居民的社会保障体系基本建成。

社会事业全面进步。居民受教育程度不断提高，我国 15 岁及以上人口平均受教育年限由 2010 年的 9.05 年提高到 2015 年的 9.42 年。医疗卫生条件不断改善，居民平均预期寿命由 2010 年的 74.83 岁提高到 2015 年的 76.34 岁，婴儿死亡率由 2012 年的 10.3‰下降到 2016 年的 7.5‰，孕产妇死亡率由 24.5/10 万下降到 19.9/10 万。文化、体育事业加快发展。

综合来看，党的十八大以来，在以习近平同志为核心的党中央坚强领导下，全国上下创新进取，砥砺奋进，在全面建成小康社会和迈向中华民族伟大复兴的征程中再创新功，辉煌成就举世瞩目。下阶段，要更加紧密地团结在以习近平同志为核心的党中央周围，高举中国特色社会主义伟大旗帜，牢固树立中国特色社会主义道路自信、理论自信、制度自信、文化自信，振奋精神，再接再厉，深入推进伟大斗争、伟大工程、伟大事业，为实现“两个一百年”奋斗目标、实现中华民族伟大复兴的中国梦继续奋斗。

谢谢。

第四节　广　告

一、广告的含义

广告是为了某种特定的需要，通过一定形式的媒体，公开向公众传递信息的宣传手段。广告有广义和狭义之分，广义的广告包括非经济广告和经济广告。非经济广告是指不以盈利为目的的广告，如政府行政部门、社会事业单位乃至个人的各种公告、启事、声明等，主要目的是推广；狭义的广告仅指经济广告，又称商业广告，是指以盈利为目的的广告，通常是商品生产者、经营者和消费者之间沟通信息的重要手段，或是企业占领市场、推销产品、提供劳务的重要形式，主要目的是扩大经济效益。商品不做广告，就像姑娘藏在深闺。

早期广告以叫卖、实物为主要模式，利用听觉和视觉扩大商品宣传，招徕顾客；近代广告则以印刷、报刊为主要载体；而现代广告是以电子、信息为主要标志。除传统的四大广告媒体（报纸、杂志、广播、电视）仍在传播中起主导作用外，电子广告、激光广告、飞船广告、卫星广告等已在当代社会"亮相"。美国乔奇欧公司为拯救处于低谷的香水销售，别出心裁地推出"气味广告"——在畅销杂志上，"埋伏"下由照片制成的"香水弹"。加拿大"太空旅游公司"则用火箭把广告发向太空，将与卫星"并肩"围绕地球运转，目的是"让更多人看到广告"，实属高尖端技术与现代广告的经典结合。美国人利用飞机喷出的彩色烟雾作"空中广告"，"远远望去彩云上映出醒目的广告语，令人不由自主地瞩目而观……20千米半径的范围内都看得清清楚楚。"几十年前，美国总统罗斯福说过一句关于广告的名言："不当总统，就做广告人，因为广告事业已达到一种艺术高度。"

暨南大学广告学专业大三学生黄源媛创作了上海世博会志愿者主口号："世界在你眼前，我们在你身边。"

回味隽永的广告语

二、广告的特点

1. 简洁精练

广告语应简明扼要，抓住重点，"浓缩的才是精品"。美国广告大师马克斯·萨克姆说："广告文稿要简洁，要尽可能使你的句子缩短，千万不要用长句或复杂的句子。"能够在社会上广泛流传的广告语一般都是很简短的，例如海尔集团的广告语"海尔——真诚到永远"；耐克的广告语"Just do it"；海飞丝洗发水的广告语"头屑去无踪，秀发更出众"，IBM公司的广告语"Think"。这些广告语简练的同时又重点突出了所宣传产品的特点，令受众印象深刻。

2. 沟通顺畅

广告语要产生效果，离不开受众的反应，要与受众产生良好的互动，迎合受众的好奇心和模仿性，能唤起心灵上的共鸣。例如雀巢咖啡广告“味道好极了”，仿佛是一个亲人向你推荐他的最爱，浅显易懂又十分亲切。再如娃哈哈的广告“妈妈我要喝”。神州热水器的广告语“安全又省气”。支付宝的广告语“三亿人的账单算得清，美好的改变算不清”。

3. 新颖独特

广告语要新颖独特，例如某电话机“勿失良机”，巧妙地利用了“机”字的双关；又如雕牌洗衣粉中的一句“妈妈，我能帮您干活了”，既与产品功能相符又体现了母子间的深情。

4. 朗朗上口

广告语要流畅，朗朗上口。许多广告语是押韵的，例如“农夫山泉，有点甜”“好空调，格力造”“头屑去无踪，秀发更出众”等。

三、广告的分类

分类的标准不同，看待问题的角度各异，导致广告的种类很多。

如果以传播媒介为标准，可分为报纸广告、杂志广告、电视广告、电影广告、网络广告、招贴广告、直邮广告、车体广告、门票广告、餐盒广告等，随着新媒介的不断增加，依媒介划分的广告种类也会越来越多。

如果以内容为标准，可分为产品广告、品牌广告、观念广告等。

如果以目的为标准，可分为告知广告、促销广告、形象广告、建议广告、公益广告、推广广告等。

如果以广告策略为标准，可分为单篇广告、系列广告、集中型广告、反复广告、营销广告、比较广告、说服广告等。

如果以表现手法为标准，可分为图像广告、视听广告、幽默广告、文字设计广告、人物肖像广告等。

四、广告的写作

1. 标题

广告标题是整个广告文案乃至整个广告作品的总题目。它为整个广告提纲挈领，将广告中最重要的、最吸引人的信息进行富于创意性的表现，以吸引受众对广告的注意力；它昭示广告中信息的类型和最佳利益点，使他们继续关注正文。有人说广告的标题是广告的眼睛，也有人说标题是一则广告的灵魂，是诱惑读者的主要工具，标题的重要性由此可见。

（1）直接标题。直接标题是用简单明确的语言表明广告内容，把最重要的情况和事实直截了当地告诉人们。最常见的直接标题是以商品名称和厂商命题，如“喝孔府宴酒，做天下文章”“人头马一开，好事自然来”“中意冰箱，人人中意”“家中有万宝，生活更美好”“水中贵族百岁山”“喝汇源果汁，走健康之路”“非常可乐，非常选择”。

（2）间接标题。间接标题不直接出现所要推销的商品的内容，而是利用艺术手法暗示或诱导受众，引起受众的兴趣与好奇心理，从而进一步阅读广告正文。例如：

在世界杯的热潮中，有一张时刻受人欢迎的黄牌。（立顿黄牌袋泡茶广告标题）

眼睛是心灵的窗户，为了保护您的灵魂，请给窗户安上玻璃吧！（美国眼镜广告标题）

工欲善其事，必先利其器。（“常工牌”焊接切削工具广告标题）

发光的不完全是黄金。（美国银器广告标题）

（3）复合标题。复合标题通常由引题、主题和副题组成，或只有其中的两项。复合标题能将直接标题和间接标题糅合在一起，各取所长，往往能收到很好的效果。

例如：

拥有“王祥”全家吉祥（引题）

上海沪祥童车厂　北京市京雷百货贸易公司联合举办“王祥”童车展销（主题）

小到一颗螺丝钉（主题）

——四通的服务无微不至（副题）

用了油烟机，厨房还有油烟

用了油烟机，拆卸清洗困难怎么办（引题）

科宝排烟柜，将油烟控制在柜内，一抽而净。

科宝油烟机带集油盆，确保三年免清洗。（主题）

全方位优质服务：免费送货安装，（南三环至北四环）三年保修，终身维修。（副题）

2. 正文

广告正文写作时要陈述清楚具体的内容，表明广告的诉求对象和诉求内容，向受众提供完整而具体的广告信息。

正文的主要结构包括开端、中心段以及结尾。例如雀巢咖啡的广告词：（开端）瑞士雀巢公司隆重推出驰名中外的雀巢咖啡。（中心段）精选优良的咖啡豆烘焙而成，用一茶勺雀巢咖啡加热水、加糖，就即刻冲成一杯香浓美味的咖啡，提神醒脑，敬客自奉，至高享受——（结尾）味道好极了！雀巢咖啡！

常见的形式主要有以下几种。

（1）陈述体。在广告正文中最大限度地告知受众广告主题和广告商品信息。如劳斯莱斯汽车的广告文案即为陈述体广告正文。

标题：“当这辆新型的‘劳斯莱斯’以时速60英里行驶时，最大噪音发自车内的电子钟”。

次标题：“什么原因使得‘劳斯莱斯’成为世界上最好的车子？”

一位知名的“劳斯莱斯”工程师说：“说穿了，根本没有什么真正的戏法——这仅不过是耐心地注意到细节。”

行车技术主编报告：“在时速60英里时，最大闹声是来自电子钟。引擎是出奇的寂静。三个消音装置把声音的频率在听觉上拔掉。”（略）

价格：本广告画面的车子——在主要港口岸边交货——13 550美元。

假如你想得到驾驶“劳斯莱斯”或“班特利”的愉快经验，请与我们的经销商接洽。他的名号写于本页的底端。（略）

因为在当时劳斯莱斯汽车是属于高档商品，为了打动受众，要用明确详尽的语言对广告产品的各类信息进行揭示，给受众以更多的信息，使其愿意购买。

（2）抒情体。广告正文采用散文、诗歌等形式来完成。这种形式凝练精美，能够表现出真情挚感，给人耳目一新的感受。

如兰薇儿春夏睡衣广告：

长夜如诗，衣裳如梦。

兰薇儿陪伴您，在夜的温柔里。

月色淡柔，灯影相偎，夜的绮思悄悄升起……

在这属于你的季节里，兰薇儿轻飘飘的质感，高雅精致的刺绣，更见纤巧慧心，尤其清丽脱俗的设计，让你一眼就喜欢！今夜起，穿上兰薇儿，让夜的温柔轻拥你甜蜜入梦！

（3）故事体。通过故事情节的发展来吸引消费者。能够揭示广告主题，传播广告产品的属性、功能和价值等，能够创造出一种轻松的信息传播与接受氛围。此类广告的吸引力和记忆度较强。

在第四十三届国际戛纳广告节上，有这样一则广告：一个小男孩拿了一块巧克力去逗引小象，小象受到诱惑走过来要吃，孩子却自己吞了下去，小象非常委屈。男孩子成为青年后，在一次狂欢节上依然嚼着那种巧克力。突然，一只大象将他打翻在地。原来小象长大了，但它仍然记着数年前小孩对它的嘲弄。在轻松的笑声中我们仿佛闻到了巧克力那诱人的香味。

“百岁山”的广告参照了1650年发生在斯德哥尔摩街头发生的一件事。52岁的笛卡儿邂逅了18岁的瑞典公主克莉丝汀，笛卡儿落魄无比、穷困潦倒，又不愿意请求别人的施舍，每天只是拿着破笔破纸研究数学题。有一天克莉丝汀的马车路过街头，发现了笛卡儿是在研究数学，公主便下车询问，最后笛卡儿发现公主很有数学天赋。道别后的几天，笛卡儿收到通知，国王要求他做克莉丝汀公主的数学老师。其后几年中，相差34岁的笛卡儿和克莉丝汀相爱，国王发现并处死了笛卡儿。在最后笛卡儿写给克莉丝汀的情书中出现了 $r=a(1-\sin\theta)$ 的数学坐标方程，解出来是个心形图案，就是著名的“心形线”。这封情书最后被收录到欧洲笛卡儿博物馆中，广告里撤换的概念就是把百岁山的水比喻成这封另类情书，意喻“经典、浪漫、难忘、瞩目”。你就是我的百岁山……

（4）断言体。直接阐述自己的观念和希望，以此来影响受众的心理。威廉·伯恩巴克的广告文案——“慷慨的旧货换新”即为典型的断言型。

标题：慷慨的旧货换新

副标题：带来你的太太，只要几块钱……我们将给你一位新的女人

文案正文：

为什么你硬是欺骗自己，认为你买不起最新的与最好的东西？在奥尔巴克百货公司，你不必为买美丽的东西而付高价。有无数种衣物供你选择——一切全新，一切使你兴奋。

现在就把你的太太带给我们，我们会把她换成可爱的新女人——仅只花几块钱而已。这将是你有生以来最轻松愉快的付款。

奥尔巴克　纽约·纽渥克·洛杉矶

广告口号：做千百万的生意·赚几分钱的利润

（5）幽默体。在广告正文中，通过谐音、双关、拟人等手法，使广告产生幽默效果，造成特定的情趣，使受众在轻松活泼的氛围中接受了广告信息。如某眼镜广告——“眼睛是心灵的窗子，为了保护好您的心灵，请在您的窗子上安上玻璃吧！”在马来西亚柔佛州的交通要道上有不少幽默式交通广告，有一则广告文案如下：

阁下驾驶汽车时速不超过 30 英里，您可饱览本地的美丽景色；超过 80 英里，欢迎光顾本地设备最新的急救医院；上了 100 英里，那么请放心，柔佛州公墓已为你预备了一块挺好的墓地。

另列举如下几则幽默体广告。

“非常系列茶饮料”内心独白篇，借用周星驰《大话西游》中经典爱情独白：“有一份真挚的爱情放在我的面前，我没有珍惜，人生最痛苦的事莫过于此。”不过这一独白面对的不再是紫霞仙子，而是一罐饮料，当周星驰说出“我爱你”时，娃哈哈茶饮料从天而降，覆盖了他的全身，一会儿，周星驰艰难地爬起来，贪婪地喝着娃哈哈茶饮料。

“步步高复读机”西天取经篇：在取经途中，唐僧深受不懂外语之苦，向孙悟空求救，于是乎，悟空使出七十二变，变出步步高复读机，“师傅莫慌，步步高学外语特别快，三天搞定”。悟空唱起《生命之杯》，唐僧也再次吟唱起“only you”，最后与悟空高歌“Let’s go”直奔西方。

在加拿大的一支名为《葬礼》的广告中，一只母鸡在伤心地哭泣：哦……他（公鸡）去得太快了——从冰箱到餐桌，只要几分钟！（这是一种新型的快速烤箱广告！）

（6）诗歌体。诗歌体广告即运用诗词或民歌等形式写广告正文，诗歌广告读来上口，听来入耳，具有节奏美、韵律美，富有吸引力。

如顺风牌雨伞广告：

一把顺风拥有，伴你到处行走。
晴时为你遮阳，雨来不必担忧。
折起一束花，用时只需按钮。
祝你一路顺风，“顺风”四季良友。

又如“青岛啤酒”的广告诗是仿古藏头诗：

青翠纷披景物芳，
岛环万顷海天长。
啤花泉水成佳酿，
酒自清清味自芳。

广告中的积极修辞

3. 标语

广告标语，是为了加强受众对企业、商品或服务的印象，在相当长一段时期内反复使用的固定宣传语句。它是广告中具有特殊位置、特别重要的一句话或一个短语。标语在广告里可以独立，又可以在广告里不设标语，广告标语的位置灵活，有的广告标语就是广告标题，有的广告标语与广告正文在一起。广告标语可以强化人们对企业经营特点、商品优点的记忆，取得广为传播、深入人心的效果，提高商品的知名度和销售的连续性。例如，日本丰田汽车公司的广告标语“车到山前必有路，有路必有丰田车”。再如，麦当劳的广告标语“我就喜欢”；飞亚达表的广告标语“不在乎天长地久，只在乎曾经拥有”；中国移动全球通的广告标语“我能”；雀巢咖啡的广告标语“味道好极了”；创维的广告标语“不闪的，才是健康的”；恒源祥的广告标语“羊羊羊”；娃哈哈的广告标语“甜甜的、酸酸的”。

4. 随文

广告随文是广告的附属性文字和必要的说明，位于广告末尾。商品广告经常会在末尾的随文里说明企业名、地址、电话、经销部门等。广告随文要求简明扼要、准确无误。

第五节 演 讲 稿

演讲稿也叫演说词，是在较隆重的集会和会议上发表的讲话文稿。它是为演讲准备的书面材料，能够梳理演讲者的思路，提示演讲的内容，减轻演讲者的怯场心理，引导听众更好地理解演讲内容。

演讲稿既有一般议论性质的应用文的特性，又有文艺作品的采用多种艺术手法、感情色彩浓厚的特点，具备可讲性，能上口又入耳；针对性，适合观众，适合场景，清楚明白；鼓动性，见解精辟，发人深思，形象生动。

一、演讲稿的结构技巧

演讲稿的结构通常包括开头、主体、结尾三部分。

（一）演讲稿的开头——精彩

演讲稿的开头又叫“开场白”，虽然只有三言两语，但却具有营造气氛、控制情绪、导入主题、激发情感等作用，因此要设置精彩的开头，具新颖、巧趣、智慧之美，才能在瞬间抓住听众、吸引住听众。一般开头常用以下方式。

1. 名言警语式

即用一些流传久远、广为人知的俗语、名人名言、警句格言引出演讲的内容来。例如，一位基层干部在演讲《律己修身 塑好形象》的开头：

记得有位诗人曾说过：“要想采一束清新的山花，就得放弃城市的舒适。要想做一名登山健儿，就得放弃娇嫩白净的肤色，要想穿越沙漠，就得放弃咖啡和可乐。要想拥有永远的掌声，就得放弃眼前的虚荣。”

是啊，我们拥有人民赋予的权力，肩负着加强基层党的组织建设和选人用人的重要责任，事关执政为民之风，事关党的形象，这就为我们组织部门的干部提出了更高的要求：管人的人务必是一个好人，管官的官首先应是一名好官。

这篇演讲稿的开头，利用名人名言开头，运用比兴手法，隐喻了塑造良好形象必须严格修身律己的深刻道理，一开头便拨动了听众的心弦，为全文拉开了不凡的帷幕。

2. 故事式

开篇讲述自己难忘的一段往事、一个经历，或讲述发生在身边的一个故事，或以某社会新闻、名人轶事领起，轻松自然，具有很强的吸引力。演讲稿《文明的净土》是这样开头的：

“有位妈妈教育他的孩子从小养成好习惯，饭前便后要洗手，随手把果皮纸屑送到垃圾箱，孩子习惯养得很好。然而有一天，一个易拉罐被人踢到了公路中央，单纯的孩子挣开妈妈的手跑到公路中捡拾，悲剧发生了：那可爱的孩子倒在了血泊之中，从此这条街道多了一个捡垃圾的疯女人：‘孩子，是妈妈害了你，该妈妈去捡呀？’也许你要责备有洁癖的妈妈，也许你要埋怨那孩子不遵守交通规则，但是如果我们每个人都养成了把垃圾送入箱里的习惯，那母子俩的悲剧还会发生吗？鲜血换来的文明代价惨重而悲怆！那条街上的人从此养成了随手捡拾垃圾、不随地吐痰的好习惯，轮流照顾那失去孩子的妈妈。文明祥和的云从此也罩在这条街上，清新而淳朴。但我们所有的街道都这样了吗？”

这里通过悲怆的故事将听众引入一种忘我的境界中，并将自己的思想观点不动声色地溶入故事中。

3. 悬念式

在演讲开始，故意不将自己要讲的东西明明白白向听众交代清楚，而是引而不发，制造悬念，以吊足听众的胃口，激发其兴趣，使听众带着问题急切地想听下面的内容。如演讲《苦难——生命的催化剂》的开头：

“5岁，妈妈离去，爸爸为还债外出打工，她在农活与读书的交替中品尝了生活；10岁，摔断了腿，无钱医治，躺了整整两月，爸爸贷款医好她，可她辍学了；12岁，借了100元跋涉几十里到了××中学，苦苦哀求老师破例收下她，从此在知识的长河里吮吸；14岁，她中考一结束就带着50元穿越重庆的大街小巷为躺在医院的父亲寻律师打官司……她就是我。”

这篇演讲稿通过故事铺陈设置悬念，让人们在疑问中了解演讲者不凡的身世，从而融入角色内容。

4. 提问式

开篇围绕主题提出大家关切的问题，以引导听众积极地思考，并顺势自问自答，展开全文。请看白岩松在《人格是最高的学问》中的开篇：

“很多很多年前，有一位学大提琴的年轻人去向20世纪最伟大的大提琴家卡萨尔斯讨教：我怎样才能成为一名优秀的大提琴家？

卡萨尔斯面对雄心勃勃的年轻人，意味深长地回答：先成为优秀而大写的人，然后成为一名优秀和大写的音乐人，再然后就会成为一名优秀的大提琴家。

听到这个故事的时候，我还年少，老人回答时所透露出的含义我还理解不多，然而随着采访中接触的人越来越多，这个回答就在我脑海中越印越深。”

这里讲述大提琴家回答年轻人的提问开篇，引人深思，又紧扣主题。

此外，提问式可连续提出几个问题，再阐述自己的观点、看法。如《珍惜生命 把握今天》：

“生命的意义是什么？是像某女生那样为恋人的背叛而纵身一跳？还是像马加爵为同窗的争执而手刃几命？还是像某大学毕业生那样为出人头地而贪污公款？还是虚度年华，今朝有酒今朝醉？”

接连的问句一气呵成，加强语气，一开始就把演讲推向了高潮。

5. 即景生题式

根据当时特定的场合、环境、对象、氛围组织开场白，亲切、生动、活泼。如《平凡》

的开头：

"走进会场，听了各位高手的演讲，有秀丽高雅的空姐离奇的经历，庄重大方的老师感人的故事，敏锐过人的记者正义的呼声，与他们相比，我一个小小的大专生，确实太微不足道了。但是，我相信，树有树的挺拔，花有花的芳香，小草自有朴实无华的坚韧。所以，我演讲的题目就是平凡。"

以眼前人、事为话题引申开去，把听众不知不觉地引入演讲之中。

6. 提纲挈领式

在开头总提全文内容，或强调作者的观点，或揭示演讲的主题，给读者提供一把解读的钥匙。例如《我们不愿做睡狮》：

"有人曾预言，中国是一头睡狮，就这样我们被人家当了一百年睡狮，我们也把自己当睡狮自我陶醉了一百年。狮子是百兽之王，但一头酣睡的狮子能称得上是百兽之王吗？一只睡而不醒的狮子，一个名义上的百兽之王，并不值得我们为之骄傲。如果我们为这样一个预言而陶醉，就好比陶醉于'人家说我们祖上也曾阔过'一样，真是脆弱而又可怜。我们不要伟大的预言，我们只要强大的实力，我们不要做睡狮，只要我们觉醒着、前进着，就比做睡着的什么都强！"（摘自网络文章）

这篇演讲稿采用提纲式开头，一语破题，既催人清醒，又激人奋发。

7. 幽默式

以幽默诙谐的写法开篇，有助于营造一个和谐轻松的演讲氛围，实现演讲者与听众的无障碍沟通。例如：

"欢迎大家扔鞋，但最好是两只，请记得我的鞋号是43号。"

这是白岩松在美国耶鲁大学演讲《我的故事以及背后的中国梦》时的开场白，他的幽默赢得了全场师生的掌声和笑声，并向美国学生展现了中国人不一样的一面。

8. 托物言志式

用优美的词句以物喻人，托物言志，创造浓郁的感情气氛，调动听众。如《诚信》的开头：

"诚信是生命之树的根，有了它才长青，失去她，便贫瘠无助；诚信，是生命之水的流动，有了它才清澈宜人，失去她便臭气熏天。"

开头便连用比喻巧妙说明诚信的意义，直奔主题，直抒胸臆。

9. 自我介绍式

在学理性演讲和竞职性演讲中，演讲者通过介绍自己的学历或工作经历，赢得听众的认可与支持，可增加演讲的信任度与权威性。如国学大师南怀瑾在上海讲《人文问题》中是这样开头的：

"诸位，我的名字叫南怀瑾。因为我是浙江人，以前年轻时在上海、浙江一带读书，那时大家叫我'难为情'。上海话说怕难为情，所以陈峰今天讲的，我很难为情，很不好意思。陈峰除了做航空以外，好像有个专长，会开帽子店，给我带了很多的高帽。不过，人都喜欢戴高帽的，明知道高帽是假的，听到也非常舒服。可是大家不要给高帽骗了啊！"

南先生用玩笑似的话语介绍自己，谦虚平和，挥洒自如，为切入正题营造了良好的氛围。

以上列举的是演讲开头常见的方式，实际上人们运用的远远不止这些。但不管采用哪种开场白，都应注意几点：形式新颖别致，内容有新意，格调高雅而不庸俗。

（二）演讲稿的主体

主体部分是演讲稿的重点。它既要紧承开场白，又要内容充实、主旨鲜明，并合乎逻辑地逐层展开论述，而且还要设置好演讲高潮，以使听众产生心灵共鸣。

1. 巧设结构

（1）平衡并列式。即从不同角度论述演讲中心，而这几个角度之间的关系是并列的。白岩松在《人格是最高的学位》中的正文是这样铺陈的：

在采访北大教授季羡林的时候，我听到一个关于他的真实故事。有一个秋天，北大新学期开始了，一个外地来的学子背着大包小包走进了校园，实在太累了，就把包放在路边。这时正好一位老人走来，年轻学子就拜托老人替自己看一下包，而自己则轻装去办理手续。老人爽快地答应了。近一个小时过去，学子归来，老人还在尽职尽责地看守。谢过老人，两人分别！

几日后是北大的开学典礼，这位年轻的学子惊讶地发现，主席台上就座的北大副校长季羡林正是那一天替自己看行李的老人。

我不知道这位学子当时是一种怎样的心情，但在我听过这个故事之后却强烈地感觉到：人格才是最高的学位。

这之后我又在医院采访了世纪老人冰心。我问先生现在最关心的是什么？老人的回答简单而感人：是年老病人的状况。

……世纪老人在陆续地离去，他们留下的爱国心和高深的学问却一直在我们心中不老。但在今天，我还想加上一条，这些世纪老人所独具的人格魅力是不是也该作为一种传统被我们向后延续？

前几天我在北大听到一个新故事，清新而感人。一批刚刚走进校园的年轻人，相约去看季羡林先生，走到门口，却开始犹豫，他们怕冒失地打扰了先生。最后决定，每人用竹子在季老家门口的土地上留下问候的话语，然后才满意地离去。

这该是怎样美丽的一幅画面！在季老家不远，是北大的博雅塔在未名湖中留下的投影，而在季老家门口的问候语中，是不是也有先生的人格魅力在学子心中留下的投影呢？只是在生活中，这样的人格投影在我们的心中还是太少。

在这里，作者通过季羡林、冰心的故事来阐述人格魅力的影响，让听众共同感受，接受洗礼，如小溪流水，涓涓感人。

（2）正反对比式。论点之间、材料之间关系是对立的，形成正反的对照，让听众能辨清论点的正确性。如《诚信》的主体：

一家颇有名的跨国公司初到上海，采用和它在其他国家的相同策略，提出“无条件退货”：无论何时、何地、产品使用多久，只要顾客不满意，提出退货，都能满足。可是，一段时间后，不得不鸣金收兵，因为退回的绝大多数是空瓶！在这里诚信的缺损贬低了人性，给生命打上沉重的“？”。

某市有一家专门经营旅游纪念品的商店。商店营业面积不小，但商品都随意地摆在一张张木台子上。有两位白人妇女在要走出店门时，其中的一个转身要再看一眼某商品时，挎包将门口木台子上的一个五彩瓷瓶挂到了地上，摔得粉碎。

那位白人妇女有些不知所措，店主却已经走到她面前，说：“对不起！没有吓着您吧？”

白人妇女也连声道歉，问他：“要我赔吗？”

店主说：“您在告诉我，应该把东西摆在恰当的地方。”“请吧，欢迎您再来！”店主的真诚感动了顾客，白人妇女买走了一个古希腊的铜像。她的朋友也买走了两个彩色挂盘。诚信的优雅、风度化解了危机，迎来了春花的烂漫。

演讲者将一反一正两个故事进行对比，引人深思，耐人寻味。

（3）层层深入式。论点与演讲时的态度和观念要明确，无论赞成或反对，表扬或批评，都不能含糊其辞，模棱两可。论点之间的论述是层层深入，由浅至深。重点一般放在最后部分。专题演讲如学术演讲、政治演讲因篇幅较长，所以特别看重讲述的层次。请看白岩松在耶鲁大学演讲《我的故事以及背后的中国梦》的正文脉络关键词句：

1968 年　我出生；美国的总统肯尼迪遇刺；马丁·路德·金先生倒下了，但是“我有一个梦想”的这句话却真正地站了起来；中国与美国的距离非常遥远……

1978 年　只剩下我母亲一个人要抚养我们哥俩；中国与美国正式建交；中国的十一届三中全会召开了……

1988 年　来到北京读大学；喝完可口可乐；喜欢摇滚乐；中国离市场经济越来越近了……

1998 年　新闻节目主持人；性丑闻的克林顿访华；我直播；对于中美这两个国家来说，面对面永远要好过背对背……

2008 年　四川大地震；北京奥运会；美国金融危机……

中国人看美国，似乎在用望远镜看。美国人似乎也在用望远镜在看中国，但是我猜测可能拿反了……希望非常多的美国人，有机会去看看中国，而不是在媒体当中去看中国……

作者以时间为序，用平实的语言进行叙说，将中美近三十年的大事浓缩在一个普通中国人成长经历上，表面是并列，但实则是层层深入地反映了中国近三十年跨越式的巨大变化，与美国你中有我、我中有你的微妙关系，希望美国人多用正常的眼光看看中国，真诚平易中饱含强大的说服力和感染力。

2. 善用多种表达方式、修辞手法

主体部分的观点要展开，主要的论据材料要铺陈，仅仅简单罗列是不够的，需要巧妙运用多种表达方式、多种修辞手法，灵巧过渡。

（1）叙述要平中出奇。可具体叙述一件事，也可概括叙述多件事，然后再点题升华。如《诚信》：

一位留日学生在餐厅洗碗，后来他发现洗 7 遍与洗 5 遍是一样的结果，就偷工减料只洗 5 遍，他的高效率得到了远远超过同伴的奖励，他为自己的小聪明洋洋得意。然而有一天，日本卫生机构检查餐馆，抽查碗碟并没有达到规定的洁净度，餐馆遭重罚，而他因为这次记录被辞退，许多家餐馆不再雇佣他，连他的房东也下了逐客令，学校通知他转校……他为自己的不诚信行为付出了沉重的代价。

在演讲中展开主体内容，叙述忌平淡啰唆，需要演讲围绕主题进行概括，并在叙述中穿插议论进行点题，才能在生动或平实的故事中给人警醒。

（2）说理要充分。引证的事例要典型、有代表性，论证要有逻辑性，论证手法要多样性，才能使人信服。如《淡泊以明志》：

居里夫人将千辛万苦提炼出的价值连城的镭毫无保留地捐献，而将世界给予她的最高荣誉标志诺贝尔奖章拿给小女儿当玩具。在她家的会客厅里只有一张简单的餐桌和两把简朴的椅子。是他们太穷？不，他们拒绝居里父亲送给他们的豪华家具，只因为有了沙发软椅，就要人去打扫，在这方面花费时间未免太可惜了。

居里夫人后来说："我在生活中，永远是追求安静的工作和简单的家庭生活。"两张椅子，让他们有了事业上携手共进的伴侣；没有多余的椅子，使他们远离了人事的侵扰和盛名的渲染，最终攀上科学的顶峰，阅尽另一种瑰丽的人生景观。

这里用居里夫人对生活与荣誉的两种态度进行阐述，充实了内容，深化了主体。

（3）抒情要自然。在叙述议论中，可适当插入抒情，以渲染感情，无论精美的词句还是朴素的语言，都必须自然真挚。如《诚信》：

把"诚"放在左心房，将紫色的灵魂袒露于广袤的天地之间，为自己交一份无愧的答卷；把"信"放在右心房，我们人生的大树就会参天，生命之花就会更加美丽，心中的天使便遨游于自由的天际。

这里运用优美的语句适当抒情，更有激情。

（4）综合运用多种修辞。讲演词中常常综合运用比喻、排比、反问等多种修辞手法，可以强调重点，加强气势，增强感染力。如《诚信》：

还记得那个小男孩吗？还记得那棵被他砍断的樱桃树吗？它像流失的鹅卵石，在我清晰而明朗的记忆中躺着。那张稚气而纯真的笑脸上挂着几分懊悔和愧疚之色，在他向父亲坦白一切时，诚信便是他美好心灵的最真切体现。当年那个诚实的小男孩便是美利坚之父——华盛顿。那位伟人无疑拥有许多的美德，而那诚信便是他生命最闪光的点。诚在左，信在右，使他在政治长廊中辉煌一生，伟大一世。

这里用了设问、比喻等修辞手法进一步地强调了诚信的力量，生动感人。

3. 渲染升华主题

一般演讲稿有鲜明的主题是不够的，需要用各种方法对材料进行分析、概括、点拨、渲染，才能激起听众的心理共鸣。在演讲实践中，可运用以下方法来升华演讲主题。

（1）由点及面的扩展：将"这一个"具体事实的叙述推及包含"这一类"的全部或部分事实内涵的概括，就是由点及面的扩展演讲主题的技巧。例如，傅缨的演讲《铭记国耻，把握今天》中的一段话：

吉鸿昌高挂写有"我是中国人"标语的木牌，走在一片蓝眼睛、黄头发的洋人群中。

正是这千百万个赤子，才撑起了我们民族的脊梁，祖国的希望；正是他们，在自己的"今天"，用满腔的热血，冒着敌人的炮火，谱写了无愧于时代的《义勇军进行曲》，才使得我们今天的共和国国歌响彻神州，那么气势磅礴，那么雄壮嘹亮；正是他们，才使得我们今天的炎黄子孙一次又一次地登上世界最高领奖台，并使那音量越来越大，那旋律越来越强！

演讲者以吉鸿昌的爱国行为作"点"，联想到千千万万个爱国者的精神这个"面"，用"正是这千百万个赤子""正是他们"的提示语，通过三层铺排推进，概括出一代代爱国者的崇高情怀，使单一的事例所体现的思想意义得到扩展、升华。

（2）由表及里的深化。将蕴含着深层意义的事实材料进行点拨，使听众理解演讲者所要表达的主旨，催人感悟，发人深思。例如，孙中山先生在一次演讲中讲道：

南洋爪哇有一个财产超过千万的华侨富翁。一次他外出访友，因未带夜间通行证怕被荷兰巡捕查获，只得花钱请一个日本妓女送自己回家。

日本妓女虽然很穷，但是她的祖国很强盛，所以她的地位高，行动也自由。这个华侨虽然很富，但他的祖国却不强盛，所以他的地位还不如日本的一个妓女。“如果国家灭亡了，我们到处都要受气，不但自己受气，子子孙孙都要受气啊!”

孙中山先生在这里对一个典型材料进行了由表及里的剖析，揭示出国家贫弱，人民必受欺凌，“落后就要挨打”的道理，升华了演讲的主题，唤起了听众强烈的爱国之心。

（3）由此及彼的引申。即以某一典型事件或自然现象作触发点和媒介来加以引申，联系到另一类相关事物和事理，以此来启迪听众的智慧和洞察力，创设充满哲理美的境界和氛围。

例如《习近平在省部级主要领导干部学习贯彻党的十八届五中全会精神专题研讨班上的讲话》：

“如同一个人，10 岁至 18 岁期间个子猛长，18 岁之后长个子的速度就慢下来了。经济发展面临结构调整节点，低端产业产能过剩要集中消化，中高端产业要加快发展，过去生产什么都赚钱、生产多少都能卖出去的情况不存在了。经济发展面临动力转换节点，低成本资源和要素投入形成的驱动力明显减弱，经济增长需要更多驱动力创新。”

这里由人的身体长个的“此”，推想到经济发展的规律的“彼”，巧妙的联想牵引着听众的思绪，使人更有代入感，更加容易理解中国现在要想使经济增长必须要有新的动力驱使。

再如，一位教师在对新入学的大专生作演讲：

“一天晚上，一群游牧部落的牧民正准备安营扎寨休息的时候，忽然被一束耀眼的光芒所笼罩。他们知道神就要出现了。因此，他们满怀殷切地期盼，恭候着来自上苍的重要旨意。最后，神终于说话了：“你们要沿路多捡一些鹅卵石，把它们放在你们的马鞑子里。明天晚上，你们会非常快乐，但也会非常懊悔。”说完，神就消失了。牧民们感到非常的失望，因为他们原本期盼神能够给他们带来无尽的财富和健康长寿，但没想到神却吩咐他们去做这件毫无意义的事。但是不管怎样，那毕竟是神的旨意，他们虽然有些不满，但是仍旧各自捡拾了一些鹅卵石，放在他们的马鞑子里。就这样，他们又走了一天，当夜幕降临，他们开始安营扎寨时，忽然发现他们昨天放进马鞑子里的每一颗鹅卵石竟然都变成了钻石。他们高兴极了，同时也懊悔极了，后悔没有捡拾更多的鹅卵石。也许你认为这只是个神话，但这绝不仅仅是个神话！我们学习的每一堂课、每一个知识技能，相识的每一个人，参加的每一次活动，喜欢的不喜欢的，有趣的没趣的，有用的没用的，林林总总，都是我们生命中的鹅卵石，只有认认真真去捡拾，去珍惜，将来它们才有可能变成闪闪发光的钻石。”

这里将神话故事的寓意巧妙地引申为珍惜今天，认真学习，不留遗憾，使演讲具有一种隽永的感召力。

（4）由陈及新的点化。即在演讲中，套用仿拟一些过去的材料，并且进行由陈及新的点化，挖掘出具有现实意义的深刻内涵。例如，在弘扬爱国主义的主题演讲比赛上，一位演讲者讲述了盼望台湾回归、祖国统一的内容，最后他是这样升华主题的：“……有一位老知识分子病重期间叮嘱自己的子女：‘祖国完成统一日，家祭毋忘告乃翁。’这句话让陆游的名句又有了新的内涵。它代表着多少老知识分子的心愿，代表着多少中国人的心愿啊！同志们，朋友们，我们盼望着这一天的到来！这一天一定能到来！”

在这里，演讲者对这则典型材料中改过的陆游名句进行了由陈及新的点化，赋予其更深刻的现实意义，把演讲所体现的爱国主义思想感情推向了高潮。

（5）由境及情的交融。在演讲中，对现实生活中发生的典型事件进行渲染，创设出一种紧扣题旨的境况，并由此触景生情，情景交融，达到升华演讲主题的效果。例如，胡云龙的演讲《我们的后代喝什么》中的一段话：

德国的亨格尔小姐与同伴来到神往已久的长江三峡游览。一路上，她俩饱览了长江两岸醉人的风光，也深深领略了“中国人”肆意破坏环境的无情。在中国游客眼中，长江竟然无异于一个天然的废物场，滚滚东流的长江“毫无怨言”地包揽了中国游客抛弃的一切：果皮、废纸、饭盒、塑料……作为外国游客，她俩怎么也不忍心这样做，在无法找到垃圾桶的情况下，她俩只好将旅程中的废弃物用塑料袋一一装好，下船前彬彬有礼地请乘务员代为处理。不料，乘务员竟嗤之以鼻，毫不犹豫地把垃圾袋投入长江。看到这里，我不由得要问一句：《长江之歌》中描述的“用纯洁的清流浇灌花的国土”和“用巨大的臂膀挽起高山大海”的长江，能够担起它所养育的人们对它一次次无情摧残的重压吗？

……水对我们人类有恩有情，我们决不能做出忘恩负义、恩将仇报的蠢事，也不能将我们自己酿成的苦酒逼着我们的后代喝下去，更不能做出杀鸡取卵，贻害子孙的傻事。这是责任！

在这里演讲者通过外国游客在长江三峡的见闻和遭遇，形象地渲染出国人环保意识差的生活图景，由此抒发感慨，引发议论，做到了由境及情，情景交融，情理相生，很好地升华了演讲的主题。

（6）由抑及扬的反衬。演讲中恰当地运用由抑及扬的反衬技巧，能使集中于高潮的情与理的表现更有效果，从而使演讲的主题得到升华。例如，演讲《爱心——成功的试金石》的高潮部分：

我们不是医生，也许不能解除病人的病痛；我们不是伟人，也许不能根治人世的痼疾；我们不是英雄，也许不能救人于水火之中，但如果我们拥有一颗爱心、奉献之心、敬业之心，就可以让平凡的日子美丽，让生命美丽！

在这里，演讲者以退为进，先极力地“抑”，为结论的“扬”蓄势，水到渠成，这样由抑及扬的反衬，使主题得到了升华。

总之，如何升华主题是演讲艺术的一种重要技巧。用好这种技巧，不仅可以使演讲掀起一次次波澜跌宕的高潮，而且能使演讲者与听众之间形成时起时伏的和谐呼应、感情共振，从而增强演讲的感召力、鼓动性和艺术魅力。

（三）演讲稿的结尾

结尾往往是讲演稿最关键的部分，它影响着演讲的效果。一个好的结尾往往可以给听众带来意犹未尽的兴奋感。常见的结尾方法有诵唱式、总结式、感召式、抒情式。

1. 诵唱式

用歌词或诗歌、格言、警句等结尾，言简意赅，富于韵律，给听众美的享受。如《微笑》：

请把我的歌带回你的家，请把你的微笑留下。朋友们，请多微笑，把美留住！

2. 总结式

即用明确的言辞总结内容，点化主旨，给听众留下完整的总体印象。例如习近平《共同开创金砖合作第二个“金色十年”——在金砖国家工商论坛开幕式上的讲话》：

“过去十年，是金砖国家集中精力谋发展的十年，也是坚持不懈深化伙伴关系的十年。在金砖合作的历史进程中，十年只是一个开端。正如年初我在致各位同事的信中所说，展望未来，金砖合作必将得到更大发展，也必将在国际事务中发挥更大作用。让我们共同努力，推动金砖合作从厦门再次扬帆远航，开启第二个‘金色十年’的大门，使金砖合作造福我们五国人民，惠及各国人民！”

再如白岩松在《人格是最高的学位》中的结尾：“于是，我也更加知道了卡萨尔斯回答中所具有的深义。怎样才能成为一个优秀的主持人呢？心中有个声音在回答：先成为一个优秀的人，然后成为一个优秀的新闻人，再然后是自然地成为一名优秀的节目主持人。我知道，这条路很长，但我将执着地前行。”

这种结尾照应了开头，概括了内容，提升了主题，使文章有了灵气。

3. 感召式

即用富有感召力、鼓动力的语言提希望、表决心、立誓言，激起听众的热情，使其感奋。如《文明的净土》结尾：

“让我们的双手将垃圾送到家，让我们的课桌洁净如初，让我们的笑脸荡漾着‘你好，谢谢，请……’。尊重别人，尊重自己，让天更蓝，让树更绿，让花更艳，让我们的语言更美。文明之泉浇灌校园，浇灌华夏大地。”

用排比式的语句提出希望，描绘美景，文采飞扬，热情洋溢。

4. 抒情式

在叙述典型事例和生动事理后，用抒情方式结尾，言尽而意无穷，留有余韵。如一位演讲者在《珍惜生命 把握今天》的结尾：

“大江东去，浪淘尽，千古风流人物。平凡的，不平凡的，他们都曾站在我们脚下的地方生活，他们哭过，笑过，爱过，恨过……也曾立下惊世伟业，也曾一生碌碌无为，最终不过化作脚下一堆黄土。是啊，无论我们曾经多么伟大抑或平凡，最后的结局不过是回归于土。既然如此，我们为何不学会珍惜，努力拼搏呢？朋友，为书写美丽的生命，请把握今天，学会珍惜吧！”

这里，以诗化的语言激励人们珍惜生命，努力拼搏，有很强的鼓动性。

二、演讲稿的语言技巧

语言是演讲词的基本要素，只有精巧生动的语言，才能吸引受众，深入人心，产生应有的视听效应；只有质朴鲜活的佳句，才能使受众在品味中如饮佳酿，如沐春风，感受其魅力。因此，必须讲究演讲词的语言技巧。

（一）口语化

演讲是“说”的艺术，是“听”的语言，必须通俗质朴、明白晓畅，才能在短暂的时间内让听众理解明白，形成共鸣。因此，要少用复杂冗长的长句、文绉绉的词句、艰涩难懂的话语。

例如习近平的《2015年新年贺词》：“为了做好这些工作，我们的各级干部也是蛮拼的。当然，没有人民支持，这些工作是难以做好的，我要为我们伟大的人民点赞。”演讲者用平实的语言，用流行词表达，贴近群众生活，通俗易懂，生动活泼。

再如易中天在讲三国孙策、周瑜娶大小“二乔”的情节时说道：“那时候江东的老百姓都称孙策为“孙郎”，称周瑜为“周郎”，郎，就是小伙子，有赞美的意思。所以，“周郎”就是“周帅哥”……帅哥都是喜欢美眉的，所以孙策和周瑜分别娶到了两个美眉……”易中天用现代青年人口中的流行语，将古代故事演绎出了现代味道，通俗易懂。

（二）准确精练

演讲需要演讲者以最短的时间、最精练的语言表达最丰富的内容，用最简短的形式表现最深刻的内涵。因此，演讲词一定要简洁精练。话不在多，要在精练；意不在繁，旨在传神。如前外交部部长李肇星在钓鱼台国宾馆欢迎朝核六方会谈的各国代表时的演讲：

钓鱼台曾是中国清朝的一位年轻皇帝送给他一位老师的礼物，是一个充满善意和可能给这里的人带来运气的地方。

身处此地，一种历史感会油然而生。

这座花园目睹过许多重大外交事件。在这里，通过对话，冰山可以化解，信任可以培育。钓鱼台历史的最好启迪就是：和平最可贵，通过对话争取和维护和平最可靠。

……

中国古诗曰：“任凭风浪起，稳坐钓鱼台。”这里的钓鱼台泛指世界各国的钓鱼台，也包括我们所在的这个钓鱼台。希望并相信各位同事将以自己的远见、智慧、耐心、勇气和对和平事业的诚意寻求共赢。

这里的宴会致辞简明扼要，用准确精练的语言将历史和现实、祝愿与希望联系在一起，充满真诚而祥和的气氛。

（三）生动形象

生动也是演讲词的基本要求，也是其鲜明特色。唯其生动，才能淋漓尽致地抒发丰富酣畅的内心情感；唯其生动，才能深刻透彻地解释多彩多姿的客观世界；唯其生动，才能准确鲜明地阐释深邃高远的人生哲理。而要达到生动，只能刻苦钻研语言，多采用诗情话语显意境，用新奇哲语透真谛，用幽默妙语增风趣，这样可使演讲词如明珠在听众心中闪闪发光。如一位演讲者在《心与心的距离》中的演讲：

从此岸至彼岸，是路程的距离，我们不倦跋涉，在跋涉中感受风景，感受生活，感受酸甜苦辣；从此时到彼时，是岁月有距离，我们不倦奔走，在奔走中体验过去，体验现在，体验悲欢祸福；从此心到彼心，是心灵的距离，我们不倦往来，在往来中品尝欢愉，品尝苦恼，品尝人生百般滋味皆备的喜怒哀乐。

有一种距离，我们渴望抵达，那就是爱与爱的距离；有一种距离我们渴望出发，那就是梦与梦的距离；有一种距离，我们渴望拉长，那就是生与死的距离；有一种距离，我们渴望缩短，那就是心与心的距离。

这里运用了排比反复修辞，用诗歌般的语言铺陈距离的几种形态，饱含哲理，形象鲜明，寓意深刻。

竞选校研究生会副主席演讲稿

尊敬的各位选民：

大家好！

我是8号选手××。竞选资料贴出后，很多同学见了我开玩笑说："×主席好！""呵呵，大家好！"××渴盼能为大家做事，并提供优质的服务。

我有一颗愿为大家服务的心。一年来，我作为校研会生活部的干事，为大家做了一些事。例如，我认识在座的每一位同学，因为大家入学后的身份证和学籍资料是我在研究生处老师的指导下整理的。

如果竞选成功，我的施政纲领是：一切为了同学，为了一切同学，为了同学的一切。校研会将建立就业部，为大家提供兼职和就业的信息，使大家能流自己的汗，吃自己的饭，自己的事情自己干，不靠天，不靠人，不靠祖宗，这才算好汉！

皎皎明月下，你是否寂寞难耐？凄凄冷风中，你还在孤单徘徊？别着急，我来了，校研会也将搭建感情交流的平台，开展联欢活动，使大家能秋水共长天一色，事业与爱情齐飞！

8号文学院××认为：大家好才是真的好！

因为演讲要求限时3分钟，作者在3分钟内，打动了观众，获得了全场最高分。研究生与本科生不同，年龄超过了结婚的法定年龄，有一定的感情需求，有对事业和自给自足的盼望。

让青春飞扬

第六节　领导讲话稿

面向新时代的政治宣言和行动纲领
——党的十九大报告诞生记（节选）

一般来说，领导讲话稿根据不同的内容，搭建不同的框架。不同的内容有不同的框架，而相同或相近的内容在不同的场合也会有不同的框架。框架不是一成不变的，没有固定模式。

一、仪式致辞类

根据时间长短、篇幅长短，致辞可以分为小致辞（5分钟，一页半纸，约1 000字）、中致辞（10分钟，三页纸，约2 000字）、大致辞（15分钟，四页半纸，约3 000字）。

（一）小致辞写法

在小致辞标题下面，首先是顶格写称呼，如尊敬的×××、×××（这里点的人员一般是与致辞者同级职务及以上的人员，采用姓名+职务的格式），紧接着是尊敬的各位领导、同志们，或者尊敬的各位领导、各位来宾，女士们、先生们，朋友们。

正文分三部分："1+3+5"的模式。

第一部分，"今天，我们很高兴在这里召开（举办）××会议（活动）"，或者"我们很高兴迎来××活动的隆重开幕，这是××的一项重要举措"。接着三句话，先后表示祝贺、欢迎、感谢。

例文

今天，我们非常高兴相聚在美丽的羊城，共同迎来2017（第十九届）中国风险投资论坛的隆重开幕。这是中国风险投资论坛连续第19年在广东举行，充分体现了民建中央、科技部对广东的信任与支持。在此，我谨代表广东省委、省政府，对论坛开幕表示热烈祝贺！对各位领导和嘉宾朋友的到来表示诚挚欢迎！对长期以来关心支持广东经济社会发展的海内外各界人士表示衷心感谢！

第二部分，围绕主题讲过去，一般有两种写法。假如围绕主题过去几年做了不少工作，也取得了不少成效，那么就用第一种写法：第一层次，介绍主题是什么（是一个点题、概念性的东西）；第二层次，围绕主题，过去几年采取了哪些措施；第三层次，取得了哪些成效。

例文

金融是现代经济的核心。近年来，我省高度重视金融业创新发展，紧紧围绕建设金融强省的目标，不断深化改革，着力增强市场活力，大力提升金融服务实体经济的能力，努力构建具有较强竞争力的现代金融体系，全省金融业发展取得了显著成效。2016年，全省金融业增加值达6 502亿元，占GDP的8.2%，金融机构总资产达24.3万亿元，约占全国的1/10；金融机构本外币存、贷款余额分别达18万亿元、11万亿元，位居全国第一；境内上市公司474家，新三板挂牌企业1 618家，保费收入3 830亿元，跨境人民币结算业务量2.7万亿元，均居全国首位。特别是率先在全国设立了首家民营银行（微众银行），成为国内首家获得AA+评级的民营银行，为小微企业和大众提供了更加丰富、便捷的金融支持，为促进我省经济社会平稳健康发展做出了积极贡献！

假如围绕主题过去几年所做的事情不多，或者根本这就是一个新工作，过去几年没什么可讲，那么就将主题提升一个高度到该领域，用第二种写法：第一层次，介绍整体发展情况；第二层次，近年来在该领域做了哪些工作；第三层次，取得了哪些成效。

例文1

广东改革开放以来一直是中国最具经济活力和投资吸引力的地区之一，2016年全省生产总值达7.95万亿元，约占全国总量的1/9，连续28年位居全国首位；外贸进出口总额达6.3万亿元，约占全国的1/4；R&D投入占GDP比重达2.52%；国家级高新技术企业达19 857家，跃居全国首位。与此同时，我省围绕建设国家科技产业创新中心，充分发挥广州、深圳区域金融中心的辐射带动作用，大力发展风险投资和私募股权投资，积极推动企业改制上市，创新发展区域股权交易市场，多层次资本市场在实施创新驱动发展战略中的重要作用更加凸显。2016 年，全省金融业增加值占 GDP 比重达 8.2%，金融机构本外币存、贷款余额分别达 18 万亿元、11 万亿元，境内上市公司 474 家，新三板挂牌企业 1 618 家，保费收入 3 830 亿元，跨境人民币结算业务量 2.7 万亿元，均居全国首位；创业投资和私募股权投资募集资金规模超过 1 万亿元，科技进步对经济增长的贡献率超过 57%。

238-1

例文2

第三部分，围绕主题讲未来。第一层次，当前整体发展所处的阶段或者面临的新形势。第二层次，这个主题或者这项工作在其中所处的地位或者重要性。第三层次，这次会议或者活动有什么特点和意义。第四层次，对与会的专家学者或嘉宾朋友们提希望。第五层次，代表所在单位或者部门作表态。其中第四层次和第五层次的位置可以根据不同情况调换，对下致辞是第四层次在前、第五层次在后，对上致辞是第五层次在前、第四层次在后。

例文1

当前，广东上下正紧紧围绕贯彻落实习近平总书记“四个坚持、三个支撑、两个走在前列”的重要批示和省第十二次党代会精神，深入实施创新驱动发展战略，加快推动产业转型升级。风险投资作为科技创新的助推器，在促进新产品研发、科技成果转化和高科技产业化等方面的作用至关重要、不可替代。本届论坛汇聚了中外高层政府官员和金融、企业、学术等领域的精英翘楚，围绕“双创新经济、资本新时代”主题进行深入研讨，对于进一步提升广深金融中心辐射带动能力、推动金融人才与资源集聚交流、促进经济社会平稳健康发展具有十分重要的意义。广东将以承办此次论坛为契机，充分学习借鉴国内外风险投资方面的成功经验，进一步完善综合性的创业投资发展扶持政策，促进风险投资和私募股权投资机构集聚发展，深度打通资本与科技创新、产业升级间的通道，努力打造国际风投创投中心，加快建设金融强省和国家科技产业创新中心。诚挚希望各位嘉宾朋友以这次论坛为重要机遇和平台，深入交流经验，推动合作发展，共同为构建良好创新生态、促进科技金融紧密结合做出新的贡献！

最后是结尾段，先祝会议或者活动圆满成功，再祝与会人员身体健康和工作顺利等，之后是谢谢大家。

例文1

最后，祝2017（第十九届）中国风险投资论坛圆满成功！祝各位领导和嘉宾朋友身体健康、工作顺利、万事如意！谢谢大家。

例文2

最后，祝第五届金融图书“金羊奖”读享会圆满成功！祝各位嘉宾朋友工作顺利、身体健康、万事如意！谢谢大家。

例文3

最后，祝梅州客商银行事业蒸蒸日上！祝各位来宾朋友身体健康、工作顺利、万事如意！谢谢大家。

案例

某高速公路开工仪式致辞

（二）中致辞写法

一般是在小致辞的基础上，对正文第三部分进行扩充。如果是对下致辞，一般是扩充第四层次，将提希望分点来写。如果是对上致辞，一般是扩充第五层次，将作表态分点来写。当然，有时候根据需要也可以将第三层次和第四层次都进行扩充，不过这个时候要控制每一点的篇幅。

例文

今天，我们非常高兴在美丽的清远迎来全国广电公益广告发展论坛暨中国·广东广电公益广告大会的隆重召开，这是我国我省公益广告领域的一件大事。国家新闻出版广电总局田进副局长在百忙之中莅临大会，充分体现了国家新闻出版广电总局和田进副局长对我省广电公益广告事业发展的重视和支持。在此，我谨代表广东省人民政府，对大会的召开表示热烈祝贺！对各位领导、各位嘉宾和同志们的到来表示诚挚欢迎！对大家长期以来对广东改革发展，特别是广电公益广告事业发展的关心、支持和帮助表示衷心感谢！

公益广告是国家文化建设的重要内容，也是中华文化传承的重要载体。近年来，在国家新闻出版广电总局的大力指导和支持下，我省高度重视广电公益广告在促进社会文明进步中的作用，专门设立广电公益广告专项扶持项目并出台了相关管理办法，认真完成国家部署的“中国梦”“践行社会主义核心价值观”“抗战胜利70周年”等重大主题公益广告宣传任务，大力开展国防教育、禁毒、税收、预防艾滋病等专题公益广告宣传活动，内容涵盖道德、文明、法治等各方面，推动我省广电公益广告事业呈现繁荣发展、欣欣向荣的气象。全省广电媒体年均创作公益广告总数达1万条，年均播出公益广告总时长达150万分钟，公益广告平均播放时长达到商业广告的12%，远远超过3%的国家标准。同时，全省广电公益广告制作水平不断提升，近3年获得国家资金扶持的项目累计达到33个，特别是今年成绩突出，获得国家扶持项目19个，包括税收专项类扶持作品9个，其中广东广播电视台作品“纳税，为祖国加油”被评为全国唯一的税收广播一类作品；一些广播电视播出机构逐渐形成了各具特色的公益广告创作风格，成为我省广电公益广告领域的名片，为我省推进文化强省建设、促进经济社会平稳健康发展做出了重要贡献。

当前，我省正处于率先全面建成小康社会的决胜阶段。随着今年国家、省先后颁布实施《公益广告促进和管理暂行办法》，我省公益广告发展进入法治化、规范化、专业化轨道，在传播社会主义核心价值观、倡导良好道德风尚、促进公民文明素质和社会文明程度提高、维护国家和社会公共利益等方面的重要作用更加凸显。这次全国广电公益广告论坛暨中国·广东公益广告大会在我省清远市召开，并将永久落户清远市，同时在清远市建立全国广电公益广告研创基地，必将为我国广电行业打造专业、权威、有规模、有影响的优秀公益广告交流、展示、创作平台，为国家广电公益广告事业发展集聚资源和人才，探索产业发展经验。我省将以此为新起点，全面贯彻落实党中央、国务院和国家新闻出版广电总局的各项决策部署，认真学习各兄弟省区市的好经验、好做法，按照本次大会提出的“创新公益广告，滋润社会文明”理念，以传播社会主义核心价值观为导向，以服务社会文明进步为目标，以调动社会共同参与为重点，以促进产业建设为抓手，全力推动我省广电公益广告事业发展再上新台阶，努力打造全国广电公益广告领域的品牌和标杆。

在具体工作中，重点抓好以下五个方面：一是扶持精品广告创作。提升广电公益广告扶持项目激励作用，将作品征集覆盖范围从以面向广电系统为主扩大到全社会，并建立更加丰富的专项类扶持项目，打造更多公益广告精品。注重发挥高校和网络的作用，开展常态化的公益广告创意征集评奖活动。合理运用企业冠名公益广告政策，吸引企业投资精品公益广告创作，提高全社会参与精品公益广告创作的积极性。二是加强公益广告资源统筹。抓好广电公益广告优秀作品库建设，统筹利用广电播出机构历年优质作品资源，采用颁发荣誉、冠名、政府采购等多种方式吸引优质作品入库，盘活公益广告存量资源，满足社会对精品广电公益广告播出资源的基本需求。三是加快推动广电公益广告产业化。探索建立广电公益广告行业组织，为企业、播出机构、创作机构搭建常态化的合作和交流平台。将广电公益广告制作与传播纳入向社会力量购买文化服务的指导性目录，鼓励、支持、引导社会力量参与广电公益广告产业。四是促进公益广告社会效益转化。加强对广电公益广告播出数据的监测，健全公益广告播出排名、通报、表彰制度。强化播出机构与政府职能部门、社会团体、公益组织的合作，把公益宣传和社会公共事业发展、公益动员紧密结合。五是加快广电公益广告媒体融合进度。加强传统广电媒体和网络媒体、新媒体在公益广告创作、播出方面的合作交流。注重利用新媒体传播资源，建设基于网络和新媒体的广电公益广告优秀作品库。衷心希望国家新闻出版广电总局和各兄弟省区市的各位领导、各位嘉宾和同志们一如既往地关心支持广东，对广东经济社会发展，特别是广电公益广告工作多提宝贵意见、建议，给予具体指导，传授创新经验。

最后，预祝全国广电公益广告发展论坛暨中国·广东广电公益广告大会取得圆满成功！祝各位领导、各位嘉宾和同志们工作顺利、生活愉快！

谢谢大家。

（三）大致辞写法

在中致辞的基础上，对正文第二部分进行扩充，一般是对第二层次（措施方面）或者第三层次（成效方面）进行扩充。如果是想重点汇报所做工作，那么就将第二层次分点来写，即同一部分分一是、二是、三是，每点写一两句话。如果是想重点介绍取得的成效，那么就将第三层次分点来写，仍然是每点写一两句话。当然，有时候根据需要也可以将第二层次和第三层次都进行扩充，不过这个时候要控制文中每个分点的篇幅。

二、会议讲话类

根据时间长短、篇幅长短，讲话可以分为小讲话（15 分钟，四页半纸，约 3 000 字）、中讲话（30 分钟，九页纸，约 6 000 字）、大讲话（60 分钟以上，十八页纸以上，约 12 000 字）。

（一）小讲话写法

开头部分一般有三个层次：第一层次，先介绍召开这次会议的主要目的；第二层次，刚才的会议的进展情况（结合会议议程来讲）；第三层次，要求或希望大家认真贯彻落实这次会议精神。每个层次一句话。

例文

今天，省政府召开全省推进教育现代化动员会，主要任务是贯彻落实党的十八届六中全会和习近平总书记系列重要讲话精神，总结我省近年来教育创强争先工作，对当前和今后一个时期全省推进教育现代化作动员部署。刚才，伟其同志代表省教育厅通报了全省教育创强争先工作情况，省财政厅和惠州、清远市政府的负责同志分别作了发言，讲得都很好。希望各地、各部门积极行动起来，认清使命、明确目标，真抓实干、上下联动，加快推进教育现代化各项工作，在新的历史起点上努力开创我省教育改革发展新局面。

省领导 2016 年在全省加快推进高速公路建设工作会议上的讲话

第二部分，写之前的工作措施及成效。可参考写致辞第二部分的写法。第一层次，先介绍这次会议的主题是什么（点题、概念性的东西）；第二层次，近年来采取了什么工作措施；第三层次，取得了哪些成效。

例文1

促进科技成果产业化是打通科技与经济结合通道、尽快形成新生产力的关键环节。近年来，我省坚持以深化省部院产学研合作为突破口，建立健全科技成果产业化合作机制，拓宽科技资源、重大项目和重大平台的信息共享渠道，推进以技术交易、知识产权、创业孵化、科研众包、科技金融等为主要内容的科技公共服务体系建设，加快推进科技成果产业化，取得明显成效，产生了良好的经济社会效益。截至目前，省财政累计投入产学研合作资金 50 亿元，带动地市财政投入 200 多亿元、社会及企业投入超 1 000 多亿元。特别是连续 3 年每年举办一次科技成果与产业对接会，累计共有 2 400 多项具有产业化前景的技术成果、850 多家企业、150 多所省内外高校科研院所进行了深入对接展示。

省领导 2016 年在全省加快推进高速公路建设工作会议上的讲话

第三部分，写当前工作中仍然存在哪些问题。一般不分点，逐个列举问题即可，每个问题一句话，有时中间用分号隔开。

例文

但同时，我们也要清醒地看到，我省学位与研究生教育工作还存在一些问题和不足，主要表现在：学位与研究生教育规模仍比较小，研究生教育治理体系还不完善，结构类型还不够合理，培养机制改革有待进一步完善，教育质量保障体系建设和监督力度有待加强，特别是研究生教育创新驱动发展能力与我省经济发展水平还不相匹配，高水平大学和高水平学科数量较少，不能较好地满足我省经济社会发展和产业结构转型升级的需要。这些问题，我们要在今后工作中采取有效措施，认真加以解决。

第四部分，写下一步工作的总领段。第一层次，当前所处的发展阶段及面临的新形势。第二层次，新形势下做好这项工作的重要性。第三层次，上级对这项工作的重视和新要求。第四层次，做好下一步工作的总体思路及发展目标。

例文

当前，我国经济发展进入新常态，经济下行压力增大，转方式、调结构任务艰巨，亟须更好地发挥科技成果转移转化对释放新需求、创造新供给、推动供给侧结构性改革的重要作用。开展经营性领域技术入股改革工作，对于激励科技人员创新创业积极性，支持科研人员合法享有成果转化收益，促进科技成果转化、造福社会与百姓具有十分重要的意义。中央高度重视科技成果转化工作，在前不久刚刚召开的全国科技创新大会上，习近平总书记强调……李克强总理多次在不同会议上强调……春华书记在 2016 年全省创新驱动发展大会上指出……《实施方案》出台后，省委、省政府按照国务院出台的《实施〈促进科技成果转化法〉若干规定》，对方案的贯彻落实进行了专项督察，有效推进了体制机制创新，为更好解决科技经济“两张皮”问题奠定了坚实基础。下一步，省直各有关单位、各高校和科研院所要切实增强做好经营性领域技术入股改革工作的责任感和紧迫感，紧扣创新发展要求和创新创业主题，进一步深入开展改革试点工作，加快完善成果转化的政策环境，建立起符合科技创新规律和市场经济规律的科技成果转移转化体系，通过改革促进科技成果资本化、产业化，为广东经济的持续稳定增长提供新动力。

省领导 2016 年在全省加快推进高速公路建设工作会议上的讲话

第四部分之后，将下一步的各项具体工作分点展开来写，每一点写一段，每一段中可分点也可不分点。其中，组织保障段可以作为具体工作的最后一点，也可以在具体工作之后，单列一段。

例文

（一）全面推进城市公立医院改革……

（二）深化医改领域的“放管服”改革……

（三）加快医联体建设……

（四）深化医保管理制度改革……

（五）优化药品供应保障制度……

（六）创新人事薪酬制度……

当前，推进全省公立医院改革等医改年度重点任务已经明确，关键是要抓好落实。一要加强组织领导。各地、各有关部门负责同志，特别是主要负责同志要亲自上手、负责到底。对攻坚难度大、影响面广、老百姓密切关心的改革任务，要不折不扣抓好贯彻落实，切实把改革成果转换为人民群众的健康福祉和获得感。二要强化统筹协调。充分发挥省医改领导小组协调统筹作用，及时协调省发改、财政、卫计、人社等部门解决改革中的困难问题，大力支持各地探索创新。三要认真督查考核。把深化医药卫生体制改革纳入全面深化改革中同部署、同要求、同考核，确保必须完成的硬任务逐条逐项落到实处、取得实效。

省领导 2016 年在全省加快推进高速公路建设工作会议上的讲话

结尾段，做好这项工作使命光荣，任务艰巨，责任重大。号召大家在上级的统一领导下，做好这项工作。

例文

同志们，全面推动我省学位与研究生教育事业发展，责任重大，使命光荣，任务艰巨。让我们认真贯彻落实中央和省委、省政府的部署要求，坚持求真务实、开拓进取，狠抓落实、奋发有为，不断开创我省学位与研究生教育改革发展新局面，为我省率先全面建成小康社会、率先基本实现社会主义现代化做出新的贡献！

省领导 2016 年在全省加快推进高速公路建设工作会议上的讲话

（二）中讲话写法，三部分论

开头段参照小讲话的写法。开头段最后，加上“下面，我讲三点意见：”。

第一部分，充分认识这次工作面临的新形势、新任务，进一步增强工作责任感、紧迫感和使命感。

第一段，在参考小讲话第二段写法的基础上，可将取得的成效分点写（但不分段）。

第二段，在参考小讲话第三段写法的基础上，可将存在的问题分点写（但不分段）。

第三段，参考小讲话第四段前三个层次的写法，其中可将这项工作的重要意义或者上级对做好这项工作的新要求适当展开写，同时增加第四个层次，希望与会同志把思想和行动统一到上级的要求和形势的要求上来，切实增强工作责任感、紧迫感和使命感，作为第一部分的收尾。

第二部分，突出重点，攻坚克难，全面推动这项工作上新水平。

第一段，写下一步工作的总体思路及发展目标。

第二段开始，将下一步的各项具体工作分点展开来写，每一点一段，每一段中尽量再分小点，即一要、二要、三要（如果对上汇报是一是、二是、三是），每个小点按一个短句作为概括性的小标题。这样看起来层次清晰。

第三部分，加强领导，狠抓落实，确保各项工作落到实处。

第一段，写抓落实的重要性和总要求。

第二段开始，写抓落实的几个具体要求，一般是加强组织领导、强化统筹协调、加大投入力度、狠抓督促检查、大力宣传引导等。每一点写一段，每一段内一般不再细分小点。

最后，结尾段。

例文

今天，我们在这里召开2016年全省高校毕业生就业创业工作会议，主要任务是学习贯彻全国普通高校毕业生就业创业工作网络视频会议精神，总结2015年我省高校毕业生就业创业工作，并对2016年工作进行研究部署。刚才，广东财经大学等5所高校代表分别作了交流发言，伟其厅长作了工作报告，都讲得很好。希望大家认真贯彻落实这次会议精神，全力以赴做好今年的高校毕业生就业创业工作。下面，我讲三点意见。

一、认清形势，提高认识，进一步增强做好高校毕业生就业创业工作的责任感和紧迫感

高校毕业生就业工作是民生之本、民安之策。2015年以来，在省委、省政府的正确领导下，全省教育系统面对经济发展新常态和科技革命与产业变革的重大机遇，在经济下行压力加大的情况下，坚持以“创强争先建高地”为总抓手，科学谋划、精准施策、改革创新、真抓实干，推动现代职业教育体系建设和高水平大学建设取得重要进展，创新创业教育取得新突破，自主创业氛围更为浓厚，全省高校毕业生就业创业工作呈现平稳发展态势。2015年，全省高校毕业生初次就业率达94.8%，就业竞争力不断增强，就业质量有新的提升，为服务我省经济社会发展、推动经济转型升级提供了有力支撑。这些成绩的取得，是全省教育系统和广大干部职工共同努力的结果。借此机会，受×××委托，我谨代表省政府向大家表示衷心的感谢和诚挚的问候！

当前，我省经济发展进入新常态，教育工作也处于率先实现教育现代化的关键时期，全

省高校毕业生就业创业工作既面临难得机遇，也面临全新挑战。一方面，中央提出了实现“中国梦”、协调推进“四个全面”战略布局、五大发展理念、创新驱动发展、供给侧结构性改革等一系列新思想、新战略，为高校毕业生就业创业开辟了更广阔的空间……另一方面，2016年我省普通高校毕业生就业形势依然复杂严峻……

党中央、国务院和省委、省政府高度重视高校毕业生就业创业工作。习近平总书记多次强调……李克强总理多次指示……春华书记……这些都充分体现了中央和省委、省政府对高校毕业生就业创业工作的高度重视，为我们做好今后的工作指明了方向。为此，全省各地、各有关部门、各高校一定要把思想和行动统一到中央和省委、省政府的决策部署上来，充分认清形势、提高认识、把握机遇、补齐短板，进一步增强做好毕业生就业创业工作的责任感和紧迫感，采取更有力措施，全力以赴做好高校毕业生就业创业工作。

二、转变观念，精准发力，推动全省高校毕业生就业创业工作再上新台阶

做好今年的高校毕业生就业创业工作，要坚持以创新、协调、绿色、开放、共享五大发展理念为指引，坚持改革创新、丰富工作手段、健全服务体系，努力以创新驱动创业、以创业带动就业，真正构建就业创业质量高地、打造就业创业精品工程。要把握好五个方面：一是以创新发展理念激发就业创业活力……二是以协调发展理念提升就业创业工作效能……三是以绿色发展理念引领就业创业工作持续发展……四是以开放发展理念拓展就业创业资源……五是以共享发展理念促进就业创业工作公平……

在具体工作中，要抓好以下三个方面。

（一）深入推进高校创新创业教育改革。一要……二要……三要……四要……五要……

（二）开发更多适合高校毕业生的就业创业岗位。一要……二要……三要……四要……五要……

（三）完善就业创业的指导与服务体系。一要……二要……三要……四要……五要……

三、加强领导，狠抓落实，确保高校毕业生就业创业工作取得实效

当前，正值高校毕业生求职签约比较集中的阶段。各地、各有关部门、各高校要把高校毕业生就业创业工作摆在更加突出的位置，加强组织，狠抓落实，确保高校毕业生就业创业工作更加有力有效。

（一）加强组织领导。各地、各有关部门、各高校要……

（二）完善政策配套。各地要……

（三）强化督促检查。各有关部门要……

同志们，做好2016年高校毕业生就业创业工作，责任重大、使命光荣、任务艰巨。希望各地、各有关部门、各高校认真落实中央和省委、省政府的决策部署，把握机遇、坚定信心、锐意进取，不断开创全省高校毕业生就业创业工作新局面，为我省实现“三个定位、两个率先”目标做出新的贡献。

谢谢大家。

（三）大讲话写法，形式多样

常见四部分论，就是将中讲话第一大部分的第三段拆出来展开写，可以将意义分点来写，也可以将面临的形势分点来写，也可以对下一步的总要求提几条原则性、方向性的要求，每

点一段。第一大部分仅写过去采取的措施、取得的成效和存在的问题三个层次。

三、机关工作报告类

工作情况报告：这是用于汇报工作进程、总结工作经验、反映工作问题、提出工作意见的报告。这类报告是报告中应用最为广泛的一种。

工作建议报告：这是对工作中的重大情况、特殊情况、新情况进行调查了解后，向上级做出的报告。它不需要答复，主要是让上级了解、掌握情况，以便根据情况采取措施，指导工作。向上级提出工作建议的报告也属于这一类。

工作答复报告：这是答复上级机关的查询、提问或汇报执行上级机关某项指示、意见的结果的报告。正文包括答复依据、答复事项两部分，写法比较自由。有的先写依据后答复，有的边写依据边答复。

政府机关工作报告的结构安排，主要有如下三种模式构成大的结构框架。

第一种模式：工作逻辑式，包括以下三个层次。

第一层次，为什么开展这项工作：主要讲开展这项工作的基础、面临的问题，开展这项工作的重要性、紧迫性等。

第二层次，如何开展这项工作：主要讲开展这项工作的总体思路、主要目标、工作措施等。

第三层次，如何才能保证做好这项工作：主要讲开展这项工作的思想保障、组织保障、资金保障、机制保障、环境保障等。

第二种模式：时间递进式，包括以下三个层次。

第一层次，过去怎么样：所谓过去，主要讲我们已经采取的工作措施、所取得的成效、所获得的经验体会。

第二层次，现在怎么样：所谓现在，主要讲我们面临的形势、遇到的问题，哪些是有利条件，哪些是不利因素。

第三层次，未来怎么样：所谓未来，主要讲我们将要实现的目标任务、要遵循的工作思路，以及即将采取的政策措施。

第三种模式：工作并列式，包括以下六个层次，这六个层次，其实也是上述两种模式的综合。

第一层次是措施成效。简要交代时间、背景，工作的过程、措施、结果和取得的成效、成绩。一是采取的工作措施主要有哪些；二是工作进展情况与特点、特色有哪些；三是工作成效、成果有哪些。

第二层次是经验体会。这是对工作的实践的理性认识，要从实际工作中概括出规律性的东西，以便指导今后的工作；主要的做法和经验要比工作措施高一个层次，有理论高度、理论概括，而不是对工作的机械罗列。

第三层次是问题原因。要从表面问题、深层次问题及背后原因进行分析，包括主观原因，如思想不统一；客观原因，如刮台风影响建设工期；政策原因，如国家政策调整造成工作的变化；工作原因，如在工作落实上存在不足。

第四层次是思路目标。总的工作思路，主要工作目标，具体工作目标，如中长期工作一般呈现为一年开好局、两年基本完成、三年完善提高。

第五层次是工作建议。推进工作的具体措施，还有对国家或上级的工作建议。

第六层次是保障措施。如思想保障、组织保障、资金保障、机制保障、环境保障等。

不同类型的工作报告，有不同的侧重点。偏重总结性的报告，可以只写情况、成绩和经验体会，一般不写问题和意见；偏重汇报性的报告，着重写情况、成绩和问题，不写经验体会；偏重分析问题的报告，就以写存在的问题而言，不能简要列出，更不能不作分析，必须逐一写出，深入分析剖析，要“见到骨头见到肉”。

这里，介绍一下广东省政府工作报告的几种写法。

平常年份的写法是分以下两大部分。

第一大部分是对上一年的工作回顾，有时先列一段写取得的主要成效（以数据表现为主），然后分点分段写一年来做了哪些工作；有时在帽段之后，直接就将所做的工作与取得的成效融合在一起，以措施带成效的形式分点展开写。

第二大部分是对下一年的工作安排。先一段写面临的形势，再一段写总体要求，再一段写发展目标，之后展开写各项具体工作，一般不写组织保障。最后是结尾段。

特殊年份的写法是分三大部分。什么是特殊年份？如 2011 年、2016 年等对上一个五年规划的总结和下一个五年规划的开局，又如 2013 年、2018 年等政府换届年，要总结上一届政府的五年工作，部署下一届政府的五年工作。

这些特殊年份的政府工作报告，第一大部分是总结过去五年和去年一年的工作情况，有时是一年带五年，有时是五年带一年，也有时写完五年再单写一段去年一年，也有时是写完一年再单写一段讲过去五年；第二大部分是写今后五年的总体安排，一般是按照总体形势、总体思路、总体目标和几个原则性要求来写，其中几个原则性要求要分点分段来写；第三大部分是写下一年的工作部署，一般第一段就写总体目标，之后将具体工作分点分段展开来写。最后是结尾段。

这里，再介绍一下 2017 年广东省委第十二次党代会报告在起草过程中做出的三次重大框架调整。起初会议的主题拟定为“加快转型升级，开启社会主义现代化建设新征程”，因此报告的框架采用“1+1+1”的模式，即第一部分是对过去五年全省工作的回顾，第二部分是今后五年开启社会主义现代化建设的总体形势和总要求，第三部分是今后五年推进社会主义现代化建设的工作安排。随着文稿的修改完善，发现拟定的主题有两个问题：第一，加快转型发展在社会民生这部分不适用，因为迄今为止中央和省里都没有关于社会转型升级的说法，导致主题在社会民生部分踏空。第二，开启社会主义现代化建设新征程主要是 2020 年之后的工作，2017—2020 年主要还是全面建成小康社会的事，所以部署今后五年工作不能遗漏全面建成小康社会的相关内容。所以在那之后，就把主题改成了“全面建成小康社会，开启社会主义现代化建设新征程”，报告的框架相应调整为“1+1+1+1”的模式，第一部分仍然为过去五年全省工作回顾，第二部分为今后五年总体形势和总要求，第三部分为全面建成小康社会的工作安排，第四部分为开启社会主义现代化建设新征程的工作安排。但是在随后的起草过程中，出现了以下两个新情况。

第一，起草组发现第三部分和第四部分的内容有些重复、很难错开。因为全面小康部分不能只讲社会民生，也有经济发展，而社会主义现代化建设也有民生，也有经济的，而今后五年的各项工作又是一脉相承的，不能把前半段的工作和后半段的工作完全割裂开来。

第二，习近平总书记2017年4月4日对广东工作做出了重要批示，即“四个坚持，三个支撑，两个走在前列”，这个是广东今后五年各项工作的统领。因此，起草组把主题修改为“深入贯彻习近平总书记治国理政新理念新思想新战略，努力在全面建成小康社会、加快建设社会主义现代化新征程上走在前列”。

报告框架调整为“1+1+8”的模式，第一部分仍为过去五年工作回顾，第二部分仍为今后五年总体形势和总要求，但是不同之前的是，这里围绕习近平总书记“四三二”的批示精神展开论述，将全面小康和社会主义现代化的内容融入里面讲了，也就是没有把全面小康和社会主义现代化建设的内容机械隔离开来。从第三部分至第十部分，将供给侧结构性改革、创新驱动发展、对外开放、区域城乡协调发展、绿色发展、社会民生、全面依法治省、全面从严治党作为并列的8个部分，详细部署今后五年的具体工作。这8点里面，前面3点即是总书记批示中三个支撑的内容，中间5点即是五大发展理念的内容，第1点和最后3点是四个全面战略布局的内容，通篇都是围绕习近平总书记的重要批示精神，体现的都是总书记治国理政新理念新思想新战略，主题非常突出、非常鲜明，逻辑框架非常严密而且完整。

四、调研报告类

调研报告类文稿有鲜明的目的性，更加侧重分析情况、研究问题、解决问题。一般来说，帽段要交代清楚调研的背景情况。

例文1

实验室是科技创新体系的重要组成部分，是加强前沿研究、基础研究、应用基础研究、应用开发研究和战略性高技术研究的核心力量和骨干平台。3月以来，为落实××省长的部署要求，推进我省实验室向高水平、高层次跃升，有效提升全省原始创新能力、增强创新驱动发展后劲，省政府研究室会同省科技厅组成联合调研组，先后赴山东、安徽和省内广州、深圳、东莞等地，与当地科技部门及实验室负责同志进行座谈，组织我省高校科研院所实验室主任进行研讨，同时多方收集资料，系统研究了欧美和国内山东、上海等地先进实验室的经验做法。在此基础上，调研报告认真梳理分析了我省实验室建设的现状和存在的问题，对照国内外实验室建设的经验做法，提出加快我省实验室体系建设的对策建议。

例文2

如果调研目的是研究解决当前某个工作领域中存在的问题，正文一般分四大部分：第一部分，我省相关工作的基本情况；第二部分，我省相关工作目前存在的突出问题或者亟须解决的问题分析；第三部分，其他地方和部门工作的好经验、好做法；第四部分，若干对策建议。如果第一部分内容不多，也可将一、二部分合并，重在分析问题。

如果调研目的是重在学习别人的好经验、好做法，正文一般分为以下三大部分。

第一部分，介绍对方的基本情况，特别是好经验、好做法。

第二部分，本地本单位相关工作情况分析。

第三部分，若干对策建议。

例文

小城镇建设一直是浙江省区域和城乡发展的一大特色和优势。近年来，浙江省开展以经济发达镇为依托，培育发展小城市试点取得了明显成效，引起了从中央到地方、从各级党委政府到学界的关注和热烈讨论。在当前全国上下推进新型城镇化的大背景下，为更好地学习借鉴浙江培育发展小城市的经验做法，进一步提高我省小城镇改革发展水平，6 月以来省政府研究室成立专门调研组赴浙江调研，并到我省东莞、佛山顺德等地考察，形成此调研报告。现将有关情况报告如下。

一、浙江省培育发展小城市的基本情况

……浙江的经验做法主要有五个方面……

二、广东培育发展小城市的形势分析

广东与浙江都是全国最早以村镇为载体进行经济改革探索的省份，广东的顺德模式和浙江的温州模式在改革开放初期就已成为中国城市化和工业化的典范……

但是，与浙江省培育小城市相比，我省在这方面工作仍然存在不少差距。主要体现在四个方面……

三、若干政策建议

加大改革创新力度，建设一批功能完备、产业发达、环境优美、生态宜居、个性独特的小城市，构筑集聚能力强、带动效应好、体制机制活、管理水平高的城镇化发展新平台，是探索具有广东特色的新型城镇化发展新路子的重要途径。为此，建议：

（一）建立组织领导机制，将小城市培育工作摆上战略议程……

（二）加强分类指导，找准特大镇转型成为小城市的发展路径……

（三）科学选择培育试点，以点带面推开全省小城市培育工作……

（四）深化简政强镇事权改革，探索高效能、低成本的小城市行政管理模式……

（五）加大财政金融支持力度，拓宽小城市建设资金来源渠道……

（六）完善配套政策机制，为我省小城市持续健康发展提供长远保障……

思考与练习

一、名词解释

消息、通讯、新闻发布稿、广告、演讲稿

二、简答题

1. 消息有哪几种结构形式？
2. 通讯写作有哪些要求？
3. 演讲稿如何写作？
4. 讲话稿如何写作？

三、写作题

1. 以当前最新发生的事件为材料，写一篇消息和一篇通讯。
2. 为家乡的商品写几篇广告词。
3. 假如你下月要竞选学校（学院或系）学生会主席，请写一篇演讲稿。
4. 假如你校要举行100周年（或其他）校庆，你是秘书，请为校长写一篇讲话稿。

第七章 经济文书

第一节 商业计划书、策划书与市场策划书

一、商业计划书

（一）商业计划书的概念

商业计划书是企业或项目单位为了达到招商融资和其他发展目标的目的，在经过对项目调研、分析以及搜集整理有关资料的基础上，根据一定的格式和内容的具体要求，向读者（投资商及其他相关人员）全面展示企业/项目目前状况及未来发展潜力的书面材料。商业计划书是包括项目筹融资、战略规划等经营活动的蓝图与指南，也是企业的行动纲领和执行方案。商业计划书的所有权属于商业计划的编写单位，属于商业机密。

广义的商业计划书包括商业策划、商业方案、商业战略、商业规划等。

（二）商业计划书的结构和写法

不同产业的商业计划书形式不同，但一般结构都包括摘要、主体、附录三个部分。

1. 摘要

商业计划书摘要是风险投资者首先要看到的内容，是全部计划书的精髓。一般要对公司内部的基本情况、公司的能力以及局限性、竞争对手、营销和财务战略、管理队伍等进行概括。

2. 主体

（1）公司介绍。含项目公司名称、注册地点、经营场所、法律形式、法人代表、注册资本、发展战略、财务情况、产品或服务的基本情况等。

（2）产品（服务）介绍。产品介绍通常包括以下内容：产品的概念、性能及特性；主要产品介绍；产品的市场竞争力；产品的研究和开发过程；发展新产品的计划和成本分析；产品的市场前景预测；产品的品牌和专利。

（3）人员及组织结构。在商业计划书中，必须要对负责产品设计与开发、市场营销、生产作业管理、企业理财等方面的主要管理人员加以阐明，介绍他们所具有的能力，同时对公司结构作简要介绍。

（4）市场预测。市场预测应包括以下内容：市场现状综述、竞争厂商概览、目标顾客和目标市场、本企业产品的市场地位、市场价格和特征等。

（5）营销策略。主要介绍市场机构和营销渠道的选择、营销队伍和管理、促销计划和广告策略、价格决策。

（6）制造计划。也是企业的经营情况，主要介绍产品制造和技术设备现状、新产品投产计划、技术提升和设备更新的要求、质量控制和质量改进计划。

（7）财务规划。主要介绍企业财务管理的基本情况和申请资金的用途，含预计的资产负债表、预计的损益表、现金收支分析、资金的来源和使用等。

（8）企业的发展计划。主要介绍企业的发展目标、发展计划、实施步骤及风险因素。

（9）撤出计划。主要告诉投资者收回投资的时间、方法和回报率等。

3. 附录

对主体部分的补充，主体中言犹未尽的内容或需提供参考资料的内容，均放在附录部分，供投资者参考。

商业计划书（模板）

目录

执行概要

1.1 目标

1.2 任务

1.3 关键要素

公司情况

2.1 公司所有权结构

2.2 公司历史

2.3 公司现状

2.4 商业模式

2.5 其他情况

产品及服务

3.1 产品及服务描述

3.2 产品优势

3.3 切入产品或服务

3.4 产品资源

3.5 产品技术

3.6 未来发展

市场分析

4.1 市场组成

4.2 目标市场

4.3　行业分析
4.4　竞争分析
策略分析
5.1　价值体现
5.2　市场策略
5.3　销售策略
5.4　战略联盟
5.5　进度计划
管理团队
6.1　组织结构
6.2　管理团队
6.3　激励方案
财务分析
7.1　重要前提
7.2　投资回报
7.3　财务指标
7.4　盈亏平衡分析
7.5　利润分析
7.6　现金流分析
7.7　资产负债分析
7.8　财务结构分析
附录：公司文件（营业执照、专利证书、历史合同、各类认证、过去两年的财务报表等）
详细内容（略）

这是商业计划书的模板，包括摘要、主体、附录等。具体指标较详细。写作时可参照该模板。

二、策划书

（一）策划书的概念

策划书是为实现某一目标，提出具体策划思路，进行预先的分析、论证、设计、规划、安排和评估，所形成的富有创意的书面设计方案。策划书又称策划案、策划文案或企划案。

（二）策划书的类型

1. 按实现的功能分

按实现的功能可分为广告策划书、公关活动策划书和市场营销策划书三类。

（1）广告策划书：反映广告活动策略和具体实施方案的应用文。

（2）公关活动策划书：帮助完成公共关系专题活动操作而事先预备的应用文。

（3）市场营销策划书：反映企业进行市场拓展和营销活动的应用文。

2. 按适用范围分

按适用范围可分为企业战略策划书、融资策划书、管理策划书、市场营销策划书、广告策划书、公关策划书、品牌策划书、形象策划书、旅游策划书、新闻策划书、影视策划书、活动策划书等。

（三）策划书的特点

策划书与其他事前计划类文书相比，具有以下特点。

1. 目标的明确性

策划书是为完成某预期活动，达到预定目标，而启动策划的。首先就明确了要达到什么目的，具有较强的功利性。目标的明确性是保证策划顺利进行的关键所在，策划者的策划行为都受目标制约，为目标而进行。

2. 内容的论证性

策划书为实现某一目标，将具体策划思路形成文字，以期得到推广或实施。为得到他人的认同，论证过程直接体现在文本中，以便其他人对其可行性及风险进行论证和预测。

3. 思维的创造性

策划活动是一项创造性思维活动，要充分表现出独特的创意，点子新、内容新、表现形式新，给人以新鲜的感觉，才能先声夺人取得事半功倍的效果。但策划书的创意性要求并非为了创新而创新，而要立足实际，结合自己的优势，体现出与他人之间的差别来。

（四）策划书的结构

策划的种类很多，写法也很灵活，没有固定的写作模式，这里将从宏观上介绍策划书创作的基础程序、基本结构和基本要求。

策划书的创作程序一般包括五个步骤：确定策划主题；对策划对象进行调研；形成策划创意；整理制订策划方案；实施策划方案。

策划书的基本结构可分为下列十一项。

1. 封面和标题

封面和标题是策划书给人的第一印象，要求突出主题和特点、美观整洁、引人注目。封面可提供以下信息：①策划书的名称；②被策划的客户；③策划机构或策划人的名称；④策划完成日期及策划适用的最佳时间段；⑤编号。

2. 前言序文

即把策划书所讲的概要加以整理，内容简明扼要，使人感兴趣，让人一目了然。

3. 目录的编制

目录即策划书的大纲，其编写逻辑性较强，是对整个策划书的归纳，其编写有助于人们的审阅和接收策划书中的信息和重点，对策划书相当重要。

4. 策划活动人员的安排

该部分是记载策划参与者名录及组织系统。一般包括：①工作人员联系方法及地址明细录；②工作人员在策划中的职责和各部门的组织结构。大型活动的策划书，一般还记载有策划者和活动成员的履历职务。

5. 策划的背景

策划的背景是对策划对象存在的制约条件、社会环境的调查分析，有助深入了解被策划对象，更能有针对性地设计和实施策划。

6. 策划的宗旨

策划的宗旨是通过科学的分析和调研制定出来的，是策划书的纲要。主要包括策划的目的性、必要性、可能性及意义。突出强调策划对象的核心需求和价值。

7. 策划的内容

策划书的具体内容是全书核心所在。其内容因策划的目的、形式、行业的不同而有所变化，叙述应细致并有条理。

8. 策划的效果

策划的效果是指预测策划实施后的经济效益及对可能产生的社会效果进行评估，有助于判断整个策划成功与否，也对下一次策划提供有价值的参考。

9. 策划的预算

策划的预算能促使策划更好地实施。常用“目标估计”法，即按策划确定的目标（总体目标或若干分项目标）逐项列出细目，计算所需经费。这种方法计划性强，开支项目清晰，但有时会因预测不准而造成经费过失或不足。

10. 实施进度表

即将策划活动起讫全部过程拟成时间表，明确何月何日做什么，以及各工作阶段、工作任务、工作方式、注意事项等。这样既便于管理和实施，又便于检查和反馈。

11. 基础资料、参考事例

这部分可附可不附，主要是给策划参与者提供决策参考，资料不宜太多，择其要点附之。

（五）策划书的写作要求

（1）做好前期调研。制定策划书前，要明确策划的主题，并对实际情况进行充分的调查研究。

（2）体现创新思维。由于新颖的创意是策划活动成功的关键，所以，策划书要体现出创新思维。

（3）抓住类型要点。充分认识和把握好各类型策划书的写作要点，才能更好地制定、完善策划书。如广告策划书在于始终紧扣“创意”和“创新”的理念；营销策划书在于始终将宣传与推销的策略作为写作要点；活动策划书则突出和强调活动策划主题的思想观念和认识水平。

（4）满足客户需求。由于策划书多用于现代商业与经济领域，从客户出发，满足客户需求就成为策划书写作的目标，在内容上要充分体现这一点。

例文

××大学70周年校庆策划书

一、前言

70周年校庆既是一次回顾历史、总结经验的庆祝活动，又是一次团结鼓劲、服务社会、开拓资源的难得机遇，也是对学校办学质量、水平和成果的综合检验，对于我校发扬传统、凝聚力量，广泛联络校友和社会各界人士，拓宽与海内外各方面的联系，进一步提升办学水平和综合实力，全面推进学校又快又好地发展，都具有十分重要的意义。

70周年校庆活动要突出“发扬传统、凝聚力量、扩大影响、面向未来”的鲜明主题，以“弘扬师大精神、展示师大成就、团结师大校友、促进师大发展”为目标，坚持“隆重热烈、简朴务实、讲求实效”的原则，取得“凝聚人心、汇聚校友、集聚资源”的实效，力求办出水平、办出特色、办出影响，体现思想性、历史性和学术性的特点。

本次校庆活动内容要抓住重点、做出精品，不求多而全，但要有深度有影响，充分体现学校特色和内涵，做到一切从实际出发，节约成本，提高效率，努力举办一个隆重、务实、鼓劲、创新的校庆。

二、策划目标

1. 通过本次校庆活动，向社会各界传达本校的发展历程、教学成绩，扩大学校在社会的影响力，提升社会的认知度与美誉度。

2. 通过本次活动的规模效应，营造出“校园文化氛围”，加强学生对学校的了解与认识，形成荣誉与自豪感。

3. 以本次活动为契机，完善校园的“软件”，编撰校园的校史，构建“文化长廊”等信息交流平台。

4. 以本次活动为机遇，向与会的各级领导与师生进行汇报，并聆听相关的意见与建议，完善今后的工作领域，并努力得到领导的满意。

5. 借助本次活动，加强本校与校友的联系。彼此关注、支持，营造“校园情怀”“师生情感”的氛围，并为日后的相关校园活动奠定基础。

三、实施条件

1. 加强领导、健全组织。（略）
2. 制订方案、细化安排。（略）
3. 加强宣传、营造氛围。（略）

四、活动措施

1. 加强校友会和校友联络工作。（略）
2. 做好校史编撰及珍贵校史资料的抢救工作。（略）
3. 策划大型演出，编排文艺节目。（略）
4. 设立校友基金，广泛发起校友捐赠活动。（略）
5. 设计制作校庆纪念品。（略）

五、校庆活动时间计划

（一）启动阶段（2009年9月—2009年12月）

1. 成立筹备领导机构和工作机构。

2. 研究确定校庆日和名称，在校内外营造迎校庆氛围。具体活动（略）

3. 启动活动经费筹集工作。

4. 研究确定规划项目和校园景观项目。

5. 完成学校校庆筹备领导小组确定的其他任务。

（二）筹备阶段（2010 年 1 月—2010 年 7 月）

1. 建立各地校友联络站，编辑《校友通讯簿》。设立校友网站，开通校友博客，搭建沟通的良好平台。

2. 编撰校史，编印画册，编辑《校庆专刊》，制作光盘（专题片），设计确定校庆纪念品，出版发行校史。

3. 布置校史陈列馆。

4. 组织校园环境美化，校舍整修。

5. 组织文艺活动排练和师生活动布展。（略）

6. 制订学术交流活动方案，开展科技成果洽谈，组织学术报告和专家论坛。

7. 组织实施规划项目和校园景观项目。

8. 继续筹集校庆活动相关经费，设立专项基金。

9. 联系落实领导题词，确定重要领导、来宾和重要校友名单。

10. 制订校庆活动具体实施方案。

11. 完成学校校庆领导小组确定的其他任务。

（三）庆典阶段（2010 年 9 月—2010 年 10 月）

1. 邀请领导、来宾、知名校友。

2. 编印（出版）校史、校友录、学术报告集。

3. 起草校庆文稿，印制文字资料。

4. 召开新闻发布会，在各种媒体上加大校庆宣传力度。

5. 登记接收礼品和钱物并进行展示。

6. 邀请知名校友为广大学子开展一系列以“我的师大情”为主题的讲座，讲述自己在师大的学习历程，以此加强在校的学生和校友的联系。

7. 在校庆日举行庆祝活动。

资料来源：戴盛才. 中文应用写作教程［M］. 上海：复旦大学出版社，2011.

三、市场策划书

（一）市场策划书的概念

市场策划书是运用信息资料和可靠的数据，对产品目标市场现状和发展趋势进行市场分析，并对企业的重点产品定位、目标市场定位、竞争性定位及实现企业获利目标做出完整、合理的战略性决策的文书。市场策划书的种类较多，根据企业活动可分为企业形象策划书、企业营销策划书、企业广告策划书、企业产品策划书、企业市场定位策划书等。

（二）市场策划书的结构和写法

市场策划书依据产品或营销活动的不同要求，在策划的内容与编制格式上也有变化。但是，从营销策划活动一般规律来看，其结构是共同的，包括以下几方面。

1. 封面

封面包括：策划书的名称；被策划的客户；策划机构或策划人的名称；策划完成日期及本策划适用时间段。

2. 正文

（1）前言。简要说明策划背景、目的、将要采取的行动等。

（2）市场分析。包括当前市场状况及市场前景分析，如产品的市场性、现实市场及潜在市场状况、市场成长状况、消费者的接受性等；还包含对产品市场影响因素进行分析，主要是对影响产品的不可控因素进行分析，如宏观环境、政治环境、居民经济条件，如消费者收入水平、消费结构的变化、消费心理等。

（3）产品分析。针对产品目前营销现状进行问题分析。需对一般营销中存在的企业知名度、产品质量、产品包装、产品价格定位、销售渠道、促销方式、服务质量、售后保证等进行分析；同时，针对产品特点分析优、劣势，对各目标市场或消费群特点进行市场细分，抓住主要消费群作为营销重点，找出与竞争对手的差距，把握并利用好市场机会。

（4）营销目标。营销目标是在前面目的任务基础上公司所要实现的具体目标，即营销策划方案执行期间，经济效益目标达到：总销售量为×××万件，预计毛利×××万元，市场占有率实现××。

（5）营销战略。即具体行销方案。包括营销宗旨、产品策略（产品定位、产品质量功能方案、产品品牌、产品包装、产品服务）、价格策略、销售渠道、广告宣传等。

（6）行动方案。根据策划期内各时间段的特点，推出各项具体行动方案，尤其应该注意季节性产品淡、旺季营销侧重点，抓住旺季营销优势。

（7）费用预算。包括营销过程中的总费用、阶段费用、项目费用等，其原则是以较少投入获得最优效果。

（8）方案调整。在方案执行中可能出现与现实情况不相适应的地方，必须随时根据市场的反馈及时对方案进行调整。

××家电公司现场促销活动策划书

一、期限

自××××年××月××日起至××××年××月××日止，为期3个月。

二、目标

把握购物高潮，举办“超级市场接力大搬家”，促销××公司产品，协助经销商出清存货，提高公司营业目标。

三、目的

（一）把握圣诞、元旦以及结婚蜜月期的购物潮，吸引消费者对“接力大搬家”活动的兴趣，引导选购××产品，以达到促销效果。

（二）“接力大搬家”活动在A、B、C三地举行，借此活动将××进口家电，重点引向××国市场。

四、对象

（一）以预备购买家电的消费者为对象，以 F14 产品的优异性能为主要诱因，引导购买××公司家电，并利用“接力大搬家”活动，鼓舞刺激消费者把握时机，即时购买。

（二）诉求重点：

1. 性能诉求：真正世界第一！××家电！

2. S. P. 诉求：买××产品，现在买！赶上年货接力大搬家！

五、广告表现

（一）为配合年度公司“××家电”国际市场开发，宣传媒体的运用，逐渐重视跨文化色彩，地方性报纸、电台媒体、电视节目选择，亦依据收视阶层分析加以考虑。

（二）以××公司产品的优异性能为主要诱因，接力大搬家 S.P.活动为助销手段，遵循此项原则，对报纸广告表现的主客地位要予以重视。

（三）TV 广告，为赢得国际消费者，促销欣赏角度并重，拟针对接力大搬家活动，提供一次 30 分钟实搬、试搬家录现场节目，同时撷取拍摄 15 秒广告用 CF 一支，作为电视插播，争取雅俗共赏，引起消费者的强烈需求。

（四）POP：布旗、海报、宣传单、抽奖券。

六、举办“经销商说明会”

为配合国际市场开发策略，并增加此次活动的促销效果，拟会同公司及分公司营业单位，共同协办“年末促销活动分区说明会”，将本活动的意义、内容及对经销商的实际助益做现场讲解，以获取充分协助。

七、广告活动内容

（一）活动预定进度表

注：“接力大搬家”日期定于圣诞前后，理由有以下两个：

1. 圣诞前后正是购货高潮期，应予把握。

2. 圣诞前后，是目标市场顾客非常忙碌的时刻；交通必然拥挤，交通问题不易妥善处理。

（二）活动地区

在××国 A、B、C 三地，各选择具备超级市场的大百货公司举行。

（三）活动奖额

1.“接力大搬家”幸运奖额（略）

2.“猜猜看”活动奖额（略）

（四）活动内容说明

1. 收件期间：自××××年××月××日至××××年××月××日，在 A、B、C 三地举行试搬，除选定的百货公司本身广为宣传外，并加以录像拍制现场，节目于××月××日 8 点档播放，借以宣传于观众了解活动内涵，同时剪录 15 秒 CF“试搬”情况，做电视插播，广为宣传，刺激销售，增加回收件数。

2. 分两次抽奖原因：（1）早买中奖机会大，第一次未中，还可参加第二次抽奖。（2）活动期间较长，可借抽奖活动刺激消费者恢复销售高潮。

3. 参加资格及办法

（1）超级市场接力大搬家部分（略）

（2）“猜猜看”部分（略）

（3）幸运的新婚蜜月环岛旅游（略）

（4）奖额预算（略）

（五）与上次“超级接力大搬家”改进之点（略）

八、预算分配

（一）活动部分

1. 奖额××元。包括“接力大搬家”奖额及“猜猜看”奖额。

2. 杂项××元。包括P.R.费、主持人费、车马费、误餐费等。

3. S. P. 费用××元。包括幸运券、帆布袋、传单、布旗、海报。

（二）广告媒体费用

1. 报纸××元

2. 电视节目××元

3. SPOT××元

4. 杂志××元

5. 电台××元

总合计：××元

注：（略）

“稀世宝”矿泉水营销策划书

第二节　调查报告与市场调查报告

一、调查报告

（一）调查研究的意义

毛泽东说：“没有调查就没有发言权。”他写的《湖南农民运动考察报告》等为中国革命做出了贡献。陈云说：“不唯上，不唯书，只唯实。”胡锦涛在十七大报告中指出：“加强调查研究，改进学风和文风，精简会议和文件，反对形式主义、官僚主义，反对弄虚作假。”某届《政府工作报告》指出：“精简会议，减少文件，把更多的时间和精力用于深入基层、调查研究”。

鲁思·本尼迪克特（1887—1948年），美国当代著名文化人类学家、民族学家、诗人。第二次世界大战期间从事对罗马尼亚、荷兰、德国、泰国等国民族性的研究，而以对日本的研究，即《菊与刀》一书成就最大。第二次世界大战后期，德、日败局已定，美国亟须制定战后对德、日的政策。美国对德国比较了解，政策也比较明确，即武装占领，直接管制。对日本，美国不太了解。当时有两大问题需要研究：第一，日本政府会不会投降，盟军是否要进攻日本本土而采用对付德国的办法；第二，假若日本投降，美国是否应当利用日本政府机构以至保存天皇。为了回答这两个问题，美国政府动员各方面的专家、学者研究日本，本尼迪克特这本书就是受美国政府委托（1944 年）研究的结果。调查对象：战时在美国拘禁的日本人；参阅大量相关文献书刊，重点包括日本文学、电影。方法论：文化类型理论、文化人类学方法。她的研究思路："关注细节并建构整体"。她认为："人类学家必须发展研究日常琐事的技术，因为，他所研究的部落中的这些日常琐事，与他本国相应的事物相比截然不同。""我的研究越深入日常交往细节就越有用处。人正是在日常细节中学习的。"除了访谈、观察之外，她大量地通过有关日本人生活的小说、电影、民间故事来分析日本人的性格。在她看来，只有高度注意一个民族生活中的人类日常琐事，才能充分理解人类学家这一论证前提的重大意义。与此同时，研究者又必须超越细节，从细节中寻找联系。在本尼迪克特关注到的材料中，她注意到日本民族的矛盾性：刀与菊，两者都是一幅绘画的组成部分。由此入手，进而分析日本社会的等级制及有关习俗，并指出日本幼儿教养和成人教养的不连续性是形成双重性格的重要因素。她把日本文化的特征概括为"耻感文化"，认为它与西方的"罪感文化"不同，其强制力在于外部社会而不在于人的内心。报告重点讨论了日本人与众不同的几个特点：第一，"和谐"中的"矛盾"、"日常"中的"非常"。日本人的心态和生活行为看起来总是布满"矛盾"：爱美而又黩武，尚礼而又好斗，喜新而又顽固，服从而又不驯。第二，日本人重"精神"轻"物质"：广播电台曾播送过一个英雄飞行员战胜死亡的神话。第三，认可等级秩序，强调"各得其所，各安其分"：日本人不仅要懂得向谁鞠躬，还必须懂得鞠躬的程度。"不仅等级差别要经常以适当礼仪来确认（虽然这是极重要的），性别、年龄、家庭关系、过去的交往等都必须考虑在内。"报告结论：日本政府会投降；美国不能直接统治日本；要保存并利用日本的原有行政机构。因为日本与德国不同，不能用对付德国的办法对付日本。影响：战争结束，美国的决策与这位人类学家的意见一致，事实发展同她的预料和建议一样。1951 年此书被列入日本《现代教养文库》，至 1963 年已重印三十六次。1982 年出版的一本介绍"日本学"名著的书中称赞此书是现代日本学的鼻祖，是文化人类学者研究日本的经典性著作。

我国是个农业大国，也是个农业弱国，"三农"问题一直是我国亟须解决的问题，因此中共中央连续多次发布以农业、农村和农民为主题的中央一号文件，对农村改革和农业发展做出具体部署。强调了"三农"问题在中国的社会主义现代化时期"重中之重"的地位。这些一号文件的出台，依据的正是大量的农村社会调查。

调查研究是制定正确决策的前提和基础。调查研究是成事之基，谋事之道。没有调查就没有发言权，没有调查就没有决策权。执政要求：凡事调查研究，贯穿于整个决策前、中、后，应该成为一种执政性格。没有科学的调查就没有科学的决策。

（二）调查研究要有信度

调查研究一旦失去信度就有可能隐含危险。1979 年 6 月，中国曾派一个访问团去美国考察初级教育。回国后，写了一份 30 000 字的报告，在见闻录部分有四段文字：①学生无论品德优劣、能力高低，无不趾高气扬、踌躇满志，大有"我因我之为我而不同凡响"的意味。②小学二年级的学生，大字不识一斗，加减乘除还在掰手指头，就整天奢谈发明创造，在他们手里，让地球掉个头，好像都易如反掌似的。③重音、体、美，而轻数、理、化。无论是公立还是私立学校，音、体、美活动无不如火如荼，而数、理、化则乏人问津。④课堂几乎处于失控状态。学生或挤眉弄眼，或谈天说地，或跷着二郎腿，更有甚者，如逛街一般，在教室里摇来晃去。结论：美国的初级教育已经病入膏肓，可以这么预言，再用20年的时间，中国的科技和文化必将赶上和超过这个所谓的超级大国。在同一年，作为互访，美国也派了一个考察团来中国。他们在看了北京、上海、西安的几所学校后，也写了一份报告，在见闻录部分也有四段文字：①中国的小学生在上课时喜欢把手放在胸前，除非老师发问时，举起右边的一只手，否则不轻易改变姿势；幼儿园的学生则喜欢把手背在后面，室外活动时除外。②中国的学生喜欢早起，七点钟之前，在中国的大街上见到的最多的是学生，并且他们喜欢边走路边用早点。③中国学生有一种作业叫"家庭作业"，据一位中国老师解释，它的意思是学校作业在家庭的延续。④中国把考试分数最高的学生称为学习最优秀的学生，他们在学期结束时，一般会得到一张证书，其他人则没有。在报告的结论部分，他们是这么写的：中国的学生是世界上最勤奋的，在世界上也是起得最早、睡得最晚的；他们的学习成绩和世界上任何一个国家的同年级学生比较，都是最好的。结论：可以预测，再用20年的时间，中国在科技和文化方面，必将把美国远远地甩在后面。事实：30年过去了，美国病入膏肓的教育制度共培养了几十位诺贝尔奖获得者和一百多位知识型的亿万富翁，而中国还需要大力提升教育。两个访问团的预言都错了。

（三）调查研究的一般程序

1. 确定选题

应找准本部门职责所在和发挥自身优势的切入点，从实际出发，精心选出党政领导重视、人民群众关心的重点、热点、难点问题和有条件做好的课题来开展调研。

2. 制订调研方案

（1）统筹安排。

调研方案制订时要考虑以下问题：①调研目的，思考：要解决什么问题，解决到什么程度，是供领导决策参考，是要全面了解工作，是了解服务对象评价，还是要提出具体的建议等。②调研方法，普遍调查、典型调查、重点调查、个别调查、抽样调查等，主要方法用哪一种，辅助方法用哪一种，选择某种方法的理由。③调研内容，设计调查提纲。④调研时间安排。⑤调研经费。⑥如何组织实施。⑦成果运用等。

（2）调查方式。

常用的调查方式有普遍调查、典型调查、抽样调查、个案调查等。

① 普遍调查。对所有对象进行逐一调查，如人口普查。

② 典型调查。选择有代表性的对象进行调查，如优秀交警拒腐蚀调查。

③ 抽样调查。在不同种类的对象中各抽取"样品"进行调查，如来自沿海开放城市、内地、贫困山区的大学生每月消费情况调查。

④ 个案调查。对某一个个体进行追踪调查，如电影《唐山大地震》卖座原因调查。

常用的调查方法有访问法和调查问卷法。

访问法。访问（提问）这一调查手段有时被称为谈话，它是由调查人员与被调查者通过交谈来搜集资料的方式。整个访谈过程是访问者与被访问者互相影响、互相作用的过程。在访问调查中，要积极影响被访问者，并努力掌握访谈过程的主导权，尽可能使被访问者按照预定计划回答问题。

进行社会调查时，应该独立思考，提出高质量的问题了解事实真相。谈话的方式很重要。试看下面的访谈例子。

法拉奇在采访南越总理阮文绍时，她想获得他对外界评论他是“南越最腐败的人”的意见，当直接问他时，阮文绍矢口否认了这种传言。法拉奇于是将这个问题分解为两个有内在联系的小问题。她先问：“您出身十分贫穷，对吗？”阮文绍听后，动情地描述了小时候他家庭的艰难处境。得到了上述问题的肯定答案后，法拉奇接着问：“今天，您富裕至极，在瑞士、伦敦、巴黎和澳大利亚有银行存款和住房，对吗？”阮文绍虽然否认了，但为了澄清这一“传言”，他不得不详细道出他的“少许家产”。

附一：访谈表（见表 7-1）

表 7-1　访谈表

访问者：	姓名：
研究主题：	
被访问者：	
被访问者职业：	
被访问者年龄：	性别：
访问日期：　年　月　日　地点：	
访问方式：	
访问主题：	
访问记录： 记录者： 访问时间：　分钟 被访者签名：	
访问感想：	

调查问卷法。问卷调查是社会调查的一种数据收集手段。问卷调查假定研究者已经确定所要问的问题。这些问题被打印在问卷上，编制成书面的问题表格，交由调查对象填写，然后收回整理分析，从而得出结论。

问卷调查是指使用书面形式设计种种问题以及可供选择的答案，对公众进行书面访问的一种调查方式。问卷调查必须根据需要设计调查问卷。

调查问卷的编制步骤：第一步，根据调查目的，设计调查的问题；第二步，将问题转换为可进行调查操作的问答题，包括题干表述、答案选项、回答方式、答题指引四个方面；第三步，写出完整的调查问卷。

调查问卷的基本结构分为三大部分：卷首语、主体和结语。

（1）卷首语是问卷调查的自我介绍。内容：说明调查者的身份，调查的目的、意义和主要内容，选择被调查者的途径和方法，对被调查者的希望和要求，填写问卷的说明，回复问卷的方式和时间，调查的匿名和保密原则，以及调查者的名称等。为了能引起被调查者的重视和兴趣，争取他们的合作和支持，卷首语的语气要谦虚、诚恳、平易近人，文字要简明、通俗、有可读性。卷首语一般放在问卷第一页的上面，也可单独作为一封信放在问卷的前面。

学生心理健康家长调查问卷

卷首语：亲爱的家长朋友，为了使我们的心理健康教育更加有实效、更加深入，我们设计了这次问卷调查，希望您能同我们密切合作，如实、认真地加以回答。我们对您的支持表示深切的感谢！请您仔细阅读问卷中的每一道题，根据自己孩子的实际情况，将答案写在答卷纸上。

学生心理健康家长调查组

××××年×月×日

扶贫中国行全民公益心愿
调查问卷卷首语

（2）主体。第二部分是问卷的主要部分，这一部分应包括调查的主要内容，以及答题的说明。

一般问卷的主体可以分为两部分：①被调查者的背景资料。即关于个人的性别、年龄、婚姻状况、收入等问题；很多问卷出于降低敏感性的考虑把背景资料的问题放在基本内容的后面。②调查的基本问题。

问卷问题的形式，从提问的性质看，主要有以下三种形式。

① 开放式。只提出问题，不提供任何具体的选项，由被调查者自行回答；这可以得到比较真实的信息，但信息比较分散，难以进行综合处理。例如：

您喜欢与哪一类人做朋友？

② 封闭式。特点是给定选项，由被调查者从中选择答案；这便于综合处理，但选项要全面、完整，否则就可能遗漏信息。例如：

您求职的主要途径是：

□人才市场 □劳动力市场 □民办劳务中介机构 □朋友介绍 □新闻媒体的招聘信息

③ 半开放式。部分问题给定选项，部分问题由被调查者自行回答；这可以得到比较全面的信息，但制卷要求高，处理反馈信息有一定难度。例如：

在广东新闻和新闻联播之间常播放一些短广告，在看到这些广告时，您一般是：

□从头到尾都认真看广告

□只认真看感兴趣的广告

□不留意具体内容，但耐心等待下面的节目

□换频道看其他节目

□开着电视干其他事情

□其他：________________

调查问卷的题目类型有以下几种。

① 简单判断题。也称"是否式"。在一个问题后面提出是与否供被调查者选择，两者必居其一，具有鲜明的排他性。例如：

您今年是否已经成为健身俱乐部成员？（选中答案，点击前面圆圈）

○是　　○否

② 单项选择题。问卷中的问题是针对被调查者的感受程度（满意不满意）以及其他意见的，被调查者从中选择符合自己实际情况的一项作答。要注意的是，所供选择的答案应当具有全面的包容性。例如：

您认为，现在对党员来说"讲理想信念太遥远，没有必要，讲权利义务才必要"的说法：

○正确　　○有一定道理　　○错误　　○说不清楚

③ 多项选择式。提出一个问题之后，提供几种备选答案，被调查者可以同时选中其中几项。例如：

您上网经常做些什么？

○聊天　　○游戏　　○浏览新闻　　○交友　　○看电影　　○发电子邮件

○查阅资料　　○其他

例如，您对下面这段话的意思理解程度："7456，TMD！怎么大虾、菜鸟一块儿到我的烘焙机上乱灌水？94酱紫；待会儿再打铁。886。"

A. 全部理解　B. 对数字表示的意思不理解　C. 对字母表示的意思不理解　D. 对"大虾""菜鸟""灌水""酱紫""打铁"部分理解　E. 对"大虾""菜鸟""灌水""酱紫""打铁"完全不理解　F. 一点都不懂

（摘自社会语言应用热点问题调查问卷）

④ 表格组合题。也称矩阵式。对问卷中的几组问题异中求同，集中同类问题，组合成表格式，让被调查者选答。

矩阵式的优点是节省问卷的篇幅，同时把同类问题放在一起，显得更为整齐、醒目，回答方式又相同，也节省了回答者阅读和填写的时间。但是，这是一种有较大缺陷的形式。这一种形式虽然具有简单集中的优点。但是也同时使人产生呆板、单调的感觉，而且较为含糊，不易得到真实有效的信息。在一份问卷中这一种形式的问题不易用得太多。另外，这一种形式只能减少问题在问卷中的篇幅，并不能减少其数量。

⑤ 主次排序题。在问题后列出各种备选答案，由被调查者根据重要、次重要的先后顺序排出序号。例如：

您目前在购买私家车中遇到的困难是（将最困难、最急于解决的问题排为"1"，其次为"2"，以此类推写在方框中）？

□缺少经济后盾

□没有车位

□学车难

□选择车型拿不定主意

□家庭意见不统一

□听说私家车不久要降价

□道路不畅达，经常塞车

⑥ 文字表述题。即问卷中的问题有一定的复杂性，依靠简单的判断和选择不能全面完整地反映被调查者的真实想法，需要被调查者用一定数量的文字进行综合回答，这有利于更充分地了解情况。例如：

您认为要解决我市交通堵塞问题的关键是什么？该如何处理这一关键问题？

问卷不宜过长，问题不能过多，一般控制在30分钟左右回答完毕。

调查问卷编排时，容易回答的问题放前面，较难回答的问题放稍后，封闭式问题放前面，自由式问题放后面。由于自由式问题往往需要时间来考虑答案和语言的组织，放在前面会引起应答者的厌烦情绪。困窘性问题放后面，个人资料的事实性问题放卷尾。易于操作，便于数据的统计和分析。要注意问题的逻辑顺序，按时间顺序、类别顺序等合理排列。

（3）结语。在调查问卷的最后，简短地向被调查者强调本次活动的重要性以及再次表达谢意。

3. 调研实施

（1）抽取样本：随机抽样、非随机抽样等。

（2）收集资料：访问、观察、问卷、查阅档案等。

（3）整理资料：校对、分类、简录等。

4. 资料分析

第一手资料的统计分析，方法如数学和逻辑。第二手资料的理论分析，方法如历史唯物主义和社会学。从理论上解释资料、从内容上分析正式整理过的社会事实。

5. 撰写报告

撰写调查报告，包括理论结果和实践意义。

例文

请看《管理世界》《语言文字应用》等专业学术刊物上的调查报告。

二、市场调查报告

（一）市场调查报告的概念

市场调查报告是调查报告的一种，是运用科学的方法系统地对某个地区或某类产品的市场需求、产品供应和商品销售情况进行搜集整理、分析加工，得出结论的书面报告。市场调查报告是一种实用性很强的经济应用文。市场调查是市场预测的基础，而市场预测又是经营决策的基础。

（二）市场调查报告的特点

市场调查报告是一种专项调查报告，除具备一般调查报告反映情况、总结经验、揭示规律的特点外，还有如下特点。

（1）针对性。市场调查报告是为了说明某情况或解决某问题的，针对哪些读者群，必须有的放矢。《某市居民家庭饮食消费状况调查报告》：“为了深入了解本市居民家庭在酒类市场及餐饮类市场的消费情况，特进行此次调查。”

（2）真实性。材料数据不管是历史的还是现实的都是调查报告的基础，其人物、事件的时间、地点、过程及细节要绝对真实，不能有丝毫浮夸虚假。

（3）预见性。市场调查报告反映的结论必须有超前性，能抓住市场活动的新动向、新问题，提出新观点，否则不能起指导作用。

（4）时效性。当今市场形势瞬息万变，市场调查报告必须讲究时间效益，及时反馈市场信息，才能适应激烈的市场变化。

（三）市场调查报告的结构和写法

市场调查报告的形式相对较灵活，一般由标题、引言、正文、结尾、落款五部分组成。

1. 标题

标题有以下两种形式。

（1）单标题。由“调查对象或范围+调查时间+调查事项+文种”组成。如《成都市 2017 年上半年私车销售情况调查》。有时四要素并不齐全，如《关于当代青年饮料问题的调查报告》。

（2）双标题。正标题用论文式揭示问题或主旨，副标题则表明调查时限、范围、事项和文种等。如《金融风暴惹的祸？警惕新一轮读书无用论扩大——2015 年关于××地区学生流失情况调查》。

2. 引言

即开头、前言或绪论。或交代调查对象的性质、范围、调查所用的方式以说明调查资料的可信性，或概述有关情况，指出存在的问题；有的则总括取得的成绩等，目的在于“引渡”的限制。例如，曾经风靡一时的组合家具今年的销售状况如何？市场调查表明：组合家具的销售日趋疲软，已进入衰退期（《组合家具已进入衰退期》）。在《关于杭州私家车主构成的独立调查》中其引言是这样写的：

在近年来如火如荼的汽车消费热潮中，数以万计的杭州百姓人家圆了汽车梦。据统计，杭州私家车拥有量已从 2013 年年底的每 100 户家庭 2.5 辆上升到 3.1 辆左右。预计到 2014 年年底，杭州将成为我国轿车发展最快的城市。

那么是哪些人推动了杭州私家车消费的狂潮？杭州车市有哪些明显的特征？这些问题无疑是很多业内人士和有车族关注的焦点。近日，我们在一些酒店、写字楼、停车场、生活小区等地通过当面访问以及电话采访、网上调查等方式，对杭州私家车情况做了一次抽样调查。此次调查共发放 300 份问卷，回收有效问卷 253 份。

这个引言直接交代了杭州私家车变多的情况，并点出了调查的关注点。

3. 正文

正文是市场调查报告的主体部分，要通过调查资料介绍被调查事物的基本情况，分析原因，预测市场发展趋势，最后提出建议。因此，内容上一般由以下三部分组成。

（1）情况概述。概括介绍调查及积累材料的内容，即调查对象过去和现在的客观情况。如发展历史、市场布局、销售情况等。

（2）分析预测。在陈述基本情况的基础上，进行进一步的具体分析，总结带有规律性的结论，预测市场未来的发展变化趋势。

（3）建议措施。根据调查结论，提出相应的对策和建议，为领导者的决策服务。

市场调查报告的主体结构根据内容需要有以下四种形式。

（1）纵式结构。按照事物发展的先后顺序安排材料，归纳经验或问题。

（2）横式结构。根据内容的性质和特点，提炼出几个观点，把要介绍的经验、反映的情况或要解决的问题，分成几个方面，从不同侧面和角度去说明。

（3）纵横交叉式结构。又叫混合式结构，既考虑事物的发展脉络，又照顾事物的分类特征，兼有两种结构形式的特点。

（4）对比式结构。把两种或几种不同的事物加以比较，从对比中体现出不同的思想以及不同的做法产生的不同结果。

4. 结尾

结尾的写法有多种，常见的有：总结式——总述内容，明确观点；指导式——指明努力的方向；启发式——提出发人深省、引人思索的问题；号召式——预示前景，发出号召。

5. 落款

即写上调查单位和个人，注明调查时间。署名也可在标题下居中。

广东鸡蛋市场情况调查报告

一、广东省蛋鸡养殖和鸡蛋市场的基本情况

（一）蛋鸡存栏量有所下降，淘汰蛋鸡积压

2016 年 3 月以来，广东省鸡蛋零售价格一直呈现震荡下行走势，企业盈利逐步降低，特别是 2017 年 1 月以后，鸡蛋零售价格有加速下跌趋势，部分养殖企业出现亏损，受此影响，全省蛋鸡存栏量有所下降。据广东省家禽业协会蛋鸡分会统计数据显示，目前全省蛋鸡养殖存栏量约 1 800 万只，比 2016 年年底下降 10%，清远市某公司蛋鸡存栏量 70 万只，比 2016 年年底下降 12.5%。受 H7N9 疫情影响，2017 年年初以来，珠三角城市多处活禽交易市场临时性休市，部分城市休市时间延长，养殖企业淘汰蛋鸡销售不畅，淘汰蛋鸡积压。如清远市某公司目前有 16 万只淘汰鸡积压，在淘汰受限的情况下，企业只能继续养殖，额外成本负担增加。

（二）蛋鸡养殖企业补栏积极性不足，青年鸡数量下降

在目前鸡蛋价格低迷的情况下，蛋鸡养殖企业为规避风险，采取减少补栏量和加速淘汰蛋鸡的方法，以达到降低养殖成本减少亏损的目的。例如，廉江市某蛋鸡养殖场蛋鸡存栏量为 2 万～3 万只，近期雏鸡补栏量为 3 000 只，补栏情况较往年有较大幅度下降，而且已有 5 000 只左右蛋鸡进入淘汰阶段；清远市某公司原以 20 天/次的频率、每次 5 万只的数量对蛋鸡进行补栏，但 2017 年年初至今，该公司只补栏了 1 次。受 H7N9 疫情和活禽市场休市的影响，蛋鸡淘汰渠道和销售受到影响，积压的淘汰蛋鸡继续产蛋，产蛋鸡的数量有一定的上升，而补

栏减少，致使青年鸡的数量有所下降，如清远市养殖鸡群结构中产蛋鸡数量占比由75%上升到85%，青年鸡由25%下降至15%。

（三）鸡蛋出场价格跌幅明显，养殖户普遍亏损

目前广东省蛋鸡养殖场鸡蛋的出场价格偏低，与以前相比，有较大幅度的下降，如清远市鸡蛋出场价为4.6元/千克，比2016年年底下降11.54%，与2015年年底相比下降幅度高达48.89%。远低于成本的出场价格，造成养殖户普遍亏损，少数企业亏损严重。例如，廉江市某蛋鸡养殖场鸡蛋产出成本价为8～9元/千克，鸡蛋出售价仅为5～5.4元/千克，亏损3～3.6元/千克，出售与成本价格比率为55.6%，亏损情况严重；广州市某公司鸡蛋（白壳）出场价格为5.11元/千克左右，比2016年12月份初的价格下降了近4成，按照该企业直接成本（包括饲料、人工、水电等成本）6元/千克左右计算，目前每千克亏损约1元，如果加上折旧等成本，总成本达到8.4元/千克左右，亏损更加明显。

（四）鸡蛋批发价格持续下跌，部分批发商略有亏损

2017年春节前，蛋鸡养殖场清理鸡蛋库存，市场上鸡蛋供应增加，广东省鸡蛋批发价格不断下跌，春节期间养殖场囤积的鸡蛋在节后集中上市，短期内供应大量增加，造成鸡蛋批发价格的继续走低。1月10日，广州槎头蛋品批发市场鸡蛋批发平均价格为6.6元/千克，比2016年12月底下跌5.71%，同比下跌26.67%；3月3日，该市场鸡蛋的平均批发价格为4.9元/千克，比1月10日下跌25.76%。批发商反映，从北方产地收购鸡蛋的价格为4元/千克，加上物流、人工、包装等成本，保本价约5.1元/千克，按照目前4.9元/千克的批发价，每卖一件（360个鸡蛋）要亏损4～5元。

（五）鸡蛋零售价格跌幅相对较小，零售商有所盈利

虽然鸡蛋的生产、批发价格下跌幅度较大，但是广东省鸡蛋零售价格下跌幅度较小。2017年2月广东省鸡蛋零售平均价格为10.86元/千克，环比下跌1.36%，同比下跌11.06%。湛江市农贸市场鸡蛋零售价格在11～13元/千克，与2016年价格相比约下降5%左右，价格波动幅度不大。由于同期鸡蛋批发价格下降的幅度更大，零售商普遍有所盈利。

二、鸡蛋价格下跌的原因及后期价格走势预测

2014年8月以来，广东省鸡蛋零售价格一直震荡下跌，目前已接近5年来的最低位，其原因主要有以下几方面。

（一）蛋鸡产能过剩，鸡蛋供过于求

根据广东省有关部门的数据，2014年全国蛋鸡在栏约为10.35亿只，2015年为12.7亿只，2016年增加到14.4亿只左右，蛋鸡存栏持续增加。2014年广东省鸡蛋零售价格持续上涨，8月达到最高点6.74元，比2014年1月上涨19.93%，持续上涨的鸡蛋行情，极大地刺激了蛋鸡养殖户的补栏热情和外来资本投资蛋鸡养殖行业，导致2015年、2016年鸡蛋产能明显增加，如2016年年末广州市蛋鸡存栏130万只，同比增长44%；鸡蛋产量1.14万吨，同比增加15%。广东省鸡蛋的自给率在20%～30%，大部分靠外省供给，随着本地和外省新增养殖场与新增存栏蛋鸡产能的不断释放，广东省鸡蛋供应持续增加，在需求没有较大变化的情况下，鸡蛋供过于求，价格持续下跌。

（二）淘汰蛋鸡销售受限，养殖规模缩减困难

2017年H7N9疫情较往年有所提前，广东省病例数也持续有所增加，在社会上造成了一定的影响。为防控H7N9疫情，珠三角城市多处活禽交易市场临时性休市，淘汰蛋鸡即使降

价，仍然难以销售，蛋鸡养殖规模难以缩减，导致该淘汰的蛋鸡继续生产，鸡蛋供应增加。例如，广州市近期淘汰蛋鸡价格 5 元/千克左右，比 2016 年下跌约 50%左右；清远市某公司淘汰蛋鸡以前平均可售 19 元/只，现只能 10 元/只低价出售，但都很难销售出去。

（三）养殖企业亏损，被迫降价销售

广东省本地鸡蛋由于场地租金、人工成本等方面都比外省高，外地鸡蛋在价格方面占有一定的优势，冲击本省市场，加上春节后鸡蛋集中上市，短期内鸡蛋供应过剩，鸡蛋价格持续下跌，目前已跌破成本线。为了减少亏损，养殖户、批发商不得不共同采取降价方式刺激消费，加快鸡蛋去货速度，进一步拉低了鸡蛋的价格。在 H7N9 疫情影响下蛋鸡养殖规模难以缩减，鸡蛋供过于求，鸡蛋价格在短期内将维持低位运行，不排除进一步探底的可能，但大幅下跌的可能性不大。若 H7N9 疫情得控制，对于后期鸡蛋零售价格走势，我们预计在 2～3 个月后鸡蛋零售价格将逐步回升，高点可能出现在 9—10 月份，鸡蛋平均零售价格最高不会超过 12 元/千克。主要依据是：一是经过 2～3 个月后，千克短期内集中上市的鸡蛋将在市场上得到消化，供过于求的局面会有所缓解；二是鸡蛋零售价格持续在低位，会进一步拉动鸡蛋消费，有利于消化鸡蛋库存，如湛江市昌大昌、永福等大型超市，近期鸡蛋每店每天销量基本维持在 1 500～2 000 斤，销量与往年同期相比增加了 20%～30%；三是 H7N9 疫情得到控制后，淘汰蛋鸡的销售渠道将重新畅通，蛋鸡养殖规模有望得到一定的缩减；四是鸡蛋持续的低位价格，为了减少亏损，蛋鸡养殖企业补栏量会有所减少，少数养殖户由于亏损严重甚至退出蛋鸡养殖行业，会进一步减少蛋鸡的养殖规模；五是下半年中秋国庆和年底消费旺季的到来，会拉动鸡蛋的消费需求，增加了鸡蛋零售价格的反弹预期。

三、存在的主要问题

（一）部分蛋鸡养殖户缺乏市场风险意识，盲目加大补栏力度

蛋鸡养殖户由于掌握养殖行业信息不够及时准确，容易误判市场行情，在较高利润的吸引下，盲目跟风加大补栏量，造成鸡蛋产量快速增加，在市场供过于求和疫情的影响下，鸡蛋价格不断下跌，养殖户出现亏损，又盲目减栏甚至被迫退出蛋鸡养殖行业，造成鸡蛋市场价格大幅波动。

（二）养禽企业资金短缺，恢复生产困难

受 H7N9 疫情的影响，鸡蛋价格偏低、淘汰蛋鸡滞销等一些不利因素使得行业普遍性亏损，部分实力不强的蛋鸡养殖户出现较大亏损，短期内资金周转困难，导致生产受挫，难以进行补栏，这将影响后期鸡蛋的供应。

（三）畜禽养殖业环保压力大

2017 年广东省将继续开展禁养区、限养区内畜禽养殖业清理整治，2017 年年底前，各地要依法关闭或搬迁禁养区内畜禽养殖场和养殖专业户，珠三角区域提前 1 年完成。蛋鸡养殖业治污压力持续增加，市场后期供给量难以明显增加。

（四）活禽交易市场休市，影响淘汰蛋鸡的销售

为防控 H7N9 疫情，广东省全省休市 3 天，部分城市休市时间延长，导致淘汰蛋鸡降价仍然滞销，企业只能延长蛋鸡养殖时间，变相推高了鸡蛋成本。例如，清远市某公司部分蛋鸡养殖天数已经达 630 天，远超正常的 500～550 天。

（五）蛋鸡免费疫苗质量不高

部分养殖户反映，领取的免费疫苗质量不高，防治效果一般，养殖户宁愿自费购买免疫

疫苗而不愿意注射免费疫苗。

四、建议

（一）加强蛋鸡市场监测和预警体系建设

加快建立覆盖整个蛋鸡生产、流通和消费等环节的监测预警系统，不断提高监测统计数据的全面性、及时性和准确性，提升鸡蛋价格调控的前瞻性和有效性，并及时发布监测预警信息，发挥对蛋鸡和鸡蛋生产的引导作用，引导养殖户合理安排生产。加强产、销区供需交流，促进鸡蛋产销衔接。

（二）建议将蛋鸡纳入广东省政策性家禽养殖保险范围

广东省蛋鸡行业发展仍没有摆脱各种风险的威胁，2013 年的 H7N9 疫情，让很多蛋鸡养殖企业和农户遭受巨大损失，全行业直接间接损失超过 1 000 亿元。将蛋鸡纳入广东省政策性家禽养殖保险范围，有利于蛋鸡养殖企业更好地规避行业风险，避免因各种疫情和意外事件让养殖户丧失再生产能力。

（三）坚持环境保护与产业发展并重，促进蛋鸡生产健康持续发展

各地政府在控制养殖污染时，不能停留在“一限了之”“一关了之”。应该统筹蛋鸡生产和环境保护，满足蛋鸡规模养殖用地需求，合理划定禁养区、限养区和可养区，避免企业因环保未达标被迫清场关门，稳定蛋鸡生产，保障市场有效供应。鼓励蛋鸡养殖企业采取种养平衡的模式发展生产，提高废弃物利用率，推进养殖业由传统养殖业向现代生态养殖方式转变，促进蛋鸡生产健康可持续发展。

（四）扶持蛋鸡养殖业适度规模化、智能化发展

建议对有一定规模的蛋鸡养殖场在升级改造中在资金、技术方面给予一定的补贴和奖励，以推动蛋鸡养殖业适度规模化、智能化发展，提高养殖效率，降低养殖成本。

（五）调整蛋鸡疫病防控疫苗政策

建议将目前免费注射疫苗政策，调整为按照蛋鸡存栏数直接补贴疫苗费用，由养殖户根据自己需要灵活购买适合自己的免疫疫苗，更好地做好疫情防控工作。

第三节　经济活动分析报告、市场预测报告与可行性报告

一、经济活动分析报告

（一）经济活动分析报告概述

经济活动分析报告，又称“经济活动分析”“经济活动总评”等。它是运用科学的经济理论，根据现实和历史的会计报表计划指标、会计核算、统计资料和有关原始记录、调查情况等数据材料，对一个地区、一个行业、一个单位或一个部门的财务状况、理财过程和经营成果等做出正确的评价，为报表使用者决策提供依据的一种书面报告。其目的在于能科学地评价过去的经营业绩，科学衡量目前的财务状况，以预测未来的发展趋势，提高管理水平。

经济活动分析报告与调查报告不同。经济活动分析报告同调查报告的性质、作用相似，都要占有大量资料进行科学分析找出规律供决策部门参考。但不同在于以下几方面。

（1）时间要求不同。经济活动分析报告的时间性较强，除临时专题分析外，大多数报告都有定期性，一般在年终或某生产季节、经营环节告一段落后完成；而一般的调查报告具有报道性特点，要及时发现和反映现实生活中的新事物、新经验、新矛盾，时间不定期。

（2）内容侧重点不同。经济活动分析报告专门分析各项指标的执行情况，重点分析某种经济情况，而且要提出对策；而调查报告的内容要广泛得多。

（3）表述方式不同。经济活动分析报告多用经济术语对数据进行分析，而调查报告是用事实说话，表达方式以叙述为主，兼以议论说明。

（4）人称使用不同。调查报告一般从第三者角度来写。而经济活动分析报告可用第一人称，也可用第三人称。

经济活动分析报告与市场预测报告不同。经济活动分析报告与市场预测报告都要以调查分析为基础，都要占有大量的数据资料。其区别在于内容的侧重点不同：分析报告侧重于对过去和当前的经济活动的分析，针对分析结果提出改进意见；而市场预测报告则侧重于未来，对过去和当前经济活动分析是为了预测未来的趋势和前景。

（二）经济活动分析报告的种类

1. 按分析的范围分

可以分为工业、农业、商业、服务业、交通运输业等经济活动分析报告。如《对重钢集团公司 2014 年生产经营完成情况分析》《大安乡 2015 年农民副业收入状况分析》等。又如《2017 年 1—2 季度印机行业 48 家企业经济指标完成情况分析》《2015—2016 年中国居民收入情况及消费情况分析》等。

2. 按内容分

可以分为全面分析报告、专题分析报告和简要分析报告。全面分析报告是指对某一地区、某一部门、某一企业一定时期内经济活动的各项指标进行全面系统分析后写成的报告，主要用于年度和季度分析，也可反映更长或更多时间内的经济活动情况，一般是根据会计报表和有关资料，对资金、费用、成本和利润等关键性的环节进行综合分析，据此来检查和总结企业一定时期内的生产和经营状况。专题分析报告是指在经济活动中抓住某一重要问题或关键问题，进行专门的、重点的调查研究分析后写成的书面报告。这类报告内容单一、针对性强。简要分析报告，一般是围绕几个财务指标、计划指标，或抓住几个重点问题进行分析，便于及时观察经济活动的趋势和工作改进程度。

3. 按时间分

可分为定期（年度、季度、月份）分析报告和不定期分析报告。

4. 按经济领域的角度分

可分为宏观经济活动分析报告和微观经济活动分析报告。宏观经济活动分析报告是从整体或全局对一个国家、一个地区、一个系统的经济活动作横向、纵向分析，它一般涉及面广、影响较大，如《2015 年乌兰察布市上半年全市税收收入情况分析》《2017 年上半年海南省规模以上工业经济效益分析》。微观经济活动分析报告是从一个局部或部分对具体的经济活动进行分析，一般都是局部性的，涉及的面有限，如《2017 年万科地产财务报表分析》。

（三）经济活动分析报告的特点

1. 分析性

经济活动分析报告的特点主要体现在“分析”上，它要对影响各项计划指标执行结果的主客观因素进行深入的分析和研究，将计划指标、业务核算、会计核算和统计核算的数字、数据、百分比进行对比分析，从而对过去的经济活动中的成绩和问题、经验与教训进行检验和评估，得出客观的评价性意见。经济活动分析报告不仅要将各种数据进行定量、定性、定时的分析，以便找出相互间的关系，而且还要从不同的侧面、角度对宏观和微观的、全面和局部的、有利和不利的因素进行深入的分析和比较说明，这样才能综合地反映出一个时期以来的经济、金融形势，以及银行或工商企业的经营活动情况，因此，分析性是经济活动分析报告的主要特点。

2. 及时性

及时性是确保经济活动分析信息价值的关键所在。经济活动分析的目的是总结经验，寻找差距，改进工作。所以，在一定时期循环结束或一定分析对象活动完结后，就应及时进行分析，以便对下一期循环或一定分析对象再次活动过程进行及时有效的调整、改进和控制。

3. 系统性

经济活动分析报告的关键在于对内外各种因素进行综合系统的分析和研究，将各个因素和不同的侧面联系起来进行综合分析研究。只有这样，才能找出经济活动的内在发展规律，因而具有很强的系统性。

4. 指导性

经济活动分析报告通过分析研究，说明经济活动的过程和内在联系，揭示其本质，并对内在的问题提出具体的解决办法指导现在和未来的工作，以达到改善管理、挖掘潜力、提高经济效益的目的。

（四）经济活动分析报告的结构和写法

经济活动分析报告的结构大体上包括标题、正文、落款及日期。

1. 标题

经济活动分析报告的标题较灵活，常使用以下两种形式。

（1）报告式标题。又称完整式标题，一般是下属部门向上级主管或指导部门汇报情况，有特定行文关系，与行政公文中的“报告”标题相似，由单位名、分析时限、分析对象、文种组成。可以是“单位名+分析时限+分析对象+文种”，如《××公司一至三季度财务情况分析报告》。也可以省略单位名：分析时限+分析对象+文种，如《2016 年国庆黄金周商品供求情况分析报告》。还可省略分析时限：单位名+分析对象+文种，如《××公司流动资金使用情况分析报告》。但省略的要素在正文内必须交代清楚。

（2）论文式标题。常用于报刊上发表，用分析报告提出的观点、意见、建议作标题，以表明分析报告的主要内容或建议。如《加强国拨资金的后续监管　发挥政策投资的实际效能》《关于迅速整顿成本资金的意见》。

（3）双标题。用文章式标题作正标题，用公文式标题作副标题，如《加强科学管理　严防漏洞扩大——××公司财务简析》《国有经济保持健康发展，国有企业盈利水平回升——2015 年第四季度家电市场简析》。

2. 正文

经济活动分析报告的基本格式是基本情况、评估分析、意见或建议三部分。体现出提出问题、分析问题、解决问题的思路。

（1）基本情况。这是分析报告的开头，即导语、前言或引言。简言分析的对象、目的和意义以及分析报告的基本内容。往往用文字概述和数据指标来说明企业单位在财务管理、商品购销、资金、费用、利润、计划指标等方面的完成情况，为主体分析做好铺垫。

（2）评估分析。这部分回答概述里提出的问题，是全文的主体部分，是分析报告的关键所在，要求根据实际需要选用不同的分析方法，对影响经济活动的各种因素及各种因素的影响程度做出客观、准确的分析，一般应通过对指标完成情况或经济效益等情况的分析、比较、说明，总结经验或教训，分析原因，找出关键性、规律性的问题进行重点解剖。分析要突出重点，有明确的目的性和鲜明的针对性。在结构层次上，有的用序数并归纳段旨分析，有的用小标题方式逐项说明。

（3）意见或建议。这是在分析的基础上做出的结论和估价，提出加强和改进工作的意见和办法、建议和对策，或预测其发展变化的趋势。建议和措施一定要中肯实在、切实可行。有的分析报告没有这一部分，而是将其与对经济现象的分析糅合在一起来写。

3. 落款及日期

在正文的右下方分行（称为“下落款”）写明报告单位的名称、写作时间，以备查考。若标题中已注明单位名称，则只写明撰文日期。

（五）常用分析方法

1. 比较分析法

比较分析法，又称对比分析法、指标分析法。它是把两个或两个以上具有可比性（时间、内容、项目条件基本相同或相近）的数据资料进行对比，根据对比中发现的差异和存在的问题来研究评价经济活动的情况和分析问题形成原因的一种方法。这是经济活动中运用得最多、最易掌握的一种方法。

比较分析法包括以下几种方法。

（1）纵向对比。实际指标与计划指标相比；本期完成的指标与过去或历史指标相比。

（2）横向相比。本期实际指标与客观条件大致相同或相似的行业相比较。

（3）综合比较。两种性质不同但又相关的指标对比；部分与总体对比等。

运用对比分析法要注意指标间的可比性，相互对比的指标在时间、单位、口径、范围、计算方法、计量单位等方面必须要一致，这样，当各项指标具有了可比性时，才可以进行比较。

2. 因素分析法

因素分析法，又叫连锁替代法，是指把综合指标分解成各个因素以探索和研究差距的形成原因及影响程度的一种方法。这种方法是对对比分析法的补充和发展，对比分析显示出差异，而因素分析法分析形成差异的各个原因以及差异的实质。

运用因素分析法应该注意几点：一是要抓主要因素作重点分析，不必面面俱到；二是注意分析带有倾向性的问题（既包括现阶段的，也包括从发展趋势看未来可能上升为主要倾向的问题）；三是主客观因素要同等重视，不能以此代彼。

3. 动态数列分析法

动态数列分析法就是将某一指标在不同时间上的数值，按时间先后排列起来进行比较，求出比率，然后用以分析该项指标增减速度和发展规律的一种分析方法。

××钢铁公司××××年×月财务指标完成情况分析报告

本月公司产品销售收入 52 851 万元，比上年增长 59.87%，实现利税 11 152 万元，比上年增长 47.63%，5—8 月实现利税 28 961 万元，完成 5—8 月翻番目标的 49.57%。

一、利税欠账的成因

按翻番年度目标折算，8 月份利税欠账 3 455 万元，5—8 月份利税欠账 29 467 万元，其主要原因如下。

（一）从销售状况分析：8 月份公司产品销售收入完成计划 85.39%，按其 5—8 月平均销售利税率 29.915%计算，减少利税 3 729 万元。5—8 月产品销售收入完成计划 61.22%，由于收入计划减少，减少利税 25 907 万元。

（二）从可比产品成本分析：8 月份产品销售收入比上年同期增长 41.82%，利润却下降 7.90%。5—8 月产品销售收入比上年同期增长 21.29%，利润却下降 28.33%，出现了收入增长、利润减少的剪刀差现象。造成这种现象的原因是：外部渠道涨价，产品成本上升。

8 月份虽然采取一些措施，但商品成本仍上升 166 万元，上升率达 0.64%。5—8 月份上升 3 452 万元，上升率为 3.16%。成本上升的主要原因是，物资部结构材料成本差异高，5—8 月份达 1.3 亿元，比上年全年的 9 000 万元差异还高。

二、应采取的对策

（一）各分公司继续推行成本责任制

5—8 月份各分公司指标完成情况是好的，成本共降低 5 644 万元，其中较好的是炼钢公司，降低 2 989 万元，降低率 5.67%。其他分公司在困难的条件下，也有不同程度的降低。各分公司要在承包综合消耗额下降的基础上，结合推行成本责任制，为完成总公司利税翻番做贡献。

（二）控制费用，降低成本

把责任成本落实到厂、车间、班组、个人，增强成本意识，降低成本，增加利润。要发动每个职工提建议、措施，在全公司范围内开展“企业有困难，大家来分担”的活动。责任成本的考核要和干部职工收入挂钩，以确保经营目标的实现。

（三）加快催讨拖欠货款

在确保产量的同时，要强化质量意识，提高产品质量，减少废次品。加强销售管理，掌握市场信息，积极推销产品。同时要抓货款回笼。鉴于目前总公司被拖欠的货款高达 12.3 亿元及全国的经济形势，建议由劳资处、生产部、企管处、财务处牵头组建讨债小组，要把催讨工作列为日常工作的一部分。

总公司财务处

××××年×月×日

本文标题属于公文式标题，由单位名称（××钢铁公司）、分析时间（××××年×月）、分析内容和性质（财务指标完成情况）及文种（分析报告）构成。前言概括说明了当前经济形势的基本情况，通过本年与上年典型的数字对比，简洁有力地介绍了财务指标的完成情况。正文集中一点，分析利税欠账的成因，其写法是数据与情况相结合，叙述与议论并用，抓住主要矛盾，明确指出两个主要原因。文章结尾着力分析应对措施，从继续推行成本责任制、控制费用和抓货款回笼三个方面，切实中肯地提出解决问题的办法。整体上材料安排合理，条理清晰，结构严谨，具有较高的参考价值和切实可行性。

中华人民共和国 2016 年
国民经济和社会发展统计公报

ZDC：2017 年 1 月中国手机市场
分析报告

二、市场预测报告

（一）市场预测报告概述

市场预测报告就是在市场调查的基础上，依据已掌握的有关市场的信息和资料，通过科学的方法分析研究未来一段时间一定范围内的市场供求状况和经济发展趋势的一种预见性报告。根据综合调查的材料，用科学的方法估计和预测未来市场的趋势，从而可以为有关部门和企业提供信息，以改善经营管理，促使产销对路，提高经济效益。

（二）市场预测报告的特点

1. 预见性

预测必须立足于现实，着眼于未来，它是在深入分析市场既往历史和现状的基础上的合理判断，目的是将市场需求的不确定性极小化，使预测结果和未来的实际情况的偏差概率达到最小化。

2. 科学性

市场预测报告必须以周密的调查研究为基础，以各种真实可靠的数据资料为依据，并运用科学的预测理论和预测方法找出预测对象的客观运行规律，得出的结论应是合乎实际的、先进的，才能有效地指导人们的实践，因而合格的预测报告都应具备科学性。

3. 针对性

市场预测的内容十分广泛，每一次市场调查和预测，只能针对某一具体的经济活动或某一产品的发展前景，因此，市场预测报告的针对性很强。

4. 时效性

市场预测的目的是控制未来市场以占据未来主动权，因此必须在市场发展的前一阶段尚未结束时，就及时预测下一阶段的发展趋势，以提出相应对策，一旦兑现预测结果，其使命也宣告完成。

5. 综合性

市场是一个多方位、多层次、多因素的有机的立体的经济集合体。各因素之间相互关联、相互制约，往往牵一发而动全身，因此要进行市场预测，就要对影响市场的各种因素进行全面系统的分析，否则结论就不全面。

（三）市场预测报告常用的预测方法和程序

1. 常用的预测方法

（1）定性预测法，又称判断预测法或直觉经验预测法。在没有较多的数据资料可利用时，依靠预测者丰富的经验和一定的分析判断能力，来测定和推断预测对象未来发展趋势的方法。

（2）定量分析法，又称客观分析法、统计预测法、数学分析法。是根据已掌握的大量资料、信息，运用统计公式或数学模型，进行定量分析或图解，对未来的市场趋势做出预测的分析方法。

以上两种方法各有所长：定性预测法速度快，费用少，简便易行，能综合各种因素，但常带有主观性，精确度差；定量分析法客观、科学，准确度大，但对宏观的不可控因素难以预测。因此，在实际工作中常将两种方法综合运用，先进行定性预测，再进行定量分析。

2. 市场预测的一般程序

市场预测的整个过程是一个系统工程。通常按以下先后次序进行。

（1）确定预测目标。根据市场及经营活动的需要，确定预测要解决的问题，制订预测计划，编造预算，调配力量以组织实施。

（2）收集整理资料。收集分析历史数据和预测所需的各种资料，包括企业内部的资料、企业外部的资料、实地市场调查的资料三大类。

（3）提出预测模型。即根据目标要求和掌握材料情况，选择和确定一种或几种适用的预测技术和方法。

（4）进行预测分析。用选定的预测方法对资料中影响未来市场的各种因素进行详细的研究、分析和评价。如内部因素包括新产品设计、市场推销、价格变动、质量改进及缩短研制时间，外部因素包括季节变化、地理因素、购买行为的变化及政策法律因素等。

（四）市场预测报告的结构和写法

市场预测报告一般是由标题和正文两部分组成。

1. 标题

市场预测报告的标题写法有两种：一种是单标题，即预测时限+预测范围+文种，如《2016年中国西南地区手机市场预测》；另一种是双标题，正标题点明预测报告的主旨，副标题则表明预测的对象和文种，如《环保健康　避免二度污染——2015—2016年中国饮水机市场预测报告》。

2. 正文

一般由前言和主体两部分组成。

（1）前言。无固定模式，通常是交代市场预测报告的写作动因和有关情况，如时间、地点、对象、方法、目的、结果等。

（2）主体。先写情况，运用资料和数据回顾历史；然后是分析和预测，要根据调查所获得的各种资料，运用科学的预测方法进行定性、定量分析，提出预测结果；最后是建议，针对预测情况，提出合理的建议。这三方面内容紧密联系，不可分割，但顺序可因预测目的内容的不同而有所变化。预测内容既有从国家宏观经济管理部门角度进行的宏观市场预测，又有从企业角度进行的微观市场预测，其主要内容包括市场需求预测、商品资源预测、供求动态预测、价格变化预测、商品生命周期预测、商品销售预测。

生姜2016年市场分析及2017年市场预测

我国是世界上生姜产量最多的国家，主产区包括山东、河北、辽宁、湖南、四川、贵州、广西、湖北等。主要种植品种分为北方大姜和南方小黄姜。种植方式以露地栽培为主，设施栽培面积为10%~15%，主要分布在山东产区。生姜是典型的一年生产、常年销售的农产品，一般于惊蛰后、清明前种植，随产地由北至南依次上市，辽宁、河北等地为9月中旬，山东及周边地区为10月中旬，南方产区则在立冬之后。相应地，全年生姜价格趋势会在当年新生姜上市前后表现出不同特点。作为小宗农产品，生姜市场容量小，农户分散库存量大，易引发跟风行为，诱发价格大幅波动，影响周期长，对姜农、贸易商、消费者均产生不利影响。

在2014年“姜你军”涨破历史高点之后，近三年生姜种植面积持续增加，年内均价持续低位徘徊，2016年的情况是，全国生姜种植面积持续增加，单产略降，总产量小幅增加；受价格下降周期影响，老生姜年内均价持续低迷，虽然新生姜秋冬上市价格同比大幅上涨，市场整体仍处于低位运行。预计2017年，生姜整体生产规模缩减的可能性不大，而生姜价格继续整体低位的可能性较大；同时，价格波动的两个可能诱发点为，一是“双节”相对集中，新生姜价格在冬末春初继续坚挺，二是三四月种植季姜种需求旺盛，价格会小幅反弹，但其他时间价格回归低位，形成波动窄调局面。

一、2016年市场供需形势分析

2016年，生姜种植面积稳中略增，供给充足，库存率补偿性增长，消费需求稳定，整体价格继续低位运行，新生姜价格低开高走，年末市场行情略有好转。

（一）种植面积稳中略增，局地减产对总产增势影响不大

近年来，我国生姜种植稳定发展，常年种植面积300万亩左右，总产量800万吨以上，其中北方主产区面积约占35%，而产量占到65%。数据显示，2016年生姜种植面积继续增加，达349万亩，同比增长8.0%；南方产区主要受夏季洪涝灾害影响，尤其是湖南、湖北、安徽等地，北方产区局地出现姜瘟，使得全国平均单产水平同比略降5%，约2 692千克/亩；总产量持续增加，达938万吨，同比增长2.6%。总体来看，2016年开始，乃至今后两年，生姜市场供应总量仍然相对充足（图略）。

（二）消费需求增幅有限，保持稳定发展

虽然生姜不是“当家菜”，但也是刚需，生姜的人均消费很低，消费者对于价格的敏感程度远低于生产者，其涨跌对单个消费者的影响有限，在价格波动较大时，消费量可以保持相对稳定。但是近年整体经济下行，饮食业特别是饭店用量逐渐减少，成为影响消费的因素之一。此外，生姜制品虽然种类丰富，可用于制作姜油、姜粉，腌制食品等，但总体加工消费比例并不高，常年约占当年产量的 10%～15%，即便近两年价格低迷，姜原料成本较低，对加工消费的带动作用并不明显。总的来看，生姜消费需求相对稳定，2016 年 1 654 万吨，同比增长 8.4%，各类消费合计 838 万吨，其中食用消费 380 万吨，姜种消耗 139 万吨。

（三）出口持续稳定增长，但对国内行情带动作用有限

我国是重要的生姜出口国，出口地区包括中东、东南亚地区以及欧美、日本、韩国。2016 年各月姜出口量均呈现增加趋势。根据海关数据，2016 年 1—11 月累计出口量已达 48.97 万吨，较 2015 年同期累计出口量增加 12.73 万吨，同比涨幅 35%（2015 年全年出口量 40.8 万吨，估计全年出口量涨幅 33%左右）。由于国内生姜价格与出口量价互为影响、互为制约，2016 年出口量同比增加，但出口价格却迟迟难涨。一方面，出口量占生产总量比例较低，约 3%，对国内供需形势影响有限；另一方面，国外市场对中国生姜需求量占主要地位的多为发展中国家，对生姜质量和价格方面要求不高，带动国内价格上行的作用有限。

（四）期初库存紧张，期末库存明显增长

生姜储存需要特殊环境条件，一般地，生姜在 12℃、相对湿度 90%的恒温高湿条件下，可以长期保存，超过 15℃就会发芽，低于 0℃会发生冻害。在正常情况下，鲜姜需要 2～3 个月的窖存才能够成为新生姜，在山东主产区几乎家家都有地窖，只要天气合适、储存妥当，可以在姜窖中存放两年以上，姜农可根据市场价格，择机出售，生姜入库年均比例约为当年新生姜产量的 85%。窖藏生姜一般可以维持 2～3 年，出库后也可长期保证质量，而冷库生姜存储期相对较短，出冷库后也不易保存。所以，大量生姜分散存储，其库存方面不易出现像大蒜那样因库存垄断而炒作价格的问题。由于 2014 年价格暴涨，市场行情好，生姜出货积极，加之 2015 年价格暴跌，市场普遍看跌，库存意愿降低，直接导致 2016 年期初库存量不足，期末库存意愿看涨，预计约为当年产量的 87%，库存量 816 万吨，同比增长 14%。

（五）价格持续低位运行，新生姜价格低开高走

从农业部监测的批发市场价格来看，2009—2012 年和 2013—2016 年基本可划分为两轮生姜周期，经历了平—暴涨—大跌—平的波动过程。2016 年国内生姜价格平多涨少，由于近三年生姜供应持续向好，整体均价为近三年低位。截至 2016 年 12 月 26 日，批发市场均价 4.75 元/千克，较 2015 年下滑 2.11 元/千克，跌幅 30.79%（图略）。

生姜价格走势在新生姜上市前后呈现不同特点。老生姜交易阶段，交易均价 4.46 元/千克，同比跌幅 39%，全年最低价 3.64 元/千克，出现在 8 月 7 日。具体来看，2016 年年初生姜上市平稳，供应持续增加，价格稳中略降，往年姜价上涨的时期，如春节过后临近种植时期，姜种需求旺盛，又如农忙时节交易不活跃、市场短暂供应吃紧，在 2016 年都未出现，两个时期姜价均不涨反落，主要原因是 2016 年生姜供应面异常充足，而需求面持续表现低迷，且参市各方购销积极性均受其打击，导致整个老生姜交易阶段的价格保持低位。新生姜上市之后，平均批发价格为 5.83 元/千克，比 2015 年同期上涨 9%。具体来看，新黄姜上市之初，开秤价格并无优势，直到后续因积年库存吃紧和新老交替青黄不接的断口期出现，加之高种植成本

下的连年低价使姜农惜售情绪见长，才逐渐抬升生姜市场行情。

二、2017 年市场预期走势

2017 年，预计生姜供给保持稳定发展，需求剧烈增减可能性较低，价格波动趋弱，但须重视库存高损耗风险的出现。

（一）生产继续稳定发展，单产或可达正常年份水平

生姜的种植工艺和单产水平基本稳定，影响不同年份产量的最主要因素是种植面积，其次是是否遭受旱涝灾害和病虫害影响。生姜比较收益高，近年来姜农种植效益保持高位，每亩收益平均 5 000 元左右。所以，2017 年种植面积将继续保持，稳中略升，预计达 383 万亩。若不出现较大气象灾害和病虫害影响，单产可恢复正常年份水平，总产量预计 1 087 万吨，同比增加 16%。

（二）食用消费平稳增长，低位价格或可促进加工需求

近年来，随着人们对健康生活与食物营养问题的日益关注，生姜作为主要的调味品，尤其是药食同源的农产品和中药材，其消费需求逐年缓增。其次，随着种植面积扩大，姜种需求也相应增加，一般每亩用姜种 400 千克，2017 年预计姜种消费同比增幅 10%左右。此外，由于生姜供给充足，价格持续低位运行，加工需求可能增长，预计 2017 年达 163 万吨。

（三）库存紧张情况好转，损耗风险高企

2016 年的产量增长和高库存率缓解了 2015 年库存吃紧局面，2017 年要注意的是库存损耗问题。生姜以窖藏为主，最长可以保存 4 年，自然的水分减少、发芽以及各类病虫害影响，都会造成损耗，比例有时高达 40%。而 2016 年，生姜种植前期受冻害影响，且夏季雨水较多，生姜水分较高，2016 年或为二十年来最不看好存储的一年。而且市场普遍反映 2016 年新生姜外表损坏的情况多发，收货商态度谨慎。生姜储存问题将成为 2017 全年可交易的新生姜数量和质量的最大不可预知因素，预计损耗率 20%以上。

（四）价格高开低走，继续低位窄调

预计 2017 年生姜价格波动仍将遵循平年波动规律，整体震荡趋缓、继续保持低位，总体趋势与 2016 年相似，但相对价格“前高后低”。在 2017 年新生姜上市之前，由于“双节”相对集中，生姜价格在短期之内将继续坚挺，立春前后，窖存生姜大量上市，价格很快就会进入下降通道，一季度中后期跌落低位运行，无较大波澜；之后随着新一季种植期开始，二季度价格可能随姜种需求旺盛而小幅反弹，三季度末期可能由于生姜种植“大小年”规律在新生姜上市之初表现出“小年涨价”态势，但是由于生姜种植比较收益持续向好，整体生产规模将继续保持，在新生姜上市后期，与 2016 年相比涨幅缩小，新生姜价格低于上年年末水平的可能性较大。

三、生产经营建议

注意防范种植风险，不要盲目扩大种植面积。由于 2016 年年末生姜价格涨幅较大，并在 2017 年年初保持相对高位，可能会引起跟风种姜现象，导致后期姜价下跌，惜售的姜农将面临较大损失，需理性规划种植。同时，还需及时调节种植管理，降低不利气象条件和病虫害的影响，保障种植成效。

重视库存损耗，注意有序出货。一方面，姜价走势多变，姜农出售时应认清并顺应大的趋势，使利益最大化，尤其是参市各方大都犹豫观望的时候，更应该理性决策，分批出售，不可一味惜售；另一方面，2016 年生姜库存水分较大，要严防库存病害等损失，及时调整库

存环境，注意通风，及时出货，尽量缩减损耗。

规范农资使用，保障食品安全。近年来影响恶劣的“神农丹”事件、“假化肥”事件等对生姜生产打击极大，姜农损失惨重，也加剧了市场的不良波动，造成生姜价格暴涨暴跌，对生姜出口口碑也造成一定程度的损害，更是大幅提高了消费者对生姜食品安全问题的重视程度。2016 年年底，农业部正式颁布实施了农药残留新国标，规定了 433 种农药在 13 大类农产品中 4 140 个残留限量，较 2014 版增加了 490 项，所以，在 2017 年尤其要注意生姜种植、加工和流通各个环节的食品安全问题。

2016—2017 年中国生姜供需平衡表（略）

资料来源：http://www.moa.gov.cn/gk/jcyj/201701/t20170122_5461580.htm.

三、可行性报告

（一）可行性报告概述

可行性报告，是指从事一种经济活动（投资）之前，对其经济、技术、生产、供销直到社会各种环境、法律等各种因素进行具体调查、研究、分析，确定有利和不利的因素、项目是否可行，估计成功率大小、经济效益和社会效果程度，为决策者和主管机关审批的书面报告。它是企业在进入新领域、上马投资新项目前期的分析活动，其价值在于：向投资者提供项目建设的规模、资金规模、产品销路、市场竞争力等信息，预测投资可能产生的经济效益，论证其实施的合理性，向投资者提供决策依据；也是争取银行贷款，获得有关当局支持的依据；此外，被批准后，是和有关各方签订协议，进行设计、施工等工作的依据，也是编制任务书的依据。

（二）可行性报告的特点

1. 高度的科学性

可行性报告的写作是建立在科学调查、科学研究、科学预测基础上的，它需要用现代化手段和方法，从不同角度阐明项目在政策上、技术上、经济上的科学性和可行性，内容科学、客观。

2. 严密的论证性

可行性报告是领导、专家、技术人员对所实施的项目，从经济技术、财务、市场营销等各个方面进行的综合分析论证（其中包括理论论证、时间论证、预想前景论证、经济效益论证、政策论证等)，可行或不可行，资料和数据必须准确无误，论证严密，才能有强大的说服力。

3. 极强的专业性

一个项目的可行性论证报告往往涉及多学科多专业，其技术参数、财务指标、前景预测等都要运用到极强的专业知识，门类广，程度深，因此非常严谨真实。

（三）可行性报告的结构和写法

一份完整的可行性报告主要包括封面、摘要、目录、图表目录、术语表、前言、正文、结论和建议、参考文献、附件。封面一般由项目名称（项目主办单位+项目内容+文种）、报告单位、报告时间组成。封面、摘要、目录、图表目录、术语表、参考文献根据报告需要进行选择。前言、正文、结论和建议、附件的写作如下。

1. 前言

概括介绍拟建项目的背景、依据、目的、范围及本项目的承担者和报告人等。例如，××公司是2017年经××批准成立的以经营××、××为主的企业，注册资本××万元，近×年上缴国家税款××万元，现有职工××人，其中科技人员占×%。为了××，公司决定成立××，开发××项目。

2. 正文

论证性报告的论证对象不同，写法也有差异，但主要内容有以下几个方面。

（1）市场调查。分析市场现状和前景，考察该项目实施后的发展状况，如市场需求、竞争状况等。

（2）规模方案分析。含项目名称、规格（规模）、技术性能、实施计划和方案的分析。

（3）技术力量说明。包括：地址选择及理由；原材料、资源配备；技术设备、辅助设施、工艺流程；组织机构设置、所需人员及培训方案；项目的实施方案、工程设计、设备订货、工程施工和验收、设备安装和调试、试生产和正式投产时间进度安排；现有环境状况及工程实施后的环境影响及控制污染方式等。

（4）资金来源分析。确定资金来源方式，估算投资数额、资金到位时间、资金偿还办法、流动资金安排等。

（5）经济效益分析。分析投资的收支、盈亏状况等财务问题，评价项目的经济效益。

3. 结论和建议

总结强调实施该项目可带来的社会效益、经济效益，提出明确性的结论意见。

4. 附件

在正文之后附上图表、图纸、试验数据及有关文件材料等，增强该项目的说服力和参考价值。

智能机器人项目可行性分析报告

【引言】

智能机器人是因为它有相当发达的“大脑”。在脑中起作用的是中央，这种计算机与操作它的人有直接的联系。最主要的是，这样的计算机可以进行按目的安排的动作。正因为这样，我们才说这种机器人才是真正的机器人，尽管它们的外表可能有所不同。

智能机器人作为一种包含相当多学科知识的技术，几乎是伴随着人工智能所产生的。而智能机器人在当今社会变得越来越重要，越来越多的领域和岗位都需要智能机器人参与，这使得智能机器人的研究也越来越频繁。虽然我们现在仍很难在生活中见到智能机器人的影子，但在不久的将来，随着智能机器人技术的不断发展和成熟，随着众多科研人员的不懈努力，智能机器人必将走进千家万户，更好地服务人们的生活，让人们的生活更加舒适和健康。

【目录】

第一部分　智能机器人项目总论

总论作为可行性研究报告的首要部分，要综合叙述研究报告中各部分的主要问题和研究结论，并对项目的可行与否提出最终建议，为可行性研究的审批提供方便。

一、智能机器人项目概况

（一）项目名称

（二）项目承办单位

（三）可行性研究工作承担单位

（四）项目可行性研究依据

本项目可行性研究报告编制依据如下。

1.《中华人民共和国公司法》。

2.《中华人民共和国行政许可法》。

3.《国务院关于投资体制改革的决定》国发〔2004〕20号。

4.《产业结构调整目录2011版》。

5.《国民经济和社会发展第十二个五年发展规划》。

6.《建设项目经济评价方法与参数（第三版）》，国家发展与改革委员会2006年审核批准施行。

7.《投资项目可行性研究指南》，国家发展与改革委员会2002年。

8. 企业投资决议。

9. ……

10. 地方出台的相关投资法律法规等。

（五）项目建设内容、规模、目标

（六）项目建设地点

二、智能机器人项目可行性研究主要结论

在可行性研究中，对项目的产品销售、原料供应、政策保障、技术方案、资金总额及筹措、项目的财务效益和国民经济、社会效益等重大问题，都应得出明确的结论，主要包括：

（一）项目产品市场前景

（二）项目原料供应问题

（三）项目政策保障问题

（四）项目资金保障问题

（五）项目组织保障问题

（六）项目技术保障问题

（七）项目人力保障问题

（八）项目风险控制问题

（九）项目财务效益结论

（十）项目社会效益结论

（十一）项目可行性综合评价

三、主要技术经济指标表

在总论部分中，可将研究报告中各部分的主要技术经济指标汇总，列出主要技术经济指标表，使审批和决策者对项目作全面了解，如表 7-2 所示。

表 7-2　技术经济指标汇总表

序　号	名　称	单　位	数　值
1	项目投入总资金	万元	26 136.00
1.1	固定资产建设投资	万元	18 295.20
1.2	流动资金	万元	7 840.80
2	项目总投资	万元	20 647.44
2.1	固定资产建设投资	万元	18 295.20
2.2	铺底流动资金	万元	2 352.24
3	年营业收入（正常年份）	万元	36 590.40
4	年总成本费用（正常年份）	万元	23 783.76
5	年经营成本（正常年份）	万元	21 954.24
6	年增值税（正常年份）	万元	2 783.61
7	年销售税金及附加（正常年份）	万元	278.36
8	年利润总额（正常年份）	万元	12 806.64
9	所得税（正常年份）	万元	3 201.66
10	年税后利润（正常年份）	万元	9 604.98
11	投资利润率	%	62.03
12	投资利税率	%	71.33
13	资本金投资利润率	%	80.63
14	资本金投资利税率	%	93.04
15	销售利润率	%	46.52
16	税后财务内部收益率（全部投资）	%	29.32
17	税前财务内部收益率（全部投资）	%	43.98
18	税后财务净现值 FNPV（i=8%）	万元	9 147.60
19	税前财务净现值 FNPV（i=8%）	万元	11 761.20
20	税后投资回收期	年	4.66
21	税前投资回收期	年	3.88
22	盈亏平衡点（生产能力利用率）	%	42.05

四、存在的问题及建议

对可行性研究中提出的项目的主要问题进行说明并提出解决的建议。

1. 项目总投资来源及投入问题

项目总投资主要来自项目发起公司自筹资金，按照计划在 2012 年 3 月份前完成项目申报审批工作。预计项目总投资资金到位时间在 2011 年 4 月底。整个项目建设期内，主要完成项目可研报告编制、项目备案、土建及配套工程、人员招聘及培训、设备签约、设备生产、设备运行及验收等工作。

项目发起公司拟设立专项资金账户用于项目建设用资金的管理工作。对于资金不足部分则以银行贷款、设备融资、合作、租赁等多种方式解决。

2. 项目原料供应及使用问题

项目产品的原料目前在市场上供应充足，可以实现就近采购。项目本着生产优质产品、创造一流品牌的理念，对原材料环节进行严格把关，对原料供应商进行优选，保证生产顺利进行。

3. 项目技术先进性问题

项目生产本着高起点、高标准的准则，拟采购先进技术工艺设备，引进先进生产管理经验，对生产技术员工进行专业化培训，保证生产高效、工艺先进、产品质量达标。

第二部分　智能机器人项目建设背景、必要性、可行性（略）

第三部分　智能机器人项目产品市场分析

市场分析在可行性研究中的重要地位在于，任何一个项目，其生产规模的确定、技术的选择、投资估算甚至厂址的选择，都必须在对市场需求情况有了充分了解以后才能决定。而且市场分析的结果还可以决定产品的价格、销售收入，最终影响到项目的盈利性和可行性。在可行性研究报告中，要详细研究当前市场现状，以此作为后期决策的依据。

一、智能机器人项目产品市场调查

（一）智能机器人项目产品国际市场调查

（二）智能机器人项目产品国内市场调查

（三）智能机器人项目产品价格调查

（四）智能机器人项目产品上游原料市场调查

（五）智能机器人项目产品下游消费市场调查

（六）智能机器人项目产品市场竞争调查

二、智能机器人项目产品市场预测

市场预测是市场调查在时间上和空间上的延续，是利用市场调查所得到的信息资料，根据市场信息资料分析报告的结论，对本项目产品未来市场需求量及相关因素所进行的定量与定性的判断与分析。在可行性研究工作中，市场预测的结论是制订产品方案、确定项目建设规模所必须的依据。

（一）智能机器人项目产品国际市场预测

（二）智能机器人项目产品国内市场预测

（三）智能机器人项目产品价格预测

（四）智能机器人项目产品上游原料市场预测

（五）智能机器人项目产品下游消费市场预测

（六）智能机器人项目发展前景综述

第四部分　智能机器人项目产品规划方案

一、智能机器人项目产品产能规划方案

二、智能机器人项目产品工艺规划方案

（一）工艺设备选型

（二）工艺说明

（三）工艺流程

三、智能机器人项目产品营销规划方案

（一）营销战略规划

（二）营销模式（见图 7-1）

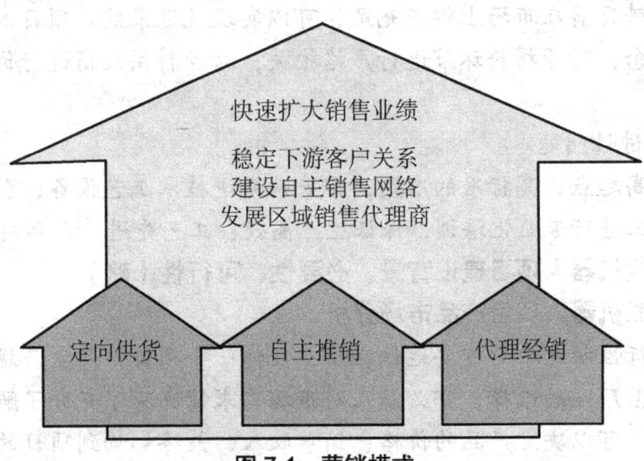

图 7-1　营销模式

在商品经济环境中，企业要根据市场情况制定合格的销售模式，争取扩大市场份额，稳定销售价格，提高产品竞争能力。因此，在可行性研究中，要对市场营销模式进行研究。

1. 投资者分成
2. 企业自销
3. 国家部分收购
4. 经销人情况分析

（三）促销策略（见图 7-2）

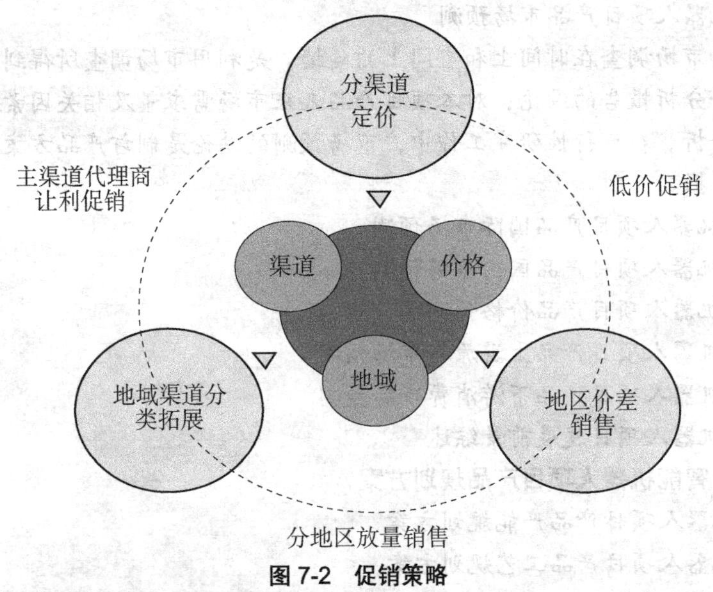

图 7-2　促销策略

……

第五部分　智能机器人项目建设地与土建总规（略）

第六部分　智能机器人项目智能机器人、节能与劳动安全方案（略）

第七部分　智能机器人项目组织和劳动定员（略）

第八部分　智能机器人项目实施进度安排

项目实施时期的进度安排也是可行性研究报告中的一个重要组成部分。所谓项目实施时期也可称为投资时间，是指从正式确定建设项目到项目达到正常生产这段时间。这一时期包括项目实施准备、资金筹集安排、勘察设计和设备订货、施工准备，施工和生产准备、试运转直到竣工验收和交付使用等各工作阶段。这些阶段的各项投资活动和各个工作环节，有些是相互影响的，前后紧密衔接的，也有些是同时开展，相互交叉进行的。因此，在可行性研究阶段，需将项目实施时期各个阶段的各个工作环节进行统一规划，综合平衡，做出合理又切实可行的安排。

一、智能机器人项目实施的各阶段

（一）建立项目实施管理机构

（二）资金筹集安排

（三）技术获得与转让

（四）勘察设计和设备订货

（五）施工准备

（六）施工和生产准备

（七）竣工验收

二、智能机器人项目实施进度表（见表 7-3）

表 7-3　智能机器人项目实施进度表

序号	项目期间	启动期			建设验收期			
	实施年份	2012 年			2013 年			
	完成任务	5—6 月	7—11 月	12 月	1—5 月	6—7 月	8—10 月	11—12 月
1	编制可研报告							
2	项目立项报批							
3	厂房设计							
4	土建及配套工程							
5	设备谈判签约							
6	设备采购							
7	人员培训							
8	设备安装调试							
9	设备验收							
10	项目试产验收							
11	投交							

三、智能机器人项目实施费用

（一）建设单位管理费

（二）生产筹备费

（三）生产职工培训费

（四）办公和生活家具购置费

（五）其他应支出的费用

第九部分　智能机器人项目财务评价分析（略）

第十部分　智能机器人项目不确定性分析

在对建设项目进行评价时，所采用的数据多数来自预测和估算。由于资料和信息的有限性，将来的实际情况可能与此有出入，这会给项目投资决策带来风险。为避免或尽可能减少风险，就要分析不确定性因素对项目经济评价指标的影响，以确定项目的可靠性，这就是不确定性分析。

根据分析内容和侧重面不同，不确定性分析可分为盈亏平衡分析、敏感性分析和概率分析。在可行性研究中，一般要进行的盈亏平衡分析、敏感性分配和概率分析，可视项目情况而定。

（一）盈亏平衡分析

（二）敏感性分析

第十一部分　智能机器人项目财务效益、经济和社会效益评价

在建设项目的技术路线确定以后，必须对不同的方案进行财务、经济效益评价，判断项目在经济上是否可行，并比选出优秀方案。本部分的评价结论是建议方案取舍的主要依据之一，也是对建设项目进行投资决策的重要依据。本部分就可行性研究报告中财务、经济与社会效益评价的主要内容做一概要说明。

一、财务评价

财务评价是考察项目建成后的获利能力、债务偿还能力及外汇平衡能力的财务状况，以判断建设项目在财务上的可行性。财务评价多用静态分析与动态分析相结合，以动态为主的办法进行，并用财务评价指标分别和相应的基准参数——财务基准收益率、行业平均投资回收期、平均投资利润率、投资利税率相比较，以判断项目在财务上是否可行。

（一）财务净现值（FNPV）

财务净现值是指把项目计算期内各年的财务净现金流量，按照一个设定的标准折现率（基准收益率）折算到建设期初（项目计算期第一年年初）的现值之和。财务净现值是考察项目在其计算期内盈利能力的主要动态评价指标。

如果项目财务净现值等于或大于零，表明项目的盈利能力达到或超过了所要求的盈利水平，项目财务上可行。

$$\mathrm{FNPV}=\sum_{T=0}^{N}(\mathrm{CI}-\mathrm{CO})_T(1+i_c)^{-T}$$

（二）财务内部收益率（FIRR）

财务内部收益率是指项目在整个计算期内各年财务净现金流量的现值之和等于零时的折现率，也就是使项目的财务净现值等于零时的折现率。

财务内部收益率是反映项目实际收益率的一个动态指标，该指标越大越好。

一般情况下，财务内部收益率大于等于基准收益率时，项目可行。

$$\sum_{T=0}^{N}(\mathrm{CI}-\mathrm{CO})_T \times (1+\mathrm{FIRR})^{-T}=0$$

（三）投资回收期（P_t）

投资回收期按照是否考虑资金时间价值可以分为静态投资回收期和动态投资回收期。以动态回收期为例：

1. 计算公式

动态投资回收期的计算在实际应用中根据项目的现金流量表，用下列近似公式计算：

P_t=（累计净现金流量现值出现正值的年数−1）+上一年累计净现金流量现值的绝对值/出现正值年份净现金流量的现值

2. 评价准则

（1）$P_t \leqslant P_c$（基准投资回收期）时，说明项目（或方案）能在要求的时间内收回投资，是可行的。

（2）$P_t > P_c$时，则项目（或方案）不可行，应予拒绝。

（四）项目投资收益率（ROI）

项目投资收益率是指项目达到设计能力后正常年份的年息税前利润或营运期内年平均息税前利润（EBIT）与项目总投资（TI）的比率。总投资收益率高于同行业的收益率参考值，表明用总投资收益率表示的盈利能力满足要求。

$$\mathrm{ROI}=\frac{\mathrm{EBIT}}{\mathrm{TI}}\times 100\%$$

ROI≥部门（行业）平均投资利润率（或基准投资利润率）时，项目在财务上可考虑接受。

（五）项目投资利税率

项目投资利税率是指项目达到设计生产能力后的一个正常生产年份的年利润总额或平均年利润总额与销售税金及附加与项目总投资的比率，计算公式为

投资利税率=年利税总额或年平均利税总额/总投资×100%

投资利税率≥部门（行业）平均投资利税率（或基准投资利税率）时，项目在财务上可考虑接受。

（六）项目资本金净利润率（ROE）

项目资本金净利润率是指项目达到设计能力后正常年份的年净利润或运营期内平均净利润（NP）与项目资本金（NC）的比率。

$$\mathrm{ROE}=\frac{\mathrm{NP}}{\mathrm{NC}}\times 100\%$$

项目资本金净利润率高于同行业的净利润率参考值，表明用项目资本金净利润率表示的盈利能力满足要求。

（七）项目测算核心指标汇总表

略。

二、国民经济评价

国民经济评价是项目经济评价的核心部分，是决策部门考虑项目取舍的重要依据。建设项目国民经济评价采用费用与效益分析的方法，运用影子价格、影子汇率、影子工资和社会折现率等参数，计算项目对国民经济的净贡献，评价项目在经济上的合理性。国民经济评价采用国民经济盈利能力分析和外汇效果分析，以经济内部收益率（EIRR）作为主要的评价指

标。根据项目的具体特点和实际需要，也可计算经济净现值（ENPV）指标，涉及产品出口创汇或替代进口节汇的项目，要计算经济外汇净现值（ENPV）、经济换汇成本或经济节汇成本。

三、社会效益和社会影响分析

在可行性研究中，除对以上各项指标进行计算和分析以外，还应对项目的社会效益和社会影响进行分析，也就是对不能定量的效益影响进行定性描述。

第十二部分　智能机器人项目风险分析及风险防控

一、建设风险分析及防控措施。

二、法律政策风险及防控措施。

三、市场风险及防控措施。

四、筹资风险及防控措施。

五、其他相关风险及防控措施。

第十三部分　智能机器人项目可行性研究结论与建议

一、结论与建议

根据前面各节的研究分析结果，对项目在技术上、经济上进行全面的评价，对建设方案进行总结，提出结论性意见和建议。主要内容有以下几方面。

1. 对推荐的拟建方案建设条件、产品方案、工艺技术、经济效益、社会效益、环境影响的结论性意见。

2. 对主要的对比方案进行说明。

3. 对可行性研究中尚未解决的主要问题提出解决办法和建议。

4. 对应修改的主要问题进行说明，提出修改意见。

5. 对不可行的项目，提出不可行的主要问题及处理意见。

6. 可行性研究中主要争议问题的结论。

二、附件

凡属于项目可行性研究范围，但在研究报告以外单独成册的文件，均需列为可行性研究报告的附件，所列附件应注明名称、日期、编号。

1. 项目建议书（初步可行性报告）。

2. 项目立项批文。

3. 厂址选择报告书。

4. 资源勘探报告。

5. 贷款意向书。

6. 环境影响报告。

7. 需单独进行可行性研究的单项或配套工程的可行性研究报告。

8. 需要的市场预测报告。

9. 引进技术项目的考察报告。

10. 引进外资的各类协议文件。

11. 其他主要对比方案说明。

12. 其他。

三、附图

1. 厂址地形或位置图（设有等高线）

2. 总平面布置方案图（设有标高）

3. 工艺流程图
4. 主要车间布置方案简图
5. 其他

资料来源：中国产业竞争情报网。

第四节　招标书、投标书

一、概述

（一）招标、投标书的含义

1. 招标书

招标书是指招标单位为公布有关条件和要求，邀请承包者或合作者前来投标所编写的实用性文书。招标书是概称，是包括诸如招标申请书、招标公告、招标通知、招标邀请书和招标说明书在内的文书组合。

2. 投标书

投标书是指卖方或承包商等按招标书的条件和要求，向招标方开列清单，拟出方案，估算价格，表明应标能力的文书。

中标是指在公证、监理机关的监督下，由招标方当场开标，确定实力最强、质量最好、价格最低、条件最优惠的投标方为中标者的活动。中标后即由中标方与招标方签订合同。

（二）招标、投标的基本程序

1. 招标程序

招标的基本步骤如下：招标单位编制招标申请书报送有关主管部门批准；招标单位在有关主管部门批准后发布招标公告或招标通知书；投标人资格预审；招标单位编制并发售招标文件（一般在招标通告后两周左右开始发售）；投标人递送标书；开标；决标，授标签合同；履行合同。

2. 投标程序

通过资格预审；购买招标文件；组织投标小组，收集资料进行市场调查；分析研究招标文件、澄清问题核算工量；组织设计填制表格；分析各项工程单价，确定初步报价；分析总工程成本利润，确定报价；编制汇总投标文件，装订、密封、递送。

二、招标书、投标书的分类

（一）招标书的分类

根据不同的标准，招标书分为不同的类别。根据性质和内容可分为工程建设招标书、大宗商品招标书、企业承包招标书、企业租赁招标书、选聘企业经营者招标书；根据时间可分为长期招标书和短期招标书；根据范围可分为国际招标书和国内招标书、企业内部招标书和公开招标书；根据计价方式可分为固定总价项目招标书、单价不变项目招标书和成本加酬金项目招标书等。

（二）投标书的分类

投标书也有不同种类：根据投标方人员组成可分为个人投标书、合伙投标书、集体投标书、企业投标书；根据性质内容可分为工程建设投标书、企业租赁投标书、劳务投标书、科研课题投标书、技术引进投标书等。

三、招标书的结构和写法

招标书一般由标题、正文、落款三部分组成。

1. 标题

招标书的标题主要有以下几种形式。

（1）招标单位+标的名称+事由+文种。如《××学院校园超市承包招标书》。

（2）招标单位+文种。如《××市建筑公司招标书》。

（3）事由+文种。如《建筑安装工程招标书》。

（4）文种。如《招标通告》。

2. 正文

正文通常包括前言、主体和结尾。

（1）前言。写明招标原因、目的、依据、项目名称、规模等。

（2）主体。这是招标书的核心部分，由于性质内容不同，写法也有差异，但一般须写入以下内容：标的概况、招标范围、投标方法、投标程序、投标资格、质量及技术要求、合同规则、权利义务、保证条件、支付办法、招标的起止时间、开标的时间和地点等。除文字说明外，须配以图表说明，内容应力求详尽具体、明确规范。

（3）结尾。写明招标者的联系地址、电话、邮编、电传、电挂、联系人等。

3. 落款

写明招标单位的名称（全称）、法人代表和签署日期。如这部分已在封面或正文部分标明，可省略。

西安地铁问题电缆事件：
122 名公职人员被处理

四、投标书的结构和写法

一份完整的投标书包括封面、目录、标题、主送单位、前言、主体、结尾、附件。

1. 封面

封面主要由“投标书”字样、项目名称、投标单位、投标单位全权代表、投标单位公章和时间组成。这几个内容需分行醒目排列在一页纸面上。

2. 目录

将标书的结构和顺序（各章节内容），相应的页码一一标出，所有评分项目，目录中都应有明确的章节和内容，醒目而详尽。

3. 标题

投标书的标题有以下几种形式。

（1）投标单位+投标项目+文种。如《山东建筑大学社团文化节招标书》。

（2）项目+文种。如《黄鹤岭隧道工程项目投标书》。

（3）投标单位+文种。如《九九红公司投标书》。

（4）文种。如《投标说明书》。

4. 主送单位

即招标单位名称。

5. 前言

简述投标人基本情况，说明投标的依据、目的、态度及投标单位的名称性质、资质能力等。

6. 主体

主要写明投标的经营方针、经营目标、完成投标项目的具体措施、步骤及其他要说明的应标条件和事宜。要如实填写标单，力求内容详尽，论证严密。有的投标方为了能顺利中标，还附上投标附件，对有关标价、承包（租赁、合作）形式、工期、质量、服务及企业级别、技术力量、设备状况、安全措施和业绩等做出翔实的说明。

7. 结尾

签上投标人的名称、联系方式、投标日期。

8. 附件

将有关辅助说明材料，甚至担保单位的担保书，图纸、表格等附上。

五、招标书、投标书、开标的有关注意事项

1. 招标、招标书的写作要求

（1）招标公告应得到上级主管部门的批准和银行、公证机关的合作。招标人应有进行招标项目的相应资金或资金来源已经落实，并应当在招标文件中如实载明。

（2）招标分公开招标和邀请招标。公开招标的须发布招标公告，通过国家指定的报刊、信息网络或其他媒介发布。采用邀请招标方式的，应向三个以上具备承担招标项目能力、资信良好的特定法人或其他组织发出招标邀请书。

（3）招标人应根据招标项目特点和需要编制招标文件，内容应准确、具体、详细。国际招标书还要写明何种货币付款、指明招标范围是哪些国家。

（4）招标文件不得要求或标明特定的生产供应者，以及含有倾向或排斥潜在投标人的其他内容。

（5）招标人不得向他人透露已获取招标文件的潜在投标人的情况。

（6）招标人对已发出的招标文件要进行必要的澄清或修改，须在招标文件要求提交投标文件截止时间至少 15 日前，以书面形式通知所有招标文件收受人。其澄清或修改的内容为招标文件的组成部分。

（7）招标文件自开始发出之日起至投标人提交投标文书截止之日止最短不得少于 20 日。

2. 投标、投标书撰写的有关注意事项

（1）投标人必须按照投标文件的要求编制投标文件。

（2）投标人应在招标文件要求的时间范围内将投标文件送达指定投标地点。

（3）招标项目属于建设施工的，投标文件的内容应标明拟派项目负责人与主要技术人员的简历、业绩和拟用于完成招标项目的机械设备等。

（4）投标人在招标文件要求提交投标文件的截止时间前，可以补充修改或撤回已提交的投标文件，并书面通知招标人。其补充或修改的内容为投标文件的组成部分。

（5）投标人根据招标文件载明的项目实际情况，拟在中标后将中标项目的部分非主体、非关键性工作进行分包的要在投标文件中载明。

（6）若投标书未密封、未加盖单位和负责人的印章、寄送时间已超过规定的开标时间、字迹涂改，均为无效标书。

（7）对投标书中所列事项，经核对确有错误，不得任意修改，应将核实情况另附说明或补充更正在投标文中另附的专用纸上，在规定时间前报送。

（8）投送标书时应严格遵守各项规定，不得行贿，不得泄露自己的标价或串通其他投标者哄抬标价，否则取消投标或承包资格。

3. 开标的注意事项

（1）开标应在招标文件确定的提交投标文件截止时间的同一时间内公开进行，地点与文件规定不得有出入。

（2）开标时，由投标人或其推选的代表检查投标文件的密封情况，也可由招标人委托的公证机构检查并公证；经确认无误后，由工作人员当众拆封，宣读投标人名称、投标价格和投标文件的其他主要内容。

（3）评标委员会可以要求投标人对投标文件中含义不明确的内容作必要的澄清或说明，但不得超出投标文件的范围。完成评标后，应向招标人提出书面评标报告，推荐合适的中标候选人。

建筑安装工程招标书（模板）

为了提高建筑安装工程的建设速度，提高经济效益，经××（建设主管部门）批准，××（建设单位）对××建筑安装工程的全部工程（或单位工程、专业工程）进行招标。

一、招标工程的准备条件

本工程的以下招标条件已经具备：

（一）本工程已列入国家（或部、委，或省、市、自治区）年度计划。

（二）已有经国家批准的设计单位出的施工图和概算。

（三）建设用地已经征用，障碍物全部拆迁；现场施工的水、电、路和通信条件已经落实。

（四）资金、材料、设备分配计划和协作配套条件均已分别落实，能够保证供应，使拟建工程能在预定的建设工期内，连续施工。

（五）已有当地建设主管部门颁发的建筑许可证。

（六）本工程的标底已报建设主管部门和建设银行复核。

二、工程内容、范围、工程量、工期、地质勘查单位和工程设计单位：

____。

三、工程可供使用的场地、水、电、道路等情况：

____。

四、工程质量等级，技术要求，对工程材料和投标单位的特殊要求，工程验收标准：

____。

五、工程供料方式和主要材料价格，工程价款结算办法：

____。

六、组织投标单位进行工程现场勘察，说明和招标文件交底的时间、地点：

____。

七、报名日期，投标期限，招标文件发送方式：

报名日期：______年____月____日。

投标期限：______年____月____日起至______年____月____日止。

招标文件发送方式：______________________________。

八、开标、评标时间及方式，中标依据和通知：

开标时间：______年____月____日（发出招标文件至开标日期，一般不得超过两个月）。

评标结束时间：______年____月____日（从开标之日起至评标结束，一般不得超过一个月）。

开标、评标方式：建设单位邀请建设主管部门、建设银行和公证处（或工商行政管理部门）参加公开开标，审查证书，采取集体评议方式进行评标、定标工作）。

中标依据及通知：本工程评定中标单位的依据是工程质量优良，工期适当，标价合理，社会信誉好，最低标价的投报单位不一定中标。所有投标企业的标价都高于标底时，如属标底计算错误，应按实予以调整；如标底无误，通过评标剔除不合理的部分，确定合理标价和中标企业。评定结束后五日内，招标单位通过邮寄（或专人送达）方式将中标通知书送发给中标单位，并与中标单位在一月（最多不超过两月）内与中标单位签订______建筑安装工程承包合同。

九、其他：

____。

本招标方承诺，本招标书一经发出，不得改变原定招标文件内容，否则，将赔偿由此给投标单位造成的损失。投标单位按照招标文件的要求，自费参加投标准备工作和投标，投标书（即标函）应按规定的格式填写，字迹必须清楚，必须加盖单位和代表人的印鉴。投标书必须密封，不得逾期寄达。投标书一经发出，不得以任何理由要求收回或更改。

在招标过程中发生争议，如双方自行协商不成，由负责招标管理工作的部门调解仲裁，对仲裁不服，可诉诸法院。

建设单位（即招标单位）：____________

地址：____________

联系人：____________

电话：____________

______年____月____日

这是一份招标书的模板。全文由标题、正文、结尾组成。标题为项目加文种；正文由前言、主体、结尾三部分组成。前言交代了招标单位的项目名称、招标规模、招标目的、招标范围；主体写明了招标事项、招标程序，包括标的概况、质量技术要求、合同规则、权利义务、招标起止时间、开标时间等均分条列举；结尾标明了招标者的联系方式。符合招标书的要求。

例文2

投　标　书

致：____________

根据贵方为____________项目招标采购货物及服务的投标邀请____________（招标编号），签字代表____________（全名、职务）经正式授权并代表投标人____________（投标方名称、地址）提交下述文件正本一份和副本一式______份。

1. 开标一览表
2. 投标价格表
3. 货物简要说明一览表
4. 按投标须知第×条要求提供的全部文件
5. 资格证明文件
6. 投标保证金，金额为人民币____________元。

据此函，签字代表宣布同意如下：

（1）所附投标报价表中规定的应提供和交付的货物投标总价为人民币____________元。

（2）投标人将按招标文件的规定履行合同责任和义务。

（3）投标人已详细审查全部招标文件，包括修改文件（如需要修改）以及全部参考资料和有关附件。我们完全理解并同意放弃对这方面有不明及误解的权利。

（4）其投标自开标日期有效期为____________个日历日。

（5）如果在规定的开标日期后，投标人在投标有效期内撤回投标，其投标保证金将被贵方没收。

（6）投标人同意提供按照贵方可能要求的与其投标有关的一切数据或资料，完全理解不一定要接受最低价格的投标或受到的任何投标。

（7）与本投标有关的一切正式往来通信请寄：

地址：____________　邮编：____________

电话：____________　传真：____________

投标人代表姓名、职务：__________

投标人名称（公章）：__________

日期：______年____月______日

全权代表签字：__________

这份投标书模板由标题、主送单位、前言、主体、结尾、附件组成。写明了投标项目、投标单位、招标单位、投标意向、履约保证等。文字部分重在表态，报表部分均以附件形式对投标条件进行了说明，结尾是投标单位名称、地址、负责人姓名和联系电话、日期和印章。符合投标书的格式要求。

第五节　合同、协议书与意向书

一、合同

（一）合同的含义

合同是平等主体的自然人、法人、其他组织之间设立、变更、终止民事权利义务关系的协约。

（二）合同的特点

1. 合法性

合同的合法性体现在主体、内容、订立程序、表达形式等方面。合同主体是具有平等民事权利的法人、自然人或其他经济组织，应有承担民事责任的能力；合同内容要符合当事人各方的意愿，不得与有关法律法规相悖，其订立和履行须遵循应有程序。除某些特殊要求的合同外，一般合同都应采用有关主管部门统一规定的合同文本格式，因此合法性是有效合同的基本特征。

2. 合意性

合同是当事人为了实现自己的特定经济目的，即意愿而签订的，是当事人意愿的真实表述，在内容上不仅要反映当事人各方的利益，也要反映当事人各方的责任和义务。

3. 平等性

合同的当事人，无论是自然人还是法人，都是平等的民事主体，享有平等的权利，其法律地位是平等的，其合同签订的前提也必须是平等协商、自主自愿。

4. 诚信性

签订合同时，当事人应做到真诚明白、实事求是；履行合同时，应做到讲求信誉、恪守信用。

5. 规范性

根据《合同法》，合同应采用书面形式，其内容的构成及先后顺序都有统一要求，书面形式是较为统一、固定的，在语言上，要使用规范的表述方式。

（三）合同的种类

合同作为法律形式的存在，其类型由于合同内容的多样化和复杂化而各不相同。在这里只根据我国《合同法》的一般规定，简单予以介绍。

1. 双务合同和单务合同

根据当事人双方权利义务的分担方式，可把合同分为双务合同与单务合同。双务合同是指当事人双方相互享有权利、承担义务的合同。如买卖、互易、承揽、运送、保险、租赁等合同等为双务合同。单务合同是指当事人一方只享有权利，另一方只承担义务的合同。如赠与、无偿贷款、无偿保管等合同就是单务合同。在赠与合同中赠与人承担交付赠与物的义务，受赠人享有受领赠与物的权利，受赠人对赠与人没有债务关系。

2. 有偿合同与无偿合同

根据当事人取得权利是否以偿付为代价，可以将合同分为有偿合同与无偿合同。有偿合同是指当事人一方只享有合同规定的权益，必向对方偿付相应代价的合同。无偿合同是指当事人一方只享有合同规定的权益，不必向对方偿付任何代价的合同。

有些合同只能是有偿的，如买卖、互易、租赁等合同；有些合同只能是无偿的，如赠与等合同；有些合同既可以是有偿的也可以是无偿的，由当事人协商确定，如委托、保管等合同。双务合同都是有偿合同，单务合同原则上是无偿合同，但有的单务合同也可是有偿合同，如有息贷款合同。

3. 有名合同与无名合同

根据法律是否设有规范并赋予一个特定名称为标准，合同可分为有名合同与无名合同。有名合同又称典型合同，是指法律设有规范，并赋予一定的名称的合同。如我国《合同法》规定的买卖、借款、租赁等 15 大类合同均为有名合同。无名合同又称非典型合同，是指法律尚未特别规定，未赋予一定名称的合同。合同法信奉合同自由原则，在不违反社会公德和社会公共利益以及强制规范的前提下，允许当事人订立任何内容的合同。随着社会的不断发展变化，交易活动日益复杂，当事人往往需要在法定合同类型之外，另创新形态的合同以满足不同需要。非典型合同产生以后，经过一定的发展阶段，具有一定的成熟性和典型性时，合同立法就将适时规范，使之成为典型合同。

4. 诺成合同与实践合同

根据合同的成立是否以交付标的物为要件，可将合同分为诺成合同与实践合同。诺成合同又称不要物合同，是指当事人意思表示一致即可成立的合同。这种合同双方意思表示达成合意，合同即告成立，不需要其他形式和手续，也不需要以物的交付为成立条件。如雇佣合同。实践合同又称要物合同，是指除当事人意思表示一致外，还须交付标的物方能成立的合同。换句话说，这种合同是在当事人达成合意之后，还必须由当事人交付标的物和完成其他给付以后才能成立。如寄存合同，寄存人将寄存物交付保管人后，寄存合同方能成立。

5. 要式合同与不要式合同

根据合同的成立是否需要特定的形式，可将合同分为要式合同与不要式合同。要式合同是指法律要求必须具备一定的形式和手续的合同。如书面合同属于要式合同。而书面合同又分为一般书面合同和特殊书面合同。一般书面合同是指当事人之间自行订立即发生法律效力的书面合同；特殊书面合同是指当事人订立的合同经批准、登记等程序方发生法律效力的书面合同。不要式合同是指法律不要求必须具备一定形式和手续的合同。如口头合同。但也必须说明，不要式合同并非排斥合同采取书面、公证等形式，只不过法律不强求特定的形式，允许当事人自由选择合同形式，当事人完全可以约定合同采取书面、公证等形式。

6. 主合同与从合同

根据合同间是否有主从关系，可将合同分为主合同与从合同。主合同是指不依赖其他合同的存在即可独立存在的合同。从合同是指须以其他合同的存在为前提而存在的合同。从合同的主要特点在于其附属性，它必须以主合同的存在并生效为前提。主合同不能成立，从合同就不能有效成立；主合同转让，从合同也不能单独存在；主合同被宣告无效或被撤销，从合同也将失去效力；主合同终止，从合同也随之终止。例如保证合同与设立主债务的合同之间的关系，主债务合同是主合同，相对其而言，保证合同即为从合同。

7. 为订约当事人利益的合同与为第三人利益的合同

根据订立的合同是为谁的利益，可将合同分为订约当事人利益的合同与为第三人利益的合同。为订约当事人利益的合同是指仅为了订约当事人自己享有合同权利和直接取得利益的合同。为第三人利益的合同是指订约的一方当事人不是为了自己，而是为第三人设定权利，使其获得利益的合同。合同生效后，第三人可以接受该合同权利，也可以拒绝接受该项合同权利。如为第三人利益订立的保险合同。

8. 格式合同与非格式合同

格式合同又称定型化合同、标准合同、定式合同，是指当事人一方为了重复使用而预先拟定，并在订立合同时未与对方协商的合同。采用格式条款订立的合同就是格式合同，也如保险合同。非格式合同是指合同条款全部由双方当事人在订立合同时协商确定的合同。

此外，根据不同的划分标准，又可以将合同划分为有效合同与无效合同、国内合同与涉外合同、传统合同与电子合同等。总之，合同的类型是按一定标准对其进行划分的结果；随着商品交换和内容的复杂化，合同也在不断地发展和变化之中，掌握合同的共性和特性，对于实践的运用有着一定的意义。

（四）合同的结构与写法

合同的写作通常采用三种形式：文字条款式、表格式、文字条款加表格式。但无论哪种形式，一般都要包含以下几个部分。

1. 标题

标题即合同的名称，主要有以下几种写法：合同种类即合同名称，如《建筑工程合同》；合同标的+合同种类，如《农副产品买卖合同》；合同有效期+合同种类，如《2017 年运输合同》；单位名称+合同种类，如《××公司、××学院计算机终端承揽合同》；单位名称+年限+标的+合同种类，如《××厂、××公司 2018 年纺织品买卖合同》。

2. 合同当事人名称

在合同标题的左下方，分行并列写明签订合同当事人双方的单位名称（要加盖公章）及法定代表人姓名或自然人姓名，并在名称或姓名后面注明“甲方”和“乙方”。如是表格式合同，可直接在设定的位置填写合同当事人名称。

3. 合同编号与签订地点、时间

在合同标题的右下方，分行并列写明此份合同的编号和签订地点、时间。

4. 正文

正文一般包括引言、主体、结尾三个部分。

（1）引言

即合同的开头，写明当事人签订合同的目的、依据。如“根据《合同法》的规定，为了增加甲乙双方的责任感，提高经济效益，经充分协商，特订立本合同，以资共同遵守。”

（2）主体

主体是指合同当事人所签订的具体条款。主要有以下几项。

① 标的。这是合同的中心内容，是合同双方当事人的权利义务所指向的共同对象。可以是货物、劳务、工程项目，也可以是货币、智力成果等。如借款合同的标的是货币，赠与合同的标的是财产。如是借款合同，必须把借款种类、币种、用途、数额、利率、期限、还款方式等一一写明。确定标的时，要注意同名异物和同物异名的情况，如土豆又叫山药蛋、马铃薯；还要写明标的的品种、规格、花色和配套件。

② 数量和质量。数量通常是以重量、体积、长度、面积、个数作为计量单位。计量单位要准确、规范、统一，要尽量采用国际标准单位制。如米、千克、只、万米、万吨、万只等。也可用箱、包等，但必须注明每个包装单位含有多少基本计量单位。同时，应在合同上写明交货数量的正负尾差、合理磅差，如“1 000kg±2%”。质量作为标的产品或劳务的优劣程度，其标准必须具体。有国际标准、国家标准、部颁标准、省（市）标准、行业标准的，要按标准约定，没有这些标准的，可约定按企业标准或其他双方协定标准执行。另外，在合同的约定中，必须写明执行的标准代号、编号和标准名称，技术要求、验收标准也应规定清楚，并封样备验。

③ 价款或酬金。这是取得产品、接受劳务的一方向对方所支付的代价。它是以货币数量来表示的。价款或酬金又叫合同标的的价金。撰写这一款时，必须写清标的的价金和计算标准，给付价款或酬金的结算方式和程序，在签订涉外合同时，要特别注意写明用何种货币计价和结算。

④ 包装和验收方法。合同对产品货物的包装方法、包装标准、包装物的供应与回收，验收的地点、方式、标准，都应做出明确规定，以免造成责任不明，引起纠纷。

⑤ 履行的期限、地点和方式。履行期限是履行合同的时间要求，是指享有标的的一方要求对方如期完成合同标的，同时也是指提供标的的一方要求对方付给价款或者报酬的时间规定。合同可以一次性履行，也可以分期履行，但不能逾期。履行地点是交付、提取标的的地点，履行方式是指标的的交付、提取方式和价款或者报酬的结算方式，当事人在签订合同时，对此都应做出十分具体、明确的规定。

⑥ 违约责任。即“罚则”，是对不按合同规定履行义务一方的制裁措施，要写明三点：

供方未能履行合同应负的具体责任；需方未履行合同应负的具体责任；罚金的支付结算办法和逾期的法则（即如何支付违约金和偿付赔偿金）。

⑦ 解决争议的方法。合同纠纷产生的原因很复杂，有客观的，也有主观的。客观原因主要是指“不可抗力”因素，如甲方当事人由于遭受地震、风暴、火灾、水旱等灾害，不能按期履行合同，甲方当事人应当及时向乙方当事人说明不能按期履行或需要延迟履行合同的理由，乙方当事人在取得有关证明后，可允许其免除部分或全部违约责任。为解决可能在合同履行中出现的问题，应将合同的变更、解除、争议仲裁事项在签订合同时商议清楚，并明确写入合同条款。当事人之间发生合同纠纷，应首先通过双方充分协商的办法解决；如不能自行协商一致，可考虑通过非诉讼调解的办法解决；如非诉讼调解不成，可向仲裁机构申请仲裁，或依法向有管辖权的人民法院提起诉讼。

（3）结尾

合同的结尾部分主要写以下内容：合同的有效期限，如“本合同有效期自××××年××月××日至××××年××月××日，过期作废”或“本合同自双方代表签字，加盖双方公章或合同专用章即生效，至××后终止”；合同文本的份数及保存，如“本合同一式四份，甲乙双方各执一份，副本两份，送双方上级主管机关存查”；合同的补充办法及附件说明，如“本合同未尽事宜，可由双方约定后作为合同附件。合同附件与本合同具有同等法律效力”。

5. 署名和有效期限

署名一项包括合同当事人单位名称、地址、法定代表人姓名、委托代理人姓名或自然人姓名及其电话、电报挂号、开户银行、账号、邮政编码等。

署名并列写在正文的下方，如有附则，应写在附则的下方。单位应加盖公章，法定代表人、委托代理人或自然人均应签字盖章。

需要有关上级机关审核的合同，需将上级机关的审核意见写在署名的下方，并且签署该机关的全称并加盖公章。

需要鉴（公）证的合同，要将有关部门的鉴（公）证意见写在审核机关下方，并签署有关部门的全称，加盖公章。

合同的有效期限包括合同的生效时间和合同的终止时间。如果双方没有约定生效时间，一般认为是以合同签订之日起生效。合同终止时间以合同中约定的时间为准。

例文

在房管局网站下载购房合同或二手房买卖合同等。

馆舍租赁合同

××外交人员房屋服务公司（以下简称甲方）自______年____月____日起，将××市________（地点）建筑面积________平方米的房屋及其设备租给________国驻华大使馆（以下简称乙方）作馆舍之用。如房屋结构、装置或设备有缺陷，由甲方负责修理，并承担费用。

双方兹订立租赁合同如下：

第一条　自本合同生效之日起，乙方须按年度预付租金（外汇支票）______美元（或其他外币，或外汇兑换券______元）。乙方接到甲方的收租通知单后，应在三十天内一次付清。逾期须按日支付千分之二的滞纳金，以补偿甲方所受的损失。

甲方根据××地区物价和房屋修缮费用提高的幅度，可以对乙方承租的房屋租金进行调整，但应提前三个月通知乙方。

第二条 甲方负责向乙方承租的房屋提供水、电、煤气和热力。乙方按有关部门的规定缴付费用。由于甲方对乙方承租的房屋设备维修不及时，引起水、电和热力的供应中断，甲方将酌情减收相应的费用。

第三条 甲方对出租的房屋进行定期检查，及时维修，保持房屋的结构牢固，设备和装置完好。甲方将负责下列自然损耗的免费维修：

1. 屋顶漏雨，地板糟朽。

2. 门窗五金配件、门窗纱的修理和更新。

3. 管道堵塞，阀门、水嘴和水箱零件失灵，热力系统和卫生设备的修理和更换。

4. 灯口、插座、电门和电线的修理和更换，配电室的维护和清扫。

5. 围墙、栅栏歪裂，庭院道路破损。

6. 房屋外部的油漆粉刷每四年一次。

乙方应将房屋发生损坏或危险的情况及时通知甲方，甲方在接到通知后应尽快修理。甲方进行上述工程前，应征得乙方同意；乙方应给予必要的方便和协助。

第四条 由于甲方检查不周，维修不及时，造成房屋结构损坏，发生安全事故，使乙方遭受经济损失时，由甲方负责赔偿。

甲方鉴定房屋危险，不能继续使用，必须腾出时，甲方应给乙方提供另外的房屋，乙方应按期从承租的房屋中迁出。如果乙方借故拖延不迁出，造成一切损失，由乙方负责。

房屋危及乙方的安全或者健康的，即使乙方订立合同时明知该房屋质量不合格，乙方仍然可以随时解除合同。

第五条 乙方对承租的房屋、设备及庭院内的附属建筑物、树木等有爱护保管的责任。对保管不善、使用不当造成的损失或损坏，乙方应负责修复或赔偿。乙方对房屋、设备、装置的自然损耗不负赔偿责任。

第六条 乙方在征得甲方同意后，可以对承租的房屋进行下列各项自费工程：

1. 在不损坏房屋结构的条件下，改变室内装修原样。

2. 增添固定装置和设备。

乙方在改变室内装修原样、拆除或更换原有的炉具、灯具、卫生设备等时，应负担相应的损失费。在租赁关系结束时，乙方增添或更换的设备可以拆除。乙方可以自费油漆粉刷房屋。

第七条 乙方需要对承租房屋扩建、改建；或在庭院内新建房屋，须经甲方同意，并另订协议。

乙方对承租房屋、庭院进行乱拆、乱搭，造成房屋设备和庭院绿化树木的损坏时，应负责修复或赔偿。

第八条 乙方在征得甲方同意后，可增加电容量，但施工费用由乙方负担。乙方不得使用超负荷的电气设备和擅自改动供电设备。否则，由此造成的损失，由乙方负全部责任。

乙方应自行设置必要的消防器材。

第九条 遇有不可抗拒的自然灾害，致使乙方承租的房屋遭到破坏，甲方应视房屋破坏的程度，免收部分或全部租金，直至该房屋修复时为止。

第十条　乙方承租的房屋因市政建设需要，甲方收回房屋应提前三个月通知乙方，并向乙方另外提供房屋。

第十一条　乙方承租的房屋不得私自转让或转租。退房时，应提前一个月通知甲方。经甲方对房屋及其设备检验确认完好（除自然损耗外）后，双方办理终止租赁手续。租金按终止日结算。

第十二条　本合同自双方签字、盖章之日起生效。有效期自______年____月____日至______年____月____日为止。期满前三十天，如任何一方不提出异议，合同将自动延长一年。

本合同于______年____月____日在××签订，一式两份，每份都用中文和______文写成，两种文本同等作准。

甲方代理人：__________　　　　乙方代理人：__________
（本人签名）　　　　　　　　　　（本人签名）

这是一份房屋租赁合同。全文格式规范，主要内容标的、数量、质量、价款、履行期限及方式、房屋维修等双方的权利和义务均标注清楚、明了，符合合同的写作要求。

合同与协议书、意向书

二、协议书

（一）协议书概述

在社会生活中，协作的双方或数方，为保障各自的合法权益，经双方或数方共同协商达成一致意见后，签订的书面材料。协议书是契约文书的一种。是当事人双方（或多方）为了解决或预防纠纷，或确立某种法律关系，实现一定的共同利益、愿望，经过协商而达成一致后签署的具有法律效力的记录性应用文。协议作为契约的一种，将双方经过洽谈商定的有关事项记载下来，作为检查信用的凭证，一经订立，对签订各方具有约束作用。它确定了各自的权利与义务，双方各执一份，作为凭据，互相监督、互相牵制，以保证合作的正常进行。

（二）协议书的格式和写法

协议书由标题、称谓、正文、结尾组成。

（1）标题。一般按协议事项的性质写出名称。通常为“双方单位名称+事由+协议书”。

（2）称谓。写明签订协议的双方（或多方）单位名称和代表人姓名。为了行文方便，习惯上规定一方为甲方，另一方为乙方，如有第三方，可简称为丙方。

（3）正文。正文主要由开头和主要条款组成。开头主要写明双方签订协议的依据、目的和双方信守的原则。主要条款，一般分条列项具体说明，主要有协议的时间和期限、协商目的条款和酬金、履行条款期限、违反条款的责任处理等。

（4）结尾。结尾包括署名、签订协议的日期、附项三方面。附项是对附加的有关材料予以注明。最后写清双方的地址、电话、开户行、账号、电报挂号等。

技术合作协议书

××建筑工程公司（甲方）

订立协议双方：

××装修设计公司（乙方）

为发挥双方的优势，共谋发展，并为今后逐步向组成集团公司过渡，双方经过充分友好的协商，特订立本协议。

一、建立密切的技术合作关系，今后凡甲方承接的工程，装修设计任务均交给乙方承担。

二、乙方保证，在接到任务后，将立即组织以高级工程师为领导的精干设计队伍，在10日内提出设计方案，并在方案认可后一个月内完成全部设计图纸。

三、为保证设计的质量，甲方将毫无保留地向乙方提供所需的一切建筑技术资料。

四、装修施工队伍由甲方组织，装修工程的施工由甲方组织实施。施工期间，乙方派出高级工程师监督施工，以保证工程的质量。

五、甲方按装修工程总费用的千分之×向乙方支付设计费。

六、本协议自签订之日起生效。

七、本协议书一式两份，双方各执一份。

附件：《××建筑装修工程集团公司组建意向书》一份。

甲方：××建筑工程公司（盖章）
法人代表：××（签字）

乙方：××装修设计公司（盖章）
法人代表：××（签字）

××××年×月×日

甲方地址：××××××
邮政编码：××××××
电话兼传真：××××××
银行账号：××××
联系人：×××

乙方地址：××××××
邮政编码：××××××
电话兼传真：××××××
银行账号：××××
联系人：×××

三、意向书

（一）意向书的概念

意向书是社会组织内部各部门之间或组织与组织之间表达和记录某种意向的公关文书，是双方当事人通过初步洽商，就各自的意愿达成一致认识而签订的书面文件，是双方进行实质性谈判的依据，是签订协议（合同）的前奏。

（二）意向书的形式

（1）单签式。只由出具意向书的一方签署，但文件一式两份，由合作的另一方在副本上签字盖章，交付对方。

（2）联签式。由当事人双方签署的意向书。

（3）换文式。即以交换信件的形式表达合作的意向。

（三）意向书的结构和写法

意向书由标题、正文和落款组成。

1. 标题

意向书标题由意向项目+文种组成。如××项目意向书。

2. 正文

意向书的正文由引言、主体和结尾构成。

（1）引言。引言是订立意向书的依据或指导思想，表明双方当事人在何时何地由何人就何事进行洽谈，然后用"达成意向如下"引出主体。例如：

"××××年×月×日至×日在×地，××公司（以下简称甲方）副总经理×××先生与×××公司（以下简称乙方）总经理助理×××先生，根据《中华人民共和国××法》和其他法规的规定，本着平等互利的原则，就建立合资企业事宜进行了友好协商，达成意向如下："

（2）主体。意向书主体是分条归纳双方的意愿。对实现意愿的条件、形势、可行性的看法以及意向目标和相应措施，进一步商谈的时间、内容、级别、任务等加以说明。例如：

一、甲方×××

二、乙方××

（3）结尾。结尾写明意向书的份数和报送单位。例如：

"本意向书一式两份，双方各执一份。"

3. 落款

落款在正文右下方写上签署意向书单位全称和代表姓名，并签名盖章，再在下方写明日期。

（四）意向书写作的注意事项

（1）注意态度要端正。不要以为意向书没有约束力就可随意签订，损害自己的形象。

（2）注意慎重行事。撰写意向书时对关键性问题不宜贸然做出实质性承诺，以免被动。

（3）注意原则性。意向书不要写有违政策法规的内容，也不要承诺属于上级部门和其他部门才能解决的问题。

例文

深圳市新亚电子制程股份有限公司与山东天业恒基股份有限公司合作意向书

甲方：深圳市新亚电子制程股份有限公司

住所：深圳市福田区中康路卓越梅林中心广场（北区）1 栋 306A

乙方：山东天业恒基股份有限公司

住所：山东省济南市高新开发区新宇南路1号济南国际会展中心A区

（略）

第六节　业务洽谈纪要与备忘录

一、业务洽谈纪要

（一）业务洽谈纪要概述

业务洽谈纪要又称“商谈纪要”“会谈纪要”等。按照业务洽谈的实际情况，在业务洽谈记录的基础上将洽谈的主要议程、议题、涉及的问题、达成的结论及存在的分歧等，进行归纳、整理成为书面材料，经双方代表签字确认后，就成为正式的业务洽谈纪要。业务洽谈纪要作为一种具有建立某种经济关系的凭证性质、备忘录性质的重要文书，对洽谈双方具有一定的约束力，是开展工作、决策签约的依据。

业务洽谈纪要与会议纪要不同，前者具有平等性、协商性、备忘性等特点。业务洽谈纪要需要全面记录洽谈中的所有相关事项，特别是双方存在的分歧以及双方所表达的利益诉求，以起提醒备忘作用。会议纪要虽然也有备忘作用，但主要记录议定的事项。写作业务洽谈纪要须忠实于原始记录，用语简洁准确，整理印发及时。

（二）业务洽谈纪要的格式写法

业务洽谈纪要分标题、正文、落款三部分。

1. 标题

业务洽谈纪要的标题一般为“买卖双方单位名称+业务洽谈纪要”，也可以用“关于……洽谈纪要”的句式。如“××公司××商场业务洽谈纪要”或“××公司××商场关于××产品洽谈纪要”。

2. 正文

正文由前言和主体构成。

（1）前言。前言又称引语，主要介绍甲乙双方简况及业务洽谈的缘起。要写明洽谈各方的单位名称、洽谈的时间和地点、参加人员以及洽谈日期。

（2）主体。主体归纳总结洽谈的主要议程、议题、涉及的问题、达成的结论、存在的分歧以及双方提出的要求等。部分常用条文式结构，将洽谈的具体内容分列成若干条，归类陈述，使之层次清楚、条理井然。

3. 落款

洽谈纪要的结尾落上甲、乙双方的单位全称或签字认可，并写明纪要签发日期及洽谈地点。

例文1

××公司与××商场的购销业务洽谈纪要

××公司（以下简称甲方）与××商场（以下简称乙方）就××产品的购销问题事宜充分商谈，达成以下结论：

××××××

××××××

甲方：××公司（签章）　　　　签字

乙方：××商场（签章）　　　　签字

××××年×月×日重庆

这是业务洽谈纪要的一般格式。简明扼要地记录洽谈达成的事项，双方签字即可。

例文2

中国、×国经济贸易混合委员会第×次洽谈纪要

中国、×国经济贸易混合委员会第×次会议从20××年×月×日至×日在××举行。中国对外经济贸易部××局局长×××先生与×国经济事务部对外经济关系总司长×××博士轮流担任会议主席。会议按双方代表团商定的下列议程进行：1. 回顾近年来双边贸易发展的情况，检查双边贸易中存在的问题。2. 双方介绍各自进出口方面的情况，探讨和展望今后两国贸易发展的前景。双方代表团满意地注意到，近年来，中×两国贸易有了较大的发展，并期望中×贸易得到继续发展。双方代表团感到，双方贸易的发展不仅应在贸易总额方面得到促进，而且也应增加商品品种。（略）……应中方代表团要求，×方代表团介绍了×国关税制度情况。双方还就共同关心的有关发展两国贸易的其他问题交换了意见。

中方主席：（签字）

×方主席：（签字）

20××年×月×日

这是一篇大型的业务洽谈纪要，记录了主要议程和主要事项，言简意赅，庄重严肃。

二、备忘录

（一）备忘录概述

备忘录是一种用以备忘的公文。它是非正式的商务文件、便条，多用于办公事务中，以书面形式来交换内部各种事务，如解释政策、程序和指示；发布通知，提出信息和行动要求；答复要求。备忘录可以提醒人们待办的事务；可以对决定、电话交谈、会议提供书面记录。在公文函件中，其等级较低，主要用来提醒、督促对方，或就某个问题提出自己的意见或看法。在业务上，它一般用来补充正式文件的不足。值得注意的是，随着手机功能的扩展，一些私人备忘录可拟写在个人手机上，起到提醒的作用。

（1）个人备忘录：帮助或唤起记忆的记录。

（2）公司备忘录：也是书面合同的形式之一。它是指在买卖双方在磋商过程中，达成的一定程度的理解、谅解、一致意见。但不具有法律约束力。

（3）外交备忘录：其内容一般是对某一具体问题的详细说明和据此提出的论点或辩驳，以便于对方记忆或查对。外交会谈中，一方为了使自己所做的口头陈述明确而不至于引起误解，在会谈末了当面交给另一方的书面纪要，也是一种备忘录。

（二）备忘录的结构及写法

备忘录一般由五部分组成：标题、眉首、正文、结束语和签署。

1. 标题

备忘录的标题有单一性标题、两要素标题两种写法。前者直接用文种表示，如“备忘录”；后者由发文单位名称和文种组成，如“天地有限公司备忘录”。

2. 眉首

眉首也称书端，位于标题之下、正文之上，一般包括以下内容。

（1）发文人或发文单位名称，也称发自。也可以标示为来自、自，其后面写明发送信息的人员姓名或单位、部门名称，如“总经理办公室”。人员姓名的前面可以根据需要标示其职务。

（2）收文人或收文单位名称，也称发给、发送、致，其后面写明接收信息的人员姓名或单位、部门名称，如“销售部”。人员姓名的前面可以根据需要标示其职务。

（3）地址。一般包括发文人或发文单位地址和收文人或收文单位地址。有的还包括电报挂号、电传号、电话号码等。地址一项写在左上角编号处的下面，其格式与书信的写法相同。

（4）发文日期。即写明备忘录发出的日期。

（5）主题。写明备忘录正文的主题思想或内容梗概，一般要用类似电报类的词组或短语标示。

许多单位有自己特制的信笺，在写眉首时，其格式和标点符号的使用与一般信件的写法基本相同。

3. 正文

在眉首下方直接书写需要传递事项的具体内容。可以是一段到底，篇段合一；如果内容较多，可以采用分段书写。段落起首应采用空两格的形式。

4. 结束语

为表示对对方的尊重，可写上致敬语作为结束语，也可省略致敬语。

5. 签署

正文或者结束语之后下方写明发文人或发文单位的名称，写法与一般信件的格式相同。

例文

战略合作备忘录正文

甲方：××市高新技术产业园区经济发展局

乙方：湖北××农村商业银行股份有限公司

为贯彻落实市委市政府“圣地车都”战略部署，强力推进“工业兴市”主战场建设，促进××经济开发区加快建成国家级开发区和高新区，××经济开发区管委会（以下简称甲方）

和湖北××农村商业银行股份有限公司（以下简称乙方）本着互利互惠、共同发展的原则，经友好协商，达成如下战略合作备忘录：

第一条 本备忘录是甲、乙双方按照“建成国家级开发区和高新区”的战略部署，围绕专用汽车及零部件、电子信息、纺织服装、医药化工、农副产品深加工、光伏产业等六大特色产业板块和××经济开发区园区建设而订立的框架性文件。甲、乙双方将根据本备忘录，以共同发展和长期合作为目标，建立全方位合作关系。

第二条 本备忘录指导甲、乙双方的具体业务合作，即在每项具体业务合作过程中，双方签订的有关具体协议应以本备忘录约定的内容为指导。本备忘录中乙方的金融服务具体由乙方辖内农商行予以提供，乙方负责按照本备忘录对辖内农商行进行管理、指导、协调和服务。

（略）

第十八条 本备忘录有效期为三年，期满后可协商续签，本备忘录一式四份，甲、乙双方各执两份，具有同等效力。

××市高新技术产业园区经济发展局	湖北××农村商业银行股份有限公司
（公章）	（公章）
法定代表人	法定代表人
（或授权代理人）	（或授权代理人）
日期： 年 月 日	日期： 年 月 日

第七节 商务函电、商务书信、商务传真和商务电子邮件

一、商务函电

（一）商务函电概述

广义的商务函电是指企业正常经营活动中与合作伙伴进行商务联络和信息沟通时使用的书面信函或电子函电。它包括商务书信、商务传真、电子邮件和电报等，对维系和记录彼此的友谊，争取供应商，吸引客户，树立企业良好形象，都有积极的意义。

（二）商务函电的载体和内容

1. 信纸、信封

信纸的尺寸一般采用国际上通用的A4规格，即297厘米×210厘米。信纸的颜色最常用白色，而其他的浅淡色，如浅灰、微蓝、淡绿及象牙白等，也很受欢迎。若要代表企业发出商务信函，就要使用印有企业形象标识的信纸和信封。

2. 信函内容

信函内容一般包括信头部分、正文部分、信尾部分。

信头是指书信中发信人的地址和发信的日期等。通常情况下，公司都会专门印制带有信

头的信笺纸，包括发信人的姓名、地址、电话、传真等。当我们撰写传统信件时，直接使用这种信笺纸就可以。编号（写信人的名字缩写）和日期是为了方便以后查询信件用的。正文部分简述内容、事项。信尾部分包含商务祝词和落款。

尊敬的李先生：

您好！由××企业联合会提出的××将在×月×日××。您可在5月18日抵达××。有何需要，请不吝赐教。

顺颂商祺！

××公司××谨启

××××年×月×日

（三）商务函电的写作要求

不同行业、不同事由需要的商务函电各式各样，除了某些国际贸易要求统一的文件样本，多数的商务函电在写作上应做到三个方面：谨记企业的商誉、掌握7C的原则、使用正确的信函结构。

1. 谨记企业的商誉

商誉商界行业的一种基本规则，是客户、供应商及大众对企业的一份信赖，是企业需细心呵护的、不可丢失的无形资产。商务函电从某种程度上代表着企业的产品、企划、形象，可以无形中提高企业的商誉和商机。

2. 掌握7C的原则

即正确（Correctness）、清楚（Clearness）、完整（Completeness）、具体（Concreteness）、简洁（Conciseness）、礼貌（Courtesy）、体谅（Consideration）的原则。

3. 使用正确的信函结构

信函结构中信封、信纸和信函内容都要准确、规范、仔细。

二、商务书信

（一）商务书信概述

商务书信是企业之间相互来往的重要纽带。商务书信种类较多，如常见的日常联络信、推销信、询问信、报价信、还价信、预订信、订购信、接受订购信、索赔信及答复、催款信、致歉信和婉拒信等。行业不同、目的不同，其书信的内容也不同，但主体结构基本一致。

（二）商务书信的结构

商务书信的内容结构主要由称呼、启词、正文、酬应过渡、祝颂词、签署、日期等七部分组成。

1. 称呼

称呼是写信人对受信人的尊称，主要依据相互间的隶属关系、亲疏关系、尊卑关系、长幼关系等而定，一般都用“敬语+称谓”的形式组成，须顶格写，后面加冒号。如“尊敬的×总经理”“亲爱的刘主任”“尊敬的董事长先生”等。对某些特殊的内容或与境外华文地区的人员往来还可加上“提称”，如“尊敬的王博士、总经理××先生台鉴”“亲爱的××小姐雅鉴”等。

2. 启词

启词是信文的起首语，在称呼下面另起一行，前空两格，可有多种表示法。如问候式的“您好”“别来无恙”；思怀式的“久不通信，甚为怀想”“去国半载，谅诸事顺遂”等；赞颂式的“新春大吉”“开张大吉”等；承前式的“上周曾发一份传真件，今仍具函，为××事”“贵公司×月×日赐函已悉”等。此外，公务书信的启词还可用“兹为、兹因、兹悉、兹经、兹介绍、兹定于”“顷闻、顷悉、顷获”“欣闻、欣悉、欣逢、值此”“据了解、据报、据查实”等一系列公文用语，以提领全文。注意不能不分对象一律用“您好”。

3. 正文

在启词下面另起一行空两格是正文。正文是书信的主体，可以专说一件事，也可以兼说数件事，但公务书信应该一文一事。正文要清楚、明了、简洁，注意情感分寸。

4. 酬应过渡

正文结束时，可写几句酬应性的话作为全文的过渡。如“我方相信，经过此次合作，双方的友谊将有进一步发展”。又如“再次表示衷心的感谢”或“代向公司其他同仁问候”等。也有用公务书信的常用结语过渡，如“特此函达、特此说明、特此重申、特此函询、特此致歉”，或“肃此专呈、肃此奉达”，也有“特此鸣谢、敬请谅解、务请函复、至希鉴谅”，以及“承蒙惠允、承蒙协办、承蒙惠示、不胜荣幸、不胜感激”等。

5. 祝颂词

书信的最后，写祝颂词是惯例。由于写信人与受信人的关系各有不同，书信内容各有不同，祝颂词的写法便呈多种多样。“顺颂商祺”“诚祝生意兴隆”等。有时，往往用简单的一两句话写明希望对方答复的要求。如“特此函达，即希函复。”同时写表示祝愿或致敬的话，如“此致敬礼”“敬祝健康”等。祝语一般分为两行书写，“此致”“敬祝”可紧随正文，也可和正文空开。“敬礼”“健康”则转行顶格书写。

6. 签署

书信的签署以写信人全名为要，不能只签个姓氏或习惯称呼，而要完整地写成“××部主任王××”“××公司经理李××”“××公司办公室秘书万×”“××部业务员刘×”等。今天，许多书信都以计算机制成，但即使已打印了姓名，仍应再以手书签署一遍，这既表信用，也示诚意。对某些特殊对象，署名后应有具名语，如“谨上、谨呈、敬述”等，以表示对受件者的尊重。以单位名义发出的商业信函，署名时可写单位名称或单位内具体部门名称，也可同时署写信人的姓名，写在结尾后另起一行（或空一、二行）的偏右下方位置。

7. 日期

写信日期一般写在署名的下一行或同一行偏右下方位置，必须准确。

例文

尊敬的×××主任（称呼）：

您好！（启词）

××××××（正文内容）

特此重申××××××（应酬过渡）

此致（祝颂词）

敬礼

××公司经理李××（签署）

××××年×月×日

三、商务传真

（一）商务传真概述

传真也称为 Fax，商务传真是运用传真通信工具发送与原图文真迹相同的商函或其他相关商务文件的一种文书形式，是在公司运营交流中的一种重要工具，起到联络交流的作用。其内容要求简洁准确。

（二）收发商务传真的注意事项

1. 发送商务传真的注意事项

发送商务传真件时要注意：一是发传真要使用企业正规传真首页。二是主题要明。三是内容要简明扼要，不能有商业歧义，以引起纠纷。四是谨慎斟酌传真字句，格式版面标准一致，传真首页的短信说明准确清楚。完整的传真需有公司名称（××公司传真）、收件人姓名、传真号、收件人单位、发件人姓名、传真号、电话、主题、页数、日期、备注等。收件人单位须具体到单位某部门，备注须在"紧急、请审阅、请批注、请答复、请传阅"前打"√"。五是发传真前给对方打电话以确认。

2. 接收商务传真的注意事项

收到传真后，如需回复的，应尽快按照公司的管理规则分别向有关领导汇报，按领导指示给予回复；同时分类妥善保存或处理；对于特别重要的传真，应在收到传真后给对方打电话确认；涉及公司机密的传真，发出或收到后均应及时销毁或妥善保管，不得泄露。

（三）商务传真的格式

商务传真的格式一般有以下组成：页眉为公司名称或标志，页脚为公司地址、电话、传真等；上方为收件人姓名、单位、传真号码、电话号码、发件人姓名、页数、主题等；正下方为正文（正文应有标题，表明本传真的主题，同时应有收件人尊称和问候语，正文结束后有商业祝词问候语）；落款包括完整的发件人姓名、日期、所属部门等。

（四）发送商务传真的短信内容

发送商务传真的短信内容主要是简述事项。

尊敬的×先生：您好！

遵照贵方要求，现将我公司下周末在贵饭店举行的××会所需各类设备材料等的具体要求传真给您。我们是分别按照各分会场的需求提出的，请贵方收到该件后做好会议准备工作。如有问题，请速与我方联系。

顺颂商祺！

附件：设备材料要求

××敬上

××××年×月×日

四、商务电子邮件

（一）商务电子邮件概述

电子邮件简称 E-mail，其作为商务联络工具，随着网络的普及，使用日益频繁。

（二）商务电子邮件的写作要求

1. 写好邮件标题

标题是告诉收邮件者：他需要做什么，邮件的出处是哪儿。规范的邮件标题格式为：出处+主要内容+让对方做什么。如“××公司销售部 2016 年第三季度销售汇报请审阅”。出处如为个人，则为单位简写名（部门名）+个人姓名。主要内容为材料的简要类属或标题。让对方做什么：请批示、请审阅、请回复、请参考、请协调等。

2. 拟好规范主体

主体由称呼+总起缘由+事项+结尾+署名日期组成，格式如同一般书信。称呼：姓+职务（先生、女生）好！或姓+职务：您好！（前顶格，后面另起一行空两格）。总起缘由：可简要说明事由、根据。如对方不认识你，你需先介绍自己的单位和姓名，再说明事由。如“我是××公司××部××，很荣幸认识您。得知您是××方面的专家，非常仰慕，真诚向您请教，现将××发给您，期待您的赐教（回复）。谢谢！”事项需简明扼要，最好用 1、2、3 等数字按重要顺序排好，一次交代完信息。如“×总好！我是××部的××。关于××，据我所知，是这样的：1. ××。2. ××。3. ××。请查。祝好！谢谢！”结尾一般用“谢谢”。

3. 确认附件

主体报告内容较长，可用附件发送。一定要确认附件已粘贴上。如附件文件数目在 3 个以上，需压缩打包成一个文件。如附件是特殊格式，需在正文中说明打开方式。附件过大，分成几个小文件分别发送。如“××报告已在附件（其中××需用 PDF 文件打开）中，请审阅。谢谢！”

4. 确认无误才发送

发送前需再次检查拼写、内容提法、序号、格式等无误，方可发送。必要时，发短信给对方以提示。如“××公司××材料已发邮件，请查。谢谢！王××”。

5. 注意事项

商务电子邮件必须准确、简明。在工作时间发送的一定要与工作有关，不要在工作时间发送或接收个人事务的邮件。邮件中的信息尽量简短，无歧义，证实某些已达成共识的事情。不要发太长的声明，或者在书面沟通中不易澄清的信息。对于重要的信息，最好保留一个书面备份。尽量用言辞把重要的细节描述清楚，对于重要的信息，不要依赖电子邮件，因为他们可能无法看到邮件。简化信息，在同一天里，尽量不要给同一个人发送有关一个主题的多封邮件。邮件尽量个人化，不要发大批量邮件，尽量少用群体发送，或只在组织内部采用这种方式。

××公司：

贵方有关保险事宜的20××年×月×日来函知悉，特邮件函告如下：

一、综合险。在没有得到我们顾客的明确指示的情况下，我们一般投保水渍险和战争险。如贵方愿投保综合险，我方可以稍高的保费代保此险。

二、破碎险。破碎险是一种特别保险，需收取额外保费。该险现行保险费率为2%，损失只赔超过5%的部分。

三、保险金额。我方注意到贵方欲为装运给贵方的货物按发票金额另加10%投保，我方当照此办理。

我方希望上述答复将满足贵方的要求，并等候贵方的答复。

××公司

××××年×月×日

思考与练习

一、简答题

1. 如何写作计划书、策划书与商业策划书？
2. 如何写作调查报告与市场调查报告？
3. 如何撰写经济活动分析报告、市场预测报告与可行性报告？
4. 如何撰写招标书与投标书？
5. 如何写作合同、协议书与意向书？

二、写作训练

1. 撰写计划书、策划书与商业策划书。
2. 撰写调查报告与市场调查报告。
3. 撰写经济活动分析报告、市场预测报告与可行性。
4. 撰写招标书与投标书。
5. 撰写合同、协议书与意向书。

司 法 文 书

第一节　司法文书概述

一、司法文书概述

（一）司法文书的概念

广义的司法文书是指公安机关、国家安全机关、检察机关、法院、律师组织、公证机关、仲裁机关、当事人及诉讼参与人等依法制作的，用于处理各类诉讼案件及非诉讼事件的具有法律效力或法律意义的文书的总称。其中，诉讼案件是指刑事、民事（含经济）、行政三类案件；非诉讼事件是指公证实务及仲裁案件。

狭义的司法文书仅指司法机关在处理各类诉讼案件中依法制作的各类文书，是严格意义上的司法文书。

（二）司法文书的种类

（1）按制作主体进行分类，司法文书可分为公安机关的预审文书、检察机关的刑事检察文书、法院的裁判文书、监狱的执行文书、律师实务文书、公证文书、仲裁文书、当事人和诉讼参与人（证人、鉴定人等）提供的文书。

（2）按文种进行分类，可分为九类：裁判文书类，决定、命令、布告类，报告类，笔录类，证票类，书函类，通知类，其他类，书状类文书。

（3）按文书形式进行分类，可分为文字叙述式文书、填空式文书、表格式文书、笔录式文书。

（4）按性质分类，可分为诉讼文书和非诉讼文书。其中，诉讼文书又可分为刑事文书、民事文书（含经济）、行政文书三类。非诉讼文书用于公证实务及仲裁案件。

民事文书与刑事文书

（三）司法文书的特点

司法文书作为一种专业应用文，有它独具的特点。可以从司法文书的制作、形式、效用等方面来概括其特点。

1. 制作的合法性

司法文书的制作总是和一定的法律程序相联系的，有严格的规定。什么情况下依据什么法律，应制作什么文书，制作的主体是谁，制作的内容和要求是什么，如何提交送达等，都必须有法律依据。任何单位和个人都不能随心所欲地进行制作。

2. 形式的程序性

司法文书是一种具有明显程序性的文书。每一种司法文书都必须按照国家有关机关颁布的统一格式样本制作，不允许别出心裁，另搞一套。司法文书的程序性主要表现在以下三方面。

（1）结构固定化。绝大多数司法文书的总体结构均可分为首部、正文、尾部三个部分。

首部包括制作机关名称、文种名称、文书编号、当事人基本情况、案由和案件来源等。

正文是司法文书的主体部分，包括事实、理由、结论。由于具体案情各不相同，写法相对灵活，但仍有固定的框架，内容和顺序也有一定规范。写作事项具有要素化的特点。

尾部包括署名、日期、用印、附注事项等。

（2）用语规范化。这是司法文书程序化在行文上的表现。制作时必须按司法文书样式使用专业术语，而不得用其他词语来替代。例如盗窃、强奸等罪，不能写成偷窃、强暴罪。表述犯罪形态分别称为犯罪既遂、犯罪未遂、犯罪预备、犯罪中止，而不能写成已经犯罪、犯罪未成功、犯罪准备、犯罪暂停等。

在司法文书的承接、转折部分都有固定的规范化的用语与程序。

（3）称谓统一化。司法文书中当事人与诉讼参与人的称谓都是统一规定的，同一个当事人在不同诉讼阶段的司法文书中的称谓又不相同，都必须遵照办理，不可随意书写。例如刑事诉讼中公诉案件的当事人称为被害人；自诉案件中的原告一方当事人称为自诉人；被告一方当事人在公安机关或检察机关侦查、审查阶段称为犯罪嫌疑人，而在检察机关交付同级人民法院审判的公诉书和刑事自诉状中则称为被告人；在第二审程序中则为上诉人或被上诉人。在刑事诉讼中的附带民事起诉状里，当事人的称谓是原告人或被告人。代理诉讼的，分别称为法定代理人、指定代理人、委托代理人。这些称谓是不能用错的。

规范化的结构、用语、称谓是司法文书的重要特点，不掌握相应的格式就无法进行司法文书的制作。

3. 实施的有效性

司法文书是处理司法实务的文字凭证，具有法律效力或法律意义。

司法文书的法律效力是指它具有强制性的执行效力。例如拘留证、逮捕证，凭此证即可拘留、逮捕犯罪嫌疑人或被告人。刑事判决书一旦生效，判处的刑罚就要执行。民事、行政判决书一旦生效，当事人应当执行，拒不执行的，法院可以采取强制措施。我国法律为司法文书法律效力的实现提供了可靠的保障。

有一部分司法文书虽无执行效力，但却具有法律意义，是处理诉讼案件或非诉讼事件中不可或缺的必经程序或必备手续。如检查人员的公诉意见书、辩护人的辩护词、诉讼代理人的代理词、司法笔录、当事人的诉状、公证文书、仲裁文书等。

（四）司法文书的作用

1. 司法实践活动的忠实记录

司法文书是司法实践全过程各阶段的文字记录和法律凭证，所以我们可以从一个案件的完整司法文书中看出整个诉讼活动或非诉讼事件的前因后果及办理过程。

2. 实施和宣传法律的良好方式

司法文书是对具体案件审理或处理的文字记载及说明，其制作的根本目的在于有效地保证法律的具体实施。不仅如此，公开对外的法律文书还有明显的法制宣传教育作用。

3. 司法公正的一种体现形式

司法文书在文字记载的可观性、主观认定的合理性、诉讼程序及理由说明的合法性、公众心理的可信性等诸多方面都体现了司法公正。正确的法律文书是司法公正的体现形式，有利于推进我国的法制建设。

二、司法文书的写作要求

司法文书的制作需要制作者有较好的文字能力和写作技巧。针对不同案件、不同诉讼阶段制作的需要来选择文种，在选材、结构、表述、语言等方面不仅要符合法律文书的程式，而且必须做到文理通顺。

（一）选材要真实准确，有针对性

司法文书中的事实材料必须绝对真实。无论是刑事案件中的犯罪事实或民事、行政案件中的纠纷事实，既不能夸大，也不能缩小，更不能虚构。凡是写进司法文书的材料，还要求列举出足以证明该事实存在的证据。只有被告人的口供而无旁证材料的事实不能写入司法文书。因为司法裁判是以事实为依据的，若材料与事实有出入，就可能损害当事人的合法权益，也有可能使国家、集体或第三人的利益受损，严重的可能影响当事人的生命权。司法文书中的事实材料是处理案件或定罪量刑的依据，必须以法律为准绳。所以选用的事实材料与适用的法律条款应完全对应一致，理由须明确充分。

（二）司法文书格式要求符合法定规范

司法文书具有国家公文的性质，而且具有强制性的法律效用。为了准确无误地实现这种效能，各类司法文书都规定了具体明确的格式，必须严格遵守。

（三）司法文书的语言必须准确、精练、朴实

对司法文书的语言要求主要体现在准确性、精练性、朴实性三方面。

1. 准确性

准确性是对司法文书语言的第一要求，司法文书的内容从头至尾必须是准确无误的。

当事人的情况要准确无误，案情事实要准确无误，适用法律要准确无误，语言修辞要准确无误，标点符号也要准确无误，不能有失实、夸大、缩小、虚构、歧义、模糊、矛盾的现象。在语言文字的组织运用上要字斟句酌，反复推敲，文风严谨，逻辑严密。如把血型鉴定书上 A 型写成 B 型，又如在斗殴事实证词中记叙“被告人向被害人头部猛砍一刀，造成被害人头部、左手背、右臂三处受伤”，这是逻辑错误，猛砍一刀无法造成三处损伤。再如“恋爱过程中，她曾三次向我借 2 000 元”，此处表达不清，是每次 2 000 元还是一共 2 000 元不明确。

司法文书的准确性还体现在法律术语的使用上。法律术语是司法实践中总结出来的能准确表达法律概念的标准用语，如称已婚男女为夫妻，不能称爱人。

2. 精练性

司法文书应该简明扼要，概括地表达出完备的内容。要求主旨明确，行文干净利落。不说空话、套话，不拖泥带水，删去与主旨无关的字、词、句段。例如一件民事纠纷案的事实部分，原稿为：

2016 年 3 月，男孩谷某和李某登记结婚。婚后，谷某的父母出资在太原市购买了一套价值 50 万元的商品房。产权归在谷某名下。房屋购买后，李某家出钱对房子进行了装修并购买了家电。2017 年年初，两人因感情破裂准备离婚。李某提出房子的装修费用全部是她承担的，房子应算夫妻共同财产，应该平均分割。

从精练的要求出发，可将与纠纷无关的人和事删减而改写为：

原告李某于 2016 年与谷某登记结婚。后因感情破裂准备离婚。而房子由谷某家购买李某家装修，因此李某提出房子算夫妻共同财产，应平均分割。

司法文书的语言贵在精练，言虽简略，理皆要害。但不能苟简，不能言简而意缺。如只写“被告人张某共计盗窃 3 500 元，已构成盗窃罪”一句话，就简约得过分了。苟简的另一种表现是滥用简称，如把天然林保护写成“天保”，把违法少年简称“违青”，把人工流产简称“人流”等，都是司法文书不允许的，必须使用全称。

3. 朴实性

司法文书要求朴实无华，直笔叙述，一是一，二是二，是则是，非则非。最忌夸张、渲染、比喻、描绘。如“血肉横飞”“皮开肉绽”“盗窃成性”“贪得无厌”等词不宜使用，应直接写出具体的伤情、损害、物品、金额、案情。

第二节　起　诉　状

一、起诉状概述

（一）起诉状的概念

起诉状是指在诉讼过程中，公民、法人或其他组织认为自己的合法权益受到侵害或者与他人发生争议时，为维护自身合法权益依法向人民法院提交的书面请求。

在诉讼过程中提出诉讼者，即为原告，被诉讼者为被告。原告诉讼时应向人民法院提交起诉状，并具有正本或副本，其中正本一份，副本份数根据被告人数确定。根据诉讼法的规定，自己书写诉状确有困难而又没有请人代书的，当事人可以口头诉讼，并由人民法院制作笔录。

（二）起诉状的种类

根据案件的性质，起诉状可以分为民事起诉状、刑事自诉状及行政起诉状。

明星与酒驾

（三）起诉条件

（1）原告是与本案有直接利害关系的公民、法人或其他社会组织。

（2）有明确的被告。

（3）有具体的诉讼请求和事实、理由。

（4）属于人民法院受案的范围和受诉人民法院管辖。

二、起诉状的结构和写法

起诉状一般由首部、正文和尾部三部分组成。

（一）首部

起诉状的首部包括标题和当事人的基本情况两部分。

（1）标题。起诉状的标题一般表明案件的性质，刑事案件为刑事自诉状（起诉状），民事案件为民事起诉状，行政案件为行政起诉状。

（2）当事人的基本情况。当事人的基本情况部分要求分别写明原告与被告的姓名、性别、年龄、民族、籍贯、职业、工作单位和住址等。如果原告与被告不止一人，就分别写明各自的基本情况。如果当事人是企事业单位、机关、团体，则要求写明企事业单位、机关、团体的全称以及地址、法定代表人的姓名和职务等。如果法定代表人委托律师为诉讼代理人，就要写明代理人的姓名及单位、职务等。

（二）正文

正文是起诉状的主体，一般包括诉讼请求、事实与理由两部分。

（1）诉讼请求。诉讼请求是原告向人民法院提起诉讼的目的与意图。例如“原、被告双方已感情破裂，请判决离婚”“请判决被告履行合同”等。诉讼请求要求合理、合法，明确、具体，语言表达要言简意赅。如果诉讼请求有多项，可以分项写明。

（2）事实与理由。事实与理由是全文的核心部分，也是写作的重点与难点。这部分的写作，一般先叙述事实，然后说明理由，最后提出请求目的。要求以事动人，以理服人，事实与理由相结合。

叙述事实即提供诉讼请求的事实依据，也是支持诉讼请求最有力的证据。刑事自诉状的事实，主要写清楚被告人实施犯罪的时间、地点、方式，实施行为的过程及危害后果等。民事起诉状的事实，主要写清楚以下几方面的内容：一是双方当事人之间的法律关系内容；二是双方纠纷的发生、发展过程（包括时间、地点、原因、经过、结果等）；三是双方纠纷的原因与焦点。行政起诉状的事实应写明行政机关在进行具体行政行为的过程中对原告的合法权益造成侵害的经过和结果。

事实部分还应列举各类与事实有关的书证、物证、人证、证言、视听材料等证据，以证明事实的正确性。要写明证据的来源，人证还应写清楚证明人的基本情况，如姓名、性别、住址等。

理由部分主要通过对所叙事实和证据的分析，论证双方当事人之间的权利与义务关系，说明诉讼请求的合理性，并且通过援引相关的法律条文来证明诉讼请求的合法性。

在写明事实与理由的基础上，还可以提出请求目的。如某离婚案件的请求目的为："一、判决我与被告离婚；二、女儿由对方抚养，我每月负担500元的生活费，直至年满18岁；三、婚后共有财产按照法律规定共同分割。"请求目的要具体、明确，并且详尽，不能空泛，或是有所遗漏。

（三）尾部

起诉状的尾部包括呈送机关、落款和附件三部分。

（1）呈送机关。一般在起诉状的正文结束后另起一行空两格写明"此致"，然后在下一行顶格写明所呈送的机关名称"×××人民法院"。

（2）落款。在正文的右下角起诉人要签名并盖章，同时写明具状的具体日期。

（3）附件。在落款下一行左起空两格写明起诉状的副本数量；物证和书证的数量、名称；等等。

三、起诉状的写作要求

（1）真实、准确、合法、有条理。请求事项要明确具体，合理合法，切实可行，不能笼统或含糊不清；陈述案情要全面清晰，且要有针对性，突出重点，不能歪曲伪造，不允许推测；分析是非要有理有据，切中要害，援引法律、法规要准确恰当，举证要确凿可靠，经得起核实查对；要在规定的起诉时限内，依法向法院起诉。

（2）语言和书写格式要规范。起诉状的语言要求尽量使用书面语言，准确、简明地表达，切忌感情冲动、无力狡辩和人身攻击。所有提法要符合国家的政策、法律法规。

（3）书写格式要规范。起诉状有其通用固定的格式，书写时要尽量按规范性的格式去安排内容结构，特定的项目要齐全，前后不能倒置或残缺不全。

民事起诉状

原告：××市××混凝土有限公司，地址：××区××工业园区。

法定代表人：×××，男，职务执行董事，联系方式：×××××××。

委托代理人：×××，××律师事务所律师（实习律师），×××××××××。

被告：××市××建集团有限公司，住址：××省×××市××街××号。

法定代表人：×××，男，职务董事长，联系方式：××××××××。

被告：××市××建集团××煤业有限公司工程项目部，住址：××省×××市××街××号。

负责人：×××项目经理，联系方式：××××××××。

诉讼请求：

1. 判决被告支付混凝土工程欠款××××××××元。

2. 判决被告支付所欠款项从欠款之日至××××年××月××日的违约金××××元。

3. 判决被告支付从××××年××月××日至付清所有欠款时的违约金。

4. 诉讼费用、律师费用由被告承担。

事实及理由：

被告××建集团有限公司承建××煤业有限公司××××招待所工程并成立项目部具体负责工，××××年××月××日××建集团××煤业有限公司工程项目部与原告签订《商品混凝土供应合同书》，约定由原告在该工程中供应预拌商品混凝土。之后原告按合同约定按质按量完成了供应。截止××××年××月××日被告××建集团有限公司尚欠原告工程款××××元，但至今被告未支付该款项。

合同约定："甲方在乙方供货×日前应先付总额××%的备料款，批量供应后办理结算付款，并付款到总额的××%，留×%尾款在乙方将本批量R28d砼强度报告提供给甲方进付清。"原告施工结束达到付款条件后，被告与原告对账并与原告签订《对账单》明确欠款情况，但至今仍拖欠巨款不付。此为本案事实，原告唯有诉讼解决。

《最高人民法院关于审理建设工程施工合同纠纷案件适用法律问题的解释》（法释〔2004〕14号）第二十四条规定："建设工程施工合同纠纷以施工行为地为合同履行地。"第十七条规定："当事人对欠付工程价款利息计付标准有约定的，按照约定处理；没有约定的，按照中国人民银行发布的同期同类贷款利率计息。"第十八条规定："利息从应付工程价款之日计付。"由于所约定的每日1%的计息数字偏高，故原告请求按照不高于中国人民银行一年期贷款利率的四倍计算违约金，以示公平。

由于被告拖欠巨额工程款不付导致原告经营极大困难，濒临绝境，靠借高利贷周转，据此原告依据《民事诉讼法》第119条规定提起诉讼，请秉公办理。

此致

××市人民法院

原告：××市××混凝土有限公司

××××年××月××日

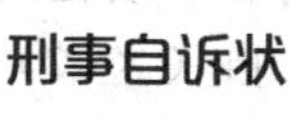

行政起诉状

第三节　上　诉　状

一、上诉状的概念

上诉状是诉讼当事人或其法定代理人不服一审法院的判决或裁定，在规定的上诉期限内，按照法定程序向原审法院的上一级人民法院提起上诉，请求撤销或变更原审判决、裁定或重新审理而制作的法律文书。上诉状主要分为刑事上诉状、民事上诉状和行政上诉状三类。

我国法律规定，案件审理实行二审终审制。当事人对一审判裁不服，有权提出上诉，任何人不得以任何借口剥夺其上诉权。上诉是法律赋予公民的一种诉讼权利，是二审人民法院进行审理的根据，对于第二审的人民法院做出正确的裁决有着重要的作用。

民事案件当事人不服第一审判决的上诉期限为15日（如果当事人不在我国领域内居住，上诉期限为60日）。不服一审裁定的上诉期限为10日。以上期限，从当事人接到判决书或裁定书的第二日起计算。行政案件上诉期限与民事案件相同。

刑事案件当事人不服判决的上诉期限为10日，不服裁定的上诉期限为5日，均从接到判决书或裁定书的第二日起计算。

二、上诉状的结构和写法

上诉状的结构包括首部、正文和尾部三部分。

1. 首部

首部包括标题和当事人的基本状况。

（1）标题。为“民事上诉状”“刑事上诉状”“行政上诉状”。

（2）当事人的基本情况。上诉人的基本情况要写明，包括姓名、性别、出生年月、民族、籍贯、职业、工作单位、职务、住址等。当事人是法人、其他组织或行政机关的，还应写出名称、地址、法定代表人等情况。因为是上诉案件，还应在上诉人或被上诉人的后面用括号注明他们在原审中是属于原告还是被告。

2. 正文

包括上诉案由、上诉请求和上诉理由。

（1）上诉案由。一般要写明一审判决或裁定的事由、原审法院的名称、处理时间、文书的名称和字号以及上诉的意思表达等内容。规范的表达方式为：“上诉人因××（案由）一案，不服××法院××××年×月×日（××）字×第××号的判决（或裁定），现提出上诉。”

（2）上诉请求。应先写明请求人民法院撤销或变更原审裁判，然后列出其他要求。上诉请求应当具体、明确、合法，上诉请求如有多项，应该分项写明。

（3）上诉理由。应以上诉请求为中心，针对原判决或裁定中的不当之处进行说理。主要从事实、定性、合法、诉讼程序四个方面来衡量原审法院的判决或裁定是否正确和恰当。注意上诉理由应针对一审判决法院认定事实或适用法律的错误。有的上诉状仍旧针对一审对方当事人的论点和论据，或者重复一审中自己的代理词内容，这样写是错误的。要针对原审判决，以驳论为主，在批驳中阐明自己的观点。

3. 尾部

写明致送法院、附项、签署上诉人的姓名或法人、其他组织的全称，加盖单位公章。注明年月日。上诉状副本份数按上诉人的人数提交。

李某某上诉案

三、上诉状的写作要求

（1）上诉状一定要在法定的期限内制作完成并上交人民法院。必须是对地方各级人民法院的一审裁定或判决不服提起的。这里包括两层意思，只能对地方各级人民法院，即高级以下人民法院所制作的裁判提起的，对最高人民法院制作的裁判不能提起上诉；只能是对人民法院的一审裁判不服才能提起上诉，我国法院实行两审终审制，二审裁判是终审裁判，不得再提起上诉。上诉必须是诉讼当事人及其法定代理人提起的。

（2）上诉请求和理由的提出要注意针对性，要紧扣原审裁判的不当之处，紧紧围绕导致原审裁判错误的具体原因，陈述事实真相，列举可靠证据，并援引法律条文，依法进行有理有据、实事求是的分析与解释，不能含糊其辞或者牵强附会。而且在上诉的过程中还应该以驳论为主，立论为辅，有破有立。

上诉状和起诉状的异同

民事上诉状

上诉人（原审原告）：王长生，男，××××年×月×日出生，汉族，个体驾驶员，住丰都县武平镇殷家坝村5组。

被上诉人（原审被告）：王天奎，男，汉族，××××年×月×日出生，住丰都县太平坝乡下坝村四组。

上诉人王长生诉王天奎返还财物纠纷一案，因不服丰都县人民法院于××××年×月×日（××××）丰法民初字第727号判决，现提出上诉。

请求事项：

1. 请求依法撤销（××××）丰法民初字第727民事判决书。

2. 发回原审人民法院重审或者查清事实后予以改判。

事实及理由：

一、原审认定的两个事实是成立的，首先，认定挖机属于上诉人购买所得属实，即××××年×月×日，上诉人王长生购买了李清勇请来在鱼塘湾挖泥巴的徐立建所有的×Y50型轮式挖掘机；其次，上诉人王长生停靠挖机时间从××××年×月×日到一审开庭时挖机才得以开走。

二、上诉人挖机没有开走的原因是被上诉人的非法扣押所造成的结果，而原审法院故意对这一事实采用模糊裁判。①原审法院对于李清勇是否欠有农民工资，欠何人工资没有查清；②王长生没有开走挖机被扣押属实。原审法院认可被上诉人以合法形式来掩盖其非法扣押挖机而出具的调解意见书是错误的。从调解意见书来看字义上是公正的、合法的；但是从主体形式上就不具备调解意见下达的要求，因为在调解上没有两方主体；从结论定性上看，完全是被上诉人个人意思，并不代表村委要求开走挖机的意愿；而在结论上加盖公章代表村委，这一行为完全是被上诉人利用村主任职务便利而做出的。

三、原审法院认定挖机被扣押时上诉人没有主动要求解决，因而损失则由其承担的裁判是错误的。①上诉人运用了自身的私力救济，详见原审调查材料，上诉人挖机被扣押时，凭人力的自我救济是不能开走挖机的，这一事实是成立的；②上诉人去寻求丰都县公安机关驻太平乡人民公安干警田国军，要求解决，在田国军拒绝前往的情况下上诉人被迫放弃向公安机关寻求公力救济的权利；③上诉人再寻求法院作为公力救济方式，请求返还车辆，这一行为符合法律规定，并且通过一审开庭被告也予以认可，由此说明这一诉讼行为是行之有效的，据于此被上诉人非法扣押上诉人所有的挖机而造成的损失应由其承担。

四、原审法院在认定证据上不公平，也不公正。上诉人依据合法程序收集证据并依法提交，相关证人因路途遥远而不便出庭作证，法庭也同意接受书面证词而审理，后来在判决过程中原审法院又以证人不到庭作证而不予认定，此种行为明显不妥。

综上所述，原审法院认定事实不清，证据不足，适用法律错误，现根据《中华人民共和国民事诉讼法》第一百五十三条的规定，特诉至贵院，请求依法判决。

此致

重庆市第三中级人民法院

上诉人：王长生

××××年×月×日

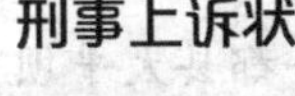

第四节 答辩状

一、答辩状的概念

答辩状是被告（人）、被反诉人、被上诉人、被申请（诉）人针对起诉状、反诉状、上诉状、再审申请（诉）书的内容，在法定期限内根据事实和法律进行回答和辩驳的文书，是诉状中使用频率最高的文种之一。

《民事诉讼法》规定，被告收到人民法院送达的起诉副本后 15 日内应该提交答辩状，人民法院收到答辩状后，应当在 5 日内将答辩状发送原告；被上诉人收到原审人民法院送达的上诉副本后 15 日内应当提出答辩状。《行政诉讼法》规定，被告应在收到起诉状副本之日起 10 日内向人民法院提出答辩状。《民事诉讼法》和《行政诉讼法》均规定，当事人不提交答辩状，不影响人民法院对案件的审理。

二、答辩状的种类

（1）根据审判程序可分为一审答辩状和二审答辩状。

（2）根据法律适用范围可分为民事答辩状和行政答辩状。

三、答辩状的结构和写法

答辩状的结构包括首部、正文、尾部三部分。

1. 首部

首部包括标题和答辩人的基本情况。

（1）标题。标题为“民事答辩状”或“行政答辩状”，不分一审还是二审。

（2）答辩人的基本状况。答辩人是公民的，写姓名、性别、出生年月日、民族、籍贯、职业或工作单位和职务、住址等；有代理人的，挨着另起一行列写代理人，并标明是法定代理人、指定代理人，还是委托代理人，并写明其姓名、性别、年龄、民族、籍贯、职业和住址。如果是法定代理人，还要写明他与答辩人的关系。如委托律师代理，只写明其姓名和职务。答辩人是法人或其他组织的，写名称、所在地址，然后写法定代表人（或代表人）的姓名、职务、电话，再写企业性质、工商登记核准号、经营范围和方式、开户银行、账号。

2. 正文

正文包括案由、事实与理由及答辩意见三部分。

（1）案由。用“答辩人因××××一案，提出答辩如下：”引出正文。

（2）事实与理由。答辩状的事实与理由是全文的核心，必须针对原告的起诉状或上诉人的上诉状的错误或不全面之处进行反驳，并提出大量的事实来证明对方的观点错误，从而支持自己的理由与意见。一般来说，在写作时可以从对方阐述事实有误、对方所引述的法律条文有误、诉讼程序不合法进行反驳。

（3）答辩意见。写完理由后，另起一行提出答辩人的诉讼主张。

3. 尾部

写明诉讼法院名称、附项、答辩人姓名或名称、答辩状制作日期。其中，附项部分要注明副本的份数，如答辩时提交证据的，还要依次注明证据的名称和数量。

电视剧《人民的名义》

民事答辩状

答辩人：刘××，男，生于1972年2月8日，汉族，佳县上高寨乡水湾畔村农民。现住榆阳区麻地湾二队。

答辩人：朱××，男，生于1982年9月2日，汉族，清涧县宽州镇朱家沟村农民。现住址同上。

答辩人：高××，（略）。

答辩人：米××，（略）。

答辩人：惠××，（略）。

答辩人：张××，（略）。

答辩人：苗××，（略）。

答辩人：李××，（略）。

因合同纠纷一案，榆林市宏盛生态农业有限公司刘××提起上诉，被上诉人提出答辩如下：

一、上诉人所述事实不符，答辩人与上诉人于2011年11月1日签订《市场转让合同》，答辩人按合同约定，于11月15日将8个摊位移交给上诉人，并将答辩人所有客户介绍给上诉人，答辩人从此结束豆芽生意。上诉人随时就占用了8个摊位，开始营业。同时上诉人又将2011年12月，2012年1月、2月三个月的转让费24万元付给答辩人，怎能说答辩人将8个摊位时至今日一直未过户给上诉人呢？如果没有将8个摊位移交给上诉人，上诉人为什么又给答辩人三个月的转让费呢？为什么占用这8个摊位呢？至于“户”的问题，答辩人租赁古城农贸综合大市场（以下简称综合市场）的8个摊位是场地摊位，没有建筑物，亦无工商登记手续，根本没有户，只是占地皮摊位，户在综合市场处，答辩人哪有权给上诉人过户呢？答辩人给综合市场出的是占场地费，也就是管理费，出了管理费才能在综合市场内卖豆芽，上诉人也知此事。如果上诉人不转让答辩人的摊位及经营豆芽权，综合市场就不让上诉人进入市场卖豆芽。答辩人于2011年5月20日给综合市场处缴了8个摊位一年的租赁费，至2012年5月29日止。上诉人亦知，到2012年5月29日上诉人再交8个摊位的租赁费，就能继续占用，根本不存在办理过户事宜。

二、上诉人述所谓“致使摊位管理方榆林古城农贸综合大市场又将该摊位另行出租给第三人杜××，上诉人一审中所举的第四份证据已经明确予以证明”。上诉人所举杜××的租赁合同纯属假证，亦超过举证时效。上诉人在一审开庭时，根本没有举这份假证据，开庭后三个多月才提交的，更重要的是一份假证据，请法庭注意该假证据是2011年2月14日以杜××

的名义签订的，手机号又是其夫曹××的。答辩人是2011年5月20日给综合市场交的租赁费，2011年11月1日与上诉人签订的《市场转让合同》，从时间上看，上诉人提供的证据与答辩人与上诉人签订《市场转让合同》无任何关系。从内容上看，上诉人提供的杜××的合同是彩钢房，而答辩人的是场地无任何建筑物，所以说上诉人提供假证据应负法律责任。另外说明杜××是曹××之妻，曹××是刘××外甥。更重要的是该8个摊位现在还是上诉人占用，如果该8个摊位被别人租赁，上诉人还为什么至今能在综合市场内卖豆芽呢？

三、答辩人与上诉人签订的《市场转让合同》是双方在自愿的基础上签订的。说是市场转让，实际是答辩人将经营权一并转让给上诉人，而且亦不违背法律、法规的规定，同时履行了相关的义务，合同应是有效的。上诉人不按时交纳转让费属违约行为。

故原审认定事实清楚，证据确凿，适用法律适当，请贵院予以维持原审判决。上诉人所持理由不能成立，请贵院予以驳回。

此致

榆林市中级人民法院

答辩人：刘××、朱××

高××、米××

惠××、张××

苗××、李××

××××年×月×日

行政答辩状

第五节 判 决 书

一、判决书的概念

判决书是人民法院主要和常用的司法文书，是人民法院代表国家行使审判权，依法对民事、刑事和行政案件就实体问题做出有法律效力的书面决定。

父母给孩子创设新姓氏落户被拒

最高人民法院发布了第17批共5件指导性案例，包括4件行政案例和1件知识产权案例，供各级人民法院审判类似案件时参照。《“北雁云依”诉济南市公安局历下区分局燕山派出所公安行政登记案》入选其中。

据了解，吕晓峰、张瑞峥夫妇为刚出生的女儿取名“北雁云依”，办理户口登记时，山东省济南市公安局历下区分局燕山派出所以孩子姓氏必须随父姓或母姓为由，不予上户口。为此，吕晓峰夫妇向法院提起诉讼，要求判令确认被告燕山派出所拒绝以“北雁云依”为姓名办理户口登记的行为违法。法院最终驳回了原告的诉讼请求。

该指导案例旨在明确公民选取或创设姓氏应当符合中华传统文化和伦理观念。仅凭个人喜好和愿望在父姓、母姓之外选取其他姓氏或者创设新的姓氏，不属于《民法通则》《婚姻法司法解释》规定的“有不违反公序良俗的其他正当理由”。

其他 4 个指导性案例为《张道文、陶仁等诉四川省简阳市人民政府侵犯客运人力三轮车经营权案》《贝汇丰诉海宁市公安局交通警察大队道路交通管理行政处罚案》《沙明保等诉马鞍山市花山区人民政府房屋强制拆除行政赔偿案》《莱州市金海种业有限公司诉张掖市富凯农业科技有限责任公司侵犯植物新品种权纠纷案》。

二、判决书的种类

（1）根据性质，可分为民事判决书、刑事判决书、行政判决书。

（2）根据诉讼程序可分为第一审判决书、第二审判决书和再审判决书。

知识拓展

十八大后，出现腐败窝案的省份很多，比较典型的有山西的塌方式腐败、四川的康师傅党羽窝案、江西官场地震、江苏南京连续多位省委常委落马。此外，重庆、河北、山东、云南和广东也有过范围不小的系统性腐败。这些人相继被判刑。

三、判决书的结构和写法

判决书的结构包括首部、正文和尾部三部分。

1. 首部

（1）标题和编号。在正中写明“×××人民法院××判决书”，另起一行在右侧写明案件顺序号。

（2）当事人身份及其基本情况以及诉讼代理人的基本情况，包括写明原告、被告及代理人的姓名、性别、年龄、民族、籍贯、职业、住址等。

2. 正文

正文包括事实、理由和判决结果三项内容。

第一部分内容写当事人的诉讼请求、争议的事实和理由、法院认定的事实及证据三方面。以“原告××诉称”“被告××辩称”引出，分别写作两段，叙述双方进行诉讼的具体要求、争议的问题、各自的理由和证据，在判决书中应如实反映。

第二部分写法院认定的事实和证据，以“经审理查明”引出，是经法庭调查属实的事实，不能认定的事实不要写进判决书。这部分包括当事人之间的法律关系、纠纷发生的时间、地点、原因、经过、情节、后果、争执的焦点、认定的证据等要素，对证据要有分析地列举，注意保守国家机密和商业秘密，隐私情节不作描述。

最后，以“本院认为……依据××法×条×款的规定，判决如下：”的行文格式进行判决。写明所根据的有关法律，阐明法院的观点，支持合理合法的诉讼请求，驳斥或惩罚不合法的诉讼。判决的结果必须体现“以事实为依据，以法律为准绳”的原则，做到准确、具体、完整。

3. 尾部

第一审判决书要写清楚：诉讼费用的负担；交代上诉权、上诉时间、上诉法院名称；合议庭组成人员或独任审判员署名；裁判日期；加盖“文件与原本核对无异”的条戳；书记员署名。

第二审判决书的尾部要加“本判决书为终审判决”。

奇葩裁定书

继被网友曝光“法官醉酒致休庭”后，湖南永州市东安县人民法院再被曝“奇葩裁定书”。网友晒出的一份裁定书显示，文书中错字连篇，被网友讽刺“文字错误多到令小学生都无法容忍的程度”。

2017 年 11 月 11 日晚，永州市中级人民法院通过官方微博发布《关于东安法官醉酒休庭、裁判文书严重差错调查处理情况的通报》，在通报处理东安“法官醉酒致休庭”事件同时，通报对“奇葩裁定书”的处理：东安县法院执行局负责人李洪涛被给予党内严重警告处分，对裁判文书负有校对责任的滕继延被给予行政警告处分。

据网友微博曝光的东安县法院一份案号为〔2016〕湘 1122 执 678 号的执行裁定书显示，文中被执行人“彭志杰”“严洁”两人的名字，分别出现了“彭志洁”“严杰”的写法，性别“女”错成了“吕”，“东安县”错成了“东这县”。

知名网络博主转发了这份裁定书，写道：“昨晚，网友曝光了湖南永州市东安县法院一份奇葩的裁定书，文书中的文字错误多到令小学生都无法容忍的程度。”

执行裁定书的低级错误同样引起了永州中院的高度重视。

11 月 11 日晚，永州市中级人民法院通过官方微博发布《关于东安法官醉酒休庭、裁判文书严重差错调查处理情况的通报》，将东安法院“法官醉酒致休庭”及“奇葩裁定”两事件的调查处理情况一并通报。

通报称：“2017 年 11 月 5 日，网曝‘东安法官魏凯扬醉酒休庭’；7 日，网曝‘东安法院裁判文书多处错别字’。永州市中级人民法院党组指派监察室联合东安县纪委、东安县法院监察室进行了调查。”“经查，东安县法院执行局负责人李洪涛，在担任刘某某与彭某某、严某借款纠纷执行案的审判长过程中，文书审查把关不严，导致执行裁定书出现 7 处错误。李洪涛对工作严重不负责任，经东安县纪委研究决定，给予李洪涛同志党内严重警告处分。经东安县法院研究决定，对裁判文书负有校对责任的滕继延同志给予行政警告处分。”

永州中院通报表示，东安县法院接连发生工作严重差错和违纪的人与事，暴露出管理不严、监督不力、纪律作风松懈，教训十分深刻。“我们向社会各界诚恳致歉，诚挚接受批评，一定举一反三，认真整改，紧密结合党的十九大提出的‘不忘初心、牢记使命’主题教育，在全市法院部署开展为期半年的‘牢记使命守规矩、正风肃纪在路上’的专项整治活动，坚定不移地加强队伍思想政治建设和司法能力建设，努力打造忠诚干净、纪律严明、作风过硬的司法队伍。欢迎社会各界继续监督支持我们的工作。”

资料来源：https://news.china.com/socialgd/10000169/20171112/31654454.html.

黑龙江省海林市人民法院
民事判决书

〔2017〕黑 1083 民初 19 号

原告：中国邮政储蓄银行股份有限公司海林市支行。

负责人：马××，该支行行长。

委托诉讼代理人：杨××，女，该行工作人员。

委托诉讼代理人：吴××，黑龙江宏硕律师事务所律师。

被告：康××，男，1957 年 6 月 24 日出生，汉族。

被告：肖××，男，1956 年 5 月 17 日出生，汉族。

被告：朱××，男，1963 年 2 月 7 日出生，汉族。

原告中国邮政储蓄银行股份有限公司海林市支行（以下简称海林邮政银行）与被告康××、肖××、朱××借款合同纠纷一案，本院于 2017 年 1 月 4 日立案后，依法适用简易程序，公开开庭进行了审理。原告海林邮政银行的委托诉讼代理人杨某到庭参加诉讼，被告康××、肖××、朱××经传票传唤无正当理由拒不到庭参加诉讼。本案现已审理终结。

海林邮政银行向本院提出诉讼请求：1. 康××偿还借款本金 15 181.14 元、利息 14 080.63 元（计算至 2016 年 12 月 8 日），合计 29 261.77 元；2. 肖××、朱××对上述款项承担连带偿还责任。事实和理由：2012 年 1 月 16 日，康××向海林邮政银行申请到借款 30 000 元，约定年利率 14.58%，期限 14 个月，贷款用途包地，阶段性等额本息还款法，逾期年利率按借款利率加收 50%的罚息。2015 年 12 月 23 日，肖××、朱××为海林邮政银行出具担保书，为康××借款本息承担连带保证责任。借款后，康××偿还借款本金 14 818.86 元、利息 5 483.63 元。截至 2016 年 12 月 8 日，康××尚欠借款本金 15 181.14 元、利息 14 080.63 元，合计 29 261.77 元。

康××、肖××、朱××未作答辩。

当事人围绕诉讼请求依法提交了证据，本院组织当事人进行了质证。本院认证如下：

海林邮政银行提供的身份证、小额贷款申请表、《小额联保借款合同》、放款单、借据、放款存折、收到贷款确认单、担保书、利息清单及还款详情打印单，上述证据来源合法，内容真实，可以相互印证，本院应予以认定。

根据当事人陈述和经审查确认的证据，本院认定事实如下：

2012 年 1 月 16 日，康××与海林邮政银行签订了《小额联保借款合同》，约定借款金额 30 000 元，年利率 14.58%，期限 14 个月，贷款用途包地，阶段性等额本息还款法，逾期年利率按借款利率加收 50%的罚息。当日，海林邮政银行按约定向康××发放了借款。

2015 年 12 月 23 日，康××、肖××、朱××为海林邮政银行出具担保书，约定截至当日康××尚欠海林邮政银行借款本金 15 181.14 元、利息 10 725.79 元，合计 25 906.93 元，于 2016 年

1月20日前偿还，肖××、朱××为以上款项承担连带保证责任，至本息全部结清为止。

借款后，康××偿还借款本金14 818.86元、利息5 483.63元。截至2016年12月8日，康××尚欠借款本金15 181.14元、利息14 080.63元，合计29 261.77元。

本院认为，借款合同是借款人向贷款人借款，到期后返还借款并支付利息的合同。借款人未按照约定的期限返还借款的，应当按照约定或者国家有关规定支付逾期利息。本案，海林邮政银行与康××签订的《小额联保借款合同》依法成立，合法有效。海林邮政银行按合同约定履行了向康××发放借款的义务，康××未按合同约定按期履行还款义务，应当承担偿还借款本息、违约等责任。

当事人在保证合同中约定保证人与债务人对债务承担连带责任的，为连带责任保证。保证担保的范围包括主债权及利息、违约金、损害赔偿和实现债权的费用，保证合同另有约定的按照约定。本案，康××、肖××、朱××为海林邮政银行出具的担保书中约定，截至2015年12月23日康××尚欠海林邮政银行的借款本金15 181.14元、利息10 725.79元，合计25 906.93元，肖××、朱××为连带责任保证人。因此，肖××、朱××应当在约定的保证范围内承担保证责任，并在承担连带偿还责任后，可以向债务人追偿。故海林邮政银行要求肖××、朱××在以上担保金额范围内承担连带保证责任的主张，符合法律规定。

综上所述，海林邮政银行要求康××偿还借款本金15 181.14元、利息14 080.63元（计算至2016年12月8日），合计29 261.77元，肖××、朱××对康××借款本息25 906.93元（其中：本金15 181.14元、利息10 725.79元）承担连带保证责任的诉讼请求，本院予以支持。康××、肖××、朱××经传票传唤无正当理由拒不到庭参加诉讼，可以缺席判决。依照《中华人民共和国合同法》第一百九十六条、第二百零七条，《中华人民共和国担保法》第十八条、第二十一条第一款、第三十一条，《最高人民法院关于适用〈中华人民共和国担保法〉若干问题的解释》第三十二条第二款，《中华人民共和国民事诉讼法》第一百四十四条规定，判决如下：

一、康××在本判决生效之日起10日内给付中国邮政储蓄银行股份有限公司海林市支行借款本金15 181.14元、利息14 080.63元（计算至2016年12月8日），合计29 261.77元，并依约定的借款利率计算至本判决确定的履行期内实际给付之日止。

二、肖××、朱××对康××借款本息25 906.93元（其中：本金15 181.14元、利息10 725.79元）承担连带清偿责任。

三、肖××、朱××履行本判决第二项确定的全部义务后，有权向债务人追偿。

如果未按本判决指定的期间履行给付金钱义务，应当依照《中华人民共和国民事诉讼法》第二百五十三条规定，加倍支付迟延履行期间的债务利息。

案件受理费3 688.18元，减半收取计1 844.09元，由康××、肖××、朱××负担。

如不服本判决，可以在判决书送达之日起十五日内，向本院递交上诉状，并按对方当事人的人数提出副本，上诉于黑龙江省牡丹江市中级人民法院。

审判员　潘××

××××年×月×日

书记员　周××

中华人民共和国最高人民法院
行政判决书
〔2015〕行提字第 7 号

第六节　公　证　书

一、公证书的概念

公证书是国家公证机关根据当事人的申请，依照事实和法律，按照法定程序制作的具有特殊法律效力的司法证明书，是司法文书的一种。

公证书的种类：按适用地不同可分为国内公证书和涉外公证书；按内容不同可分为民事公证书和经济公证书。民事公证书使用于继承权、遗嘱、收养、赡养、赠与、析产、出身、毕业证、借据等行为、事实、文书的证明；经济公证书是用于经济组织的资格、法定代表人身份、经济合同、招标、商标等的证明。

二、公证书的作用

（1）实施和维护法律的重要手段。公证机关行使国家证明权，监督引导当事人正确行使民事权利、履行民事义务，达到预防纠纷、减少诉讼的目的。

（2）具有特殊的证明作用。民事诉讼法规定，经过公证的法律行为、法律事实和文书，人民法院应当作为认定事实的根据。

（3）具有法律约束力。某些法律行为在办理公证后才对当事人产生法律效力。如收养关系自公证证明之日起方能成立。

三、办理公证书的一般程序

（1）申请与受理。公民、法人申请公证，应当向公证处提出，并填写公证申请表。

（2）审查。是公证处在受理当事人的公证申请后，出具公证以前，对当事人申请办理的公证事项及提供的证明材料进行的调查核实工作。

（3）期限、拒绝和复议。公证事项从受理之日起一个月内办结；对不真实、不合法的行为、事实和文书，公证处应拒绝公证；公证处或它的同级、上级司法行政机关发现已发出的公证文书内容不真实或违反法律、社会公共利益的，应当撤销公证书。

四、公证书的结构和写法

公证书可以分为首部、正文（证词）和尾部三部分。

（1）首部，包括公证书名称和编号，有的要写当事人的基本情况。

（2）正文（证词），是公证书的主体部分。其内容包括公证证明的对象、公证证明的范围和内容、证明所依据的法律法规等。由于证明事项不同，写法不尽相同。写作要求准确、具体、明了、易懂。公证证词所涉及的组织名称第一次出现时必须使用全称；所涉及的日期要采用公历，需要涉及农历时应用括号注明。

（3）尾部。包括公证机关名称、公证员签章、出证日期和公章。

“乔丹”商标案——“飞人”插上公证的翅膀

2016 年 12 月 8 日，最高人民法院对再审申请人迈克尔·杰弗里·乔丹与被申请人国家工商行政管理总局商标评审委员会、一审第三人乔丹体育股份有限公司商标争议行政纠纷 10 件案件进行公开宣判。根据最高法判决，涉及“乔丹”商标的注册损害了飞人乔丹对“乔丹”享有的在先姓名权，违反商标法规定，应予撤销。至此，这场历经 4 年、在国内外引发广泛关注的案件画上句号。

飞人乔丹要如何证明自己在中国是一个名人？如何证明当公众看到“乔丹”商标时会将其和自己联系起来？2012 年 3 月，飞人乔丹委托一家民意调查公司在北京、武汉、西安、成都、广州等多个城市开展了民意调查。为了证明民意调查结果的可信度，申请向北京市长安公证处、上海市东方公证处、四川省成都市律政公证处等公证机构监督和记录此次民意调查的全过程，确保最终民意调查结果的客观、公正。

在判决书中，最高法院勘定了公证证据发挥的重要作用。〔2016〕最高法在 27 号判决书中提到，“再审申请人提交了两份零点调查公司于 2012 年完成的《Michael Jordan（迈克尔·乔丹）与乔丹体育品牌联想调查报告（全国、上海）》（以下统称两份调查报告）。两份调查报告的调查活动分别在北京、上海、广州、成都和常熟五个城市进行，以获得一般消费者对乔丹体育品牌和再审申请人之间关系的认知。两份调查报告的调查过程分别由北京市长安公证处、上海市东方公证处（注：还包括四川省成都市律政公证处）等公证机构进行了公证，两份调查报告后附有‘技术说明’和‘问卷’，以及问题‘卡片’等”“本院认为，两份调查报告的调查过程由公证机关进行了公证，调查程序较为规范，调查结论的真实性、证明力相对较高，可以与本案其他证据结合后共同证明相关事实”。

公　证　书

（××××）海经字第×号

兹证明××公司的法定代表人××与××商场的法定代表人××于××××年×月×日，在本公证处，在我的面前，签订了前面《××合同》。

经查，上述双方当事人签约行为符合《中国人民共和国民法通则》第×条的规定，内容符合《中华人民共和国合同法》的规定。

中华人民共和国北京市海淀公证处

××××年×月×日

例文3

公证书

〔××××〕渝证内字第　　号

申请人：深圳市××投资有限公司

法定代表人：张×

委托代理人：吴××

公证事项：更正声明

因深圳市××投资有限公司在向重庆市高级人民法院申请执行重庆××（集团）物业发展有限公司所欠债务 1 152 万元人民币时，因相关《还款协议》上房屋抵押面积有误，特向本处申请《更正声明》公证。

经查，申请人深圳市××投资有限公司与重庆××（集团）物业发展有限公司于××××年×月×日签订了《还款协议》并经本处公证。该还款协议上有“并以‘江田君悦国际广场’的 25 楼全层和 26 楼半层作抵押，抵押面积约 3 750m^2”等字句，因该面积数据有误，申请人声明更正该面积为 2 750m^2。

兹证明前面《更正声明》上“深圳市××投资有限公司”的印章和法定代表人张×的印章均属实。

中华人民共和国重库市公证处

公证员　××

××××年×月×日

思考与练习

一、名词解释

起诉状　上诉状　答辩状

二、简答题

1. 起诉状与上诉状的区别？

2. 答辩状的主体部分（答辩理由）应从哪些方面进行答辩？答辩时应注意什么问题？

三、写作训练

1. 张某与李某均为××××年 12 月生，两人是好朋友。××××年时，张某尚在高中读书，李某在一家公司工作。当年 11 月 1 日，张某与李某聊天时称本班的班主任刘老师对自己很看不起，时常批评自己。正说着，两人突然看到刘老师推着自行车下班回家，正路过看门人郑某的狼狗前。该狗性格温顺，故平时不用链子锁，李某遂指了下狗，做了个砸的手势，张某会意，把手中的石子向狗砸去，正中狼狗右眼，狼狗负痛性急，往刘老师腿上咬了一口。

刘老师检查被咬处，见只有牙印未见出血，便没当回事，也没听他人劝告去打狂犬疫苗针。11 月 10 日，刘老师狂犬症发作，刚确诊便死亡。次年 1 月，刘老师的丈夫提起侵权之诉。现假设刘老师的丈夫聘你为其律师，请你为其代写一份起诉书。

2. A 市一女赵杏花与其丈夫王大壮曾是一对患难夫妻，十余年来，感情很好。但自××××年下半年以来，王大壮常常夜不归宿。××××年 8 月，赵杏花经过跟踪调查，终于发现王大壮与赵杏花之友孙玲玲在一起鬼混。赵杏花曾多次苦劝王大壮回心转意，但王大壮变本加厉，于××××年底在市区另租一处住房，与孙玲玲同居。××××年 4 月 30 日，新婚姻法通过，赵杏花顿觉有了法律为自己撑腰，决定起诉王大壮离婚，并要求王大壮承担过错赔偿责任。为了使自己的起诉更具可信度，赵杏花找人偷拍王大壮与孙玲玲一起相依相拥的照片，以及在王大壮所租房子里王大壮与孙玲玲的某些甜蜜镜头提交法院。王大壮在法庭上辩称，他与赵杏花原本就没有感情，因而与孙玲玲在一起是追求真正的爱情，其本身并无过错，且赵杏花所取证据皆为非法手段，反对法庭予以采用，但同意离婚。

现假设你是该案主审法官，请为此案写一份判决书。

文学写作

第一节 诗歌写作

一、诗歌的概念和分类

（一）诗歌的概念

诗歌是一种运用高度凝练而富有节奏和韵律的语言，来表达作者丰富情感和反映社会生活的文学体裁。《毛诗·大序》载："诗者，志之所之也。在心为志，发言为诗。"南宋严羽《沧浪诗话》云："诗者，吟咏性情也。"可见诗是一种抒情言志的文学体裁。

（二）诗歌的分类

1. 按内容和表达方式分

诗歌可分为抒情诗和叙事诗。

（1）抒情诗

抒情诗是以抒发感情为主要表达方式，侧重表现作者对社会生活的内在感受和体验的诗歌。按照抒情方式来分，大致可分为直接抒情和间接抒情两类。

直接抒情就是直接地抒发和表露主观感情，也叫直抒胸臆。如《热爱生命》就是直接抒情。

热爱生命（汪国真）

间接抒情则是依附于人、事、物、理的抒情，主要有借景抒情、寓情于理、托物言志、因事缘情等。如冰心的《一句话》和余光中的《春天，遂想起》。

春天，遂想起（余光中）

（2）叙事诗

叙事诗是一种通过叙述故事情节、塑造人物形象来反映社会生活，抒写作者对社会、人生的认识和情感的诗歌，它介于诗与小说之间，以情节和人物来串联，把抒情和叙事有机结合。按取材的特点和篇幅的长短，可以分为史诗、长篇叙事诗和小叙事诗。我国现已整理出的古代史诗，如藏族的《格萨尔王》。我国古代优秀的长篇叙事诗，如大家熟悉的《孔雀东南飞》《木兰辞》《琵琶行》等，现代如李季的《王贵与李香香》、阮章竞的《漳河水》等也各呈异彩。小叙事诗，如未央的《驰过燃烧的村庄》。

2. 按形式上的表现划分

诗歌主要可以分为旧体诗、新诗和歌谣。

（1）旧体诗

旧体诗主要是指按一定格律写成的诗，如李白的《床前明月光》。旧体诗一指古典诗歌，二指新诗诞生后，现代人用古典诗歌形式创作的表现现代人生活情感的诗歌。

（2）新诗

新诗，是指以白话作为基本语言手段的诗歌体裁。有自由体、新格律体、十四行诗、阶梯式诗、散文诗等多种形式。自由诗：诗歌的句式、章法和押韵都较为随意。并不等于绝对的自由，它仍然具有语言和节奏形成的韵律。如郭沫若的《立在地球边上放号》。“新格律诗”是新月诗派在20世纪20年代所提倡的一种诗歌。它主张“理性节制情感”的美学原则，提倡格律，其理论核心是闻一多提出的“三美”，即音乐美、色彩美和建筑美。其理论和创作对中国新诗的发展产生了较大影响，并形成流派，史称“新格律诗派”。如闻一多的《祈祷》。

（3）歌谣

歌谣是民歌、民谣、儿歌、童谣的总称。例如，刘大白的《卖布谣》：“嫂嫂织布，哥哥卖布。卖布买米，有饭落肚。嫂嫂织布，哥哥卖布。弟弟裤破，没布补裤。嫂嫂织布，哥哥卖布。是谁买布，前村财主。土布粗，洋布细。洋布便宜，财主欢喜。土布没人要，饿倒哥哥嫂嫂！”再如广东童谣：“月光光，照池塘；年卅晚，摘槟榔；槟榔香，摘子姜；子姜辣，买葡突；葡突苦，买猪肚；猪肚肥，买牛皮；牛皮薄，买菱角；菱角尖，买马鞭；马鞭长，起屋梁；屋梁高，买张刀；刀切菜，买箩盖；箩盖圆，买只船；船漏底，沉死两个番鬼仔；一个蒲头一个沉底，一个匿埋门扇底，恶恶食孖油炸烩。”

3. 按突出的风格特点分为各种类型的诗歌

如讽刺诗、朗诵诗、朦胧诗、街头诗与新生代诗歌。讽刺诗，如徐乡愁的《狐狸的尾巴总会露出来》。朗诵诗，如徐志摩的《再别康桥》和王怀让的《我骄傲，我是中国人》。朦胧诗，如北岛的《回答》和顾城的《一代人》。街头诗，如郭沫若的《红旗歌谣》。新生代诗歌，如海子的《亚洲铜》和李亚伟的《中文系》。

二、古体诗词写作

（一）古绝

古绝的特点，总体来说，是不受格律的限制。分开来说，主要是：不讲究平仄；不讲究黏对；以押仄声韵为常见。

关于押韵，唐代以前平韵、仄韵互见；唐代以后为了与近体绝句相区别，变为押仄韵为主，间也有押平韵的。李白《静夜思》：“床前明月光，疑是地上霜。举头望明月，低头思故乡。”此诗虽然押平韵，但是没有一句是合律的句子，前后联失黏，后两句失对，所以是古绝。

（二）近体绝句

近体绝句每首限定四句。五绝每句五字，共二十字；七绝每句七字，共二十八字。押韵限用平音字。五绝以首句不入韵为常例，首句入韵为变例；七绝以首句入韵为常例，首句不入韵为变例。

1. 五绝有四种平仄格式

（1）仄起平韵正格

仄仄平平仄，平平仄仄平Δ。平平平仄仄，仄仄仄平平Δ。

如王之涣的《登鹳雀楼》：“白日依山尽，黄河入海流。欲穷千里目，更上一层楼。”

（2）平起平韵偏格

平平平仄仄，仄仄仄平平Δ。仄仄平平仄，平平仄仄平Δ。

如李白的《夜宿山寺》：“危楼高百尺，手可摘星辰。不敢高声语，恐惊天上人。”

（3）仄起仄韵正格

仄仄平平仄，平平平仄仄Δ。平平仄仄平，仄仄平平仄Δ。

（4）平起仄韵偏格

平平平仄仄，仄仄平平仄Δ。仄仄仄平平，平平平仄仄Δ。

2. 七绝有四种平仄格式

（1）仄起平韵正格

仄仄平平仄仄平Δ，平平仄仄仄平平Δ。平平仄仄平平仄，仄仄平平仄仄平Δ。

如李商隐的《夜雨寄北》：“君问归期未有期，巴山夜雨涨秋池。何当共剪西窗烛，却话巴山夜雨时。”

（2）平起平韵偏格

平平仄仄仄平平Δ，仄仄平平仄仄平Δ。仄仄平平平仄仄，平平仄仄仄平平Δ。

如王昌龄的《出塞》：“秦时明月汉时关，万里长征人未还。但使龙城飞将在，不教胡马度阴山。”

（3）仄起仄韵正格

仄仄平平平仄仄Δ，平平仄仄平平仄Δ。

平平仄仄仄平平，仄仄平平平仄仄Δ。

（4）平起仄韵正格

平平仄仄平平仄Δ，仄仄平平平仄仄Δ。

仄仄平平仄仄平，平平仄仄平平仄Δ。

（三）律诗

1. 五言律诗

五言律诗以首句不入韵为正例，因此只逢双句用韵，共有四句押韵。以首句入韵为变例。这样就有五句用韵。

构成五律有以下四种平仄格式。

（1）仄起第一式（仄起仄收，首句不入韵）。

㊀仄平平仄，平平仄仄平Δ。

㊉平平仄仄，㊀仄仄平平Δ。

㊀仄平平仄，平平仄仄平Δ。

㊉平平仄仄，㊀仄仄平平Δ。

例如：春望（杜甫）

国破山河在，城春草木深。

感时花溅泪，恨别鸟惊心。

烽火连三月，家书抵万金。

白头搔更短，浑欲不胜簪。

（2）仄起第二式（仄起平收，首句入韵）。

㊀仄仄平平Δ，平平仄仄平Δ。

㊉平平仄仄，仄仄仄平平Δ。

㊀仄平平仄，平平仄仄平Δ。

㊉平平仄仄，㊀仄仄平平Δ。

例如：秋日赴阙题潼关驿楼（许浑）

红叶晚萧萧，长亭酒一瓢。

残云归太华，疏雨过中条。

树色随山迥，河声入海遥。

帝乡明日到，犹自梦渔樵。

（3）平起第一格式（平起仄收，首句不入韵）。

㊉平平仄仄，㊀仄仄平平Δ。

㊀仄平平仄，平平仄仄平Δ。

㊉平平仄仄，㊀仄仄平平Δ。

㊀仄平平仄，平平仄仄平Δ。

例如：山居秋暝（王维）

空山新雨后，天气晚来秋。

明月松间照，清泉石上流。

竹喧归浣女，莲动下渔舟。

随意春芳歇，王孙自可留。

（4）平起第二格式（平起平收，首句入韵）。

平平仄仄平Δ，㊀仄仄平平Δ。

㊀仄平平仄，平平仄仄平Δ。

㊉平平仄仄，㊀仄仄平平Δ。

㊀仄平平仄，平平仄仄平Δ。

例如：晚晴（李商隐）

深居俯夹城，春去夏犹清。

天意怜幽草，人间重晚晴。
并添高阁迥，微注小窗明。
越鸟巢干后，归飞体更轻。

2. 七言律诗

跟七言绝句一样，七言律诗也是以首句入韵为正例。全首共有五句用韵。首句起韵，第二、四、六、八句押韵；以首句不入韵为变例，全首有四句用韵，逢双句押韵。

七绝是五绝的扩展，同样七律是五律的扩展，不过在五律每一句的头上加两个字。它的平仄格式也只有以下四种。

（1）仄起第一式（仄起平收，首句入韵）。

(仄)仄平平仄仄平Δ，(平)平(仄)仄仄平平Δ。
(平)平(仄)仄平平仄，(仄)仄平平仄仄平Δ。
(仄)仄(平)平平仄仄，(平)平(仄)仄仄平平Δ。
(平)平(仄)仄平平仄，(仄)仄平平仄仄平Δ。

例如：书愤（陆游）

早岁那知世事艰，中原北望气如山。
楼船夜雪瓜洲渡，铁马秋风大散关。
塞上长城空自许，镜中衰鬓已先斑。
出师一表真名世，千载谁堪伯仲间。

（2）仄起第二式（仄起平收，首句不入韵）。

(仄)仄(平)平平仄仄，(平)平(仄)仄仄平平Δ。
(平)平(仄)仄平平仄，(仄)仄平平仄仄平Δ。
(仄)仄(平)平平仄仄，(平)平(仄)仄仄平平Δ。
(平)平(仄)仄平平仄，(仄)仄平平仄仄平Δ。

例如：登金陵凤凰台（李白）

凤凰台上凤凰游，凤去台空江自流。
吴宫花草埋幽径，晋代衣冠成古丘。
三山半落青天外，一水中分白鹭洲。
总为浮云能蔽日，长安不见使人愁。

（3）平起第一式（平起平收，首句入韵）。

(平)平(仄)仄仄平平Δ，(仄)仄平平仄仄平Δ。
(仄)仄(平)平平仄仄，(平)平(仄)仄仄平平Δ。
(平)平(仄)仄平平仄，(仄)仄平平仄仄平Δ。
(仄)仄(平)平平仄仄，(平)平(仄)仄仄平平Δ。

例如：登庐山（毛泽东）

一山飞峙大江边，跃上葱茏四百旋。
冷眼向洋看世界，热风吹雨洒江天。
云横九派浮黄鹤，浪下三吴起白烟。
陶令不知何处去，桃花源里可耕田？

（4）平起第二式（平起仄收，首句不入韵）。

㊉平㊀仄平平仄，㊀仄平平仄仄平Δ。

㊀仄㊉平平仄仄，㊉平㊀仄仄平平Δ。

㊉平㊀仄平平仄，㊀仄平平仄仄平Δ。

㊉仄㊉平平仄仄，㊉平㊀仄仄平平Δ。

例如：酬乐天扬州初逢席上见赠（刘禹锡）

巴山楚水凄凉地，二十三年弃置身。

怀旧空吟闻笛赋，到乡翻似烂柯人。

沉舟侧畔千帆过，病树前头万木春。

今日听君歌一曲，暂凭杯酒长精神。

（四）用韵

关于诗的用韵，宋代刘渊（平水人）将韵书整理为107韵。称平水韵，元代及明代沿用。清康熙修订《佩文韵府》，分韵为106韵，一直沿用至今。

中华书局上海编辑所于1965年4月出版《诗韵新编》，把106韵简为18个韵部，易于应用。

广西人民出版社1975年出版的《现代诗韵》，分13部17韵，13部与戏曲所用13辙是一致的。因缺乏权威性，没有推广使用。

中华诗词编辑部于2004年5月启用《中华新韵》，分为14韵。也因缺乏权威性，只在下属各省诗词编辑部使用。

（五）词的写作

词谱是填词者所依据的书。清代陈廷敬、王奕清等合编的《钦定词谱》，收唐、宋、元词826调，2 306体，是最完备的词谱。但此书所列词谱太多，对学写词者不合适。现代人杨文生先生所编的《词谱简编》（四川人民出版社1981年12月第1版）收录120个词牌，便于填词者使用。最初的词只有一段，称“单调”。后发展为两段，称“双调”。第一段称“上阕”（或叫上片），第二段称“下阕”（或叫下片）。有三段的称“三叠”（或叫“三阕”），写的人很少。依谱填词，必须押韵。清代戈载编的《词林正韵》为近代与现在所多用。现代王力先生编的《诗韵常用字表》可做参考。词的押韵，通常规定：平声（阴平、阳平）独押；仄声韵的上声、去声通押；仄声字的入声独押。填词用字要讲平仄。词的句子结构一般和律诗相同。因此，词句的平仄一般合于律诗的平仄。

词谱举例于下：

（1）单调仄起

词谱《捣练子》（李煜）

平仄仄句	深院静，	
仄平平韵	小庭空Δ。	
㊀仄平平㊀仄平	叶韵	断续寒砧断续风Δ。
㊉仄㊀平平仄仄句㊀		无奈夜长人不寐，
㊉平㊀仄仄平平	叶韵	数声和月到帘栊Δ。

（2）单调平起

词谱《渔歌子》（张志和）

词谱	韵	例词
（平）仄平平仄仄平	韵	西塞山前白鹭飞Δ，
（平）平（平）仄仄平平	叶韵	桃花流水鳜鱼肥Δ。
平仄仄句		青箬笠，
仄平平	叶韵	绿蓑衣Δ，
（平）平（仄）仄仄平平	叶韵	斜风细雨不须归Δ。

（3）双调平起仄韵（上下片全同）

词谱《卜算子》（毛泽东）

词谱	韵	例词
（仄）仄仄平平		风雨送春归，
（仄）仄平平仄Δ	仄韵	飞雪迎春到Δ。
（仄）仄平平仄仄平		已是悬崖百丈冰，
（仄）仄平平仄	叶韵	犹有花枝俏Δ。
（仄）仄仄平平		俏也不争春，
（仄）仄平平仄Δ	仄韵	只把春来报Δ。
（仄）仄平平仄仄平		待到山花烂漫时，
（仄）仄平平仄	叶韵	她在丛中笑Δ。

（4）双仄起平调

词谱《西江月》（毛泽东）

词谱	韵	例词
（仄）仄（平）平（仄）仄		山下旌旗在望，
（平）平（仄）仄平平Δ	韵	山头鼓角相闻Δ。
（平）平（仄）仄仄平平Δ		敌军围困万千重，
（仄）仄（平）平（仄）仄Δ	换仄韵	我自岿然不动Δ。
（仄）仄（平）平（仄）仄		早已森严壁垒，
（平）平（仄）仄平平Δ	平韵	更加众志成城Δ。
（平）平（仄）仄仄平平		黄沙界上炮声隆，
（仄）仄（平）平（仄）仄Δ	换仄韵	报道敌军宵遁Δ。

例文1

木兰花令·拟古决绝词（纳兰性德）

人生若只如初见，
何事秋风悲画扇。
等闲变却故人心，
却道故人心易变。
骊山语罢清宵半，
泪雨霖铃终不怨。
何如薄幸锦衣郎，
比翼连枝当日愿。

此调原为唐教坊曲，后用为词牌。始见《花间集》韦庄词。有不同体格，俱为双调。但《太和正音谱》谓：《花间集》载《木兰花》《玉楼春》两调，其七字八句者为《玉楼春》体。故本首是为此体，共五十六字。上、下片除第三句外，余则皆押仄声韵。词题说这是一首拟古之作，其所拟之《决绝词》本是古诗中的一种，是以女子的口吻控诉男子的薄情，从而表态与之决绝。

念奴娇·赤壁怀古（苏轼）

大江东去，浪淘尽，千古风流人物。故垒西边，人道是，三国周郎赤壁。乱石穿空，惊涛拍岸，卷起千堆雪。江山如画，一时多少豪杰。

遥想公瑾当年，小乔初嫁了（liǎo），雄姿英（yīng）发。羽扇纶（guān）巾，谈笑间，樯橹灰飞烟灭。故国神游，多情应笑我，早生华（huā）发。人生如梦，一尊还酹（lèi）江月。

此词怀古抒情，写自己消磨壮心殆尽，转而以旷达之心关注历史和人生。上阕以描写赤壁矶风起浪涌的自然风景为主，意境开阔博大，感慨隐约深沉。起笔凌云健举，包举有力。将浩荡江流与千古人事并收笔下。

（六）诗词的修辞手法

1. 夸张

第一种抓特征而发挥。李白的《秋浦歌》（之十五）："白发三千丈，缘愁似个长。不知明镜里，何处得秋霜。"在现实中不可能有三千丈的白发。诗的第二句，解释是因忧愁郁结而头发变白。有形的白发被无形的愁绪所替换。

第二种用对比来突出。李白的《蜀道难》中有"蜀道之难，难于上青天"句，用上天之难来比蜀道之难，从而突出蜀道之难。

第三种同比喻结合起来，也称描写夸张。李白在《将进酒》中有"君不见高堂明镜悲白发，朝如青丝暮如雪"句，以青丝比黑发，以白雪比白发。

第四种借假设以夸张。唐李贺的《金铜仙人歌》中有"天若有情天亦老"句，把本来无情的天说成像人一样，并说目睹了人世间的变化也会衰老。

2. 重叠

重叠可增强诗歌音律的节奏感，造成回环往复，使诗句韵味无穷。重叠包括重叠和反复。重叠指叠字或叠词。反复指语句的反复，多表现为叠句或叠章。

叠字与叠词：两字重叠后产生了新词意。杜甫的《咏怀五百字》中"兀兀遂至今"句，"兀"字重叠后，未改变词意，只起加强、反复的作用。叠字用作摹声比较多见。杜甫的《兵车行》中有"车辚辚，马萧萧"句。"辚辚"仿车行的声音。"萧萧"仿马叫的声音。词的重叠，又以量词为多。李绅的《悯农》中有"粒粒皆辛苦"句，"粒"重叠后含有每粒的意思。动词的重叠也较为常见。《古诗十九首》中有"行行重行行"句，"行"的重叠，是字的重叠，也是动词的重叠，并有反复。该句表示动作的反复，表明走了一程又一程，走个不停。

语句的重叠与语句的反复。李白的《蜀道难》中反复出现了三次"蜀道之难，难于上青天"的语句。李贺的《老夫采玉歌》中有"采玉采玉须水碧"句。"采玉"是一个短语。

叠章，可称回环反复。《诗经》中采用这一手法较多。如《硕鼠》中有“硕鼠硕鼠，无食我黍！三岁贯女（汝），莫我肯顾。逝（誓）将去女（汝），适彼乐土。乐土乐土，爰得我所。”连续三章重叠，每章的章法、句式类同，只是每章换几个字。

3. 双关

在字面上是另外一件事物，骨子里才是作者所要说出的事物。但它们之间不是没有关系，而是双双关涉的。双关法可分谐音与借义两类。

（1）谐音双关。李商隐的《无题》中有“春蚕到死丝方尽，蜡炬成灰泪始干”句，其中“丝”是“思”的谐音双关，而“泪”既指烛泪，也借义指思人的泪。刘禹锡的《竹枝词》：“杨柳青青江水平，闻郎江上踏歌声。东边日出西边雨，道是无晴却有晴。”借用“晴”与“情”的谐音，写了江上阵雨的气候，又写了女子的心情。第四句表面上是气候有晴无晴的说明，实际上是“有情”“无情”的比喻。

（2）借义双关。南朝乐府的《子夜四时歌》（第二十首）：“自从别欢后绝响。黄檗向春生，苦心随日长。”（黄檗，即黄柏，其树皮及树心味苦）。这里借黄柏的苦双关到离别的苦。

4. 排比

把同一范围、同样性质的事物，用形式相似的句子接连地逐一表达出来。即将类似的句子相比着排列出来。用这一手法造成一贯而下的气势。杜甫的《草堂》中有“旧犬喜我归，低徊入衣裾。邻里喜我归，沽酒携葫芦。大官喜我来，遣骑问所须。城郭喜我来，宾客隘村墟。”句。北朝民歌的《木兰辞》中有“爷娘闻女来，出郭相扶将。阿姊闻妹来，当户理红妆。小弟闻姊来，磨刀霍霍向猪羊”句。这些排比句子，描绘出木兰归家时，家人各自的表现，显示出欢悦的气氛。

5. 顶针

顶针，又叫顶真、连珠和连环。将上句句尾的字词作为下句句头，或用上一段的末一句话作为下段的头一句话，这样连锁式递接下去。白居易的《新丰折臂翁》中有“又不闻天宝宰相杨国忠，欲求恩幸立边功。边功未立生民怨，请问新丰折臂翁”句。

6. 用典

用典的范围很广，包括书中的典故，包括神话传说、民谣、谚语，还包括前人的诗句（引用或化用）。典故运用恰当，以非常精练的词语表现出极其丰富的内容。如用典过多，或典故生僻，将失去诗味。其手法如下。

（1）引用历史典故。（唐）王昌龄的《出塞》：“秦时明月汉时关，万里长征人未还。但使龙城飞将在，不教胡马度阴山。”此诗第三句引用汉武帝时李广将军威慑匈奴的故事。后两句是说，如果现在有像李广将军那样的将军，边境就会安宁。其言外之意是今日边将无能，使边境不宁。由于使用李广这一典故，包含了许多要说的话，提高了思想性与形象性。

（2）正用与反用历史故事。杜甫的《蜀相》，歌颂了诸葛亮的卓著功绩和忠心报国的精神。这是正用历史故事。李商隐的《贾生》，是反用历史故事。诗的后两句“可怜夜半虚前席，不问苍生问鬼神”。讽刺汉文帝召见贾谊，只问鬼神之事而不问国计民生，没有真正重用贤才，感慨自己的怀才不遇。

（3）引用神话传说。李贺的《李凭箜篌引》中“江娥啼竹素女愁，李凭中国弹箜篌”句，用湘妃和素女这两位神女为乐声感动，形容李凭弹得好。

（4）引用民谣、谚语。陈琳的《饮马长城窟行》中“生男慎莫举，生女哺用脯。君独不见长城下，死人骸骨相撑拄”四句，是引用民谣。揭露动乱年代苛重的徭役给人民带来灾难。

（5）引用或仿用前人语句。杜甫的《客从》中“客从南溟来，遗我泉客珠”句，是仿用汉乐府《饮马长城行》中“客从远方来，遗我双鲤鱼”句。

（6）点化前人语句。黄庭坚的《雨中登岳阳楼望君山》中“满川风雨独凭栏，绾结湘娥十二鬟”句，是唐雍陶的《望君山》中“应是水仙梳洗罢，一螺青黛镜中心”句的点化。

7. 省略

诗歌由于语言的高度精练，往往打破语法常例，省略句子的某个成分，使诗句紧缩、精练和符合诗词的声韵等要求。最常见的是省略主语、谓语、介词和地名。

（1）省略主语。贺知章《回乡偶书》：“少小离家老大回，乡音无改鬓毛衰。儿童相见不相识，笑问客从何处来。”此诗主语是我（作者）被省略。

（2）省略谓语。承前对举省略谓语，宋苏轼的《题西林壁》中有“横看成岭侧成峰，远近高低各不同”句，此例前句内“侧成峰”省略谓语“看”字。

（3）省略介词。李白的《黄鹤楼送孟浩然之广陵》中有“故人西辞黄鹤楼，烟花三月下扬州”句，此前句省去介词“自”；后句省去介词“于”。

（4）省略地名。李白的《早发白帝城》中有“朝辞白帝彩云间”句。此句省去“城”字。

8. 互文

本应合在一起说的字词，却因诗句字数限制而省略，但领会意思时可以对照前后补上，这称为互文。

《木兰辞》中的“雄兔脚扑朔，雌兔眼迷离”，是互文见义。扑朔是形容跳跃，迷离是形容眼睛眯动。这两句诗是说雄兔脚扑朔眼迷离，雌兔眼迷离脚扑朔，所以两兔在地上跑时，很难分辨哪是雌哪是雄。因此，这两句的“扑朔”与“迷离”两个词要合在一起，才能领会诗句的含义。

王昌龄的《出塞》中有“秦时明月汉时关”句，其本来意思是说“秦汉时明月秦汉时关”，此句子“秦”后省略了“汉”字，“汉”前省略了“秦”字。所以要将“秦”与“汉”合在一起来理解诗的含义。实际上，秦汉泛指古时。

9. 倒装

倒装是出于修辞和格律的需要。可分倒字、词语的倒装和句子的倒装。

（1）倒字。有些复音词的顺序已成习惯，如“兄弟”“衣裳”等。为了迁就声韵而颠倒其顺序。白居易的《自河南经乱》中有“弟兄羁旅各西东”句，其“弟兄”是“兄弟”的倒装；“西东”是“东西”的倒装。

（2）词语倒装。①主谓倒置。刘长卿的《逢雪》中有“风雪夜归人”句，“归人”实为“人归”，谓语“归”，置于主语“人”之前。②动宾（或动补）倒置。岑参的《走马川行》中有“将军金甲夜不脱”句，“金甲”是谓语“脱”的宾语，在句中提前了。

10. 借代

借代是不直接说出要说的人或事物（即本体），而是借用和这个人或事物有密切关系的东西（即借体）来代替。借代主要有下列几种。

（1）有关人的名称的借代。杜甫的《春日忆李白》中有“清新庾开府，俊逸鲍参军”句，因庾信担任过名为“开府”的官，鲍照担任过名为“参军”的官，就以所任官职的名称来借代他们两人。

（2）有关物的名称的借代。李贺的《雁门太守行》中有“提携玉龙为君死”句，这是用“玉龙”代剑。

（3）有关事的名称的借代。白居易的《琵琶行》中有“举酒欲饮无管弦”句，以“管弦”来借代音乐。

11. 对仗

对仗，就是把字数相等、意思相对（或相反）、结构相同（或相似）的两个句子对称地排列在一起，使两句之间形式上互相映衬、内容上互相补充。对仗的形式有正对和反对两类。

（1）正对，是指对出句和对句所咏的是相同或相近的两件事的对仗。如杜甫的《秋兴八首》(之一)：“江间波浪兼天涌，塞上风云接地阴。”在上述正对的例句中，“江间”对“塞上”，“波浪”对“风云”，“兼天涌”对“接地阴”，字面意义都是两两成对的；动词“兼”和“接”相对，名词“天”和“地”相对，也都是字面意义紧紧相对。

（2）反对，是指相反两件事的对仗。如鲁迅的《自嘲》：“横眉冷对千夫指，俯首甘为孺子牛。”上述反对例句中，“横眉”对“俯首”，字面意义正好相反；前者是对敌人的恨，后者是对人民的爱；“冷对”和“甘为”相反。

对仗，除了一般要求（字数相等，结构对称）之外，还要求字面相对、词性一致、平仄相对，避免同字。

对仗，不仅要求名词对名词、动词对动词等大类相对，还要求小类相对或相邻两小类相对。

小类相对列举如下。

天文类：日、月、风、云等。

地理类：山、水、江、河等。

时令类：年、节、朝、夕等。

居室类：楼、房、门、窗等。

器物类：刀、枪、杯、盘等。

衣饰类：衣、帽、鞋、袜等。

饮食类：饮、茶、酒、菜等。

文具类：纸、笔、墨、砚等。

文学类：诗、歌、书、画等。

植物类：草、木、花、果等。

动物类：鸟、兽、虫、鱼等。

形体类：身、心、手、足等。

人事类：德、才、智、勇等。

人伦类：父、子、兄、弟等。

数目类：孤、独、单、半等。
颜色类：红、黄、蓝、紫等。
方位词类：东、南、西、北等。
专有名词：人名对人名、地名对地名等。
联绵词：寥落对萧条、参差对浩渺等。
不及物动词可对形容词：愁对静、枯对慢等。
对仗还分工对、宽对、借对、邻对、流水对等。

三、现代诗歌的写作

（一）抒发情感

诗歌的写作对抒发情感有要求，主要有真诚，健康、高尚，有时代感等。

1. 真诚

诗的文字便是情绪本身的表现。例如《我爱这土地》感情真挚。

我爱这土地（艾青）

2. 健康、高尚

一首好的诗歌最重要的就是要有高尚的情操。诗作一旦被传播出去，作者就要肩负起社会责任。

2006 年 11 月 18 日是暨南大学百年校庆，汪国真本科毕业于暨南大学，为纪念暨大百年华诞而作了《感谢》。

感谢（汪国真）

3. 有时代感

“文章合为时而著，歌诗合为事而作。”“时”为时代，“事”为时事，也有时代气息之意。可见作为人的情感、心灵世界的反映的诗歌，只有描写时代社会世事，反映时代气息，才能使读者感知时代，热爱人生。

我骄傲，我是中国人（王怀让）

（二）意境深远

意境是指文艺作品或自然景象中所表现出来的情景交融、虚实相生的情调和境界。深远是指影响、意义等深刻而长远。经典的作品有如洛夫的《边界望乡》。

断章（卞之琳）

你站在桥上看风景，
看风景的人在楼上看你。
明月装饰了你的窗子，
你装饰了别人的梦。

（三）营造意象，扩充张力

意象是表意的象。意象是诗的灵魂与生命符号，不是对客观世界的机械反映或描绘，而是一个包含了自在自为的多元意义的载体。

1. 营造意象的方式

营造意象的方式多种多样，其中串接式、聚焦式、堆叠式、跳跃式是最主要的四种方式。

（1）串接式

即有明显的成象线索，或按时间发展，或按情感变化来组织形成意象。《季候》这首诗以情感的变化为主干架构意象。

季候（邵洵美）

（2）聚焦式

主要是以一个中心或一个主干为架构意象的主要聚合点。围绕这一点选择和组织材料，最终突出一个主要意蕴。

乡愁（余光中）

（3）堆叠式

即没有明显的成象线索，往往是组合一幅幅互不相涉的场景或空间，它们之间没有直接的连接，只是因为堆叠在一起，所以会于不和谐中呈现出某种共同的形象意义。

意象派代表诗人庞德的著名诗作《地铁车站》：“人群中这些面孔骤然显现，湿漉漉的黑树上纷繁的花瓣。”意象叠加，以隐喻表达瞬间感觉。

（4）跳跃式

架构意象时有意打破常规性的逻辑。

沙扬娜拉——赠日本女郎（徐志摩）

2. 扩充张力

组织意象的过程，同时也是解构诗歌的过程。在写作时，为了让意象有组织地一步一步表现出来，就会一个层面一个层面地表现意象。而对于诗歌来说，层面体现了诗人的思路，它一般是一节诗，但有时也会几节诗同属一个层面，或一节诗里包含几个层面。层面之间若聚合紧密，就证明诗人思路清晰。而张力就是层面之间显示出来的聚合力。例如顾城的名句“黑夜给了我黑色的眼睛，我却用它寻找光明”。

诗歌要有张力，首先要立意明晰，其次要精心选材构象，再次要文字精美，形式精致。

面朝大海，春暖花开（海子）

见与不见（扎西拉姆·多多）

（四）精心设计语言

1. 字句锤炼

一首好的诗歌要达到“字惟期少，意惟期多”的境界，也就是字句准确而富于意蕴。古人的诗句凝练生动，如“春风又绿江南岸”“云破月来花弄影”“红杏枝头春意闹”。他们炼句时，往往“两句三年得”而“一吟双泪流”。

雨巷（戴望舒）

2. 音韵和谐

（1）有节奏感

诗歌的节奏即诗句要有鲜明的顿逗及抑扬的节拍感，亦如音乐的节拍和旋律感。有节奏感的诗读起来朗朗上口，和谐有序，让其与散文体式自然分隔开来。

再别康桥（节选）（徐志摩）

（2）有韵律美

现代诗歌虽不必讲求处处押韵，但如果有韵律感，肯定要比诗句散乱，不讲韵律的诗效果好得多。我们常讲押韵，所谓押韵，就是押声调和韵母都相同的字，把相同韵部的字放在规定的位置上。因为押韵的字一般为诗行最末尾的一个字，因此叫作韵脚。有韵律美的诗歌读起来就像音乐一样。英国诗人柯勒律治说：“心灵里没有音乐，绝不能成为一个真正的诗人。”雪莱说过：“一个受过音乐陶冶的心灵若能把这种韵律加以安排，使其谐和有致，则能产生雄辉绮丽的音响。”郭小川说：“诗是叮当作响的流水。”朱湘说：“诗无音乐，那简直是与花无香气，美人无眼珠相等了。”

甘蔗林——青纱帐（郭小川）

3. 修辞手法

诗歌中的艺术手法多种多样、灵活多变，下面为大家列举几个常用的。

（1）比喻

诗歌中的比喻包含有明喻、暗喻、借喻和博喻等。

你是人间的四月天（林徽因）

（2）对比

对比，就是把两个相对或相反的事物或同一事物的两个方面放在一起进行比较。这种手法能突出事物的特点，给人以鲜明的印象。如臧克家的《有的人》："有的人活着，他已经死了；有的人死了，他还活着。"

（3）排比

排比就是用相似的句法将同一性质的事物一一排列。运用排比的手法，可以使诗歌内容集中、结构整齐、条理清晰、节奏鲜明、阐发透彻和气势增强。想要体会排比在诗歌中的运用，可以参见舒婷的《这也是一切》的第一节、第三节、第五节。

（4）反复

反复是用同一句子或词语一再地表达某种情感，给人以单纯强烈的印象。反复可使诗歌一唱三叹，加强诗歌的抒情色彩。反复的手法有两种：一种是重叠式的反复，如《你的名字》；另一种是间隔式的反复，如《教我如何不想她》。

教我如何不想她（刘半农）

（5）象征

象征是用具体的事物表现某种特殊意义。恰当地运用象征手法，可以将某些比较抽象的精神品质化为具体的可以感知的形象，从而给读者留下深刻的印象，赋予文章以深意，从而给读者留下咀嚼回味的余地。

如梁小斌的诗作《中国，我的钥匙丢了》中的"钥匙"，因为它的"陌生化"取向，诗歌反而更加耐人寻味。

（五）现代诗歌欣赏

回答（北岛）

有感（李金发）

一棵开花的树（席慕容）

孔明灯（胡伟）

四、歌词写作

瑞典文学院宣布2016年诺贝尔文学奖授予美国作家兼歌手鲍勃·迪伦，以表彰他“在伟大的美国歌曲传统中创造了新的诗歌表达”。这是诺贝尔文学奖首次颁给音乐人。鲍勃·迪伦（Bob Dylan），1941年出生于美国明尼苏达州，美国摇滚、民谣艺术家。代表歌曲有*Make You Feel My Love*，*Knockin' On Heaven's Door*。他对音乐的最主要的贡献就是歌词的深刻寓意与音乐成为同等重要的一部分，从他一开始的抗议歌曲，就展示了他的歌词比他的音乐更有感召力、更激动人心。

（一）歌词的结构

1. 一段体

（1）单段式一段体

单段式一段体是由一个段落独立构成的段落形式，思想感情比较平稳。

月满西楼（琼瑶）

（2）多段重复式一段体

多段重复式一段体是由两个或两个以上单独段落组成的一段体，段落间多以并列形式居多，具有比较丰富的感情色彩。

倩女幽魂（黄沾）

影片《倩女幽魂》中书生宁采臣与女鬼聂小倩的“人鬼之恋”似乎让人类世界中一切的“山盟海誓”都相形见绌，当面对生与死的考验时，任何华丽的词语都将无法来表达他们之间至死不渝的爱情，即使是专门捉鬼的道士也不得不被他们感动了。如今，当年的柔弱书生张国荣已经撒手西去，然而他能给后人留下这么一部凄美的神话，一段惊天动地的“人鬼之恋”，他这一生也无憾了。

童年（罗大佑）

作者罗大佑生于1954年的台北，四岁半到六岁时搬到宜兰乡村，在出版的《童年》一书中，罗大佑写道："《童年》这首歌描写的时间是从幼儿园到小学六年级，以宜兰医院那棵大榕树作为场景的开展，歌词里头写的都是我真实的生活记忆。"

2. 二段体

（1）单段式二段体

单段式二段体是由单独的两个段落构成的段落形式，即A段为一个单独段落，B段为一个单独段落。内容简洁明了，感情色彩层次分明。

朋友（刘思铭）

我愿意（姚谦）

（2）复段式二段体

复段式二段体是指A段和B段两个段落中，其中的A段或B段，或A、B两段由两个并列段落组成的二段体。它的特征是内容丰富，感情饱满。

东风破（方文山）

没有什么不同（曲婉婷）

3. 三段体

（1）常规式三段体

一般情况下，常规式三段体的前两段和二段体结构基本相同，而第三段的内容或是第一段内容的呼应或再现，或是和第一段没有太大关系，是新的内容或新的素材。

鬼迷心窍（李宗盛）

（2）插段式三段体

插段式三段体主要以"主歌+副歌"式的二段体为基础，增加一个小插段，这个插段可能出现在主歌或副歌之间，也可能出现在副歌之后。

第一种形式是主歌+插段+副歌。

千里之外（方文山）

第二种形式是主歌+副歌+插段。

雨一直下（十一郎）

贝加尔湖畔（李健）

4. 自由体

R&B 的全名是 Rhythm & Blues，一般译作“节奏怨曲”。它源于黑人的 Blues 音乐。近年黑人音乐圈大为盛行的 Hip-Hop 和 RAP 都源于 R&B，并且同时保存着不少 R&B 成分。亚洲地区的代表人物：中国台湾最早唱 R&B 的是庾澄庆，中国香港最早唱 R&B 的是杜德伟，然后到了 20 世纪 90 年代中后期，中国台湾的 Sony 唱片大胆引进 R&B 曲风，旗下歌手李玟、王力宏等唱起了 R&B。但这只是 R&B 的萌芽阶段，并没有改变华语乐坛以民乐为主的单一音乐格局。直到 1997 年陶喆推出了华语乐坛真正意义上的第一张纯 R&B 专辑。随后出现周杰伦、温岚、张智成、胡彦斌、林俊杰、方大同等。周杰伦是真正意义上将中国 R&B 音乐提升到主流高度的歌手，他突破原有亚洲音乐的主题、形式，融合多元的音乐素材，创造出多变的歌曲风格，尤以融合中西式曲风的嘻哈或节奏蓝调最为著名，可以说是开创华语流行音乐“中国风”的先声。

双截棍（方文山词，周杰伦曲）

（二）歌词的韵律

1. 韵和押韵

韵是诗词格律的基本要素之一，也是构成诗词音韵谐和的重要因素。“韵”是指汉语拼音中的“韵母”。汉字字音一般都由声母和韵母组成，韵母相同的字都属于同韵字，例如“弃”和“避”字，声母分别是 q 和 b，韵母都是 i，因此它们属于同韵字；再如“刮”和“家”二字，韵母分别是 ua 和 ia，其中 u 和 i 都是“韵头”，像这种韵头不同而韵尾相同的字也属于同韵字。所谓“押韵”，就是将韵母相同或相近的字，使之有规律地出现在诗词的同一位置上。一般情况下，同韵字都出现在每一句的句尾，因韵尾相同，因此又称押韵，实际上也就是将韵脚相同的字放在句子的句末，使之形成音韵上回旋的美感，形成音韵谐和的整体效果。

2. 汉语十三辙

现代歌词创作中押韵的主要规律来源于“十八韵”和“十三辙”。明清以来，说唱文学中又将“押韵”叫作“合辙”，把北京话韵母分为“十三辙”，把那些可以相互通押的韵母归为一类，共为十三类，因此称为“十三辙”。后来，我国著名语言学家黎锦熙等人编写的《中华新韵》，又把普通话的韵母分为十八类，又称“十八韵”。

“十三辙”和“十八韵”是现代新诗创作中韵律格式的重要参考。尽管现代歌词的创作对于韵律的要求没有严格的规定，相对比较自由，但是为了加强歌词的音乐性和可唱性，使其在音韵上具有韵律感，因此现代歌词创作也基本依循了“十三辙”的规律。下面将介绍“十三辙”和“十八韵”，如表 9-1 所示，以供参考。

表 9-1 “十三辙”和“十八韵”

序 号	十 三 辙	十 八 韵	普通话韵母	例 字
1	发花辙	1 麻	a ia ua	他、下、夸
2	梭波辙	2 波	o uo	波、罗
		3 歌	e	车
3	乜斜辙	4 皆	ie ue	接、学
4	姑苏辙	10 模	u	书、哭
5	一七辙	5 支	-i	字、次、事、日
		6 儿	er	耳、二
		11 鱼	ü	雨、女
		7 齐	i	你、衣
6	怀来辙	9 开	ai uai	爱、怪
7	灰堆辙	8 微	ei ui	累、亏
8	遥条辙	13 豪	ao iao	刀、潇
9	油求辙	12 候	ou iu	楼、流
10	言前辙	14 寒	an ian uan üan	看、天、观、宣
11	人辰辙	15 痕	en in un ün	分、心、文、韵
12	江阳辙	16 唐	ang iang uang	当、强、光
13	中东辙	17 庚	eng ing ueng	风、形、翁
		18 东	ong iong	通、兄

为了使读者更好地了解“十三辙”在歌词创作中的运用情况，下面简单举例说明。

（1）发花辙

短发（郑淑妃）

（2）灰堆辙

最美（羽泉）

（3）油求辙

让我欢喜让我忧（李宗盛）

（4）言前辙

流年（林夕）

（5）江阳辙

菊花台（方文山）

3. 近韵通押

“十三辙”为现代歌词创作提供了韵律上的基本框架，在“十三辙”中，只要是同辙的韵母都可以作为押韵的标准。然而，在流行歌词中，很多作品除了同辙押韵之外，还经常出现“近韵通押”的情况。所谓“近韵通押”，是指将一些韵母发音相近的字也纳入押韵的范畴，这样在很大程度上扩大了词汇的选择空间，可以更大程度地来丰富歌词的语言色彩。例如 o 和 ou、a 和 ang、ou 和 iong 等韵母发音相近，都可以用来相互通押；再如“前鼻音”和“后鼻音”发音相近，如“en 和 eng”“in 和 ing”“an 和 ang”等也可以用来通押。总之，歌词创作既要考虑到韵律的美感，但是也不能为韵律约束，只要做到顺口即可，不必严格遵循固定规则。尤其是当内容需要时，一切规则都可以打破。

靠近（姚谦）

该例的“宽”和“白”同属开口音，发音相近，因此偶尔通押并不影响作品的整体韵律性。

恋上一个人（游鸿明）

该例采用了“前鼻音”和“后鼻音”通押的用法，“人”“神”“真”均为前鼻音，属于“人辰辙”；而“疼”“整”都是后鼻音，属于“中东辙”，但是这里采用了“近韵通押”的手法，并没有影响到韵律的美感。

4. 押韵的几种方式

押韵是歌词韵律的基础，押韵的技巧也是歌词创作的基本技巧。但是歌词的韵律要求不像古诗那么严格，在创作中可以是严格押韵式的一押到底，也可以中途换韵，或者大致押韵。下面介绍几种常见的歌词押韵形式。

（1）严格押韵

严格押韵是指每句都押韵，整首歌词从头至尾都采用同一个韵脚，基本遵循“十三辙”同辙通押的规则。这种严格押韵方式是比较规范的歌词韵律体，它对于韵律的要求相对较为严格，按照该方式创作出来的作品具有较强的韵律感。因此，多做这种严格押韵的写作练习，有助于加强歌词创作的韵律概念，有助于提高歌词写作水平。

红豆（林夕）

该作品从头到尾一韵到底，采用了“油求辙”。

征服（袁惟仁）

该作品也是从头到尾一韵到底，采用了“姑苏辙”。

（2）大致押韵

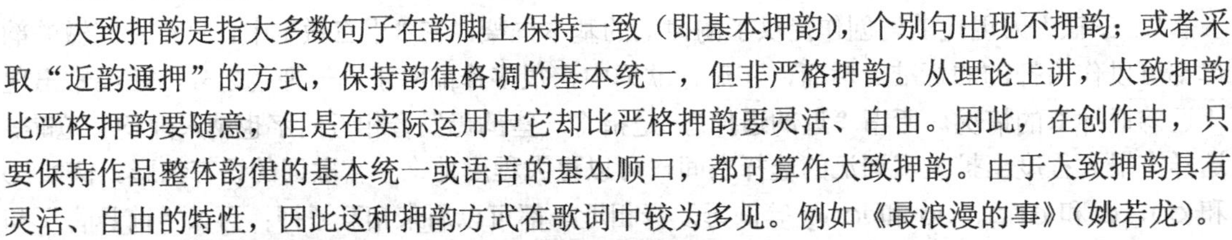

大致押韵是指大多数句子在韵脚上保持一致（即基本押韵），个别句出现不押韵；或者采取“近韵通押”的方式，保持韵律格调的基本统一，但非严格押韵。从理论上讲，大致押韵比严格押韵要随意，但是在实际运用中它却比严格押韵要灵活、自由。因此，在创作中，只要保持作品整体韵律的基本统一或语言的基本顺口，都可算作大致押韵。由于大致押韵具有灵活、自由的特性，因此这种押韵方式在歌词中较为多见。例如《最浪漫的事》（姚若龙）。

《最浪漫的事》（姚若龙）歌词第一段以“江阳辙”为基本韵脚，如“上、望、想”等字，而“你希望我越来越温柔”和“哪怕用一辈子才能完成”却分别采用了“油求辙”和“中东辙”，但是这两句都是过渡句，所以并没有对该段的整体韵律效果产生太大影响。第二段以“遥条辙”为基本的脚，而出现两次的“我能想到最浪漫的事”，这一句却是“一七撒”，但是由于它是过渡句，因此没有影响作品的韵律感。

（3）中途换韵

中途换韵，是指在一首作品中有规律地变换韵脚。一般情况下，在一首歌词中出现两个类型的韵脚较为多见。根据歌词的段落结构，一般的中途换韵都出现在“主歌”和“副歌”之间，即“主歌”一个韵脚，“副歌”一个韵脚。二段体、三段体结构经常会出现中途换韵，而一段体的歌词则较少换韵。在创作中，如果碰到在一个“韵脚”上难以继续发展下去或遇到“难产”时，换韵的做法或许会给创作者带来新的思路。

红尘客栈（方文山）

该段 A 段（主歌）是押“ɑ”，和“iɑ”同属“发花辙”，而 B 段（副歌）押“iɑo”和“ɑo”，同属“遥条辙”

（4）自由押韵

自由押韵，是指没有规则性的押韵方式，或者是不怎么押韵的韵律格式。其具体形式可能是前几句押韵，或是隔几句就换韵，或者是整首歌词就其中几句押韵。总之，这是一种没有韵律规则的韵律格式。不过，没有严格的韵律规则，并不代表没有规则，一般此类词作在句式上、节奏上具有较强的统一性或规整性。

用心良苦（十一郎）

该例出现了六个韵脚。A 段前三句“悴、泪、惫”同属“灰堆辙”；四五六句突然转韵，“间、点”转成了“言前辙”；七八句再次转韵，“静”和“情”转入“中东辙”。B 段前两句的“脚、要”属于“遥条辙”，而后两句的“空”和“手”分别采用发音相近的“中东辙”和“油求辙”，属于近韵通押。可见，该词的韵律十分自由，属于自由押韵。

5. 音韵的选择

歌词创作的基础，是要根据内容的需要进行选题和选择角度，但是，在此基础上，有时还需考虑到音韵的选择问题。关于音韵的选择，可以从它的宽窄类型和音响特点两个方面进行考虑。

（1）宽韵和窄韵。

在汉字中，根据同辙韵母所包含的字量的多少，大致又可分为“宽韵”和“窄韵”。

宽韵包含的同韵汉字较多，如发花辙、遥条辙、一七辙、言前辙、江阳辙、中东辙、人辰辙等韵辙的汉字，由于这些韵辙包括的字量丰富，构词能力较强，在词汇选择上具有比较大的空间，因此而被词作者广泛运用。尤其是在创作多段或长篇词作时，为了使韵脚用字具有更大的选择性，可选用宽韵辙。

窄韵包含的同韵汉字相对较少，如灰堆辙、油求辙、怀来辙、姑苏辙、乜斜辙等韵辙的汉字，由于这些韵辙包括的汉字相对较少，构词能力较差，在词汇选择上空间不大，因此在现代歌词中此类窄韵作品相对要少于宽韵作品。

宽韵与窄韵的分类表如表 9-2 所示。

表 9-2　宽韵与窄韵分类表

宽韵/窄韵类	十三辙名称	普通话韵母				
宽韵	江阳辙	ang	iang	uang		
	中东辙	eng	ing	ueng	ong	iong
	言前辙	an	ian	uan	üan	
	人辰辙	en	in	un	ün	
	发花辙	a	ia	ua		
	遥条辙	ao	iao			
	怀来辙	ai	uai			
	梭波辙	o	uo	e		
	一七辙	-i	er	ü	i	
窄韵	灰堆辙	ei	ui			
	乜斜辙	ie	ue			
	姑苏辙	u				
	油求辙	ou	iu			

但是韵的宽窄也是相对的，根据近韵通押的方式，有些窄韵辙也可获得较大的词汇选择空间，因此，韵的宽窄只可作为歌词创作音韵选择的参考，而不能将其作为唯一的标准。

（2）响韵和哑韵。

在汉字中，按照发音的特征，音韵可分为响韵和哑韵两大类型。

① 响韵是指发音比较响亮的韵辙，具有明亮、宽广、高昂的效果，如发花辙、遥条辙、言前辙、油求辙、人辰辙、怀来辙、江阳辙、中东辙，所有开口音韵母都属于响韵。

② 哑韵是指发音不太响亮的韵辙，具有柔和、微弱、低沉的效果，如姑苏辙、乜斜辙、一七辙、灰堆辙，所有闭口音韵母都属于哑韵。

音韵的音响特点分类表如表 9-3 所示。

表 9-3　音韵的音响特点分类表

响韵/哑韵类别	音响特点	十三辙名称	表 现 特 征	普通话韵母				
响韵	宏亮	江阳辙	响亮　雄壮	ang	iang	uang		
		中东辙	高昂　激动	eng	ing	ueng	ong	iong
		言前辙	宽广　舒展	an	ian	uan	üan	
		人辰辙	清畅　舒缓	en	in	un	ün	
		发花辙	活泼　轻巧	a	ia	ua		
	柔和	遥条辙	豪放　高亢	ao	iao			
		怀来辙	轻快　愉悦	ai	uai			
		梭波辙	欢快　轻松	o	uo	e		
		油求辙	悠扬　抒情	ou	iu			
哑韵	细微	灰堆辙	窄细　俊秀	ei	ui			
		乜斜辙	微弱　恬静	ie	ue			
		姑苏辙	柔和　甜美	u				
		一七辙	低沉　向往	-i	er	ü	i	

（以上分类是前人对十三辙的音响特点的总结，供参考。）

在创作中，确定了主题情绪之后，可以根据响韵和哑韵的发音特征，相应地考虑音韵和情绪的关系来选择韵辙。但是，韵的响亮与否也是相对的，也只能作为歌词创作的参考，而不能成为唯一标准。不过，有一点可以作为重要参考的是，在曲调中，容易被安排成高潮或容易出现高音区的段落，应尽量采用响韵，以方便演唱者的声音处理。如高音区安排“发花辙”“江阳辙”等开口音的响韵辙，对于演唱者的高音处理，将有很大帮助；反之，若采用闭口音的“一七辙”“乜斜辙”，可能会影响演唱者的高音处理。

（三）歌词的修辞

在歌词写作中，为了使语言更具表现力，创作者经常采用一些特殊的修辞方法来修饰文字或语句，以加强语言的生动性和形象性。其中，较为常见的修辞手法有比喻、兴起、比拟、序列、夸张、衬托、反说、反复、重叠、对偶、排比、设问、反问、通感等。

1. 比喻

比喻也就是俗话所说的打比方，也就是在描写事物时，用和它具有类似性的事物（喻体）

来比所要描写的事物（本体）。一般情况下，比喻包括本体、喻体和比喻词三个部分，其比喻的目的在于，通过喻体来反映或突出本体，从而起到节省语言、突出事物形象的作用。

采用类似的喻体，通过“好像、犹如、比如、仿佛、宛如、像”等比喻词，来比喻事物本体的叫作明喻，它具有本体、喻体和比喻词。如“她的笑容好像花儿一样”，采用的是明喻的手法。采用类似的喻体，通过“是、就是、成为、变为、成了”等表示判断的词语来比喻事物本体的叫作暗喻（又称“隐喻”），它具有本体和喻体，没有比喻词。如“刹那间，整个城市成了沙的海洋”，就是采用了暗喻的手法。

我是一只小小鸟（李宗盛）

飞得更高（汪峰）

2. 比拟

比拟是把某一事物比作另一事物的修辞方法。

丝路（许常德）

思念仿佛弥漫雾的丝路　而我身在何处
月升时星星探出夜幕　人能仰望就是幸福

“星星探出夜幕”显然是将“星星”拟人化了，其目的在于为下一句“人能仰望就是幸福”设下铺垫。

寂寞沙洲冷（陈信荣）

河畔的风放肆拼命地吹　不断拨弄离人的眼泪
那样浓烈的爱再也无法给　伤感一夜一夜

“风放肆拼命地吹”“拨弄离人眼泪”是将“风”拟人化了，其目的在于突出下一句伤感的情绪。

雪候鸟（许常德）

随候鸟南飞　风一刀一刀地吹
你刺痛我心扉　我为你滴血　你遗弃的世界　我等你要回

“风一刀一刀地吹”，显然是作者的巧工之笔，他将风吹在身上的感觉比作是刀割一样的疼，为下一句“你刺痛我心扉，我为你滴血”所流露出的痛心疾首的心情设下了良好的铺垫。

因此，它是一种拟物的手法。

例文

约定（光良）

我还记得我们的约定　一辈子幸福的约定
为你写的那首歌　它也偷偷的掉泪了

“为你写的那首歌，它也偷偷地掉泪了”看似是在写那首歌掉泪，实际上是暗示自己在伤心的哭泣，这一拟人的运用，更加突出了主人公的伤心情绪。

3. 夸张

夸张是一种言过其实的表现手法，为了达到某种目的，对事物进行扩大或缩小。扩大夸张就是把事物往“大、多、高、强、深”里说；缩小夸张则是把事物往“小、少、低、弱、浅”里说。在歌词创作中，适度地运用夸张手法，将事物夸大或缩小，能够起到强调和渲染的作用。

例文1

当（琼瑶）【扩大夸张】

当山峰没有棱角的时候　当河水不再流
当时间停住日夜不分　当天地万物化为虚有
我还是不能和你分手　不能和你分手　你的温柔是我今生最大的守候
当太阳不再上升的时候　当地球不再转动
当春夏秋冬不再变化　当花草树木全部凋残
我还是不能和你分散　不能和你分散　你的笑容是我今生最大的眷恋

例文2

天下无贼（海泉）【缩小夸张】

这儿比黑夜还要黑　被欲望包围　就算沉睡也得防备
说别人心里有鬼　怕被爱连累　一滴泪水都怕浪费

4. 对偶

对偶是把字数相等、结构相同或相似、意义相关或相对的两个或两个以上的短语、句子排列起来，来表达意思相近或相对的修辞方法。如琼瑶为电视剧《梅花三弄》之《水云间》创作的插曲《回忆》，明显地流露出古典诗词的韵味，典型地运用了对偶的手法。

例文1

回忆（琼瑶）

朦胧你的身影牵引魂萦梦系
昨日情深意浓转眼成了旧梦
回忆在梦里飞　放歌狂舞它一回

花开花落沧桑容颜看人情渺渺茫茫秋
去春来时光荏苒叹天涯漫漫长长

孤单我的眷恋飘荡游戏人间
明朝海阔天空谁来伴我寻梦
回忆在心里痛　不要问我懂不懂
爱不爱我漂泊一生想浮世假假真真
怨不怨你美梦一场笑红尘熙熙攘攘

奉献（杨立德）

长路奉献给远方　玫瑰奉献给爱情　我拿什么奉献给你　我的爱人
白云奉献给草场　江河奉献给海洋　我拿什么奉献给你　我的朋友

5. 反复

反复是指有意地重复使用某个词语、句子、句组（或段落），它具有强调语气突出重点的作用。反复又可分为连续反复和间隔反复。

爱的代价（李宗盛）【词的反复】

走吧　走吧　人总要学着自己长大
走吧　走吧　人生难免经历苦痛挣扎
走吧　走吧　为自己的心找一个家
也曾伤心流泪　也曾黯然心碎　这是爱的代价

我愿意（姚谦）【短句的反复】

干杯，朋友（杨海潮）【句的反复】

单身情歌（易家扬）【句组的反复】

6. 重叠

重叠主要是指语言上叠字的运用，具体地讲，就是把某个字或词重叠使用。它具有绘声、状物、强调量词以及突出语义的作用，在写景、抒情的表现手法中，能够起丰富语言形象的作用。如起到绘声作用的：轰隆隆、哗啦啦；状物的：绿油油、红彤彤；强调量词的：一座座、一片片；突出语义的：寻寻觅觅、双双对对等。

b 小调雨后（高晓松）

一斜斜乍暖轻寒的夕阳
一双双红掌轻波的鸳鸯
一离离原上寂寞的村庄
一段段断了心肠的流光

恋曲 1990（罗大佑）

7. 排比

排比是将三个或三个以上结构相同或相似、内容相关、语气一致的短语或句子排列在一起，用来加强语势、强调内容、加重感情的修辞方式。排比的种类可分为短语排比、单句排比和复句排比。

月满西楼（琼瑶）

这正是花开时候露湿胭脂初透
爱花且殷勤相守莫让花儿消瘦
这正是月圆时候明月照满西楼
惜月且殷勤相守莫让月儿溜走
似这般良辰美景 似这般蜜意绸缪
但愿花长好 月长圆 人长久

模范情书（高晓松）

悔过书（郑智化）

8. 设问

设问是指在没有疑问的情况下，故意提出问题，引起人们的注意和思考，然后自己回答，或不作回答。因此，设问又可分为“自问自答”和“自问不答”两种类型。

朋友（陈小霞）【自问自答】

谁能够划船不用桨
谁能够扬帆没有风向
谁能够离开好朋友没有感伤
我可以划船不用桨
我可以扬帆没有风向
但是朋友啊当你离我远去我却不能不感伤

同桌的你（高晓松）【自问不答】

9. 反问

反问是指用疑问的语气表达确定的意思，也就是从反面提出问题而答案就在问题之中。这种手法具有加强语气和发人深思的作用。

问（胡海泉）

10. 序列

序列是指以时间、数字、方向等词为顺序，依次排列的修辞方法。序列手法的使用，能够使语言显得更加严谨，更具逻辑性。如“写歌词要注意语言逻辑性，尤其在用词上要注意五大要素：一要通俗；二要精练；三要准确；四要形象；五要生动。

梅花三弄（琼瑶）

11. 衬托

衬托是指采用相似或对立的事物或情境作为陪衬，来突出或渲染所要表现的内容。俗话说“红花再好，也需要绿叶的陪衬”，讲的就是衬托的道理。衬托可分为正衬和反衬。正衬是利用事物的相似条件作为陪衬。如用“高的”衬托“更高的”，用“好的”衬托“更好的”，用“美的”衬托“更美的”。反衬是利用事物的对立条件作为陪衬。如用“矮的”衬托“高的”，用“坏的”衬托“好的”，用“忧伤的”衬托“快乐的”。在流行歌词作品中，以景衬情的衬托形式尤为常见。这种通过景物描写来衬托人物感情的衬托手法，能使作品产生很好的意境。

相见欢（李煜）【正衬】

无言独上西楼　月如钩　寂寞梧桐深院锁清秋
剪不断　理还乱　是离愁　别是一般滋味在心头

该例通过冷月如钩、梧桐疏影、深院寂静等萧瑟景象，衬托出了作者千丝万缕的离愁，更加突出地体现了作者身为亡国之君的悲苦情感。

收到（尤静波）【反衬】

这一夜　守着空房间　隔壁传来热闹的 Party 和音乐
灯熄灭　传来你的短信留言　几个字让我心痛晕眩

该例通过隔壁房间的“热闹”，衬托出了主人公的“孤独”“伤感”，通过反衬，更加突出了主人公孤独、伤感的内心情感。

12. 对比

对比是指把两个相对的事物、景物或情感进行比照，使人从中得到感悟，更加鲜明地突出作者所要表达的思想感情。对比可以用在句与句之间，也可用在段与段之间。

迷惑森林（林夕）

你看飞鸟　为了什么每夜都停在同一个角落
你看我们　为了什么只能快乐过不能一起生活

该例通过“飞鸟的日落同栖”和“我们的背道分离”形成的明显对比，突出了作者对“日落同栖”的向往，对美好生活的向往。

13. 通感

通感是指五觉相通的写作手法，也就是把人的视觉、听觉、嗅觉、味觉、触觉通过比喻或形容的方式沟通起来，相互之间可以通用。这样一来，颜色可以有温度，声音可以有色彩，冷暖可以有重量等。这种修辞手法具有抽象的表现性，尤其适合表现在感性思维下，人所产生的情感共鸣。

丝路（佚名）

狂风拉长了情的丝路　一幕幕的漫天黄沙飘渺虚无
耳边风沙细诉　思念听不清楚　回忆都模糊

该例中“思念听不清楚”将心情听觉化，是听觉和触觉相通；“回忆都模糊”将心情视觉化，是视觉和触觉相通。

14. 顶针

顶针是指由前一句句末的字或词作下一句开头的字或词。这种修辞手法很像接力运动，它适于表现事物间相互依存的关系，具有递进效果。

例文1

记事本（周传雄，陈信荣）

爱得痛了　痛得哭了　哭得累了　日记本里页页执着
记载着你的好　像上瘾的毒药　它反复骗着我
爱得痛了　痛得哭了　哭得累了　矛盾心里总是强求
劝自己要放手　闭上眼让你走　烧掉日记重新来过

该例通过“痛”“哭”“累”三个字的接递，使主人公的情感逐步递进，更加突出了主人公在这份感情中的疲惫心情。

例文2

恰似你的温柔（梁弘志）

到如今年复一年　我不能停止怀念　怀念你　怀念从前

该例用“怀念”作为中间词，通过顶针手法突出了主人公的怀念之情。

15. 层递

层递是指把三项以上的事物，按照大小、深浅、前后、多少、高低、轻重、远近等有顺序地、不同程度地逐层排列，一层一层地分层次递进。这种修辞手法具有较强的条理性和逻辑性，使用得当，能够彰显出语言的张力。

例文

忘了哭（高见）

前一步　已末路
这一步　过分未知数
再一步　就决定胜负　却平白无故退出
当你被他抱住　该学会懂得为他哭
把痛苦交给我闭幕　领悟另一种幸福

该例通过“前一步”“这一步”“再一步”的层递关系，写出了两个人之间僵化的情况：从“末路”到“未知数”再到“退出”。

第二节　散文写作

一、散文的概念

（一）散文概念的界定

散文是一种非虚构地记叙人事、表情达意的文学体裁。

散文十分重要，英国福斯特说：“假如散文衰亡了，思想也将同样衰亡，人类相互沟通的所有最好的道路都将因此而切断。”

（二）散文概念的多种含义

我国古代的散文指的是散行单句的文章。散文这种文体先秦就有，但这个名称最早却出现在宋代罗大经的《鹤林玉露》中。

西方散文指的是不分诗行不押韵的文章。

我国现代的散文指的是与诗歌、小说、戏剧并称的一种文学体裁（广义的散文）。如鲁迅的《朝花夕拾》、周作人的《雨天的书》、沈从文的《湘行散记》、何其芳的《画梦录》、梁遇春的《泪与笑》。

当代散文是范围缩得更小的一种文学体裁，指的是短小精悍以记叙和抒情为主的散文（狭义的散文）。从现代散文里面分离出来了杂文、报告文学（含通讯和特写）、史传文学（大型回忆录和人物传记）、科普小品。

二、散文的发展沿革

（一）先秦散文

先秦散文是我国散文的发端和散文发展的第一个高潮，包括诸子散文和历史散文。诸子散文以论说为主，如《论语》《孟子》《庄子》；历史散文是以历史题材为主的散文，凡记述历史事件、历史人物的文章和书籍都是历史散文，如《左传》。

（二）两汉散文

西汉时期的司马迁的《史记》把传记散文推到了前所未有的高峰。东汉以后，开始出现了书、记、碑、铭、论、序等个体单篇散文形式。特点：继承了战国诸子的优良传统，文章论证剀切，富有奇气；此期散文有辞赋化倾向，多用偶句和形象的比喻，辞采华丽。成就最大者当推历史散文《史记》，被誉为“史家之绝唱，无韵之离骚”。

（三）六朝散文

六朝，通常是指魏晋南北朝。六朝散文崇尚浮华，重“文”轻“笔”，韵文和骈文占据散文领域；此期发展了写景抒情散文，由此，纯文学散文陆续出现。在这个动荡分裂的时代，散文又是另一番景象，其中最流行的是骈文。三国魏时期的文学称为建安文学，最著名的有“三曹”（曹操、曹丕、曹植）。正始时期较著名的作家有“竹林七贤”，其中成就最大的是嵇康和阮籍。太康时期，比较出名的作家有“三张、二陆、两潘、一左”。其中最有代表性的是潘岳和陆机。到了东晋末年，挺立起一位光彩夺目的人物陶渊明。梁代陶弘景的《答谢中书书》是一篇比较有名的山水短札，语言明白易懂，用的是白描手法。

例文

答谢中书书（陶弘景）

山川之美，古来共谈。高峰入云，清流见底。两岸石壁，五色交辉。青林翠竹，四时俱备。晓雾将歇，猿鸟乱鸣；夕日欲颓，沉鳞竞跃。实是欲界之仙都。自康乐以来，未复有能与其奇者。

（四）唐宋散文

在古文运动的推动下，散文的写法日益繁复，出现了文学散文，产生了不少优秀的山水游记、寓言、传记、杂文等作品，著名的“唐宋八大家”也在此时涌现。特点：倡导古文运动，是散文发展上的第二个高峰。纯文学散文的基础正式巩固。表现手法多样化。新散文种类产生，出现了杂说、历史短论、随笔、题跋等。

（五）明清散文

明清时期散文写作出现了多种流派、观点、学说，使散文的发展不断趋于完善和成熟，并对现代散文产生了极大影响。公安派“独抒性灵，不拘格套”。先有“七子”（前七子：李梦阳、何景明、徐祯卿、边贡、康海、王久思和王廷相，其中以李梦阳、何景明最为著名。后七子：李攀龙、王世贞、谢榛、吴国伦、宗臣、徐中行、梁有誉，以王世贞声望最显，影响最大）以拟古为主，后有唐宋派主张作品“皆自胸中流出”，较为有名的是归有光。清代散文以桐城派为代表，注重“义理”的体现。桐城派的代表作家姚鼐对我国古代散文文体加以总结，分为 13 类，包括论辩、序跋、奏议、书说、赠序、诏令、传状、碑志、杂说、箴（zhēn）铭、颂赞、辞赋、哀奠。

（六）现代散文

鲁迅：“到五四运动的时候，才又来了一个展开，散文小品的成功，几乎在小说、戏曲和诗歌之上。”朱自清：“散文的确是绚烂极了，有种种的样式，种种的流派，表现着，批评着，解释着人生的各面，迁流曼衍，日新月异。”代表作品，如鲁迅的《朝花夕拾》、周作人的《雨天的书》、沈从文的《湘行散记》、何其芳的《画梦录》、梁遇春的《泪与笑》。散文的表现形式多种多样，杂文、短评、小品、随笔、速写、特写、游记、通讯、书信、日记、回忆录等都属于散文。

（七）当代散文

（1）新时期散文：以一批文化积累相当丰厚的文坛宿将为代表（巴金的《随想录》是当代散文第一部有分量的作品，随后有杨绛的《干校六记》、丁玲的《牛棚‘小品’》等）重新举起了五四现代散文的大旗，恢复了散文抒写性灵，表现真实人生的优秀传统。

（2）20 世纪 90 年代散文：出现了巨大的转型，主体色彩加强了，以率真的姿态、理性的思索和多元化的表现手法完成自我与历史、自我与社会及自我与自我的对话。

（3）学者散文：张中行、金克木、季羡林、朱大可、南帆、徐友渔、谢有顺等。

（4）文化散文：余秋雨、史铁生、张承志、周涛、李元洛。

（5）新生代散文：余杰、王开岭、孔庆东、骆爽、庞培、刘亮程、苇岸。

三、散文的分类与写作

当代散文包括小品文、记事文、抒情文、散文诗、人物传记、回忆录、速写、素描、游记、风物记、风俗志、随笔、序跋、书牍、日记等。

（一）记叙散文

记叙散文的内容为记人叙事写景状物，表达方式以叙述描写为主的散文。

记叙散文与小说的区别：第一，叙事散文写的人和事是生活中真实存在的，一般不像小说那样以生活原型为基础进行大胆的虚构。第二，叙事散文写人叙事，是片断式的“轻描淡写”，小中见大，淡中寓浓，重神轻形；不像小说那样“浓墨重彩”，追求人物的饱满性和事件的完整性。第三，叙事散文写人叙事，讲究作者主观情思的寄托；不像小说那样注重人与事的描述和对客观事理（自然、社会和人自身）的发现。

记叙散文可以细分为下列四个小类。

1. 记人散文

记人散文是记述“我”所了解人物的事迹，人物的肖像心理、言语和行动等真人真事的散文。如鲁迅的《藤野先生》、艾青的《忆白石老人》、汪曾祺的《金岳霖先生》。

（1）人物二三事法

通过日常的几件事来写人物的方法。如郭云梦的《彭总在图圄中二三事》、董仲湘的《任弼时同志二三事》。写这类散文的时候，要注意：一选择，二感情，三组织，四描写。

亡人逸事（孙犁）

金岳霖先生（汪曾祺）

（2）自我画像法

作者介绍、刻画和表现自己的面目和故事的写法。

自我画像法可以分以下三类。

第一类是全档式自我画像法。全档式自我画像法是像履历档案般的全面地介绍自己，有纵式和横式两种。纵式如朱光潜的《自传》；横式如贾平凹的《一位作家》。

第二类是年段式自我画像法。年段式自我画像法就是刻画自己某个年龄阶段的故事和情态。如果说全档式的自我画像法像编年史的话，年段式的自我画像法就像断代史。

拣麦穗（张洁）

无冥冥之志者，无昭昭之明（张玉金）

我读中学时正赶上“文革”，没学到多少知识。高中一年级学了点数理化，高二又赶上了教育改革，取消考试上大学，改成为农村的需要培养人才。我老家在农村，农村需要什么呢？——“赤脚医生”。

在我们高二那年，学校办了“赤脚医生”班，教授医学知识。我进入这个班学习而且学得不错，高中毕业后被直接任命为村里赤脚医生。

后来我又当了民办教师，一方面是因为我不是从正规的医学院出来的，没有经过专业化的训练，只是在高中的“赤脚医生”班上学过一些，医学方面还是不太专业，觉得当赤脚医生不适合。而且当时我们村里正好要办中学，他们可能觉得我在其他知识方面也学得很好，就将我从赤脚医生调到中学里当老师。

那时毛主席号召知识青年下乡接受再教育，很多知识青年来到我们村里，而且成立了知识青年点，一开始青年点盖在我们村里，后来在我们村北边比较远的地方专门盖了个砖瓦房，让知识青年在那里生活。那时知识青年要参加劳动，生活条件比较艰苦。

有些知识青年水平挺不错的，我记得有个“知青”跟我讨论一些物理问题，题目还很深奥。但多数的“知青”文化知识没好好学，我跟他们比起来，知识不比他们少。在“知青”点需要写一些大字在墙上，像“广阔天地，大有作为”，都是我去帮他们写。按道理，应该他们自己来写，但是都让我去给他们写。我记得当时的村书记挺喜欢我写的字，陪着我往墙上写。

我考大学那年是1977年，是粉碎“四人帮”后恢复高考的第一年。在此之前都是通过推荐上大学的，根本没有高考这一说。上大学要推荐，当时推荐也要走后门，要有人脉才能被推荐。

恢复高考之后，我还有点犹豫，因为在高中学的知识太少了，只在高一学了点数理化，后来去上“赤脚医生”班、学水泵抽水原理等。但我的高中老师很鼓励我参加高考，当时他说如果是在过去，我能考上北大清华，所以我到现在都非常感谢那位老师。

下定决心准备高考时，我原本想报考医科大学，因为我当过“赤脚医生”。但是医科大学是理科，我高中数理化没怎么学，最后没办法就只能报考文科。文科考语文、数学、政治、地理、历史等，我语文的基础还不错，但数学很多没学过，没学过就自己现学。

我记得很清楚的是微积分，微积分没学过，但高考要考。我觉得我是很幸运的，我复习的那本书有一道微积分题，我开始不会，弄懂之后就记住这道题。结果高考时就考了这道题，而且占的分值还挺多。

考语文时，作文写得洋洋洒洒，我还记得当时文言文考的是《列子》里面的一篇文章——疑人偷斧，说的是有个人斧头丢了，怀疑是邻居偷的，后来自己在别处找回斧头，又怎么看邻居都不像是偷斧的人。

在我们那个年代，中文系是最热门的，财经学院在当时都没多少人知道，历史也比较冷门。

当时我报考的是东北师范大学。进入东北师范大学的录取线后还十个录取一个，加上那一年是积累了十年的高中毕业生一起考，竞争相当激烈的，最后我考上了也算是比较幸运。

当时分农民身份、工人身份和干部身份。上了大学，成了大学生就成为国家干部，接受国家干部待遇，变成非农业户口。

读大学时国家发补贴、免费发教材，住宿吃饭都不用学生自己花钱，而且每个月每人发4块零花钱，当时4块跟现在真是不一样，4块的价值很大，国家给予大学生的福利待遇很好。

我们那时的大学生有种自豪的感觉，出门都愿意戴校徽——东北师范大学的校徽，出去的时候别人看到校徽都很羡慕，因为大学生在当时是凤毛麟角。

考上大学是我人生的一个重要转折点。我从小树立志向，想着要有所作为，不想只是平平淡淡地过完一生，一直在探讨出路。

当时当军人是令人羡慕的，高考出现之前参军也是一条出路，于是我就想去参军。但后来因为眼睛近视，不能参军。恢复高考之后，虽然有过犹豫，但最后还是坚定自己信念，考上了大学。

（备注：张玉金教授博士毕业于北京大学古文字学专业，师从裘锡圭教授，现为华南师范大学博士生导师。）

第三类是习性式自我画像法。习性式自我画像法就是刻画和表现一个有特色的习性的写法。例如张友鸾的《胡子的灾难历程》、高红十的《顾不上爱美的姑娘》。

2. 叙事散文

叙事散文是以事件的发生发展为线索，以叙述事件为主要内容的散文。如茅盾的《脱险杂记》、杨绛的《干校六记》。

（1）一事铺陈法。

一事铺陈法就是叙述一件事情的方法，它是散文中基础的简易的写法。如孙犁的《报纸的故事》。

（2）线索串事法。

线索串事法就是用一件物事作为线索把各个分散的事件串联成一个整体篇章的写法。这种写法，先要选出一件具体的物事作为线索。

线索串事法所选用来做“线索”的物事多种多样，主要有下面的“物”类和“事”类两种。

第一种是物类线索串事法。物类线索多数用具体的物品作线索，例如用物、食物、读物、动物、植物等，但也有较抽象概括的东西，如文字、语言、声音、色彩等。例如冯骥才的《书桌》、赵丽宏的《小鸟，你飞向何方》、萧乾的《往事三瞥》。

第二种是事类线索串事法。事类线索是用人的某种行为、某个行动作为线索。这类散文往往没有一个个完整的事件，多数是一批琐事细节，这就更见利用线索编织文章的功夫。例如老舍的《养花》、菡子的《看戏》。

3. 写景状物散文

写景散文是以自然景物和人工环境为主要内容，以描写为主要表达方式的散文。如刘白羽的《长江三日》、李健吾的《雨中登泰山》和朱自清的《春》。状物散文是以某一物件（动物、植物或器具）作为内容的主体，以描写和叙述作为主要表达方式的散文。如郭沫若的《鹭鸶》、鲁彦的《杨梅》。

（1）风景记游法。

记述游览的风光的写法。

风景记游法在写作上有以下四个重要环节。

① 描写要逼真生动。风景记游法首要的是对游览对象的描写，不论这个对象是自然风景、

名胜古迹，还是日常社会生活环境，描写在这里是关键。把游览的对象描写得逼真传神，绘形绘声绘色，让读者如游其地，如临其境，这篇游记就已经成功了大半。

② 游踪要交代清晰。游记写作容易被忽略的是游览的路线、景点的布局、景物的位置。风景记游法大多数采用游踪作为组织文章的线索，按照移步换景或定点观察的视点来描述景物的方位。游踪交代清晰，文章的层次就分明；视点的方位顺序正确，文章的思路顺序就正确。

③ 结合人文史料。许多人会在游览之前、之后或者就在游览之时，阅读一些有关的人文史料，这一方面可以增加对景点的理解；另一方面可以增添文章文化的分量。

④ 穿插个人感想。风景描写要把游览观察时的感觉写进去，即使是写作时间隔久了，也要尽量从记忆中去把当时的感觉找回来。叶圣陶先生说："写文章把自己的见闻告诉人家，倘若能够捉住当时的感觉，顺次写下来，就使人家如临其境。"游览产生的感想，经过提炼，进一步深化，可以成为风景记游散文的立意。

例如朱自清的《桨声灯影里的秦淮河》、徐志摩的《我所知道的康桥》、刘白羽的《长江三日》、余光中的《咦呵西部》、余秋雨的《文化苦旅》。

内蒙访古（翦伯赞）

假如呼伦贝尔草原在中国历史上是一个闹市，那么大兴安岭则是中国历史上的一个幽静的后院。重重叠叠的山岭和复蔽着这些山岭的万古常青的丛密的原始森林，构成了天然的障壁，把这里和呼伦贝尔草原分开，使居住在这里的人民与世隔绝，在悠久的历史时期中，保持他们传统的古老的生活方式。一直到解放以前，居住在这个森林里的鄂伦春人和鄂温克人还停留在原始社会末期的历史阶段。但是解放以后，这里的情况已经大大的改变了。现在，一条铁路已经沿着大兴安岭的溪谷远远地伸入了这个原始森林的深处，过去遮断文明的障壁在铁道面前被粉碎了。社会主义的光辉，已经照亮了整个大兴安岭。

（2）状物特写法。

状物特写法是对某物作特写镜头式的描写的方法。

状物特写法不同于风景记游法：前者不写"游"，后者一定要写"游"；两者的描述对象也不相同——前者是"物"，后者是"景"。有写动物的，如颜元叔的《懒猫百态》；有写植物的，如宗璞的《紫藤萝瀑布》；有写食物的，如张君默的《浓黑咖啡》；有写建筑的，如李乐薇的《我的空中楼阁》；还有写不定型不易琢磨的东西的，如朱自清的《春》。

再如《大地上的事情》："麦子是土地上最优美、最典雅、最令人动情的庄稼。麦田是五月最宝贵的财富，大地蓄积的精华。风吹麦田，麦田摇荡，麦浪把幸福送到外面的村庄……"

听听那冷雨（余光中）

听听，那冷雨。看看，那冷雨。嗅嗅闻闻，那冷雨，舔舔吧，那冷雨。雨下在他的伞上这城市百万人的伞上雨衣上屋上天线上，雨下在基隆港在防波堤海峡的船上，清明这季雨。

雨是女性，应该最富于感性。雨气空蒙而迷幻，细细嗅嗅，清清爽爽新新，有一点薄荷的香味，浓的时候，竟发出草和树林沐浴之后特有的腥气，也许那竟是蚯蚓和蜗牛的腥气吧，毕竟是惊蛰了啊。也许地上的地下的生命也许古中国层层叠叠的记忆皆蠢蠢而蠕，也许是植物的潜意识和梦，那腥气。

…………

雨天的屋瓦，浮漾湿湿的流光，灰而温柔，迎光则微明，背光则幽黯，对于视觉，是一种低沉的安慰。至于雨敲在鳞鳞千瓣的瓦上，由远而近，轻轻重重轻轻，夹着一股股的细流沿瓦槽与屋檐潺潺泻下，各种敲击音与滑音密织成网，谁的千指百指在按摩耳轮。"下雨了"，温柔的灰美人来了，她冰冰的纤手在屋顶拂弄着无数的黑键啊灰键，把晌午一下子奏成了黄昏。

（二）抒情散文

抒情散文是以内容强调抒发作者的感情，表达方式也注意用抒情的散文。

它与叙事散文的区别：第一，抒情散文的写作对象大多为景物，而叙事散文的写作对象主要是人、事。第二，抒情散文对景抒情，较为空灵；叙事散文由事见情，较为平实。第三，抒情散文的审美追求是写出"情调"，叙事散文则是写出"情趣"。林清玄说："好作品不是文字本身，而是从感情开始，有真感情才会有好文章。感情从哪里来？从感受、感觉、感动来。如果你是没有感情的人，那你就不要写作。"

抒情散文主要又可分为叙事抒情文和借景抒情文两类。

1. 叙事抒情文

借叙事来抒情，就是把浓郁的情感融于事件的叙述中。这就需要下一番剪裁工夫，在传情之处肯下重笔。如朱自清的《背影》、巴金的《怀念萧珊》。叙事抒情文是抒情文中最主要、最大量的一种抒情散文。这类抒情散文重视叙事，作者的感情渗透在所记述的人和事之中，中间也有直抒胸臆的成分，感情表露得相当直率、浓郁。通过事件、细节抒发感情的写法。感情是由一定的人事引起的，最好也依附于一定的人事来抒发。例如朱自清的《给亡妇》、巴金的《怀念萧珊》。

怀念萧珊（巴金）

人们的白眼，人们的冷嘲热骂蚕蚀着她的身心。我看出来她的健康逐渐遭到损害。表面上的平静是虚假的。内心的痛苦像一锅煮沸的水，她怎么能遮盖住！怎样能使它平静！她不断地给我安慰，对我表示信任，替我感到不平。然而她看到我的问题一天天地变得严重，上面对我的压力一天天地增加，她又非常担心。有时同我一起上班或者下班，走进巨鹿路口，快到"作协分会"，或者走进南湖路口，快到我们家，她总是抬不起头。我理解她，同情她，也非常担心她经受不起沉重的打击。我记得有一天到了平常下班的时间，我们没有受到留难，回到家里她比较高兴，到厨房去烧菜。我翻看当天的报纸，在第三版上看到当时做了"作协分会"的"头头"的两个工人作家写的文章《彻底揭露巴金的反革命真面》。真是当头一棒！我看了两三行，连忙把报纸藏起来，我害怕让她看见。她端着烧好的菜出来，脸上还带笑容，吃饭时她有说有笑。饭后她要看报，我企图把她的注意力引到别处。但是没有用，她找到了报纸。她的笑容一下子完全消失。

这一夜她再没有讲话，早早地进了房间。我后来发现她躺在床上小声哭着。一个安静的夜晚给破坏了。今天回想当时的情景，她那张满是泪痕的脸还在我的眼前。我多么愿意让她的泪痕消失，笑容在她憔悴的脸上重现，即使减少我几年的生命来换取我们家庭生活中一个宁静的夜晚，我也心甘情愿！

2. 借景抒情文

借景抒情文是借“景”托“物”进行抒情的散文。借景抒情文是借景在表，寄情在里，构思别致而巧妙，感情强烈而含蓄。茅盾的《白杨礼赞》、陆蠡的《囚绿记》、朱自清的《荷塘月色》和郁达夫的《故都的秋》。

囚绿记（陆蠡）

你若爱上，便是家园（蒋述卓）

说起广州城，有人说广州靠珠江，有水则灵，爱的是广州的水。我却独爱它的桥。

过去的广州，从江之北到江之南要过珠江（广州人讲是“过海”），主要靠水上交通，有小艇，有汽船（后来叫水上巴士，带点洋气），唯一的桥是珠江桥，走车也走人。改革开放以后，呼啦啦一下建起了多座桥，如琶洲桥、华南干线桥、猎德大桥、广州大桥、海印桥等，桥便成为方便广州市民出行的最爱了。

晨昏时节，广州的桥最妩媚秀气，也最有活力。那时上下班的人与车辆挤满桥面，若碰上好天气，匆促赶路的行人会停下来观看珠江两岸的景色，连开车的人也会摇下车窗利用片刻的拥堵时间来欣赏。我就特别喜欢在琶洲桥上欣赏珠江上的日落之景。当那如圆轮般的落日照射在珠江上，珠水泛起层层金色的涟漪，仿佛翻卷着的绸缎，“小蛮腰”（即广州电视塔）又仿佛羞涩待嫁的女郎披上了金色的婚纱。不远的猎德桥像一弯新月依恋着珠江的颜面不愿升起，再远处的海印桥则似一张金色的竖琴，在为这秀美大江的流淌纵情演奏。这时，珠江两岸的大厦与街道在霞光中也变得闪烁起来，就像那飘浮着的海市蜃楼。如果要再度评羊城新八景的话，“琶洲暮色”大约是可以入围的。

说起广州的桥还得算上市里的高架桥和人行天桥。高架桥最早是用来解决市内交通拥堵的，如人民路高架，因为离市民的住房靠得太近，时常被人诟病。后来又建起了内环路高架，但不管怎样，高架桥的使用对解决交通拥堵是做出过贡献的。大都市尤其是特大型城市还真得依赖高架桥，像日本的东京，中国的上海。在广州，你还不得不佩服那些高架桥的设计者，在高楼林立之间见缝插针，有时桥围着一幢楼房绕上半圈才逶迤而去。作为城市里的驾驶者，我享用了高架桥的便利，车辆稀少时还可以以一种审美愉悦的心情去欣赏这些弯来绕去的桥的绰约风姿。其实，广州最早的高架桥是架设于珠江白鹅潭畔通向白天鹅宾馆的引桥，如果置身江上或站在江的对岸观看，只见长桥卧波，清晰地勾画出了江岸的景观线，并与沙面古色古香的建筑群融为一体，是很有审美效果的城市景观哩。

如今的高架桥都建有围栏，围栏上的挂槽里春夏种各种太阳花，秋冬种三角梅，花开起来将桥装扮得十分养眼，“花城”之名也便从桥上扮起了。最近市里还提倡住户在阳台或天台养花，想来将来与高架桥之花也能相互衬映。

因为南方雨水多的关系，广州不怎么建地下通道。人行天桥也便成为广州的又一城市景观。初期的人行天桥确有丑陋的一面，光秃秃横空一道，破坏了城市景观。但经过这近二十年的逐步改造与升级，人行天桥则变得既实用又漂亮起来，有的为方便老人与拿行李的，还建起了电梯或电动扶梯。有北方朋友来广州，走过这种天桥之后说这仿佛到了香港，这让我颇感得意。

（备注：蒋述卓教授为暨南大学博士生导师，广东省作家协会主席，曾为暨南大学党委书记、副校长。）

（三）议论散文

议论散文是强调作者的见解，以形象议论为主的散文。议论散文与一般的议论文不同，一般的议论文用事实、理论和抽象逻辑说理，强调逻辑力量，而议论散文经常根据感知的事实直接说理，除了事实和逻辑之外，还常常用联想、想象、直觉、顿悟等非逻辑的思维方式说理，在表达上也采用了文学语言、散文笔调，使议论与抒情相结合、理论与形象相结合。如梁启超的《少年中国说》，龙应台的《中国人，你为什么不生气》，陶铸的《松树的风格》，林语堂的《论梦想》，钱钟书的《论快乐》，秦牧的《面包和盐》，巴金《随想录》中的《说真话》《再论说真话》等。

陶铸同志的名篇《松树的风格》曾被选入各种教材，特别是中学语文教材。在此文写成之前，其内容曾向中山大学、华南师范大学（在茅棚大礼堂）的师生讲过。

松树的风格（陶铸）

去年冬天，我从英德到连县去。沿途看到松树郁郁苍苍、生气勃勃、傲然屹立。虽是坐在车子上，一棵棵松树一晃而过，但它们那种不畏风霜的姿态，却使人油然而生敬意，久久不忘。当时很想把这种感觉写下来，但又不能写成，前两天在虎门和中山大学中文系的师生们座谈时，又谈到这一点，希望青年同志们能和松树一样，成长为具有松树的风格，也就是具有共产主义风格的人，现在把当时的感觉写出来，与大家共勉。

我对松树怀有敬畏之心不自今日始。自古以来，多少人就歌颂过它、赞美过它，把它作为崇高的品质的象征。

你看它不管是在悬崖的缝隙间也好，不管是在贫瘠的土地上也好，只要有一粒种子——这粒种子也不管是你有意种植的，还是随意丢落的，也不管是风吹来的，还是从飞鸟的嘴里跌落的。总之，只要有一粒种子，它就不择地势，不畏严寒酷热，随处茁壮地生长起来了。它既不需要谁来施肥，也不需要谁来灌溉。狂风吹不倒它，洪水淹不没它，严寒冻不死它，干旱旱不坏它。它只是一味地无忧无虑地生长，松树的生命力可谓强矣！松树要求于人的可谓少矣！这是我每看到松树油然而生敬意的原因之一。

我对松树怀有敬意的更重要的原因却是它那种自我牺牲的精神。你看，松树是用途极广的木材，并且是很好的造纸原料：松树的叶子可以提制挥发油，松树的脂液可制松香、松节油，是很重要的工业原料；松树的根和枝又是很好的燃料。

更不用说在夏天，它用自己的枝叶挡住炎炎烈日，叫人们在如盖的绿荫下休憩；在黑夜，它可以劈成碎片做成火把，照亮人们前进的路。总之一句话，为了人类，它的确是做到了“粉身碎骨”的地步了。

要求于人的甚少，给予人的甚多，这就是松树的风格。

鲁迅先生说的“我吃的是草，挤出来的是牛奶、血”，也正是松树风格的写照。

自然，松树的风格中还包含着乐观主义的精神。你看它无论在严寒霜雪中和盛夏烈日中，总是精神奕奕，从来都不知道什么叫做忧郁和畏惧。

我常想：杨柳婀娜多姿，可谓妩媚极了。桃李绚烂多彩，可谓鲜艳极了。但它们只是给人一种外表好看的印象，不能给人以力量。松树却不同，它可能不如杨柳与桃李那么好看，但它却给人以启发，以深思和勇气。尤其是想到它那种崇高的风格的时候，不由人不油然而生敬意。

我每次看到松树，想到它那种崇高的风格的时候，就联想到共产主义风格。

我想，所谓共产主义风格，应该就是要求人的甚少，而给予人的却甚多的风格。所谓共产主义风格，应该就是为了人民的利益和事业不畏任何牺牲的风格。

每一个具有共产主义风格的人，都应该像松树一样，不管在怎样恶劣的环境下，都能茁壮地生长、顽强地工作。永不被困难吓倒，永不屈服于恶劣环境。每一个具有共产主义风格的人，都应该具有松树那样的崇高品质，人们需要我们做什么，我们就去做什么，只要是为了人民的利益，粉身碎骨，赴汤蹈火也在所不惜。而且毫无怨言，永远浑身洋溢着革命的乐观主义的精神。

具有这种共产主义风格的人是很多的，在革命艰苦的年代里，在白色恐怖的日子里，多少人不管环境的恶劣和情况的险恶，为了人民的幸福，他们忍受了多少的艰难困苦，做了多少有意义的工作啊！他们贡献出所有的精力，甚至最宝贵的生命。就是在他们临牺牲的一刹那间，他们想的不是自己，而是人民和祖国甚至全世界的将来。然而，他们要求于人的是什么呢？什么也没有。这不由得使我们想起松树的崇高的风格！

目前，在社会主义革命和社会主义建设的日子里。多少人不顾个人的得失，不顾个人的辛劳，夜以继日，废寝忘食，为加速我们的革命和建设而不知疲倦地苦干着。在他们的意念中，一切都是为了把社会主义革命进行到底，为了迅速改变我国“一穷二白”的面貌，为了使人民的生活过得更好，这又不由得使我们想起松树的崇高的风格。

具有这种风格的人是越来越多了，这样的人越多，我们的革命和建设也就会越快。我希望每个人都能像松树一样具有坚强的意志和崇高的品质；我希望每个人都成为具有共产主义风格的人。

四、散文的写作技巧

（一）选材

1. 材料精当

散文的取材，古今中外，海阔天空，时空无限，大小不拘，只要你会用，什么都可以作为写作的材料。林语堂：“宇宙之大，苍蝇之微，皆可取材。”鲁迅：“（散文）题材应听其十分自由选择，风景静物，虫鱼，即一花一叶均可。”作家周立波说：“举凡国内大事，社会家庭的细故，掀天大浪、一物之微、自己的一段经历、一丝感触、一撮悲欢、一星冥想、往日的凄惶、今朝的欢快，都可以移于纸上，贡献读者。”

桃花悟（胡伟）

阳春三月，我们到了白云山的桃花洞。桃花洞有刻在石头上的《桃花源记》，其中“落英缤纷，芳草鲜美”等句，让人追思古人。但现在的桃花洞同与世隔绝的桃花源，“物不是人亦非”，完全是两个世界。桃花洞人声鼎沸，摩肩接踵，人们争相来赏桃花，对美的追求，千古不变啊。

初入眼，粉红的桃花一大瓣一大瓣满树全是，花团锦簇，芳香沁人心脾，让你莫名兴奋。走入深处，有几株艳美的大红桃花好似新娘的红妆，惹你心动，让你惊喜。更奇异的是白色的桃花，清纯朴素，若白衣仙子，出凡脱俗，使你有远离尘世之念。一个个细小的花蕊，好像一个个小人带了帽子，让你心中充满怜爱。

我禁不住想：蝴蝶蹁跹逐香去，桃李竟放踏春来。

佛祖拈花微笑，我们凡人不拈花，亦微笑，就当每天都有繁花盛开，心中充满快乐！

花开喜，花落亦喜，有开有落，这就是生命的历程。花开时，不管风吹雨打，怒放自己的生命；花落时，“人间四月芳菲尽”，也跟着潇潇洒洒飘落尘埃，让位于初生的果实，“化作春泥更护果”。我想，留恋枝头的繁花绝对诞生不出累累的硕果。

花开如此，人事更迭亦如此，“长江后浪推前浪，一代新人换旧人”是历史的必然啊。

2. 题材真实

真人真事，真情实感，不虚构。孙犁说：“可以剪裁，组织。但无论如何不能虚构，不能编故事以求生动。”也有人认为散文是随意的，虚虚实实都可以。有的当代作家坦言，把散文当成小说来写，称散文为“真实的谎言”。你认为呢？

如何才能写就一篇打动人心、“形散神不散”的优秀散文？刘锡庆教授提出了一个明确的口号，他说：“散文的主角就是你自己，好的散文必须要‘以我为主’，是个性和心灵的赤裸，是自我心灵生命和人格魅力的艺术外现。”

刘锡庆教授认为：“散文必须写真人真事，违背了这个原则的就不是散文。”

作家简介

刘锡庆，1938年10月生，河南滑县人。1956年考入北京师范大学中文系，1960年毕业留校任教，退休前为北京师范大学中文系教授，中国现当代文学专业博士生导师。历任北师大中文系写作、当代文学教研室主任，系学术、学位委员会委员；兼任中国写作学会副会长。刘锡庆教授以“写作学”研究及散文、报告文学研究蜚声国内学界。

陈剑晖教授提出了“有限制虚构”的观点。所谓“有限制”，即允许作者在尊重“真实”和散文的文体特征的基础上，对真人真事或“基本的事件”进行经验性的整合和合理的艺术想象；同时，又要尽量避免小说化的“无限虚构”或“自由虚构”的倾向。只要把握好“真实与虚构”的“度”，既不要太“实”又不要过“虚”，则散文的“真实性”这一古老的命题便有可能在新的世纪再现它原有的活力。

笔者认为，散文相对真实，凡有五真——“真人、真事、真景、真物、真情”的即为散文。

峻青的《秋色赋》虚构了同车的老汉。冰心的《一只木屐》虚构了这个情节：猛抬头，我看见在离船不远的水面上，漂着一只木屐，它已被海水泡成黑褐色的了。它在摇动的波浪上，摇着、摇着，慢慢地往外移，仿佛要努力地摇到外面大海上去似的！

贾平凹创作了纪实散文《定西笔记》。贾平凹来到被称为中国最穷困的甘肃定西，走访当地农民的生存现状。“定西是真正的贫困地方，农耕氛围很重，在那里能看到齐全的传统农具，手工耕作的牲口牛、马、驴一应俱全，对传统农业保持得比较完整。”贾平凹称他将自己看到的这些都写在文章里，“文字虽然看上去是顺手写来的，但能感到文章背后有一颗很关心中国、关注现实的心”。随时准备出发的贾平凹认为，作家应该拒绝书斋写作，整个社会需要关注的是民间。

3. 以小见大

以小见大是常见的写作技巧，如朱自清的《背影》，曹靖华的抒情散文《三五年是多久》。写出了生离死别、革命成败。佛家：一粒沙粒看世界，半边莲花说因缘。道家：一粒粟中藏世界，二升铛（chēng）内煮山川。

（1）以细小的局部反映宏大的整体。如杨绛的《干校六记》。

（2）透过平凡的现象挖掘不平凡的本质。

风筝（鲁迅）

（3）通过生活琐事引出深刻的哲理。

秦牧的《菱角的喜剧》就是通过生活琐事引出深刻的哲理。

作家简介

秦牧，1919 年生于香港，广东澄海人。中国散文界的“南秦北杨”，中国作家、中华书局广州编辑主任、《羊城晚报》副总编辑、《作品》杂志主编、广东省文联副主席、中国作协广东分会副主席、中国作协理事、全国文联委员、暨南大学中文系主任、中国当代文学研究会副会长、中国当代文学学会顾问。其文学活动涉及很多领域，主要有散文、小说、诗歌、儿童文学和文学理论等。

（4）借托平常物事抒发真挚的感情。

如贾平凹的《落叶》，观梧桐落叶，开始叹息：“既然给了你一身的绿的欢乐，为什么偏偏又要一片一片收去呢？”待见到新绿，“我忽然醒悟了”，“原来法桐的生长，不仅是绿的生命的运动，还是一道哲学的命题在验证：欢乐到来，欢乐又归去，这正是天地间欢乐的内容；世间万物，正是寻求着这个内容，而各自完成着它的存在”。

散文作家如梁实秋、林海音、谢冰莹、苏雪林、张秀亚、琦君等。

例文

风雨中（张秀亚）

十步之外，有两个短小的身影，向我扑来：

“姆妈！”

“姆妈！”

前边的是山山，后边的是兰兰，着了白制服的身影，像两枚滚转的小雪球。他们在雨中向我呼唤着，狂奔而来，寻求庇护。看到了那闪亮的小眼睛，乱舞着的小手臂而不动心的人，是应该受天谴的。仅为了孩子们飞奔而来的这分秒，一个母亲愿意付出了十年的欢笑，一生的幸福！

此刻风吹得似如此无力，雨落得似如此稀疏了。母亲的耳边，充满了孩子们的笑语，更不闻风雨之声了。

“孩子们，来吧，母爱永远为你们张着伞啊。”

（二）强化主旨

立意，即确立散文写作的主旨，就是“为什么写”。清人吴曾棋：“作文之法，辞句未成，而意已立。既立之后，于是乎前，于是乎后，百变而不离其宗。”清楚说明了主旨在散文中的核心地位。散文的主旨，正是“作者的真情实感和独特的性灵”。刘勰的《文心雕龙·情采》：“繁采寡情，味之必厌。”初学散文写作，在立意方面可分两步走：第一步，写出“真情实感”，这是散文写作基本的要求，比较容易做到，以此为近期目标；第二步，写出“独特的性灵”，这是散文写作的较高要求，可以作为终极目标而不断努力追求。

强化主旨有以下四种基本方式。

1. 片言居要

即在文中显著位置用一句话或几句话点明主旨。片言居要着眼于主旨的正面，是对散文内容的“点化”，是引人注目、打动人心的“警策”，“为一篇之精神所团聚处，或为一篇之精神所发源处”。这种方式多见于明理散文和言情散文。

例文

生活（阿富汗）乌尔法特

同是一条溪中的水，可是有的人用金杯盛它，有的人却用泥制的陶碗喝它。那些既无金杯又无陶碗的人就只好用手捧水喝了。

水，本来是没有任何差别的。差别就在于盛水的器皿。君王与乞丐的差别就在“器皿”上面。

只有那些最渴的人才最了解水的甜美。从沙漠中走来的疲渴交加的旅行者是最知道水的滋味的人。

在烈日炎炎的正午，当农民们忙于耕种而大汗淋漓的时候，水对他们来说是最宝贵的东西。

当一个牧羊人从山上下来，口干舌燥的时候，要是能够趴在河边痛饮一顿，那他就是最了解水的甜美的人。

可是，另外一个人，尽管他坐在绿阴下的靠椅上，身边放着漂亮的水壶，拿着精致的茶杯喝上几口，也仍然品不出这水的甜美来。

为什么呢？因为他没有旅行者和牧羊人那样的干渴，没有在烈日当头的中午耕过地，所以他不会觉得那样需要水。

无论什么人，只要他没有尝过饥与渴是什么味道，他就永远也享受不到饭与水的甜美，不懂得生活到底是什么滋味。

刘熙载在《艺概·文概》中说："揭全文之旨，或在篇首，或在篇中，或在篇末。"这表明散文之"要"（显著位置）有始、中和终三处。"片言"要少而精，不可堆砌："语语微妙，便不微妙。须是一路坦易中，忽然触著，乃足令人神远。"

2. 融情于景

把主旨寄托在对景物的描述中，把情感含蓄、委婉地透露给读者。融情于景的写法通常不直奔主旨，其特点是化情思为景物，多见于言情散文。如徐志摩的《我所知道的康桥·三》对康河及其周围景致的描写就深深浸染了他的情感。

我所知道的康桥·三（徐志摩）

王国维的"以我观物，故物皆著我之色彩"的"有我之境"在此得到了确证。所谓"神用象通，情变所孕"（《文心雕龙·神思》）。

3. 衬托对照

即通过渲染、烘托来显现并强化主旨。衬托对照着眼于主旨的侧面，在散文写作中表现为两种情况：一是衬托。即用彼事物映衬此事物，借此强化主旨。两者性质相同或相近，彼为从，此为主。郁达夫的《江南的冬景》就得益于衬托的运用。二是对照。即把两种相关的事物进行比较，以此显现主旨，并且两者是对等的，不分主从。如冰心的《说几句爱海的孩气的话》就成功地运用了对照。

4. 开拓意境

散文的抒情或哲理意境必须凸显。意境最终要落实到对某种人生境界的发现和升华。如贾平凹的《丑石》、张晓风的《母亲的羽衣》等。

（三）个性鲜明

散文采用第一人称的写法，以作者亲身的经历和见闻为题材，最直接、最充分地表现作者自己的生平生活、言行感情、思想性格。散文是最直接、最充分显露作者的个性特征的体裁。

郁达夫指出："现代散文之最大特征，是每一个作家的每一篇散文里所表现的个性，比从前的任何散文都来得强……我们只消把现代作家的散文集一翻，则这作家的世系、性格、嗜好、思想、信仰，以及生活习惯等，无不活泼泼地显现在我们的眼前。"它揭示了以个人为本位的现代散文与以忠君、载道为旨归的古代散文的本质差异。

1. 散文的内容更带人性

给我的孩子们（丰子恺）

客观的境与主观的情完美融合。散文中常有第一人称“我”，“我”可以是散文的主角，如《荷塘月色》；也可以是配角，如《藤野先生》里的“我”基本上等于作者。

冰心：“（散文是）能表现自己的文学，是创造的，个性的，自然的，是未经人道的，是充满了特别的感情和趣味的，是心灵的笑语和泪珠。”叶圣陶：“我要求你们的工作完全表现你们自己，不仅是一种主张，一个意思要是你们自己的，便是细到像游丝的一缕情怀，低到像落叶的一声叹息，也要让我认得出是你们的，而不是旁的人的。”

2. 散文一般采用第一人称写作

林语堂说：“凡方寸中一种心境，一点佳意，一股牢骚，一把幽情，皆可听其由笔端流露出来。”鲁迅的散文《风筝》写幼时破坏了弟弟的风筝，后来痛悔之极，便这样写道：“我也知道补过的方法的：送他风筝，赞成他放，劝他放，我和他一同放。我们嚷呵着，跑着，笑着。——然而他其时已经和我一样，早已有了胡子了。”这种补过的方法，是一种轻快、活泼的节奏，表达出童心的跳荡。但这其实又是一种无法补过的幻想，这是逆转，大幅度的跌宕，由活泼轻快的节奏，变为凝重滞缓。用这种语言的跌宕变化，表现了哥哥的悔过与自责。这里用的实际上是京剧里“紧拉慢唱”的手法。

（四）结构灵活

散文的写法灵活自由，多种多样。李广田说：“诗必须圆，小说必须严，而散文则比较散。若用比喻来说，那就是：诗必须像一颗珍珠那么圆满，那么完整；小说就像一座建筑，无论大小，必须结构严谨，配合紧凑……至于散文，我以为它很像一条河流，它顺了壑谷，避了丘陵，凡可以流处它都流到……就像一个人随意散步一样，散步完了，于是回到家里去。”

（1）记人叙事采用时间结构。鲁迅的《藤野先生》以与藤野先生的缘起—交往的经过—别后的怀念为叙事线索。

（2）写景状物采用空间结构。朱自清的《荷塘月色》以作者空间位置的转移、足迹所到、目光所及为线索。

雨中登泰山（李健吾）

（3）抒发情绪采用感情结构。茅盾的《白杨礼赞》使用情感递进等变化串联全篇。

白杨礼赞（茅盾）

（4）论辩说明的采用逻辑结构。巴金的《说真话》根据逻辑思维的想法构建全文。

（5）内心思考采用联想结构。冰心的《笑》是相似联想，秦牧的《土地》是接近联想，鲁迅的《猫·狗·鼠》是关系联想，朱自清的《白种人——上帝的骄子》是对比联想。有时单一使用，有时混合使用。朱自清的《春》：“一切都像刚睡醒的样子，欣欣然张开了眼。山朗润起来了，水涨起来了，太阳的脸红起来了。小草偷偷地从土地里钻出来，嫩嫩的，绿绿的。园子里，田野里，瞧去，一大片一大片满是的。坐着，躺着，打两个滚，踢几脚球，赛几趟跑，捉几回迷藏。风轻悄悄的，草软绵绵的。”

霞（冰心）

（6）情绪结构。这一类散文的情感抒发已不再沿袭以往的抒情套路，即不再采用托物言志、借景抒情之类的触发式写法，也摈弃了情感由浅到深、由弱到强的层层推进式抒情，而是让感情反复回旋、自由跳跃，呈现出一种散点透视、凌乱无序的状态。例如张承志的《离别西海固》一开篇便夹带着激愤的情绪：“那时已经全凭预感为生。虽然，最后的时刻是在兰州和银川；但是预感早已降临，我早在那场泼天而下的大雪中就明白了，我预感到了这种离别。西海固，若不是因为我，有谁知道你千山万壑的旱渴荒凉，有谁知道你刚烈苦难的内里？西海固，若不是因为你，我怎么可能完成蜕变，我怎么可能冲决寄生的学术和虚伪的文章。若不是因为你这约束之地，我怎么可能终于找到了这一滴水般渺小而真纯的意义？遥遥望着你焦旱赤裸的远山，我没有一种祈祷和祝愿的仪式。”

（7）意识结构。史铁生的《我与地坛》，它一方面按传统的结构方法，描述“我”与地坛的“缘分”，以及“我”与地坛中各式人的交往和他们对“我”生命的拯救；另一方面在叙事中又将过去时态的“我”与现在时态的“我”交相叠印，让外在的“我”与内在世界的“我”，让“我”与地坛形成多重对话。此外，这篇作品在写母亲和人与“欲望”搏斗时，也采用了意识流的结构手法。

（8）意象结构。在《听听那冷雨》中，作者余光中的意绪由冷雨辐射开去：这里既有台北淋淋漓漓的春雨，大陆江南的杏花春雨，又有美国丹佛城的豪雨；既有米芾父子山水画中的烟雨，又有王禹偁在黄岗竹楼中感受到的脆雨。此外还有疏雨滴梧桐的凄冷，骤雨打荷叶的意境，月式古屋中听雨的迷离……这一切散点铺排、纷至沓来的高密度意象，再配之以“看看”“听听”“嗅嗅”“闻闻”“舔舔”的极具质感的生命感受和心灵体验，的确构成了一幅立体交叉、别具艺术魅力的意象结构图景。

（9）寓言结构。例如《保险柜里的人》，运用超现实的手法，写人变成保险柜的一部分，人被自己关起来了，以此来暗示现代人常常陷于自设的陷阱而浑然不觉的尴尬处境，颇有卡夫卡的“城堡”的意味。

（五）语言的陌生化

陌生化，是指文学语言组织的新奇性和反常态性，它主要是从读者的阅读效果方面来说的。根据俄罗斯形式主义理论家什克洛夫斯基的说法，陌生化是与“自动化”相对立的一种语言创新。自动化的语言是那种由于长久使用而形成了“习惯”的语言。这种语言缺乏新鲜感和原创性，所以散文作家在创作时要用全新的眼光来观察世界，要通过语言的变形或重新组装使语言变得新奇和陌生。

“只看见风的线条，它是飘扬的旗帜，是纷飞的树叶，是荡漾的黑发，是我手中燃着的香烟”。“炫目的阳光呼啸而来，洒了我一脸一身，我跳起来冲它招招手；更多的阳光扑过来，弄得我鼻子痒痒的”。“风”是有线条的，而且是各种各样的事物且有各种各样的形体；“阳光”则会打招呼，会跳跃，有个性和生命。这是通过极个体化的方式，借助通感、意象、错觉、幻梦等表现手法和尖新的语言，传达出了年轻作者对于人生和大自然的微妙感受。如果按“习惯”语言的标准来衡量，这样的语言是不合逻辑的，但正是这些新鲜和奇特的语言，刺激了读者在“习惯”语的氛围中漠然和麻木了的神经。如“那些谈到几乎没有细节的下午”“慢慢地墙壁和松板松软地变成了一块饼干，我想在水里用不了多时就淡化了”“于是这个夏天我一帆风顺的瘦下去”“肥沃的手”。或者运用语言的指代，或者在宾语之前插进“我想”，或者借助语言的特殊搭配组成句子，总之，正是这种反常规、反逻辑、反习惯的语言组合，使语言产生了一种陌生化的效果。

张爱玲的散文中使用了许多陌生化的词语，如“秘艳”“熟艳”“深艳”“艳异”“炜丽”“光丽”“腴丽”“嫣丽”“红焰焰”“黑隐隐”“白油油”“白浩浩”“肉哚哚”“肥敦敦”“晕陶陶”“齐臻臻”“阴恻恻”“滑塌塌”“干敷敷”“湿阴阴”“棉墩墩”“险伶伶”“木渣渣”“瘦怯怯”“光致致”“光塌塌”“兴兴头头”“兴兴轰轰”“森森细细”“跌跌冲冲”“营营扰扰”“狭窄地一笑”“钝钝的恨毒”“怯怯的荒寒”“潇潇的笑”。也有一些新奇陌生的句子，如《金锁记》中写道：“她到了窗前，揭开了那边上缀有小绒球和墨绿式窗布，季泽正在弄堂里往外走，长衫搭在臂上，晴天的风像一群白鸽子钻进他的纺绸裤褂里去，哪儿都钻到了，飘飘拍着翅子。”《沉香屑·第一炉香》中写道：“薇龙心里便像汽水加了柠檬汁，咕嘟咕嘟冒酸泡。”

五、散文欣赏

请阅读冰心、巴金、杨朔、刘白羽、秦牧、汪曾祺、季羡林、贾平凹、刘亮程、林清玄、余光中、余秋雨等散文名家的作品。

花城（秦牧）

我的高考（甘于恩）

作为“文革”后第一届入学的大学生，很多人都以羡慕的眼神看待我。其实，神圣的不是我，神圣的是那个时代。自己作为当事人，有些记忆已经模糊，趁现在脑袋还好使，写出来跟大家分享，也是对那个时代的纪念！

1977年，对于我个人而言，是很值得珍惜的年份。1977年3月，我从青阳中学（现在的“晋江一中”）转学至厦门三中，算起来只有半年多的时间，不过对于我来说，却意义重大，从小到大，一直长住在晋江，只有短期到厦门（父亲是厦大的教师）、福州（老家）住过，可以说，基本上没有见过什么世面。到厦门读最后半年的高中，心理很自卑，因为班里的同学都是城市人（那个时候晋江还很落后，厦门人提起晋江人，往往会用鄙夷的口吻说“晋江仔”），着装比我时尚得多，虽然那个时候还没时尚这个概念。考上大学以后，我偷偷买了一双皮鞋，还给父亲数落了半天。这是后话。进了厦门三中，户口还没迁入，严格来说，还是晋江人，暂时寄读在那里，心情不太好，也怕自己将来没有出路，所以埋头读书，以为自己会被拉下一截，但那个时候“文革”刚刚结束没多久，教育水准还很低，因此我在三中还不算太落伍，语文、数学、化学都不错，可以达到优秀的等级，英语多少忘记了，不过应该也不错，记得有个厦门港的同学英语很次，周末来北村我家找我恶补，用汉字标英语，私下被我笑得要死。我最差的一科是物理，只能勉强及格。中学临毕业时，三中举行作文比赛，我写的一篇讨伐“四人帮”的作文得了第一名，让我信心大增。

可是，中学毕业后要做什么？那时好像“上山下乡”还没正式停止，经济缺少活力，社会就业面窄，前途似乎无望。好在 1977 年 10 月 21 号，广播里播报了恢复高考的消息，心里实在是太开心了！至少看到了一丝希望。不过，多年来累积下来的考生，数以百万，父亲告诫我，别对考上抱太大期望。想想也是，我一个 18 岁的应届生，怎么竞争得过那些大哥哥大姐姐呢？我是留城对象，父亲还是想让我好好读书，因为读不了书的话，很可能要去当学徒工。他还专门请他的一位中文系朋友（教古汉语的许老师）来为我补习作文。那时中文是热门专业，高考报中文的人很多，我也有文学梦，也想进中文系，父亲本意是让我报理科（因为化学成绩还行），但我物理很烂，怕拖了后腿，最终他还是同意我报中文。当时高考似乎没有现在这样如临大敌，这样千娇万惯，这样紧张备考，多数考生也没有人送进考场，都是自己想法进了考场，糊里糊涂考完就是了。考完之后也没有什么网络可以查询成绩，最后的结果就是看那一纸通知书。大多的考题都忘记了，印象最深的是语文科考了一题学习王铁人的读后感，地理科考了马里亚纳海沟。

高考好像是 1977 年的 12 月，考完之后在家无所事事。心想单凭我这两把刷子，恐怕没啥指望考上大学了。12 月下旬，有单位招工，那就去试试，我可选的只有小学和蔬菜公司，报了小学，不知道是“成分”不好，还是别的什么原因，竟然名落孙山。只好被厦门蔬菜公司录用为学徒工，去门市收购郊区农民送来的蔬菜。父亲打趣说，如果一辈子在蔬菜公司，怕是连老婆也讨不上了。就这样，我在蔬菜公司待了两个月左右。1978 年 2 月的某一天（应该是中下旬），我在家里接到了大学录取通知书，左邻右舍都替我高兴，好像也沾了光似的。消息传到蔬菜公司，公司领导有点舍不得，说将来大学毕业后，是不是考虑再来公司呀。我笑笑不语。离职之前，公司还为我和另一位入伍的同事开了欢送会，每人送了一本《毛泽东选集》第五卷和一个脸盆。着实让我得意了一番。

记得入学报到是 1978 年的 3 月初。经过了短暂的军训后，很快就转入了正规的学习阶段。大学四年，风风雨雨，恩恩怨怨，容后细述。这四年，结识了来自五湖四海的同学，很快也就感受到差距和压力。论才华，论知识积累，论人生阅历，我都不如很多同学。所以，在大学期间，想努力追赶，不敢松懈，因此，个人情感方面，基本上是空白。我有个舍友，平时跟我关系很好，周末会带我去参加舞会，我在舞会结识了一位外语系的女孩，名字里有个字跟我一样，蛮谈得来的，但她好像跟舍友也很好，所以不敢造次。大学毕业后还给她写过几封信，不知道算不算“暗恋”，由于距离的原因，事情就不了了之了。

专业方面，不像现在分得这么细。不过当时的学习风气非常浓厚，对知识的渴求无以复加。图书馆里、路灯下，到处都是勤奋读书的莘莘学子。我慢慢意识到自己的弱点，决定扬长避短，参加语言学兴趣小组，经常聚会探讨学术问题，有一次，还跟同学去了鼓浪屿，当面向语言学家黄典诚先生请教。学年论文和毕业论文都得到较高评等，毕业前，还写了一篇短论文《析“再”》，刊登在专业期刊《辞书研究》上，也出了一把风头。由此坚定了我从事语言学研究的信念。

岁月荏苒，光阴似箭，恢复高考已经快40年了。我能有今天小小的成绩，真的得感谢这一伟大的历史事件，尽管不少人对高考制度有微词，但假如没有40年前的那场高考，我可能还在社会的底层挣扎，而且还有千千万万的没有背景的年轻人会面临同样的命运。我们处在目前这个机遇与困惑并存的年代，所能做的，就是尽自己的能力，不忘初心，努力前行，为这个社会哪怕是微小的进步，做点实事。在满足温饱之后，勿过分追求个人的名利和个人的享受，毕竟，人的个体作为躯壳在这世上最多不过百年，但精神财富却能长留人间。谨以此文献给恢复高考40周年，并与诸君共勉！

（备注：甘于恩教授博士毕业于暨南大学方言学专业，师从詹伯慧教授，现为暨南大学博士生导师。）

第三节　小说写作

一、小说的概念

小说是一种叙事性的文学体裁，它以塑造人物形象为中心，通过展现故事情节，运用各种叙事方式，描绘具体环境来反映社会生活，使读者在审美愉悦中获得教益。

小说三要素：人物、情节、环境。

唐家三少1.22亿元年度版税
收入荣登网络作家榜首富

二、中国小说的起源与发展

1. 古典小说时期

中国古代小说孕育于先秦时期的远古神话，经历了汉魏六朝杂史、志怪志人的成长，唐传奇的成熟，宋明话本、拟话本的发展壮大，最后在明清章回小说中展示出生命的辉煌。

战国时代是小说的孕育期，出现了神话、诸子和史传。汉魏时代是命名期，出现了志怪小说和志人小说。班固《汉书·艺文志》：“小说家者流，盖出于稗官。街谈巷语，道听途说者之所造也。”唐宋时代是发展期，出现了文言小说，唐代传奇小说是中国小说的真正开端。宋代话本是中国白话小说的源头。明清是小说的成熟期，是古典小说成就最辉煌的时期，《三国演义》是章回小说的开山之作，《水浒传》是第一部长篇白话小说，《金瓶梅》开启了文人独立创作先河，《儒林外史》是第一部长篇讽刺小说，《红楼梦》乃集古代小说之大成者。

晚清文学革命，尤其是“小说界革命”开启了具有现代意义的小说，并从此奠定了小说的正统地位。梁启超说：“欲新一国之民，不可不先新一国之小说。”

2. 现代小说时期

鲁迅的代表作有《呐喊》《彷徨》《朝花夕拾》《野草》《华盖集》《中国小说史略》。茅盾的代表作有小说《子夜》《春蚕》和文学评论《夜读偶记》。老舍的代表作有《骆驼祥子》《四世同堂》《茶馆》。沈从文的代表作有《边城》《中国丝绸图案》《唐宋铜镜》。

3. 当代小说时期

（1）政治泛化小说（新中国成立初期—20世纪70年代中期），代表作有《保卫延安》《红日》《红旗谱》《创业史》。

（2）伤痕小说（20世纪70年代末），代表作有刘心武的《班主任》、卢新华的《伤痕》。

（3）反思小说（20世纪80年代初期），代表作有茹志鹃的《剪辑错了的故事》、王蒙的《蝴蝶》、谌容的《人到中年》。

（4）改革小说（20世纪70年代末至今），开创阶段：蒋子龙的《乔厂长上任记》。活跃阶段：张洁的《沉重的翅膀》、路遥的《人生》。深化阶段：钱石昌的《商界》。相持阶段：刘醒龙的《分享艰难》、谈歌的《大厂》。

（5）寻根小说（20世纪80年代中期），代表作有汪曾祺的《大淖（nào）记事》、韩少功的《爸爸爸》、刘恒的《伏羲伏羲》、阿城的《棋王》、张承志的《北方的河》。

（6）现代派小说（20世纪80年代初—80年代中后期），以80年代初王蒙的意识流小说《春之声》为代表，还有残雪的《山上的小屋》、刘索拉的《你别无选择》。

（7）先锋派小说（20世纪80年代末、90年代初），代表作有马原的《冈底斯的诱惑》、莫言的《红高粱》、苏童的《米》、余华的《在细雨中呼喊》、格非的《欲望的旗帜》。

（8）新写实主义小说（20世纪80年代末、90年代初—现在），代表作有池莉的《烦恼人生》、方方的《风景》、刘震云的《一地鸡毛》、刘恒的《贫嘴张大民的幸福生活》。

（9）新生代小说（20世纪90年代中期—现在），代表作有东西的《耳光响亮》、邱华栋的《手上的星光》、朱文的《我爱美元》、鬼子的《上午打瞌睡的女孩》。

作家言论

莫言：我为什么写作（节选）

三、小说的分类

（一）按容量大小分类

1. 长篇小说

长篇小说是篇幅长、容量大、情节复杂、人物众多、反映生活广阔的叙事性文学体裁。一般在10万字以上。

如《蛙》，与莫言以往小说更注重历史幻想色彩不同的是，《蛙》更接近历史现实的书写，主要讲述的是乡村医生“姑姑”的一生。小说通过讲述从事妇产科工作50多年的乡村女医生姑姑的人生经历，反映新中国近60年波澜起伏的农村生育史，描述国家为了控制人口剧烈增长、实施计划生育国策所走过的艰巨而复杂的历史过程。

再如《一句顶一万句》《受活》《活着》《智圣东方朔》《亮剑》《潜伏》《蜗居》《失恋三十三天》。

作家简介

龙吟先生

2. 中篇小说

中篇小说的容量大小、篇幅长短、人物多寡、情节繁简等均介于长篇小说和短篇小说之间，通常只是截取主人公一个时期或某一段生活的典型事件塑造形象。它反映社会生活的某个方面，人物相对集中，故事情节完整，线索比较单一，矛盾斗争不如长篇小说复杂，人物较少。一般在3万～10万字。例如《大淖纪事》《变》《桃园春醒》《路》《三人行》《羊脂球》。

3. 短篇小说

短篇小说一般在3万字以下，人物集中，情节单纯，以小见大，及时反映社会生活的某一侧面，以横截面为视界。例如《摆渡人》。

4. 微型小说

微型小说又叫小小说、袖珍小说、超短篇小说，字数一般在千字以内。微型小说往往摄取生活瞬间（一个片段），情节单一，技巧简单，注重省略，讲求寓意，勾画出一个栩栩如生的人物形象，“借一斑略知全豹，以一目尽传精神”。《聊斋志异》中有多篇不足千字的微型小说，不到百字的有40多篇，最短的仅二三十字。英国《每日镜报》举行过一次“三字小说”征文活动，获得第一名的是“神垂死”。主题忧郁，表达了对这个世界的种种忧虑。“世界上最后一个人正坐在房间里，突然，他听到了敲门声。”有这样一个比赛，要创作一部世界上最短的小说，要求涉及宗教、皇室、性和悬念。冠军得主的作品是这样的——上帝啊，女王怀孕了，谁干的？

（二）按内容特征分类

1. 故事小说

故事小说特别强调故事情节的生动性、曲折性和完整性，在内容上强化情节因素，注重巧合、误会等情节技巧。如《三言二拍》《封神榜》《三国演义》。

林培源

2. 性格小说

性格小说以塑造典型人物为中心。人物有个性、特殊性、复杂性、丰富性。故事和环境为人物形象服务。常采用横截面的写法，即在纵的线性的情节发展中横向扩张出广阔的社会生活场景，并在这种场景的转换中多角度地描写人物性格。如《红楼梦》《祝福》《阿Q正传》《子夜》《家》《骆驼祥子》。

3. 心态小说

从性格小说中分离出来，以表现人物的内心世界为主要追求。重心不是人物的外在行动、性格特征，而是人物的感官印象、心理活动等。多以内心独白、心理分析、感官印象、自由联想等手法，运用开放式、复调式、多头式的结构形式，在回忆、感觉、幻觉、错觉、梦境的交错进行中，把历史和现状、过去和现在、时间和空间交织为一个整体，发掘人物内心世界中积淀起来的审美情感。心态小说又可以分为：心理独白小说，如俄国小说家陀思妥耶夫斯基的小说《罪与罚》；心理分析小说，如奥地利作家茨威格、英国作家乔伊斯、美国作家索尔·贝娄的作品；意识流小说，如法国作家普鲁斯特、英国作家乔伊斯、美国作家福克纳等的作品；心理象征小说，如美国作家麦尔维尔、奥地利作家卡夫卡等的作品。

（三）按题材内容分类

可分为工业、农业、军事、社会政治、人生哲理、侦破、武侠、公案、谴责小说等。

（四）按题材时代分类

可分为历史题材小说和现实题材小说。

（五）按语体分类

可分为文言、白话、诗体小说等。

（六）按体裁分类

可分为话本、拟话本、章回体、书信体、日记体、笔记小说等。

（七）按创作方法分类

可分为现实主义、浪漫主义、荒诞、寓言、意识流小说等。

作家简介

张嘉佳

四、小说创作的主要技巧

（一）情节

情节是指小说中体现矛盾冲突、表现人物关系、展示人物性格的一系列生活事件。情节和人物性格的关系：情节是性格的历史，性格是情节发展的内在因素。我们读《红楼梦》，总是把自己的同情倾注在林黛玉、晴雯、贾宝玉、尤三姐这些人身上。

1. 情节的基本要求

（1）真实。

长篇小说《李自成》第 3 卷《燕辽纪事》这一单元，写洪承畴的叛变，比较真实。洪承畴出关后，预感到由于多方面的客观因素，他不能战胜强大的清军。他怀着以死报国的想法，其中对于明王朝不满的潜在因素，这已经为未来的叛变提示了征兆。洪承畴兵败被俘，心中决定不投降，还要破口大骂，但求速死。这种想法，并不是他自欺欺人，是当时的条件下，他的真实精神状态。后来，他对劝降者或怒骂，或闭目不理，后来又开始绝食。已投降清的名臣范文程对洪承畴的思想状况比较理解，他分析：洪承畴绝食自杀，比吞金自杀难熬百倍。洪承畴第二天便一日饮水数次，第三日饮水更多，往日满人去，洪承畴怒目而视，今日目光温和，怕不给饮水，当前应引起他的求生之念。洪承畴一生好色，为绝食所苦，生死二字必然搏斗于心中，一见美色，必为心动，如用美女劝降，当有意外之效。四太子采用了范文程的建议，在洪承畴正在绝食苦熬时，派出了他的宠妃亲自前去劝降。她是一绝色美女，她不劝降，只要求洪承畴喝人参汤，打起精神，准备殉国。最后洪承畴投降。如果写洪承畴一旦被俘就投降，这就不真实，要知道，他是明栋梁之臣，指挥十万人马的军队，为朝廷所倚重。

莫言的作品《蛙》更接近历史现实的书写，主要讲述的是乡村医生“姑姑”的一生。“姑姑”的父亲是八路军的军医，在胶东一带名气很大。“姑姑”继承衣钵，开始在乡村推行新法接生，很快取代了“老娘婆”们在妇女们心中的地位，用新法接生了一个又一个婴儿。“姑姑”接生的婴儿遍布高密东北乡，可丧生于“姑姑”之手的未及出世的婴儿也遍布高密东北乡。“姑姑”一面行医，一面带领着自己的徒弟们执行计划生育政策。让已经生育的男人结扎，让已经生育的怀孕妇女流产，成了“姑姑”的两件大事。小说通过讲述从事妇产科工作50多年的乡村女医生“姑姑”的人生经历，反映新中国近60年波澜起伏的农村生育史，描述国家为了控制人口剧烈增长、实施计划生育国策所走过的艰巨而复杂的历史过程。

（2）典型。

情节具有代表性，可以反映某一时代或社会历史时期的某种普遍性，代表一定范围内的社会生活的真实面貌。典型往往是特定环境的产物。它要反映某一特定时代或社会历史时期的某种普遍性，代表一定范围内的社会生活的真实。如《巴黎圣母院》的情节就生动概括了法国资产阶级革命时期人民与皇权、教会，教会与皇权之间的矛盾冲突。丑聋人卡西莫多被巴黎圣母院的神父克罗德收养，做撞钟人，外貌正经的克罗德神父自从遇见美丽的吉卜赛少女爱斯梅拉达后，被其美色所诱而神魂颠倒，指使卡西莫多强行掳走爱斯梅拉达，途中被法比斯骑兵上尉队长所救，爱斯梅拉达因而爱上了法比斯。但法比斯生性风流，被怀恨在心的克罗德刺杀，并嫁祸于爱斯梅拉达，令她被判死刑，行刑时，卡西莫多将爱斯梅拉达救走并藏身于圣母院中，乞丐群众为救爱斯梅拉达而冲入教堂，误与卡西莫多大战，爱斯梅拉达被由克罗德带领的军队冲入圣母院所杀，卡西莫多愤然将克罗德从教堂顶楼摔落地下，最后卡西莫多抚着爱斯梅拉达的尸体殉情。

2. 情节的主要因素

（1）悬念。

悬念是指人们对小说中人物的命运、情节的发展变化等所抱有的一种期待的心情。悬念是小说情节艺术引人入胜的最主要因素。“欲知后事如何，且听下回分解”就是留下悬念。《西游记》中乌龟请唐僧问如来佛祖就是留下悬念。

（2）意外（或称突变）。

意外（又称突变），是指小说情节在进展过程中，发生出乎读者意料之外的转折，致使人物的命运、事件的结局随之发生重大的改变。如《皆大欢喜》《外来媳妇本地郎》《七十二家房客》就在意外中推动了情节的发展。《泥活》中的泥人冯对自己新捏成的“武松打虎”非常喜爱，可是当他的孙子要用这个佳作去给管市场的胖老刘溜须时，冯兰瑞竟一掌压坏了这可爱的泥活。这出人意料的一掌，就将一个不趋炎附势的老艺人的耿直性格鲜活地勾勒出来。

柔弱的人（契诃夫）

（3）巧合。

巧合是文学作品构思中常见的一种表达方式。它在作品中能起到提高艺术感染力的作用，还能起到浓缩时空、严谨结构的作用。

海港（莫泊桑）

（4）误会。

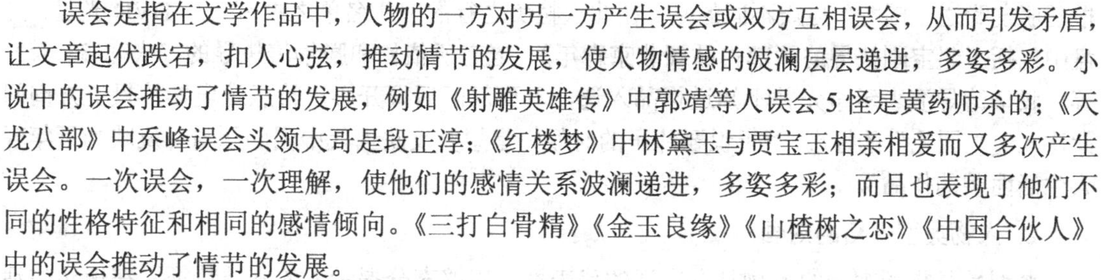

误会是指在文学作品中，人物的一方对另一方产生误会或双方互相误会，从而引发矛盾，让文章起伏跌宕，扣人心弦，推动情节的发展，使人物情感的波澜层层递进，多姿多彩。小说中的误会推动了情节的发展，例如《射雕英雄传》中郭靖等人误会5怪是黄药师杀的；《天龙八部》中乔峰误会头领大哥是段正淳；《红楼梦》中林黛玉与贾宝玉相亲相爱而又多次产生误会。一次误会，一次理解，使他们的感情关系波澜递进，多姿多彩；而且也表现了他们不同的性格特征和相同的感情倾向。《三打白骨精》《金玉良缘》《山楂树之恋》《中国合伙人》中的误会推动了情节的发展。

3. 情节的模仿与创新

文学就是讲故事。胡适说：“文学创作要有体验。”阎连科、莫言几乎每年一部长篇小说，生活体验从何而来？来自情绪经验（记忆），显性经验与隐性经验（记忆）。而情绪记忆，有时是显性的，有时是隐性的。所有的小说本质上都是作者的人生经验。当然也可以是阅读的情绪经验。阅读后，潜在记忆对作家写作影响很大，如修真小说的模式。又如要讲好中国故事，就必须建构与中国故事相联系的话语体系，实现政治话语、学术话语和大众话语的有机统一，把握当代中国实际，选取中国典型案例，增强传播效果。初学者可以模仿，成名后尽量创新。

陈忠实的《白鹿原》是多重记忆与组合。初中、高中课本对陈忠实影响极深，陈忠实1962年高中毕业，1958年的高中教材里有《墨子·非攻》。朱先生与子墨子相似，子墨子单枪匹马，说服公输盘，朱先生只身一人说服方巡抚放弃血洗长安的“平叛”念头。田小娥与李慧娘相似，陕西秦腔流行《游西湖》，贾似道的小妾李慧娘与英俊书生裴瑞卿眉目传情私下相爱，被贾似道处死，李慧娘冤死后，化为鬼魂折磨贾似道，复仇后走了。田小娥死后也化为鬼魂去报仇。

（二）人物

塑造人物是小说创作的核心。

1. 塑造人物的基本要求

（1）注意真实性。真实性是指作者以生活中人物的本来面目为基础，经过艺术加工，塑造出的人物所具有的一种特性。栩栩如生，可信真实，“似曾相识”却“又非尽然”。《奋斗》的剧情真实，但并不回避生活中残酷的一面，这些剧情传递给观众一种血淋淋的生活质感和自由度。石康说他敢保证剧中70%的剧情都是他所经历和看到的真实生活。

（2）注意典型性。典型性是指所塑造的人物有广泛的代表性，能够充分揭示人的本身特征。通过人物的遭遇和命运来表现人物性格的形成和发展。《活着》中的福贵经历了从地主家的富儿子到孑然一身，只能靠养牛种田为生的巨大转变，他的经历固然是有一定的偶然性，但读者能从他的人生中感受到中国近代历史的巨大变迁与福贵这个平平无奇的人身上的活着的生机与韧性。

小说简介

蜗　　居

390-1

2014年7月19日，阿根廷副总统兼参议长布杜在会见后，向习主席赠送了印有习主席名字的阿根廷国家足球队10号球衣，随后习主席也向阿根廷朋友赠送了国礼。与众不同的是，在此次拉美之行的国礼名单之中有一套DVD光盘，光盘中包括了赵宝刚执导的两部作品《北京青年》《老有所依》和滕华涛执导的《失恋33天》等。滕华涛导演表示事先并不知道作品入选，看到新闻后很开心，特意致电影片投资方询问此次入选“国礼”的标准，“听说要片子的时候，是想要反映当代中国的题材、反映当下年轻人生活面貌的作品”。

2. 人物典型性格的刻画

典型性是指所塑造的人物具有广泛的代表性，能够充分揭示人的本质特征。在现实生活中，存在大量的真实而典型的人物，作者通过选择、提炼、集中、概括，并按照人物自身的遭遇和命运，沿着人物性格形成和发展的逻辑有机地结合起来，才能创造出既有鲜明个性特征又能揭示某种普遍性的活生生的典型人物。性格是小说人物生命力的表现和标志。所谓性格，主要是指人物独特而鲜明的基本特点。典型性格的刻画是指在创作中对现实中多样复杂的人和事，运用艺术想象进行再创造，经过比较、分析、综合，剔除其中枝蔓的、偶然的、个别的现象，突出其中主要的、普遍的、有倾向性的方面，经过艺术加工，创造出具有鲜明个性特征，又能揭示生活某些规律性的典型形象。例如《红楼梦》中“行为偏僻性乖张”具有反封建叛逆精神的贾宝玉，《阿Q正传》中愚昧、麻木、自欺自慰的阿Q。由于作者刻画了这些人的典型性格，才使这些作品具有认识价值和审美价值，给人以启迪和震撼。

（1）人物性格典型化的要求。

① 要写出共性。叶昼说：“施耐庵、罗贯中真神手也！摩小人底身分；至差拨处，一怒一喜，倏忽转移写鲁智深处，便是个烈丈夫模样；摩写洪教头处，便是忌嫉，咄咄逼真，令人绝倒，异哉！”金圣叹说：“盖耐庵当时之才，吾直无以知其际也。其忽然写一豪杰，即居然一豪杰；其忽然写一奸雄，即又忽然奸雄也；甚至忽然写一淫妇，即居然淫妇也；今此篇写一偷儿，即又居然偷儿也。”

例文

390-2

陈奂生上城（高晓声）

② 要写出个性。林黛玉就是林黛玉自己的个性，绝不能把属于探春的个性硬加到林黛玉身上。金叹圣在评《水浒传》时说：“《水浒传》所叙，叙一百八人，人人有其性情，人人有其气质，人人有其形状，人人有其声口。”又说：“《水浒传》一百八个人性格，真是一百八样。若别一部书，任他写一下个人，也只是一样，便只写得两个人，也只是一样。”《红高粱》中的男、女主人公有自己的个性。男主人公余占鳌是粗野、狂暴的，他在给女主人公戴凤莲抬轿子时试图与她调情，并在她回门时把她拖进高粱地里野合；但他又是富有正义的，他积极地抗击日本的侵略，是个抗日英雄。女主人公戴凤莲是泼辣、果敢的，她在丈夫死后勇敢地撑起了酒庄，同时和余占鳌做了一对地下情人。古今中外吝啬鬼的形象比较多，有一些典型的细节描写。欧洲文学中的四大吝啬鬼是莎士比亚喜剧《威尼斯商人》中的夏洛克，莫里哀喜剧《吝啬鬼》（又译《悭吝人》）里的阿巴贡，巴尔扎克小说《欧也妮·葛朗台》中的葛朗台，以及果戈理小说《死魂灵》里的泼留希金。这四大吝啬鬼，年龄相仿，脾气相似，有共性，又有各自鲜明的个性特征。简言之，泼留希金的迂腐，夏洛克的凶狠，阿巴贡的多疑，葛朗台的狡黠，构成了他们各自最耀眼夺目的气质与性格。中国四大吝啬鬼：李梅亭（钱钟书的《围城》）、卢至（徐复祚的《一文钱》）、监河侯（庄子的《外物》）、严监生（吴敬梓的《儒林外史》）。

看鱼下饭

从前有个财主，非常小气，对自己家里人也不例外。有一天吃饭时，两个儿子盛好了饭，问父亲用什么菜下饭，父亲就在墙上挂了一条咸鱼，对儿子们说：“你们看一眼鱼，吃一口饭就行了。”儿子们没办法，只好这样吃起来。突然，兄弟俩争执起来。父亲问为什么，弟弟告状说：“刚才哥哥多看了咸鱼一眼。”父亲一听大怒，说：“别管他，咸死这个馋嘴的！”

小说简介

尘埃落定（阿来）

P391

（2）刻画人物的方法。人物塑造的取样和原型的艺术改造。小说作品中的人物，很多都有生活的原型。作者的艺术概括能力，主要取决于作者有无深厚的生活基础、饱满的情感、丰富的想象力、深刻的思想和敏锐的洞察力。鲁迅说：“作家的取人为模特儿，有两法：一是专用一人；二是杂取种种人，合成一个。”单取一人的方法，常显得更为真实；杂取多人的方法，则更富有概括性。《三国演义》中对于历史事实的改造、改变也很有借鉴意义。《三国演义》是一部所谓“七分事实，三分创造”的长篇小说，即使是以史实为基础的作品，作者同样可以从人物的主导性格出发，对生活原型进行选择和综合。具有表现为对人物原型的活动和人与人之间的关系上的调度与取舍，使得作品中的人和史书的记载相比较更加具有典型性。如《三国志·蜀书》是刘备鞭打督邮，而罗贯中的《三国演义》设计成了张飞鞭打督邮。这是为了塑造刘备仁厚长者的形象。

在矛盾冲突的焦点上塑造性格。契诃夫的《一个官员的死》：围绕小公务员为一个喷嚏而道歉的事件，突出其性格。莫言的《白狗秋千架》：显形故事结构层面蕴含人间真情，而隐形故事结构层面所蕴含的却是冷酷无情，以此构建人物性格。“武松打虎”：是人与猛兽的矛盾冲突，若是打狼，绝无武松。郭靖、黄蓉、杨过、小龙女人物之间的矛盾，共同塑造了各自的特点。

大胆写人情人性，通过展示人物命运，塑造形象。人是社会实践的产物，人身上携带着人性的基因和人丰实的情感，它构成人物形象、命运的深层动力和价值内核。例如，王润滋的《卖蟹》写了一位卖蟹小姑娘的美好心灵。再如，《巴黎圣母院》中卡西莫多的丑善与爱斯梅拉达的美（与主教的）碰撞而生人情，而展示人性、人的命运。

3. 描写人物

（1）描写的定义。描是描绘，写是摹写。描写就是用生动形象的语言，把人物或景物的状态具体地描绘出来。这是一般记叙文和文学写作常用的表达方法。

（2）描写的作用。写文章，只有通过描写才能做到“绘声绘色”“活灵活现”“栩栩如生”“历历在目”“惟妙惟肖”。这是因为作者通过具体的形象化的语言写人、状物把客观对象写得有声、有色、有味、有形，使人有亲临其境、如睹其人、如闻其声、如嗅其味、如见其色、如历其事的感觉。

（3）描写的特点。描写最大的特点是形象性。描写与叙述是从不同角度去表现事物的表达方式。叙述着眼于交代“过程”，描写着眼于描摹“样子”。描写与叙述有别，但有时又交汇在一起。甚至于一段文字从一个角度看是描写，从另一个角度看则是叙述。俄国有一个文学青年，写了一篇描写乞丐生活的短篇小说拿去请教著名作家陀思妥耶夫斯基。小说写道：“他把一个钱投到乞丐的手里。”陀思妥耶夫斯基看了不满意，改为：“他把一个小钱向乞丐投下，钱落到地上，叮叮当当滚到了乞丐的脚边。”前者是叙述，后者是描写。

年轻白领热衷

网上“晒”老师（广州日报）

（4）正面人物描写。正面描写与侧面描写是一对截然相反的描写方法。正面描写，就是将笔触对准对象来描写，这是最常见的描写手法。一般都是将二者完美结合来描写人物。

① 肖像描写。肖像描写是对人物的外形——容貌、表情、声音、神色、姿态、打扮、服饰、体型等的描写，也叫“外貌描写”。肖像描写能揭示人物的思想性格，表达作者的爱憎，加深读者对人物的印象。《三国演义》：（刘备）生得身长七尺五寸，两耳垂肩，双手过膝，目能自顾其耳，面如冠玉，唇若涂脂。《赌神》中的经典大背头、甩大衣上赌桌的肖像描写。《红楼梦》中的王熙凤，人称“凤辣子”，精明能干，又狠毒贪婪。作者对她的描写就是从眼睛入手的：一双丹凤三角眼，两弯柳叶吊梢眉。丹凤眼、柳叶眉虽俏丽，却是三角形和吊梢状的，其阴险毒辣刻画在五官长相之中。张爱玲在《倾城之恋》中描写白流苏的外貌从脸型着手：她那一类的娇小的身躯是最不显老的一种，永远是纤瘦的腰，孩子似的萌芽的乳。她的脸，从前是白得像瓷，现在由瓷变为玉——半透明的轻青的玉。下颌起初是圆的，近年来渐渐尖了，越显得那小小的脸，小得可爱。脸庞原是相当的窄，可是眉心很宽。一双娇滴滴，滴滴娇的清水眼。这张脸让人感觉白流苏是柔软的，纤弱的，她的性格中确实有柔弱的一面，但她更是坚强的，毅然选择与前夫离婚，不向命运妥协。肖像描写要根据需要，抓住特征，绘形传神，刻画性格，显示灵魂。要根据情节发展的需要去写，不能每写到人就必写人的肖像。

鲁迅告诉我们，要“画眼睛”。“画眼睛”的意思是：善于细致地精确地描绘人物外貌最富特征的部分，而舍弃与表现人物性格和精神面貌无关的其他东西。鲁迅写祥林嫂是“画眼睛”，但也写了祥林嫂“花白的头发”。写阿Q则着重写他头上的癞疮疤，却比写眼睛更能表现出他的精神胜利法。写闰土，在写眼睛的同时，也写到闰土的手：“那手也不是我所记得的红活圆实的手，却又粗又笨而且开裂，像是松树皮了。”反映了闰土生活的艰辛和痛苦。写孔乙己却没有写眼睛，而是写他那件“又旧又破的长衫。”写肖像的高要求是刻画性格、显示灵魂。列夫·托尔斯泰为了写出玛丝洛娃的灵魂，勾勒出玛丝洛娃在牢中的内心世界，曾对玛丝洛娃的外貌描写修改了二十次。肖像描写切忌公式化、脸谱化。一般情况下，“人如其面”。然而人的内心与外貌并不总是一致的，外表漂亮不一定心灵美，而且“知人知面不知心”。优秀作品中写的好人外貌不一定都是漂亮、英俊的；写的坏人也并不一定都是麻子、瞎子、跛脚。如《牛虻》中的中年牛虻，就是瘸腿，面部丑陋，有刀伤痕；法捷耶夫的《毁灭》中的英雄莱奋生却矮小而背脊稍微弯曲。这都说明作家即使描写心爱的人物也不是“脸谱化”地一味美化人物，而是严格地尊重生活的真实。在写批判人物时，有时常常以外形美来反衬人物的心灵丑，如《毁灭》中的反面人物美迪克，他风度翩翩，却动摇变节；《红楼梦》中的王熙凤美丽俊俏，却心毒手狠。

② 动作描写。动作描写是对人物的行为动作的描写，也叫行动描写。动作描写能展示人物的性格特征和精神面貌。因为人们的所作所为是其思想性格的直接表现。在文学作品中，人物行动描写是塑造人物的主要手段。行动描写的要求：人物性格应当从他自己的行动里流露出来。人物的行动应当经过选择，足以表现人物的性格。因此描写人物行动的目的就应十分明确。要注意人物行动的生动性和典型性。所谓生动性，指的是作者不仅要写出人物在做什么，而且要写出他怎样做。所谓典型性，则指的是作者要写出人物为什么这样做，而不那样做。

儒林外史（吴敬梓）

巴黎圣母院（雨果）

当他清醒转来，他就扑到床上，在那床上打滚，疯狂地吻着她睡过的尚带微温的地方，他一动不动地，好像停止了呼吸似的，在那儿待了几分钟，接着又站起来，满脸是汗，气喘着，昏迷着，敲钟一样平匀地把头向墙上碰去，好像决心要把头碰破。最后他又力竭地跌倒了一次；他用膝盖一步一移地走出那小屋子，失望地蹲在门对面。他就这样毫不动弹地在那儿待了一个多钟头，眼睛盯住那荒凉的小屋子。

红楼梦（第六回）（曹雪芹）

凤姐也不接茶，也不抬头，只管拨手炉内的灰，慢慢地问道：“怎么还不请进来？”一面说，一面抬身要茶时，只见周瑞家的已带了两个人在地下站着呢。这才忙欲起身，犹未起身时，满面春风的问好，又嗔着周瑞家的怎么不早说。刘姥姥在地下已是拜了数拜，问姑奶奶安。凤姐忙说："周姐姐，快搀起来，别拜罢，请坐。我年轻，不大认得，可也不知是什么辈数，不敢称呼。"周瑞家的忙回道："这就是我才回的那姥姥了。"凤姐点头。刘姥姥已在炕沿上坐了。板儿便躲在背后，百般的哄他出来作揖，他死也不肯。

③ 心理描写。心理描写是以语言文字对人物的内心世界（感受、感觉、联想、想象、看法、梦境、幻觉）、思想道德品质、个性性格特征所进行的描写。心理描写的作用：展现人物内心，揭示、刻画人物性格。

心理描写的方法主要有下面四个。

第一，心理分析。作者站在旁观者的立场对人物的心理活动进行描述剖析。

例文

俊友（莫泊桑）

一阵甜美的快乐涌入他身上了；有一阵温馨的快乐从他肚子里升到头上，在他的肢体上流动，透过他全身。他觉得自己身上侵入了一种完美的舒适，一种生活上和思想上的，肉体上和灵魂上的舒适。

第二，直接倾诉。作品中的"我"直接倾诉内心的活动，用于第一人称叙述的作品中。

例文

望着总理的遗像（巴金）

那天听到北方朋友的话以后，静下来时我望着周总理的遗像出神，心里有多少话要对总理讲啊。晚上我梦见自己也跟随瞻仰遗容的群众，向周总理的遗像告别，我也看见总理瘦多了。我醒在床上，紧紧咬着自己的嘴唇，用手搔自己的胸膛，有一团火在我的心里燃烧，有多少小虫在咬我的心。我痛苦地问：为什么现代医学的巨大成就不能减轻这个伟大人物的痛苦？

第三，默想与独白。作者直接写出人物对某一问题的看法、想法。

例文

笑傲江湖（金庸）

令狐冲猛地里省悟："师父叫我浪子回头，当然不是口说无凭，是要我立刻弃剑认输，这才将我重新收入门下。我得返华山，再和小师妹成婚，人生又复何求？但盈盈、任教主、向大哥却又如何？这场比试一输，他们三人便得留在少室山上，说不定尚有杀身之祸。我贪图一己欢乐，却负人以至于斯，那还算是人吗？"言念及此，不由得背上出了一阵冷汗，眼中瞧出来也是模模糊糊，只见岳不群长剑一横，在他自己口边掠过，跟着剑锋便推将过来，正是一招"弄玉吹箫"。令狐冲心中又是一动："盈盈甘心为我而死，我竟可舍之不顾，天下负心薄幸之人，还有更比得上我令狐冲吗？无论如何，我可不能负了盈盈对我的情义。"突然脑中一晕，只听得铮的一声响，一柄长剑落在地下。

第四，梦境和幻觉、错觉、潜意识。作者写"我"或"他"的种种"无意识"的心理。

卖火柴的小女孩（安徒生）

她又擦了一根。火柴烧起来了。发出亮光来了。亮光落在墙上，那儿变得薄纱那么透明，她可以从那儿一直看到屋里：桌上铺着雪白的台布，摆着精致的盘碗，填满了苹果和葡萄干的烤鹅正在冒着热气。更妙的是，这只鹅从盘子里跳下来，背上插着刀叉，摇摇摆摆地在地板上走，一直向可怜的女孩走来——这时候，火柴就灭了，面前没有别的，只有一堵又厚又冷的墙。

透明的红萝卜（莫言）

裤头湿了，漂起来，围在他的腰间，像一团海蜇皮。他呼呼隆隆淌着水追上去，抓住水桶，逆着水往回走。他把两只胳膊拳煞开，一只手拖着桶，另一只手一下一下划着水。水很硬，顶得他趔趔趄趄。他把身体斜起来，弓着脖子往前用力。好像有一群鱼把他包围了，两条大腿之间有若干温柔的鱼嘴在吻他。他停下来，仔细体会着，但一停住，那种感觉顿时就消逝了。水面忽地一暗，好像鱼群惊惶散开。一走起来，愉快的感觉又出现了，好像鱼儿又聚拢过来。于是他再也不停，半闭着眼睛，向前走啊，走……

写人物的心理活动，应写特定的人物在特定的环境中必然产生的心理活动，而不能为心理描写而进行心理描写。如大雪寒天里，一般人想的是驱寒取暖，快出太阳，这是人本能的常态的要求。可是特定的人物在特定的环境中，就不一定如此想。写心理活动，要防止左一个心理活动，右一个心理活动。只有在关键的情节、动作、表情出现时，才伴之以心理描写。写心理活动，要努力写人物细微的感情波澜和复杂的心理变化过程。例如，高尔基的《母亲》最后一章所写尼洛夫娜发现暗探时一刹那的动摇、害怕，以及内心冲突，直到坚定、沉着。

④ 语言描写。语言描写是对人物的对话、自白的描写。语言是人物内心世界的直接流露，即“言为心声”。人物的思想感情，往往是通过符合他们性格特征的语言表现出来的。语言描写是直接引用人物原话，以引号为标志。记叙文体中的人物语言，如不写出人物的原话，则仍是叙述。

红　楼　梦

一语未了，忽听外面人说：“林姑娘来了。”话犹未完，黛玉已摇摇摆摆地进来，一见宝玉，便笑道：“哎哟！我来得不巧了！”

语言描写尽量地使用他们自己的语言。所谓人物自己的语言，一是指符合该人物的性格、感情、意志等的会话；二是指在特定的环境中必然说的话。什么人说什么话，什么时候说什么话，是最应注意的。写作时应该看着你的人物，记住他们的性格，好使他们有他们自己的话。学生说学生的话，先生说先生的话，什么样的学生与先生又说什么样的话。要写好人物的会话，难度不小，因此，初学写作者应该研究会话的写作，并且努力学习前人的宝贵经验。对话必须用日常生活中的语言，对话须简短。

小作业

《史记·滑稽列传》记载东方朔事，云其“徒用所赐钱帛，取少妇於长安中好女。率取妇一岁所者即弃去，更取妇。所赐钱财尽索之於女子。”仅 38 字。而作家出版社出版的《智圣东方朔》，用大量篇幅描写东方朔此等行为，并在第二册《天骄》的第一章东方朔之妻齐鲁女来到长安时，专门渲染此事：汉武帝平时总受东方朔捉弄，为了报复，便生出一计：他令东方朔不得先行回家接待夫人，同时命太监将东方朔在长安独居十二年间的十二名相好全都召集起来，在汉武帝的监视下，随东方朔一道回家，让东方夫人过目。众人料定怕老婆的东方朔这回定要十分难堪了，谁料那位爱吃醋的东方夫人却有极富戏剧性的举动……

《史记》中 38 字，在小说里被演义成近 5 000 字，到了中央人民广播电台制作的由连立茹的同名评书里，这个故事被扩展成了一个小时的内容。在 CCTV 制作的大型历史剧《东方朔》的剧本里，用了一万多字的笔墨来营造氛围，正式剪辑完成的电视剧更是把这个场景推到极致。请大家根据这个线索，仔细研究一下从史料到小说，再到评书、电视剧本，直到电视剧成品的“演义”过程，并发表自己的看法。

（5）侧面描写。侧面描写是不直接描写对象，而是以烘云托月的手法描写其他次要对象，借此暗示、烘托主要对象的特征。侧面描写的好处是：含蓄蕴藉，可以激发读者的联想，收到对比烘托、映衬烘托的效果。如《致青春》中侧面描写阮莞的美。汉乐府《陌上桑》前十句，先正面描写罗敷之美，“头上倭堕髻，耳中明月珠。缃绮为下裙，紫绮为上襦”。然后侧面描写，“行者见罗敷，下担捋髭须。少年见罗敷，脱帽著绡头。耕者忘其犁，锄者忘其锄；来归相怨怒，但坐观罗敷”。《小二黑结婚》也使用了侧面描写：“小芹今年十八岁了，村里的轻薄人说，比他娘年轻时候好得多。青年小伙子们，有事没事，总想跟小芹说句话。小芹去洗衣服，马上青年们也都去洗；小芹上树采野菜，马上青年们也都去采。”

例文

书剑恩仇录（金庸）

那少女的至美之中，似乎蕴蓄着一股极大的力量，教人为她粉身碎骨，死而无悔。其时朝阳初升，两人迎着日光，控辔徐行。那少女头发上，脸上，手上，衣上都是淡淡的阳光。清军官兵数十对眼光凝望着那少女出神，每个人的心忽然都剧烈跳动起来，不论军官士兵，都沉醉在这绝世丽容的光照之下。两军数万人马剑拔弩张，本来血战一触即发，突然之间，便似中邪昏迷一般，人人都呆住了。只听得当啷一声，一名清兵手中长矛掉在地下，接着，无数长矛都掉下地来，弓箭手的弓矢也收了回来。军官们忘了喝止，望着两人的背影渐渐远去……

（6）白描和细描。白描是指用经济简练的笔墨、惜墨如金、不加装饰地描摹对象的主要特征。细描是指用精雕细刻的笔墨对描写对象进行描摹。白描和细描原来是中国画的笔法。用经济节省的墨色线条勾勒出对象的轮廓，叫作白描，也叫线描。采用工整细腻的笔法，把描摹对象纤毫毕露地再现出来，叫作细描，也叫工笔。白描与细描运用于写作学理论中，是指两种截然相对的笔法。白描与细描，各擅其长，各有作用，如何运用，运用于何处，决定于表达的需要。如采用低调叙述的作品，其描写就较适于运用白描。

白描和细描既可用于人物描写，也可用于景物描写。

下面用了白描的写作笔法。

酒后（凌淑华）

夜深客散了。客厅中大椅上醉倒一个三十多岁的男子，酣然沉睡；火炉旁坐着一对青年夫妇，面上都挂着酒晕，在那儿切切细语；室中充满了沉寂甜美的空气。

下面两篇例文用了细描的写作笔法。

倾城之恋（张爱玲）

到了旅馆门前，却看不见旅馆在哪里。他们下了车，到了花木肃疏的高台上，方见再高的地方有两幢黄色房子。徐先生早定下了房间，仆欧们领着他们沿着碎石小径走去，进了昏黄的饭厅，经过昏黄的穿堂，往二层楼上走。一转弯，有一扇门通着一个小阳台，搭着紫藤花架，晒着半壁斜阳。阳台上有两个人站着说话，只见一个女的，背向着他们，披着一头漆黑的长发，直垂到脚踝上，脚踝上套着赤金扭麻花镯子，光着脚，底下看不仔细是否趿着拖鞋，上面微微露出一截印度式桃红皱裥窄脚裤头。

明湖居听书（刘鹗）

（7）细节描写。细节描写是对人物、环境或动静物的某些细小环节进行的精微细致的描写。细节分为生活细节和情态细节两大类。细节描写可以写行动、语言、肖像、心理，也可以写场面或景物，无论写什么，总要服从表现主题和人物的需要，力求典型、生动、新鲜、真实。有时一个生动典型的细节，会使人物形象鲜明地跃现在人们面前。细节描写必须典型，要富于表现力，非必要不宜过多使用，避免不真实的情节和细节。广电总局曾确认整治抗战雷剧，称雷剧的细节不尊重历史，如手撕鬼子、弹弓打飞机等细节。

用细节突出人物性格。刻画人物性格，塑造人物形象，是细节描写的主要功能。例如，宝玉见到林黛玉没有玉，立刻就把自己的玉给摔了，惹得整个贾府骚动起来。

用细节推动情节发展。如《杜十娘怒沉百宝箱》：公子正当愁闷，十娘道：“郎君勿忧，众姊妹合赠，必有所济。”乃取钥开箱。公子在傍自觉惭愧，也不敢窥觑箱中虚实。只见十娘在箱里取出一个红绢袋来，掷于桌上道：“郎君可开看之。”公子提在手中，觉得沉重，启而观之，皆是白银，计数整五十两。十娘仍将箱子下锁，亦不言箱中更有何物。

用细节深化作品主题。如鲁迅小说《药》结尾处的那个著名的小花圈，点缀出作者对革命还抱有一线希望。又如契诃夫的小说《凡卡》中，主人公小凡卡最后发出的那封信封上只写着“乡下祖父收”的信。

《风波》中赵七爷辫子的盘与放的细节揭示了性格，七斤的“象牙嘴六尺多长湘妃竹烟管”揭示了身份，十八个铜钉的破碗揭示了主题。

环境描写也可以是细节描写。例如，俄国屠格涅夫的《处女地》既是环境描写也是细节描写：苹果树树干上长满了干苔；它那参差不齐的光秃的枝上点缀了几片泛红的绿叶弯曲地伸向空中。

（三）环境

1. 环境描写的定义和作用

环境即文学作品中描写的支配着人物活动的整个外部世界，包括时间、空间和社会关系，即社会条件和自然条件。小说中的环境是指故事发生的场所和人物所在的氛围。例如鲁迅小说《药》的环境。环境是人物性格的延伸，环境描写同艺术构思情节提炼都是为刻画性格服务的。

2. 环境描写的方法

（1）自然环境描写。自然环境描写是对人物活动的自然景物（气候、时节、山水、植物等自然景观）进行的描写，又称景物描写。

描写自然景象，为人物活动提供自然环境和抒发情感的凭借。《红楼梦》中的大观园，翠障挡面，怪石拱立，佳木葱茏，奇花烂漫；清泉与小径对映，楼台与亭台互照；粉垣游廊、瓦舍茅屋、崇阁层楼相共济一地。界划出怡红院、潇湘馆、蘅芜院、缀锦楼等，真是景深境阔，别具洞天。这些具体景物，在读者心中构成大观园完整而又鲜明的形象。怡红院内的脂味粉香，潇湘馆中的清幽忧郁，蘅芜院里的简古清冷，秋爽斋内的豁达高雅，无一不是人物形象的一个补充，甚至可以说是人物形象的组成部分。贾宝玉、林黛玉等人物正是在这种形成并暗示着人物性格、命运的环境中走向典型与不朽的。

写景可以点明时令、地点，例如《红楼梦》：只见园中月色比外面更觉明朗，满地下重重树影，杳无人声，甚是凄凉寂静……只听“呼呼”的一声风过，吹得那树枝上落叶，满园中“喇喇喇”的作响，树梢上“吱娄娄”的发哨，将那些寒鸦宿鸟都惊飞起来。

写景要体现地方色彩。例如，沈从文的湘西地方特色描写；陈残云的珠三角水乡风景描写。

可以运用对比技巧写景。《祝福》的开头与结尾写祝福时的景色气氛，以乐景反衬祥林嫂的悲剧，更增强了作品对旧社会的批判力量。

（2）社会环境描写。从狭义上说，社会环境是指人物活动的处所、背景、氛围等。如城市、住房、农田等人为的景物及时代背景。从广义上说，是指一定历史时期的社会生活、人际关系的总和。如亲人、邻居、同事与人物的关系等。环境决定人物，人物改变着环境。环境之所以能决定人物性格的形成与发展，支配人物命运的变化，主要是环境的社会因素。这种社会因素，首先表现为大环境对人物总体、情节趋势的决定性影响。如《红楼梦》中贾宝玉娇纵痴情，林黛玉猜忌敏感，薛宝钗冷情寡欲，探春精明志高，性格虽各异，却难逃相类悲剧命运。其次是小环境与人物关系、人物性格、人物行动的相互作用，这种关系与性格化的活动构成了生活逻辑，即社会因素、背景要素，同样作用于人物的活动，构成人物活动的社会背景。如林冲的落草就与娘子漂亮、高衙内浪荡、太尉霸道等复杂的社会关系背景相关。社会环境描写使人物有赖以生存的真实环境依据，令人可信。

社会环境描写必须具有鲜明的时代色彩。老舍的《断魂枪》就有半殖民地半封建的时代特色。

断魂枪（老舍）

东方的大梦没法子不醒了，炮声压下去马来与印度丛野林中的虎啸。半醒的人们，揉着眼，祷告着祖先与神灵；不大会儿，失去了国土、自由与权利。门外立着不同面色的人，枪口还热着。他们的长矛毒弩，花蛇斑彩的厚盾，都有什么用呢；连祖先与祖先所信的神明全不灵了啊！龙旗的中国也不再神秘，有了火车，穿坟过墓地破坏着风水。（时代氛围）

当代的不少作品进行环境描写时表现出的环保意识，就是过去时代的环境中所不可能有的。

在作品中要描绘点染各色各样的风俗画面，为人物活动创造地域文化氛围。所谓“十里不同风，百里不同俗”即是地方特色的写照。作为环境背景、风俗画面主要有农耕物质经济民俗，如耕作、渔猎、饮食、建筑居住、服饰、交易、运输等；社会人生民俗、心意信仰民俗、民间游艺民俗等。它们为人物活动及事件发展提供了重要的地域文化氛围，创造出独具特色的风情画面（饮食男女的情感活动）。例如，汪曾祺笔下的浙江水乡，莫言笔下的高密东北乡，阎连科笔下的豫西风景，刘震云笔下的河南延津县。

例文1

风波（鲁迅）

临河的土场上，太阳渐渐收了它通黄的光线了。场边靠河的乌桕树叶，干巴巴的才喘过气来，几个花脚蚊子在下面哼着飞舞。面河的农家的烟突里，逐渐减少了炊烟，女人孩子们都在自己门口的土场上泼些水，放下小桌子和矮凳；人知道，这已经是晚饭时候了。

老人男人坐在矮凳上，摇着大芭蕉扇闲谈，孩子飞也似的跑，或者蹲在乌桕树下赌玩石子。女人端出乌黑的蒸干菜和松花黄的米饭，热蓬蓬冒烟。河里驶过文人的酒船，文豪见了，大发诗兴，说：“无思无虑，这真是农家乐啊！”

受戒（汪曾祺）

（3）综合性的描写。综合性的描写可以是场面描写。场面描写是对一个特定的时间和地点内人物活动的总面貌的描写。常见的如战斗、战争、运动、集会、骚乱等场面的描写。场面描写实际上是一种综合性的写作笔法，不仅需要人物描写、景物描写，甚至还需要叙述、抒情等其他表达方式。场面描写用于表现涉及人数较多、活动纷繁的集体活动、事件等。场面描写要选择好观察点，一般写场面的观察点有定点观察和移步换形两种。定点观察是指选定一个可以观察全景的地点，向前后左右上下观察。移步换形是指观察着走路或使用交通工具，边移动边观察。要确定写作顺序，要有条不紊地写好场面，必须确定好写作顺序。既要错综复杂，又要有条不紊。常见的顺序，例如，以行踪确定顺序；先总写再分写的顺序；先分写再总写的顺序；按方位描写的顺序（如由下而上、由前而后等）。场面描写要注意既有全景式的介绍，又有个别角落、人物的典型事例的特写，点面结合。以点带线，以线带面，使读者既有对全景的了解，又有具体的深刻印象。

例文

香市（茅盾）

于是“香市”中主要的节目无非是“吃”和“玩”。临时的茶棚，戏法场，弄缸弄甏、走绳索、三上吊的武技班，老虎、矮子、提线戏、髦儿戏、西洋镜——将社庙前五六十亩地的大广场挤得满满的。庙里的主人公是百草梨膏糖，花纸，各式各样泥的纸的金属的玩具，灿如繁星的“烛山”，熏得眼睛流泪的檀香烟，木拜垫上成排的磕头者。庙里庙外，人声和锣鼓声，还有孩子们手里的小喇叭、哨子的声音，混合成一片骚音，三里路外也能听见。

（四）结构

结构是小说创作的主要技巧。小说的结构，是指小说中局部与局部、局部与整体之间的关系。

1. 小说结构的基本类型

（1）单线式结构。单线式结构，是指构成小说的线索只有一条，情节单纯，线索明晰，小说自始至终围绕中心人物展开有头有尾的情节，使主题在完整的情节描写和人物刻画中表现出来。例如，卢新华的短篇小说《伤痕》整个故事只有一条线索，就是晓华的遭遇；科尔曼的社会问题小说《克莱默夫妇》主要情节线索只有一条，即将德和乔安职的关系及儿子的抚养问题，结构形式也是单线型的。

（2）复线式结构。复线式结构，是指小说情节以两条线索的方式交叉、扭结着向前发展，在双线交错中表现人物和主题。例如，托尔斯泰的长篇小说《安娜·卡列尼娜》就有两条主要线索：一条以渥伦斯基和安娜·卡列尼娜为主；另一条以列文为主。又如张弦的短篇小说《被爱情遗忘的角落》也有两条线索，存妮一条，荒妹一条。伍绮诗的长篇小说《无声告白》也是两条线索，莉迪亚的父母过去的事情一条，现在的莉迪亚兄妹一条。

（3）蛛网式结构。蛛网式结构，是指三条或三条以上的线索互相交叉，盘根错节，穿插织造，使小说在犹如蛛网的多条线索交错中成型。如《红楼梦》《创业史》《水浒传》。

（4）辐射式结构。辐射式结构，是指以人物心灵为聚光点和结构中心，以人物的思想意念为辐射线，跳跃地组织画面而形成的小说。它能够多层次、多变化、多角度地揭示人物心理，可以突破时间限制，把几十年的经历、千万里外的事情全部笼罩在人物头脑里几个小时的意识流动之中。如王蒙的《春之声》。意识流小说常用这种结构方式。

（5）板块式结构。板块式结构，是指由若干相对独立的故事或生活场景，按照一定的内在联系集合而成的小说结构形式。如茹志鹃的《剪辑错了的故事》就是采用这种结构。

刘震云的《一句顶一万句》上部是“出延津记”，下部是“回延津记”。小说的前半部写的是过去：孤独无助的吴摩西失去唯一能够“说得上话”的养女，为了寻找，走出延津。小说的后半部写的是现在：吴摩西养女的儿子牛爱国，同样为了摆脱孤独寻找“说得上话”的朋友，走向延津。一出一走，延宕百年。

（五）选择叙事视角

叙事视角就是作者反映生活的观察点和立足点，是对叙述主体的确定。

1. 全知全能的上帝：外视角

外视角就是由作家以叙事人的身份作叙述。这个叙事人是非情节因素，并不包括在故事情节之中，但他是创作小说的主体，对作品中每个人物的命运了如指掌，对作品中发生的每一件事一清二楚。如汪曾祺的《受戒》《陈小手》，东野圭吾的《白夜行》，还有《战争与和平》《静静的顿河》。这些采用的就是外视角的叙述方式。外视角的优势能全面叙述人物的外部世界和内心世界，但它缺乏真实、亲切、抒情味浓郁的优势。刘震云喜欢用外视角的方式。

2. 多姿多彩的万花筒：内视角

内视角就是作者不出面，让作品中的某个人物或几个人物充当事件、生活场景、故事情节的目击者和叙述者。叙述者本身不游离于情节之外，而是溶化在情节之中，成为构筑情节不可缺少的因素之一。内视角它容易创造一个绘声绘色，并让读者感到真实、亲切的叙述文本，但是它在全面叙述人物的外部世界和内心世界时有较大的局限。《孔乙己》《简爱》《大卫・科波菲尔》《当代英雄》都是内视角。莫言比较喜欢用内视角的方式。

由以外视角为主，作者统领全局的一人讲故事的小说向复杂多变的内视角小说转变，或者成为内视角交叉、多声部的“复调小说”。例如米兰・昆德拉的《不朽》，采用的就是典型的内视角的方式。

（六）语言

1. 方言词的选用

小说要尽可能避免语言地方主义。但是，晚清小说《海上花列传》全部对话采用吴方言，《歧路灯》用河南方言。小说吸收方言词，有时是为了增添地方特色、乡土气息，并辅助人物形象的塑造和特定环境的勾勒，如《红楼梦》中林黛玉的《葬花词》用了不少苏州方言词汇：“侬今葬花人笑痴，他年葬侬知是谁”；“阶前愁杀葬花人”“怪侬底事倍伤神”。而刘姥姥说的则是地道的“北京话”：“当日你们原是和金陵王家连过宗的。二十年前，他们看承你们还好，如今是你们拉硬屎，不肯去就和他，才疏远起来，想当初我和女儿还去过一遭，他家的二小妞，着实爽快会待人的，倒不拿大。”用吴侬软语写葬花词，一则道出了林黛玉出生苏州、寄人篱下的身份地位，二则渲染了春花凋落的凄凉气氛，烘托了她的凄苦心情。而赋予刘姥姥北京方言，又活脱脱勾画出一位直爽而又富有心计的北京老村妇的形象，给人以亲切逼真之感。汪曾祺在《受戒》中描写赵大娘：“不论什么时候，头都是梳得滑滴滴的，身上衣服都是格挣挣的。”

2. 文言词的复活

第一种情况，用来叙写古代的人和事物，而这些人和事物都是用专门语词表达的，这些语词多出现在历史小说中。如鲁迅《理水》中有这样一段：“这一天真是车水马龙，不到黄昏的时候，主客就全到齐了，院子里却已点起庭燎来，鼎中的牛肉香，一直透到门外虎贲的鼻子跟前，大家就一起咽口水。”它是以大禹治水的传说为题材的，所以作者选用了“庭燎”“鼎”“虎贲”等专用古语词，凸显了历史环境、增强了历史感。

第二种情况，选用古语词是为了突出人物的身份和性格。孔乙己，“偷书为窃”的高论，“多乎哉，不多也”。当然，表现人物性格，叙述语言也是如此，如汪曾祺在《徙》中写了一位旧社会的国文教员，所以无论是人物语言还是叙事语言，都夹杂了好多文言成分。请看对高先生的介绍："先生名鹏，字北溟，三十后，以字行，家业世儒。祖父、父亲都没有考取功名，靠当塾师、教蒙学，以维生计……先生少孤。尝受业于邑中名士谈甓渔，为谈先生之高足。"

第三种情况，借助文言词与现代词的强烈反差与不和谐，造成一种寓谐于庄的滑稽效果。钱钟书的《围城》中写一个江湖医生与方遯翁老先生的交往。同乡一位庸医是他的邻居，仰慕他的名望，杀人有暇，偶来陪他闲谈。这位庸医在本乡真的是"三世行医，一方尽知"，总算那一方人抵抗力强，没给他祖父父亲医绝了种，把四方剩了三方。方遯翁正如一切老辈读书人，自信"不为良相，便为良医"，懂得医药。那庸医以为他广通声气，希望他介绍生意，免不了灌他几回迷汤。这迷汤好比酒，被灌者的量各各不同；方遯翁的迷汤量素来不大，给他灌得酒醉似的忘其所以。恰好三媳妇可以供给他做试验品，他便开了不少方子。

第四种情况，出于行文简洁的需要。如何立伟的《空船》："阵阵足音响起，自然又来了人，仰头看星月，低首看流水，倏忽觉到两间余一影，甚是寂寞，又无可排解者。于是空得慌大得慌，亦复踽踽走去，刹那小船深深浅浅拍水，细而单调的哗哗哗。"

3. 外来词的驯化

有时，为了表达需要，小说也使用一些音译外来词，如鲁迅《理水》中的"古貌林"（good morning）、"好杜有图"（How do you do）；胡万春《"阿粹斯"号》中的"哈罗！抢泥！"（Hello Chinese）等。

围城（钱钟书）

4. 社团语的涌入

想描写赌场情景，必须熟悉赌徒的行业语，所以，鲁迅在《阿Q正传》中借用了"青龙""天门""角回""穿堂"等行话。假如我们打开一部反映"史无前例"的小说，又会看到"黑五类""砸烂狗头""永世不得翻身"等阶级习惯语。

5. 修辞

修辞是指修饰言论，也就是在使用语言的过程中，运用多种语言手段以收到良好表达效果的一种语言活动。中国的修辞有一百多种。常见的有比喻、夸张等。例如：

这初秋之夜如一袭藕花色的纱衫，飘起淡淡的哀愁。（比喻）

桃树、杏树、梨树，你不让我，我不让你，都开满了花赶趟儿。（拟人）

柏油路晒化了，甚至铺户门前的铜牌好像也要晒化。（夸张）

心灵是一方广袤的天空，它包容着世间的一切；心灵是一片宁静的湖水，偶尔也会泛起阵阵涟漪；心灵是一块皑皑的雪原，它辉映出一个缤纷的世界。（排比）

五、微型小说欣赏

微型小说，也称作"小小说"，是一种篇幅短小、情节单一、结构完整、注意省略、讲求寓意的小说品种。它往往撷取一个生活片断，通过精心熔炼，言简意赅地表达出深刻的主题思想以及复杂生动的社会生活。它一般仅有千字左右，最长不宜超过两千字。我国古代就有大量的微型小说。《聊斋志异》中有多篇不足千字的微型小说，不到百字的有 40 多篇，最短的仅二三十字。

陈小手（汪曾祺）

我们那地方，过去极少有产科医生。一般人家生孩子，都是请老娘。什么人家请哪位老娘，差不多都是固定的。一家宅门的大少奶奶、二少奶奶、三少奶奶生的少爷、小姐，差不多都是一个老娘接生的。老娘要穿房入户，生人怎么行？老娘也熟知各家的情况，哪个年长的女佣人可以当她的助手，当“抱腰的”，不需临时现找。而且，一般人家都迷信哪个老娘“吉祥”，接生顺当。

老娘家都供着送子娘娘，天天烧香。谁家会请一个男性的医生来接生呢？

我们那里学医的都是男人，只有李花脸的女儿传其父业，成了全城仅有的一位女医人。她也不会接生，只会看内科，是个老姑娘。男人学医，谁会去学产科呢？都觉得这是一桩丢人没出息的事，不屑为之。但也不是绝对没有。陈小手就是一位出名的男性的产科医生。陈小手的得名是因为他的手特别小，比女人的手还小，比一般女人的手还要柔软细嫩。他专能治难产。横生、倒生，都能接下来（他当然也要借助于药物和器械）。据说因为他的手小，动作细腻，可以减少产妇很多痛苦。大户人家，非到万不得已，是不会请他的。中小户人家，忌讳较少，遇到产妇胎位不正，老娘束手，老娘就会建议：“去请陈小手吧。”陈小手当然是有个大名的，但是都叫他陈小手。接生，耽误不得，这是两条人命的事。陈小手喂着一匹马。这匹马浑身雪白，无一根杂毛，是一匹走马。据懂马的行家说，这马走的脚步是“野鸡柳子”，又快又细又匀。我们那里是水乡，很少人家养马。每逢有军队的骑兵过境，大家就争着跑到运河堤上去看“马队”，觉得非常好看。陈小手常常骑着白马赶着到各处去接生，大家就把白马和他的名字联系起来，称之为“白马陈小手”。同行的医生，看内科的、外科的，都看不起陈小手，认为他不是医生，只是一个男性的老娘。陈小手不在乎这些，只要有人来请，立刻跨上他的白走马，飞奔而去。正在呻吟惨叫的产妇听到他的马脖上的銮铃的声音，立刻就安定了一些。他下了马，即刻进产房。过了一会（有时时间颇长），听到“哇”的一声，孩子落地了。陈小手满头大汗，走了出来，对这家的男主人拱拱手：“恭喜恭喜！母子平安！”男主人满面笑容，把封在红纸里的酬金递过去。陈小手接过来，看也不看，装进口袋里，洗洗手，喝一杯热茶，道一声“得罪”，出门上马。只听见他的马的銮铃声“哗棱哗棱”……走远了。陈小手活人多矣。

有一年，来了联军。我们那里那几年打来打去的，是两支军队。一支是国民革命军，当地称之为“党军”；相对的一支是孙传芳的军队。孙传芳自称“五省联军总司令”。他的部队就被称为“联军”。联军驻扎在天王庙，有一团人。团长的太太（谁知道是正太太还是姨太太），要生了，生不下来。叫来几个老娘，还是弄不出来。这太太杀猪也似的乱叫。团长派人去叫陈小手，陈小手进了天王庙。团长正在产房外面不停地“走柳”。见了陈小手，说：“大人，孩子，都得给我保住！保不住要你的脑袋！进去吧！”这女人身上的脂油太多了，陈小手费了九牛二虎之力，总算把孩子掏出来了。和这个胖女人较了半天劲，累得他筋疲力尽。他迤里歪斜走出来，对团长拱拱手：“团长！恭喜您，是个男伢子，少爷！”团长龇牙笑了一下，说：

“难为你了！——请！”外边已经摆好了一桌酒席。副官陪着。陈小手喝了两盅。团长拿出二十块现大洋，往陈小手面前一送：“这是给你的！——别嫌少哇！”“太重了！太重了！”喝了酒，揣上二十块现大洋，陈小手告辞了：“得罪！得罪！”“不送你了！”陈小手出了天王庙，跨上马。团长掏出枪来，从后面，一枪就把他打下来了。团长说：“我的女人，怎么能让他摸来摸去！她身上，除了我，任何男人都不许碰！这小子，太欺负人了！他奶奶的！”团长觉得怪委屈。

一枚硬币

丈夫支出账单中的一页

书法家（司玉笙）

第四节 戏剧写作

一、戏剧和戏剧文学

（一）戏剧的概念

戏剧是以表演艺术为中心，综合运用多种艺术手段，塑造人物形象，反映社会生活的舞台艺术。西方指话剧，我国则包括了戏曲、话剧和歌剧等剧种。中国戏剧是与古希腊悲剧、喜剧和印度梵剧并称的世界三大古老戏剧。它的最基本属性是舞台性。

（二）戏剧四要素

戏剧四要素：演员（核心）、舞台、观众、剧本。

（三）戏剧文学

戏剧文学通称剧本，是戏剧演出用的脚本，戏剧艺术家塑造舞台形象的依据。比较完整的剧本的出现表明戏剧这种艺术形式的发展和成熟。作家有意识地进行剧本写作为戏剧表演奠定了基础。南宋时的南戏剧本《张协状元》，是我国现存最古老的剧本。

（四）剧本和戏剧的关系

剧本对演出有规范和制约作用。演出又不断以实践的方式丰富着戏剧文学的创作。

二、戏剧文学的起源和发展

戏剧文学起源于原始时期的祭祀歌舞，春秋时出现专职艺人。戏剧成熟的标志是宋代南戏和北杂剧的发展，元主曲，明主传奇（传奇不是小说，是南戏演变的戏曲）。

三、戏剧文学的分类

（一）以容量大小分

1. 多幕剧

多幕剧是根据时间的间隔、地点的转换或人物关系的变化，将全部剧情分成若干段落进行表演的大型戏剧。结构上包括序幕、开端、发展、高潮、结局等几个环节。结构方式多种多样，从剧情和冲突总体看，主要有开放式、锁闭式、人像展览式；从情节线索组织方式看，大致有单线结构和网状结构；从冲突和场面特点看，又可以分为中心事件式和散文式。如莎士比亚的《哈姆莱特》、关汉卿的《窦娥冤》、曹禺的《雷雨》等。

2. 独幕剧

全部剧情只用一幕演完的戏剧。独幕剧篇幅较短，容量较小，人物较少，情节也较简单，矛盾的过程也比较短促。基本部分——开端、发展、高潮和结局。丁西林的《一只马蜂》只有三个人物，情节极为简单，却曲折有趣，引人入胜。时间长短上对独幕剧并没有什么特定的限制，可长可短。

（二）以表现形式和表现手段分

1. 戏曲

戏曲的特点是形神兼备，以神似为主，用虚拟的方法来反映社会生活，用源于生活而加以舞蹈化的固定形式来表现生活。如关汉卿创作的《窦娥冤》、王实甫的《西厢记》、汤显祖的《牡丹亭》等都是中国戏曲的典型代表。京剧《四郎探母》，豫剧《花木兰》《穆桂英挂帅》，越剧《西厢记》《梁山伯与祝英台》等戏曲都有较高的知名度。

2. 话剧

话剧是通过剧中人的台词和表情动作来塑造人物、展开冲突、揭示主题的戏剧样式。主要特征是采用日常生活使用但又经过艺术加工的语言以及动作造型为主要手段来刻画人物形象。曹禺的《雷雨》《日出》，田汉的《丽人行》《文成公主》，郭沫若的《屈原》《蔡文姬》，老舍的《茶馆》等，在思想上、艺术上都有很高的成就。

3. 歌剧

歌剧是一种以歌唱为主要表现手段并配以音乐舞蹈来表达剧情的戏剧样式。如歌剧《白毛女》《洪湖赤卫队》《江姐》《红珊瑚》等，都很受群众欢迎。

4. 舞剧

舞剧是一种以舞蹈为主要表现手段，综合音乐、哑剧、武术等艺术门类的艺术形式。舞剧有芭蕾舞剧和民族舞剧之分。如《红色娘子军》《天鹅湖》《宝莲灯》《小刀会》《丝路花雨》等。

5. 影视剧

影视剧是一种运用蒙太奇表现手段，通过具有视觉造型性和听觉造型性的画面语言来展开情节、刻画人物、突出主题的戏剧样式。蒙太奇是影视剧的构成形式和表现手段。如《琅琊榜》《请回答 1988》《战狼》等。

6. 广播剧

广播剧是一种借助现代化传播媒介而形成的戏剧形式。它总的特点是“听”和“戏”。语言、音乐、音响，通常称为广播剧“三要素”。

（三）以戏剧冲突的性质和表现手法分

1. 悲剧

悲剧是一种反映现实生活中带有一定社会意义的悲剧性事件的戏剧。悲剧最早产生于欧洲，起源于祭祀酒神的仪式，大都取材于神话和传说。如元代四大悲剧《窦娥冤》《汉宫秋》《梧桐雨》《赵氏孤儿》。再如莎士比亚四大悲剧《哈姆莱特》《麦克白》《李尔王》《奥赛罗》。悲剧电影如《唐山大地震》《岁月神偷》《一九四二》。

悲剧有三个基本的特征：一是悲剧的主人公一般都是正面人物或英雄人物。二是悲剧的戏剧冲突一般都是“历史的必然要求和这个要求实际上不可能实现之间的悲剧性冲突”的反映，是“历史的必然要求”在悲剧主人公形象上的体现。三是悲剧产生的效果使读者或观众产生怜悯感、同情感、悲愤感、崇高感，这是由悲剧冲突的性质和悲剧人物的命运所决定的。如《甲午风云》。

2. 喜剧

喜剧是一种运用夸张、对比等艺术手法，在出乎意料的情节中，用诙谐、调侃、幽默的语言表现人物性格，以鞭挞丑恶、讥讽落后的戏剧。喜剧产生于希腊，其历史晚于悲剧。如《大李、老李和小李》《五朵金花》《第二十二条军规》《大话西游》等。

3. 正剧

正剧指的是一种既能反映重大严肃的社会事件，又能反映普通人的日常生活；既能表现悲，又能表现喜的复杂情感变化，以塑造多种多样性格特征的人物为目的的戏剧。正剧有如下一些特征：正剧的戏剧冲突不同于悲剧和喜剧，它既可以反映人民内部矛盾，也可以反映统治阶级内部矛盾，还可以反映人民群众和敌对阶级的矛盾，更可以同时把这些矛盾结合在一起来反映。正剧的主人公和讽刺喜剧的主人公是根本不同的，和悲剧主人公既有相同点又有不同点。正剧戏剧效果具有不同于悲剧和喜剧的独特的艺术力量。如《大秦帝国》《亮剑》。

四、设计冲突

所谓戏剧冲突，是指最足以展示人物性格、人物关系，反映社会生活本质特征、高度典型化了的矛盾冲突。

（一）戏剧冲突的四种形式

1. 人与人的冲突

人与人的冲突即表现为人与人之间意志和性格的冲突，这是戏剧冲突的本质。如《战狼》《肖申克的救赎》中正反方人物的冲突。

2. 人物内心的冲突

戏剧除了要展示不同人物之间的抵触、矛盾和斗争外，还常常表现人物内心的冲突。人物内心的冲突，是人物内心矛盾因素的相互撞击，是人物潜意识中积淀着的矛盾二重性的表现，它显示出了人物内在的复杂性。如《西厢记》，长亭送别中，崔莺莺的大段抒情唱词，唱出了对往日相思的回忆和今日离别的愁苦，展示了她内心的矛盾：张生此去若不得官，他们就不能结合；若得官，又怕张生成为当权大户择婿的对象。这种愁苦之情反复激荡，充分表现了青年男女追求自由爱情和封建家长追逐名利之间的冲突。

3. 人与社会的冲突

《罗密欧与朱丽叶》中，花园里凉台相会一场戏，写的是罗密欧与朱丽叶两人情投意合，互相倾诉爱慕的情感。但他们是一对仇家的儿女。在《牡丹亭》的"惊梦"中，美好的自然景色，使杜丽娘惊喜万分，由此春情萌发，但这是封建礼教所制约的现实环境，是不能允许的，因此情与环境的不协调构成了戏剧冲突。《茶馆》则展示了维新运动失败后，北洋军阀混战之时和国民党统治时期这三个不同历史阶段中人与社会环境的冲突，通过常四爷被逮捕和康顺子被出卖，表现市民、农民与清末统治阶级的冲突。

4. 人与自然的冲突

戏剧《阶级弟兄心连心》就设计了各方面群众与种种自然困难之间的戏剧冲突，如血浆数量不足的困难、交通的困难、在黑夜的暴风雨中飞行的困难等，但主人公们发扬了高尚的共产主义合作精神，发扬了舍己为人的牺牲精神，终于战胜了困难，完成了任务。再如《2012》《后天》。

（二）怎样设计戏剧冲突

1. 表现出丰富多样的人物性格

只有写出复杂的、社会的人，才能写出真实的、有特色的戏剧冲突。曹禺笔下的周朴园就有复杂的性格。他诚然是虚伪的，但他纪念侍萍的一些做法却出于真诚，这使他相信自己是对得起死者的，是当之无愧的正人君子。

《野猪林》中林冲的性格也是相当复杂的。他一方面刚强耿直；另一方面又很留恋自己八十万禁军教头的小康生活。因此当高衙内调戏他妻子时，他开始气得举拳便要打，但一看是高俅的儿子，就放下了拳头，甚至到了一再受害，险些在野猪林送了性命的时候，还想着有朝一日能回去与家人团聚，直到最后被逼得走投无路，才上了梁山，走上造反的道路。显然，这出戏里的一切冲突，都是林冲的矛盾心理和优柔寡断的性格所造成的，要是换上另一个不同性格的角色，不论是豪爽的鲁智深，还是鲁莽的李逵，或是城府极深的吴用，戏剧冲突都不会成为现在这个样子，否则，难以令人信服。

如《雷雨》里周朴园逼蘩漪喝药的一场戏，其戏剧冲突就十分尖锐，为什么一碗药有这么关键的作用？关键就在于它们表现着周朴园与蘩漪性格的尖锐对立。

电视剧《橘子红了》写的是主人公大哥为了生育与三个女人的冲突，本来是“大哥”的问题，而三个女人却感觉对不起他。三个女人之间发生了争斗，两个女人还先后红杏出墙。大哥没有生育能力，先是嫣红知道，后来她一一告诉别人，每告诉一个人都引起人物关系的巨大变化，正是这一个秘密的先后明白过程，充分演绎了这些复杂的人物关系。而这些观众都是明白的，观众像看小孩子捉迷藏一样陪着他们一块儿着急、担心、高兴、生气、解恨、悲哀，各种各样的感情都涌向心头，由此电视剧的戏剧冲突发挥了艺术魅力。

2. 设计好戏剧情境

一般可以从三个方面着手：①设计好人物活动的具体环境。它包括剧中人物动作展开的时间、场所等。②设计好突然事件。如《哈姆莱特》中克劳狄斯谋杀老丹麦王并夺妻篡位这个事件，就是一个很典型的突然事件，它是构成其戏剧情境的一个重要因素。③ 设计好特定的人物关系。这是构成戏剧情境的最重要、最有活力的因素。《包公赔情》开场的“铡包勉”一段戏，就具备这样一个有力的戏剧情境。

3. 设计好戏剧行动

如吉剧《包公赔情》就极具戏剧性。嫂嫂谅解了他铡了侄儿包勉的行为，答应他去陈州放粮，包公要下场，向嫂嫂辞行，只见他背对观众，面向嫂嫂，双肩一“纵”，两袖乱“颤”，两次“揖别”，仍然不肯离去，最后行至台侧，“转身”一看，混身一“抖”，几个“搓步”上前扑通“跪下”，这几个动作，极有层次地表现出了人物内心的激动，把包公想到嫂嫂对自己的恩情，晚年又无依无靠，忍不住满心酸楚的情感表现得淋漓尽致，刻画出了包公也不是铁石心肠的人，而是一个富有情感的人。

4. 选择好戏剧冲突发生发展的形式

（1）正面冲突。

① 爆发性冲突。如《玩偶之家》中的戏剧冲突就属此类。海尔茂在得知娜拉犯了伪造签名的罪之后，怕自己名誉受损而冲着娜拉咆哮不已，痛斥她是一个“爱撒谎的人”“伪君子”，是个“下贱女人”“犯法的人”，海尔茂对娜拉态度的突变，击溃了娜拉心底的防线。

② 激化性冲突。《雷雨》中蘩漪与周萍的冲突便属此类。蘩漪与周萍私通，而周萍既慑于父亲的威严，又耻于这种乱伦关系，便对蘩漪逐渐疏远，并移情于侍女四凤。由此激化了两人矛盾，引发了后续的一系列剧情。

③ 转换式冲突。《赵氏孤儿》中的戏剧冲突便属此类。程婴最初受托救护赵孤的时候，还是出于单纯的报恩思想，而当屠岸贾声言要杀尽晋国“半岁之下，一月之上”的小人儿以后，他的舍弃己子的举动，就不仅仅是为了赵孤，同时也是为了挽救更多的无辜，他的思想境界明显地有一个升华过程。

（2）侧面冲突。契诃夫的名剧《三姐妹》中的戏剧冲突便属此类。在这部戏剧中，整个冲突过程三姐妹根本就没有去抗争、反抗，正面的冲突一直没有爆发出来，全剧采取的始终是一种退却式的戏剧冲突。

（3）心理冲突。心理冲突在剧中常常体现。例如：

哈姆莱特：生存还是毁灭，这是一个值得考虑的问题；默默忍受命运的暴虐的毒箭，或是挺身反抗人世间的苦难，在奋斗中结束了一切，这两种行为，哪一种是更勇敢的？死了，睡去了。什么都完了；要是在这一种睡眠之中，我们心头的创痛，以及其他无数血肉之躯不能避免的打击，都可以从此消失，那正是我们求之不得的结局……

起先他认为这个人世太痛苦了，还是毁灭的好。但是：

哈姆莱特：这样理智使我们全变成了懦夫，决心的赤热的光彩，被审慎的思维盖上了一层灰色，伟大的事业在这一种考虑之下，也会逆流而退，失去了行动的意义。

五、设计人物

（一）人物设计的基本类型

1. 冲突人物

冲突人物可以是正面的，如《陈毅市长》中的陈毅市长；也可以是反面的，如《雷雨》中的周朴园。

2. 线索人物

线索人物既可以是全剧中的主角，也可以是配角。如《茶馆》中的王利发就是一个贯穿全剧的主角。《槐树庄》中的黑妮就是一个贯穿戏中 11 年的配角，她的性格有力地陪衬了主角赵大娘，丰富和深化了戏剧的主题。

3. 关系人物

关系人物也就是全剧的配角。如《霓虹灯下的哨兵》中的洪满堂。

（二）人物设计的基本内容

1. 外形设计

如《玩偶之家》中娜拉的设计在这方面就做得十分成功。

2. 性格设计

（1）精心设计人物外部动作来塑造性格。如曹禺《日出》中表现陈白露自杀前的那些行动就是这样安排的。如《西厢记》中张生参观白马寺时就是让张生边走边唱来表现张生性格特征的。

（2）设计精彩的内在动作。如莫里哀的《吝啬鬼》第三幕第一场。

阿巴贡：雅克，我约好了今天请人吃饭……

雅克师傅：席面上有多少人？

阿巴贡：我们不是 8 个人，就是 10 个人。就算 8 个人好了。有 8 个人吃的，也就足够 10 个人了。

雅克师傅：好吧！那就得开四份好汤，五道主菜。好汤……主菜……

阿巴贡：活见鬼哟！可以款待全城人了……该搭配一些不对胃口的东西，不吃便罢，一吃就饱，好比肥肥的红烧羊肉呐，栗子肉馅的点心呐。

（3）设计精彩的矛盾冲突的场面，在矛盾冲突中揭示性格。

如曹禺的《雷雨》。

周萍：你先不要管她，她在发疯！

蘩漪：（激烈地）你现在也学会你的父亲了，你这虚伪的东西！没有疯——我一点也没有疯！我要你说，我要你告诉他们！

周萍：（狼狈地）你叫我告诉什么？我看你上楼睡去吧。

蘩漪：（冷笑）你不要装！你告诉他们，我并不是你的后母！

（大家惊惧）

周朴园：（见侍萍、四凤在一起，惊）啊，你，你们这是做什么？

蘩漪：（拉四凤向周朴园）这是你的媳妇，你见见。（指周朴园向四凤）叫他爸爸！（指侍萍向周朴园）你也认识认识这位老太太。

3. 人物功能设计

劳逊说："一个孤立的性格是不称其为性格的。"

人物的性格冲突是情节的基础，人物的行动是情节的内容；而人物的艺术形象又是作品主题思想的体现，剧中的主题思想主要就是通过剧作家笔下所塑造的人物这个媒介而在观众头脑中产生作用的。

所以，在戏剧文学的创作中要注意：第一，把写人和写事统一起来，统一在创作的全过程之中。第二，剧作设计人物，要以主题思想为核心，体现主题思想的需要。贝克就曾形象地说，戏剧主题"就好比一块磁石，它能把思想、人物、动作、对话都吸引到它的周围"。这一方面，老舍的《茶馆》就是一个突出的例子。

（三）主角人物的塑造

主角是戏剧冲突的中心人物，体现了作者的创作意图。所以对主角的塑造是戏剧文学的核心任务。对主角的塑造，一般要注意以下两个问题。

（1）要把人当人写，既不能"神"化，也不能"鬼"化。如越剧《胭脂》中的知府吴南岱就是一个成功的正面人物形象。他先错判了宿介死刑，而后在老师施愚山的帮助教育下，又亲手纠正了自己铸成的错案。

（2）写出人物的鲜明个性。"文化大革命"中的一些样板戏便形成了固定的人物类型，英雄人物都是不食人间烟火的神，既无普通人的七情六欲，又无独立的人格意识，只知道按照最高指示去行动，被群众概括为是"身穿黄军装，站在高坡上，手指正前方，面向红太阳"的英雄。

如何塑造主角呢？这里主要介绍三种方法：一是通过行动刻画人物。在根据同名小说改编的戏剧《红旗谱》中，当朱老忠听说大贵被冯兰池陷害，抓去当兵时，他和父亲朱老巩当年大闹柳林镇的时候一样，举起了铡刀，看起来一场风暴不可避免了。可是朱老忠却放下了铡刀，坐下来思索，叫妻子给大贵准备衣服。二是在巨大的困难情势中刻画人物。戏剧作品中的人物面临的困难越大（当然是必然或可能遇到的困难），戏剧情势越紧张，人物性格便越容易被表现得鲜明突出。如《草船借箭》。三是写好人物的出场亮相。出场，是人物给观众的第一印象，一定要写好人物的出场。有人把人物的出场叫作"吊场"。首先，主角上场前，要让观众有所准备，有所期待，因而对主角的出场要有所渲染，有所铺垫；其次，要挑选最适当的时机，安排最适当的动作，设计最适当的戏剧情境，使主角一出场就显示出魅力。如电视剧《红楼梦》中王熙凤的出场。

六、设计场次

（一）场的排序

如《上海屋檐下》第二幕开始时，黄家楣想挽留父亲多住几天，黄父却执意要回乡下，谈话陷入了僵局。这时，场面就转到匡复对杨彩玉的指责上。匡复遭到杨彩玉的抢白以后，无话可说，于是场面转到黄家楣与妻子桂芬在另一个场合下又开始了口角，口角到不了了之时，匡复和杨彩玉又旧话重提，矛盾再次展开……

在戏剧中，场面的转换一般并不是平行的，而是按照顺序分成头、身、尾三个部分，或分成起（开端）、承（发展）、转（高潮）、合（结局）四个阶段，这些阶段是互相联系、互相推动的。如《人民公敌》第二幕的场就是按这样几个阶段来划分的：

第一场："手稿退还"。市长把手稿退回来了，什么原因不明白，一家人继续着第一幕里的看法，以为市长想分功劳。这是"起"，表示围绕"手稿"斯托克芒与市长之间矛盾的形成。

第二场："老獾的笑"。有钱的老丈人基尔，鼓动斯托克芒大夫和市长他们干，他狡诈地咯咯地笑。

第三场："自由派支持"。霍夫斯达支持斯托克芒，说报社也可以出力。

第四场："多数派支持"。房主联合会主席阿斯拉克森也来表示热心，要做靠山。

第五场："用得着他？"斯托克芒的太太对他的支持表示怀疑。

以上几场是"承"，三种人的支持鉴定了斯托克芒的信心，为后来斯托克芒与市长矛盾的尖锐化做了铺垫。同时斯太太的怀疑也种下了以后这些人叛离斯托克芒的伏笔。

第六场："兄弟相争"。市长彼得来了，他在和斯托克芒的谈话中表示了对斯托克芒的坚决反对。这一场是斯托克芒与市长矛盾激化的充分暴露。这是"转"。

第七场："妻子和女儿"。她们一个劝阻，一个支持，太太劝丈夫想想老婆孩子，女儿想不让家里事掺在一起。最后以斯托克芒"决不低头让步"的态度结束这场戏。这是"合"。

在以上七场戏中，起、承、转、合的层次非常清楚。

（二）各场的冲突、人物、场景

在起（开端）这场戏中，一般要完成以下四项任务。

（1）交代人物活动的典型环境。

（2）交代人物和人物关系。

（3）向观众交代先行事件（前事）。

（4）组成矛盾纠葛，形成悬念，使观众明确剧情发展的方向。

要设计好出场的人和场景。

（三）场与场之间的衔接与悬念

夏衍的《法西斯细菌》，场与场之间的衔接就十分有特色。《法西斯细菌》表现的是细菌学博士俞实夫在反法西斯民族战争中由科学至上主义者到民族主义者的思想转变过程。第一幕发生在1931年"九一八"事变前的东京，日本帝国主义的侵略威胁使俞实夫的科学至上思想初步受到了政治阻力。第二幕发生在1937年"八一三"淞沪会战的上海，俞实夫在全民抗战的热潮中陷入了自我痛苦之中。第三幕发生在太平洋战争即将爆发的中国香港，法西斯的暴行使俞实夫开始关心政治。第四幕发生在日军侵占中国香港的1941年，他的“科学至上”思想彻底为法西斯暴行所摧毁。第五幕是抗战的后方桂林，俞实夫决心投入抗战行列。第一、二幕间隔六年，第二、三幕间隔四年，第三、四幕间隔三月，第四、五幕间隔两月。这样，幕与幕间的衔接就很不容易了，搞不好容易造成剧情的断裂。为了防止这种情况，不少剧作家采取在墙上开窗户的办法，让观众看到下一幕的端倪，引起继续窥视的好奇心。夏衍用的是人物搬迁的办法。第一幕结束时，俞实夫决定回上海；第二幕开始时，他已在上海的家中；第二幕落幕时，俞实夫打算到香港去；第三幕开始时，便已是香港了。这样分散了观众对幕间空白的注意力，使他们可能把兴趣投入下一幕的剧情中去。

七、写好台词

戏剧对台词的基本要求有以下几个方面。

（一）情节化

下面的台词符合情节化的要求。

茶馆（第一幕）（老舍）

刘麻子：……松二爷，（掏出个小时表来）您看这个！

松二爷：（接表）好体面的小表。

刘麻子：您听听，嘎登嘎登地响。

松二爷：（听）这得多少钱？

刘麻子：您爱吗？就让给您！一句话，五两银子！您玩够了，不爱再要了，我还照数退钱！东西真地道，传家的玩艺！……松二爷，留下这个表吧，这年月，戴着这么好的洋表，会叫人另眼看待！是不是这么说，您哪！

松二爷：（真爱表，但又嫌贵）我……

刘麻子：您先戴两天，改日再给钱！

（二）性格化

（1）人物的语言要有鲜明的时代色彩和社会阶层色彩。

翻开老舍的《茶馆》，耳旁就会响起庞太监那变了声的“我要活的，可不要死的”的刺耳叫喊，单是这一句阴阳怪气、让人毛骨悚然的台词，就活脱脱地描画出了清末行将就木的阉官那副残忍无耻的神态。

（2）人物语言要能反映出人物的社会职业和性别、年龄、出身、经历、文化修养、身份地位以及兴趣、爱好、气质与精神风貌等，让观众具体形象地认出他是怎样一个活生生的人。

如《日出》中百无聊赖却自视“高雅”的富孀顾八奶奶，正是她那满口“顶悲剧，顶痛苦，顶热烈的”文明词儿，恰到好处、活灵活现地再现了她那庸俗不堪的暴发富妇的典型性格。

（3）人物语言不仅要表现人物的思想、感情，而且要反映出他说话特有的方式、语调、习惯用语和说话的神态、手势等。

家（巴金）

……他们要觉新马上照办，他们说祖父的利益超过一切。这些话对觉新虽然是一个晴天霹雳，但是他和平地接受了。他没有说一句反抗的话。他一生就没有对谁说过一句反抗的话。无论他受到怎样不公道的待遇，他宁可哭在心里，气在心里，苦在心里，在人前他绝不反抗。他忍受一切。他甚至不去考虑这样的忍受是否会损害别人的幸福。

觉新回到房里，把这件事情告诉了瑞珏，瑞珏也不说一句抱怨的话。她只是哭。她的哭声就是她的反抗的表示。但是这也没有用，因为她没有力量保护自己，觉新也没有力量保护她。她只好让人摆布。

陈姨太：（阴沉的）大少爷？

觉新：（望一望低着头的瑞珏，转对克明，苦痛的）三爸，您看——（克明毫无勇气地低下头来。觉新转对周氏）母亲，您——（周氏用手帕擦着眼角。觉新缓缓转头哀视着瑞珏）瑞珏（在哀痛中抚慰着觉新）不要着急，明轩。（对陈姨太，沉静地）我就搬。（转对周氏）城外总可以找……找着房子的。

（4）由于戏剧的篇幅一般较短，因此，还要注意在人物出场的三言两语中表现出人物性格。老舍的《茶馆》就做到了这一点。请看唐铁嘴上场的第一句话：

唐：（惨笑）王掌柜，捧捧唐铁嘴吧！送给我碗茶喝，我就先给您相相面吧！手相奉送，不取分文！（不容分说，拉过王利发的手来）今年是光绪二十四年，戊戌，您贵庚是……

一个油滑而可怜的江湖相士的嘴脸，已经活灵活现地出现在观众面前了。再看看王利发（王掌柜）的第一句话：

王利发：（夺回手去）算了吧，我送给你一碗茶喝，你就甭卖那套生意口啦！用不着相面，咱们既在江湖内，都是苦命人！（由柜台内走出，让唐铁嘴坐下）坐下！我告诉你，你要是不戒了大烟，就永远交不了好运！这是我的相法，比你的更灵验！

（5）要精心构造人物说话时的语言环境。如《北京人》中封建大家庭中的主妇曾思懿平时说什么，总缺乏和谐悦耳的音节，尽管如此，如果把它们单独抽出来，并无不同凡响之处，平常得很。然而一旦将其置入特别的语境之中予以点染，马上便带有了非常深广的意味。例如，大少爷曾文清因为一幅山水画给耗子咬了，很伤心，曾思懿说："叫愫妹妹补吧？"（曹禺《北京人》）

（6）在产生冲突的地方，往往是人物以不同的形式处理矛盾的地方，也往往是台词显露个性的地方，所以要尽量让整个剧情进展过程布满大大小小包含着冲突的事件。

北京人（曹禺）

愫方：（听出她的语气，不知放下好，不放下好，嗫嚅）那我，我——

曾文清：（过来解围）还是请愫妹妹动动手补补吧，怪可惜的。

曾思懿：（眼一翻）真是怪可惜的。（自叹）我呀，我一直就想着也有愫妹妹这双巧手，针线好，字画好。说句笑话，（不自然地笑起来）有时想着想着，我真恨不得拿起一把菜刀，（微笑的眼光里突然闪出可怕的恶毒）把你这两只巧手（狠重）斫下来给我接上。

愫方：（惊恐）啊！（不觉缩进去那双苍白的手腕）

（三）口语化

下文台词符合口语化的要求。

玩偶之家（易卜生）

海尔茂：娜拉，我愿意为你日夜工作，我愿意为你受穷受苦。可是男人不能为他爱的女人牺牲自己的名誉。

娜拉：千千万万的女人都为男人牺牲过名誉。

海尔茂：喔，你心里想的和嘴里说的都像个傻孩子。

娜拉：也许是吧。可是你想的和说的也不像我可以跟他过日子的男人。后来危险过去了——你不是怕我有危险，是怕你自己有危险——不用害怕了，你又装作没事人儿了。你又叫我跟从前一样乖乖地做你的小鸟儿，做你的泥娃娃，说什么以后要格外小心保护我，因为我那么脆弱不中用。（站起来）托伐，就在那当口我好像忽然从梦中醒过来，我简直跟一个生人同居了八年，给他生了三个孩子。喔，想起来真难受！我恨透了自己没出息！

海尔茂：（伤心）我明白了，我明白了，在咱们中间出现了一道深沟。可是，娜拉，难道咱们不能把它填平吗？

娜拉：照我现在这样子，我不能跟你做夫妻。

海尔茂：我有勇气重新再做人。

娜拉：在你的泥娃娃离开你之后——也许有。

海尔茂：要我跟你分手！不，娜拉，不行！这是不能设想的事情。

八、舞台指示

舞台指示是作者为了把剧本搬上舞台而写的一些文字参考材料。舞台指示包括布景说明、人物外形设计、时间地点的转换说明、环境气氛的渲染、人物特征与状态的描述、人物上下场的要求、对演出节奏与表演幅度的要求等。舞台指示对演出的成败至关重要。

家（巴金）

觉新：（立刻走到床前，向帐檐凝了一刻，回头）你绣的？

瑞珏：（低头腼腆地）嗯。

觉新：（不由得低声称赞）好。（望望窗户迟疑一下，忽然去把妆台上油灯吹熄了，像是征问她的赞许）吹了灯？

（灯熄了，窗外月光如水，泻进屋内。屋里只有桌上龙凤烛的低弱的光，照着一角。）

瑞珏：（没有惊讶，自然而宁贴地）嗯，吹了灯，好看月亮。

九、影视文学写作

（一）影视文学概念

影视文学是继诗歌、散文、小说、戏剧等传统文学类型之后出现的，兼有影视艺术和文学艺术双重属性，是在两者的交互融合渗透中，把文学的叙事抒情因素与影视的造型视听因素有机融为一体的文学样式。影视文学剧本既可供影视导演作为拍摄蓝本使用，又能供广大文学爱好者阅读，是一种独具特色的文学体裁。影视艺术是一门综合性的艺术，它综合了文学、戏剧、音乐、舞蹈、绘画、建筑、雕塑等艺术因素，其中，文学因素是最基本的因素。

电影文学和电视文学是两种关系最密切的艺术，但二者还是有不同之处的。一部电影剧本要考虑电影的最佳长度是两个小时左右，而电视剧本则很灵活，可以是单本剧，也可以拍成系列剧。电视剧本因为电视屏幕小的特点，常选择具有典型意义的细节，把场面和人物动作进行细微分切之后通过镜头组合，表现整个场面比较多地运用特写和中景、近景，很少用全景和远景；而电影由于清晰度高，可以表现大场面，不必采用细微分切组合的方法，电影剧本可以自由运用具有不同功能的景别镜头。

剧本的三要素是矛盾冲突、人物语言、舞台说明。

（二）影视文学的类型

影视艺术在发展过程中形成了丰富多彩的类别。根据不同的分类标准，可把影视文学分为不同的类型。就题材反映的范围不同，可分为工业题材、农村题材、军事题材等；就题材反映的时间不同，可分为历史片和现代片；就题材反映的内容不同，可分为生活片、科幻片、神话片等；就风格不同，可分为喜剧片、悲剧片、正剧片等。

（三）影视文学的审美特征

影视文学是为影视拍摄而创作的，必须用连续活动的带声画面在银幕、屏幕上呈现出来，这就决定了影视文学具有一些区别于其他文学文体的特征。

1. 造型性

影视作品是主要诉诸人视觉的艺术样式，具有视觉的形象性和直观感。要用连续的活动画面来塑造出形象，以视觉形象的艺术力量直接作用于观众的视觉。因此，注重视觉造型性的画面，突出视觉效果是影视文学的重要特点。小说家用文字描写来表现他的作品的基点，戏剧家所用的则是一些尚未加工的对话，而电影编剧在进行这一工作时，则要用造型的形象思维。编剧所写的每一句话将来都要以某种形式出现在银幕上。因此，他们所写的字句并不重要，重要的是他们的这些描写必须能在外形上表现出来，成为造型的形象。剧作者所写的东西必须是能够被表现在银幕、屏幕上的，影视剧本只能用人物的行动和语言来表现人物的性格，一般排斥说明性和叙述性文字，不能像小说那样借用叙述者客观叙述之便。

2. 运动性

影视作品以视觉形象的艺术力量直接作用于观众的视觉，而这种视觉形象是不停地变化着的，即注重形象运动性就成了重要因素。在影视作品的表现对象中，以表现动态的生活为第一内容，而且所要表现的内容不受时间、空间的限制，以随心所欲的运动方式呈现。场景在不断地变换，人物在不断地活动，事件在不断地发展，一切都在运动中，从而带给人真实、直观的感觉。如影片《四百下》的剧本里安排小男孩安托万总是在不断地奔跑。从上学、逃学直至从少年管教所逃跑。奔跑这一动作，既符合一个调皮男孩子的性格，又是他想要摆脱学校、家庭内心冲突的写照。影片结尾对安托万漫长的不停奔跑的跟拍镜头，也是他孤独迷茫成长之旅的象征。

创造影视形象运动性的一个重要方式就是镜头运动。摄影机不受时空的限制，上天入地，潜海登月，无所不能，以镜头运动为基础的动态构图大大丰富了影视作品的表现手段，通过推、拉、摇、移、跟、升、降等镜头的运动方式，可以使运动和静止的主体富有运动感。

创造影视形象的连续运动的另一个重要方式，是剪辑。通过对镜头画面的重新组接，可以创造出运动和节奏。把一些静止的短画面剪辑在一起，就能创造活动的画面。画面包括画面构图、镜头的运动（如推、拉、摇、移等）、镜头的拍摄角度（如俯、仰、垂直等）、镜头的景别（如远、全、特写、中、近等）和镜头的连接方式等。

希区柯克的影片《精神病患者》中的凶杀过程，没有一个完整的动作，都是一些动作瞬间的短镜头：高举尖刀的女人，恐怖的表情，挥下的刀，女人遮挡的双手，溅血的身体等，一直到最后女人放大瞳孔的双眼，这些短镜头快速地组接起来，就呈现了一个激烈、恐怖、血腥的凶杀过程。

3. 综合性

在一部影视作品中，既有小说与戏剧的故事情节、人物形象塑造，又有音乐的音响节奏、韵律，还有绘画的构图、雕塑的造型等。影视作品是综合艺术，把“静”的艺术和“动”的艺术、“时间”艺术和“空间”艺术、“造型”艺术和“节奏”艺术等有机地融汇在一起，创造出一种动态的、具有立体感和逼真性的视听结合的艺术样式。

影视作品的综合性主要体现在：①时空转换很灵活，从时间上讲，上下两个镜头可以表示相隔一秒钟，也可以表示相隔几十年；从空间上讲，小可以表示一种眼神，一滴泪珠，大可以表现千军万马，万水千山。②视听综合，画面造型借鉴了绘画对光、影、色彩、线条、形体的独特处理，情节展开从音乐中吸取了抒情和节奏感，影视歌曲是对音乐艺术的直接综合。③动静结合，静态的场景以及画面造型、构图是伴随着情节发展以及节奏、旋律等，以动态形式表现出来的。如影片《大河恋》中，远处重山在阳光的笼罩下显得朦胧、飘渺，缕缕阳光倾泻在树叶上，使森林增添了静谧，光线投射在河面上，透入河底，突显出河水的清澈，周围环境的无声，衬托出潺潺河水的流动声，动静结合营造出一种艺术的氛围。影视艺术综合性并不是各类艺术的简单相加，而是有机的融合。影视艺术广泛吸收了各类艺术的优点，丰富并充实自己的艺术表现力，于是也就有了关于电影的种种美妙的比喻，如“视觉的诗”“铁盒子里的戏剧”“光的音乐”“动的绘画”“形象的文学”等。剧作者所创作的形象必须是能够在银幕、屏幕上展现的，可见可闻的具体形象。因为在小说、散文中用文字间接描写场景、环境、景色和人物的外形、表情、动作等，在影视作品中都是直接地付诸视觉形象。同时，在构思和创作影视剧本时，必须考虑各种艺术的综合运用来设计银幕、荧屏形象。

（四）影视文学人物类型的设置和形象塑造

影视文学既可以成为导演工作的蓝本，具有很强的实用性，又可以成为独立的能阅读的文本，具有较强的可读性。这就要求影视剧作者在创作构思过程中，先在自己的大脑中浮现具体的视觉和听觉形象，用画面、声音去进行思维。写作时既要注重影视剧本的文学性，更要注重它的影视性，始终以创造逼真的银幕、荧屏形象为中心。

塑造人物形象，是叙事文学创造形象的核心。与一般的叙事文学通过文字将人物形象“传达”给读者，由读者充分发挥个人想象不同的是，影视文学创造的是视像化的形象，它通过具体的画面把人物形象直接立体地展示在观众的眼前。往往一个动人的银幕形象，能够影响、感染亿万观众。

1. 人物类型的设置

根据推动故事情节和表现作品思想内涵的作用，影视剧中的人物可以分为主要人物、次要人物和辅助性人物。

（1）主要人物，又称焦点人物、主角，是各种矛盾冲突的焦点，也是作者要着力刻画的，最能影响剧情发展方向的人物。一部影视作品中主要人物人数不宜多。一般为一两人，但必须有鲜明丰富的个性。主要人物不但是剧情发展的焦点，也是表达影片的思想内涵和重要载体，主要人物塑造得成功与否，直接影响着影视作品思想的深度。在电影《钢琴课》中，观众体会到的是影片对人生的赞美，对美好爱情的歌颂。

（2）次要人物，在影视作品中地位仅次于主要人物，在突出主人公性格方面起着重要的作用，虽然着墨不太多，但要求性格具有相对的完整性。在推动剧情发展和表现影片的思想方面，其作用仅次于主要人物，但不是主要人物的陪衬和点缀，而是有着自身独立的审美价值。如影片《蝴蝶》中的朱利安，他不仅有着鲜明的个性特征，而且以其独特的个性化行动和语言影响着情节的推进，他是这部影片不可缺少的人物。

（3）辅助性人物，在影片中所占篇幅最少，所处位置最不起眼，招之即来，挥之即去。如中国很多影视作品中出现的仆人、丫鬟、媒婆等；西方影视作品中的醉汉、流浪汉、赌徒等。辅助性人物的作用主要是烘托气氛或交代环境。如影片《黄土地》中有两个象征性场景：一个场景是蓝天下，无数腰鼓手龙腾虎跃，上下舞动，搅起滚滚红尘；另一个场景是炎炎的烈日下，无数光脊背的庄稼汉虔诚地朝着神牌与圣水瓶不停地叩头，祈求老天下雨。两个场景形成强烈对比，一个表现出农民掌握自己命运后生气勃勃的潜在力量；另一个表现出农民听天由命的盲目和愚昧。

编剧在人物设置上要精心设计，使每个人物都有既定的任务、意向和行动，都在各自不同的角度、位置和层面上为整个影视剧出力。

2. 人物性格形象的艺术展示

（1）定型方式，是指影视文学中，人物一出场，就已经具备了既定的性格特征。随着故事情节的推进，人物形象在不同环境中，不同事件冲突中，一次又一次地得到展示。如电视连续剧《西游记》中孙悟空的性格形象，《卡萨布兰卡》中里克的性格形象。

（2）发展成长方式，是指人物的性格不是一出场就已经定型，而是有一个从小到大、从弱到强、从不成熟到成熟、从简单到丰富的发展成长过程。如《末路狂花》中的两个女主人公，开始时，胆小怕事，依附于男人。但随着一系列事件的发生，矛盾冲突逐步展开，她们原有的性格不断发生变化，人物不断成长起来，为了自己的自由和尊严，最后她们一起驾车，勇敢无畏地跳进万丈深渊。

(3)“异向转变”方式，发生好与坏、是与非、善与恶的强烈逆转，如《克莱默夫妇》中男主人公从一个只知工作而忽略其他的被否定的人物，渐渐转变成为父子亲情宁可放弃优厚待遇职位的全新形象。

3. 人物形象的塑造

(1) 通过外貌塑造人物。塑造外貌能展示人物内在性格等。

大海（黄昏　外景）

一艘客轮静静行在海面上。

海水黯淡，海面上笼罩着朦胧的水汽。

随着客轮的移动，海面也在晃动。

客轮上（黄昏　外景）

静静的甲板工，一个身穿袈裟的少年和尚凭栏而立，手扶着船舷，远眺着海天。

暗褐色的大海，浪涛在滚动。

少年和尚冷傲的脸色，嘴角挂着冰冷的笑意，那双冷凝幽深的眼睛却似含着难以言说的隐痛。

黑色的大海，波涛翻滚。

少年和尚忧郁的眼睛。

(2) 通过动作塑造人物。影视文学具有视觉的造型性和运动性的特征，体现在人物形象的塑造上，就是通过动作来刻画人物性格，塑造人物形象。影视剧可以通过画面来直接呈现人物的一言一行、一举一动、一颦一笑，不仅富有真实感，而且通过人物的外部动作表现出人物的内心世界，展示人物微妙复杂的感情变化，使人物形象更丰满、更逼真。在日本影片《人证》中，女主人公八杉恭子为了维护自己“高贵”的社会形象，竟然趁从万里之遥的美国寻她而来的儿子没有防备时，残忍地把刀刺进儿子的腹部，这个动作充分地揭示了她冷酷无情的性格特征。而被亲生母亲置于死地的儿子，并没有因母亲要杀死自己而愤怒、反抗，却悲伤绝望地成全了母亲的意愿：用自己的双手把刺入腹中的尖刀更深地插了进去。就这样一个动作，把儿子悲愤而绝望的心情表现到极点。正是通过这一系列相关的动作，把两个人物的性格加以充分地展示。

巴 黎 妇 人

一个男人的妻子因他嗜酒而离开。他背对着摄影机，望着妻子的照片，肩膀上下抽动。

在伤心地啜泣？

事实上，他正在摇动一瓶香槟酒。

(3) 通过人物的对话和内心独白塑造人物。影视文学中的人物语言，一般指的是对话性语言，首先是指人物的对话。人物的对话要朴实自然，日常口语化，还要能最大限度地符合人物性格。

士兵突击

许三多：我……其实是怕……骨子里是笨人，每次换个环境像死一次一样……真的。

袁　朗：明白了。（他又看看周围）你一个人住这，是不是怕……鬼？

许三多：哈？！

袁　朗：对。（他甚至张牙舞爪了一下）鬼呀。

许三多：……世界上没那个东西的。

袁　朗：奇了怪了。这个鬼和你怕的东西，不都是想出来自己吓自己的东西吗？

（许三多傻在那，而袁朗找到自己的帽子，扣在头上。）

其次是指人物的内心独白，即人物内心直接表白。这种独白能准确呈现观众看不到的人物内心世界，让观众知道人物最隐秘、最细微的内心活动。电影《安娜·卡列尼娜》中，安娜在社会的重压之下，走投无路，决心自杀，有一段内心独白：

是的，我苦恼万分，赋予我理智就是为了使我能够摆脱，因此，我一定能摆脱，如果再也没什么可看的，而且一切看起来让人生厌的话，那么为什么不把蜡烛熄灭了呢？但是怎么办呢？为什么下面那辆车厢里的那些年轻人在大声喊叫？为什么他们又说又笑呢？这全是虚伪，全是谎言，全是欺骗，全是罪恶…

这一段内心独白使观众深刻地体会到了安娜绝望、痛苦的心理状态。

（4）将人物的心理活动视像化。影视可以用它特有的艺术手段来表达人物的心理世界，如画外音，内心独白，闪回或叠化，人物特定的举止和表情等，用借代、隐喻、象征等方式展示人物心理。有不少影视片直接将看不见的人物的梦境、幻想、联想、回忆等心理活动内容，用生动的画面形式展现出来，在西方现代主义电影中表现得特别明显。

母亲（普多夫金）

尼洛夫娜坐在丈夫的棺材前陷入令人窒息的悲哀，没有流一滴泪，只是木然地静坐在那里。在脸部镜头之后接入了一个特写镜头：水从悬壶洗手器中慢慢地滴下来，一滴又一滴。

我们曾如此相爱

（5）创造逼真的环境塑造人物。影视文学中的环境包括自然环境和社会环境两个方面。自然环境描写是为了给人物的活动提供相应的空间，社会环境营造则影响着人的思想性格感情的形成和发展。影视作品对环境的创造必须真实、具体、逼真而又富有表现力，应给人物创造独特的环境，应使环境和人物之间发生内在联系，成为人物行动的依据和渲染人物思想感情的重要手段。如影片《红高粱》中那一望无际的红高粱地，在劲风吹拂下，营造出强烈的视觉效果，传神地表达了一种野性勃勃的生命气息，富于象征意义。

（五）影视文学的情节设计

1. 情节是影视文学的重要元素

在影视文学创作中，情节的构思设置十分重要。首先，影视作品要直观反映社会、人生，总是要通过形形色色的人物经历或事件过程来具体体现。这过程，这经历，在某种意义上，就是情节。其次，影视作品不同于其他文学作品，它是让观众通过“一次性”观看来展示其内容的，它必须紧紧抓住观众的注意力，使观众从头到尾看下去，这就必须要有生动曲折、引人入胜的故事情节。情节是人物在人与人的发展关系中的必然结果，性格决定情节的发展趋向，情节是人物性格的发展史。人物性格的发展，是影视文学情节的核心。影视剧本中的人物形象不是一幅静止的图画，它要沿着一定的情节线索发展，总要有个行动的过程。影视文学作者就是要善于构思描写这个情节过程，善于准确、深入地揭示人物性格内部矛盾对立的因素，揭示现实生活的错综复杂的关系，最后完成对人物性格的塑造。情节不仅是把各种事件和人物从形式上连接在一起的手法，而且是分析这些事件和人物性格的手段。如影片《骆驼祥子》始终围绕着祥子几经磨难的悲惨一生，描写了一系列的生活事件和细节，从祥子幻想通过自己的辛勤劳作过上自食其力的生活开始，其间两次买车与丢车，被迫与虎妞结合，其后虎妞的死，小福子的自杀，刘四的欺压，孙侦探的迫害，使他心中最后一点希望也破灭了。祥子所经历的一系列事件构成了影片的基本情节，祥子的性格发展也在这些情节中实现。

2. 影视文学中情节的模式

影视文学情节的形成是对原始素材的再创造。它是经过有意识、有目的的筛选、择取、组织、加工，形成了一种因果相连并带有鲜明思想观点和情感的叙事过程。由于影视作品风格手法不同，对情节的处理编排设计也不相同，一般来说，大约有以下两种模式。

（1）戏剧冲突式情节。它和戏剧艺术一样，是以矛盾冲突来安排情节的。在这种情节中，既要展示事件过程，又要展示人物性格的变化过程，能够使观众获得清晰的时空感受。同时要注意将必然性放在偶然性之中来显示，使观众产生入乎情理之中又出乎意料之外的艺术吸引力。这种情节一般具有较强烈的矛盾冲突、起伏跌宕的事件过程，讲究叙事的节奏、悬念的设计等。在《七宗罪》中，影片一开始就将观众带入了一桩扑朔迷离、错综复杂的凶杀案之中：城市里连续发生了凶杀案。一个肥胖的男人被谋杀，他旁边的墙上写着“荒宴”的字样。紧接着又有人被谋杀，身边写着“贪婪”。紧接着又有人因为“懒惰”被谋杀。又有人因为“欲望”而遭谋杀。第五个死因是“骄傲”。警官米尔斯、萨默塞特意识到凶手是一个变态的《圣经》的狂热信徒。《圣经》中记载，有七宗罪行会令信徒失去信心，即荒宴、贪婪、懒惰、欲望、骄傲、嫉妒和愤怒。按照凶手的行为动机，应该还有两桩杀人案尚未完成，那这两个被害人将会是谁呢？突然，凶手得意扬扬地来到追捕他多日的探员们面前，告诉他们自己已经完成了使命。凶手说他因为嫉妒米尔斯杀死了他的爱妻翠西，并展示了翠西的人头。愤怒的米尔斯无法压抑住满腔的怒火，立刻拔出手抢，对着凶手扣动了扳机。矛盾越来越复杂，冲突越来越激烈，直到结尾，强烈的冲突悬念才解决。剧本的矛盾冲突，一波未平一波又起，起伏跌宕，悬念不断，构成了险象环生、引人入胜的情节过程。

（2）生活流式情节，就是随着日常生活的流程，通过人物的言行举止、经历体验、感觉心态的依次记录，似乎是无人为痕迹地完成反映生活、表现人物的叙事。它保持其原有的生活风貌，追求一种“纪实”的风格。这仍然有情节存在，也是经过艺术手段处理后的事件组合。即使再强调客观生活再现，其来自于生活的景象，也是经过了叙述者的选择、剪裁、重排的。生活流式情节追求质朴、自然、真实、随意，使人看不出作者编织的痕迹，犹如进入生活实境中，没有“看戏”的感觉。生活流式情节所表述的内容，是那种“非英雄化”的小人物及日常生活“近乎琐碎”的场景、事件，既无重大场面，也无奇特事件，力求“贴近生活本原”。法国影片《蝴蝶》就是以几乎纪实的手法，描述老人朱利安与八岁的小女孩丽莎偶然相遇，然后一起去寻找稀有蝴蝶伊莎贝拉的过程，在笑语不断的背后，却有着感人至深的人间温情。

好莱坞剧作的情节模式。两条故事线：其一是工作、战争、某个任务或意志、某种人际关系、某个迫在眉睫的灾难；其二是男人与女人的罗曼史。如《007》系列电影。

3. 情节设计的技巧

设置各种各样的矛盾冲突，“制造麻烦”，是影视文学情节构成的基础，矛盾冲突是情节发展的线索，没有矛盾冲突便没有情节。影视文学情节的生动性和丰富性是社会生活矛盾冲突的生动性和丰富性的艺术体现。影视创作要善于选取那些最能反映矛盾冲突的事件，经过加工提炼，构成情节，才能最大限度地让观众在矛盾冲突中欣赏影视艺术。大体上来看，影视文学中矛盾冲突设置有人与社会的矛盾冲突、人与人之间的矛盾冲突、人与周围环境的矛盾冲突、人自身内心世界的矛盾冲突、人与自然的矛盾冲突等。把种种矛盾冲突交织在一起，尽一切可能为人物设置难以逾越的困难，强化困境，以激化矛盾冲突，使“制造麻烦”达到无以复加的地步，从而使情节跌宕起伏，曲折生动。影视剧中的情节设计，力戒平铺直叙，一览无余。

巧妙利用悬念、偶然因素等技巧，增加情节设置的多变性。悬念是设计情节的一个重要手段，它使剧情能够引起观众产生紧张、好奇、兴趣、焦虑和间接的同情等戏剧性因素。悬念的设计有助于制造曲折多变、扑朔迷离的故事情节。偶然因素的运用也有助于情节设置的生动新奇。但偶然因素应包含在必然性之中，并以必然性为客观依据，符合事物发展的内在规律。如影片《燃情岁月》，剧作家通过一系列偶然因素来推动剧情，但观众并不觉得不可信。这主要是因为很多偶然的因素并非奇遇巧合，而是寓偶然于客观必然之中，让情节的设计超前于观众的意料，使观众不断产生惊奇感和诧异感。

情节设计要符合人物形象。影视文学要在有限的篇幅内把众多的人物纠结在一起，逼真地表现他们的思想、感情、性格和命运，这主要依靠情节的展开。如影片《辛德勒的名单》，纵观整个影片的情节设计，完全符合主人公的性格特征。主人公一开始是以一个大发战争横财的商人面目出现的。但随着情节的展开，一场场惨绝人寰的大屠杀场面触发并积聚了他人性向善，良心发现的情感，继而在一个特殊的环境下，促使他做出了一系列人道主义的善举，最后倾其所有来挽救犹太人的生命。对大屠杀情节的设计，不是为了猎奇，故意展示血腥的场景，而是为了刻画主人公人性转变的客观因素，符合主人公人物性格的发展过程。

（六）影视文学的结构安排

影视文学剧作者必须要对自己所掌握的创作素材和构思的艺术形象进行精心的组织设置编排，才能使影视作品成为和谐完美的艺术整体。与其他文学样式相比，影视文学作品在结构上有着自己独特的特点：能够借助蒙太奇手段，把画面和音响等艺术元素，按照一定的时空顺序，将作品内容进行有机的连接和组合，达到天衣无缝的艺术效果。

1. 结构布局的作用及方式

结构通常指的是对情节、画面、音响等组成和编排。画面与画面之间的衔接和编排，即通常所说的剪辑，是影视作品最基本的结构方式，在影视剧创作中，剧作者必须按照影视画面的思维组接有关的“句子”，从而形成剧作的内容，推进故事情节的发展。而情节和段落的编排，则是对整部作品的谋篇布局，构成剧作的整体框架。结构对于一部影视作品不仅构成了影视剧作故事本身，而且也影响着观众对影视剧作故事、人物、内容的感受和理解。

2. 影视文学的结构布局形态

影视作品的结构布局千姿百态，按照其特点可以归纳出一些基本的结构布局的类型或形态。

第一，戏剧式结构，是一种传统的、影响力最大的，也是最为常用的结构方式，是影视艺术从戏剧借鉴过来，按照戏剧冲突的规律来进行结构布局。这种结构注重的是故事内部的戏剧冲突、因果关系等情节因素。它的叙事集中在对事件的外部运动形态的发展和变化上，讲清楚一个或一系列事件的前因后果，来龙去脉，明确地交代故事的起因，接着是矛盾纠葛的进一步延展，然后逐渐推向故事的高潮或转折点，最后导致结局的到来，故事结束。这种结构布局形式有利于组织故事情节，表现生动曲折的故事，能将所有人物围绕在一个中心冲突周围，并使冲突波澜起伏，故事层层推进，情节环环相扣，也符合广大观众的审美习惯。影片《桂河大桥》就是一部以戏剧冲突来结构宏伟繁复事件的影片，有事件开端、展开、高潮、结局几个发展阶段，有人与人之间、文化和文化之间的矛盾冲突，也有炸桥时的矛盾的集中汇集和迸发。典型的戏剧性结构塑造人物的方式，在中国传统的古典名剧中，可谓俯拾皆是。以初始阶段—剧情进展—剧情跌宕—剧情上升—最终状态（大结局）的戏剧结构样式来简单分析《白蛇传》《西厢记》等古代作品，就能清晰地看到。以《白蛇传》为例。许仙游西湖，与白娘子相逢于断桥雨中（初始阶段）；两人一见钟情，堕入爱河（剧情进展）；许仙发现白娘子是白蛇，而采取“主动的行为”去找法海（剧情跌宕）；由于这一“行为”“成为以后事件的动因”，法海与白娘子斗法，造成水漫金山（剧情上升）；白娘子被镇雷峰塔，小青搭救，许仙与白娘子团圆（结局）。

第二，小说式结构布局，借用小说的结构来安排影视文学。它不追求强烈的戏剧冲突，不讲究故事情节曲折发展的过程，而是通过几个生活横断面所构成的场面有效的积累，细节的描写，委婉、细致地表现人物思想感情的发展过程。不要求情节高度集中，而是致力于情节的慢慢推进，给人以不疾不徐的艺术感受。如影片《秋菊打官司》，秋菊的丈夫和村长发生矛盾，村长一脚踢中了丈夫的“要害”，村长愿意赔钱，但不愿意认错，而秋菊坚持要个“说法”，几次三番上访打官司，直至村长被公安抓走，讨来“说法”的秋菊却陷入了茫然之中。影片通过生活场景的逐步推进，完成了故事情节的叙述，也表现了秋菊倔强的性格和善良纯朴的品质。

第三，散文式结构布局，借用散文的结构布局方法来安排影视文学。这种结构布局注重细节的运用而不注重情节的完整。揭示矛盾，刻画人物注重场景的展示和感情的渲染，注重对生活内涵的挖掘和对独特感受的表达。往往将不同的生活片断和众多的人物、细节用一定的思想内涵或情绪将其串连统一起来，成为完整的统一体。最有代表性的影片就是《城南旧事》，全片以林英子的回忆而展开，叙述的三件事都是英子童年的亲身经历，深刻印象中的人：

痴情的秀贞，忠厚的小偷，善良而又悲惨的宋妈，通过这些小人物展现了老北京的人情世故。深刻印象中的物：带铃的洋车，吱呀呀送水的独轮车，嘎啦啦作响的水辘轳，表现着老北京的物事风土，影片用一个个生活片断展示出20世纪20年代旧北京的风俗人情和人们的生存状态，洋溢着一种说不清道不明的人世沧桑的意蕴，这一切又都笼罩在“淡淡的哀愁，沉沉的相思”氛围中。《青春祭》的导演以散文式结构进行影片塑造人物的新尝试，使这部影片带有强烈的创新冲击力，在国内外专家和观众中都获得普遍的赞同与好评，成为新时期中国影片代表作之一。它“最突出的标志是对戏剧性的彻底消融”。“如果说《沙鸥》是把戏剧性从外部冲突转向了内心，后来的《城南旧事》和《乡音》是对戏剧冲突实施淡化，《青春祭》则完全摆脱了叙事、情节对于戏剧性的依存，第一次实现了整体的非戏剧电影的散文框架。”《青春祭》是一部描写知识青年在“文化大革命”中“上山下乡”，在西南边陲傣乡插队落户的故事片。女主人公李纯离开了父母，与同学们来到傣家山寨，住在小寨合作社社长家里。假如按照戏剧性结构方法，李纯与她的同学应当与周围的乡民形成悲欢离合的关系，从而推进剧情的发展。然而，在这部影片中，从李纯扎根山寨开始，我们在影片中所看到的，是她观看傣家姑娘傍晚游泳；她参加评工分会议；她接触老哑巴和一百零四岁的奶奶；她到集市上买书；她与“大哥”纯真的交往；她为傣族儿童上体育课；老奶奶“伢”的去世……最后的影片结局，也完全脱离了戏剧结构应有的“大高潮”形式，而只是李纯独自一人，在落日中穿行在茅草地上，以旁白讲明，“多少年来，我常常梦见那个地方”。

第四，时空交错式的结构布局，充分利用时空自由转换。不按时间顺序组织安排情节，而是以过去、现在、未来等不同的时间和空间相互交错，彼此穿插来安排结构。它有几条几乎同等的时空线，通过人物回忆、联想、想象等手法，把过去、现在、未来的故事情景交错出现，使发生在不同时间、不同空间的情节交错出现，紧密结合，融为艺术的整体。这种结构自由灵活，富于变化。英国影片《法国中尉的女人》就是这样，在两个时空展开。过去时空讲述的是，19世纪中叶，富家子弟查尔斯与家庭女教师、人称“法国中尉的女人”萨拉之间的浪漫爱情故事。现实时空讲述的是，扮演男女主人公的演员迈克和曼娜的爱欲的纠葛。两个故事发生在互不关联的两个时空之间，借助拍戏这个情节点发生联系，镜头画面在现在和过去之间交替切换，从不同层面表现影片的思想内涵，对传统的忠贞爱情的肯定和赞赏，对现代性爱观造成人的心灵困惑进行反思。两个时空的故事情节平行展开，没有主次，互相交织，共同揭示作品的思想意蕴。

第五，梦幻心理式的结构布局，以主要人物的心理活动（包括潜意识与意识）的变化为结构的线索，往往根据人物心境的变化，用回忆和闪回的方式，把过去、梦幻、现在甚至未来自由地交织在一起。它的重心在于表现人物的内心情感世界，不注重讲述情节性强、紧张刺激的故事，也不着意于开掘宏大主旨和深层寓意。它的意图在于关注与探寻人类个体的深层心理，通过对梦幻、深层无意识的观照与呈现，达到对人性精神、人生价值思想轨迹的揭示与思考。伯格曼的《野草莓》以梦幻心理来结构作品的创新和独到而著称。故事发生在现在时态的大约24小时内，表现一个78岁的医学教授波尔格驱车前往一所大学接受荣誉学位。一路上重访了故地，遇到了各种各样的人，老教授进入对家庭往事和过去情人的回忆中。对往事的回忆和在噩梦的刺激下他开始对自己的一生进行反思。编剧不仅运用了大量梦幻情境和直接的心理刻画来表现人物对过去的反思，还通过现实情境中的人物和事件，使过去与现在紧密呼应，以强化人物的主观感受，这些现实中的形象既为人物心理活动提供了依据，也使过去与现在、梦幻与现实构成了一个互相呼应的整体。影片就是这样在一个没有强烈的戏剧性的外表下，把一位老人面对年华老去的心态表现得淋漓尽致。

（七）蒙太奇——影视文学的表达方法

蒙太奇原本是建筑学上的一个术语，意为装配、安装。借用到影视艺术中后，指影视作品创作过程中的剪辑组合。在影视制作过程中，需要把全片所表现的内容分解成许许多多不同的镜头，分别拍摄完成后，再按原定的创作构思，把这许多分散的、不同的镜头，按照故事情节的发展线索艺术地加以剪辑、组合。镜头与镜头之间产生紧密连贯、呼应、悬念、对比、暗示、烘托，以及快慢不同的节奏，从而构成一部有机的、自然流畅的、能表达一定思想内容的影视片。当声音和色彩作为影视的构成元素进入影视艺术后，又增加了画面与声音、画面与色彩，以及声音与声音等各种各样的组合方式和组织技巧。这就是影视制作中的蒙太奇方式。蒙太奇有广义和狭义两方面的含义，广义的蒙太奇不仅指画面、声音及色彩间的组合方式，也指从剧作构思到作品完成过程中，艺术家的一种独特的艺术思维方式。狭义的蒙太奇是作为一种影视语言符号系统而出现的专指镜头画面、声音、色彩诸元素编排组合的手段。编剧对蒙太奇的运用不能限于处理片断生活画面中，而应在处理一个“场面”、一个“段落”以至整体影视内容的结构上。也就是说，影视编剧不能仅仅把蒙太奇作为一种镜头间的剪辑手法，而应掌握蒙太奇的“艺术思维”。

把以下 A、B、C 镜头以不同的次序连接起来：

A. 一个人在笑。

B. 一把手枪直指着。

C. 同一人脸上露出惊惧的表情。

改变一个场面中的镜头次序，就改变了一个场面的意义，从而收到完全不同的效果。由此可见，使用蒙太奇可以使镜头的衔接产生新的意义，从而大大丰富影视艺术的表现力，增强影视艺术的感染力。

1. 人物蒙太奇

就是利用同一剧中人的出画和入画，来巧妙地改变场景。人物蒙太奇技巧，干净利落，节奏明快，富于戏剧性，它是一种连接两段戏或不同场景的艺术技巧。

范例

故事片《小城春秋》中，主人公吴坚被国民党严刑拷打后，在刑讯室倒下。下一个镜头就是吴坚倒入牢房之中。

2. 物件蒙太奇

这是通过电影中的某些道具或物件，把不同场景的戏连接起来。

范例

苏联故事片《列宁在十月》中，列宁为揭露加米捏夫等人的叛徒行径，伏案疾书《给布尔什维克党党员的信》。接着的镜头是这封信登在《真理报》上；下一个镜头是报纸传到工厂，工人在群众大会上读报。紧接着的镜头变为“阿英乐尔”巡洋舰上，水兵们在甲板上读报。

之后，又转为前线战壕里士兵们读报的镜头。这里的物件式蒙太奇连接法，既简洁又生动地把列宁起草的这一文件的历史意义表现出来，同时又概括地表达出这封信在群众中造成的巨大影响，为十月革命的成功做了铺垫。

物件式蒙太奇，还可起到引出回忆的作用。

范例

故事影片《巴山夜雨》中，13 号船舱里，秋石手捧野菊花凝视着。接着的画面上出现了前几年前的秋石，他手举着一束野菊花晃动着，在他的前面是一位端庄秀丽的姑娘，她手里也举着一束野菊花，飞快地跑着……

3. 呼应式蒙太奇

也就是“说曹操，曹操到”的镜头连接法。即一个镜头说到什么人或事物，下一个镜头马上就出现什么人或事物。这种蒙太奇前呼后应，转接自然，紧凑明快。

范例

在南斯拉夫电影《瓦尔特保卫萨拉热窝》开头一场戏里，两处使用了呼应式蒙太奇：第一次是敌军官说：“上校冯迪彼斯已经到萨拉热窝。”接着便是萨拉热窝的俯拍全景。第二次是上校冯迪彼斯对中校彼索夫说：“据我知道，瓦尔特就在附近这一带活动！”话音未落，镜头一转，“轰隆”一声巨响，一座大桥飞上天空，游击队从树林中跑了出来，一个队员叫道：“快跑！瓦尔特！”这两个呼应式蒙太奇，第一个既呼人又唤地，第二个既呼人又唤事。这样一来，既介绍了人物，又转换了场景，剧情也有了变化，并省略了其间一切不必要的过程，显得爽利而紧凑。

4. 并列式蒙太奇

并列式蒙太奇，也叫交替式蒙太奇、平行式蒙太奇。这是将同一时间里在不同地点发生的事情交替连接起来，使观众好像同时看到了两个以上平行发展的事物，营造气氛，加强悬念。

范例

影片《南征北战》中，我军高营长率部队向摩天岭挺进，敌军张军长也带兵强占摩天岭，镜头交替表现敌我双方抢占摩天岭的场面，增强了紧张气氛。

5. 错觉式蒙太奇

就是上一个镜头故意暗示出下一个镜头，而下一个镜头却与暗示相反，这种手法主要利用观众心理上的反差取得一种出乎意料的艺术效果。

范例

《蝴蝶梦》中，影片开始不久，克西姆神情肃穆地站在崖边，崖下是万丈深渊，观众以为他要自杀，心情不由得为之一紧，但随即知道，他只不过是被眼前景物勾起往事。但这里产生的错觉，起了吸引观众的作用，使其产生寻根究底的强烈愿望。

6. 相似性蒙太奇

就是将前后两个镜头，根据其相似之处加以连接的方法。它可以是形体的相似、动作的相似、心理的相似，也可以是物件的相似、音响的相似、色彩的相似。还可以是画面结构的相似。

范例

《城南旧事》中，从英子家的油灯过渡到疯女人的火炉。

7. 对话式蒙太奇

这是将上一镜头中某个人的话语，巧妙而自然地连在下一镜头中的另一个人的话语上，这就往往使相隔了一定时间的两段剧情转换得流畅自如，而且平添一种趣味。

范例

《槐树庄》中，前一个镜头是郭大娘屋里，当听说刘志成请假不出席党的会议时，忧虑地说："他又请假！——又是什么事儿啊？"紧接着的镜头是刘志成蹲在房顶上，手拿瓦刀说："我那萝卜还没刨呢……开会什么事？"立在街上的郭大娘仰面回答道："今天这个会重要，传达总路线。"这里省略了郭大娘去找刘志成开会的经过，使笔墨显得十分简练。

8. 细节式蒙太奇

它着重在细节与细节之间的联系。它充分运用表现细节的画面，在特写与特写的连接中，强调、突出这一细节的内涵。

范例

故事片《牧马人》中，描写许灵均结婚的一场戏：第一个镜头，特写：一支红烛燃烧着，李秀芝对着镜子梳头，她沉浸在梦幻般的幸福中。接着的镜头还是特写：一支点燃着的红烛，许灵均穿着一件半新的灯芯绒上衣。下一个镜头还是特写：门框上方已贴好一个红纸剪的鸳鸯。秀芝又贴上一张，她深情地看着。这些细节组接在一起的含义超过了两个镜头本身之和的意义。因为它诱发了观众的联想。

（八）影视剧的修辞技巧

1. 比喻

电影的比喻是借助两个画面的相似点，突出画面的本质特征，给观众以鲜明深刻的印象。

范例

在影片《红旗谱》中，当朱老忠将运涛下狱的消息告诉严志和时，严志和一怔，手一松，油灯落地，一片漆黑，它暗示严志和的心，亦如落地油灯，一片黑暗。

2. 比拟

就是将有生命的东西当作无生命的东西来表现，或将无生命的东西当作有生命的东西来描写。这种修辞手段能使电影将许多抽象的事物具体化，能使观众展开想象的翅膀，对电影所表现的形象产生鲜明的印象。

范例

在科教片《生命的秘密——人工合成胰岛素》中，以穿戴不同的人的排列、连接，来比拟说明胰岛素分子链的结构、人工合成原理和合成经过。

3. 夸张

就是通过对人物或事物尽力作扩大或缩小的渲染铺张，以达到加深观众印象，引起观众的联想，深入揭示影片中人物的内心世界，突出事物本质特征的艺术效果。

范例

在戏曲片《徐九经升官记》中，徐九经朦胧睡眼里，只见一个穿着红袍的小徐九经要他秉公而断，一个穿着紫袍的小徐九经要他权衡个人利害。这些极度的夸张手法，形象地刻画了人物的内心矛盾。

另外，夸张在电影喜剧片中更是广泛地加以运用。

范例

在美国影片《大独裁者》中，卓别林扮演的希特勒演说时，越吼越歇斯底里，甚至连麦克风都弯折下去了。夸张还常常通过梦境、幻觉来表现。

4. 双关

就是利用电影画面所蕴含的丰富内涵，有意使画面同时兼有两种意思。在电影中恰当地运用双关手法，可使内容表达得更含蓄、丰富，也可增强电影的表现力。

范例

在影片《如意》中，描写金绪文与石义海的一次约会：鼓楼斜阳晚照，湖上箫声悠扬，远方是正在游玩的青年男女。金绮文微笑着说："这晚景真好！"此处"晚景"既是指夜幕黄昏，人景交融的美，又双关着这对迟暮恋人的幸福生活。

5. 对比

就是把两个相互对立的画面放在一起相互比较，以便更鲜明地刻画事物的不同性质、状态和特征。

范例

电影《打击侵略者》中，前一个镜头表现美伪军为了夺路，几乎火拼，紧接着的镜头是中朝人民军有秩序地、雄赳赳气昂昂地向前线开拔。

6. 省略

人们常说电影是省略的艺术，也就是说，编剧要对电影的主要部分进行精雕细刻，而将其次要部分省略掉，调动观众的想象力去补充。如描写电影主人公的成长只需要通过三四个迭化镜头：婴儿诞生——童年或少年——青年时代，就可以表现出这个孩子长大了。

7. 反复

反复是指相同或相似的镜头反复出现，如开头与结尾前后呼应的反复，情节的反复，还有场景、细节等的反复。电影的反复具有强调、渲染、加重情节细节分量、增强艺术感染力的作用。

范例

《林则徐》中的“八千斤”大炮，在影片中出现了十六次。它连接着剧情的发展，连接着主人公林则徐、关天培的命运，连接着电影的主题——鸦片战争的发生与失败。观众随着大炮的兴建而高兴，随着大炮的毁灭而悲哀。

8. 排比

就是把画面相同或相似、意义密切相关联的镜头连接起来，烘托气氛，增强气势，把情感淋漓尽致地抒发出来。

范例

在描写影片中正面主人公牺牲时，经常出现这样的排比镜头：天空中乌云翻卷、电闪雷鸣、倾盆大雨、狂涛巨浪等镜头交织在一起，有力地渲染了悲剧气氛。

9. 铺陈

就是有意用一些画面渲染，突出某些事、景、情，从而使观众入情入境，深入认识这些事、景、情的意义，引起观众内心的极大共鸣和感情的激动。

思考与练习

一、简答题

1. 散文的含义与写法？
2. 小说的含义与写法？
3. 诗歌的含义与写法？
4. 戏剧的含义与写法？

二、写作

1. 写一篇感人至深的记事散文。
2. 写一篇短篇小说。
3. 写一首诗歌，可以是古体诗，也可以是现代诗。
4. 尝试把自己的小说编成小电影。
5. 片段小作文：自然环境描写。

以你最熟悉的地方（如家乡风景、旅游景点、学习生活环境等）或季节（如岭南的雨季、江南的梅雨、塞北的雪等）为对象，作一段自然环境描写。要求抓住描写对象的特征，200字左右。

6.“网”有各种义项（本义、比喻义、象征义等），请选择其中某项，以《网》为题写一篇1 000字左右的文章。体裁不限（诗歌除外）。

7. 请以《母校，我想对你说》为题，写一篇文章。

8. 以《感动》为题，写一篇800字以上的文章。要求：（1）除诗歌以外，其他文体不限。（2）不少于800字。

9. 以你今年暑假期间的个人经历为素材，以《我的暑假》为题，写一篇800字以上的文章。要求：（1）除诗歌以外，其他文体不限。（2）不少于800字。

10. 请以《珍惜》为题，写一篇文章，文体不限（诗歌除外）。要求：内容充实，言之有物。语言流畅，结构严谨。

参考文献

[1] 陈妙云. 现代应用写作[M]. 广州：中山大学出版社，2008.
[2] 陈妙云. 大学写作教程[M]. 广州：广东人民出版社，2003.
[3] 陈子典. 当代应用写作[M]. 广州：中山大学出版社，2007.
[4] 陈子典. 公务员应用文写作[M]. 广州：暨南大学出版社，2008.
[5] 董小玉. 现代写作教程[M]. 北京：高等教育出版社，2002.
[6] 耿云巧，马俊霞. 现代应用文写作[M]. 北京：清华大学出版社，2007.
[7] 江少川. 新编大学实用写作[M]. 北京：北京大学出版社，2002.
[8] 胡伟. 实用应用文写作[M]. 北京：人民出版社，2010.
[9] 郝维. 应用文写作教程[M]. 北京：商务印书馆，2004.
[10] 胡伟. 应用文写作[M]. 北京：北京大学出版社，2015.
[11] 胡伟，邹秋珍. 演讲与口才[M]. 2 版. 北京：清华大学出版社，2013.
[12] 胡伟. 演讲与口才实用教程[M]. 北京：科学出版社，2010.
[13] 胡伟，郑雅君. 秘书实务[M]. 北京：北京师范大学出版社，2016.
[14] 刘淑萍. 应用写作教程[M]. 北京：科学出版社，2007.
[15] 卢卓群，普华丽. 中文学科论文写作[M]. 北京：中国人民大学出版社，2008.
[16] 聂巧平. 大学写作[M]. 广州：暨南大学出版社，2014.
[17] 任鹰. 经济应用写作学习参考书[M]. 北京：北京大学出版社，2003.
[18] 孙绍玲. 应用文写作[M]. 大连：东北财经大学出版社，2006.
[19] 孙彧. 公文写作与常见病例分析[M]. 广州：暨南大学出版社，2009.
[20] 温儒敏. 中文学科论文写作训练[M]. 北京：北京大学出版社，2003.
[21] 徐中玉. 应用文写作[M]. 北京：高等教育出版社，2004.
[22] 杨继成，车轩玉. 学术论文写作方法与规范[M]. 北京：中国铁道出版社，2007.
[23] 杨桐. 领导干部公文写作模板[M]. 北京：中国人事出版社，2011.
[24] 杨文丰. 现代应用文书写作[M]. 北京：中国人民大学出版社，2011.
[25] 姚长浩. 学诗入门与诗词曲赏析[M]. 北京：九州出版社，2015.
[26] 尤静波. 流行歌词写作教程[M]. 北京：大众文艺出版社，2011.
[27] 邹绍荣，罗朋非. 应用写作[M]. 武汉：武汉大学出版社，2009.
[28] 邹家梅. 新编应用写作[M]. 广州：暨南大学出版社，2010.
[29] 张德实. 应用写作[M]. 北京：高等教育出版社，2001.

[30] 张孙伟. 科技论文写作入门[M]. 北京：化学工业出版社，2011.
[31] 张文田. 新编公文写作[M]. 北京：中国和平出版社，1995.
[32] 张杰，萧映. 写作[M]. 北京：北京大学出版社，2009.
[33] 张耀辉，谢福铨. 应用写作[M]. 上海：华东师范大学出版社，2006.
[34] 朱悦雄. 新应用写作[M]. 广州：广东高等教育出版社，2000.